INTERNATIONAL STUDENT VERSION

JAVA CONCEPTS

Early Objects

Seventh Edition

CAY HORSTMANN

San Jose State University

WILEY

Java Concepts

Early Objects Seventh Edition

SEVENTH EDITON

JAVA CONCEPTS

EARLY OBJECTS

핵심 자바

CAY S. HORSTMANN 지음

최선웅, 오경수, 윤현주, 이찬수, 이헌길, 황석형 옮김

WILEY

한티미디어

역자	최선웅	국민대	전자공학과	cjkim@hanbat.ac.kr
	오경수	숭실대	글로벌미디어학부	oks@ssu.ac.kr
	윤현주	금오공대	컴퓨터공학과	juyoon@kumoh.ac.kr
	이찬수	영남대	전자공학과	chansu@ynu.ac.kr
	이헌길	강원대	컴퓨터정보통신공학과	hoon@knu.ac.kr
	황석형	선문대	컴퓨터공학과	shwang@sunmoon.ac.kr

Java Concepts

Early Objects Seventh Edition

핵심 자바

발행일 2014년 3월 3일 초판 1쇄

지은이 Cay Horstmann
옮긴이 최선웅 · 오경수 · 윤현주 · 이찬수 · 이헌길 · 황석형
펴낸이 김준호
펴낸곳 한티미디어
주 소 서울시 마포구 연남로 1길 67 1층
등 록 제15-571호 2006년 5월 15일
전 화 02)332-7993~4 | **팩스** 02)332-7995
ISBN 978-89-6421-183-0 (93000)
정 가 35,000원

마케팅 박재인 노재천 정상권 | **관리** 김지영
편 집 김윤경 박새롬

이 책에 대한 의견이나 잘못된 내용에 대한 수정정보는 한티미디어 홈페이지나 이메일로 알려주십시오.
독자님의 의견을 충분히 반영하도록 늘 노력하겠습니다.

홈페이지 www.hanteemedia.co.kr | **이메일** hantee@empal.com

PREFACE

이 책은 Java와 컴퓨터 프로그래밍에 대한 소개서로써 핵심적인 내용과 더불어 효과적인 학습에 초점을 맞추고 있습니다. 학생들의 다양한 관심사와 능력에 맞게 도움이 될 수 있도록 계획된 이 책은 컴퓨터 과학자, 엔지니어 및 타 분야 학생들을 위한 프로그래밍 첫 수업에도 적합합니다. 프로그래밍에 대한 사전 경험은 필요하지 않으며 고등학교 대수에 대한 어느 정도의 지식이면 충분합니다. 이 책의 주요 특징은 다음과 같습니다.

객체에 대한 설명을 일찍 시작하여 점차적으로 객체 지향을 설명합니다.

2장에서 학생들은 표준 라이브러리의 객체와 클래스를 사용하는 방법을 학습한 후 주어진 사양에 따라 클래스를 구현하는 방법을 보입니다. 이어서 학생들은 간단한 객체를 사용하여 분기, 루프, 배열을 학습합니다. 객체 지향 설계는 7장에서 시작합니다. 이러한 점진적인 접근 방식은 학생들이 나중에 배워서는 안 되는 나쁜 버릇은 가르치지 않고, 핵심적인 알고리즘 관련 주제를 학습하는 내내 객체를 사용할 수 있도록 합니다.

학습 안내와 예제를 통해 학생들을 돕습니다.

초보 프로그래머는 종종 “어떻게 시작하죠? 이제 무엇을 해야 하죠?”라는 질문을 합니다. 물론 프로그래밍과 같이 복잡한 작업은 요리책처럼 설명을 줄일 수 없습니다. 하지만 한 단계씩 기술된 학습 안내는 자신감을 쌓고 임무의 개요를 파악하는데 매우 도움이 됩니다. ‘문제 풀이’ 섹션을 통해 설계와 계획의 중요성을 강조합니다. ‘따라 하기’ 학습 안내는 일반적인 프로그래밍 임무들로 학생들을 돕습니다. 부가적인 학습 예제들은 온라인 상에 있습니다.

연습을 통해 완벽해집니다.

물론 프로그래밍을 하는 학생들은 시시하지 않은 프로그램들을 구현할 수 있어야 합니다. 하지만 그보다 먼저 해낼 수 있다는 자신감을 가질 필요가 있습니다. 이 책의 각 섹션 마지막에는 스스로 확인할 수 있는 많은 질문들이 있습니다. ‘실습하기’는 각 섹션 후에 시도해 볼 연습 문제들을 제안합니다. 그리고 실습 예제와 기술 지향의 복수 선택 질문들을 포함한 부가적인 연습 기회가 온라인 상에 있습니다.

시각적인 접근을 통해 독자들의 동기를 유발하고 내용을 쉽게 파악할 수 있도록 합니다.

사진은 컴퓨터 개념의 본질과 동작을 설명하는 비유를 시각적으로 제시합니다. 단계별 그림을 통해 복잡한 프로그램 동작을 설명합니다. 문법 상자와 예제 표는 다양한 전형적이고 특별한 경우들을 간결한 형태로 제시합니다. 본문을 보기 전에 그림들을 통해 대략적인 내용을 쉽게 파악할 수 있습니다.

시각적인 그림들은 독자가 내용을 찾는 것에 도움이 됩니다.

기술적으로 정확하면서도 본질에 집중합니다.

백과사전식 나열은 초보 프로그래머에게 도움이 되지 않습니다, 그렇다고 간단하게 중요사항만 나열하는 것도 도움이 되지 않습니다. 이 책에서는 핵심 사항을 이해할 수 있는 만큼 제시하고, 독자들이 추가적인 정보에 대한 준비가 되었을 때 더 깊이 이해할 수 있도록 좋은 예제나 언어의 특징들을 독립적인 노트들로 제시합니다.

적절한 공학적 연습을 보강합니다.

소프트웨어 품질과 일반적인 오류에 대한 다수의 유용한 팁들은 좋은 프로그래밍 습관을 기르도록 합니다. 선택적인 테스팅 트랙은 학생들이 자신의 프로그램을 체계적으로 테스트하도록 북돋우면서 테스트 기반의 학습에 집중합니다.

선택적인 그래프 트랙을 제공합니다.

그래픽 도형은 객체의 훌륭한 예입니다. 많은 학생들이 도형을 생성하거나 GUI를 사용하는 프로그램을 작성하는 것을 즐깁니다. 원하는 경우 이러한 주제는 2장과 8장의 마지막 내용들을 사용하여 수업에 포함될 수 있습니다.

개정판에 새롭게 추가된 내용

문제 해결 전략

개정판에서는 학생들이 프로그래밍 문제들에 대한 해결책을 생각해내고 평가하는 것을 도울 수 있는 기법들에 대한 실용적인 단계별 설명을 추가하였습니다. 이러한 전략들을 가장 적절한 곳에서 소개하여 많은 학생들의 성공에 대한 장벽을 다룹니다. 전략들은 다음을 포함합니다.

- 알고리즘 설계(의사 코드로)
- 객체 추적하기
- 먼저 손으로 해보기(손으로 본보기 계산 수행)
- 플로우차트
- 시험할 사례 선정하기
- 손으로 추적하기
- 스토리보드
- 알고리즘을 조정하기
- 물리적 객체를 조작하여 알고리즘을 고안하기
- 객체 데이터를 위한 패턴
- 재귀적으로 사고하기
- 알고리즘의 실행 시간을 평가하기

선택적인 과학 및 업무 관련 연습 문제들

과학과 업무 영역에서 가져온 문제들로 각 장의 마지막 연습 문제를 보강하였습니다. 학생들의 관심을 끌 수 있도록 연습 문제들은 응용 영역에서 프로그래밍의 가치를 보여 줍니다.

추가되거나 재조직된 주제들

모든 장들은 사용자들의 피드백을 고려하고 주제들의 흐름을 개선하기 위하여 수정되고 향상되었습니다. 반복 알고리즘은 이제 5장에서 명시적으로 소개됩니다. 추가적인 배열 알고리즘은 6장에서 제시되고 문제 해결 섹션에 포함되었습니다. 7장은 하나의 클래스를 설계하는 것에 더 명확하게 집중하고, 11장에서는 클래스 사이의 관계를 다룹니다. 14장에서는 표준 라이브러리에서 기본 자료 구조를 사용하는 방법을 보여줍니다. 책 전반에 걸쳐 새로운 예제 표, 사진, 연습 문제들이 추가되었습니다.

책의 구성 순방

이 책은 그림 1에 나타낸 바와 같이 세 부분으로 자연스럽게 묶여질 수 있습니다. 장의 구성은 이전 판과 동일한 유연성을 제공합니다. 장들 사이의 의존 관계를 다음 그림에서 볼 수 있습니다.

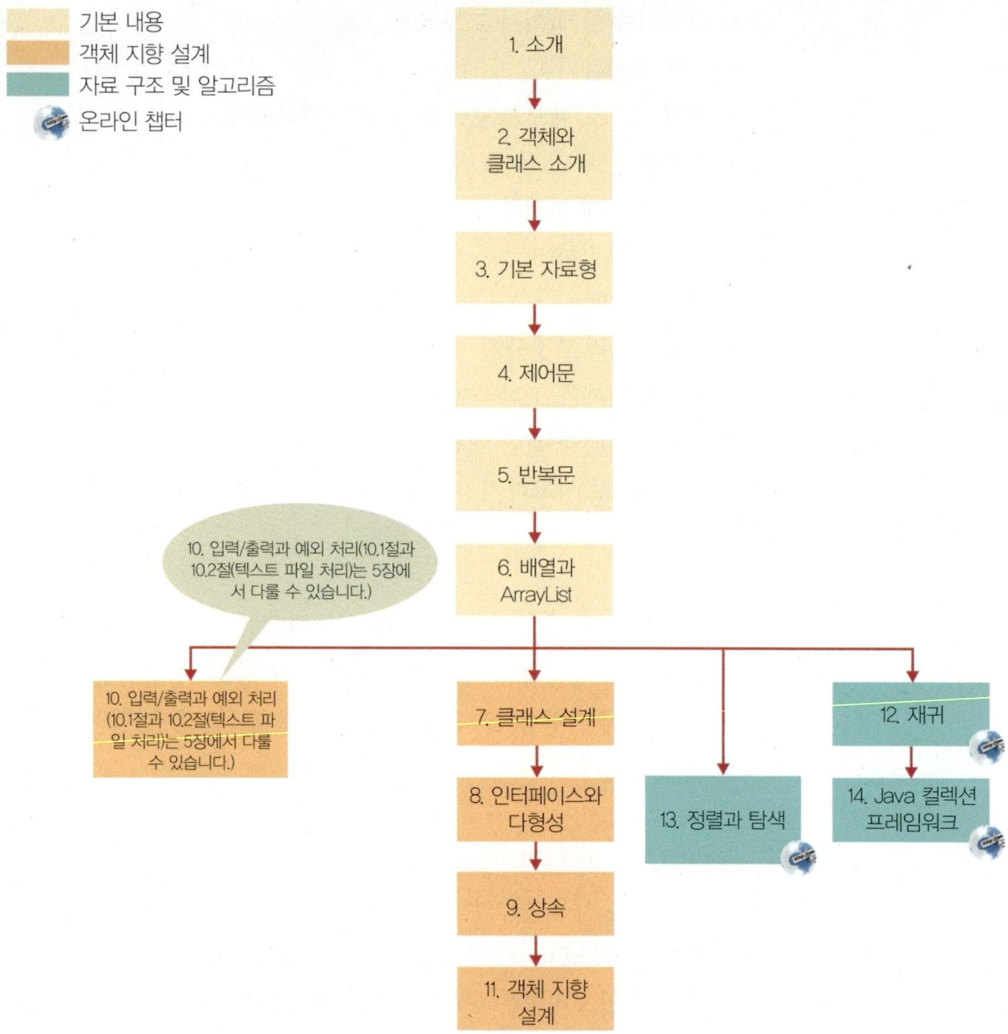

그림 1 장의 의존 관계

Part A : 기본내용(1~6장)

1장에서는 전산 과학과 Java 프로그래밍에 대해 간략히 소개합니다. 2장에서는 사전에 정의된 클래스의 객체를 다루는 방법과 주어진 상세에 따라 간단한 클래스를 스스로 생성하는 방법을 보입니다. 기본 자료형, 분기, 반복, 배열은 3~6장에서 다루어집니다.

Part B : 객체 지향 설계(7~11장)

7장에서는 체계적으로 클래스를 설계하는 주제를 다루고 간단한 일부 UML 표기법을 소개합니다. 다형성과 상속에 대한 논의가 두 장에 걸쳐 이루어지는데 8장에서는 인터페이스와 다형성에 대해 다루고, 9장에서는 상속에 대해 다룹니다. 오류 처리와 기본 파일 입출력은 10장에서 다루어집니다. 오류 계층 구조는 상속에 대한 유용한 예제를 제공합니다. 11장에서는 두 가지 중요한 사례 연구를 포함하여 객체 지향 설계에 대해 소개를 합니다.

Part C : 자료 구조 및 알고리즘(12~14장)

12장에서부터 14장까지는(책의 안내 사이트에 있음) 재귀, 정렬과 탐색, 연결 리스트, 집합, 맵, 스택, 큐를 다루며 알고리즘과 자료 구조에 대해 소개합니다. 이러한 주제들은 한 학기 수업의 범위를 벗어날 수 있으나 원한다면 6장 이후에 다루어질 수도 있습니다(그림 1 참조). 12장에서 재귀에 대한 설명은 간단한 예제로 시작하여 반복적인 방식으로는 구현하기 어려울 수 있는 의미 있는 응용으로 발전시켜 나갑니다. 13장에서는 빅-오 표기법을 약식으로 소개하고 병합 정렬뿐만 아니라 2차 정렬 알고리즘들에 대해 다룹니다. 14장에서는 각 자료 구조들을 표준 Java 컬렉션 라이브러리 관점에서 제시합니다. 여러분들은 표준 라이브러리의 핵심적인 추상화(반복자, 집합, 맵과 같은)뿐만 아니라 다양한 컬렉션들의 성능 특성에 대해 학습하게 될 것입니다.

부록

많은 강사들은 모든 과제에 대해 일관된 스타일을 요구하는 것이 매우 유익하다는 것을 알게 될 것입니다. 그러나 부록 I의 스타일 가이드가 강사들의 생각이나 지역적 관습과 충돌을 한다면, 파일 형태로 받을 수 있기 때문에 수정이 가능합니다. 부록 E~J는 웹에서 받을 수 있습니다.

- **A.** 유니코드의 기본 라틴, 라틴-1 부분 집합
- **B.** Java 연산자 요약
- **C.** Java 예약어 요약
- **D.** Java 라이브러리
- **E.** Java 문법 요약
- **F.** 도구 요약
- **G.** 수 체계
- **H.** UML 요약
- **I.** Java 언어 코딩 가이드라인
- **J.** HTML 요약

웹 자료

이 책은 온라인 보충 자료들을 완비하고 있습니다. www.wiley.com/college/horstmann으로 가서 다음 내용을 담고 있는 온라인 안내 사이트를 방문하십시오.

- "CodeCheck"는 Cay Horstmann에 의해 현재 개발 중인 새로운 온라인 서비스로써, 학생들이 자신의 숙제를 확인하고 부가적인 연습 문제들을 작업하는데 사용할 수 있습니다. http://horstmann.com/codecheck를 방문하여 더 자세히 알아보고 시도해 보십시오.
- 이 책의 모든 예제 프로그램과 온라인 예제에 대한 소스 코드
- 책의 문제 해결 과정을 다른 실제 예제에 적용할 수 있는 실전 예제
- 주요 개념에 대한 애니메이션
- 장의 개념을 적용해 볼 수 있는 실습 예제(해답은 강사들에게만 제공)
- 강의 슬라이드(강사에게만 제공)
- 모든 복습 및 프로그래밍 문제에 대한 해답(강사에게만 제공)
- 단순히 용어가 아닌 기술에 초점을 맞춘 문제 은행(강사에게만 제공). 이 다지선다형 문제 집합은 워드 프로세서로 사용할 수도 있고, 강의 관리 시스템에 포함될 수도 있습니다.

학습 보조를 위한 설명

이 책의 교육학적인 요소는 프로그래밍의 주요 개념과 기본 원칙에 집중하고 강화하기 위하여 기본적인 것을 지원하고 심화할 수 있도록 구성된 부가적인 팁과 상세들로 함께 작용합니다. 이러한 요소들에 대한 견학을 위해 온라인 안내 사이트 www.wiley.com/horstmann을 방문하여 "Walkthrough of Learning Aids"를 선택하기 바랍니다.

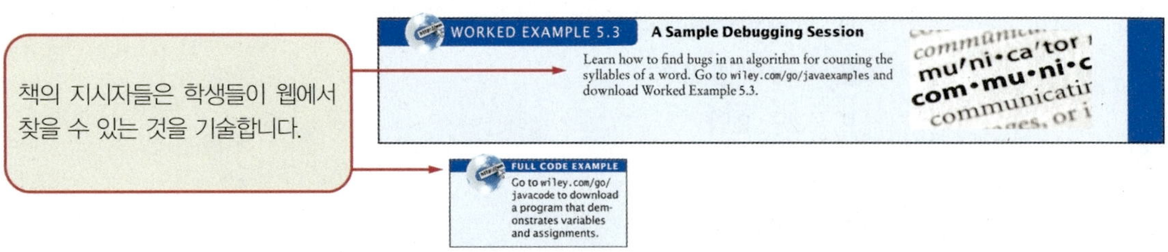

감사의 글

이 프로젝트를 도와 준 John Wiley & Sons의 Beth Lang Golub, Don Fowley, Elizabeth Mills, Katherine Willis, Jenny Welter, Wendy Ashenberg, Lisa Gee, Kevin Holm, Tim Lindner과 Publishing Services의 Vickie Piercey에게 감사를 표합니다. 특별히 세부 사항에 대해 노고와 올바른 판단과 놀라운 관심을 보여준 Cindy Johnson께 깊은 감사를 전합니다.

보충 자료에 훌륭하게 기여한 *Arizona State University*의 *Suchindran Chatterjee*, *University of Louisiana*의 *Jose Cordova*, *DeVry University*의 *Udayan Das*, *California Polytechnic State University San Luis Obispo*의 *James Johnson*과 *Aaron Keen*, *Miami University Ohio*의 *Norm Krumpe*, *University of Akron*의 *Kathy Liszka*, *San Jose State University*의 *Kathleen O'Brien*, *Columbia College*의 *Donald Smith*, *University of Cincinnati*의 *Mark Thomas*, *Mercer University*의 *Laurie White*, *George Fox University*의 *Brent Wilson*, *Columbus State University*의 *David Woolbright*에게 감사드립니다.

Eric Aaron, *Wesleyan University*
James Agnew, *Anne Arundel Community College*
Greg Ballinger, *Miami Dade College*
Jon Beck, *Truman State University*
Matt Boutell, *Rose-Hulman Institute of Technology*
John Bundy, *DeVry University Chicago*
Michael Carney, *Finger Lakes Community College*
Christopher Cassa, *Massachusetts Institute of Technology*
Dr. Suchindran S. Chatterjee, *Arizona State University*
Tina Comston, *Franklin University*
Lennie Cooper, *Miami Dade College*
Sherif Elfayoumy, *University of North Florida*
Henry A Etlinger, *Rochester Institute of Technology*
Guy Helmer, *Iowa State University*
Ed Holden, *Rochester Institute of Technology*
Steven Janke, *Colorado College*
Mark Jones, *Lock Haven University of Pennsylvania*
Dr. Mustafa Kamal, *University of Central Missouri*
Gary J. Koehler, *University of Florida*
Ronald Krawitz, *DeVry University*
Norm Krumpe, *Miami University Ohio*
Jim Leone, *Rochester Institute of Technology*
Kevin Lillis, *St. Ambrose University*
Darren Lim, *Siena College*
Hong Lin, *DeVry University*
Kuber Maharjan, *Purdue University College of Technology at Columbus*
Patricia McDermott-Wells, *Florida International University*
Bill Mongan, *Drexel University*
George Novacky, *University of Pittsburgh*
Mimi Opkins, *California State University Long Beach*
Derek Pao, *City University of Hong Kong*
Katherine Salch, *Illinois Central College*
Javad Shakib, *DeVry University*
Charlie Shu, *Franklin University*
Joslyn A. Smith, *Florida International University*
Robert Strader, *Stephen F. Austin State University*
Jonathan S. Weissman, *Finger Lakes Community College*
Katherine H. Winters, *University of Tennessee Chattanooga*
Tom Wulf, *University of Cincinnati*
Qi Yu, *Rochester Institute of Technology*

개정판의 원고를 검토하고 소중한 제안과 당황스럽지만 많은 오류를 바로 잡아준 분들에게 감사를 드립니다. 그 분들은 다음과 같습니다.

Tim Andersen, *Boise State University*
Ivan Bajic, *San Diego State University*
Ted Bangay, *Sheridan Institute of Technology*
Ian Barland, *Radford University*
George Basham, *Franklin University*
Sambit Bhattacharya, *Fayetteville State University*
Rick Birney, *Arizona State University*
Paul Bladek, *Edmonds Community College*
Joseph Bowbeer, *Vizrea Corporation*
Timothy A. Budd, *Oregon State University*
Robert P. Burton, *Brigham Young University*
Frank Butt, *IBM*
Jerry Cain, *Stanford University*
Adam Cannon, *Columbia University*
Nancy Chase, *Gonzaga University*
Archana Chidanandan, *Rose-Hulman Institute of Technology*
Vincent Cicirello, *The Richard Stockton College of New Jersey*
Teresa Cole, *Boise State University*
Deborah Coleman, *Rochester Institute of Technology*
Jose Cordova, *University of Louisiana, Monroe*
Valentino Crespi, *California State University, Los Angeles*
Jim Cross, *Auburn University*
Russell Deaton, *University of Arkansas*
Geoffrey Decker, *Northern Illinois University*
H. E. Dunsmore, *Purdue University*
Robert Duvall, *Duke University*
Eman El-Sheikh, *University of West Florida*
John Fendrich, *Bradley University*
David Freer, *Miami Dade College*
John Fulton, *Franklin University*
David Geary, *Sabreware, Inc.*
Margaret Geroch, *Wheeling Jesuit University*
Ahmad Ghafarian, *North Georgia College & State University*
Rick Giles, *Acadia University*
Stacey Grasso, *College of San Mateo*
Jianchao Han, *California State University, Dominguez Hills*
Lisa Hansen, *Western New England College*
Elliotte Harold
Eileen Head, *Binghamton University*
Cecily Heiner, *University of Utah*
Brian Howard, *Depauw University*
Lubomir Ivanov, *Iona College*
Norman Jacobson, *University of California, Irvine*
Curt Jones, *Bloomsburg University*
Aaron Keen, *California Polytechnic State University, San Luis Obispo*
Mugdha Khaladkar, *New Jersey Institute of Technology*
Elliot Koffman, *Temple University*
Kathy Liszka, *University of Akron*
Hunter Lloyd, *Montana State University*
Youmin Lu, *Bloomsburg University*
John S. Mallozzi, *Iona College*
John Martin, *North Dakota State University*
Jeanna Matthews, *Clarkson University*
Scott McElfresh, *Carnegie Mellon University*
Joan McGrory, *Christian Brothers University*
Carolyn Miller, *North Carolina State University*
Sandeep R. Mitra, *State University of New York, Brockport*
Teng Moh, *San Jose State University*
John Moore, *The Citadel*
Jose-Arturo Mora-Soto, Jesica Rivero-Espinosa, and Julio-Angel Cano-Romero, *University of Madrid*
Faye Navabi, *Arizona State University*
Parviz Partow-Navid, *California State University, Los Angeles*
Kevin O'Gorman, *California Polytechnic State University, San Luis Obispo*
Michael Olan, *Richard Stockton College*
Kevin Parker, *Idaho State University*
Jim Perry, *Ulster County Community College*
Cornel Pokorny, *California Polytechnic State University, San Luis Obispo*
Roger Priebe, *University of Texas, Austin*
C. Robert Putnam, *California State University, Northridge*
Kai Qian, *Southern Polytechnic State University*
Cyndi Rader, *Colorado School of Mines*
Neil Rankin, *Worcester Polytechnic Institute*
Brad Rippe, *Fullerton College*
Pedro I. Rivera Vega, *University of Puerto Rico, Mayaguez*
Daniel Rogers, *SUNY Brockport*
Chaman Lal Sabharwal, *Missouri University of Science and Technology*
John Santore, *Bridgewater State College*
Carolyn Schauble, *Colorado State University*
Brent Seales, *University of Kentucky*
Christian Shin, *SUNY Geneseo*
Jeffrey Six, *University of Delaware*
Don Slater, *Carnegie Mellon University*
Ken Slonneger, *University of Iowa*
Donald Smith, *Columbia College*
Stephanie Smullen, *University of Tennessee, Chattanooga*
Monica Sweat, *Georgia Institute of Technology*
Peter Stanchev, *Kettering University*
Shannon Tauro, *University of California, Irvine*
Ron Taylor, *Wright State University*
Russell Tessier, *University of Massachusetts, Amherst*
Jonathan L. Tolstedt, *North Dakota State University*
David Vineyard, *Kettering University*
Joseph Vybihal, *McGill University*
Xiaoming Wei, *Iona College*
Todd Whittaker, *Franklin University*
Robert Willhoft, *Roberts Wesleyan College*
Lea Wittie, *Bucknell University*
David Womack, *University of Texas at San Antonio*
David Woolbright, *Columbus State University*
Catherine Wyman, *DeVry University*
Arthur Yanushka, *Christian Brothers University*
Salih Yurttas, *Texas A&M University*

CONTENTS

CHAPTER 1

소개

이 장의 목표

- 컴퓨터와 프로그래밍에 대하여 배운다.
- 자신의 첫 번째 자바 프로그램을 컴파일하여 실행한다.
- 컴파일 시간(compile-time) 오류와 실행 시간(run-time) 오류를 알아본다.
- 의사코드(pseudocode)로 알고리즘을 기술한다.

이 장의 목차

어떤 과제를 해결하기 위해서는 도구를 모아서 문제를 파악하고 계획을 세우듯이, 이 장에서는 프로그램을 시작하기 위해 필요한 기본 요소들을 취합하게 될 것이다. 컴퓨터 하드웨어와 소프트웨어, 그리고 일반적인 프로그래밍에 대하여 간단히 소개한 후에 자신의 첫 번째 자바 프로그램을 어떻게 작성하고 오류를 수정하며, 알고리즘을 기술하기 위하여 컴퓨터 프로그램을 계획할 때, 어떤 문제를 해결하기 위하여 한 단계 한 단계씩 기술하는 의사코드(pseudocode)의 사용을 배우게 될 것이다.

1.1 컴퓨터 프로그램

컴퓨터는 매우 기본적인 명령어를 빠르게 연속적으로 수행한다.

여러분은 업무용으로 또는 오락용으로 컴퓨터를 사용해 본 적이 있을 것이다. 많은 사람들이 은행 계좌 관리나 학기말 보고서를 작성하는 것과 같은 일상적인 작업을 위하여 컴퓨터를 사용한다. 컴퓨터는 그러한 작업을 하기에 유용하다. 컴퓨터는 숫자의 전체 합을 구하거나 한 페이지에 단어를 배치하는 것과 같은 반복적이고 단순한 일을 지루해하거나 피로해 하지 않고 잘 처리한다.

컴퓨터가 얼마나 다양한 용도로 사용될 수 있는지를 보면 매우 놀랍다. 동일한 컴퓨터로 은행 계좌를 관리하고 학기말 보고서를 인쇄하며 컴퓨터 게임도 할 수 있다. 대조적으로 차량은 운행만 할 수 있고, 토스터기는 굽는 것만 할 수 있다. 컴퓨터는 다양한 분야의 일을 할 수 있는데 이것은 컴퓨터가 각각의 특별한 작업을 수행하도록 지시하는 각각 다른 프로그램을 수행할 수 있기 때문이다.

컴퓨터 프로그램은 명령어와 선택의 나열이다.

컴퓨터 자체는 데이터를 저장하고(숫자, 단어, 그림들과 같은), 장치(모니터 스크린, 음향 시스템, 프린터 등)와 상호작용하며 프로그램을 수행하는 기계다. 컴퓨터 프로그램이 컴퓨터에게 어떤 작업을 수행하기 위하여 아주 상세하게 필요한 단계들의 순서를 알려 준다. 물리적인 컴퓨터와 주변 장치를 통틀어서 하드웨어(hardware)라고 하고, 컴퓨터가 수행할 수 있는 프로그램을 소프트웨어(software)라고 부른다.

오늘날의 컴퓨터 프로그램은 매우 정교해서 모든 프로그램이 아주 기본적인 명령어로 구성되어 있다고 믿기가 어려울 정도이다. 전형적인 명령어에는 다음과 같은 것이 있다.

- 스크린의 어떤 위치에 빨간 점을 찍어라.
- 두 숫자를 더하라.
- 어떤 값이 음수이면 어떤 특정한 명령어에서 프로그램을 계속 수행하라.

컴퓨터 사용자는 이러한 거대한 숫자의 명령어들을 포함하고 있으나 컴퓨터가 엄청난 속도로 수행되기 때문에 자연스러운 상호작용을 하고 있다고 착각을 한다.

컴퓨터 프로그램을 설계하고 구현하는 활동을 프로그래밍(programming) 이라고 프로그래밍은 컴퓨터 프로그램을 설계하고 구현하는 활동이다.

부른다. 이 책에서는 여러분이 어떻게 컴퓨터 프로그램을 하는지를 배우게 된다. 다시 말해서 컴퓨터가 작업들을 수행하도록 하는 방법을 배우게 된다.

동작과 음향 효과를 가진 컴퓨터 게임이나 멋진 폰트를 가진 워드 프로세스를 작성하는 것은 많은 전문 프로그래머로 구성된 팀이 요구되는 복잡한 작업이다. 여러분이 처음 시도하게 될 프로그램은 아주 평범한 수준이다. 여러분이 이 책에서 배우게 될 개념이나 기술은 중요하기 때문에 처음 프로그램이 여러분에게 익숙하고 복잡한 소프트웨어를 보여주지 않는다고 실망할 필요는 없다. 사실 간단한 프로그래밍 작업들에서 조차 많은 놀라운 것들이 있다는 것을 발견하게 될 것이다. 여러분이 몇 시간에 걸쳐 수행해야 할 지루하고 단조로운 일을 컴퓨터가 정확하게 그리고 빠르게 수행하는 것을 보고, 프로그램에 조그만 변경이 엄청난 성능 향상을 가져오는 것을 알게 된다. 또 컴퓨터로 인해 여러분의 사고력이 확장되는 것은 매우 놀라운 경험이다.

자습문제

1. 컴퓨터에서 음악 CD를 플레이하기 위해서는 무엇이 필요한가?
2. 왜 CD 플레이어는 컴퓨터에 비하여 유연성이 떨어지는가?
3. 컴퓨터 사용자가 비디오 게임을 하기 위하여 프로그램에 대하여 어떤 부분을 알 필요가 있는가?

1.2 컴퓨터의 구조

프로그래밍을 작성하는 과정을 이해하기 위하여 컴퓨터를 구성하는 기본 구성 요소에 대한 기본적인 이해가 필요하다. 이 절에서는 개인용 컴퓨터에 대하여 설명할 것이다. 대형 컴퓨터는 더 빠르고, 크고, 강력한 부품을 가지지만 근본적으로는 동일한 구성을 가진다.

그림 1 중앙 처리 장치

중앙 처리 장치(CPU)는 프로그램을 제어하고 데이터를 처리한다.

컴퓨터의 핵심에는 중앙 처리 장치(central processing unit : CPU)가 있다(그림 3 참조). 그것은 단일 칩(chip : 직접 회로) 또는 몇몇 개의 칩으로 이루어져 있다. CPU의 내부 결선은 어마어마하게 복잡하다. 가령 인텔 코어 프로세스(책을 쓰고 있는 현재에 개인 컴퓨터용으로 인기 있는 CPU)는 트랜지스터(transistor)라고 불리는 수억 개의 구성요소를 포함한다.

CPU는 프로그램 명령어를 제어하고 데이터를 처리한다. 즉, 프로그램 명령어를 배

그림 2 하드 디스크

저장 장치는 메모리와 보조 기억 장치를 포함한다.

치하고 수행한다. 더하기, 빼기, 곱하기, 나누기와 같은 산술 연산을 수행하고 저장 공간이나 입출력 장치로부터 데이터를 불러들이고 다시 저장 장소에 보내기도 한다.

두 종류의 저장 공간이 있다. 주 기억 장치(primary storage)라 불리는 메모리는 데이터를 저장할 수 있는 전자회로로 구성되어 있으며, 전력이 제공될 때에만 데이터를 저장한다. 보조 기억 장치(secondary storage)는 하드 디스크(그림 2 참조)나 솔리드 스테이트 드라이브(Solid state drive)가 주로 사용되는데, 전기가 없이도 유지되면서 느리지만 저렴하게 저장 공간을 제공한다. 하드 디스크는 자기(magnetic) 물질로 코팅한 회전하는 플래터(platter)로 되어 있다. 솔리드 스테이트 드라이브 (SSD)는 전력이나 움직이는 부품이 없이 전자적인 요소를 사용한다.

컴퓨터는 사용자와 상호 작용을 하기 위해서 주변 장치가 요구되고, 사용자에게 디스플레이 화면이나 스피커 또는 프린터를 통하여 정보를 전달(출력(output)이라고 불림)한다. 사용자는 키보드나 마우스와 같은 포인팅 기기(pointing device)를 통하여 컴퓨터를 위한 정보를 기입(입력(input)이라고 불림)한다.

어떤 컴퓨터는 독립적인 장치이기도 하지만 다른 컴퓨터의 경우에는 네트워크를 통하여 상호 연결된다. 대부분의 가정용 컴퓨터는 다이얼 업이나 고속 데이터 통신망을 통하여 간헐적으로 인터넷에 연결된다. 아마도 대부분의 컴퓨터실에 있는 컴퓨터는 지역 네트워크에 고정적으로 연결되어 있을 것이다. 네트워크로 연결된 컴퓨터를 사용하는 사용자에게는 어느 데이터가 컴퓨터 자체에 저장되어 있고 어느 데이터가 네트워크를 통하여 전달되는지가 명확하지 않을 수도 있다.

그림 3은 컴퓨터의 구조에 대한 개괄적인 도식을 보여준다. 프로그램 명령어와 데이터(텍스트, 숫자, 소리, 영상 등)는 하드 디스크, 광 디스크(DVD와 같은), 또는 네트워크 상에서 저장되어 있다. 프로그램이 시작되면 CPU에 의하여 읽어질 수 있는 메모리로 불러들인다. CPU는 한 번에 하나씩의 명령어를 읽어들인다. 이러한 명령어들의 지시에 따라 CPU는 데이터를 읽어들이고 변경하여 RAM이나 보조 기억 장치에 저장한다. 어떤 프로그램 명령어는 CPU가 다른 장치에 작용하여 디스플레이 화면을

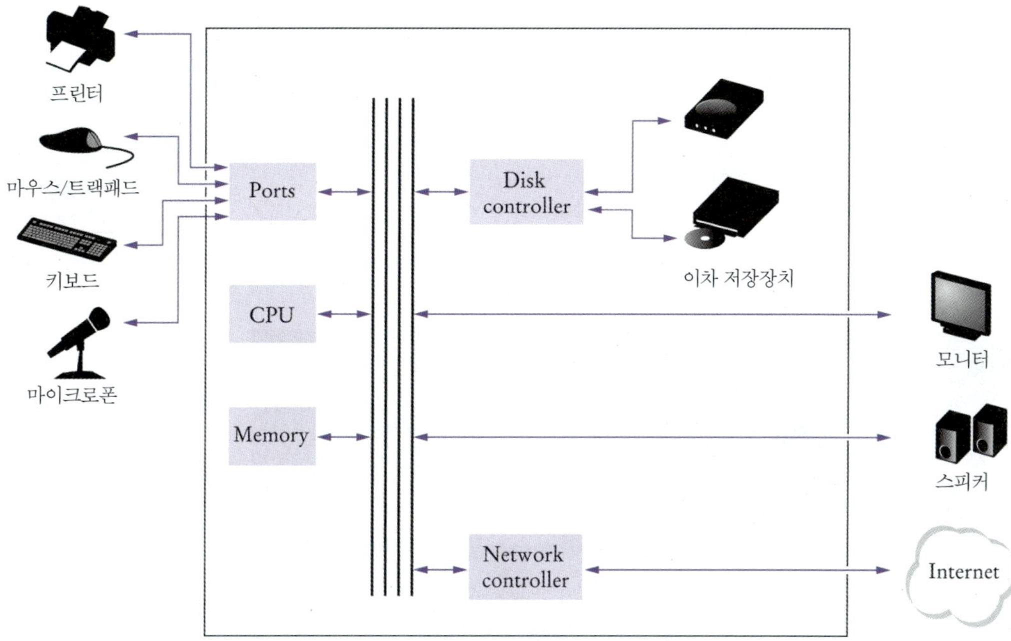

그림 3 개인 컴퓨터의 개괄적인 도식

조정하고 스피커를 제어한다. 이러한 동작이 아주 빠른 속도로 일어나 사용자는 이미지나 소리를 인지하게 된다. 비슷하게 CPU는 프린터에 아주 근접한 점들의 패턴을 종이에 표시하도록 명령어를 보낼 수 있으며, 사람은 이를 텍스트 문자나 그림으로 인식하게 된다.

4. 현재 수행되고 있지 않는 프로그램은 어디에 저장되어 있는가?
5. 컴퓨터의 어느 부분에서 더하기나 곱하기와 같은 산술 연산들을 수행하는가?
6. 요즘의 스마트폰은 데스크 탑에 비교할 만한 컴퓨터이다. 스마트폰의 어느 요소가 그림 3에서 보인 각 요소들에 대응하는가?

실습하기 이 장의 끝부분에 있는 복습 문제 R1.2, R1.3을 수행하시오.

컴퓨팅과 사회 1.1 컴퓨터는 모든 곳에 있다

1940년대에 컴퓨터가 처음 발명되었을 때, 하나의 컴퓨터가 방을 가득 채웠다. 아래 사진은 펜실베니아 대학에서 1946년에 완성한 에니악(ENIAC(electronic numerical integrator and computer))을 보여준다. 에니악은 발사체의 경로를 계산하기 위하여 군에서 사용되었다. 오늘날은 검색 엔진이나 인터넷 쇼핑, 그리고 소셜 네트워크(social network)가 데이터 센터라고 불리는 커다란 빌딩을 차지한다. 여러분의 핸드폰도 많은 신용카드나 대중 교통카드가 그렇듯이 내부에 컴퓨터를 가지고 있다. 요즘 차량에는 엔진이나 브레이크, 조명등, 라디오 등을 제어하기 위하여 여러 대의 컴퓨터를 가지고 있다.

유비쿼터스 컴퓨팅 기술이 발전함에 따라 우리 생활의 많은 면들이 변하였다. 예전에는 많은 사람을 고용하여 조립 작업을 위하여 반복적인 일을 수행하던 공장이 오늘날에는 컴퓨터에 의하여 제어되는 로봇과 그 컴퓨터를 다룰 줄 아는 소수의 사람들에 의하여 운용된다. 책이나 음악, 영화들이 컴퓨터를 통하여 소비되고 그것들의 생산에 컴퓨터가 항상 관여한다. 여러분이 지금 읽고 있는 책도 컴퓨터가 없이는 쓰여질 수 없었을 것이다.

컴퓨터에 대하여 알고 그것들을 어떻게 프로그램 하는지 아는 것은 많은 직업에 있어서 필수적인 기술이 된다. 기술자들은 컴퓨터로 제어되는 차를 설계하고 생명을 유지시키는 의료장비를 설계한다. 컴퓨터 과학자들은 사람들이 함께 모여 사회적인 일들을 도모하게 하는 프로그램을 개발한다. 가령 활동가들은 소셜 네트워크를 이용하여 탄압적인 정권의 학대를 보여주는 비디오를 공유하고 이러한 정보는 대중의 의견들을 바꾸는 수단으로 사용된다.

이 교통 카드는 컴퓨터가 들어있다.

에니악

크거나 작거나 컴퓨터가 우리의 일상생활에 더욱 끼어듦에 따라 모든 사람에게 컴퓨터가 어떻게 동작하고 어떻게 그것들을 사용하는지를 이해하는 것은 점점 중요해지고 있다. 여러분이 이 책을 통하여 컴퓨터 프로그램을 하는 방법들을 배워감에 따라 컴퓨팅의 근본적인 것을 보다 잘 이해하게 되고 정보를 잘 아는 시민이 될 뿐 아니라, 아마도 컴퓨터를 사용하는 전문가가 될 수도 있을 것이다.

1.3 자바 프로그래밍 언어

컴퓨터 프로그램을 작성하기 위해서는 CPU가 수행할 수 있는 순차적인 명령어들을 제공하여야 한다. 컴퓨터 프로그램은 많은 수의 간단한 CPU 명령어들로 구성되어 있으며, 그것들을 하나하나 명시하는 것은 지루하고 오류를 일으키기 쉽다. 그러한 이유로 고급 프로그래밍 언어(high-level programming language)가 만들어졌다. 고급 언어에서는 프로그램이 수행해야 할 동작을 기술한다. 컴파일러가 기계 코드(machine code)라고 불리

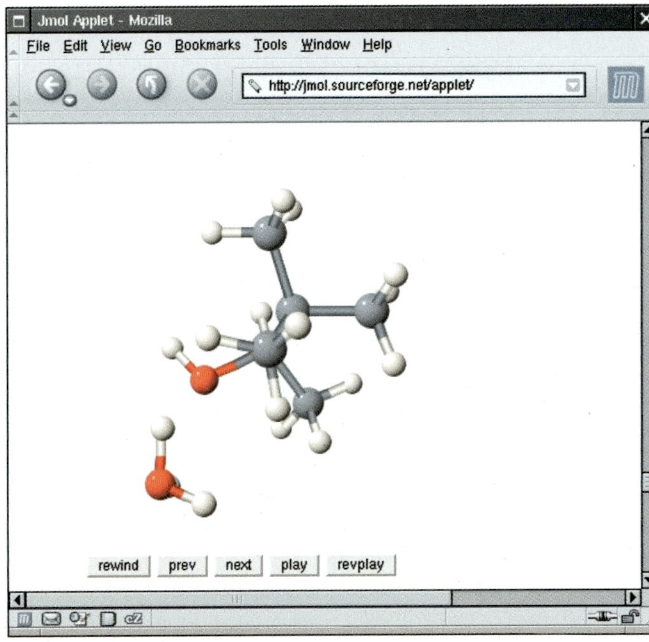

그림 4 윈도우 브라우저에서 수행되고 있는 분자 시각화 애플릿

> 자바는 원래 가전기기의 프로그래밍을 위하여 설계되었으나 가장 먼저는 인터넷 애플릿으로 성공적으로 사용되었다.

는 이 고급 언어를 보다 CPU에서 요구되는 상세한 명령어로 변환한다. 많은 프로그래밍 언어가 다른 목적들을 가지고 만들어져 왔다. 1991년에 선 마이크로 시스템 사의 제임스 고슬링(James Gosling)과 패트릭 노튼(Patrick Naughton)이 이끄는 그룹은 '그린(Green)'이라는 코드명으로 불리워진, 지능형 TV나 '셋톱박스(set-top)'와 같은 가전기기에 사용되기 위한 프로그램 언어를 설계했다. 그 언어는 간단하고 컴퓨터 구조에 중립적으로 설계되어 여러 다양한 하드웨어에서 수행될 수 있었다. 당시 이 기술을 사용하는 사람은 아무도 없었다.

고슬링은 1994년에 "우리 팀은 정말 멋진 브라우저를 작성할 수 있었다. 그것은 클라이언트/서버 주요 시스템에 필요로 하는 컴퓨터 구조에 중립적이며, 실시간으로 처리되는 신뢰성 있고 안전한 놀라운 기능 중에 하나였다."라고 회고한다. 자바는 1995년 선월드(SunWorld) 전시회에서 열광하는 대중에게 브라우저에서 수행할 수 있는 애플릿(applet)과 함께 소개되었다. 자바 코드는 인터넷의 어디에 있든지 실행이 가능하다. 그림 4는 애플릿의 전형적인 예를 보여준다.

그 이후로 자바는 경이로운 속도로 성장해 왔다. 가장 가까운 경쟁상대인 C++보다 훨씬 간편했기 때문에 프로그래머는 자바를 열렬히 환영해왔다. 더구나 자바는 다양한 라이브러리가 존재하여 소유권이 있는 회사들과 치열하게 투쟁하여 왔던 상표 등록된 시스템에서 독립적이기를 간절히 바라던 사람들에게 상표가 등록된 운영체제를 거치지 않고 휴대형 프로그램을 쓰는 것이 가능하게 만들었다. '마이크로 판

(micro edition)'과 '기업 판(enterprise edition)'의 자바 라이브러리는 스마트 카드나 핸드폰으로부터 가장 커다란 인터넷 서브에 이르기까지의 하드웨어에 대한 프로그래밍을 손쉽게 할 수 있다.

자바는 인터넷을 위하여 설계되었기 때문에 안전성과 이동성이라는 초보자를 위하여 매우 적합한 두 가지 속성을 가지고 있다.

여러분은 브라우저에서 아무 염려 없이 자바 프로그램을 수행할 수 있다. 자바 프로그램의 안전적 특성은 프로그램이 안전하지 않은 것을 수행하려 하면 프로그램을 종료하도록 보장한다. 안전환 환경을 가졌다는 것은 자바를 배우는 사람에게도 도움이 된다. 안전하지 않은 동작으로 오류를 만들 경우에 여러분의 프로그램은 종료하면서 정확한 오류 메시지를 제공할 것이다.

자바는 안전하고 이식성이 있도록 설계되어 인터넷 사용자는 학생들에게 유용하다.

자바의 또 다른 장점은 이식성(portability)이다. 동일한 자바 프로그램이 수정 없이 윈도우, 유닉스, 또는 매킨토시에서 돌아갈 것이다. 이식성을 달성하기 위하여 자바 컴파일러는 자바 프로그램은 직접적으로 CPU 명령어로 바꾸지 않는다. 대신 컴파일된 자바 프로그램은 자바 가상 머신(Java virtual machine)을 위한 명령어를 포함한다. 이식성은 처음 배우는 학생에게 또 다른 장점을 제공한다. 다른 플랫폼을 위하여 프로그램을 어떻게 작성하는지를 배울 필요가 없다는 것이다.

자바 프로그램은 가상 머신에 대한 명령어로 베포되어 플랫폼에 독립적으로 된다.

현재 자바는 컴퓨터 과학의 교육뿐 아니라 범용 프로그래밍 언어로, 가장 중요한 언어 중에 하나로 자리를 확고히 하고 있다. 그러나 자바가 초보자를 위해서는 좋은 언어이긴 하지만, 세 가지 이유로 완벽하지는 않다.

자바는 학생들을 위하여 특별히 설계되지 않았기 때문에 가장 간단한 자바 프로그램을 작성하기 위해서도 일정량의 기술적으로 상세한 부분을 잘 알아야만 한다. 이것은 전문 프로그래머를 위해서는 전혀 문제가 안 된다. 그러나 초보자를 위해서는

표 1 자바 버전

비전	연도	중요한 새로운 기능
1.0	1996	
1.1	1997	내부 클래스
1.2	1998	스윙(Swing), 콜랙션 프레임 워크(Collecton framework)
1.3	2000	성능 개선
1.4	2002	검증문(Assertion), XML 지원
5	2004	일반화 클래스(Generic classes), 반복문 향상, 자동 박싱(auto boxing), 열거형(enumeration), 주석(annotation)
6	2006	라이브러리 개선
7	2011	일부 언어 변경 및 라이브러리 개선

단점이 된다. 여러분이 자바에서 어떻게 프로그램하는지 배워감에 따라 기초적인 설명으로 만족하고 완전한 정보는 이후 장에서 제공될 때까지 기다려야 할 때도 있을 것이다.

> 자바는 매우 방대한 라이브러리가 있다. 여러분의 프로그래밍 과제에 필요한 라이브러리 부분에 배우기를 집중하라.

자바는 표 1에서 보여주듯이 그동안 여러 번 수정되고 확장되었다. 이 책에서는 여러분이 자바 버전 5나 그 이후 것을 가지고 있다고 가정한다.

마지막으로, 여러분은 단번에 자바의 모든 것을 배우기를 기대하지는 않아야 한다. 자바 언어 자체는 상대적으로 간단하지만 자바는 유용한 프로그램을 작성하기 위해 필요한 라이브러리 패키지(library packages)라는 방대한 집합을 가지고 있다. 그래픽 사용자, 인터페이스 디자인, 암호화, 네트워킹, 소리, 데이터베이스 저장과 많은 다른 목적을 위한 패키지가 있다. 심지어 전문 자바 프로그래머조차 전체 라이브러리의 내용을 안다는 것을 기대하기 어렵다. 그들도 단지 특별한 프로젝트를 위하여 그들이 필요로 하는 부분만 사용한다.

이 책을 사용하여 여러분은 자바 언어의 상당한 부분과 자바 라이브러리의 가장 중요한 부분을 배우게 될 것이다. 이 책의 주요 목표는 자바의 세부사항을 외우는 것이 아니라 프로그래밍을 어떻게 해야 하는지를 가르치고 있음을 기억하라.

자습문제

7. 자바 프로그래밍의 가장 중요한 장점 두 가지는 무엇인가?
8. 자바 라이브러리를 배우기 위해서는 얼마나 오래 걸릴까?

실습하기 이 장의 끝부분에 있는 복습 문제 R1.5를 수행하시오.

1.4 프로그래밍 환경과 익숙해지기

> 수업 과제를 위하여 사용할 프로그래밍 환경에 익숙해지기 위한 시간을 내라.

많은 학생들은 프로그래머로서 필요로 하는 툴이 흔히 사용하는 소프트웨어와 상당히 다르다는 것을 발견한다. 자신의 프로그램 개발 환경에 익숙해지기 위해서는 시간을 좀 투자해야 한다. 컴퓨터 시스템은 다양하게 변하기 때문에 이 책은 여러분이 따라야 할 단계를 개략적으로만 보여준다. 실습 랩에 참가하거나 잘 알고 있는 친구에게 둘러볼 수 있도록 요청해 보는 것이 좋겠다.

단계 1 자바 개발 환경을 시작하라.

이 부분에 있어서는 컴퓨터 시스템에 따라 상당히 다르다. 많은 컴퓨터의 경우에 여러분이 프로그램을 작성하고 테스트해 볼 수 있는 통합 개발 환경(integrated development environment)을 제공한다. 다른 컴퓨터의 경우에는 처음에 문서 작성기와 편집기는 자바 프로그램과 같이 텍스트를 입력하고 수정하기 위한 프로그램 입니다.

같은 기능을 제공하는 편집기(editor)를 수행하여 자바 명령어들을 입력한다. 그러고 나서 콘솔 창(console window)을 열어서 프로그램을 수행하기 위한 명령어를 넣는다. 여러분은 여러분의 컴퓨터 환경에서 어떻게 시작하는지를 알아낼 필요가 있다.

단계 2 간단한 프로그램을 작성한다.

새로운 프로그래밍 언어에서 아주 간단한 첫 번째 프로그램으로 전통적으로 "Hello, World!"라는 간단한 인사말을 보여주는 프로그램을 선택해 왔다. 우리도 이 전통에 따라서 해 보도록 하자. 여기에 자바로 된 "Hello, World!" 프로그램이 있다.

```
public class HelloPrinter
{
   public static void main(String[] args)
   {
      System.out.println("Hello, World!");
   }
}
```

다음 장에서 이 프로그램을 살펴볼 것이다.

어떠한 환경을 사용하든 간에 프로그램 문장을 입력하는 활동부터 시작한다.

여러분이 프로그램 환경에 적절한 단계에 따라 HelloPrinter.java라고 불리는 새로운 프로그램 파일을 만들어라(여러분의 개발환경이 파일 이름 뿐 아니라 프로젝트 이름을 요구한다면 hello라는 프로젝트 이름을 사용하라.). 프로그램 명령어들을 위에 주어진 것과 똑같이 작성하라. 또 다른 방법으로는 소스 파일의 사본에서 복사하

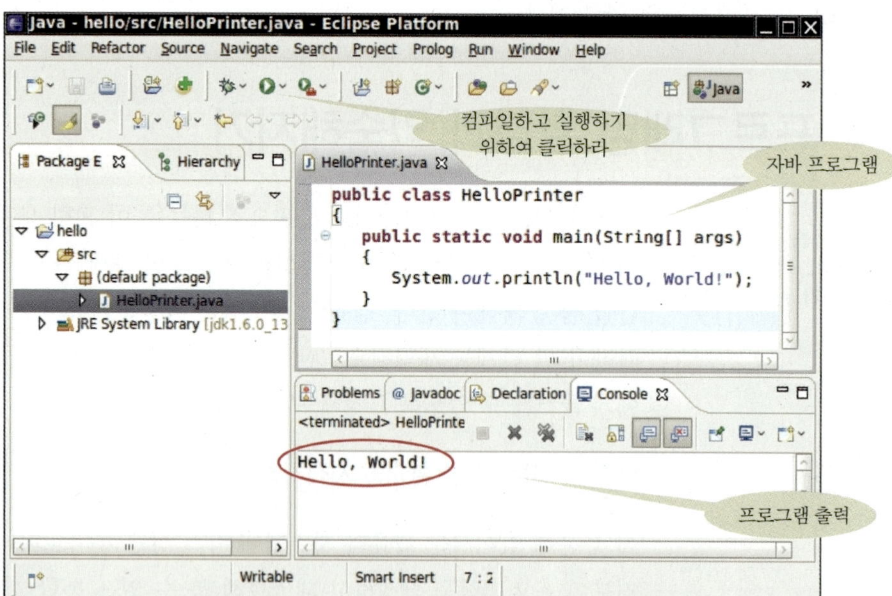

그림 5 통합 개발 환경에서 HelloPrinter 프로그램 수행

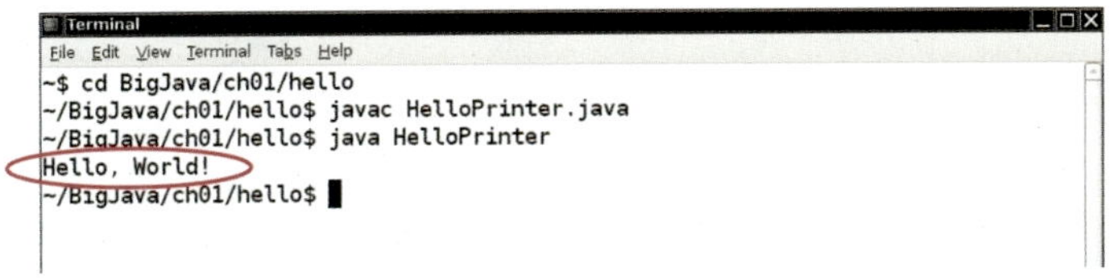

그림 6 명령어 창에서 HelloPrinter 프로그램 수행

여 편집기에 붙여 넣어라.

자바는 대소문자를 구별한다. 여러분은 대문자와 소문자를 구분하는 것에 주의를 해야 한다.

프로그램을 작성할 때 다양한 기호에 주의하고, 자바가 대소문자를 구별한다(case sensitive)는 사실을 명심하라. 여러분은 대문자와 소문자를 프로그램 목록에 나와 있던 것과 똑같이 입력해야만 한다. `MAIN` 또는 `PrintLn`과 같이 입력하면 안 된다. 조심하지 않으면 문제에 봉착하게 될 것이다. 흔한 오류 1.2를 참조하라.

단계 3 프로그램을 실행하라.

프로그램을 실행하는 절차는 여러분의 프로그램 환경에 따라 크게 달라진다. 여러분은 버튼을 누르거나 어떤 명령어를 기입해야 한다. 테스트 프로그램을 수행하면

```
Hello, World!
```

메시지가 화면 어딘가에 나타날 것이다(그림 5, 6 참조).

프로그램을 실행하기 위해서 자바 컴파일러는 여러분의 소스 파일(이것은 여러분이 작성한 문장들이다.)을 클래스 파일로 변환한다(클래스 파일은 자바 가상 머신을 위한 명령어를 포함한다.) 컴파일러가 여러분의 소스 코드를 가상 머신의 명령어들로 바꾸고 나면 가상 머신이 그것들을 수행한다. 실행하는 동안 가상 머신은 프로그램의 출력을 보여주기 위하여 필요한 `System`과 `PrintStream` 클래스의 구현을 포함하는 미리 작성된 라이브러리를 접근한다. 그림 7은 자바 프로그램을 만들고 실행하는 절차를 요약해서 보여준다. 어떤 프로그래밍 환경에서는 컴파일러와 가상 머신이 프

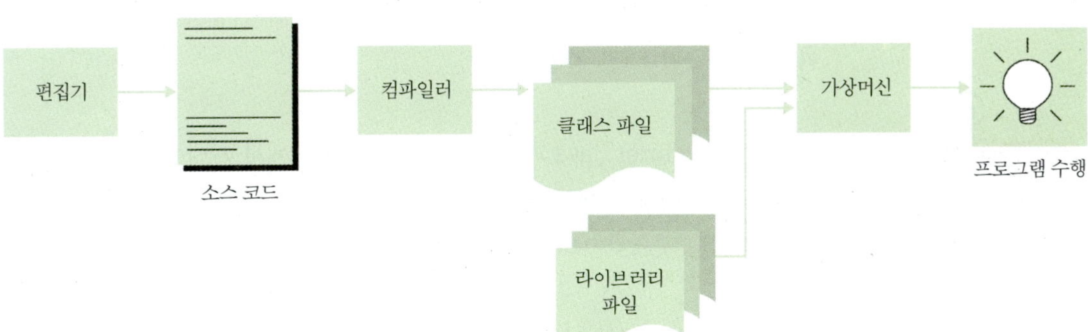

그림 7 소스 코드로부터 프로그램을 수행하기까지의 단계

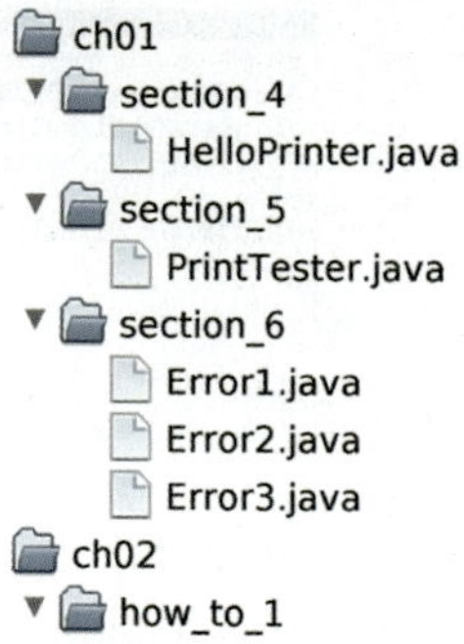

그림 8 폴더 계층 구조

> 자바 컴파일러는 소스 코드를 자바 가상 함수를 위한 명령어를 포함하는 클래스 파일로 변환한다.

로그래머에게는 실제적으로 보이지 않고, 자바 프로그램을 실행하라고 할 때마다 자동적으로 컴파일러와 가상 머신이 실행된다. 다른 개발 환경에서는 여러분이 컴파일러를 구동하고 가상 함수를 명시적으로 불러야 한다.

단계 4 작업을 조직화하라.

ANIMATION
컴파일 과정

프로그래머로서 여러분은 프로그램을 작성하고 실행해 보고 개선한다. 그리고 여러분의 프로그램을 파일로 저장된다. 하나의 폴더는 더 많은 파일과 폴더들을 포함한 다른 폴더 뿐 아니라 파일을 포함할 수 있다(그림 8 참조). 이러한 계층구조는 상당히 클 수 있으며 여러분은 모든 분기(branch)에 대하여 신경 쓸 필요는 없다. 그러나 여러분의 작업을 잘 정리하기 위해서는 폴더들을 만들어야 한다. 여러분의 프로그램 클래스를 위하여 구별된 폴더를 만드는 것이 좋다. 그 폴더 안에 각각의 프로그램을 위하여 구별된 폴더를 만들어라.

어떤 프로그램 환경들은 여러분이 폴더를 명시하지 않으면 미리 정해진 위치에 여러분의 프로그램을 둔다. 그런 경우에는 그러한 프로그램들이 어디에 있는지를 찾아봐야 한다.

여러분은 폴더의 계층구조에서 여러분의 파일이 어디에 있는지를 이해하도록 하라. 이 정보는 채점을 위하여 파일을 제출하거나 백업 복사를 만들기 위하여 필수적이다(알아 두기 1.1을 참조.).

자습문제

9. HelloPrinter.java 파일은 여러분의 컴퓨터에서 어디에 저장되어 있는가?
10. 프로그래밍 과제를 하고 있을 때 어떻게 여러분의 프로그램이 데이터를 잃어버리는 것으로부터 자신을 보호하고 있는가?

실습하기 이 장의 끝부분에 있는 복습 문제 R1.6을 수행하시오.

알아 두기 1.1

백업 복사

여러분은 많은 시간을 자바 프로그램을 만들고 개선하는데 시간을 보내게 될 것이다. 파일을 실수로 지워버리기 쉽고, 때로는 컴퓨터의 오류로 파일을 잃어버릴 수도 있다. 잃어버린 파일의 내용을 다시 타이핑하는 것은 매우 낙담케 하고 시간이 많이 소모되는 일이다. 따라서 재앙이 닥치기 전에 파일들을 안전하게 보호하는 습관을 가지게 되는 것은 매우 중요한 일이다. 파일을 메모리 스틱(memory stick)에 백업하는 것은 많은 사람들에게 있어서 쉽고 편리한 저장 방법이다. 점점 인기를 얻어가는 또 다른 방법은 인터넷 파일 저장을 이용하는 것이다. 여기에 몇 가지 유의해야 할 사항을 정리한다.

- **자주 백업하라.** 파일의 백업은 단지 몇 초면 된다. 몇 시간에 걸쳐 작업을 다시 해야 한다면 그러지 않은 것을 후회하게 될 것이다. 매 30분마다 자신의 일을 백업하기를 추천한다.
- **백업을 순환시켜라.** 백업을 위하여 하나 이상의 디렉터리를 이용하고 그것들을 순환시켜라. 처음에는 첫 번째 디렉터리에 백업을 하라. 그런 다음에는 두 번째 디렉터리에 백업을 하라. 그러고 나서는 세 번째 디렉터리를 이용하라. 그리고 첫 번째 디렉터리로 돌아가라. 이런 식으로 여러분은 항상 최근의 백업을 세 개 가지게 된다. 여러분이 최근의 변경이 문제를 더 악화시킬 경우에는 여러분은 더 이전의 버전으로 되돌아 갈 수 있다.

재앙이 닥치기 전에 여러분의 작업 복사본을 유지하는 전략을 개발하도록 하라.

- **백업 방향에 주의를 기울여라.** 백업은 파일들을 한 장소에서 다른 장소로 복사하는 일과 연관되어 있다. 이것을 올바르게 여러분의 작업 위치에서 백업 위치로 복사하게 하는 것이 중요하다. 잘못하면 새로운 파일을 예전 파일로 덮어 쓸 수도 있다.
- **종종 백업된 것들을 점검하라.** 백업된 것들이 여러분이 있어야 한다고 생각하는 곳에 있는지를 재점검하라. 백업이 필요할 때 백업이 있어야 한다고 생각하는 곳에 백업이 없는 것을 발견하는 것보다 더 두려운 것은 없다.
- **차분해지라. 그리고 나서 복구하라.** 파일을 잃어버리고 백업으로부터 그것을 복구할 때 여러분은 기쁘지 않고 긴장된 상태일 가능성이 높다. 큰 숨을 쉬고 시작하기 전에 복구 절차를 신중하게 생각해 보라. 마음이 안정되지 않은 컴퓨터 사용자는 손상을 입은 파일을 복구하려고 하다가 마지막 백업을 완전히 지워버리는 일이 종종 발생한다.

1.5 첫 번째 프로그램 분석하기

이 절에서는 첫 번째 자바 프로그램을 자세하게 분석한다. 여기 다시 소스 코드가 있다.

section_5/HelloPrinter.java

```
public class HelloPrinter
{
   public static void main(String[] args)
   {                           public class HelloPrinter
      // Display a greeting in the console window

      System.out.println("Hello, World!");
   }
}
```

```
public class HelloPrinter
```

클래스는 자바 프로그램에서 기본적으로 필요로 하는 요소이다.

라는 줄은 HelloPrinter라고 불리우는 새로운 클래스를 시작하는 것이다. 2장에서 클래스에 대하여 보다 자세히 배우게 될 것이다. 자바에서 모든 프로그램은 하나 또는 그 이상의 클래스로 구성되어 있다. public이라는 키워드는 여러분의 프로그램의 어디에나 '공개'되어 사용할 수 있다는 것을 의미한다. private에 해당하는 특징은 나중에 보게 될 것이다.

자바에 있어서 모든 소스 파일은 최대 하나의 공개 클래스(public class)를 가지며, 공개 클래스의 이름은 그 클래스를 포함하는 파일 이름과 일치해야만 한다. 가령 HelloPrinter라는 클래스는 HelloPrinter.java라는 소스 파일에 HelloPrinter라는 클래스를 포함해야 한다.

모든 자바 응용 프로그램은 main을 가진 하나의 클래스를 포함한다. 응용 프로그램이 시작하게 되면, main 메서드에 있는 명령어들이 수행된다.

다음 구조는

```
public static void main(String[] args)
{
   . . .
}
```

main이라 불리우는 메서드(method)를 선언하는 것이다. 메서드는 어떤 특정한 작업을 어떻게 수행하는지를 기술하는 프로그램 명령어를 모아놓은 것들을 포함한다. 모든 자바 응용 프로그램은 main 메서드를 가져야 한다. 대부분의 자바 프로그램은 main 외에도 다른 메서드를 가진다. 2장에서 다른 메서드를 어떻게 작성하는지 보게 될 것이다.

각 클래스는 메서드의 선언을 포함한다. 각 메서드는 명령어들의 나열을 포함한다.

static이라는 용어는 7장에서 자세히 설명할 것이고 String[ ] args의 의미는 10장에서 다룰 것이다. 당분간은 간단히

문법 1.1 자바 프로그램

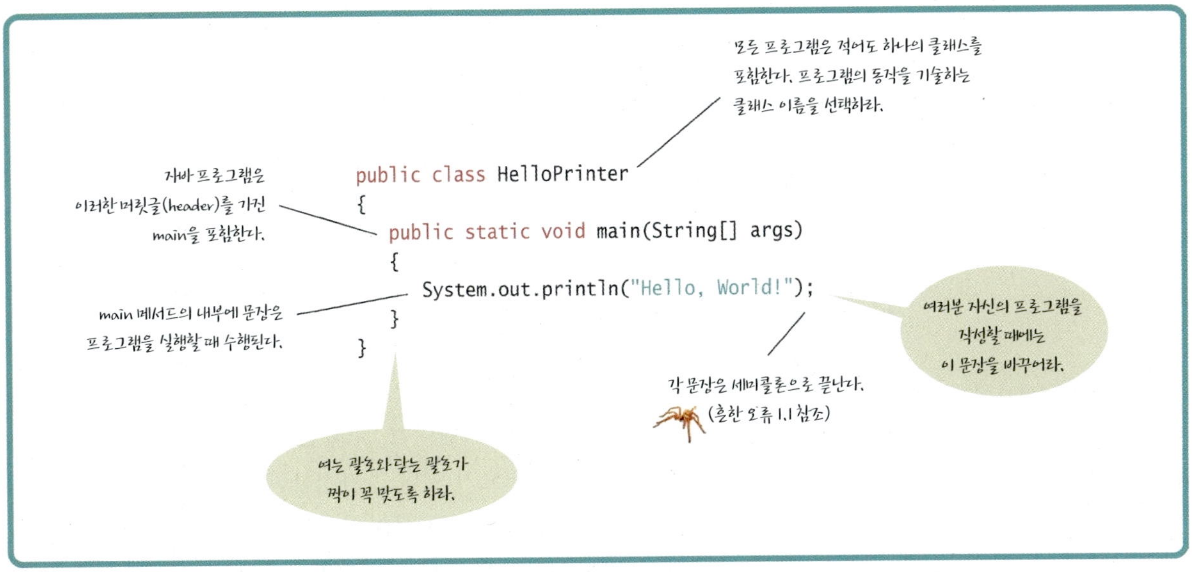


```
public class ClassName
{
   public static void main(String[] args)
   {
      . . .
   }
}
```

구조가 자바 프로그램을 작성하기 위하여 요구되는 기본 구조의 일부로 이해하자. 우리의 첫 번째 프로그램은 모든 명령어들이 클래스의 main 메서드의 내부에 있다.

main 메서드는 문장(statement)이라고 불리는 하나, 또는 그 이상의 명령들로 구성된다. 각 문장은 세미콜론(;)으로 끝난다. 프로그램이 수행될 때 main 메서드에 있는 문장들이 하나씩 차례대로 수행된다.

예제 프로그램에서는 main 메서드가 하나의 문장을 가진다.

```
System.out.println("Hello, World!");
```

이 문장은 "Hello, World!"라는 한 라인의 텍스트를 출력한다. 이 문장에서 우리가 여러 가지 이유로 설명하지는 않았지만 System.out.println이라는 다소 긴 이름으로 기술된 메서드를 호출한다.

우리가 메서드를 구현할 필요는 없다. 자바 라이브러리를 작성한 프로그래머가 여러분을 위하여 이미 만들어 놓았다. 우리는 간단하게 값을 출력하는 의도된 작업을 수행하기를 원하는 것이다.

메서드는 메서드와 그 매개변수를 명시함으로 호출된다.

자바에서 메스드를 호출할 때 여러분은 다음을 명시하는 것이 필요하다.

1. 사용하고자 하는 메서드(여기에서는 System.out.println).
2. 주어진 작업을 수행하기 위하여 메서드가 필요로 하는 값들(여기에서는 "Hello, World!"). 기술적 용어로 이러한 정보는 매개변수(argument)이다. 매개변수들은 괄호로 싸여진다. 다수의 매개변수는 콤마(,)를 통하여 구분된다.

큰 따옴표에 둘러싸인 문자 나열인

```
"Hello, World!"
```

문자열은 큰 따옴표에 둘러싸인 문자의 나열이다.

는 문자열(string)이라고 불린다. 문자열의 내용은 큰 따옴표 안에 둘러싸야 컴파일러가 "Hello, World!"가 문자 그대로를 의미한다는 것을 안다. 이러한 요구에는 이유가 있다. main이라는 단어를 출력할 필요가 있다고 가정하라. "main"이라고 큰 따옴표에 둘러쌈으로 컴파일러는 m a i n 이라는 문자의 나열을 의미하고, main이라는 이름의 메서드를 의미하지 않는다는 것을 안다. 이 규칙은 간단히 모든 텍스트 문자열을 큰 따옴표로 둘러싸서 컴파일러는 그것이 평범한 텍스트이고, 프로그램 명령어로 해석하지 않도록 한다.

수치적인 값도 출력할 수 있다. 예를 들어 다음 문장

```
System.out.println(3 + 4);
```

는 숫자 7을 표시한다.

System.out.println 메서드는 문자열이나 숫자를 출력하고 새로운 줄에서 시작한다. 다음 연속의 문장은

```
System.out.println("Hello");
System.out.println("World!");
```

텍스트 두 줄을 출력한다.

```
Hello
World!
```

예제의 완전한 코드

웹 페이지 wiley.com/go/javacode에 가서 print 명령어에 대한 데모 프로그램을 다운로드 할 수 있다.

System.out.print라고 불리우는 두 번째 메서드는 새로운 줄로 바꾸지 않고 항목들을 출력할 수 있다. 다음 연속의 두 문장은

```
System.out.print("00");
System.out.println(3 + 4);
```

하나의 줄에 나타난다.

```
007
```

흔한 오류 1.1

세미콜론을 빠뜨리다

자바에서 모든 문장은 세미콜론으로 끝나야 한다. 세미콜론을 넣는 것을 잊어버리는 것은 흔한 오류이다. 그러면 컴파일러는 문장이 끝나는 것과 다음 시작을 찾는데 세미콜론을 사용하기 때문에 혼란스러워 한다. 컴파일러는 행의 중단이나 닫는 중괄호를 문장의 끝으로 이해하지 않는다. 컴파일러는 아래의 두 문장을

```
System.out.println("Hello")
System.out.println("World!");
```

하나의 문장으로 아래와 같이 생각한다.

```
System.out.println("Hello") System.out.println("World!");
```

따라서 컴파일러는 "Hello" 다음에 닫는 괄호, 그리고 System이 따라오리라고 예상하지 않기 때문에 그 문장을 이해하지 못한다. 고치는 방법은 간단하다. 마치 모든 영어 문장이 마침표로 끝났는지를 체크하듯이 모든 문장이 세미콜론으로 끝나는지를 검사하면 된다. 그러나 public class Hello 또는 public static void main에서는 세미콜론을 추가하지 않는다. 이 라인들은 문장이 아니다.

자습문제

11. 여러분에게 인사를 하기 위해서는 HelloPrinter 프로그램을 어떻게 수정해야 하는가?
12. HelloPrinter 프로그램을 어떻게 수정하여야 "Hello"를 수직방향으로 출력할 수 있겠는가?
13. 만약 7번째 줄을 다음의 문장으로 바꾸면 프로그램이 계속 동작하는가?

```
System.out.println(Hello);
```

14. 다음 문장은 무엇을 출력하는가?

```
System.out.print("My lucky number is");
System.out.println(3 + 4 + 5);
```

15. 다음의 문장들이 출력하는 것은 무엇인가?

```
System.out.println("Hello");
System.out.println("");
System.out.println("World");
```

실습하기 이 장의 끝부분에 있는 복습 문제 및연습 문제 R1.7, R1.8, P1.5, P1.7을 수행하시오.

1.6 오류들

프로그래머는 컴파일 시간 및 실행 시간 오류를 고치기 위하여 상당한 시간을 사용한다.

HelloPrinter 프로그램으로 몇 가지 실험을 해 보자. 다음과 같은 잘못된 입력을 하게 되면 어떻게 될까?

```
System.ou.println("Hello, World!");
System.out.println("Hello, Word!");
```

컴파일 시간 오류는 컴파일러에 의하여 검출되는 프로그래밍 언어의 규칙에 대한 위반이다.

첫 번째의 경우에 컴파일러가 잘못되었다고 알려 줄 것이다. "Cannot file symbol ou"와 같이 컴파일러는 ou 라는 것이 무슨 뜻인지 알 수 없다고 말할 것이다. 이것을 컴파일 시간 오류(compile-time errors)라고 한다. 언어규칙의 측면에서 무엇인가 잘못되었고 컴파일러는 그것을 찾아낸다. 이러한 이유로 컴파일 시간 오류를 구문 오류(syntax error)라고도 종종 부른다. 컴파일러가 하나 또는 그 이상의 오류를 발견하면, 프로그램을 자바의 가상머신 명령어로 변환하는 것을 거부하게 되므로 프로그램을 실행시킬 수 없다. 오류를 바로잡고 다시 컴파일해야 한다. 까다로운 컴파일이 성공하기까지 처음에는 여러 번의 컴파일 시간 오류 수정이 필요할 수도 있다.

컴파일러가 오류를 찾아내더라도 단지 중지하거나 포기하지 마라. 컴파일러는 발견할 수 있는 가능한 많은 오류를 보여주어서 한꺼번에 오류 모두를 고칠 수 있도록 하려고 한다.

때로는 오류로 인하여 컴파일러는 경로를 벗어나기도 한다. 가령 `System.out.println(Hello, World!)`와 같이 문자열 주변에 큰 따옴표 표시를 잊어버렸다고 하자. 컴파일러는 잊어버린 큰 따옴표에 대하여 오류를 알려 주는 것이 아니다. 대신에 Hello라는 심벌을 찾을 수 없다("Cannot file symbol Hello")와 같은 오류를 보고한다. 불행히도 컴파일러는 그다지 똑똑하지 못하여 여러분이 문자열을 사용하고자 했다는 것을 알지 못한다. 문자열은 큰 따옴표로 둘러싸야 한다는 것을 깨닫는 것은 여러분에게 달려 있다.

두 번째 줄에 있는 오류는 또 다른 종류이다. 프로그램은 컴파일하여 수행된다. 그러나 그 결과는 잘못되었다. 그 출력은 다음과 같다.

```
Hello, Word!
```

실행 시간 오류는 프로그램이 프로그래머가 의도하지 않았던 동작을 수행하는 것이다.

이것은 실행 시간 오류(run-time errors)라고 불린다. 프로그램은 구문상에는 올바르고 어떤 일을 수행하지만, 할 것으로 기대하고 있는 것을 수행하지는 못한다. 실행 시간 오류는 프로그램에서 논리적인 결함에 의하여 발생하기 때문에, 논리 오류(logical error)라고도 종종 불린다.

이러한 특별한 실행 시간의 오류는 오류 메시지를 포함하지 않는다. 단지 잘못된 결과를 발생시킬 뿐이다. 어떤 종류의 실행 시간 오류의 경우에는 아주 심각한 오류로 자바 가상머신으로부터의 오류 메시지인 예외(exception)를 발생시킨다. 만약 프로그램이 다음과 같은 문자를 포함한다면

```
System.out.println(1 / 0);
```

예제의 완전한 코드

웹 페이지 wiley.com/go/javacode에 가서 오류를 보여주는 세 개의 프로그램을 다운로드 할 수 있다.

실행 시간 오류 메시지인 0으로 나누는 오류 "Division by zero"를 얻게 될 것이다.

프로그램을 개발하는 동안 오류는 피할 수 없는 것이다. 일단 프로그램이 몇 줄보다 더 길어지게 되면, 한 번도 실수하지 않고 완전하게 입력하기 위해서 초인적인 집중력이 필요하다. 생각보다 자주 세미콜론이나 큰 따옴표 등을 빠뜨리는 것을 발견하게 될 것이다. 컴파일러는 이러한 문제를 여러분에게 맡겨 둘 것이다.

실행 시간 오류는 더욱 골치가 아프다. 컴파일러는 그 오류를 발견하지 못할 것이다. 사실 컴파일러는 구분상의 오류가 없다면 기꺼이 어떠한 프로그램이라도 변환할 것이다. 그러나 결과 프로그램은 뭔가를 잘못하고 있다. 프로그램을 테스트하고 실행 시간 오류를 찾아내는 것은 프로그램 작성자의 책임이다.

자습문제

16. HelloPrinter.java 프로그램에서 Hello, World! 주변에 " "를 생략했다고 가정해 보자. 이것은 컴파일 시간 오류인가 아니면 실행 시간 오류인가?
17. HelloPrinter.java 프로그램에서 println을 printline으로 바꾸었다고 가정해 보자. 이것은 컴파일 시간 오류인가 아니면 실행 시간 오류인가?
18. HelloPrinter.java 프로그램에서 main을 hello로 바꾸었다고 가정해 보자. 이것은 컴파일 시간 오류인가? 아니면 실행 시간 오류인가?
19. 컴퓨터를 사용할 때 프로그램이 강제 종료(crashed, 일시에 프로그램을 빠져나감)나 중단(hung, 사용자 입력에 응답 없음)되는 것을 경험했을 것이다. 이러한 것은 컴파일 시간 오류인가 실행 시간 오류인가?
20. 컴파일 오류가 있다면 왜 실행 시간 오류를 잡을 수가 없는가?

실습하기 이 장의 끝부분에 있는 복습 문제 R1.9, R1.10, R1.11을 수행하시오.

흔한 오류 1.2

단어의 철자 오류

실수로 하나의 단어를 잘못 쓴 경우에 이상한 일이 발생할 수 있다. 그리고 이러한 경우에 무엇이 잘못되었는지를 보여주는 오류 메시지는 전적으로 명확하지 않을 수 있다. 여기 어떻게 간단한 철자 오류가 문제를 일으킬 수 있는지를 보여준다.

```
public class HelloPrinter
{
   public static void Main(String[] args)
   {
      System.out.println("Hello, World!");
   }
}
```

이 클래스는 Main이라는 메서드를 선언한다. 컴파일러는 Main이 대문자로 시작하고, 자바 언어는 대소문자를 구분하기 때문에, 이것이 main 메서드와 같다고 여기지 않는다. 대문자와 소문자는 서로 완전히 다르다고 간주된다. 그래서 컴파일러는 Main이 rain과 일치하지 않는 것과 동일하게 main과 일치하지 않는다고 여긴다. 컴파일러는 여러분의 Main 메서드를 기꺼이 컴파일하지만 자바 가상머신이 컴파일된 파일을 수행할 때 main 메서드가 없어서 프로그램을 수행할 수 없다는 오류를 낸다. 물론 main 메서드가 없다는 메시지 "missing main method"는 오류에 대하여 어디를 봐야 하는지 힌트를 제공하기는 한다.

컴파일러가 잘못된 진행 중에 발생한 오류 메시지로 여겨지면 철자나 대문자화된 것 등을 체크해 보는 것이 좋다. 심벌 이름을 잘못 쓴 경우에(예 : out 대신에 ou) 컴파일러는 심벌 ou를 발견할 수 없다. "Cannot find symbol ou"라는 오류 메시지를 만들어 낼 것이다. 이러한 오류 메시지는 철자 오류가 있다는 좋은 힌트가 될 것이다.

1.7 문제 해결하기 : 알고리즘 설계

여러분은 곧 자바에서 계산이나 의사결정을 어떻게 프로그램하는지 배우게 될 것이다. 그러나 다음 장에서 계산을 구현하는 기술을 살펴보기 전에 구현에 앞서 문제에 대한 해결책을 찾기 위하여 필요한 단계를 어떻게 기술할 수 있는지 생각해 보자.

1.7.1 알고리즘의 개념

완벽한 상대를 찾는 것은 컴퓨터가 풀 수 있는 문제가 아니다.

여러분은 여러분에게 맞는 결혼 상대를 찾아주는 컴퓨터화된 서비스에 돈내고 가입하라는 광고를 본 적이 있을 것이다. 이 시스템이 어떻게 동작할지 생각해 보라. 여러분은 어떤 양식의 내용을 채워서 보낼 것이다. 다른 사람들에 대해서도 동일한 것을 수행할 것이고, 그 데이터는 컴퓨터 프로그램에 의하여 처리될 것이다. 컴퓨터가 여러분을 위하여 가장 적합한 사람을 찾을 것이라고 가정하는 것이 당연할 것이다. 컴퓨터가 아니라 여러분의 남동생이 모든 양식을 그의 책상 위에 가지고 있다고 가정해 보라. 어떤 명령을 당신의 동생에게 줄 것인가? 인라인 스케이트와 인터넷 검색을 좋아하는 가장 인상이 좋은 사람을 찾아보라는 식으로 지시할 수는 없을 것이다. 인상이 좋은 얼굴에 대한 객관적인 기준은 없으며, 여러분 남동생의 의견(또는 디지털 사진을 분석하여 얻은 컴퓨터 프로그램에서의 의견)은 여러분 자신의 생각과 동일하지 않기 때문이다. 어떤 사람이 그 문제를 풀기 위하여 작성된 지시명령이 없다면 컴퓨터가 마술적으로 올바른 답을 찾는 방법이 있을 수는 없다. 컴퓨터는 여러분이 지시하는 대로만 할 수 있으며, 단지 지루해하거나 피로해 하지 않고 주어진 명령어를 빨리 수행할 뿐이다.

이런 이유로 컴퓨터화된 중매 서비스는 최적의 짝을 찾을 것이라는 것을 보장하지 못한다. 대신에 여러분과 공통된 관심분야를 가진 잠재적인 파트너를 제시할 것이다. 이러한 일은 컴퓨터 프로그램이 풀 수 있는 일인 것이다.

컴퓨터 프로그램이 해답을 계산하는 문제의 답을 제공하기 위해서는 다음과 같은 속성을 가진 단계적인 절차를 따라야만 한다.

- 모호하지 않고
- 실행 가능하고
- 종료한다.

알고리즘은 모호하지 않고, 실행 가능하고, 종료가 되는 순차적인 단계들이다.

순차적인 단계가 모호하지 않다(unambiguous)는 것은 각 단계에서 무엇을 해야 하고 다음에 어디로 가야 하는지에 대한 정확한 명령어가 있다는 것이다. 추정해서 하거나 개인적인 의견을 위한 여지는 없다. 각 단계는 실제적으로 수행이 가능할 때 실행 가능하다(executable)고 한다. 가령 컴퓨터는 여러분과 취미가 같은 모든 사람을 나열할 수 있으나, 누가 평생의 파트너가 될 것인지는 예측할 수 없다. 마지막으로 순서 단계가 종료한다(terminating)는 것은 마침내 끝에 도달한다는 것이다. 해답을 주지 않고 계속 작업만 수행하고 있는 프로그램은 쓸모가 없다.

알고리즘은 해답을 찾기 위한 레시피(recipe)이다.

모호하지 않고, 실행 가능하고, 종료하는 단계적인 순서를 알고리즘(algorithm)이라고 부른다. 비록 파트너를 찾는 알고리즘은 없다고 하더라도 많은 문제들은 그것을 풀 수 있는 알고리즘이 존재한다. 다음 절에서 한 예를 보여준다.

1.7.2 투자 문제를 푸는 알고리즘

다음의 투자 문제를 생각해 보자.

여러분이 10,000달러를 은행 계좌에 넣어두고 일 년에 5%의 이자를 받는다. 금액이 원금의 두 배가 되려면 몇 년이 걸리는가?

손으로 이 문제를 풀 수 있는가? 물론 풀 수 있을 것이다. 계좌 잔고를 아래와 같이 계산해 낼 수 있을 것이다.

year	interest	balance
0		10000
1	10000.00 x 0.05 = 500.00	10000.00 + 500.00 = 10500.00
2	10500.00 x 0.05 = 525.00	10500.00 + 525.00 = 11025.00
3	11025.00 x 0.05 = 551.25	11025.00 + 551.25 = 11576.25
4	11576.25 x 0.05 = 578.81	11576.25 + 578.81 = 12155.06

잔고가 최소한 20,000달러가 될 때까지 계속해 가면 될 것이다. 그러면 마지막에 있는 연도 항목에 있는 값이 답이다.

물론 이러한 계산을 수행해 가는 것은 여러분이나 여러분의 남동생이 수행하기에는 아주 지루한 작업이다. 그러나 컴퓨터는 이러한 반복적인 작업을 빠르게 실수하지 않고 수행하는데 매우 뛰어나다. 컴퓨터에 중요한 것은 해답을 찾기 위한 단계를 기술하는 것이다. 각 단계는 추측에 의하여 수행하는 것이 전혀 없이, 명확하고 모호하지 않아야 한다.

처음 0 연도에는 잔고 10,000달러에서 시작

year	interest	balance
0		10000

잔고가 20,000달러 이하인 경우에 다음의 단계를 반복한다.

연도값에 1을 더한다.

잔고에 0.05(5 % 이율)를 곱하여 잔고를 변경한다.

year	interest	balance
0		10000
1	500.00	10500.00
14	942.82	19799.32
(15)	989.96	20789.28

마지막 연도를 답으로 돌려준다.

이러한 단계는 컴퓨터가 이해할 수 있는 언어는 아니지만, 그것을 자바로 표현하는 것에 대해서는 곧 배우게 될 것이다. 이러한 일상적인 언어로 기술한 것을 의사코드(pseudocode) 라고 부른다. 다음 절에서 의사코드를 작성하는 규칙을 살펴본다.

1.7.3 의사코드(pseudocode)

의사코드는 문제를 풀기 위한 단계적인 순서를 비격식적으로 기술하는 것이다.

읽는 것은 사람이지 컴퓨터 프로그램이 아니기 때문에 의사코드에 대한 엄격한 요구사항은 없다. 여기에 이 책에서 사용할 의사코드 문장의 종류들이 있다.

- 어떤 값이 어떻게 설정되고 바뀌는지에 대하여 다음과 같은 문장을 사용하라.

  전체 가격 = 구매 가격 + 운용 가격
  잔고값에 1.05를 곱하여 수정하라.
  단어에서 첫 번째와 마지막 글자를 제거하라.

- 판단이나 반복은 다음과 같이 기술하라.

  만약 전체 가격 1 < 전체 가격 2
  잔고가 20,000달러 보다 적은 동안
  순서의 각 그림에 대하여

  선택되거나 반복되어야 하는 문장을 나타내기 위하여 들여쓰기를 사용하라.

  각각의 차량에 대하여
    운영비 = 10 × 연간 기름값
    전체 비용 = 구매 가격 + 운영비

  여기서 들여쓰기는 두 문장이 모두 각각의 차량에 대하여 수행해야 된다는 것을 나타낸다.

- 다음과 같은 문장으로 결과를 나타내라.

  차량1을 선택하라.
  해답의 마지막 연도의 값을 보고한다.

1.7.4 알고리즘으로부터 프로그램으로

1.7.2절에서 우리는 투자금이 두배가 되는데 얼마가 걸리는지를 알아보는 의사코드를 작성했다. 알고리즘에서 의사코드가 나타내는 것을 다시 한 번 확인하자. 즉 그것이 모호하지 않고, 실행 가능하고, 종료하는지 확인해야 한다.

우리의 의사코드는 모호하지 않다. 이것은 각 단계에서 값을 어떻게 갱신하는지를 간단하게 말해준다. 의사코드는 우리가 고정된 이자율을 사용하기 때문에 수행가능하다. 실제 이자율이 연 5%가 아니라 다가오는 매해마다 실제 이자율에 따라 바뀐 이자율을 사용한다고 했다면, 이자율이 얼마인지를 알 방법이 없기 때문에 그 단계를 수행할 수 있는 단계가 되지 않는다. 단계가 종료한다는 것을 알기 위해서는 생각을 좀 해야 한다. 각 단계에서 최소한 500달러 증가함으로 언젠가 20,000달러에 도달할 것이다.

따라서 우리는 투자 문제에 대하여 푸는 알고리즘을 발견한 것이다. 우리는 컴퓨터 프로그래밍에 의하여 해답을 발견할 수 있다. 프로그래밍 작업에 있어서 알고리즘의 존재는 필수적인 선행 요구 사항이다. 프로그래밍을 시작하기 전에 풀고자 하는 문제의 알고리즘을 구하는 것이 첫 번째 해야 할 일이다(그림 9참조). 앞으로의 장에서 여러분은 어떻게 알고리즘을 자바코드로 표현할 수 있는지를 배우게 될 것이다.

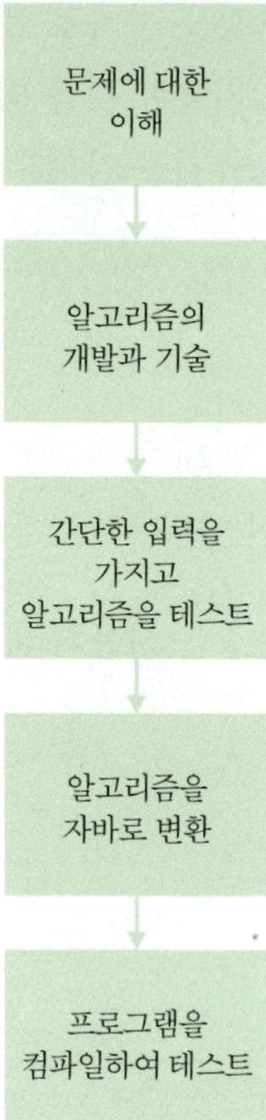

그림 9 소프트웨어 개발 절차

자습문제

21. 이자율이 20%일 때 투자금이 두 배가 되려면 얼마가 걸릴까?

22. 핸드폰 요금이 300분까지는 29.95달러이고 추가적으로 사용되는 매 분마다 0.45달러가 추가되며, 12.5%의 세금 및 수수료가 있다. 사용한 분의 값이 주어졌을 때 월 사용 요금을 계산하는 알고리즘을 제시하라.

23. 순차적인 사진으로부터 가장 마음에 드는 사진을 찾는 다음의 의사코드를 생각해 보자.

```
첫 번째 사진을 선택하여 이 사진을 "지금까지 가장 좋은" 것이라고 부르자.
순차적인 각 사진에 대하여
    "지금까지 가장 좋은" 것보다 더 좋으며
        "지금까지 가장 좋은" 것을 버리고
        현재의 사진을 "지금까지 가장 좋은" 것이라 부르자.
"지금까지 가장 좋은" 것이라고 불리는 것이 전체 사진에서 가장 마음에 드는 사진이다.
```

이것은 가장 마음에 드는 사진을 찾기 위한 알고리즘인가?

24. 자습 문제 23에서 사진에 가격표가 붙어있다고 가정하자. 가장 가격이 비싼 사진을 찾는 알고리즘을 제공하라.

25. 임의의 순서를 가지는 검은 대리석 조각과 흰색 대리석 조각들을 가지고 있는데, 이것을 검은색 대리석 조각과 흰색 대리석 조각이 각각의 그룹으로 묶이도

록 재정렬 한다고 가정하자. 다음의 알고리즘을 생각해 보자.

정렬이 될 때까지 반복하라.

    앞에 흰 대리석 조각이 있는 첫 번째 검은 대리석 조각을 찾아 순서를 바꾸어라.

○●○●● 다음의 순서의 대하여 알고리즘은 어떻게 동작하는가? 알고리즘이 정지할 때의 단계를 기술하라.

26. 색깔이 있는 대리석 조각이 임의의 순서를 가진다고 가정하자. 다음의 의사코드를 생각해 보자.

정렬이 될 때까지 반복하라.

    앞에 다른 색을 가지는 첫 번째 대리석 조각의 위치를 찾아 순서를 바꾸어라.

왜 이것은 알고리즘이 아닌가?

실습하기 이 장의 끝부분에 있는 복습 문제 및 연습 문제 R1.15, P1.4, P1.18을 수행하시오.

따라 하기 1.1 의사코드로 알고리즘을 개발하고 기술하기

이것은 이 책에 있는 많은 '따라 하기' 섹션의 첫 번째 것으로, 컴퓨터 프로그램을 개발하는데 중요한 업무를 수행하기 위한 절차를 한 단계 한 단계씩 보여준다.

자바 프로그램을 작성하려고 하기 전에 주어진 문제에 대하여 해답을 찾는 방법인 알고리즘을 개발하는 것이 필요하다. 영어로 순차적으로 정확하게 기술하는 의사코드로 알고리즘을 기술하라. 예로 문제에 대한 알고리즘을 개발할 것이다.

문제 정의 두 대의 차를 사야 하는 선택의 문제에 대하여 생각해 보자. 하나는 다른 것보다 연비가 뛰어나지만 더 비싸다. 두 차에 대한 가격과 연비(1갤런으로 가는 마일 거리, mpg)를 안다고 하자. 차를 10년 동안 유지할 계획을 가지고 있다. 기름 가격이 갤런당 4달러이고 매년 15,000마일을 탄다고 가정하자. 차량 가격에 대하여 현금으로 지불하고 금융 비용에 대해서는 고려하지 않는다. 어떤 차가 더 좋은 거래일까?

단계 1 **입력과 출력을 결정하라.**

샘플 문제에서 입력은 다음과 같다.

- 구매 가격 1과 연비 1, 첫 번째 차에 대한 가격과 연비(mpg)
- 구매 가격 2와 연비 2, 두 번째 차에 대한 가격과 연비

우리는 간단하게 어느 차가 더 좋은 구매인지를 알고자 한다. 이것이 원하는 출력이다.

단계 2 **주어진 문제를 더 작은 작업으로 잘게 쪼개라.**

각 차량에 대하여 그 차를 운행하는 전체 비용을 뽑아야 한다. 이것을 각 차에 대하여 따로 계산해 보자. 일단 각 차에 대한 전체 비용을 알게 되면 우리는 어느 차가 더 좋은 차인지 알 수 있다.

각 차에 대한 전체 가격은 구매 가격 + 운행 비용(purchase price + operating cost)이다.

우리는 10년 동안 동일한 사용량과 기름 가격을 가진다고 가정한다. 따라서 운행 비용은 차를 일 년 동안 운행하는 가격에 의존한다.

운행 비용은 10×연간 기름 가격
연간 기름 가격은 갤런당 가격×연간 기름 사용량

연간 기름 사용량은 연간 운행 마일/연비이다. 가령, 차를 15,000마일 운전하고 연비가 15마일/갤런이라면 그 차는 1,000갤런을 소모한다.

단계 3 **각각의 세부 업무에 대하여 의사코드로 작성하라.**

기술할 때는 다른 계산을 필요로 하기 전에 중간값이 계산되도록 단계를 조정하라. 예를 들어 단계 목록에서

전체 가격 = 구매 가격 + 운행 비용

운행 비용을 계산한 후에 할 수 있다.
여기에 어느 차를 선택해야 할지에 대한 알고리즘이 있다.

```
각 차량에 대하여 아래와 같이 전체 가격을 계산하라.
    연간 기름 사용량 = 연간 운행 마일 / 연비
    연간 기름 가격 = 갤런당 가격×연간 기름 사용량
    운행 비용 = 10×연간 기름 가격
    전체 비용 = 구매 가격 + 운행 비용
만약 전체 가격 1 < 전체 가격 2
    차량 1을 선택
그렇지 않으면
    차량 2를 선택
```

단계 4 **실제 문제를 가지고 의사코드를 테스트하라.**

샘플값으로 다음을 사용할 것이다.

차량 1 : 25,000 달러, 50 마일/갤런
차량 2 : 20,000달러, 30 마일/갤런

여기에 첫 번째 차량에 대한 계산 금액이 있다.

연간 기름 사용량 = 연간 운행 마일 / 연비 = 15,000 / 50 = 300

연간 기름 가격 = 갤런당 가격 × 연간 기름 사용량 = 4 × 300 = 1,200

운행비용 = 10 × 연간 기름 가격 = 10 × 1,200 = 12,000

전체 비용 = 구매 가격 + 운행비용 = 25,000 + 12,000 = 37,000

비슷하게 두 번째 차량에 대한 전체 가격은 40,000달러이다. 따라서 알고리즘의 출력은 첫 번째 차량을 선택하는 것이다.

다음의 실습 예제는 이 장에서 배운 개념을 어떻게 사용하는지를 보여주고, 또 다른 문제를 풀기 위한 실습의 단계를 보여준다. 이 경우 색을 번갈아가며 사용하여 타일을 놓는 알고리즘을 어떻게 개발하는지 보게 될 것이다. 배운 것을 검토하고 다른 문제를 다룰 때 도움을 받기 위하여 실습 예제를 읽어봐야 한다.

앞으로의 장에서 실습 예제는 여러분을 위하여 교재에 따른 웹 페이지에 제공될 것이다. 예제가 다루는 문제에 대한 간단한 기술만 보여줄 것이고 www.wiley.com/go/javaexamples에서 다운로드한다는 것을 기억하라. 각 장에 따른 코드에 포함된 실습 예제와 관련된 코드를 발견할 수 있을 것이다. 실습 예제 기술을 볼 때, 예제를 다운받아서 문제를 어떻게 푸는지 배우기 위하여 코딩을 해 보자.

실습 예제 1.1 마루에 타일을 까는 알고리즘 작성하기

문제 정의 4×4 인치 크기의 검정색 및 흰색 타일을 번갈아가며 직사각형의 욕실 바닥에 까는 알고리즘을 작성하라. 마루의 차원은 인치로 측정되며, 4의 배수이다.

단계 1 입력과 출력을 결정하라.

입력은 인치로 측정된 마루의 차원(가로×세로)이다. 출력은 타일이 깔린 마루이다.

단계 2 주어진 문제를 작은 작업으로 쪼개라.

자연스러운 하위 작업은 한 줄의 타일을 까는 것이다. 이 문제를 풀 수 있다면 하나의 벽에서 시작하여 반대편 벽에 도달할 때까지 하나의 줄 다음에 또 다른 줄을 계속 놓음으로 문제를 해결할 수 있다.

어떻게 하나의 줄을 놓을 수 있는가? 하나의 벽에 하나의 타일로 시작하라. 만약 그것이 흰색이면, 그 옆에 검은색을 놓는다. 만약 그것이 검은색이면, 그 옆에 흰색을 놓는다. 반대편에 도달할 때까지 계속하라. 줄은 가로/4개의 타일로 구성될 것이다.

단계 3 각각의 하위 작업을 의사코드로 작성하라.

의사코드에서 타일을 어디에 두어야 하는지를 보다 정확하게 기술하게 될 것이다.

```
북서쪽 모서리에 검은색 타일을 놓는다.
마루를 채우기 전까지 다음 단계를 반복하자.
    이 단계를 가로/4 -1 번 반복한다.
        이전에 놓은 타일의 동쪽에 타일을 놓는다. 이전에 놓은 타일이
            흰색이면 검은색을, 그렇지 않으면 흰색을 놓는다.
        금방 놓은 줄의 처음 위치로 이동하라. 남쪽에 공간이 있으면
        그 아래에 반대 색깔을 놓는다.
```

단계 4 문제에 적용하면서 의사코드를 테스트해 보자.

20×12인치로 측정되는 영역에 타일을 깐다고 가정해 보라.

첫 번째 단계는 북서쪽 구석에 검은 타일을 놓는 것이다.

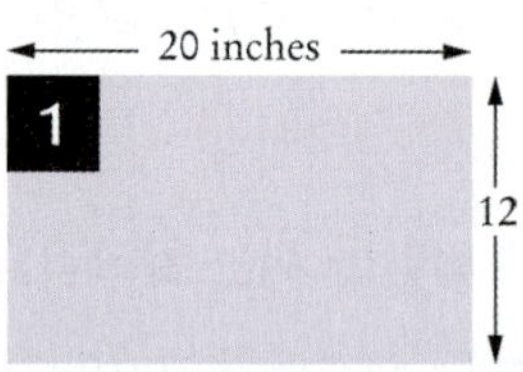

다음에 동쪽 벽을 만날 때까지 4개의 타일을 번갈아가며 놓는다(가로/4-1 = 20/4 - 1 = 4).

남쪽에 공간이 있다. 완성된 줄의 시작 위치로 이동하라. 검은색이므로 흰 타일을 남쪽에 놓는다.

그 줄을 완성하라.

여전히 남쪽에 공간이 있다. 마무리 한 줄의 시작 위치로 이동하라. 흰색이므로 검정 타일을 놓는다.

그 줄을 완성하라.

이제 모든 마루를 채웠으므로 작업을 끝냈다.

본 장의 요약

컴퓨터 프로그램과 프로그래밍의 정의

- 컴퓨터는 매우 간단한 명령어를 빠르게 수행한다.
- 컴퓨터 프로그램은 명령어와 판단의 나열이다.
- 프로그래밍은 컴퓨터 프로그램을 설계하고 구현하는 것이다.

컴퓨터 요소를 기술하라.

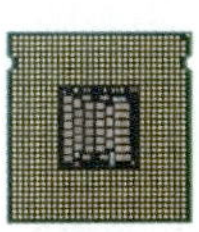

- 중앙 처리 장치(CPU)는 제어와 데이터 처리를 수행한다.
- 저장 장치는 메모리와 2차 저장 장치를 포함한다.

고수준 언어를 기계어 코드로 변환하는 절차를 기술하라.

- 자바는 원래 소비자 장치(consumer device)를 위하여 설계되었으나, 인터넷 애플릿을 작성하는데 처음으로 성공적으로 사용되었다.
- 자바는 안전하게 이식성을 제공하여 인터넷 사용자와 학생 모두에게 유익하도록 설계되었다.

- 자바 프로그램은 가상 머신에 대한 명령어로 배포되어 플랫폼에 독립적으로 만든다.
- 자바는 커다란 라이브러리를 보유하고 있다. 프로그래밍 과제를 위하여 필요한 부분의 라이브러리를 배우는데 집중하라.

자바 프로그래밍 환경에 익숙해져라.

- 클래스 과제를 위하여 사용할 컴퓨터 시스템과 자바 컴파일러에 익숙해지기 위하여 시간을 투자하라.
- 자바 프로그램과 같은 텍스트를 기입하고 수정하기 위한 프로그램이 에디터이다.
- 자바는 대소문자를 구분한다. 대문자와 소문자 사이를 구분하는데 주의해야만 한다.
- 자바 컴파일러는 소스 코드를 자바 가상머신을 위한 명령어를 포함한 클래스로 변환한다.
- 심각한 문제가 발생하기 전에 프로그램 백업 복사를 유지하기 위한 방안을 개발하라.

간단한 프로그램의 구현 블록을 기술하라.

- 클래스는 자바 프로그램의 기본 구현 블록이다.
- 모든 자바 응용 프로그램은 main 메서드를 가진 클래스를 포함한다. 응용 프로그램을 시작할 때, main 메서드의 명령어부터 수행된다.
- 각 클래스는 메서드의 선언을 포함한다. 각각의 메서드는 일련의 명령어를 포함한다.
- 메서드는 객체와 메서드 이름, 그리고 메서드 매개변수를 명시함으로 호출된다.
- 문자열은 따옴표로 둘러싼 문자의 나열이다.

프로그램 오류를 컴파일 시간 오류와 실행 시간 오류로 분류하라.

- 컴파일 시간 오류는 컴파일러에 의하여 검출할 수 있는 프로그램 언어의 규칙을 범하는 오류이다.
- 실행 시간 오류는 프로그래머가 의도하지 않은 동작을 프로그램이 수행하게 되는 것이다.

간단한 알고리즘에 대하여 의사코드를 작성하라.

- 어떤 프로그램을 푸는 알고리즘은 모호하지 않고, 실행 가능 하고, 종료하는 절차적인 단계이다.
- 의사코드는 문제를 풀기 위하여 절차적 단계를 비공식적으로 기술한다.

이 장에서 소개된 표준 라이브러리 요소

```
java.io.PrintStream
   print
   println
java.lang.System
   out
```

복습 문제

■R1.1 컴퓨터 프로그램을 사용하는 것과 컴퓨터 프로그래밍을 하는 것의 차이를 설명하라.

■R1.2 컴퓨터의 어느 부분에 프로그램 코드가 저장되는가? 어디에 사용자 데이터를 저장하는가?

■R1.3 컴퓨터의 어느 부분이 사용자에게 정보를 제공해 주는가? 어느 부분에서 사용자의 입력을 받아들이는가?

■■R1.4 굽는 기계는 하나의 기능을 가진 기계이고 컴퓨터는 다른 작업을 수행하도록 프로그램 될 수 있다. 핸드폰은 하나의 기능을 가진 장치인가? 아니면 프로그램이 가능한 컴퓨터인가? (정답은 사용하는 핸드폰의 모델에 달려있을 것이다.)

■■R1.5 자바를 사용하는 것이 기계코드를 사용하는 것에 비하여 유익한 것 두 가지를 설명하라.

■■R1.6 컴퓨터나 노트북에서 다음의 정확한 위치(폴더나 디렉터리 이름)는 어디인가?

a. 편집기로 작성한 예제 파일 HelloPrinter.java
b. 자바구동(launcher) 프로그램인 java.exe 또는 java
c. 실행 시간 라이브러리인 라이브러리 파일 rt.jar

■■R1.7 다음 프로그램은 무엇을 출력하는가?

```
public class Test
{
   public static void main(String[] args)
   {
```

```
        System.out.println("39 + 3");
        System.out.println(39 + 3);
    }
}
```

■■R1.8 다음 프로그램은 무엇을 출력하는가? 공백에 주의하라.

```
public class Test
{
    public static void main(String[] args)
    {
        System.out.print("Hello");
        System.out.println("World");
    }
}
```

■■R1.9 다음 프로그램의 컴파일 시간 오류는 무엇인가?

```
public class Test
{
    public static void main(String[] args)
    {
        System.out.println("Hello", "World!");
    }
}
```

■■R1.10 HelloPrinter.java 프로그램에 대하여 다른 컴파일 시간 오류를 가진 세 개의 버전을 작성하라. 실행 시간 오류가 있는 프로그램을 작성하라.

■R1.11 구문상의 오류를 어떻게 발견하는가? 논리적인 오류는 어떻게 발견하는가?

■■R1.12 다음의 질문을 풀 수 있는 알고리즘을 작성하라. 은행 계정은 10,000 달러로 시작한다. 이자율은 매월 복리로 0.5% 즉, 연 6%이다. 매달 500달러를 대학 비용을 위하여 출금한다. 몇 년 후에 잔고가 바닥나게 되는가?

■■■R1.13 복습 문제 R1.12의 질문을 생각해 보라. 만약 숫자(10,000달러, 6%, 500달러)를 사용자가 선택할 수 있다고 가정하자. 개발한 알고리즘이 종료하지 않는 값이 있는가? 그렇다면 항상 종료할 수 있도록 알고리즘을 수정하라.

■■■R1.14 집을 칠하는 비용을 추정하기 위하여 건물 외부 표면의 면적을 알아야 한다. 그 값을 계산하는 알고리즘을 개발하라. 입력은 집의 폭, 길이, 높이, 창문과 문의 개수 및 크기이다. (창과 문은 단일한 크기를 가진다고 가정하라.)

■■R1.15 따라 하기 1.1에서 기술한 문제에 대하여 기름값과 연간 사용량에 대하여 가정을 했었다. 그렇다면 이러한 가정 없이 어느 차가 더 좋은 차인지 알고 싶어진다. 왜 컴퓨터 프로그램은 이러한 문제를 풀 수가 없는가?

■■R1.16 어린 동생에게 여러분의 프로그램을 백업하도록 책임지운다고 가정하자. 그가 수행해야 할 작업에 대한 자세한 지시문을 작성하라. 얼마나 자주 백업을 해야 하는지, 어느 폴더에서부터 어디로 어떤 파일을 복사해야 하는지 설명하라. 백업이 제대로 수행되었는지를 어떻게 확인하는지 설명하라.

■R1.17 집에서 일요일 아침을 어떻게 준비하는지 기술하는 알고리즘을 의사코드로 작성하라.

■■R1.18 고대 바벨론에 어떤 숫자 a의 제곱근을 구하는 알고리즘이 있었다. 처음에 a/2를 초기값으로 시작한다. g번의 추정에 대하여 평균인 a/g를 계산한다. 그것이 다음 추정값이다. 두 개의 추정값이 충분히 가까울 때까지 반복한다. 이 알고리즘에 대한 의사코드를 작성하라.

프로그램 연습 문제

■P1.1 영어가 아닌 당신이 선택한 언어로 인사말을 출력하는 프로그램을 작성하라.

■■P1.2 처음 10개의 양의 정수의 합을 계산하는 프로그램을 작성하라.
1 + 2 + ... + 10.

■■P1.3 처음 10개의 양의 정수의 곱을 계산하는 프로그램을 작성하라.
1×2×... ×10(자바에서 곱셈을 나타내기 위하여 *를 사용하라.).

■■P1.4 계정의 첫 번째, 두 번째, 세 번째 해의 잔액을 출력하는 프로그램을 작성하라.

■P1.5 아래와 같이 콘솔 화면의 사각형 안에 당신의 이름을 표시하는 name inside라는 프로그램을 작성하라.

```
+------+
| Dave |
+------+
```

선을 | - +.와 같은 문자로 근사화하기 위하여 최선을 다하라.

■■■P1.6 다음과 같이 당신의 이름을 커다란 문자로 출력하는 프로그램을 작성하라.

```
*   *    **    ****    ****   *   *
*   *   *  *   *   *   *   *  *   *
*****  *    *  ****    ****    * *
*   *  ******  *   *   *   *    *
*   *  *    *  *    *  *    *   *
```

■■P1.7 텍스트 문자를 사용하여 가능하다면 아래 것보다 더 보기 좋은 얼굴을 출력하는 프로그램 FacePrinter를 작성하라.

```
      /////
     +"""""+
    (| o o |)
     |  ^  |
     | '-' |
     +-----+
```

■■P1.8 피에트 몬드리안(Piet Mondrian)의 그림을 흉내 내어 출력하는 프로그램을 작성하라(그의 그림에 대하여 익숙하지 않다면 인터넷을 검색해 보라.). 문자 @@@ 또는 :::을 다른 색을 표시하기 위하여 사용하고, - 또는 | 은 선을 표시하기 위하여 사용하라.

■■P1.9 다음과 비슷한 집을 출력하는 프로그램을 작성하라.

```
    +
   + +
  +   +
 +-----+
 | .-. |
 | | | |
 +-+-+-+
```

■■■P1.10 다음과 비슷하지만 다른 동물이 인사말 하는 것을 출력하는 프로그램을 작성하라.

```
  /\_/\      -----
 ( ' ' )  / Hello \'
 (  -  ) <  Junior |
  | | |   \ Coder!/
 (__|__)     -----
```

■P1.11 세 개의 구분된 줄에 세 명의 가장 좋은 친구나 좋아하는 영화 등 세 개의 항목을 출력하는 프로그램을 작성하라.

■P1.12 자신이 선택한 시를 출력하는 프로그램을 작성하라. 선호하는 시가 없다면 인터넷에서 "Emily Dickinson" 또는 "e e cummings"를 찾아보자.

■■P1.13 *와 =을 사용하여 미국 국기를 출력하는 프로그램을 작성하라.

■■P1.14 다음 프로그램을 타이핑하고 실행하라.

```
import javax.swing.JOptionPane;

public class DialogViewer
{
   public static void main(String[] args)
   {
      JOptionPane.showMessageDialog(null, "Hello, World!");
   }
}
```

프로그램을 수정하여 "Hello, your name!" 메시지를 보여주도록 하라.

■■P1.15 다음 프로그램을 타이핑하고 실행하라.

```
import javax.swing.JOptionPane;

public class DialogViewer
{
   public static void main(String[] args)
   {
      String name = JOptionPane.showInputDialog("What is your name?");
      System.out.println(name);
   }
}
```

그러고 나서 프로그램을 수정하여 사용자가 타이핑한 이름을 표시하는 "Hello, name!"을 출력하도록 하라.

■■■P1.16 연습 문제 P1.15를 수정하여 "My name is Hal! What wold you like me to do?"와 같이 대화를 계속하라. 사용자의 입력은 무시하고 다음과 같은 메시지를 출력하라.

```
I'm sorry, Dave. I'm afraid I can't do that.
```

Dave란 이름을 사용자가 입력한 이름으로 바꾸어라.

■■P1.17 다음의 프로그램을 실행하라.

```
import java.net.URL;
import javax.swing.ImageIcon;
import javax.swing.JOptionPane;

public class Test
{
   public static void main(String[] args) throws Exception
   {
      URL imageLocation = new URL(
            "http://horstmann.com/java4everyone/duke.gif");
      JOptionPane.showMessageDialog(null, "Hello", "Title",
            JOptionPane.PLAIN_MESSAGE, new ImageIcon(imageLocation));
   }
}
```

다른 인사말(greeting)과 이미지를 보여주도록 수정하라.

■■P1.18 일하러 가는데 차를 운전해서 가야 할지, 기차를 타고 가야 할지 결정하기를 원하고 있다. 일하는 데까지 가는 편도 거리 및 차의 연비(겔런당 마일)와 기차의 편도 가격을 알고 있다. 기름은 겔런당 4달러이라고 가정하고, 차량 유지비가 마일당 5센트라고 가정하자. 어떤 통근 수단이 더 저렴한지 결정하는 프로그램을 작성하라.

■■P1.19 차를 통근용으로 사용한 비율과 개인용으로 사용한 비율을 알아보고자 한다. 집에서 직장까지의 편도 거리를 알고 있다. 특정 기간 동안의 차량 계기판의 처음 및 마지막 마일을 기록했고, 그 기간 동안 일한 날을 기록했다. 주어진 문제를 해결하는 알고리즘을 작성하라.

■■■ P1.20 값은 다음의 수식에 의하여 계산될 수 있다.

$$\frac{\pi}{4} = 1 - \frac{1}{3} + \frac{1}{5} - \frac{1}{7} + \frac{1}{9} - \cdots$$

값을 계산하는 알고리즘을 작성하라. 공식이 무한급수이므로 알고리즘은 유한 개수의 단계를 수행하여 의미 있는 여섯 자리의 수를 얻게 되면 중지하도록 해야 한다.

■ 업무용 P1.21 두 개의 행에 친구의 생일을 출력하는 프로그램을 작성하라. 첫 번째 행에는 가장 친한 친구들의 이름을 출력하고 두 번째 행에는 그들의 생일을 출력하라.

■ 업무용 P1.22 미국에서는 연방정부의 판매 세금(sales tax)이 없고 각 주정부가 자체의 판매 세금을 부과한다. 다섯 개의 미국 주에 대한 판매 세금을 인터넷을 통하여 찾아보고, 여러분이 선택한 다섯 개 주에 대한 세율을 출력하는 프로그램을 작성하라.

```
Sales Tax Rates
---------------
Alaska:      0%
Hawaii:      4%
. . .
```

■ 업무용 P1.23 오늘날 노동 시장에서는 하나 이상의 언어를 말할 수 있다는 것은 매우 가치 있는 기술이다. 기본 기술 중에 하나는 사람들에게 인사하는 것이다. 다음의 표에서 두 개의 행에 대하여 인사말을 출력하는 프로그램을 작성하라. 첫 번째 행에는 영어구를 출력하고 두 번째 행에는 여러분이 선택한 언어의 구를 출력하도록 하라. 영어 외에 다른 언어를 말할 줄 모른다면 온라인 번역기를 이용하거나 친구에게 물어보라.

List of Phrases to Translate
Good morning.
It is a pleasure to meet you.
Please call me tomorrow.
Have a nice day!

■ 업무용 P1.24 친구들과 고급 레스토랑에 갔다고 상상해 보라. 계산서를 요구했을 때, 청구 금액과 팁(15 퍼센트)을 모두와 나누려고 한다. 각각의 사람이 지불해야하는 돈의 양을 계산하는 의사코드를 작성하라. 프로그램은 청구 금액, 팁, 전체 금액, 그리고 각 사람이 지불해야 하는 금액을 인쇄한다. 또한 각 사람이 지불하는 청구 금액에 대한 지불 금액과 팁에 대한 지불 금액을 인쇄한다.

■■ P1.25 검은색과 흰색 타일로 구성된 테두리를 따라 검은색 타일로 둘러 있고, 경계로부터 동일하게 떨어져 있으며, 가운데에 두 개 또는 세 개 블록의 타일이 있는 타일 패턴을 만드는 알고리즘을 작성

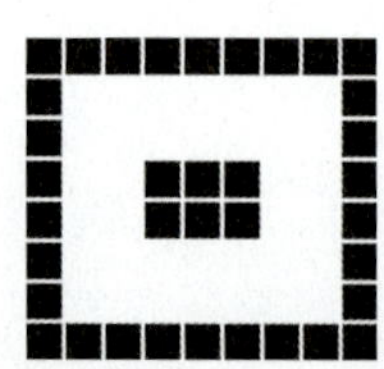

하라. 알고리즘의 입력은 패턴의 전체 행과 열의 개수이다.

■■■ P1.26 당신이 충실한 고객에 대한 판매촉진 행사로 온라인 카탈로그에서 100불까지를 살 수 있게 되었다고 가정하자. 여러분은 그러한 제안으로부터 최대의 효과를 얻고자 한다. 팔고 있는 항목들에는 100불 이하가 있고, 100불이 넘는 것도 있다. 100불에 가장 가까운 항목을 만들어내는 알고리즘을 작성하라. 하나 이상 그러한 항목이 있다면 그것 모두를 나열하라. 컴퓨터는 한 번에 하나의 항목만을 조사할 수 있다는 것을 기억하라. 전체를 살펴보고 그 중에 가장 좋은 것을 선택할 수는 없는 것이다.

■■■ P1.27 방에 놓여 있는 로봇을 생각해 보자. 로봇은 다음의 것을 할 수 있다.

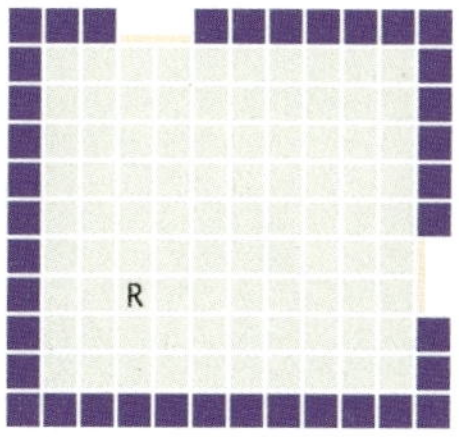

- 하나의 단위(unit)만큼 앞으로 움직일 수 있다.
- 왼쪽 또는 오른쪽으로 방향을 바꿀 수 있다.
- 앞에 무엇이 있는지(벽이 있는지, 창이 있는지, 아무것도 없는지)를 감지할 수 있다.

방의 어디엔가 놓여 있는 로봇이 창의 개수를 세는 알고리즘을 작성하라. 가령 오른쪽의 방에서 로봇은 R이라고 표시된 곳에 있는데, 2개의 창이 있다는 것을 알아내야 한다.

■■■ P1.28 미로에 놓여 있는 로봇에 대하여 생각해 보자. 오른손 법칙은 어떻게 미로를 빠져나갈 수 있는지를 알려준다. 즉, 항상 오른손이 벽 곁에 있도록 하면 마침내 미로를 빠져 나갈 수 있다.
로봇은 다음의 일을 할 수 있다.

- 하나의 단위만큼 앞으로 움직인다.
- 왼쪽 또는 오른쪽으로 방향을 바꾼다.
- 앞에 무엇이 있는지(벽이 있는지, 출구가 있는지, 아무것도 없는지)를 감지한다.

로봇이 미로를 빠져나가는 알고리즘을 작성하라. 오른손 법칙에 의하여 빠져 나갈 수 있는 출구가 있다고 가정해도 된다. 로봇은 회전한 것을 볼 수 없다. 단지 자신 앞에 있는 것만 볼 수 있다.

■■ 과학계산용 P1.29 텔레비전 제조업체는 대각선으로 측정된 텔레비전의 크기로 광고를 한다. 여러분은 텔레비전이 어떻게 당신의 거실에 맞게 되는지를 알고자 한

다. 텔레비전의 수평 및 수직 크기를 계산해 내는 알고리즘을 작성하라. 당신의 입력은 대각선 크기와 비율(높이에 대한 폭의 비율, 가령 16:9 텔레비전 세트)이다.

■■■ 과학계산용 P1.30 오늘날의 카메라는 사진 플래시로 인하여 눈이 빨갛게 보이는 '붉은 눈' 문제를 고칠 수 있다. 빨간 눈을 검출하는 알고리즘을 의사코드로 작성하라. 당신의 입력은 아래와 같은 색 패턴이다.

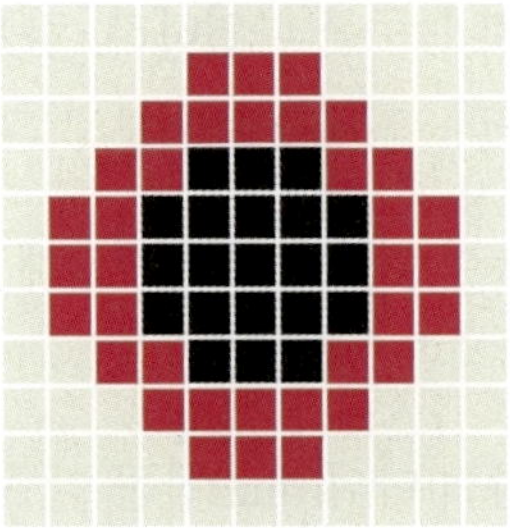

행과 열의 개수가 주어진다. 주어진 임의의 행과 열에 대하여 색깔을 문의하여 빨간색인지 검은색인지, 또 다른 색인지를 알 수 있다. 검은색의 중심과 빨간색의 중심이 일치하면, 여러분은 '붉은 눈'을 찾게 되고 출력은 "예(yes)"가 된다. 그렇지 않으면 출력은 "아니오(no)"가 된다.

자습 문제 모범 답안

1. 프로그램은 CD로부터 데이터를 읽어들여 스피커와 화면에 출력으로 보낸다.
2. 2.CD 플레이어는 한가지 일(음악을 플레이 하는 것)을 할 수 있다. 프로그램을 수행할 수 없다.
3. 없다.
4. 보조 저장 장치로 전형적인 하드 디스크
5. 중앙 처리 장치
6. 스마트폰은 다른 컴퓨터와 마찬가지로 CPU와 메모리를 가지고 있다. 몇몇 스마트폰은 키보드도 가지고 있다. 일반적으로 터치패드가 마우스 대신에 사용된다. 보조 저장 장치로는 솔리드 스테이트 드라이브 형태가 사용된다. 물론 스마트폰은 디스플레이와 스피커, 마이크로폰을 가진다. 기지국에 연결되기 위하여 무선 라디오파가 네트워크 연결에 사용된다.
7. 안전성과 이식성
8. 어떤 사람도 전체 라이브러리를 배울 수는 없다. – 너무 크다.
9. 답은 시스템에 따라 달라진다. 전형적인 답은 `/home/ dave/cs1/hello/HelloPrinter.java` 또는 `C:\Users\Dava\Workspace\hello\HelloPrinter.java` 일 수 있다.
10. 파일과 폴더를 백업해야 한다.
11. World를 당신의 이름으로 바꾸어라(여기서는 Dave로 바꿈).

```
System.out.println("Hello, Dave!");
```

12.
```
System.out.println("H");
System.out.println("e");
System.out.println("l");
System.out.println("l");
System.out.println("o");
```

13. 아니다. 컴파일러는 이름이 Hello인 요소를 찾게 될 것이다. Hello를 따옴표 안에 넣어야 한다.

```
System.out.println("Hello");
```

14. 출력은 `My Lucky number is 12.` is 다음에 빈 칸을 넣는 것이 좋다.

15.
```
Hello
```
a blank line
```
World
```

16. 이것은 컴파일 시간 오류이다. 컴파일러는 Hello나 World의 의미를 알 수 없다고 오류메시지를 줄 것이다.

17. 이것은 컴파일 시간 오류이다. 컴파일러는 System.out에 printline이라는 메서드가 없다고 오류 메시지를 줄 것이다.

18. 이것은 실행 시간 오류이다. 어떤 메서드에 hello라는 이름을 주는 것은 전혀 문제가 없다. 그러나 프로그램을 실행시키면 가상 머신은 main 메서드를 찾으려고 하나 찾을 수 없게 될 것이다.

19. 실행 시간 오류. 결국 프로그램을 수행할 수 있도록 컴파일 되었다.

20. 컴파일 오류가 있을 때는 아무런 클래스가 만들어지지 않고, 실행할 수 있는 것이 전혀 없다.

21. 4년

0 10,000
1 12,000
2 14,400
3 17,280
4 20,736

22. 분의 숫자가 최대가 300인가

a. 그렇다면 답은 29.95달러×1.125 = 33.70달러.

b. 그렇지 않다면

1. 차이를 계산하라 : (분의 값) - 300.
2. 0.45 차이를 곱하라
3. 29.95달러를 더하라.
4. 합을 1.125로 곱하라. 이것이 답이다.

23. 아니다. "지금까지 가장 좋은" 것보다 더 선호하면 두 영상에서 어느 것을 선호하는지를 결정하는 객관적인 방법이 없다.

24. 첫 번째 사진을 선택하고 "지금까지 가장 저렴한 것"으로 부른다.

이어지는 각 사진에 대하여
  지금까지 가장 값비싼 것보다 더 비싸면
    "지금까지 가장 값비싼 것"을 버리고
    현재의 사진을 "지금까지 가장 값비싼 것"으로 부른다.
"지금까지 가장 값비싼 것"으로 불리는 것이 시퀀스에게 가장 값비싼 사진이다.

25. 첫 번째 검정 대리석 조각이 흰색 앞에 있는 경우를 파란색으로 표시했다.

○●○●●

두 필드를 바꾼다.

●○○●●

바꿀 다음 검정 대리석 조각은

●○○●●

이렇게 된다.

●○●○●

다음 단계는

●●○○●

●●○●○

●●●○○

이제 시퀀스가 정렬되었다.

26. 시퀀스는 종료되지 않는다. 입력이 ○●○●○인 경우를 생각해 보라. 첫 번째 두 개의 대리석이 계속 바꾸게 된다.

CHAPTER 2

객체와 클래스에 대한 소개

이 장의 목표

- 클래스, 객체, 메서드, 생성자의 개념을 이해한다.
- 매개변수와 반환값에 대하여 배운다.
- API 문서를 훑어보고 문서용 주석을 다는 방법을 안다.
- 클래스를 구현하는 과정에 익숙해진다.
- 테스트 프로그램을 구현할 수 있다.
- 어떻게 인스턴스 변수와 지역 변수에 접근하는지 이해한다.
- 객체와 객체 참조의 차이점을 안다.
- 그래픽 모양을 그리기 위한 클래스를 구현한다.

이 장의 목차

가장 유용한 프로그램은 단지 숫자나 문자를 조작하는데서 그치지 않는다. 대신 그 프로그램들은 보다 복잡한 데이터 요소를 다루고, 실제 세계의 개체를 보다 정확하게 표현한다. 이러한 데이터 항목의 예로 은행 계정, 고용자 기록, 그래픽 모양을 포함한다.

자바 언어는 이러한 데이터 항목인 객체를 설계하고 조작하기에 이상적으로 적합하다. 자바에서 이러한 객체의 행동을 기술하기 위하여 클래스를 구현한다. 이 장에서는 이미 구현된 클래스에 속해 있는 객체를 어떻게 조작하는지 배울 것이다. 그리고 자신의 클래스를 구현하는 것에 대하여 배울 것이다.

2.1 객체와 클래스

컴퓨터 프로그램을 작성할 때 어떤 구성 요소(building block)를 조합하게 된다. 자바에서는 객체로부터 프로그램을 구성하게 된다. 각 객체는 고유의 동작을 가지고 있으며, 특정한 효과를 얻기 위하여 이를 조작할 수 있다.

비유로 문, 창문, 벽, 파이프, 가구, 온수기 등과 같은 부품을 가지고 집을 짓는 건축가를 생각해 보자. 이 각각의 요소는 독특한 기능이 있으며 그것들이 동일한 목적을 이루기 위하여 함께 기능을 수행하게 된다. 집 건축가는 창을 어떻게 만들어야 할지, 온수기를 어떻게 만들어야 하는지 염려하지 않는다. 이러한 요소는 이미 바로 활용이 가능하고 건축가의 일은 이러한 것을 통합하여 집이 되게 하는 것이다.

집을 짓는 건축가가 사용하는 화덕이나 온수기가 독특한 기능을 수행한다. 비슷하게 여러분이 객체로부터 작성하는 프로그램은 각각 독특한 동작을 가진다.

물론 컴퓨터 프로그램은 집보다는 훨씬 추상적이며, 컴퓨터 프로그램을 구성하는 객체는 창문이나 온수기와 같이 만져볼 수 있는 것이 아니다. 그러나 비유는 잘 적용이 된다. 즉, 프로그래머는 원하는 기능을 제공하는 객체를 가지고 동작하는 프로그램을 만든다. 이 장에서는 다른 프로그래머가 작성한 객체를 사용하는 것에 대한 기본을 배울 것이다.

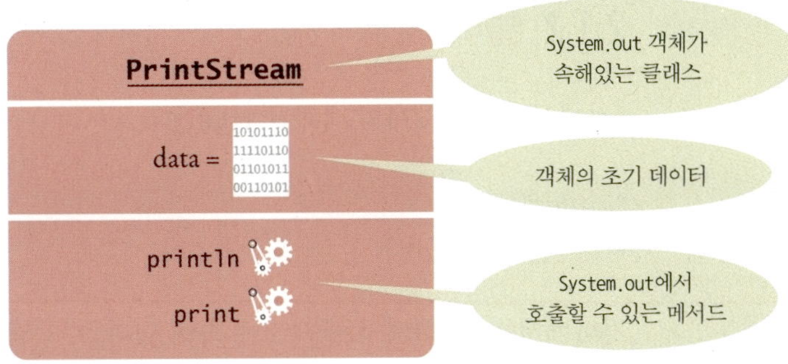

그림 1 System.out 객체의 표현

2.1.1 객체 사용하기

객체는 메서드를 호출하여 프로그램에서 조작할 수 있도록 실체이다.

메서드는 객체의 데이터를 접근할 수 있는 명령어의 나열이다.

객체는 그것에 대한 하나 또는 그 이상의 메서드를 호출함으로써 조작할 수 있는 것이다. 메서드는 객체의 내부 데이터를 액세스 할 수 있는 순차적인 명령어로 구성되어 있다. 그러나 메서드를 호출할 때 이러한 명령어가 무엇인지, 어떻게 내부적으로 구성되어 있는지를 정확하게 알 수는 없다.

1장에서 객체를 참조하기 위하여 예를 들어 보았던 System.out이라는 객체는 println이라는 메서드를 호출함으로써 객체를 조작한다. println이라는 메서드를 호출할 때, 객체의 내부에 어떤 활동이 일어나 마침내 콘솔 윈도우에 텍스트가 나타나도록 한다. 어떻게 해서 그렇게 되는지 알지 못하지만 그래도 상관없다. 중요한 것은 호출한 메서드가 요구했던 일을 수행한다는 것이다.

그림 1은 System.out 객체를 나타낸다. 내부 데이터는 0과 1을 나열하여 표시하고 있다. 기어로 표시된 각 메서드는 부과된 일을 수행하는 기계의 부품으로 생각하면 된다.

일반적으로 객체는 메서드를 통하여 호출하여 당신을 위하여 일을 해 줄 수 있는 존재로 생각해라. 어떻게 그 일을 수행하는지는 그 객체를 사용하는 프로그래머에게는 중요하지 않다.

이 장의 나머지에서 다른 객체와 그 객체가 수행할 수 있는 다른 메서드들을 보게 될 것이다.

여러분은 온수기를 따뜻한 물을 얻는 방법을 제공하는 물건으로 생각할 수 있다. 따뜻한 샤워를 즐기기 위하여 따뜻한 물을 호출할 때, 물을 따뜻하게 하는 히터가 가스를 사용하는지 태양열 발전을 사용하는지 염려할 필요는 없다.

2.1.2 클래스

1장에서 우리는 2개의 객체를 만났었다.

- System.out
- "Hello, World!"

클래스는 동일한 동작을 가진 객체를 기술한다.

자바에서는 각 객체가 클래스에 속해 있다. System.out 객체는 PrintStream이라는 클래스에 속해있다. "Hello, World!"라는 객체는 String 클래스에 속해 있다. 물론 String 객체로는 "Goodbye"나 "Mississippi"와 같이 다른 많은 것들이 존재한다. 하지만 그것에 모두 공통적인 것이 있다. 모든 문자열에 대하여 동일한 메서드를 호출할 수 있다는 것이다.

창 클래스의 모든 객체는 동일한 동작을 공유한다.

10장에서 보게 되겠지만 System.out 대신에 PrintStream 클래스 객체를 생성할 수 있다. 이러한 객체는 데이터를 화면이 아니라 파일이나 다른 장소에 기록할 수 있다. 여전히 모든 PrintStream 객체는 공통된 행동을 공유한다. 어떤 PrintStream 객체에서나 println과 print 메서드를 호출할 수 있다. 그리고 출력된 값은 정해진 대상에게 보내진다.

물론 PrintStream 클래스의 객체는 String 클래스의 객체와는 전혀 다른 동작을 한다. String 클래스의 객체에서 println을 호출할 수 없다. String 객체는 자신을 콘솔 창에 어떻게 보내야 하는지를 알지 못한다.

이미 알고 있듯이 다른 클래스는 다른 역할이 있는 것이다. 하나의 문자열 객체는 그것이 가지고 있는 문자에 대하여 알고 있으나 이것을 사람들에게 어떻게 보여주거나 파일에 저장하는지는 알지 못한다.

1. 자바에서 객체는 그들의 동작에 따라 클래스로 묶어진다. 창문과 온수기는 동일한 클래스에 속하겠는가? 아니면 다른 클래스에 속하겠는가?
2. 어떤 조명등은 빛을 내는 필라멘트를 사용하고, 다른 것은 형광 가스를 사용한다. 만약에 조명등을 "비추다(illuminate)."라는 메서드를 가진 자바 객체라고 생각할 때, 어떤 종류의 전구인지 알 필요가 있는가?

실습하기 이 장의 끝부분에 있는 복습 문제 R2.3, R2.4를 수행하시오.

2.2 변수

이 장의 주요 주제인 객체의 동작에 대하여 계속하기 전에 기본 프로그래밍 용어를 살펴보는 것이 필요하다. 다음 절에서는 변수, 형, 배정의 개념을 배우게 될 것이다.

2.2.1 변수 선언

프로그램이 객체를 조작할 때 메서드가 반환하는 객체나 값을 나중에 사용할 수 있도록 저장하기를 원할 것이다. 자바 프로그램에서는 값을 저장하기 위하여 변수를 사용한다. 다음 문장은 width라는 이름의 변수를 선언한다.

```
int width = 20;
```

컴퓨터의 변수와 같이 주차 공간은 이름과 내용을 가진다.

문법 2.1 변수 선언

Syntax *typeName variableName* = *value*;
or
typeName variableName;

```
String greeting = "Hello, Dave!";
```

- 형은 변수가 저장한 값을 가지고 무엇을 할 수 있는지를 명시한다.
- 유효한 이름의 규칙과 예를 위해서 48쪽 참조
- 변수 선언은 세미콜론으로 끝난다.
- 초기값을 제공하는 것은 선택적인 것이나 일반적으로 좋은 생각이다.
- 기술적인 변수 이름을 사용하라. (알아 두기 2.1 참조)

변수는 이름을 가진 저장 위치이다.

변수는 컴퓨터 프로그램에서 저장 위치이다. 각각의 변수는 이름과 값을 가진다.

각 주차 공간은 각 변수가 특정한 형의 값을 가질 수 있듯이 특정한 종류의 차량에 적합하다.

변수를 선언할 때, 일반적으로 초기값을 명시한다.

변수는 주차장에 있는 주차 공간과 비슷하다. 주차 공간(J 053과 같은)은 식별자를 가지며 하나의 차량을 둘 수 있다. 변수(width와 같이)는 이름을 가지고 있으며, 하나의 값(예 : 20)을 가질 수 있다. 변수를 선언할 때에는 일반적으로 초기화를 하기 바란다. 즉 변수에 어떤 값을 저장할지 명시하는 것이다. 이 변수 선언을 다시 한 번 생각해 보자.

```
int width = 20;
```

변수 width는 20이란 값으로 초기화된다.

변수를 선언할 때, 값의 데이터형도 명시한다.

주차 공간(예 : 소형자, 오토바이, 전기차 등)이 어떤 특정한 종류의 차량에게 제한이 되어 있듯이 자바에서 변수는 특정한 형을 저장한다. 자바는 숫자, 텍스트 문자열, 파일, 날짜, 그리고 많은 다른 데이터 타입과 같이 몇몇 데이터형을 지원한다. 변수를 선언할 때마다(문법 2.1 참조) 데이터형을 명시해야만 한다.

with 변수는 정수(integer)로, 소수점 이하 부분이 없는 모든 수를 나타낸다. 자바에서 이 데이터형은 int라고 불린다.

형이 변수 이름 앞에 오는 것을 주의하라.

```
int width = 20;
```

변수를 선언하고 초기화한 후에 사용할 수 있다. 예를 들어

```
int width = 20;
System.out.println(width);
int area = width * width;
```

표 1은 변수를 선언하는 몇 가지 예를 보여준다.

2.2.2 데이터형

소수 부분을 가질 수 없는 숫자를 위하여 int 형을 사용하라.

자바는 숫자에 대한 몇 가지 다른 데이터형이 있다. 소수점 이하가 없는 모든 수를 나타내는데 int 형을 사용할 수 있다. 가령 주차장에 차량의 수를 센다고 가정할 때, 세는 수는 정수여야 한다(차량의 한 부분만을 가질 수는 없다.).

소수점 이하 부분(숫자 22.5에서와 같이)이 필요할 경우에는, 부동 소수(floating

표 1 자바에서의 변수 선언

Variable Name	Comment
int width = 20;	정수 변수를 선언하고 20으로 초기화
int perimeter = 4 * width;	초기화 값은 고정값일 필요는 없다(물론, width는 이전에 선언되어 있어야 한다.).
String greeting = "Hi!";	이 변수는 String 형을 가지고, 문자 "Hi"를 가지고 초기화된다.
🚫 height = 30;	오류: 형이 없다. 이 문장은 선언문이 아니라 기존에 변수에 새로운 값을 배정하는 것이다.-2.2.5절 참조
🚫 int width = "20";	오류: 숫자를 문자열 "20"으로 초가화할 수 없다. (큰 따옴표를 주목하라.)
int width;	정수 변수를 초기화하지 않고 선언함. 이것은 오류의 원인이 될 수 있다– 흔한 오류 2.1을 참조하라.
int width, height;	두 개의 정수 변수들을 선언하는 하나의 문자이다. 이 책에서는 각 변수를 분리된 문장으로 선언할 것이다.

point numbers)를 사용한다. 자바에서 가장 일반적으로 사용되는 부동 소수는 double이라고 불린다. 여기 부동 소수 변수를 선언하는 예가 있다.

```
double milesPerGallon = 22.5;
```

부동 소수를 위하여 double 형을 사용하라.

숫자를 width+10 또는 width-1과 같이 + 또는 – 와 같이 숫자를 결합할 수 있다. 두 수를 곱하기 위해서는 * 연산자를 사용하라. 가령 2×width는 2 * width로 쓸 수 있다. 나눗셈을 위한 연산자로는 width / 2 와 같이 /를 사용하라.

숫자들은 산술 연산인 +, –, * 등과 결합될 수 있다.

수학에서 *와 / 연산자는 +와 – 보다 더 강하게 결합이 된다. 합에 2를 곱하고 싶다면 다음과 같이 괄호를 사용하라. (width + height) * 2.

모든 형이 숫자형인 것은 아니다. 예를 들어 "Hello" 값은 String 형을 가진다.

```
String greeting = "Hello";
```

데이터형은 그 값을 가지고 수행할 수 있는 연산을 명시한다.

데이터형은 변수를 가지고 무엇을 할 수 있는지를 알려 주기 때문에 중요하다. width라는 변수로 생각해 보자. 그것의 데이터형은 int이다. 따라서 그 값을 다른 숫자를 가지고 있는 변수와 곱하기를 할 수 있다. 그러나 greeting의 데이터형은 String이다. 문자열은 다른 숫자와 곱하기를 할 수 없다.

2.2.3 이름

변수를 선언할 때에는 변수의 이름을 선택하여 그 목적을 설명해야 한다. 예를 들어 mpg와 같이 간략한 것보다는 milesPerGallon과 같이 설명적인 이름을 사용하는 것이 좋다.

자바에서는 변수나 메서드, 클래스 이름을 위한 몇 가지 간단한 규칙이 있다.

1. 이름은 문자나 밑줄 문자(_)로 시작할 수 있으며, 첫 문자 이후로는 문자, 숫자, 그리고 밑줄 문자(_)로 구성될 수 있다(기술적으로는 달러 기호($)도 사용될 수 있으나 여러분은 사용하지 않아야 한다. 도구를 통하여 기계가 생성한 변수 전용으로 사용되도록 되어 있다.).
2. ? 나 % 같은 다른 심벌은 사용할 수 없다. 공백도 이름 사이에 사용되는 것이 허용되지 않는다. 단어의 경계를 나타내기 위하여 대문자를 사용할 수 있다. 이를 '낙타 식별자(camel case)'라고 부르는데, 이는 대문자가 낙타의 등 모양으로 튀어 나와 있기 때문이다.

3. 이름은 대소문자를 구분한다(case sensitive). 즉, milesPerGallon과 milesper-gallon은 다른 이름이다.
4. double이나 class와 같은 예약어(reserved word)는 사용할 수 없다. 이러한 단어는 자바에서 특별한 의미로 사용되도록 예약이 되어 있다(자바에서 사용되는 모든 예약어는 부록 C에서 볼 수 있다.).

관례적으로 변수 이름은 소문자로 시작해야 한다.

자바 프로그래머는 일반적으로 변수 이름이나 메서드 이름(milesPerGallon과 같이)을 소문자로 시작한다. 클래스 이름은(HelloPrinter와 같이) 대문자로 시작해야 한다. 이런 식으로 하면 구분하는 것이 쉽다.

표 2에서는 자바에서 사용 가능한 변수와 사용 가능하지 않은 변수를 보여준다.

2.2.4 주석

프로그램이 점점 복잡해면 코드를 읽을 사람들을 위한 설명인 주석(comments)을 추가해야 한다. 여기 변수를 초기화하기 위하여 사용한 값을 설명하는 주석이 있다.

```
double milesPerGallon = 33.8; // 2011년도 미국 신차의 평균 연비
```

이것은 코드를 읽는 사람에게 33.8이라는 값의 중요성을 설명한다. 컴파일러는 주석에

표 2 자바에서의 변수 이름

변수 이름	설명
distance_1	이름은 문자, 숫자, 그리고 밑줄 문자(_)로 구성되어 있다.
x	수학에서, x나 y와 같은 짧은 변수를 사용한다. 이것이 자바에서도 가능하지만 일반적이지는 않다. 왜냐하면 이것은 프로그램을 이해하기 어렵게 만들기 때문이다. (알아 두기 2.1을 참조하라.)
CanVolume	주의: 이름은 대소문자를 구별한다. 이 변수는 canVolume과 다르며, 변수 이름은 소문자로 시작한다는 관례를 어긴다.
6pack	오류: 이름은 숫자로 시작할 수 없다.
can volume	오류: 이름은 공백을 가질 수 없다.
double	오류: 예약어를 이름으로 사용할 수 없다.
miles/gal	오류: /와 같은 기호를 이름에 사용할 수 없다.

대하여 처리를 전혀 하지 않는다. // 구별자로부터 줄 끝까지의 모든 것을 무시한다.

여러분의 코드를 읽는 사람을 위한 설명을 추가하기 위하여 주석을 사용하라. 컴파일러는 주석을 무시한다.

주석을 제공하는 것은 매우 훌륭한 연습이다. 주석은 여러분의 코드를 읽는 프로그래머가 당신의 의도를 이해하는 것을 도와준다. 추가적으로 주석은 자신의 코드를 검토할 때도 매우 유용하다는 것을 알게 될 것이다.

짧은 주석을 위하여 // 구별자를 사용한다. 긴 주석이 있는 경우에는 /* 과 */ 사이에 둘러싸여 있게 하라. 컴파일러는 이러한 구별자와 그 사이에 있는 모든 것을 무시한다. 예를 들면 다음과 같다.

```
/*
   대부분의 나라에서, 연비는 100 Km당 리터로 측정이 된다. 아마도 이것이 주어진 거리를
   운전하려면 얼마만큼의 연료를 사야하는지를 알려주는데 더욱 유용할 것이다.
   여기 일반적인 공식이 있다.
*/
double fuelEfficiency = 235.214583 / milesPerGallon;
```

2.2.5 배정

변수의 값을 바꾸려면 배정 연산자(=)를 사용하라.

여러분은 배정문 (=)을 사용하여 변수의 값을 바꿀 수 있다. 다음의 변수 선언을 생각해 보자.

```
int width = 10; ❶
```

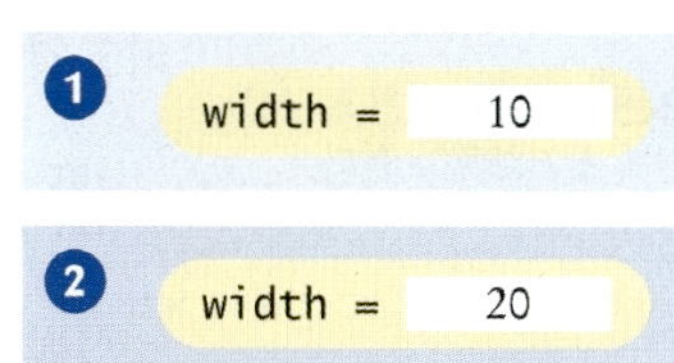

그림 2 변수에 새로운 값 배정하기.

문법 2.2 배정

Syntax *variableName = value;*

```
double width = 20;
.
.
width = 30;
.
.
.
width = width + 10;
```

이것은 변수 선언이다.

이것은 배정문이다.

The value of this variable is changed.

변수의 새로운 값이다.

동일한 이름이 양쪽에 사용될 수 있다. 그림 4 참조

변수값을 바꾸고자 한다면, 간단하게 새로운 값을 배정하면 된다.

```
width = 20; ❷
```

배정은 변수의 원래값을 교체하게 된다(그림 2 참조).

이것은 "width + 10의 값을 계산하라. ❶, 그리고 그 값을 width 변수의 값으로 저장하라. ❷"라는 의미이다(그림 2 참조).

값이 할당된 적이 없는 변수를 사용하는 것은 오류를 발생시킨다. 다음 배정문은 오류를 가진다.

ANIMATION
컴파일 과정

```
int height;
int width = height; //오류 - 초기화되지 않은 변수 height
```

컴파일러는 값을 배정하지 않은 채 변수를 사용할 때, "초기화되지 않은 변수"라고 오류 메시지를 보여줄 것이다(그림 3 참조).

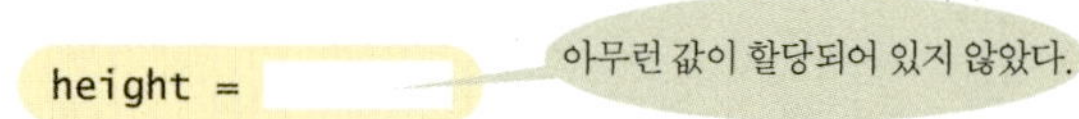

그림 3 초기화되지 않은 변수

모든 변수는 사용되기 전에 초기화해야 한다.

바로잡는 방법은 변수를 사용하기 전에 값을 할당하는 것이다.

```
int height = 20;
int width = height; // OK
```

= 심벌의 오른쪽 부분은 변수, 숫자, 연산 및 함수 호출을 포함하는 어떤 표현식(expression)이든지 올 수 있다. 예를 들어

```
width = height + 10;
```

배정문 ==은 수학적으로 동일한 것을 의미하지 않는다.

이것이 의미하는 것은 "height+10을 계산하여, 변수 width에 그 값을 저장하라."는 것이다.

자바 프로그래밍 언어에서는 = 연산자는 변수의 값을 교체하는 동작(action)을 의미한다. 이러한 사용법은 수학적으로 동일하다는 것을 뜻하는 = 심벌의 사용방법과 다르다.

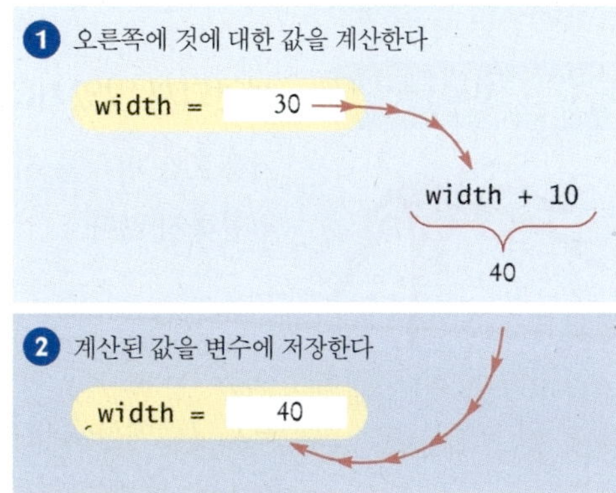

그림 4 width = width + 10에 대한 문장의 수행

예제의 완전한 코드

웹 페이지 wiley.com/go/javacode에 가서 변수와 배정에 대하여 보여주는 프로그램을 다운로드 할 수 있다.

```
width = width + 10;
```

자바에서는 =의 양쪽에 변수 width가 사용되어도 전혀 문제가 없다. 물론 수학적으로는 width = width + 10에 해당하는 답은 존재하지 않는다.

자습문제

3. 다음 변수 선언은 무엇이 잘못 되었는가?

```
int miles per gallon = 39.4
```

4. 어떤 물건의 단위 가격과 그 물건의 산 개수를 나타내는 unitPrice와 quantity 변수를 선언하고 초기화를 수행하라. 적당한 초기값을 사용하라.
5. 자습 문제 4에 선언한 변수를 사용하여 전체 구매 금액을 나타내라.
6. 값 0과 "0"의 데이터형은 각각 무엇인가?
7. 원의 면적을 저장하기 위해서는 숫자의 어떤 데이터형을 사용하겠는가?
8. 다음에서 어느 것이 올바른 식별자인가?

```
Greeting1
g
int
101dalmatians
Hello, World
<greeting>
```

9. 당신의 이름을 저장할 수 있는 변수를 선언하라. 변수 이름에 낙타 식별자 형식을 사용하라.
10. 12 = 12 는 자바 언어에 적합한 문장인가?
11. 어떻게 greeting 변수의 값을 "Hello, Nina!"로 바꿀 수 있는가?
12. 주차 공간의 비유를 사용하여 배정문은 어떻게 설명을 하겠는가?

실습하기 이 장의 끝부분에 있는 복습 문제 R2.6, R2.7, R2.8을 수행하시오.

흔한 오류 2.1

선언되지 않았거나 초기화되지 않은 변수 사용

처음으로 변수를 사용하기 전에 변수를 선언해야만 한다. 가령 다음에 나열한 문장들은 적합하지 않다.

```
int perimeter = 4 * width; // 오류: width가 아직 선언되지 않음
int width = 20;
```

프로그램에서 문장은 순차적으로 컴파일된다. 컴파일러가 첫 번째 문장을 만나면 width가 다음 줄에 선언되어 있는 것을 알지 못하고 오류를 발생한다. 문제를 해결하는 방법은 선언문의 순서를 재배치하여 변수가 사용되기 전에 선언하도록 하는 것이다.
연관된 오류로 변수를 초기화하지 않고 두는 것이다.

```
int width;
int perimeter = 4 * width; // 오류: width가 아직 초기화되지 않음
```

자바 컴파일러는 값을 주지 않은 변수를 사용하면 문제가 있다고 알려 준다. 고치는 방법은 변수가 사용되기 전에 값을 배정하는 것이다.

알아 두기 2.1

변수를 위하여 서술적인 이름 선택하기

대수에서 변수는 p 또는 A와 같이 하나의 문자 또는 첨자가 있는 형태로 p_1와 같이 흔히 표현된다. 자바 프로그램에 짧은 변수 이름을 사용함으로써 타이핑하는 것을 많이 줄일 수 있을 것이라는 유혹을 받을 수도 있다.

```
int a = w * h;
```

이것을 다음 문장과 비교해 보라.

```
int area = width * height;
```

장점은 명확할 것이다. width라고 읽는 것이, w라고 읽고 이것이 "width"를 의미한다는 것을 파악하는 것보다 훨씬 쉽다.

실제 프로그래밍에서는 한 사람 이상에 의하여 작성될 때 서술적인 변수 이름은 특별히 중요하다. 당신에게는 w가 width를 의미한다는 것이 분명해 보일지는 모르지만 몇 년 후에 코드를 업데이트해야 하는 사람에게도 명확할까? 마찬가지로 지금으로부터 한 달 후에 여러분이 코드를 보았을 때, w가 무엇을 의미하는지를 기억할 수 있을까?

2.3 객체로 작업하기

다음 절에서는 자바 라이브러리의 클래스 객체를 가지고 어떻게 작업을 할 수 있는지를 배운다. 객체를 어떻게 생성하고, 한번 생성한 후에는 어떻게 그것들을 조작할 수 있는지를 알아볼 것이다.

2.3.1 객체 생성하기

일반적으로 프로그램에서 객체를 사용하는 것이 필요하면, 그것들을 생성하면서 초기의 속성을 명시하는 것이 필요하다.

객체 생성에 대하여 배우기 위하여 자바 클래스 라이브러리에 있는 또 다른 클래스인 Rectangle 클래스에 대하여 생각해 보자. Rectangle 형 객체는 그림 4와 같은 직사각형 모양을 기술한다. 이러한 객체는 다양한 목적을 위하여 유용하다. 사각형을 결합하여 막대 도표(bar chart)를 만들 수도 있고, 윈도우 안에 사각형을 움직임으로 간단한 게임을 프로그래밍할 수도 있다.

Rectangle 클래스의 객체는 사각형의 모양을 기술한다.

Rectangle 객체는 사각형 모양이 아니라 일련의 숫자의 집합을 포함하는 객체이다. 숫자는 그림 5에서와 같이 사각형을 기술한다. 각각의 사각형은 왼쪽 상단 코너의 x좌표 및 y좌표, 폭과 높이로 기술된다.

이러한 구분을 이해하는 것은 중요하다. 컴퓨터에서 Rectangle 객체는 x = 5, y = 10, width = 20, height = 30 과 같이 네 개의 숫자를 보유한 메모리 블록이다. Rectangle 객체를 사용하는 프로그래머의 상상 속에서 그 객체는 기하학적 도형을 기술한다.

새로운 사각형을 만들기 위해서는 x, y, width, height 값을 명시하는 것이 필요하다. 그러고 나서 클래스의 이름과 새로운 객체를 생성하기 위하여 필요한 인자를 명시하면서 new 연산자를 수행한다. 예를 들어 왼쪽 상단의 좌표가 (5, 10)이고, 폭 20, 높이 30인 새로운 사각형을 다음과 같이 만들 수 있다.

```
new Rectangle(5, 10, 20, 30)
```

뒤에 클래스 이름과 매개변수가 따라오는 new 연산자를 사용하라.

여기에 무엇이 일어나는지에 대한 자세한 것이 있다.

1. new 연산자는 Rectangle 객체를 만든다.
2. 객체의 초기화를 위한 데이터로 매개변수값(여기서는 5, 10, 20, 30)을 사용한다.

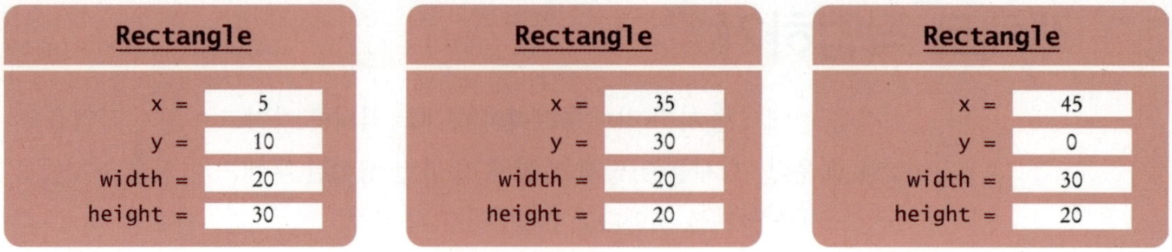

그림 5 Rectangle 객체

3. 만든 객체를 반환한다.

새로운 객체를 만드는 과정을 생성(construction)이라고 부른다. 네 개의 값 5, 10, 20, 30을 생성 매개변수(construction arguments)라고 부른다.

new 표현식은 객체를 만들고 나중에 그것을 사용하고자 한다면, 그 객체를 저장하는 것이 필요하다. 일반적으로 new 연산자의 결과를 변수에 할당한다. 예를 들어

```
Rectangle box = new Rectangle(5, 10, 20, 30);
```

> **예제의 완전한 코드**
>
> 웹 페이지 wiley.com/go/javacode에 가서 생성자를 보여주는 프로그램을 다운로드 할 수 있다.

어떤 클래스는 다양한 방법으로 객체를 생성할 수 있도록 해 준다. 예를 들어 Rectangle 객체를 아무런 생성 매개변수를 주지 않고(그러나 괄호는 여전히 제공하여야 한다.) 얻을 수도 있다.

```
new Rectangle()
```

이러한 표현식은(다소 유용성이 없는) 왼쪽 위 좌표가 (0,0), 폭 0, 높이 0인 사각형을 생성한다.

문법 2.3 객체 생성

Syntax new *ClassName(arguments)*

new 문장은 객체를 생성한다.

생성자 매개변수

```
Rectangle box = new Rectangle(5, 10, 20, 30);

System.out.println(new Rectangle());
```

일반적으로, 생성된 객체를 변수에 저장해 둔다.

매개변수가 없더라도 괄호를 제공하라.

여러분은 생성된 객체를 메서드에 전달할 수도 있다.

2.3.2 메서드 부르기

객체는 그 객체의 메서드를 호출함으로써 사용할 수 있다. 주어진 클래스의 모든 객체는 동일한 메서드 모음을 공유한다. 예를 들어 PrintStream 클래스는 그 객체에 (println과 print와 같은) 메서드를 제공한다.

```
System.out.println("Hello, World!");
```

System,out(PrintStream 클래스에 속해 있다.) 객체의 메서드 println을 호출하면서 그 메서드에 "Hello, World!"라는 매개변수를 제공한다.

비슷하게 Rectangle 클래스도 Rectangle 객체에 적용할 수 있는 메서드를 제공한다. 그 중에 하나가 getWidth 메서드이다. Rectangle 클래스 형의 어떤 객체에나 이 메서드를 적용할 수 있다. 예를 들어 다음 문장

```
double width = box.getWidth();
```

는 사각형 box 객체의 넓이 변수를 설정한다. getWidth 메서드는 아무런 인자를 요구하지 않는 println 메서드와는 달리 결과를 반환한다.

2.3.3 메서드 선언

클래스 안에 메서드가 선언될 때, 선언문은 인자의 형과 반환값의 형을 명시한다. 예를 들어 Rectangle 클래스의 getWidth 메서드는

```
public double getWidth()
```

와 같이 선언되는데, 인자는 없고 반환값은 double 형이다(당분간은 모든 메서드는 public 메서드라고 생각한다. 9장에서 보다 제한적인 메서드에 대하여 배우게 될 것이다.).

2.메서드가 반환값이 없을 때, 반환형은 예약어인 void를 사용하여 선언하게 된다. 예를 들어 PrintStream 클래스에 있는 println 메서드는 다음과 같이 선언되어 있다.

```
public void println(String output)
```

보면 알겠지만, 이 메서드는 String 형의 인자를 받아들이나 반환값은 없다.

때때로 하나의 클래스에는 동일한 이름을 가지고 인자의 형태가 다른 두 가지 메서드를 선언한다. 예를 들어 PrintStream 클래스는 println이라고 불리우는 두 번째 메서드로 다음과 같이 선언된다.

```
public void println(int output)
```

이 메서드는 정수값을 출력하는데 사용된다. 우리는 println 이름이 하나 이상의 메서드를 참조하기 때문에 '재사용 되었다(overloaded)'라고 한다.

2.3.4 접근자 또는 변환자 메서드

접근자 메서드는 접근하는 객체의 데이터를 변경하지 않는다. 변환자 메서드는 데이터를 변경한다.

이 절에서는 클래스의 메서드를 위하여 유용한 용어를 소개하고자 한다. 객체를 접근하고 정보를 변경하지는 않고 정보를 반환하는 메서드를 접근자(accessor) 메서드라고 한다. 반대로 객체의 내부 변수를 변경하는 것을 목적으로 하는 메서드를 변환자(mutator) 메서드라고 한다.

예를 들어 String 클래스에 있는 length 메서드는 접근자 메서드이다. 그것은 문자열에 대한 정보, 즉 문자열의 길이를 반환한다. 그러나 그것은 문자열의 숫자를 셀 때 문자열을 변경하지는 않는다.

Rectangle 클래스는 다수의 접근자 메서드를 가지고 있다. getX, getY, getWidth, getHeight 메서드는 각각 왼쪽 위 모서리에 대한 x-와 y- 좌표값, 폭과 높이값을 반환한다. 예를 들어

```
double width = box.getWidth();
```

다음으로 변환자에 대하여 살펴보자. 프로그램은 애니메이션을 표시할 때와 같이 사각형을 자주 움직인다. Rectangle 클래스는 이러한 목적으로 translate라고 불리우는 메서드를 가지고 있다(수학자는 평면상에서 강체(rigid) 운동을 위치이동(translation)이라고 한다.). 이 메서드는 x-와 y- 방향으로 일정한 거리만큼 이동시킨다. 메서드 호출

```
box.translate(15, 25);
```

는 x-축으로 15단위, y-축으로 25단위 사각형을 이동시킨다(그림 6 참조). 사각형을 이동하는 것은 그 폭이나 높이를 바꾸지는 않고, 왼쪽-위 모서리의 위치를 바꾼다. 결국 왼쪽-위 모서리가 (5, 10)이었던 것이 이제 (20, 35)를 가지게 된다.

이 메서드는 메서드가 호출되면 객체를 변경하기 때문에 변환자이다.

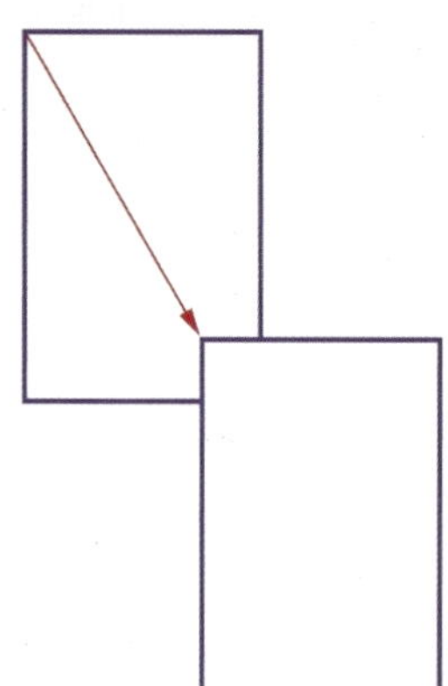

그림 6 Rectangle 객체를 움직이기 위한 translate 메서드의 사용

예제의 완전한 코드

웹 페이지 wiley.com/go/javacode에 가서 접근자와 변환자를 보여주는 프로그램을 다운로드 할 수 있다.

13. 중심이 (100, 100)이고 변의 길이가 20인 정사각형을 만들 수 있겠는가?

14. 두 개의 사각형이 인접하도록 box와 box2를 초기화하라.

15. 다음 문장은 무엇을 출력하는가?

```
System.out.println(new Rectangle().getWidth());
```

16. 다음에 나열한 문장은 무엇을 출력하는가?

```
Rectangle box = new Rectangle(5, 10, 20, 30);
System.out.println("Before: " + box.getX());
box.translate(25, 40);
System.out.println("After: " + box.getX());
```

17. 다음에 나열한 문장은 무엇을 출력하는가?

```
Rectangle box = new Rectangle(5, 10, 20, 30);
System.out.println("Before: " + box.getWidth());
box.translate(25, 40);
System.out.println("After: " + box.getWidth());
```

18. Rectangle box = new Rectangle(5, 10, 20, 30)에 의하여 선언된 사각형을 움직여 왼쪽-위 모서리가 원점(0,0)이 되게 하기 위해서는 어떤 translate를 호출해야 하는가?

실습하기 이 장의 끝부분에 있는 복습 문제 R2.9, R2.14, R2.15를 수행하시오.

2.4 API 문서화

API(Applcation Programming Interface) 문서는 자바 라이브러리의 클래스와 메서드를 나열한다.

자바 라이브러리의 클래스와 메서드는 API 문서(API documentation)에 나열되어 있다. API란 응용 프로그래밍 인터페이스(application programming interface)이다. 컴퓨터 응용 프로그램을 개발하기 위하여 자바 클래스를 사용하는 프로그래머를 응용 프로그래머(application programmer)라고 한다. 당신도 이러한 응용 프로그래머이다. 이와 대조적으로 PrinterStream이나 Rectangle과 같이 라이브러리 프로그램을 설계하고 구현하는 프로그래머를 시스템 프로그래머(system programmer)라고 한다.

API에 대한 문서는 웹에서 찾을 수 있다. 웹 브라우저의 주소 http://docs.oracle.com/javase/7/docs/api/index.html을 가리키도록 하라. 부록 D에는 처음에 사용하기 쉽도록 요약된 API 문서가 포함되어 있다. 여러분의 처음 프로그램을 위해서는 요약된 문서도 충분하지만, 나중에는 실제 문서로 이동해야 한다.

2.4.1 API 문서 살펴보기

API 문서는 수천 개에 해당하는 자바 라이브러리의 모든 클래스를 문서화하고 있다(그림 7 위 참조). 대부분의 클래스는 특화되어 있고 처음 시작하는 프로그래머를 위해서는 단지 몇 개만 관련된 것이 있다.

브라우저의 탐색을 사용하여 왼쪽 면에 Rectangle에 대한 링크를 위치시키고 링크를 클릭해 보라. 그러면 오른쪽 면에 Rectangle 클래스의 모든 특징이 나타날 것이다(그림 7 아래 참조).

각 클래스의 API 문서는 클래스의 목적을 기술하는 것으로부터 시작한다. 그러고 나서 생성자와 메서드에 대한 요약표가 나온다(그림 8 위 참조). 메서드의 보다 자세한 설명을 얻기 위해서는 링크를 클릭해 보라(그림 8 아래 참조).

상세한 메서드에 대한 기술은 다음을 보여준다.

- 메서드가 수행하는 동작 ❶
- 메서드가 받아들이는 매개변수 ❷
- 반환하는 값(또는 어떤 반환값도 없는 경우에는 예약어인 void)

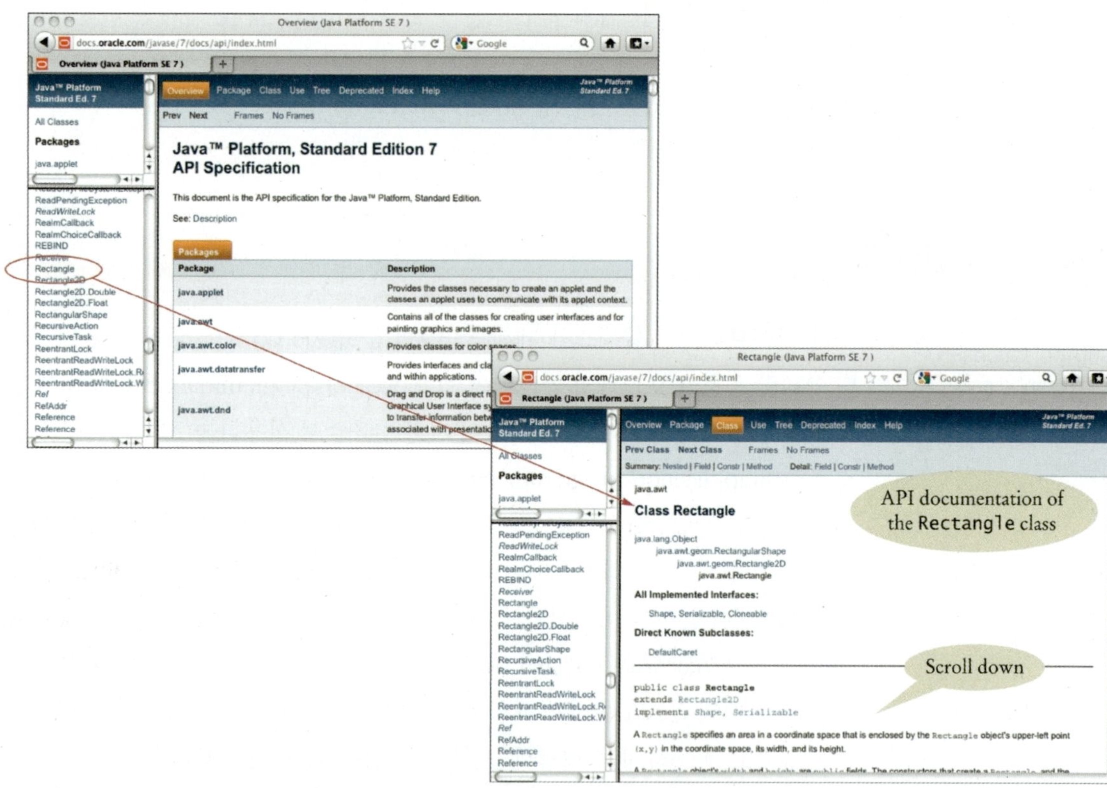

그림 7 표준 자바 라이브러리의 API 문서

Ractangle 클래스는 별로 적지 않은 메서드를 가지고 있다. 때로 초보 프로그래머에게는 어렵게 보일 수도 있지만, 이것이 표준 라이브러리의 장점이다. 당신이 직사각형과 관련된 연산을 위하여 필요하다면, 원하는 것을 해주는 메서드가 있을 가능성이 높다.

사각형의 폭과 높이를 바꾸기를 원한다고 가정해 보자. API 문서를 살펴보면 "이 Rectangle의 명시된 폭과 높이로 크기를 설정한다."고 기술되어 있는 setSize 메서드를 찾을 수 있다. 그 메서드에는 두 개의 인자에 대하여 다음과 같이 기술되어 있다.

- width – 현재 Rectangle을 위한 새로운 폭
- height – 현재 Rectangle을 위한 새로운 높이

이 정보를 이용하여 box 객체를 변경하여 변의 길이가 40인 정사각형을 만들도록 할 수 있다. 그 메서드의 이름은 setSize로 새로운 폭과 높이에 해당하는 두 개의 인자를 제공한다.

```
box.setSize(40, 40);
```

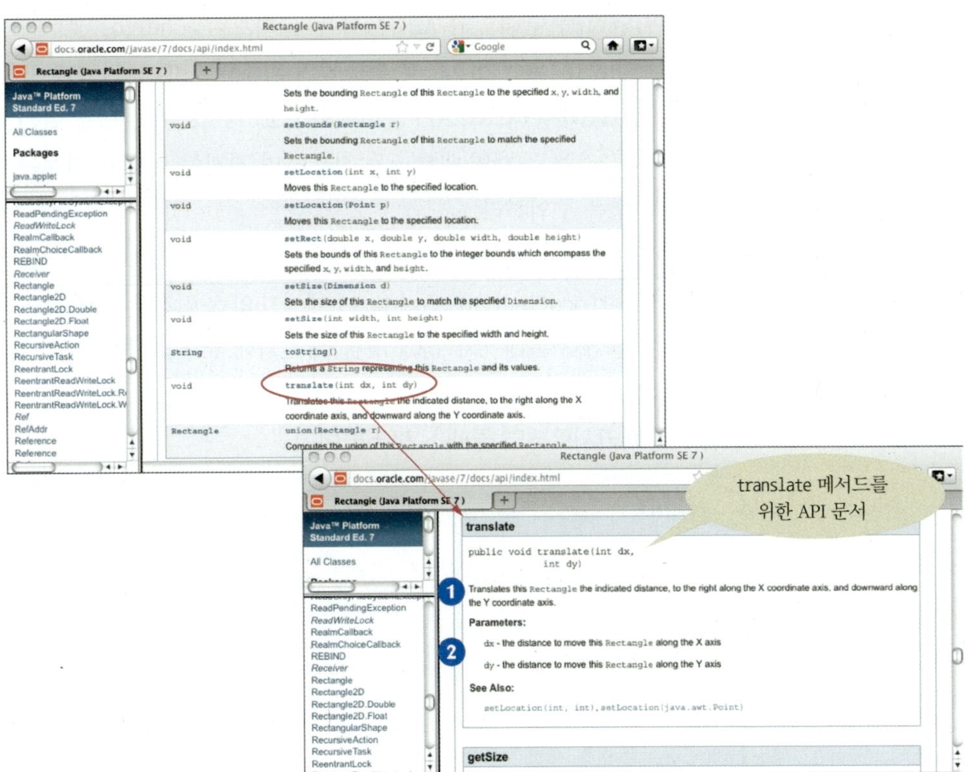

그림 8 Rectangle 클래스에 대한 메서드 요약

2.4.2 패키지

API 문서는 각 클래스에 대한 또 다른 중요한 정보를 가지고 있다. 표준 라이브러리에 있는 클래스는 패키지(package)로 묶여 있다. 하나의 패키지는 연관된 목적을 가진 클래스를 모아 둔 것이다. Rectangle 클래스는 java.awt(여기서 awt는 '추상 윈도우 관리 툴킷(Abstract Windowing Toolkit)'의 약어이다.) 패키지에 속해 있으며, 이 패키지는 윈도우이나 그래픽한 모양을 그리는 많은 클래스를 포함하고 있다. 여러분은 그림 7에서 클래스 이름 바로 위에서 java.awt라는 패키지 이름을 볼 수 있다.

자바 클래스는 패키지로 묶어진다. 다른 패키지에 선언되어 있는 클래스를 사용하기 위해서는 import 문을 사용하라.

java.awt 패키지에서 Rectangle 클래스를 사용하기 위해서는 패키지를 불러와야(import) 한다. 간단하게 프로그램의 상단에 다음 라인을 넣으면 된다.

```
import java.awt.Rectangle;
```

왜 System이나 String 클래스는 불러오지 않아도 되는가? System이나 String 클래스는 java.lang 패키지에 있기 때문에 이 패키지에 속한 모든 클래스는 자동적으로 불러들여져서 직접 불러들일 필요가 전혀 없다.

자습문제

19. String 클래스의 API 문서를 살펴보라. "hello, World!"라는 문자열로부터 "Hello, World!" 문자열을 얻기 위하여 어떤 메서드를 사용하겠는가?
20. String 클래스의 API 문서에서 trim 메서드의 설명을 살펴보라. " Hello, Space !"?라는 문자열에 trim을 적용하면 결과는 어떻게 되겠는가? 문자열에 있는 공백을 주의하라.)
21. Rectangle 클래스의 API 문서를 살펴보라. void translate(int x, int y)와 setLocation(int x, int y) 메서드의 차이점은 무엇인가?
22. Random 클래스가 java.util 패키지에 선언되어 있다. 프로그램에서 그 클래스

문법 2.4 패키지로부터 클래스 불러들이기

Syntax `import` *packageName.ClassName*;

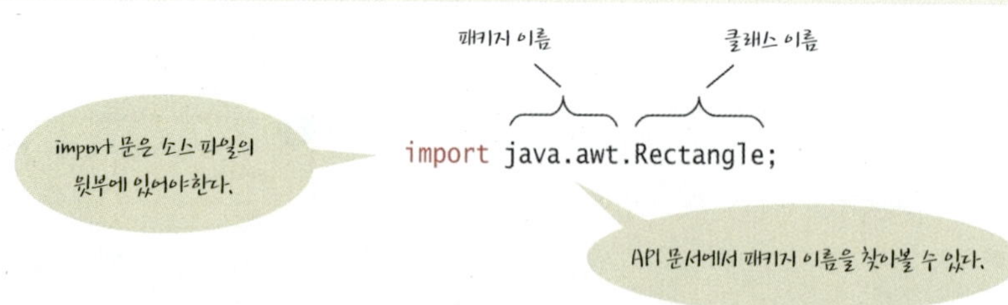

를 사용하기 위해서는 무엇을 해야 하는가?

23. BigInteger 클래스는 어느 패키지에 위치해 있는가? API에서 찾아보라.

실습하기 이 장의 끝부분에 있는 복습 문제 R2.20, R2.16, P2.11을 수행하시오.

실습 예제 2.1

며칠 동안 살아왔었느냐?

달력의 날짜를 나타내는 Day 클래스 API를 탐색해 보라. 이 클래스를 이용하여 당신이 태어난 후 얼마나 많은 날이 지나갔는지를 계산하는 프로그램을 작성하는 것을 배우라. wiley.com/go/javaexamples에 가서 실습 예제를 다운 받아라.

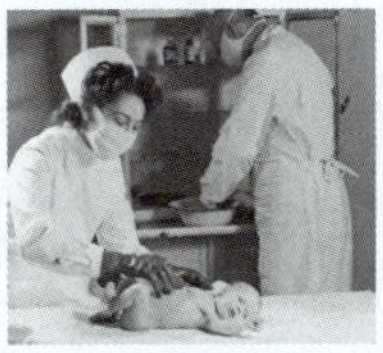

알아 두기 2.2

암기하지 말고 온라인 도움말을 사용하라

자바 라이브러리는 수천 개의 클래스와 메서드가 있다. 이러한 것을 암기하려고 하는 것은 불필요할 뿐 아니라 유용하지도 않다. 대신 여러분은 API 문서에 익숙해져야 한다. API 문서를 사용하는 것은 항상 필요하기 때문에 다운 받아서(항상 인터넷에 연결되지 않는 컴퓨터라면 반드시) 당신의 컴퓨터에 설치하는 것이 좋다. 문서는 http://www.oracle.com/technetwork/javajavase/downloads/index.html에서 다운로드 할 수 있다.

2.5 인스턴스 변수와 캡슐화

앞의 절에서 기존에 존재하는 클래스로부터 객체를 어떻게 사용하는지 배웠다. 이제 자신의 클래스를 구현하는 것에 대하여 시작할 것이다. 먼저 객체가 데이터를 저장하고 메서드가 객체의 데이터를 접근할 수 있는지를 보여주는 간단한 예제부터 시작할 것이다. 이 절에서는 클래스를 구현하는 체계적인 절차를 배우게 될 것이다.

그림 9 누적 카운터

첫 번째 예제는 얼마나 많은 사람들이 콘서트에 참석하는지, 얼마나 많은 사람이 버스에 타는지를 알아보기 위하여 사람 수를 세는 데 사용되는 기계 장치인 누적 카운터(tally counter)를 모델링하는 클래스이다(그림 9 참조).

2.5.1 인스턴스 변수

사용자가 버튼을 누를 때마다 카운터값은 1씩 증가한다. 이러한 동작을 count 메서드에 의하여 모델링한다. 물리적인 카운트는 현재값을 보여준다. 모의실험에서는 getValue 메서드가 대신 사용된다. 예를 들어

```
Counter tally = new Counter();
tally.click();
tally.click();
int result = tally.getValue();  // result에 2를 할당
```

Count 클래스를 구현할 때, 각각의 카운트 객체가 포함해야 할 데이터를 결정해야 한다. 이런 간단한 예에서 그것은 쉬운 문제이다. 각 카운트는 얼마나 많은 횟수가 증가했는지를 추적해 갈 변수를 저장하는 것이 필요하다.

객체는 그 데이터를 인스턴스 변수(instance variable)에 저장한다. 클래스의 인스턴스(instance of class)는 클래스의 객체이다. 따라서 인스턴스 변수는 클래스의 각 객체에 존재하는 저장 공간이다.

> 객체의 인스턴스 변수는 객체의 메서드를 수행하기 위하여 요구되는 데이터를 저장한다.

클래스 선언에서 인스턴스 변수를 명시해 준다.

```
public class Counter
{
   private int value;
   . . .
}
```

인스턴스 변수의 선언은 다음 부분으로 구성되어 있다.

- 접근 지시자(예 : private)
- 인스턴스 변수의 형(예 : int)

문법 2.5 인스턴스 변수 선언

Syntax

```
public class ClassName
{
   private typeName variableName;
   . . .
}
```

```
public class Counter
{
   private int value;
   . . .
}
```

인스턴스 변수는 항상 private이어야 한다.

클래스의 각 객체는 인스턴스 변수의 독립적인 복사본을 가진다.

변수형

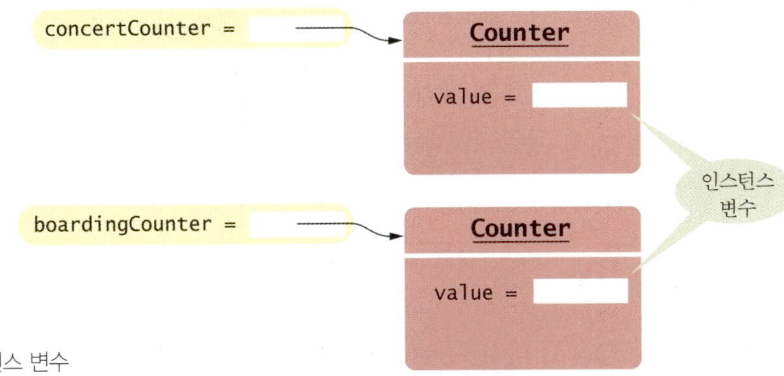

그림 10 인스턴스 변수

여기의 시계들은 공통된 기능을 가지지만 각각의 다른 상태를 가진다. 유사하게, 클래스의 객체는 다른 값을 가지는 인스턴스 변수를 가질 수 있다.

- 인스턴스 변수의 이름(예 : value)

클래스의 객체는 인스턴스 변수의 집합을 가진다.

클래스의 각 객체는 자체의 인스턴스 변수 집합을 가진다. 만약 concertCounter와 boardingCounter가 Counter 클래스의 두 객체라면, 각 객체는 자신의 value 변수를 가진다. 2.7절에서 알게 되겠지만 인스턴스 변수 value의 값은 Counter 객체가 생성될 때 0으로 설정된다.

2.5.2 카운터 클래스의 메서드

이 절에서 메서드가 인스턴스 변수에 어떻게 영향을 미치는지를 보다 잘 이해하기 위하여, Counter 클래스의 메서드 구현에 대하여 간략하게 살펴볼 것이다. click 메서드는 카운터의 값을 1 증가시킨다. 메서드를 정의할 때에는 메서드 머리 부분을 먼저 작성한다. 메서드의 몸체는 중괄호로 감싸도록 한다.

```
public void click()
{
   value = value + 1;
}
```

click 메서드가 인스턴스 변수 value의 값에 어떻게 접근하는지 주목하라. 어느 인스턴스 변수인가? 메서드가 호출되는 객체에 속해 있는 것이다. 다음 호출을 생각해 보라.

```
concertCounter.click();
```

호출은 concertCounter 객체의 value 변수가 하나 증가된다.

getValue 메서드는 현재값을 반환한다.

```
public int getValue()
{
   return value;
}
```

반환문(return statement)은 메서드 호출을 종료하고 메서드 호출자에게 결과(return value)를 돌려주는 특별한 문장이다.

private 인스턴스 변수는 동일한 클래스의 메서드에 의하여 접근 가능하다.

인스턴스 변수는 접근 명시자 private를 일반적으로 선언된다. 이 명시자는 동일한 클래스의 메서드에 의한 접근만이 가능하고, 다른 메서드에 의해서는 접근할 수 없다는 뜻이다. 예를 들어 value 변수는 Counter 클래스의 click 및 getValue 메서드에 의하여 접근이 가능하지만, 다른 클래스의 메서드에 의해서는 접근이 불가능하다. Counter 클래스의 내부 데이터를 조작하기를 원한다면, 다른 메서드에서 Counter 클래스의 메서드를 사용하는 것이 필요하다.

2.5.3 캡슐화

이전 절에서 인스턴스 변수를 개인화하기 위하여 숨겨야 한다는 것을 배웠다. 왜 프로그래머가 어떤 것을 숨겨 두기를 원할까?

정보 은닉(information hiding) 기법은 컴퓨터 프로그래밍에만 쓰이는 것이 아니다. 이것은 많은 공학적 원리에 사용된다. 집에서 볼 수 있는 온도 조절 장치를 생각해 보라. 이것은 사용자가 난방기와 에어콘을 원하는 온도로 제어되도록 해 주는 장치이다. 건축업자에게 온도 조절 장치 내부가 어떻게 되어 있는지를 물어보면 어깨를 으쓱하며 잘 모른다고 할 것이다.

온도 조절 장치는 블랙박스와 같다. 잘 알지 못하지만 신기하게 수행한다. 제어 모듈은 전자 모듈을 가지고 있지만, 건축업자는 공장에서 제공되는 제어 모듈을 결코 열지 않을 것이다. 일반적으로 기술자는 내부에 기능이 숨겨진 장치를 기술할 때 블랙박스라는 용어를 사용한다. 블랙박스라는 것이 완전히 불가사의한 것만은 아니다. 블랙박스는 다른 장치와의 연결이 잘 정의되어 있다. 건축업자가 온도 조절 장치와 난방기 및 에어컨을 어떻게 연결해야 하는지를 잘 알고 있는 것과 같다.

캡슐화는 구현의 상세한 것은 숨기고 데이터에 접근할 수 있는 방법을 제공하는 과정이다.

일련의 메서드만 제공해 주고 구현의 자세한 것을 숨기는 과정을 캡슐화(encapsulation)라고 부른다. 자바에서는 클래스 생성을 통하여 캡슐화를 제공한다. 공개 메서드가 내부적으로 구현된 것을 조작하도록 하는 인터페이스이다.

온도 조절 장치는 내부에 동작은 숨긴 블랙박스와 같이 동작한다.

왜 건축업자는 온도 조절 장치나 난방기와 같이 미리 만들어진 부품을 사용하는가? 이러한 '블랙박스'는 건축업자의 일을 아주 간단하게 만든다. 예전에는 건축업자가 벽돌이나 회반죽으로부터 난방기를 만들고 기초적인 온도 조절이 가능하도록 만들 수 있어야 했다. 그러나 오늘날은 건축업자는 하드웨어 내부 구성 요소가 어떤 것인지 알 필요도 없이 상점에 가서 구입하기만 하면 된다.

캡슐화는 프로그래머가 클래스가 어떻게 구현되어 있는지 알지 않고도 클래스를 사용할 수 있도록 해 준다.

마찬가지로 클래스를 사용하는 프로그래머는 여러분이 경험으로 알듯이 불필요하게 상세한 것을 알 필요가 없다. 여러분은 String이나 PrintStream 클래스로부터 이러한 클래스들이 어떻게 구현되어 있는지를 알 필요가 없이 객체를 사용할 수 있다.

캡슐화는 또한 진단적인 오류에도 도움이 된다. 많은 프로그램이 수백 개의 클래스와 수천 개의 메서드로 구성되어 있으나 객체의 내부 데이터에 오류가 있다면 단지 그 메서드를 호출한 하나의 클래스만을 살펴보면 된다. 마지막으로 캡슐화는 클래스를 사용하는 프로그래머에게 알려줄 필요 없이 클래스의 구현을 바꾸는 것이 가능하도록 해 준다.

정보 은닉(information hiding)은 클래스를 구현자가 오류를 찾아내고 구현을 바꾸는 것은 쉽게 한다.

이 책에서는 지금까지 객체를 사용하는 것을 배웠다. 여러분은 어떻게 객체를 얻어내서 조작하고, 그것을 결합하여 프로그램을 만드는지를 배웠고 객체를 블랙박스로 다루어 왔다. 또 새로운 온도 조절 장치를 설치하는 건축업자와 거의 유사한 역할을 해 왔다.

이제 여러분은 클래스를 구현하는 것으로 역할을 이동해가고 있다. 다음 절에서 여러분은 역할은 버튼과 센서, 다른 부품들로부터 온도 조절 장치를 만드는 하드웨어 제조업자와 유사하다. 객체가 원하는 동작을 할 수 있도록 하기 위한 자바 프로그램 기법을 배우게 될 것이다.

예제의 완전한 코드

웹 페이지 wiley.com/go/javacode에 가서 Counter 클래스를 보여주는 프로그램을 다운로드 할 수 있다.

sec_5/Counter.java

```java
/**
   This class models a tally counter.
*/
public class Counter
{
   private int value;

   /**
      Gets the current value of this counter.
      @return the current value
   */
```

```
   public int getValue()
   {
      return value;
   }

   /**
      Advances the value of this counter by 1.
   */
   public void click()
   {
      value = value + 1;
   }

   /**
      Resets the value of this counter to 0.
   */
   public void reset()
   {
      value = 0;
   }
}
```

자습문제

24. 원하지 않는 버튼 클릭을 되돌리는 public void unclick()이라는 메서드의 몸체를 구현하라.
25. private 인스턴스 변수 hours와 minutes를 가진 Clock 클래스를 사용한다고 할 때, 어떻게 프로그램에서 그 변수에 접근할 수 있는가?
26. Counter 클래스를 생각해 보자. 카운트 클래스는 0에서 시작하여 click 메서드를 호출할 때마다 하나씩 증가한다. 따라서 그 수가 음수일 수는 없다. 테스트를 하는 동안 값이 음수인 것을 발견했다. 어디에서 오류가 생겼는지를 확인해야 하는가?
27. 1장에서 결과가 화면에 보이도록 하기 위하여 System.out을 블랙박스처럼 사용했다. 누가 System.out을 설계하고 구현했는가?
28. 개인 금융 소프트웨어를 개발하는 회사에서 일하고 있다고 가정해 보자. 은행 계좌를 나타내는 클래스를 설계하여 구현하도록 요청받았다. 당신의 클래스 사용자는 누가 되겠는가?

실습하기 이 장의 끝부분에 있는 복습문제 및 연습문제 R2.21, R2.22, P2.1을 수행하시오.

2.6 클래스의 공개 인터페이스 설계

이 절에서는 클래스의 공개 인터페이스(public interface)를 기술하는 절차에 대하여 논의할 것이다. 은행 업무 소프트웨어에서 일하고 있는 팀의 구성원이라고 생각해 보라. 은행 업무에서 기초가 되는 개념은 은행 계좌이다. 당신의 일은 BankAccount라는 클래스를 이해하고 그것을 구현하여 다른 프로그래머가 그것을 사용할 수 있도록 만들어 주는 것이다. 어떤 메서드를 제공해야 할까? 클래스를 구현하기 전에 이러한 질문을 확정하기를 원할 것이다.

2.6.1 메서드의 명시

클래스를 구현하기 위해서는 우선 어떤 메서드가 요구되는지 알아야 한다.

은행 계좌에 정확하게 어떤 특징이 구현되어야 하는지를 알 필요가 있다. 어떤 특징(예 : 입금 같은 것)이 필수적이지만 다른 것(예 : 고객이 은행 계좌를 열게 되면 받게 되는 선물)은 그리 중요하지 않다. 꼭 필요한 특징인지를 결정하는 것은 항상 쉬운 일만은 아니다. 7장과 11장에서 다시 이 문제를 살펴볼 것이다. 지금은 유능한 설계자가 다음의 것이 은행 계좌에서 중요하고 핵심적인 것이라고 결정했다고 가정하자.

- 돈의 입금
- 돈의 출금
- 현재 잔고 얻기

자바에서 어떤 작업은 메서드 호출에 의하여 표현된다. 메서드 호출의 정확한 명세를 알아보기 위해서, 프로그래머가 어떻게 은행 계좌에 대한 연산을 수행할 것인지를 상상해 보라. harrysChecking이라는 변수가 BankAccount 형의 객체에 대한 참조를 가지고 있다고 가정한다면 우리는 다음과 같은 메서드 호출을 지원하기를 원한다.

```
harrysChecking.deposit(2240.59);
harrysChecking.withdraw(500);
double currentBalance = harrysChecking.getBalance();
```

처음 두 가지 메서드는 변형 메서드(mutator method)이다. 그것들은 은행 계좌의 잔고를 수정하고 값을 반환하지는 않는다. 세 번째 메서드는 접근 메서드(accessor method)라 한다. 이것은 반환한 값을 변수에 저장하거나 또는 다른 메서드에 전달한다.

예제 호출에서 알 수 있듯이 BankAccount 클래스는 세 가지 메서드를 선언해야 한다.

- `public void deposit(double amount)`
- `public void withdraw(double amount)`

- public double getBalance( )

double이 배정밀도(double-precision) 부동 소수형을 나타낸다는 것을 기억하라. 그리고 void란 메서드가 반환하는 값이 없다는 것을 알려 준다.

여기서는 메서드의 머리 부분(header)만이 주어졌다. 메서드를 선언할 때에는 메서드가 수행할 명령문에 해당하는 메서드의 몸체(body)도 제공해야 한다.

```
public void deposit(double amount)
{
   메서드 몸체 - 구현은 나중에 채워 넣을 것이다.
}
```

우리는 메서드의 몸체를 2.7절에서 제공할 것이다.

위의 메서드가 프로그램의 다른 모든 메서드에서 호출할 수 있는 공개(public) 메서드로 선언되어 있다는 것에 주목하라. 때때로 private 메서드를 가지는 것이 유용할 때도 있다. 그것들은 동일한 클래스의 다른 메서드로부터 호출될 수 있다.

어떤 사람들은 다음과 같이 만들어진 몸체를 채우는 것을 선호한다.

```
public double getBalance()
{
   // TODO: 구현을 채워 넣어라.
   return 0;
}
```

개발환경에서 잘못된 코드에 대한 경고를 원하지 않을 수도 있지만, 명세서를 작성할 수 있다면 유용할 것이다.

2.6.2 생성자 명시하기

생성자는 객체의 데이터를 초기화한다.

2.3절로부터 알았듯이 생성자는 객체를 초기화하기 위하여 사용된다. 자바에서 생성자(constructor)는 메서드와 매우 비슷하지만, 두 가지 면에서 차이가 있다.

- 생성자의 이름은 항상 클래스 이름(예 : BackAccount)과 동일하다.
- 생성자는 반환형이 없다(void조차 없다).

은행 계정을 생성할 때 0의 잔고로 생성할 수도 있고, 주어진 초기 금액으로 초기화할 수 있기를 원할 수도 있다.
이러한 목적을 위하여 두 개의 생성자를 명시한다.

- public BankAccount( )
- public BankAccount(double initialBalance)

이것은 다음과 같이 사용된다.

```
BankAccount harrysChecking = new BankAccount();
BankAccount momsSavings = new BankAccount(5000);
```

생성자의 이름은 항상 클래스 이름과 동일하다.

동일한 이름의 두 개의 생성자가 있다는 것에 대하여 염려하지 않아도 된다. 모든 클래스의 생성자는 동일한 이름, 즉 주어진 클래스의 이름을 가진다. 컴파일러는 서로 다른 인자를 가지는 것을 보고 그것을 구별할 수 있다. 첫 번째 생성자는 아무런 인자도 가지지 않는다. 이러한 생성자는 인자 없는 생성자(no-argument constructor)라고 한다. 두 번째 생성자는 double 형의 인자를 가진다.

메서드와 마찬가지로, 생성자는 새로운 객체가 생성된 때마다 수행하게 되는 순차적인 문장인 몸체를 가진다.

```
public BankAccount()
{
   생성자 몸체 - 구현은 나중에 채운다.
}
```

생성자 문장은 생성되는 객체의 인스턴스 변수의 값을 설정한다. 2.7절을 참조하라.

클래스를 선언할 때에는 아래와 같이 모든 생성자와 메서드를 선언해야만 한다.

```
public class BankAccount
{
   private instance variables—filled in later

   // Constructors
   public BankAccount()
   {
      implementation—filled in later
   }

   public BankAccount(double initialBalance)
   {
      implementation—filled in later
   }

   // Methods
   public void deposit(double amount)
   {
      implementation—filled in later
   }

   public void withdraw(double amount)
   {
      implementation—filled in later
   }

   public double getBalance()
   {
      implementation—filled in later
   }
}
```

문법 2.6 클래스 선언

```
Syntax    accessSpecifier class ClassName
          {
             instance variables
             constructors
             methods
          }
```

```
public class Counter
{
   private int value;

   public Counter(int initialValue) { value = initialValue; }

   public void click() { value = value + 1; }
   public int getValue() { return value; }
}
```

공개 인터페이스 / private 구현

공개 생성자와 메서드가 클래스의 공개 인터페이스(public interface)를 구성한다. 이러한 공개 인터페이스는 프로그래머 누구나 BankAccount 객체를 생성하고 조작하기 위하여 호출하여 사용할 수 있는 작업이다.

2.6.3 공개 인터페이스 사용하기

우리의 BankAcoount 클래스는 간단하다. 그러나 이것은 프로그래머가 은행 계좌에 대하여 일반적으로 발생하는 모든 연산을 수행할 수 있도록 해 준다. 다음의 BankAccount 클래스를 사용하여 프로그래머가 작성한 프로그램의 일부를 보라. 여기에서 프로그램 문장은 은행의 한 계정에서 다른 계정으로 돈을 송금한다.

```
//한 계정에서 다른 계정으로 이동
double transferAmount = 500;
momsSavings.withdraw(transferAmount);
harrysChecking.deposit(transferAmount);
```

아래는 저축 통장에 이자를 추가하는 프로그램의 일부분이다.

```
double interestRate = 5; // 5% 이자율
double interestAmount = momsSavings.getBalance() * interestRate / 100;
momsSavings.deposit(interestAmount);
```

예를 보고 알 수 있듯이, 프로그래머는 BankAccount 클래스가 데이터를 어떻게 저장하는지 BankAccount 메서드가 어떻게 동작하게 되는지 알지 않고도 BankAccount 클래스의 객체를 사용하여 의미 있는 작업을 수행할 수 있다.

물론 BankAccount 클래스를 구현한 사람으로서 우리는 개별적인 구현을 제공해야 한다. 이는 2.7절에서 구현해 볼 것이다. 하지만 첫 번째로 중요한 단계가 남아 있다. 그것은 공개적인 인터페이스에 대하여 문서화하는 것이다. 이것이 다음 절의 주제이다.

2.6.4 공개 인터페이스에 대한 주석 달기

클래스와 메서드를 구현할 때, 그들의 동작에 대하여 전부 주석을 다는 습관을 가져야 한다. 자바에서는 문서 주석(documentation comments)은 매우 유용한 표준 형식이 있다. 이 형식을 사용한다면 javadoc이라고 불리는 프로그램을 통하여 잘 정리된 HTML 형식으로 된 페이지를 얻을 수 있다(알아 두기 2.3에서 이 유틸리티에 대한 설명 참조).

프로그램에 클래스와 공개 메서드를 기술하는 문서 주석을 사용하라.

문서 주석은 클래스나 메서드가 선언되기 전에 문서화가 놓여진다. 자바 유틸리티에서 구별자로 사용되는 /**로 시작을 한다. 그리고 주어진 메서드의 목적을 기술한다. 그러고 나서 각각의 인자에 대하여 @param으로 시작해서 인자를 가지는 변수의 이름(이것은 매개변수(parameter vaiable)라고 불린다.)과 한 줄의 설명을 제공한다. 인자를 가지지 않는 메서드에서는 @param 태그를 작성하지 않는다. 반환형이 void 반환형에 대해서는 @return 태그를 작성하지 않는다.

javadoc 유틸리티는 각 주석의 첫 번째 문장을 HTML 문서의 요약 테이블에 복사한다. 따라서 첫 번째 문장을 주의하여 작성할 필요가 있다. 이것은 대문자로 시작해야 하고 마침표로 끝나야 한다. 문법적으로 완전한 문장일 필요는 없으나 그 주석을 뽑아내서 요약문에 표시했을 때 의미가 있어야 한다.

여기에 두 가지 형식의 예가 있다.

```
/**
   Withdraws money from the bank account.
   @param amount the amount to withdraw
*/
public void withdraw(double amount)
{
   구현은 나중에 채워진다.
}

/**
   Gets the current balance of the bank account.
   @return the current balance
*/
public double getBalance()
{
   구현은 나중에 채워진다.
}
```

금방 본 주석은 개별적인 메서드를 보여준다. 각 클래스에 대하여 그 목적을 설명하는 간략한 주석도 제공하도록 하라. 문서 주석을 클래스 선언 위에 두도록 하라.

```
/**
   A bank account has a balance that can be changed by
   deposits and withdrawals.
*/
public class BankAccount
{
   . . .
}
```

당신의 첫 번째 반응은 아마도 "와! 이 모든 것을 내가 다 작성해야 한단 말인가?" 일 것이다. 때로는 주석 문서가 꽤 반복적인 것처럼 보이지만 대부분의 경우에 그것은 매우 유용하다. 반복적으로 보이는 주석이지만 그것을 작성하기 위하여 시간을 내야 한다.

메서드의 본문 코드를 작성하기 전에 메서드의 주석을 먼저 작성하려는 것은 아주 좋은 생각이다. 이것은 무엇을 프로그래밍 하는 것이 필요한지에 대한 명확한 이해를 보여주는 훌륭한 테스트이다. 클래스나 메서드가 무엇을 하는지 설명할 수 없다면, 그것을 구현할 준비가 되지 않은 것이다.

각각의 클래스와 각각의 메서드, 매개변수, 반환값에 대하여 문서 주석을 제공하라.

아주 간단한 메서드는 어떤가? 여러분은 그것을 작성하는데 걸리는 시간보다 너무 사소한 주석을 작성할 필요가 있는지 고민하는데 더 많은 시간을 보내기 쉽다. 실제적인 프로그래밍에서 아주 간단한 메서드는 극히 드물다. 간단한 메서드에 과다한 주석은 해롭지는 않지만, 복잡한 메서드에 주석이 없는 것은 나중에 유지보수를 하는 프로그래머에게 실제적으로 심각한 문제를 일으킬 수 있다. 표준 자바 문서 스타일에 따르면, 모든 클래스에 모든 메서드와 모든 매개변수 및 모든 반환값에 대해서는 주석이 있어야만 된다.

예제의 완전한 코드

웹 페이지 wiley.com/go/javacode에 가서 BankAccount의 구현이 없이 문서화만 가진 클래스를 다운로드 할 수 있다.

javadoc 유틸리티는 주석을 웹 브라우저로 볼 수 있는 산뜻한 문서를 만들어 내고, 보기에 반복되는 구절들을 잘 사용한다. 주석의 첫 번째 문장은 여러분 클래스의 모든 메서드에 대한 요약 테이블(summary table)에 사용된다(그림 11 참조). @param과 @return 주석은 각 메서드의 상세한 기술에 산뜻한 형식으로 정리된다(그림 12 참조). 여러분이 이 주석들 중에 어떤 것이라도 생략하면 javadoc은 보기에 이상하게 비어 있는 문서를 생성한다.

이 문서 형식은 익숙할 것이다. 자바 라이브러리를 구현한 프로그래머들도 javadoc을 그들 자신이 사용한다. 그들도 모든 클래스와 모든 메서드와 모든 변수들과 모든 반환값들에 대한 주석을 달고, javadoc을 사용하여 그 문서를 HTML 형식으로 확장한다.

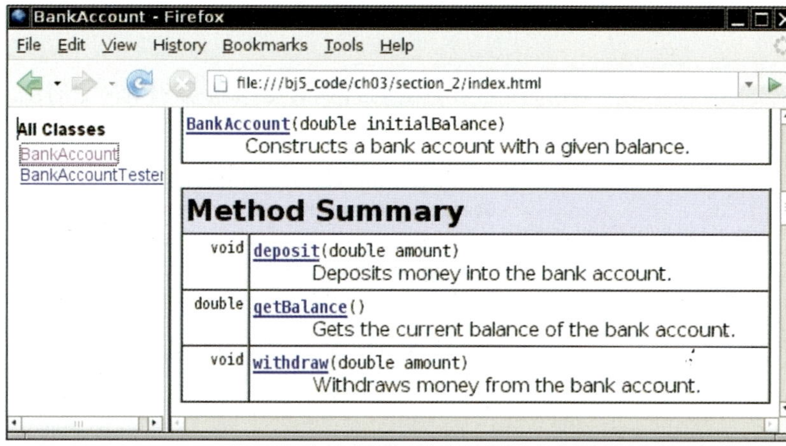

그림 11 A javadoc에 의하여 생성된 메서드 요약

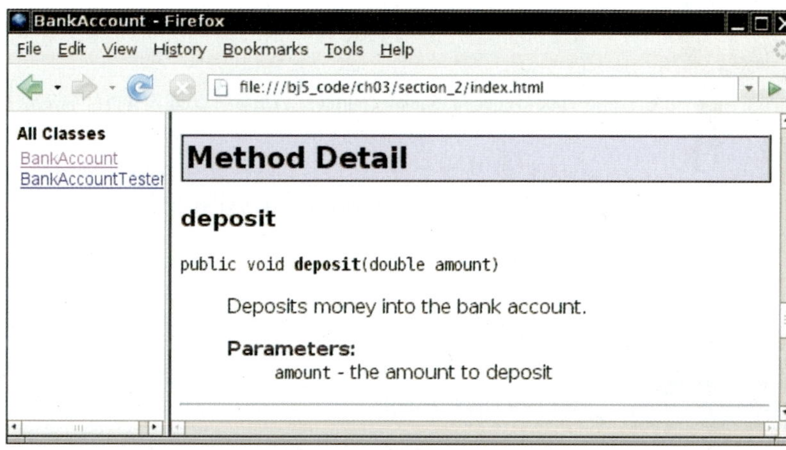

그림 12 javadoc에 의하여 생성된 상세 메서드 주석

29. harrysChecking 은행 계좌에서 공개 인터페이스가 없는 메서드를 어떻게 사용할 수 있는가?

30. 다음에 나열한 문장은 무엇이 문제인가?

```
BankAccount harrysChecking = new BankAccount(10000);
System.out.println(harrysChecking.withdraw(500));
```

31. 잔액뿐만 아니라 계좌 번호도 추적하는 보다 강력한 은행 계좌를 만들기를 원한다고 가정해 보자. 이러한 변경을 수용하기 위하여 공개 인터페이스를 어떻게 변경하겠는가?

32. BankAccount 클래스를 각 계좌가 계좌 번호를 가지도록 강화한다고 가정해 보자. 다음의 생성자를 위한 주석을 제공하라.

```
public BankAccount(int accountNumber, double initialBalance)
```

33. 왜 다음의 문서 주석은 문제가 있어 보이는가?

```
/**
   Each account has an account number.
   @return the account number of this account
*/
public int getAccountNumber()
```

실습하기 이 장의 끝부분에 있는 복습 문제 R2.23, R2.28, R2.29를 수행하시오.

흔한 오류 2.2

void로 생성자 선언

생성자를 선언할 때 void란 키워드를 사용하지 않도록 하라.

```
public void BankAccount() //오류 - void 사용하지 않도록 하라.
```

이렇게 하면 생성자가 아니라 반환형이 void인 메서드를 선언하게 된다. 불행히도 자바 컴파일러는 이 문법을 오류로 인식하지 못한다.

알아 두기 2.3

javadoc 유틸리티

항상 코드에 문서 주석을 추가하도록 하라. 대부분의 사람들은 HTML 문서가 편리한 것을 알기 때문에 어떻게 javadoc을 수행하는지 배우는 것은 유용하다(예 : BlueJ). 어떤 프로그래밍 환경은 javadoc을 수행할 수 있다. 또 다른 방법으로는 명령어 창에서 javadoc 유틸리티를 다음의 명령을 수행함으로써 실행시킬 수 있다.

```
javadoc MyClass.java
```

또는 여러 개의 자바 파일에 대한 문서를 원한다면,

```
javadoc *.java
```

javadoc 유틸리티는 HTML 형식으로 MyClass.html 파일을 만들어 내고, 브라우저로 확인할 수 있다. 당신이 HTML을 안다면 HTML 태그를 폰트나 이미지를 명시하여 주석을 달 수가 있다. 아마도 가장 중요한 것은 javadoc이 자동적으로 다른 클래스나 메서드에 대한 하이퍼링크(hyperlink)를 제공한다.

javadoc 유틸리티는 어떤 메서드를 구현하기 전에 실행할 수도 있다. 모든 메서드의 몸체를 비워두라. 컴파일러를 실행하지 마라. 컴파일하면 반환값이 없다고 오류를 보여줄 것이다. 단순히 javadoc을 파일에 수행하여 구현하고자 하는 공개 인터페이스에 대한 문서를 생성하라.

javadoc 툴은 문서를 여러분의 코드와 함께 두는 것을 허용해 주는 제대로 된 이 한 가지 일을 해준다는 면에서 매우 놀라운 도구이다. 이런 식으로 프로그램을 갱신하면, 어떤 문서가 갱신되어야 하는지 바로 볼 수 있다. 우리는 그 문서가 바로 그 자리에서 갱신하기를 바란다. 그러고 나서 javadoc을 다시 실행하여 바로 형태를 잘 갖춘 갱신된 문서를 얻어라.

2.7 클래스 구현 제공하기

BankAccount 클래스에서 공개 인터페이스의 설계 명세서를 이해했으므로, 이제 실제 구현을 해 보도록 하자.

2.7.1 인스턴스 변수 제공하기

인스턴스 변수의 개별적인 구현 및 생성자와 메서드의 구현

먼저 각각의 은행 계정이 포함하고자 하는 데이터를 설정하는 것이 필요하다. 간단한 은행 계좌 클래스는 각 객체가 현재의 잔고라는 하나의 값을 저장하는 것이 필요하다(보다 복잡한 은행 계좌 클래스는 계좌 번호, 지불된 이자율, 다음 계좌 명세서를 보낼 날짜 등 추가적인 데이터를 저장할 수도 있다.).

필요한 모든 물품을 지니고 다녀야 하는 야생 탐험가처럼 객체는 그 객체의 메서드 호출을 위하여 필요한 모든 것을 저장하는 것이 필요하다.

```
public class BankAccount
{
   private double balance;
   // Methods and constructors below
   . . .
}
```

일반적으로 적합한 인스턴스 변수를 설정하는 것은 쉬운 일이 아니다. 객체의 메서드를 수행하기 위하여 기억할 필요가 있는 것이 무엇인지 자신에게 물어보라.

2.7.2 생성자 제공하기

생성자(constructor)의 기본 업무는 객체의 인스턴스 변수를 초기화하는 것이다.

우리가 BankAccount의 생성자로 두 개의 생성자를 설계했다는 것을 기억하라. 첫 번째 것은 간단하게 잔고를 0으로 설정하는 것이다.

```
public BankAccount()
{
   balance = 0;
}
```

두 번째 생성자는 생성자의 매개변수에 의하여 제공된 잔고값을 설정하는 것이다.

```
public BankAccount(double initialBalance)
{
   balance = initialBalance;
}
```

이러한 생성자가 어떻게 동작하는지를 보기 위하여 간단한 문장을 한 번에 한 단계씩 추적해 보자.

```
BankAccount harrysChecking = new BankAccount(1000);
```

여기에 문장이 수행될 때 수행되는 단계가 있다.

- BankAccount 형의 새로운 객체를 만든다. ❶
- 두 번째 생성자를 호출한다(왜냐하면 생성자 호출 시에 매개변수가 제공되었기 때문이다.).
- 매개변수 initialBalance를 1,000으로 설정한다. ❷
- 새로 만들어진 객체의 인스턴스 변수 balance의 값을 initialBalance 값으로 초기화한다. ❸

생성자는 객체에 대한 조립 방법에 대한 설명서의 모음과 같다.

- new 표현식의 값인 객체의 메모리 위치를 알려 주는 객체에 대한 참조자를 반환한다.
- 객체 참조자를 harrysChecking 변수에 저장한다. ❹

일반적으로 생성자를 구현할 때, 각 생성자가 모든 인스턴스 변수를 초기화하도록 하고 모든 매개변수를 사용해야 한다.

메서드가 정확하게 무엇을 하는지 알기 위하여 다음 문장을 생각해 보자.

```
harryChecking.deposit(500);
```

이 문장은 다음의 단계를 수행한다.

그림 13 생성자가 동작하는 원리

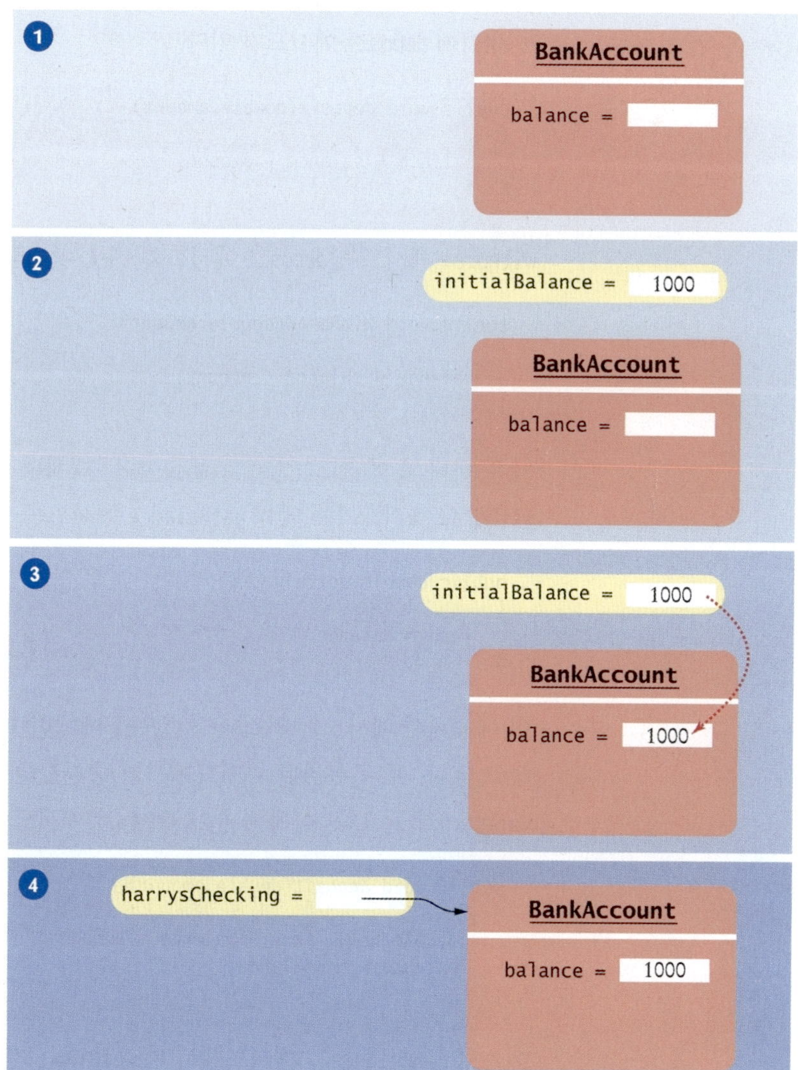

- 매개변수 amount의 값을 500으로 설정한다.
- harrysChecking에 저장되어 있는 객체의 객체 변수 balance를 불러온다.
- balance에 amount의 값을 더한다.
- balance 객체 변수의 합을 이전 값에 덮어 써서 저장한다.

2.7.3 메서드 제공하기

이 절에서 BankAccount 클래스의 메서드를 구현하는 것을 마무리 지어 보자.

어떤 메서드를 구현할 때 자신에게 그 메서드가 접근자인지 변경자인지 질문해 보라. 변경자 메서드는 인스턴스 변수를 어떤 식으로든 변경할 필요가 있다. 접근자 메서드는 결과를 얻어오거나 계산한다.

여기에 deposit 메서드가 있다.

```
public void deposit(double amount)
{
   balance = balance + amount;
}
```

withdraw 메서드는 deposit 메서드와 매우 비슷하다.

```
public void withdraw(double amount)
{
   balance = balance - amount;
}
```

남은 하나의 메서드는 getBalance이다. 객체의 객체 변수를 변경하는 deposit이나 withdraw 메서드와는 달리 getBalance 메서드는 반환값이 있다.

```
public double getBalance()
{
   return balance;
}
```

이 예제에서 메서드는 인스턴스 변수와 매개변수만을 접근해서 그들이 해야 할 것을 하고 있다. 보다 복잡한 메서드에서는 중간값들을 저장하기 위하여 지역 변수(local variable)가 필요하다. 예를 들어, deposit 메서드에서 지역 변수를 사용할 수도 있다.

```
public void deposit(double amount)
{
    double newBalance = balance + amount;
    balance = newBalance;
}
```

여기서 newBalance는 메서드에서 지역적이다. 지역 변수는 개별 메서드 호출에서 임시 결과를 위하여 사용된다. 지역 변수는 메서드가 종료되면 사라진다. 대조적으로 balance 인스턴스 변수는 메서드 호출 사이에 값을 유지한다.

우리는 이제 BankAccount 클래스의 구현을 완성했다. 아래의 코드 목록을 보라. 남아 있는 한 단계가 있다. 클래스가 제대로 동작하는지 테스트하는 것이다. 이것은 다음 절의 주제이다.

section_7/BankAccount.java

```
/**
   A bank account has a balance that can be changed by
   deposits and withdrawals.
*/
public class BankAccount
{
   private double balance;

   /**
      Constructs a bank account with a zero balance.
   */
   public BankAccount()
   {
      balance = 0;
   }

   /**
      Constructs a bank account with a given balance.
      @param initialBalance the initial balance
   */
   public BankAccount(double initialBalance)
   {
      balance = initialBalance;
   }

   /**
      Deposits money into the bank account.
      @param amount the amount to deposit
   */
   public void deposit(double amount)
   {
      balance = balance + amount;
   }

   /**
      Withdraws money from the bank account.
      @param amount the amount to withdraw
   */
   public void withdraw(double amount)
   {
      balance = balance - amount;
   }

   /**
      Gets the current balance of the bank account.
      @return the current balance
```

```
        @return the current balance
     */
     public double getBalance()
     {
        return balance;
     }
}
```

표 3 구현하는 클래스

Example	Comment
public class BankAccount { . . . }	이것은 클래스 선언의 시작이다. 인스턴스 변수, 메서드, 생성자들이 괄호 안에 둔다.
private double balance;	이것은 double 형의 인스턴스 변수이다. 인스턴스 변수는 private로 선언되어야 한다.
public double getBlance( ) { . . . }	이것은 메서드 선언이다. 메서드의 몸체는 중괄호 안에 둔다.
. . . { return balance; }	이것은 getBalance 메서드의 몸체이다. 반환문은 메서드의 호출자에게 하나의 값을 반환한다.
public void deposit(double amount) { . . . }	이것은 매개변수(amount)를 가진 메서드이다. 이 메서드는 void로 선언되어 있기에 반환값이 없다.
. . . { blance = blance + amount; }	이것은 deposit 메서드의 몸체이다. 반환문을 가지고 있지 않다.
public BankAccount( ) { . . . }	이것은 생성자 선언이다. 생성자는 클래스 이름과 동일한 이름을 가지며 반환형이 없다.
. . . { blance = 0; }	이것은 생성자의 몸체이다. 생성자는 인스턴스 변수를 초기화해야 한다.

34. BankAccount 클래스를 수정하여 은행 계좌의 계좌 번호를 가지도록 하였다. 이것이 어떻게 인스턴스 변수에 영향을 미치는가?

35. 왜 다음의 코드는 어머니의 은행 계좌를 훔치는데 성공할 수 없는가?

```
public class BankRobber
{
   public static void main(String[] args)
   {
      BankAccount momsSavings = new BankAccount(1000);
      momsSavings.balance = 0;
   }
}
```

36. Rectangle 객체는 네 개의 인스턴스 변수 x, y, width, height가 있다. getWidth 메서드의 가능한 구현을 해 보자.

37. Rectangle 클래스에 있는 translate 메서드의 가능한 구현을 해 보자.

실습하기 이 장 끝부분에 있는 복습 문제 R.2.17, R.2.30, R.2.13을 수행하시오.

2.8 단위 평가

엔지니어는 부품을 분리한 상태에서 테스트하고 있다. 이것은 단위 평가의 한 예이다.

이전 절에서 BankAccount 클래스의 구현을 완료했다. 이것을 가지고 무엇을 할 수 있는가? 물론 BankAccount.Java 클래스를 컴파일할 수 있다. 하지만 여러분은 결과 BankAccount.class 파일을 수행할 수는 없다. 이것은 main 메서드를 가지고 있지 않고 일반적이다. 대부분의 클래스는 main 메서드를 포함하고 있지 않다.

단위 평가는 전체 프로그램의 밖에 분리된 상태에서 클래스가 올바르게 동작하는지를 확인한다.

궁극적으로 당신의 클래스는 사용자와 상호작용하고 파일에 데이터를 저장하는 등과 같이 더욱 큰 클래스의 일부가 될 것이다. 그러나 클래스를 프로그램에 통합시키기 전에 분리된 상태에서 테스트 해보는 것이 좋다. 완전한 프로그램이 아니라 분리된 상태에서 테스트하는 것을 단위 테스팅(unit testing)이라고 한다.

클래스를 테스트하기 위해서는 두 가지 방법이 있다. 몇몇 인터액티브 개발 환경은 객체 생성과 메서드 호출을 위한 명령어를 제공한다. 그러면 간단하게 객체를 생성하고 메서드를 호출하고, 예상되는 반환값과 얻은값을 검토해 봄으로써 간단하게 클래스를 테스트할 수 있다. 그림 14는 BlueJ에서 BankAccount 객체의 getBalance 메서드를 호출한 결과를 보여준다.

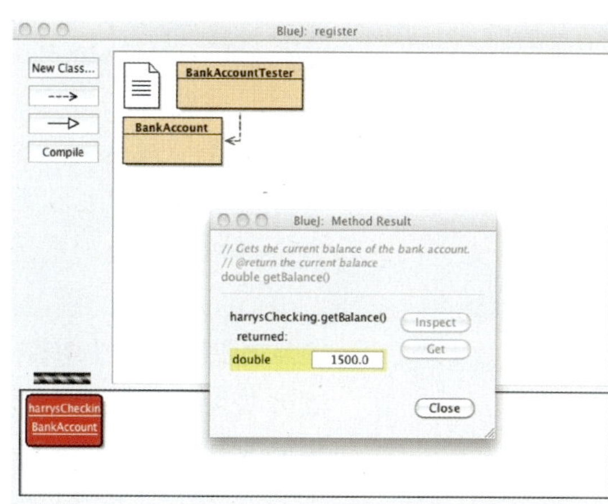

그림 14 BuleJ에서 getBalance 메서드에 대한 반환값

클래스를 테스트하기 위해서는 대화식(interactive)의 테스팅 환경을 사용하거나, 테스트 명령어들을 수행할 테스터 클래스를 작성하라.

또 다른 방법으로 테스터 클래스(tester class)를 작성할 수 있다. 테스터 클래스는 main 메서드를 가진 클래스로 다른 클래스의 실행 메서드 문장을 가지고 있다. 테스터 클래스는 일반적으로 다음의 단계를 수행한다.

1. 테스트 되는 클래스의 하나 또는 그 이상의 객체를 생성한다.
2. 하나 또는 그 이상의 메서드를 호출한다.
3. 하나 또는 그 이상의 결과를 출력한다.
4. 예상 결과를 출력한다.

다음에는 BankAccount 클래스의 메서드를 수행하기 위한 클래스가 있다. main 메서드는 BankAccount 형의 객체를 생성하고 deposit과 withdraw 메서드를 호출하며 콘솔에 남은 잔액을 표시한다.

우리가 볼 것으로 예상하는 결과를 출력한다. 샘플 프로그램에서 2,000달러 저축하고 500달러를 인출한다. 따라서 1,500달러의 잔고를 예상한다.

section_8/BankAccountTester.java

```
/**
   A class to test the BankAccount class.
*/
public class BankAccountTester
{
   /**
      Tests the methods of the BankAccount class.
      @param args not used
   */
   public static void main(String[] args)
   {
      BankAccount harrysChecking = new BankAccount();
      harrysChecking.deposit(2000);
      harrysChecking.withdraw(500);
      System.out.println(harrysChecking.getBalance());
      System.out.println("Expected: 1500");
   }
}
```

실행 결과

```
1500
Expected: 1500
```

프로그램을 만들기 위해서는 BankAccount와 BankAccountTester 클래스를 결합하는 것이 필요하다. 프로그램을 만드는 자세한 것은 사용하는 컴파일러와 개발환경에 따라 다르다. 대부분의 개발환경에서 다음의 단계를 수행하는 것이 필요하다.

1. 프로그램을 위한 하위 폴더를 만든다.
2. 각각의 클래스를 위하여 두 개의 파일을 만든다.
3. 두 개의 파일을 컴파일한다.
4. 테스트 프로그램을 실행한다.

많은 학생들은 이런 간단한 프로그램이 두 개의 클래스를 포함하고 있다는 것에 놀라지만, 이것은 일반적이다. 두 개의 클래스는 완전히 다른 목적을 가진다. BankAccount 클래스는 은행 잔고를 계산하는 객체를 기술한다. BankAccountTester 클래스는 BankAccount 객체에 대한 테스트를 수행한다.

자습문제

38. BankAccountTester 프로그램을 수행할 때, BankAccount 클래스 객체는 몇 개가 생성되었는가? BankAccountTester 클래스는 몇 개가 생성되었는가?
39. BlueJ와 같은 인터액티브 테스팅이 가능한 개발 환경에서는 BankAccountTester 클래스가 왜 필요 없는가?

실습하기 이 장의 끝부분에 있는 연습 문제 P2.12, P2.20을 수행하시오.

따라 하기 2.1

클래스를 구현하기

이번 구현하기에서는 주어진 명세서에 따라서 클래스를 어떻게 구현할 것인지에 대하여 이야기해 줄 것이다.

문제 정의 자가(self-service) 현금 등록을 모델링하는 클래스를 구현하라. 고객은 가격표를 스캔하고 기계에 돈을 지불한다. 기계는 잔액을 반환한다.

단계 1 **어떠한 메서드를 제공하도록 요청되는지를 알아내라.**

실제 세계에서 일어나는 모든 특징을 제공할 필요는 없다. 그것은 너무 많다. 출납원의 예에서 부가세나 신용카드 지불 등에 대해서는 생각할 필요가 없다. 과제는 현금 출납원의 어떠한 특징을 나타내야 하는지에 대하여 평이한 언어로 말해주고 있다. 그 목록을 만들어 보자/

- 구매 항목에 대한 판매 가격을 합한다.
- 지불 금액을 입력한다.
- 고객에게 돌려준 잔액을 계산한다.

단계 2 **공개 인터페이스를 기술한다.**

첫 번째 단계의 목록을 매개변수 및 반환값의 형을 기술하는 일련의 메서드로 바꾼다. 많은 프로그래머는 아래와 같이 샘플 객체에 적용되는 메서드 호출을 작성하고 나면 이 단계가 더 쉽게 되는 것을 발견한다.

```
CashRegister register = new CashRegister();
register.recordPurchase(29.95);
register.recordPurchase(9.95);
register.receivePayment(50);
double change = register.giveChange();
```

이제 우리는 구체적인 메서드의 목록을 가진다.

- public void recordPurchase(double amount)
- public void receivePayment(double amount)
- public double giveChange()

공개 인터페이스를 완성하기 위하여 생성자를 명시할 필요가 있다. 여러분의 클래스를 생성하기 위하여 어떠한 정보가 필요한지 자신에게 물어보자. 때로는 두 개의 생성자를 원할 수도 있다. 하나는 모든 인스턴스 변수에 대한 자동 설정값을 가지는 경우이고, 또 하나는 사용자가 제공하는 값으로 설정하는 경우이다.

현금 출납의 경우의 예에서는 하나의 생성자로 빈 기록부를 만들어 줄 수 있다. 보다 실제적인 현금 출납부의 경우에는 정확하게 잔돈을 돌려 줄 수 있도록 얼마의 동전과 지폐를 가지고 시작할 것이지만, 이것은 우리에게 할당된 과제의 범위를 벗어난다.

따라서 우리는 하나의 생성자를 추가하면 된다.

- public CashRegister()

단계 3 **공개 인터페이스에 대한 문서화**

클래스와 그 메서드를 기술하는 주석을 이용한 문서가 있다.

```
/**
   현금 출납자가 판매의 합을 구하고 잔돈을 계산한다.
*/
public class CashRegister
{
   /**
      돈을 전혀 가지지 않은 상태에서 현금 출납부를 만든다.
   */
   public CashRegister()
   {
   }

   /**
      판매 물품을 기록한다.
      @param amount 물품의 가격
```

```
    */
    public void recordPurchase(double amount)
    {
    }

    /**
       고객으로부터 받는 돈을 기입한다.
       @param amount 지불 금액
    */
    public void receivePayment(double amount)
    {
    }

    /**
       돌려줄 잔돈을 계산하고 다음 고객을 위하여 기계를 초기화한다.
       @return 사용자에게 돌려줄 잔돈의 양
    */
    public double giveChange()
    {
    }
}
```

단계 4 인스턴스 변수를 결정한다.

객체에서 주어진 일을 수행하기 위하여 어떤 정보를 저장해야 하는지 자신에게 물어본다. 메서드는 임의의 순서로 호출될 수 있다는 것을 기억하라. 객체는 내부 인스턴스 변수와 메서드 매개변수만을 가지고 모든 메서드를 수행할 수 있도록 충분한 내부 공간을 가질 필요가 있다. 각 메서드에 대하여 간단한 메서드나, 흥미가 있는 메서드부터 각 메서드를 수행하기 위하여 필요로 하는 것이 무엇인지 스스로에게 물어보라. 메서드가 필요로 하는 정보를 저장할 인스턴스 변수를 만들어라.

마찬가지로 중요하게 불필요한 인스턴스 변수를 만들지 마라. 값이 다른 인스턴스 변수로부터 계산될 수 있다면, 그것을 저장하는 것보다 계산하도록 요청하는 것이 낫다.

현금 출납의 예에서 여러분은 전체 구매 금액과 지불 금액을 계속 추적하기를 원할 것이다. 이러한 두 가지 값으로부터 잔돈을 계산할 수 있다.

```
public class CashRegister
{
   private double purchase;
   private double payment;
   . . .
}
```

단계 5 생성자와 메서드를 구현하라.

가장 쉬운 것부터 시작하여 클래스의 생성자와 메서드를 구현하라. 예를 들어 여기 recordPurchase라는 메서드는 다음과 같이 구현될 수 있다.

```
public void recordPurchase(double amount)
{
   purchase = purchase + amount;
}
```

receivePayment 메서드도 거의 동일하다.

```
public void receivePayment(double amount)
{
   payment = payment + amount;
}
```

그러나 왜 메서드는 간단하게 payment = amount로 하지 않고 amount를 더하는가? 고객이 2개의 10달러 명세서와 같이, 두 개의 분리된 지불을 제공할지도 모르기 때문이다. 이때 기계는 그 두 개를 모두 처리할 수 있어야 한다. 메서드가 한 번 이상 호출될 수 있고, 임의의 순서로 호출될 수 있다는 것을 기억하라.

마지막으로, 여기에 giveChange 메서드가 있다. 돌려줄 잔돈을 계산하고 다음 판매를 위하여 현금 출납을 초기화하는 등 이 메서드는 다소 복잡하다.

```
public double giveChange()
{
   double change = payment - purchase;
   purchase = 0;
   payment = 0;
   return change;
}
```

구현하는데 어려움이 있다면 인스턴스 변수의 선택에 대하여 다시 생각해 보는 것이 필요하다. 초보자는 흔히 객체의 상태를 정확하게 나타낼 수 없는 인스턴스 변수를 가지고 시작한다. 돌아가서 인스턴스 변수를 추가하거나 변경하는 것을 주저하지 마라. 구현을 끝냈으면 클래스를 컴파일하고 모든 컴파일 시간 오류를 고쳐라.

완전히 구현된 코드는 출판사가 제공하는 코드 디렉터리 안에 how_to_1 디렉터리에서 찾을 수 있을 것이다.

단계 6 클래스에 대한 테스트

간단한 테스트 프로그램을 작성하여 실행해 보라. 테스트 프로그램은 단계 2에서 발견한 메서드 호출을 수행해 볼 수 있다.

```
public class CashRegisterTester
{
   public static void main(String[] args)
   {
      CashRegister register = new CashRegister();

      register.recordPurchase(29.50);
      register.recordPurchase(9.25);
      register.receivePayment(50);

      double change = register.giveChange();

      System.out.println(change);
      System.out.println("Expected: 11.25");
```

```
    }
}
```

이 프로그램의 출력은

```
11.25
Expected: 11.25
```

객체를 상호작용하며 테스트할 수 있는 BlueJ와 같은 프로그램이 있는 또 다른 방법이 있는 경우에는 객체를 만들어 메서드 호출을 적용해 보라.

실습 예제 2.2

간단한 메뉴 만들기

하나의 클래스에 간단한 텍스트 기반 메뉴를 어떻게 구현하는지 배워라. wiley.com/go/javaexamples에서 실습 예제 2.2를 다운로드 할 수 있다.

2.9 객체 참조자

객체 참조자는 객체의 위치를 나타낸다.

자바에서 클래스 형 변수는 실제적으로 객체를 보유하고 있지 않고, 객체의 메모리 위치를 보유하고 있다. 객체 자체는 다른 곳(그림 15 참조)에 저장되어 있다. 다음 절에서는 객체 참조가 어떻게 동작하는지를 검토해 볼 것이다.

2.9.1 공유된 참조자

객체의 메모리 위치를 나타내는 기술적인 명칭은 객체 참조자(object reference)라는 용어를 사용한다. 변수가 객체의 메모리 위치를 가지고 있으면 이것은 객체를 참조한다(refer)고 한다. 예를 들어 다음 문장 후에

```
Rectangle box = new Rectangle(5, 10, 20, 30);
```

변수 box는 new 연산자가 생성한 Rectangle 객체를 참조한다. 기술적으로 말해서 new 연산자는 새로운 객체에 대한 참조자를 반환하고, 그 참조자는 box 변수에 저장된다.

다중의 객체 변수가 동일한 객체에 대한 참조자를 보유할 수 있다.

중요하게 기억해야 하는 것은 box 변수가 객체를 보유하고 있지 않다는 것이므로 객체를 참조하도록 한다. 두 개의 객체 변수가 동일한 객체를 참조할 수 있다.

```
Rectangle box2 = box;
```

아래 그림 16에서 보여주듯이 box 객체와 box2 객체가 모두 동일한 Rectangle 객체에 접근할 수 있다.

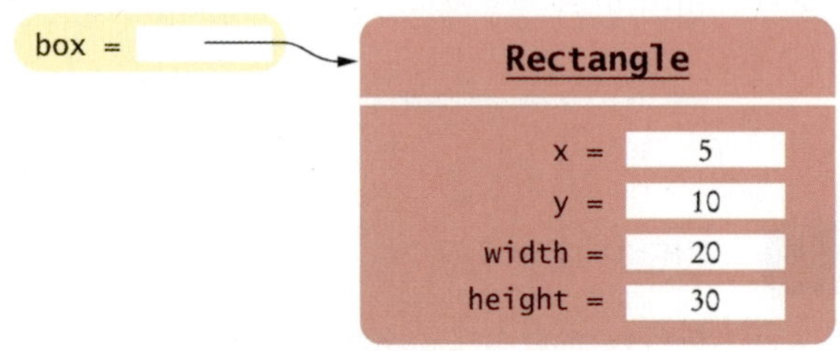

그림 15 객체 참조자를 보유한 객체 변수

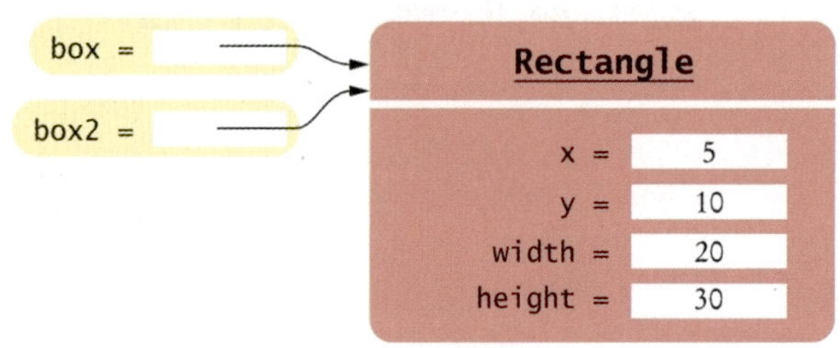

그림 16 동일한 객체에 대한 두 개의 객체 변수

자바에서 숫자는 객체가 아니다. 사실 숫자 변수는 숫자를 저장한다. 다음과 같이

```
int luckyNumber = 13;
```

이라고 선언하면, luckyNumber는 그 숫자에 대한 참조자가 아니라(그림 17 참조) 13이라는 숫자를 보유하고 있다는 것이다. 그 이유 또한 효율의 문제다. 숫자는 작은 저장 공간을 요구하기 때문에 변수에 직접 저장하는 것이 더 효율적이다.

그림 17 숫자를 저장하는 숫자 변수

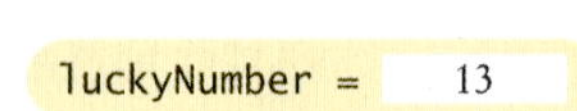

숫자 변수는 숫자를 저장한다. 객체 변수는 참조라를 저장한다.

어떤 변수를 복사할 때 숫자 변수와 객체 변수의 차이를 볼 수 있다. 숫자를 복사할 경우에는 원래 숫자와 복사된 숫자가 서로 독립적이다. 그러한 객체에 대한 참조자를 복사하는 경우에는 원래 것과 복사한 것이 모두 동일한 객체를 참조한다.

숫자를 복사하고 그것을 복사(그림 18 참조)하는 다음의 코드를 생각해 보라.

```
int luckyNumber = 13; ①
int luckyNumber2 = luckyNumber; ②
luckyNumber2 = 12; ③
```

이제 luckyNumber는 13의 값을 가지고 있고, luckyNumber2는 12를 가지고 있다.

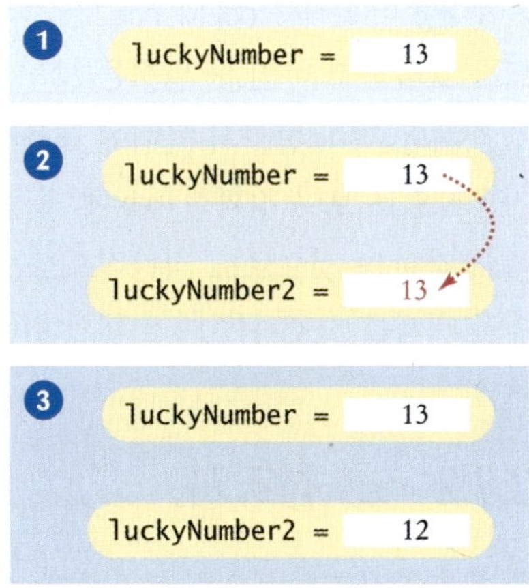

그림 18 숫자의 복사

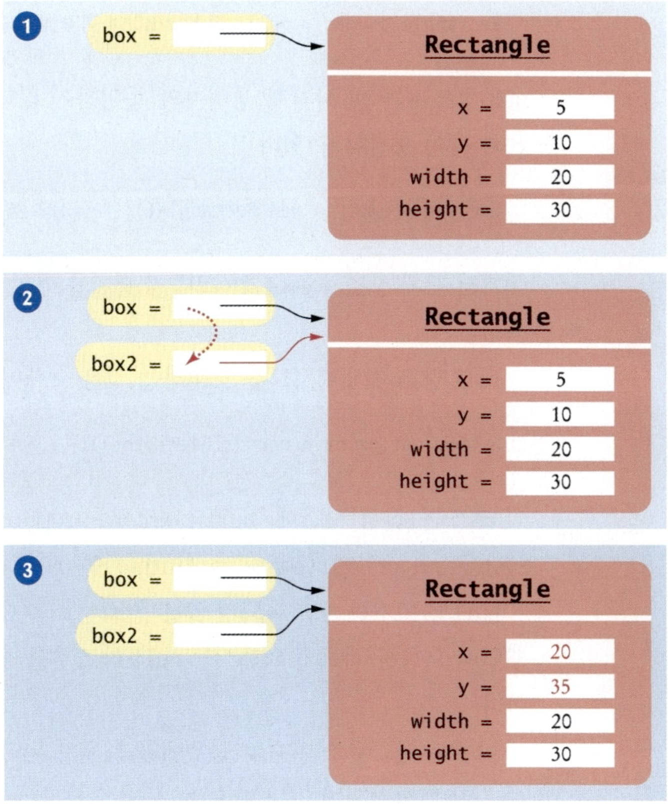

그림 19 객체 참조자의 복사

이제 Rectangle 객체에 대하여 보기와 유사한 코드를 생각해 보자(그림 19 참조).

```
Rectangle box = new Rectangle(5, 10, 20, 30); ❶
Rectangle box2 = box; ❷
box2.translate(15, 25); ❸
```

예제의 완전한 코드

웹 페이지 wiley.com/go/javacode에 가서 숫자의 복사와 객체 참조자의 복사의 차이를 보여주는 프로그램을 다운로드 할 수 있다.

단계 ❷ 이후에는 box와 box2가 동일한 사각형을 참조하기 때문에, translate 메서드를 호출하고 나면 두 변수는 모두 이동된 사각형을 참조하게 된다.

객체와 객체 변수의 차이에 대해서는 크게 염려를 하지 않아도 된다. 많은 경우에 기술적으로 보다 정확한 'box에 저장되어 있는 객체 참조자'라는 것 대신에 '객체 box'를 생각하는 것으로도 직관적으로는 문제가 없다. 객체와 객체 참조자의 차이는 동일한 객체를 참조하는 여러 개의 변수를 가지고 있는 경우에 분명해진다.

2.9.2 null 참조자

객체 참조자는 null이라는 특별한 값을 가질 수 있다. 값이 아직 설정되지 않았다는 것을 나타내기 위하여 일반적으로 null값이 사용된다. 예를 들어

```
Rectangle bounds = null; // bounds값이 아직 설정되지 않았음.
```

null 참조자는 빈 사각형 생성자와 동일하지 않다는 것에 주목하라. 빈 사각형을 다음과 같이 생성할 수 있다.

```
Rectangle empty = new Rectangle(); // null과 동일하지 않다.
```

여기서 객체 참조자 empty는 그다지 흥미롭지 않겠지만, 실제 Rectangle 객체를 참조한다.

null 참조자에 메서드를 호출하는 것은 오류이다. 예를 들어

```
System.out.println(bounds.getWidth()); // 오류—메서드에 null을 호출할 수 없음.
```

이 코드는 실행 시간에 "null pointer exception" 오류를 발생시킨다. 대조적으로 System.out.println(empty.getWidth())는 0.0을 출력한다.

null 참조자는 초기화되지 않은 인스턴스 변수의 디폴트값이다. 실행 시간의 null 포인터 오류를 피하기 위해서는 null 참조자를 실제 객체에 대한 참조자로 바꾸어야 한다.

이것은 인스턴스 변수의 경우에만 문제가 된다. 초기화되지 않은 지역 변수(즉, 메서드 안에 선언되어 있는 변수)는 문법 오류(syntax error)를 만들어 낸다.

2.9.3 this 참조자

메서드를 호출할 때, 메서드에 두 종류의 입력을 전달한다.

- 메서드를 호출하는 객체
- 메서드의 인자들

다음과 같은 호출을 할 때,

```
momsSavings.deposit(500);
```

deposit 메서드는 예금하는 금액인 500을 알아야 할 뿐 아니라, account 객체(moms-Saving)를 알 필요가 있다.

이러한 메서드를 호출할 때 각 인자에 대한 매개변수를 제공한다. 그러나 메서드가 호출되는 객체를 매개변수로 제공할 필요는 없다. 그 객체는 묵시적 매개변수(implicit parameter)라고 불린다. 다른 모든 매개변수(예 : 예금하는 금액)는 명시적 매개변수(explicit parameters)라고 불린다.

deposit 메서드에서 호출하는 코드를 다시 한 번 보라.

```
public void deposit(double amount)
{
    balance = balance + amount;
}
```

묵시적 매개변수의 인스턴스 변수를 나타내기 위해서는 메서드 안에 있는 인스턴스 변수를 사용하라.

여기서 amount는 명시적 매개변수이다. 여러분은 묵시적 매개변수는 볼 수 없을 것이다. 그래서 '묵시적'이라는 말이 사용된다. 그러나 balance가 정확하게 무엇을 의미하는지 생각해 보면, 결국 프로그램은 여러 개의 BankAccount라는 객체를 가지게 될 것이고, 이 객체들은 각각의 자신의 balance를 가질 것이다.

우리가 돈을 momsSaving에 예금하는 것이므로, balance는 momsSavings.balance를 의미한다. 일반적으로 어떤 메서드 안에서 인스턴스 변수를 참조한다면 이것은 묵시적 매개변수로 인스턴스 변수를 의미한다.

어떤 메서드나 묵시적 매개변수를 this라는 예약어를 통하여 주어진 메서드를 호출하는 객체에 접근할 수 있다. 다음의 메서드 호출에서 this 참조자는 momsSavings와 동일한 객체를 참조한다(그림 20 참조).

this 참조자는 묵시적 매개변수를 나타낸다.

다음 문장은

```
balance = balance + amount;
```

실제로는

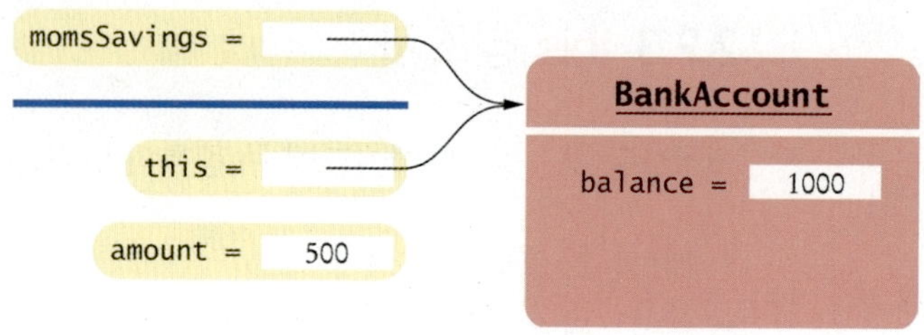

그림 20 메서드 호출에서 묵시적 매개변수

```
this.balance = this.balance + amount;
```

를 의미한다.

메서드에서 인스턴스 변수를 참조할 때 컴파일러는 자동적으로 this 참조자를 적용한다. 어떤 프로그래머는 사실 코드를 더 명확하게 하기 위하여 수동적으로 this 참조자를 모든 인스턴스 변수에 추가하는 것을 좋아한다. 여기에 한 예가 있다.

```
public BankAccount(double initialBalance)
{
   this.balance = initialBalance;
}
```

이것을 시도해 보고 이러한 스타일을 좋아하는지 확인해 볼 수 있다.

this 참조자는 또한 인스턴스 변수와 지역 변수 또는 매개변수를 구별하는데 사용될 수 있다. 다음의 생성자를 생각해 보자.

```
public BankAccount(double balance)
{
   this.balance = balance;
}
```

> 지역 변수는 동일한 이름의 인스턴스 변수를 가린다. 인스턴스 변수는 this 참조자를 사용하여 접근할 수 있다.

this.balance라는 표현은 balance 인스턴스 변수를 참조한다는 것이 명확하다. 그러나 balance라는 표현 자체만으로는 모호하다. 그것은 매개변수를 의미할 수도 있고 인스턴스 변수를 나타낼 수도 있다. 자바에서는 변수 이름을 살펴볼 때, 지역 변수가 우선권을 가지 게 된다. 따라서

```
this.balance = balance;
```

는 "인스턴스 변수 balance에 매개변수 balance를 설정하라"는 것을 의미한다.

묵시적 매개변수를 이해하는 것이 중요한 또 다른 상황이 있다. BankAccount 클래스에 대한 다음의 변형에 대하여 생각해 보라. 매월 계정 비용을 적용하기 위한 메서드를 추가하고자 한다.

```
public class BankAccount
{
   . . .
   public void monthlyFee()
   {
      withdraw(10); // 계정으로부터 10달러를 출금함.
   }
}
```

묵시적인 매개 변수 없이 메서드를 호출하면 동일한 객체에 적용이 된다.

이것은 monthlyFee 연산을 수행하는 은행 개정 객체와 동일한 객체로부터 출금한다는 것을 의미한다. 다시 말하면, withdraw 메서드의 묵시적인 매개변수는 monthlyFee 메서드(보이지 않는)의 묵시적인 매개변수이다.

이러한 보이지 않는 매개변수에 대하여 혼돈스럽다면, this 참조자를 사용함으로써 더 읽기 쉽게 만들 수 있다.

```
public class BankAccount
{
   . . .
   public void monthlyFee()
   {
      this.withdraw(10); // this 계정으로부터 10달러를 출금함.
   }
}
```

예제의 완전한 코드

웹 페이지 wiley.com/go/javacode에 가서 this 참조자를 보여주는 프로그램을 다운로드 할 수 있다.

객체를 어떻게 사용하고 클래스를 구현하는지 배웠다. 그리고 변수와 메서드의 매개변수에 대하여 기술적으로 자세한 부분까지 배웠다. 이 장의 나머지 부분은 보충적인 그래픽 사용에 대하여 배울 것이다. 다음 장에서는 자바 언어의 가장 근본적인 데이터형에 대하여 보다 자세하게 배울 것이다.

자습문제

40. String greeting2 = greeting이라는 배정문의 효과는 무엇인가?
41. greeting2.toUpperCase()를 호출한 후에 greeting과 greeting2의 내용은 무엇인가? (toUpperCase 메서드는 String 클래스의 API 문서에 기술되어 있다.)
42. 얼마나 많은 묵시적 매개변수와 명시적 매개변수가 BankAccount 클래스에 있는 withdraw 메서드를 가지는가? 그것의 이름과 데이터형은 무엇인가?
43. deposit 메서드에서 this.amount는 무엇을 의미하는가? 또는 그 표현이 아무런 의미가 없다면 왜 그런가?
44. BankAccountTester 클래스의 메서드는 얼마나 많은 묵시적 매개변수와 명시적 매개변수가 있는가? 그것은 무엇이라고 불리는가?

실습하기 이 장의 끝부분에 있는 복습 문제 R2.1, R2.13을 수행하시오.

2.10 그래픽 응용

다음의 부가적인 절은 윈도우 내부에 그리는 것을 나타내는 그래픽 응용을 작성하는 방법을 가르친다. 그래픽은 사각형, 타원형, 선과 같은 모양 객체로부터 만들어진다. 모양 객체는 많은 학생들이 좋아하는 시각적 피드백의 또 다른 예이다.

2.10.1 프레임 윈도우

프레임을 보여주기 위해서는 JFrame 객체를 만들어 크기를 설정하고 볼수 있도록 만든다.

그래픽 응용은 그림 21에서 보여주는 것과 같은 제목 가로줄(title bar)을 가진 프레임(frame) 안에 정보를 보여준다. 이 절에서는 어떻게 프레임을 나타내는지 배우게 될 것이다. 2.10.2절에서는 프레임 안에 어떻게 그리는 것을 만들 수 있는지 배울 것이다.

그래픽 응용 프로그램은 프레임 내부에 정보를 보여준다.

프레임을 보여주기 위해서는 다음의 과정을 수행해야 한다.

1. JFrame 클래스의 객체를 생성하라.

```
JFrame frame = new JFrame();
```

2. 프레임의 크기를 설정하라.

```
frame.setSize(300, 400);
```

이 프레임은 300픽셀 폭과 400픽셀 높이를 가질 것이다. 이 과정을 생략하면 프레임은 0×0 픽셀을 가지게 되어 볼 수는 없을 것이다(픽셀이란 디지털 이미지를 구성할 수 있는 작은 점이다.).

3. 원한다면 프레임의 제목 가로줄을 설정하라.

```
frame.setTitle("An empty frame");
```

이 단계를 건너뛰면 제목 가로줄은 간단히 공백으로 남을 것이다.

4. '디폴트 close 연산'을 설정하라.

```
frame.setDefaultCloseOperation(JFrame.EXIT_ON_CLOSE);
```

사용자가 프레임을 닫으면 그 프로그램은 자동적으로 종료된다. 이 단계를 생략하지 마라. 생략하게 되면 프레임을 닫은 후에도 프레임은 계속 수행되게 될 것이다.

5. 프레임을 볼 수 있도록 만들어라.

```
frame.setVisible(true);
```

아래의 간단한 프로그램이 이 모든 단계를 보여준다. 이것은 그림 21에서 보여준 빈 프레임을 만든다.

JFrame 클래스는 javax.swing 패키지의 한 부분이다. Swing은 자바에서 그래픽 사용자 인터페이스를 나타내는 별명이다. java에서 x는 표준 라이브러리에 추가되기 전에 Java 확장(extension)으로 Swing은 시작했다는 것을 나타낸다.

나중의 장에서 Swing 프로그래밍에 대하여 더욱 자세히 배우게 될 것이다. 지금은 프레임을 보여주기 위한 핵심적인 절차를 알기 위하여 다음 프로그램을 생각해 보자.

그림 21 프레임 윈도우

section_10_1/EmptyFrameViewer.java

```
import javax.swing.JFrame;

public class EmptyFrameViewer
{
   public static void main(String[] args)
   {
      JFrame frame = new JFrame();
      frame.setSize(300, 400);
      frame.setTitle("An empty frame");
      frame.setDefaultCloseOperation(JFrame.EXIT_ON_CLOSE);
      frame.setVisible(true);
   }
}
```

2.10.2 컴포넌트 그리기

이 절에서는 프레임 윈도우 내부에 모양이 나타나도록 하는 방법을 배울 것이다. 첫 번째는 매우 간단한(그림 22 참조) 두 개의 사각형을 그리는 것이다. 곧 더욱 재미있는 그리기 하는 방법을 배우게 될 것이다. 이 예제의 목적은 그리기 프로그램의 기본적인 것을 개괄적으로 보여주는 것이다.

프레임에 직접 그리기를 할 수 없다. 프레임 내부에 버튼이나 그리기 등 무엇인가를 보여주고자 한다면, 여러분은 컴포넌트(component) 객체를 만들고, 그것을 프레임에 추가해야 한다. Swing 툴킷에는 JComponent 클래스가 빈 컴포넌트를 나타낸다.

> 프레임에 그리기를 보여주기 위해서는 JComponent 클래스를 확장한 클래스를 선언하라.

우리는 빈 컴포넌트를 추가하는 것을 원하는 것이 아니기 때문에, JComponent 클래스를 수정해서 그 컴포넌트 클래스가 어떻게 칠해져야 할지를 기술해야 한다. 해결책은 JComponent 클래스를 확장한 새로운 클래스를 선언하는 것이다. 9장에서 클래스를 확장하는 절차에 대하여 배우게 될 것이다.

지금은 다음의 코드를 하나의 틀로써 사용하도록 하자.

```
public class RectangleComponent extends JComponent
{
   public void paintComponent(Graphics g)
   {
      그리기 상호작용
   }
}
```

> 그리기 명령어를 PaintComponent 메서드 안에 두라. 이 메서드는 컴포넌트가 다시 그려질 필요가 있을 때마다 호출된다.

extends 키워드는 우리의 컴포넌트 클래스인 RectangleComponent가 JComponent와 같이 사용될 수 있다는 것을 나타낸다. 그러나 RectangleComponent 클래스는 단순한 JComponent 클래스와 사각형을 그리는 명령어를 포함한 paintComponent라는 메서드를 가졌다는 한 가지 점에 있어서만은 다르다.

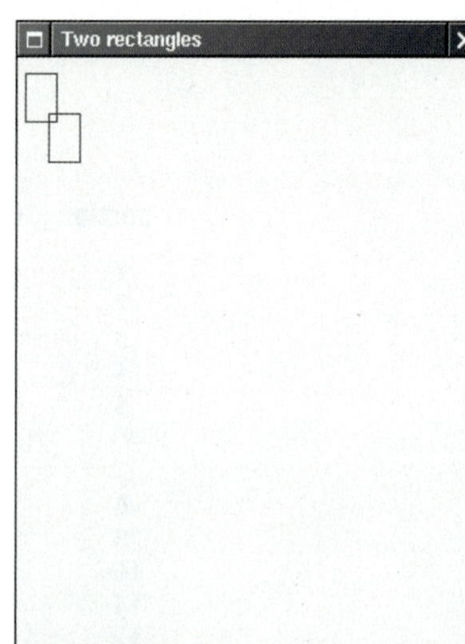

그림 22 사각형 그리기

컴포넌트가 처음에 보여질 때, paintComponent 메서드는 자동으로 호출된다. 이 메서드는 윈도우의 크기가 바뀌거나 가려졌다가 다시 나타나게 되는 경우에도 호출하게 된다.

> paintComponent 메서드의 Graphics 매개변수로부터 Graphics2D 객체를 복구하기 위해서는 형변환을 사용하라.

paintComponent 메서드는 Graphics 형의 객체를 받는다. Graphics 객체는 그리기 수행을 위하여 사용될 현재의 색, 폰트 등과 같은 그래픽의 상태를 저장하고 있다. 그러나 Graphics 클래스는 기초적인 것이다. 프로그래머가 그래픽을 그리기 위하여 보다 객체 지향적인 것을 지원하는 것을 요구했을 때, 자바 설계자는 Graphics 클래스를 확장한 Graphics2D 클래스를 만들었다. Swing 툴킷이 paintComponent라는 메서드를 호출할 때마다 실제적으로는 Graphics2D 형을 매개변수로 전달한다. 우리는 2차원 그래픽 객체를 그리는 보다 복잡한 방법을 사용하기 원하기 때문에 Graphics2D 클래스를 사용하는 것이 필요하다. 이것은 형변환(cast)을 사용하여 달성할 수 있다.

```
public class RectangleComponent extends JComponent
{
   public void paintComponent(Graphics g)
   {
      // Graphics2D를 복원하기
      Graphics2D g2 = (Graphics2D) g;
      . . .
   }
}
```

8장에서 형변환의 개념에 대하여 더욱 자세히 배우게 될 것이다. 지금은 간단하게 paintComponent 메서드의 상단에 포함시키기로 한다.

이제 모양을 그릴 준비가 되었다. Graphics2D 클래스의 메서드인 draw 메서드는 사각형, 타원, 선 조각, 다각형, 호 등의 모양을 그릴 수 있다. 하나의 사각형을 그려 보자.

```
public class RectangleComponent extends JComponent
{
   public void paintComponent(Graphics g)
   {
      . . .
      Rectangle box = new Rectangle(5, 10, 20, 30);
      g2.draw(box);
      . . .
   }
}
```

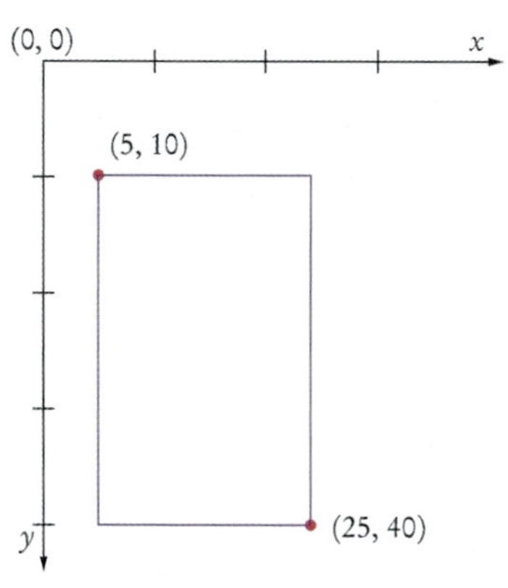

모양의 위치를 설정할 때에는 좌표 시스템에 주의를 기울여야 한다. 수학에서 사용되던 것과는 다르다. 원점(0, 0)은 컴포넌트의 위쪽 오른쪽으로 y 축은 아래로 값이 커져간다.

다음은 RectangleComponent 클래스를 위한 소스 코드이다. RectangleCopmonent 클래스의 paintComponent 메서드는 두 개의 사각형을 그린다.

import 문에서 알 수 있듯이, Graphics와 Graphics2D 클래스는 java.awt 패키지의 일부이다.

Section_10_2/RectangleComponent.java

```
import java.awt.Graphics;
import java.awt.Graphics2D;
import java.awt.Rectangle;
import javax.swing.JComponent;

/**
   A component that draws two rectangles.
*/
public class RectangleComponent extends JComponent
{
   public void paintComponent(Graphics g)
   {
      // Recover Graphics2D
      Graphics2D g2 = (Graphics2D) g;

      // Construct a rectangle and draw it
      Rectangle box = new Rectangle(5, 10, 20, 30);
      g2.draw(box);

      // Move rectangle 15 units to the right and 25 units down
      box.translate(15, 25);

      // Draw moved rectangle
      g2.draw(box);
   }
}
```

2.10.3 프레임에 컴포넌트를 보여주기

그린 것을 보기 위하여 하나의 일이 남아 있다. 컴포넌트 객체에 추가한 프레임을 나타내 보이는 것이 필요하다. 이 절에서는 어떻게 두 요소를 결합하는지 보여줄 것이다. 다음의 단계를 따르라.

1. 앞 절에서 기술되었듯이, 프레임을 생성하라.
2. 컴포넌트 클래스의 객체를 생성하라.

```
RectangleComponent component = new RectangleComponent();
```

3. 컴포넌트를 프레임에 추가하라.

```
frame.add(component);
```

4. 앞 절에서 기술했듯이 프레임이 보여지도록 만들라.

다음은 완전한 절차를 보여주는 리스트이다.

section_10_3/RectangleViewer.java

```
import javax.swing.JFrame;

public class RectangleViewer
{
   public static void main(String[] args)
   {
      JFrame frame = new JFrame();

      frame.setSize(300, 400);
      frame.setTitle("Two rectangles");
      frame.setDefaultCloseOperation(JFrame.EXIT_ON_CLOSE);

      RectangleComponent component = new RectangleComponent();
      frame.add(component);

      frame.setVisible(true);
   }
}
```

사각형을 그리는 프로그램은 두 개의 클래스로 구성되어 있다는 것에 주목하라.

- RectangleComponent 클래스 : 클래스에 속한 paintComponent 메서드가 그리는 것을 만들어 낸다.
- RectangleViewer 클래스 : 클래스의 main 메서드가 frame을 생성하고 Rectangle-Component를 만들어 그 컴포넌트를 프레임에 추가하고 프레임이 보이도록 한다.

2.10.4 타원 및 원

타원을 그리기 위해서는 직사각형을 기술하듯이 왼쪽 상단 모서리에 대한 x좌표 및 y좌표, 상자의 폭과 높이에 의하여(그림 23 참조) 테두리 상자를 명시해야 한다.

선, 직사각형, 원들로 부터 간단한 그림을 만들수 있다.

Ellipse2D.Double과 Line2D.Double 클래스는 그래픽 모양을 기술한다.

그러나 우리가 사용할 수 있는 간단한 Ellipse 클래스가 존재하지 않는다. 대신에 타원의 좌표를 단정밀도 또는 배정밀도 부동 소수로 나타내느냐에 따라서, Ellipse2D.Float나 Ellipse2D.Double의 두 클래스 중에 하나를 사용해야 한다. 후자가 자바에서 사용하기에 더 편리하기 때문에 우리는 항상 Ellipse2D.Double 클래스를 사용할 것이다. 여기에 어떻게 타원을 생성하는지가 있다.

```
Ellipse2D.Double ellipse = new Ellipse2D.Double(x, y, width, height);
```

클래스 이름인 Ellipse2D.Double은 지금까지 보아왔던 클래스의 이름과는 달라 보인

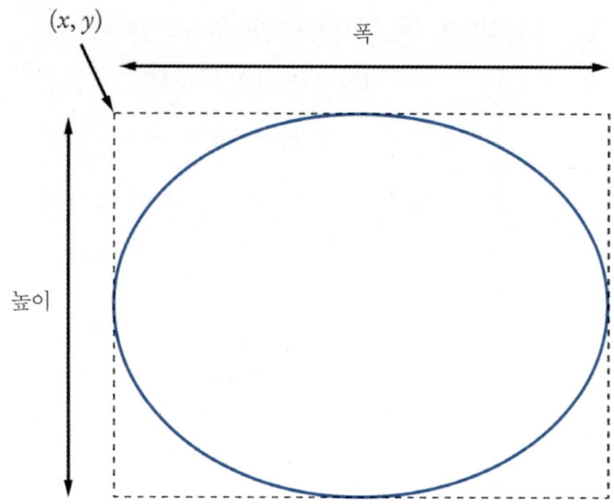

그림 23 타원과 그 테두리 상자

다. 이것은 Ellipse2D와 Double이라는 두 클래스의 이름이 점(.)으로 구분된 것으로 구성되어 있다. 이것은 Ellipse2D.Double이 Ellipse2D 내부에 있는 내부 클래스(inner class)라는 것을 보여준다. 타원을 생성하거나 사용할 때, 사실 Ellipse2D.Double이 내부 클래스라는 것에 대하여 걱정을 할 필요가 없다. 단지 긴 이름을 가진 클래스라고 생각하라. 그러나 상단에 import 문에서는 단지 외부 클래스만을 불러들이도록 조심해야 한다.

```
import java.awt.geom.Ellipse2D;
```

타원을 그리는 것은 쉬운 일이다. Graphics2D 클래스에서 직사각형을 위하여 사용했던 것과 동일한 draw 메서드를 사용하라.

```
g2.draw(ellipse);
```

원을 그리기 위해서는 폭과 높이를 동일한 값으로 설정하라.

```
Ellipse2D.Double circle = new Ellipse2D.Double(x, y, diameter, diameter);
g2.draw(circle);
```

원의 중심이 아니라 테두리 상자의 왼쪽 상단이 (x, y) 값이라는 것을 주목하라.

2.10.5 선

선을 그리기 위해서 Line2D.Double 클래스를 사용하라. 선은 두 개의 끝점을 기술함으로 생성할 수 있다. 이것은 두 가지 방법으로 할 수 있다. 간단하게 두 점 끝의 x- 및 y- 좌표를 주라.

```
Line2D.Double segment = new Line2D.Double(x1, y1, x2, y2);
```

또는 각 끝점을 Point2D.Double 클래스의 객체로써 기술하라.

```
Point2D.Double from = new Point2D.Double(x1, y1);
Point2D.Double to = new Point2D.Double(x2, y2);

Line2D.Double segment = new Line2D.Double(from, to);
```

두 번째 선택은 더욱 객체 지향적이고 동일한 그리기를 위하여 두 개의 점이 다른 곳에서 사용된다면 특히 더욱 유용하다.

2.10.6 텍스트를 그리기

drawString 메서드는 기본점에서부터 시작하여 문자열을 그린다.

그리기 내부에 어떤 부분의 이름 표시와 같이 여러분은 텍스트 넣기를 종종 원한다. 윈도우의 어떤 부분에 문자열을 그리기 원한다면 Graphics2D 클래스의 drawString 메서드를 사용하라. 문자열과 문자열에서 첫 번째 문자의 x-축 및 y-축의 기본점의 위치를 기술해야 한다(그림 24 참조). 예를 들면 다음과 같다.

```
g2.drawString("Message", 50, 100);
```

그림 24 기본점과 기본선

2.10.7 컬러

처음에 그리기를 시작할 때 모든 모양과 문자열은 검정색으로 그려졌다. 컬러를 바꾸기 위하여 Color 형의 객체를 제공하는 것이 필요하다. 자바는 RGB 컬러 모델을 사용한다. 즉, 컬러는 색을 만들어 내는 빨강, 초록, 파랑 기본색의 양에 의하여 색을 표현한다. 그 양은 0(색이 없는)에서 255(존재하는 색의 최대량) 사이의 정수에 의하여 주어진다.

```
Color magenta = new Color(255, 0, 255);
```

은 최대의 빨강, 없는 녹색, 최대의 파랑을 가진 Color 객체로써, 자홍색(magenta)이라고 불리는 밝은 보라색을 만들어 낸다.

편리하도록 Color 클래스에는 여러 가지 컬러가 선언되어져 있다. 표 4는 이러한 컬러와 그것에 대한 RGB값을 보여준다. 가령, Color.PINK는 new Color(255, 175, 175)와 동일한 컬러로 선언되어 있다.

그래픽 컨텍스트(context)에서 새로운 컬러를 설정하면 이후의 그리기 연산에서 사용된다.

다른 컬러로 모양을 그리기 위해서는 먼저 Graphics2D 객체의 컬러를 설정해야 한다. 그러고 나서 draw 메서드를 호출한다.

```
g2.setColor(Color.RED);
g2.draw(circle); // 모양을 빨간색으로 그림
```

모양의 내부에 컬러를 원할 경우, draw 메서드 대신에 fill 메서드를 사용하라.

```
g2.fill(circle);
```

은 원의 내부를 현재 컬러로 채운다.

표 4 미리 선언된 컬러

Color		RGB Values
color.BLACK		0, 0, 0
color.BLUE		0, 0, 255
color.CYAN		0, 255, 255
color.GRAY		128, 128, 128
color.DARK_GRAY		64, 64, 64
color.LIGHT_GRAY		192, 192, 192
color.GREEN		0, 255, 0
color.MAGENTA		255, 0, 255
color.ORANGE		255, 200, 0
color.PINK		255, 175, 175
color.RED		255, 0, 0
color.WHITE		255, 255, 255
color.YELLOW		255, 255, 0

다음 프로그램은 간단한 모양을 그리기 위하여 이 모든 모양이 동작하도록 한 것이다(그림 25 참조).

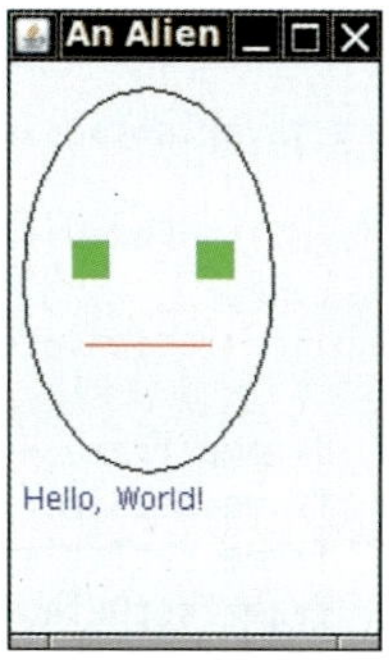

그림 25 외계인 얼굴

section_10_7/FaceComponent.java

```
import java.awt.Color;
import java.awt.Graphics;
import java.awt.Graphics2D;
import java.awt.Rectangle;
import java.awt.geom.Ellipse2D;
import java.awt.geom.Line2D;
import javax.swing.JComponent;

/**
   A component that draws an alien face.
*/
public class FaceComponent extends JComponent
{
   public void paintComponent(Graphics g)
   {
      // Recover Graphics2D
      Graphics2D g2 = (Graphics2D) g;

      // Draw the head
      Ellipse2D.Double head = new Ellipse2D.Double(5, 10, 100, 150);
      g2.draw(head);

      // Draw the eyes
      g2.setColor(Color.GREEN);
      Rectangle eye = new Rectangle(25, 70, 15, 15);
      g2.fill(eye);
      eye.translate(50, 0);
      g2.fill(eye);

      // Draw the mouth
      Line2D.Double mouth = new Line2D.Double(30, 110, 80, 110);
      g2.setColor(Color.RED);
      g2.draw(mouth);

      // Draw the greeting
      g2.setColor(Color.BLUE);
      g2.drawString("Hello, World!", 5, 175);
   }
}
```

section_10_7/FaceViewer.java

```
import javax.swing.JFrame;

public class FaceViewer
{
   public static void main(String[] args)
   {
      JFrame frame = new JFrame();
      frame.setSize(150, 250);
      frame.setTitle("An Alien Face");
      frame.setDefaultCloseOperation(JFrame.EXIT_ON_CLOSE);

      FaceComponent component = new FaceComponent();
      frame.add(component);

      frame.setVisible(true);
   }
}
```

2.10.8 모양 클래스

한번 이상 사용되는 그리기 부분은 클래스로 만드는 것이 좋다.

그림 26에 있는 것과 같이 복잡한 부분으로 구성된 그리기를 만들어 낼 경우에, 각 부분에 대하여 구별된 클래스를 만드는 것이 좋다. 모양을 그리는 메서드를 제공하고, 그 모양의 위치를 설정하는 생성자를 제공하라. 예를 들어 Car 클래스의 개요가 여기 있다.

```
public class Car
{
   public Car(int x, int y)
   {
      // 위치를 기억함
      . . .
   }

   public void draw(Graphics2D g2)
   {
      // 그리기 명령어
      . . .
   }
}
```

그림 26 두 개의 차량 모양을 그리는 Car 요소

이 절의 끝부분에서 완전한 클래스 선언을 보게 될 것이다. draw 메서드는 차량 몸체와 지붕, 그리고 타이어를 그리기 위한 다소 긴 명령어의 나열을 포함한다. 차량 부분의 좌표는 다소 임의적인 것으로 보인다. 적당한 값을 얻기 위하여 격자가 있는 종이 위에 그림을 그리고 좌표를 읽어 내라(그림 27 참조).

복잡한 모양을 어떻게 그릴지 알아보기 위하여 격자 종이에 그려보도록 하라.

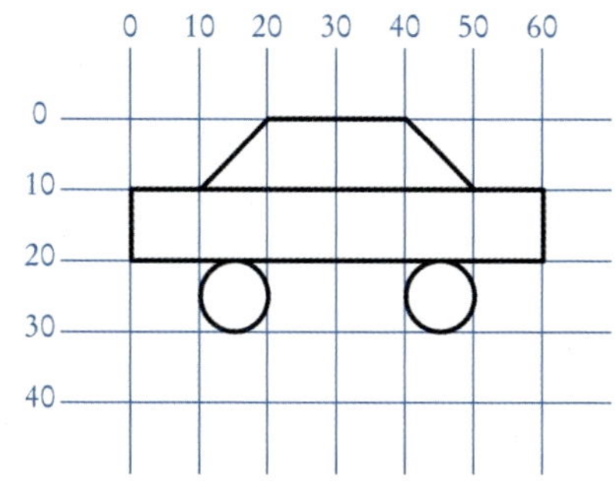

그림 27 모양의 좌표를 얻기 위한 격자 종이의 사용

그림 26을 만들어 내는 프로그램은 세 개의 클래스로 구성되어 있다.

- Car 클래스는 하나의 차를 그리는 것을 책임지고 있다. 이 클래스에 속한 두 개의 객체가 각각의 차를 위하여 생성된다.
- CarComponent 클래스는 그려진 것을 나타낸다.
- CarViewer 클래스는 CarComponent를 포함한 프레임을 보여준다.

CarComponent 클래스를 보다 자세히 살펴보자. paintComponent 메서드는 두 개의 차를 그린다. 하나의 차는 윈도우의 왼쪽 상단에 두고 또 다른 차는 오른쪽 하단에 둔다. 오른쪽 하단의 위치를 계산하기 위하여 JComponent 클래스의 getWidth 및 getHeight 메서드를 호출한다. 이러한 호출은 컴포넌트의 차원을 반환한다. car2의 위치를 결정하기 위하여 차의 차원을 뺀다.

```
Car car1 = new Car(0, 0);
int x = getWidth() - 60;
int y = getHeight() - 30;
Car car2 = new Car(x, y);
```

CarComponent의 paintComponent 메서드 내부의 getWidth를 자세히 살펴보라. 그 메서드 호출은 아무런 묵시적인 매개변수가 없다. 이것은 그 메서드가 paintComponent 메서드를 수행하는 객체와 동일한 객체에 적용된다는 것을 의미한다. 그 요소는 간단하게 자체의 width값을 얻는다.

프로그램을 실행하여 윈도우의 크기를 바꾸어 보라. 두 번째 차가 항상 윈도우의 오른쪽 아래 모서리에 맞추어지는 것을 볼 수 있을 것이다. 윈도우의 크기가 바뀔 때마다 paintComponent 메서드는 호출되고 현재 차의 크기를 고려하여 차의 위치는 재계산된다.

section_10_8/CarComponent.java

```
import java.awt.Graphics;
import java.awt.Graphics2D;
```

```
import javax.swing.JComponent;

/**
   This component draws two car shapes.
*/
public class CarComponent extends JComponent
{
   public void paintComponent(Graphics g)
   {
      Graphics2D g2 = (Graphics2D) g;

      Car car1 = new Car(0, 0);

      int x = getWidth() - 60;
      int y = getHeight() - 30;

      Car car2 = new Car(x, y);

      car1.draw(g2);
      car2.draw(g2);
   }
}
```

section_10_8/Car.java

```
import java.awt.Graphics2D;
import java.awt.Rectangle;
import java.awt.geom.Ellipse2D;
import java.awt.geom.Line2D;
import java.awt.geom.Point2D;

/**
   A car shape that can be positioned anywhere on the screen.
*/
public class Car
{
   private int xLeft;
   private int yTop;

   /**
      Constructs a car with a given top left corner.
      @param x the x-coordinate of the top-left corner
      @param y the y-coordinate of the top-left corner
   */
   public Car(int x, int y)
   {
      xLeft = x;
      yTop = y;
   }

   /**
      Draws the car.
      @param g2 the graphics context
   */
   public void draw(Graphics2D g2)
   {
      Rectangle body = new Rectangle(xLeft, yTop + 10, 60, 10);
      Ellipse2D.Double frontTire
```

```
            = new Ellipse2D.Double(xLeft + 10, yTop + 20, 10, 10);
      Ellipse2D.Double rearTire
            = new Ellipse2D.Double(xLeft + 40, yTop + 20, 10, 10);

      // The bottom of the front windshield
      Point2D.Double r1 = new Point2D.Double(xLeft + 10, yTop + 10);
      // The front of the roof
      Point2D.Double r2 = new Point2D.Double(xLeft + 20, yTop);
      // The rear of the roof
      Point2D.Double r3 = new Point2D.Double(xLeft + 40, yTop);
      // The bottom of the rear windshield
      Point2D.Double r4 = new Point2D.Double(xLeft + 50, yTop + 10);

      Line2D.Double frontWindshield = new Line2D.Double(r1, r2);
      Line2D.Double roofTop = new Line2D.Double(r2, r3);
      Line2D.Double rearWindshield = new Line2D.Double(r3, r4);

      g2.draw(body);
      g2.draw(frontTire);
      g2.draw(rearTire);
      g2.draw(frontWindshield);
      g2.draw(roofTop);
      g2.draw(rearWindshield);
   }
}
```

section_10_8/CarViewer.java

```
import javax.swing.JFrame;

public class CarViewer
{
   public static void main(String[] args)
   {
      JFrame frame = new JFrame();

      frame.setSize(300, 400);
      frame.setTitle("Two cars");
      frame.setDefaultCloseOperation(JFrame.EXIT_ON_CLOSE);

      CarComponent component = new CarComponent();
      frame.add(component);

      frame.setVisible(true);
   }
}
```

자습문제

45. "Hello, World!"라는 제목 가로줄을 가진 정사각형의 프레임을 어떻게 나타내는가?

46. 어떻게 두 개의 프레임을 한 프레임에서 한꺼번에 나타낼 수 있는가?

47. 중심이 (100, 100)이고 반지름이 25인 원을 그리기 위한 명령어를 작성하라.

48. 두 개의 선으로 문자 "V"를 그리는 명령어를 작성하라.

49. 문자 "V"로 구성된 문자열을 그리기 위한 명령어를 작성하라.

50. 두 개의 직사각형을 그리도록 어떻게 수정할 수 있는가?
51. 하나의 직사각형과 하나의 정사각형을 그리도록 어떻게 수정할 수 있는가?
52. g2.draw(box) 대신에 g.draw(box)를 호출하면 어떻게 되겠는가?

실습하기 이 장의 끝부분에 있는 연습 문제 P2.23, P2.24, P2.28을 수행하시오.

따라 하기 2.2 그래픽 모양 그리기

다양한 그래픽 모양을 표시하는 프로그램을 작성할 수 있다. 이러한 명령어는 그림을 부분으로 나누고 국기 그리기를 만들어 내는 프로그램을 구현하도록 한다. 국기를 그리기 프로그램을 만들어 보자.

단계 1 그리고자 하는 모양을 결정하라.

다음의 모양을 사용할 수 있다.

- 정사각형 및 직사각형
- 원 및 타원
- 선

이러한 모양의 윤곽선은 어떤 컬러를 사용하여 그릴 수 있으며, 이러한 모양의 내부도 임의의 컬러로 채울 수 있다. 그린 부분에 이름을 붙이기 위하여 텍스트를 사용할 수도 있다.

어떤 국기는 세 개의 동일한 폭을 가지고 다른 색을 가지고 옆으로 나란히 붙어있는 모양을 하고 있다.

이러한 깃발을 세 개의 직사각형으로 그릴 수 있다. 그러나 아래의 이탈리아 국기(초록, 흰색, 빨강)에서 보듯이 가운데 직사각형이 흰색이라면, 가운데 위치의 위쪽과 아래쪽에 선을 그리는 것이 더 쉽고 보기에도 좋다.

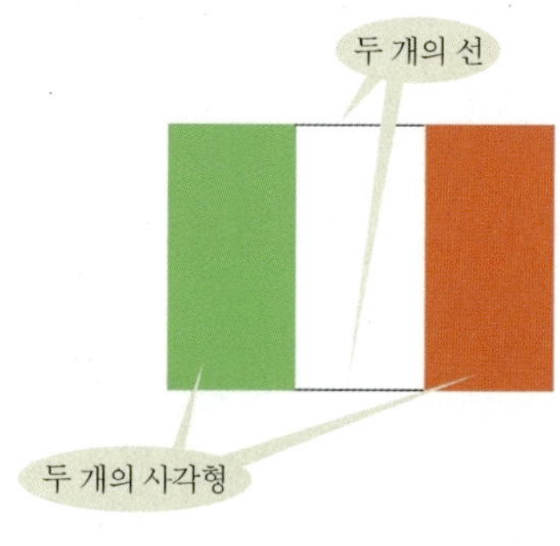

단계 2 모양의 좌표를 알아내라.

이제 기하학적 모양에 대하여 정확한 위치를 알아내는 것이 필요하다.

- 직사각형에 대해서 왼쪽 상단 모서리의 x-축, y-축 좌표와 폭 그리고 높이가 필요하다.
- 타원형에 대해서는 경계 상자에 대한 왼쪽 상단 모서리와 폭, 그리고 높이가 필요하다.
- 선에 대해서는 시작점과 끝점의 x-축, y-축 값이 필요하다.
- 문자에 대해서는 기본점에 대한 x-축, y-축 값이 필요하다.

일반적으로 사용되는 윈도우 크기는 300×300이다. 깃발이 맨 꼭대기까지 끼워 넣기를 원하지 않을 것이므로, 왼쪽 상단의 모서리는 (100, 100)의 위치에 둘 수 있을 것이다.

이탈리아 국기와 같이 다른 많은 국기가 폭:높이가 3:2의 비율을 가진다(특정한 국기의 정확한 비율은 세계 국기에 대한 인터넷 사이트를 검색함으로 알 수 있다.). 예를 들어 국기의 폭에 90 픽셀을 할당한다면, 높이는 60 픽셀이 될 것이다(왜 100픽셀로 만들지 않느냐 하면, $100 \cdot 2/3 \approx 67$ 로 더 이상하다.).

이제 모양을 위하여 모든 중요한 점에 대한 좌표를 계산할 수 있다.

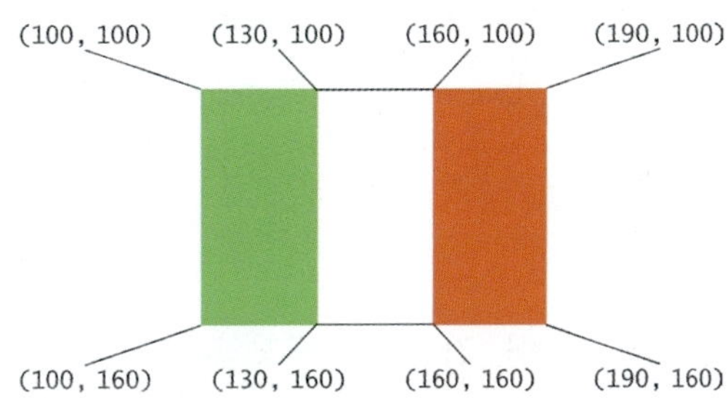

단계 3 모양을 그리기 위한 자바문 작성하기.

주어진 예에서는 두 개의 직사각형과 두 개의 선이 있다.

```
Rectangle leftRectangle = new Rectangle(100, 100, 30, 60);
Rectangle rightRectangle = new Rectangle(160, 100, 30, 60);
Line2D.Double topLine = new Line2D.Double(130, 100, 160, 100);
Line2D.Double bottomLine = new Line2D.Double(130, 160, 160, 160);
```

좀 더 잘 해 보면, 좌표를 몇 개의 변수에 의하여 나타낼 수 있다.

국기의 경우에는 임의로 선택된 왼쪽 상단 모서리와 폭이 있다. 다른 모든 좌표값은 이러한 선택으로 결정되고, 다음과 같은 직사각형과 선이 그려진다.

```
Rectangle leftRectangle = new Rectangle(
      xLeft, yTop,
      width / 3, width * 2 / 3);
Rectangle rightRectangle = new Rectangle(
      xLeft + 2 * width / 3, yTop,
      width / 3, width * 2 / 3);
Line2D.Double topLine = new Line2D.Double(
      xLeft + width / 3, yTop,
      xLeft + width * 2 / 3, yTop);
```

```
Line2D.Double bottomLine = new Line2D.Double(
      xLeft + width / 3, yTop + width * 2 / 3,
      xLeft + width * 2 / 3, yTop + width * 2 / 3);
```

이제 사각형을 채우고 선을 그리는 것이 필요하다. 이탈리아 국기의 경우에는 왼쪽 직사각형이 녹색이고 오른쪽 직사각형이 빨강이다. 채우기와 그리기를 하기 전에 컬러를 바꾸는 것을 잊지 마라.

```
g2.setColor(Color.GREEN);
g2.fill(leftRectangle);
g2.setColor(Color.RED);
g2.fill(rightRectangle);
g2.setColor(Color.BLACK);
g2.draw(topLine);
g2.draw(bottomLine);
```

단계 4 요소의 연결을 통한 그리기 문장을 결합하기

```
public class MyComponent extends JComponent
{
   public void paintComponent(Graphics g)
   {
      Graphics2D g2 = (Graphics2D) g;
      // 그리기 명령어
      . . .
   }
}
```

예제에서는 간단히 모든 모양과 그리기 명령어를 paintComponent 메서드 안에 추가하면 된다.

```
public class ItalianFlagComponent extends JComponent
{
   public void paintComponent(Graphics g)
   {
      Graphics2D g2 = (Graphics2D) g;
      Rectangle leftRectangle = new Rectangle(100, 100, 30, 60);
      . . .
      g2.setColor(Color.GREEN);
      g2.fill(leftRectangle);
      . . .
   }
}
```

이러한 접근 방법은 간단한 그리기의 경우에 받아들일 수 있으나 그다지 객체 지향적이지 않다. 결국 하나의 국기가 하나의 객체가 된다. 국기를 위하여 구별된 클래스를 만드는 것이 더 효과적이며, 다른 국기를 다른 위치에 그릴 수 있다. 생성자에 크기를 제공하고 draw 메서드를 제공하도록 하자.

```
public class ItalianFlag
{
   private int xLeft;
```

```
   private int yTop;
   private int width;

   public ItalianFlag(int x, int y, int aWidth)
   {
      xLeft = x;
      yTop = y;
      width = aWidth;
   }

   public void draw(Graphics2D g2)
   {
      Rectangle leftRectangle = new Rectangle(
            xLeft, yTop,
            width / 3, width * 2 / 3);
      . . .
      g2.setColor(Color.GREEN);
      g2.fill(leftRectangle);
      . . .
   }
}
```

여전히 컴포넌트를 위하여 구별된 클래스가 필요한데, 비교적 간단하다.

```
public class ItalianFlagComponent extends JComponent
{
   public void paintComponent(Graphics g)
   {
      Graphics2D g2 = (Graphics2D) g;
      ItalianFlag flag = new ItalianFlag(100, 100, 90);
      flag.draw(g2);
   }
}
```

단계 5 **뷰어 클래스를 작성하라.**

안에 프레임을 만들고 컴포넌트를 추가하고 프레임을 보이도록 하는 main 메서드를 가진 뷰어 클래스를 제공하라. 뷰어 클래스는 완전히 정해진 과정으로 단지 다른 컴포넌트를 보여주기 위하여 한 줄만 바꾸면 된다.

```
public class ItalianFlagViewer
{
   public static void main(String[] args)
   {
      JFrame frame = new JFrame();

      frame.setSize(300, 400);
      frame.setDefaultCloseOperation(JFrame.EXIT_ON_CLOSE);

      ItalianFlagComponent component = new ItalianFlagComponent();
      frame.add(component);

      frame.setVisible(true);
   }
}
```

예제의 완전한 코드

웹 페이지 wiley.com/go/javacode에 가서 국기를 완전히 그리는 프로그램을 다운로드 할 수 있다.

컴퓨팅과 사회 2.1 컴퓨터의 독점

IBM(International Business Machines Corporation)이 테이블 데이터에 대하여 펀치 카드 장치를 가진 것을 성공적으로 제작하고, 처음으로 1950년대에 컴퓨터를 설계하는 것에 주목했을 때, 기획자들은 정부 및 군, 일부 국가의 가장 큰 기업들을 포함하여 50대 정도 컴퓨터가 시장에서 요구될 것으로 봤다. 그러나 예상과는 달리, 그들의 System 650 모델은 1,500여대가 팔렸으며, 더 강력한 컴퓨터가 만들어지고 팔려나갔다.

이러한 컴퓨터는 메인 프레임이라고 불리우는 거대한 것이었다. 그것은 방을 가득 채웠으며, 거기에 할당된 장치를 위하여 기후 조절을 했어야 했다. IBM이 메인 프레임을 만든 첫 번째 회사는 아니다. 첫 번째 회사는 Univac 회사였다. 하지만 곧 IBM이 시장 주도권을 잡았고, 이것은 기술의 우수성과 고객의 필요에 대한 배려, 그리고 구조화된 제품과 서비스를 통하여 고객이 그들의 것과 다른 회사의 제품을 함께 사용하는 것을 어렵게 했다.

IBM과 경쟁하는 모든 회사가 어려워지자, 미국 정부는 1969년에 독점 금지법으로 IBM을 고소했다. 미국에서 독점 공급자는 가능하나, 독점이 다른 경쟁자에 대한 시장에서 절대적 우위를 얻도록 하면 합법적이지 않다. IBM은 고객이 번들로 소프트웨어나 주변 장치를 사도록 함으로써 다른 소프트웨어나 주변 장치 판매회사가 경쟁하는 것이 불가능하게 만들었던 것이다.

그 소송은 1975년에 시작되어 1982년까지 계속되었다가 소형 컴퓨터가 새로운 바람을 일으키게 되면서 별로 중요하지 않게 되어 공식적으로 그만 두었다.

사실 IBM이 첫 번째 개인용 컴퓨터를 제공했을 때, 그 운영 소프트웨어는 외부 공급 회사인 마이크로 소프트에 의하여 제공되었다. 마이크로소프트가 운영 소프트웨어의 대부분을 차지하게 되면서 미국 정부에 의하여 1998년에 독점에 대한 오용의 가능성으로 인하여 고소당하였다. 마이크로소프트웨어는 운영체제와 함께 웹브라우저를 번들로 제공했다고 고소당했다. 그 당시에 마이크로소프트웨어는 하드웨어 제조 회사들에게 경쟁 웹브라우저인 네스케이프(Netscape)를 공급하면, 윈도우 라이선스를 받을 수 없을 것이라고 불법적으로 위협을 했다. 2000년에 그 회사는 독점 금지법에 저촉이 되는 것으로 판명이 되어 재판관은 운영체제 조직과 응용 소프트웨어 조직으로 나누라고 명령을 내렸다. 그 분리에 대하여 항소하여 2001년에 대체적으로는 데스크탑 소프트웨어에 대하여 또 다른 회사를 설립하는 것이 성공적이지는 못했다.

이제 컴퓨팅 시장 구조는 다시 한 번 모바일 장치와 클라우드 컴퓨팅으로 인하여 변화를 겪고 있다. 그 변화를 관찰해 가면 시장에서 새로운 독점이 생성되고 있는 것을 볼 수 있을 것이다. 소프트웨어 판매 회사가 제품을 앱 스토어(app store)에 올리기 위하여 하드웨어 판매회사로부터 허가를 받아야 하거나, 디지털 도서 읽는 장치를 판매하는 회사가 특정한 가격 구조를 출판사에게 강요할 때, 그러한 활동이 독점 위치에서 비합법적인 남용이 아닌지 질문을 일으킨다.

메인 프레임 컴퓨터

본 장의 요약

객체, 클래스, 그리고 메서드의 구분

- 객체는 프로그램에서 메서드를 호출함으로 조작하는 실체이다.
- 메서드는 객체의 데이터를 접근하는 명령어의 연속이다.
- 클래스는 객체에 적용하는 메서드에 대한 선언이다.

변수 선언과 배정

- 변수는 이름을 가진 저장 공간이다.

- 변수를 선언할 때, 일반적으로 초기값을 명시한다.
- 변수를 선언할 때, 값의 데이터형도 명시한다.
- 소수점 이하 부분을 가질 수 없는 수는 int 형을 사용하라.
- 부동 소수를 나타내기 위하여 double 형을 사용하라.
- 숫자는 +, -, *와 같은 산술 연산자에 의하여 결합될 수 있다.
- 관례적으로 변수 이름은 소문자로 시작한다.
- 코드를 읽는 사람을 위하여 주석을 추가하도록 하라. 컴파일러는 주석을 무시한다.
- 변수의 값을 바꾸려면 배정 연산자(=)를 사용하라.
- 모든 변수는 접근하기 전에 초기화되어야 한다.
- 배정 연산자 = 은 수학적인 의미에서 등호를 나타내는 것이 아니다.

객체를 생성하고 객체의 메서드를 호출하기

- 새로운 객체를 생성하기 위해서는 new 연산자와 이어서 클래스 이름 및 매개변수를 사용하라.
- 접근자는 메서드를 호출한 객체의 내부 데이터를 바꾸지 않는다. 변경자는 데이터를 변경한다.

메서드에 대한 설명과 패키지에 대하여 API 문서 사용

- API(Application Programming Interface) 문서는 클래스와 자바 라이브러리의 메서드의 목록이다.
- 자바 클래스는 패키지로 그룹화되어 있다. 다른 패키지에 선언되어 있는 클래스를 사용하려면 import 문을 사용하라.

인스턴스 변수와 그 변수를 접근하는 메서드에 대한 이해

- 객체의 인스턴스 변수는 그 메서드를 수행하기 위하여 필요한 데이터를 저장하고 있다.
- 클래스 각각의 객체는 자체의 인스턴스 변수의 집합을 가진다.
- private 인스턴스 변수는 동일한 클래스의 메서드에 의해서만 접근할 수 있다.
- 캡슐화는 구현의 세부적인 것을 숨기고 데이터를 접근하는 메서드를 제공하는 절차이다.
- 캡슐화는 프로그래머가 클래스의 구현에 대하여 알 필요가 없어 클래스를 사용할 수 있도록 해 준다.

- 정보 은닉은 클래스를 구현한 사람이 오류를 찾아내고 변경을 구현하는 것을 더 용이하도록 만든다.

클래스의 public 인터페이스를 기술하는 메서드 및 생성자의 헤드 작성

- 클래스의 public 인터페이스는 여러분이 그 객체를 가지고 무엇을 할 수 있는지를 기술한다.
- 클래스를 구현하려면 우선 어떤 메서드가 요구되는지를 알아야 한다.
- 접근 메서드는 묵시적 매개변수의 내부 데이터를 바꾸지 않는다. 변형 메서드는 데이터를 바꾼다.
- 메서드 헤드에는 반환형, 메서드 이름, 매개변수의 타입과 이름을 명시한다.
- 생성자는 객체를 위한 초기 데이터를 설정한다. 생성자의 이름은 항상 클래스의 이름과 동일하다.
- 클래스와 프로그램의 공개 메서드를 기술하기 위하여 문서화하는 주석을 사용하라.

클래스 구현

- 클래스의 인스턴스 변수, 생성자와 메서드의 몸체로 구성되어 있는 클래스의 개별적인 구현을 제공하라.

클래스가 올바르게 동작하는지를 검증하는 테스트 작성

- 단위 테스트는 완전한 프로그램의 외부에서 분리되어 클래스가 올바르게 동작하는지를 검증한다.
- 클래스를 테스트하기 위해서는 상호작용하며 테스트할 수 있는 환경을 사용하거나 테스트 명령을 수행해 볼 수 있는 테스터(tester) 프로그램을 작성하라.

어떻게 다중 객체 참조자가 동일한 객체를 참조하는지에 대한 기술

- 객체 참조자는 객체의 위치를 기술한다.
- 다중 객체 변수가 동일한 객체에 대한 참조자를 포함할 수 있다.
- 숫자 객체는 숫자를 저장한다. 객체 변수는 참조자를 저장한다.
- 메서드에서 인스턴스 변수의 사용은 묵시적 변수의 인스턴스 매개변수를 의미한다.
- this 참조자가 묵시적 매개변수를 나타낸다.
- 지역 변수는 동일한 이름이 객체 변수를 차단한다. this 참조자를 통하여 인스턴스 변수를 접근할 수 있다.
- 묵시적 매개변수가 없는 메서드 호출은 동일한 객체에 적용된다.

프레임 창에 그리기를 보여주는 프로그램 작성

- 프레임을 보여주기 위해서는 JFrame 객체를 생성하고, 크기를 설정하고, 볼 수 있도록 만들라.
- 프레임에 그리기를 보여주기 위해서는 JComponent 클래스를 확장한 클래스를 선언하라.
- paintComponent 메서드 내부에 그리기 명령어를 두라. 이 메서드는 컴포넌트가 다시 그릴 필요가 있을 때마다 호출될 것이다.
- paintComponent 메서드의 Graphics 매개변수로부터 Graphics2D를 복구하기 위하여 형변환을 사용하라.

- Ellipse2D.Double과 Line2D.Double 클래스는 그래픽 모양을 기술한다.
- drawString 메서드는 기본점에서 시작하여 문자열을 그린다.
- 그래픽 컨텐츠에 새로운 컬러를 설정할 때, 그것은 이후에 따라오는 그리기 연산에 사용된다.

- 한번 이상 발생하는 그리기 부분은 클래스로 만드는 것이 좋은 방법이다.
- 복잡한 모양을 어떻게 그려야 하는지 알기 위해서는 격자 종이에 밑그림을 그려라.

이 장에서 소개된 표준 라이브러리 요소

```
java.awt.Color
java.awt.Component
   getHeight
   getWidth
   setSize
   setVisible
java.awt.Frame
   setTitle
java.awt.geom.Ellipse2D.Double
java.awt.geom.Line2D.Double
java.awt.geom.Point2D.Double
java.awt.Graphics
   setColor
java.awt.Graphics2D
   draw
   drawString
   fill
java.awt.Rectangle
   getX
   getY
   getHeight
   getWidth
   setSize
   translate
java.lang.String
   length
javax.swing.JComponent
   paintComponent
javax.swing.JFrame
   setDefaultCloseOperation
```

복습 문제

■ R2.1 객체와 객체 참조자의 차이를 설명하라.

■R2.2 객체와 객체 변수의 차이를 설명하라.

■R2.3 객체와 클래스의 차이를 설명하라.

■R2.4 다음에서 어느 것이 클래스인가?

a. `String`

b. `"Hello"`

c. `System.out`

d. `PrintStream`

e. `println`

■R2.5 클래스에서 공개 인터페이스(public interface)란 무엇인가? 이것은 클래스의 구현(implementation of a class)과 어떻게 다른가?

■R2.6 가격을 저장하고 판매를 위하여 가능한 물품을 기술하는 변수를 선언하고 초기화하라.

■R2.7 아래의 순차적인 문장을 실행한 후에 mystery의 값이 얼마인가?

```
int mystery = 1;
mystery = 1 - 2 * mystery;
mystery = mystery + 1;
```

■■R2.8 = 기호의 자바와 수학에서의 차이점을 설명하라.

■■R2.9 클래스 Rectangle의 객체를 생성하는 자바 코드와 클래스 Rectangle의 객체 변수를 선언하는 자바 코드를 제시하라.

■■R2.10 다음 설명을 가진 객체의 자바 코드를 제시하라.

a. 중심이 (100, 100)이고 변의 길이가 동일하게 50인 사각형

b. "Hello, Dave" 내용을 가진 문자열

객체 변수가 아니라 객체를 만들어라.

■■R2.11 복습 문제 R2.10을 반복하되, 요구되는 객체로 초기화되는 객체 변수를 선언하라.

■■R2.12 왼쪽 상단 모서리가 (10, 20)이고 변의 길이가 모두 40인 직사각형 객체를 가진 square 변수를 초기화하는 자바 문장을 작성하라. 그러고 나서 square를 동일한 크기의 왼쪽 상단 모서리가 (20, 20)인 직사각형으로 대체하는 문장을 작성하라.

■■R2.13 중심이 (20, 20)이고 변의 길이가 40인 동일한 정사각형을 참조하는 square1과 square2 두 개의 변수를 초기화하는 자바 문장을 작성하라.

■■R2.14 다음 문장의 오류를 발견하라.

a. `Rectangle r = (5, 10, 15, 20);`

b. `double width = Rectangle(5, 10, 15, 20).getWidth();`

c.
```
Rectangle r;
translate(15, 25);
```

d.
```
r = new Rectangle( );
translate("far, far away!");
```

■R2.15 Rectangle 클래스의 2개의 접근 메서드와 2개의 변형 메서드의 이름을 말하라.

■■테스팅 R2.16 Rectangle 클래스의 API 문서에서 다음 메서드를 찾아보라.

```
void add(int newx, int newy)
```

메서드 문서를 읽어라. 그러고 나서 다음 문장의 결과를 결정하라.

```
Rectangle box = new Rectangle(5, 10, 20, 30);
box.add(0, 0);
```

만약에 확실하지 않으면 간단한 테스트 프로그램을 작성하라.

■R2.17 A+나 B와 같은 알파벳 학점을 나타내는 Grade라는 클래스를 생각해 보라. Grade 클래스를 구현하기 위하여 사용될 수 있는 인스턴스 변수의 두 가지 선택을 제시하라.

■■R2.18 9 A.M.이나 3:30 P.M.과 같이 시간의 한 지점을 나타내는 Time 클래스를 생각해 보자. Time 클래스를 구현하기 위한 두 개의 다른 인스턴스 변수의 집합을 제시하라.

■R2.19 복습 문제 R2.18에서 Time 클래스를 구현하는 사람이 public 인터페이스는 유지한 체, 하나의 구현 방법으로부터 다른 구현 방법으로 바꾼다고 가정하라. Time 클래스를 사용하는 프로그래머는 무엇을 해야 하는가?

■■R2.20 API 문서를 참조하여 다음을 위한 메서드를 찾아보라.

- 첫 번째 문자열에 뒤에 두 번째 문자열이 연결되게 하나의 문자열을 만들어 두 개의 문자열을 연결한다.
- 문자열에서 앞과 뒤에 있은 공백을 없앤다.
- 사각형을 문자열로 바꾼다.
- 두 개의 주어진 사각형을 포함하는 가장 작은 사각형에 대한 계산한다.
- 난수 부동 소수를 반환한다.

각각의 메서드에서 그것이 정의된 클래스 목록과 반환형, 메서드 이름, 인자형을 나열하라.

■R2.21 2.5절에 Counter 클래스의 공개 인터페이스는 무엇인가? 이것은 클래스 구현과 어떻게 다른가?

■R2.22 인스턴스 변수는 클래스 구현에서 숨겨진 구현의 일부분이나, 그것은 프로그래머에게 숨겨져 있지 않다. private라는 예약어가 정보를 어디까지 숨길 수 있는지 설명하라.

■■R2.23 Counter 클래스의 value 인스턴스 변수는 getValue 접근 메서드를 사용하여 읽어들일 수 있다. 값을 바꾸기 위해서는 변형 메서드인 setValue가 있어야만 하는가? 왜 그런지 또는 그렇지 않은지 설명하라.

■■R2.24 다음의 메서드는 무엇을 하는가? 메서드를 어떻게 호출하는지 예를 보여라.

```
public class BankAccount
{
   public void mystery(BankAccount that, double amount)
   {
      this.balance = this.balance - amount;
      that.balance = that.balance + amount;
   }
   . . . // 다른 BankAccount 메서드
}
```

■■R2.25 TimeDepositAccount 클래스를 구현하고자 한다고 가정하자. 시간 예금 계정은 초기 잔고와 함께 생성자에서 설정하는 고정된 이자율을 가진다. 현재의 잔고를 얻기 위한 메서드를 제공하라. 계정에 얻게 되는 이자를 추가하는 메서드를 제공하라. 이자율은 항상 알려져 있기 때문에 이 메서드는 아무런 매개변수가 없어야 한다. 현재의 잔고를 얻는 메서드를 항상 제공하기 때문에 반환값도 없어야 한다. 이 계정으로 추가적인 돈을 예금하는 것이 불가능하다. 모든 잔고를 출금하는 withdraw 메서드를 제공하라. 부분적인 출금은 허용되지 않는다.

■R2.26 클래스 Square에 대한 다음 구현을 생각해 보라.

```
public class Square
{
   private int sideLength;
   private int area;

   public Square(int length)
   {
      sideLength = length;
   }

   public int getArea()
   {
      area = sideLength * sideLength;
      return area; // 좋은 방법이 아님
   }
}
```

영역(area)를 위한 인스턴스 변수를 제공하는 것이 왜 좋은 방법이 아닌가? area가 지역 변수가 되도록 클래스를 새로 작성하라.

■■ R2.27 클래스 Square에 대한 다음 구현을 생각하라.

```
public class Square
{
   private int sideLength;
   private int area;

   public Square(int initialLength)
   {
      sideLength = initialLength;
      area = sideLength * sideLength;
   }

   public int getArea() { return area; }
   public void grow() { sideLength = 2 * sideLength; }
}
```

이 클래스는 무슨 오류를 가지는가? 어떻게 고칠 수 있는가?

■■ R2.28 a. BankAccount(double initialBalance) 생성자가 반드시 필요하지는 않다는 것을 보이라. 즉, 우리가 공개 인터페이스에서 이 생성자를 없앤다면 어떻게 여전히 임의의 잔고를 가진 BankAccount를 얻을 수 있겠는가?

b. 반대로, 우리가 오직 BankAccount(double initialBalance) 생성자만 가지고 BankAccount( ) 생성자를 제거할 수가 있겠는가?

■■ R2.29 왜 BankAccount는 reset 메서드를 가지고 있지 않을까?

■ R2.30 우리가 구현한 BankAccount에서 현재의 잔고보다 더 많은 돈을 출금하면 어떻게 되는가?

■■ 테스팅 R2.31 2.5절에 있었던 Counter 클래스를 위한 단위 테스트 클래스를 제공하라.

■■ 테스팅 R2.32 연습 문제 P2.18을 읽고, 미리 Car 클래스를 구현하지는 마라. 기름을 차에 추가하고, 차를 운전하고, 다시 기름을 추가하고, 다시 차를 운전하는 시나리오를 테스트할 수 있는 테스터 클래스를 작성하라. 탱크에 있는 실제 및 예상되는 기름의 양을 출력하라.

■ 그래픽 R2.33 콘솔 응용 프로그램과 그래픽 응용 프로그램의 차이는 무엇인가?

■■ 그래픽 R2.34 누가 컴포넌트의 paintComponent 메서드를 호출하는가? 언제 paintComponent 메서드 호출이 발생하는가?

■■ 그래픽 R2.35 왜 paintComponent 메서드는 Graphics가 아니라 Graphics2D 메서드를 가지는가?

■■ 그래픽 R2.36 왜 그래픽 프로그램은 구별된 뷰어나 컴포넌트 클래스를 가지는가?

■■그래픽 R2.37 2.10절에 자동차 뷰어 클래스를 확장하여 여러 대의 차와 집이 있는 교외의 장면을 보여주고 싶다고 가정하라. 어떤 클래스가 필요한가?

■■■그래픽 R2.38 CarComponent 클래스의 getWidth와 getHeight 메서드는 왜 명시적인 매개변수 없이 호출되는지 설명하라.

■■그래픽 R2.39 변하는 차의 크기를 보여주기 위하여 Car 클래스를 어떻게 변경할 수 있는가?

프로그램 연습 문제

■P2.1 2.5절에 대차대조 카운터에 버튼을 추가하여 수행자가 잘못된 버튼을 클릭하면 작업을 되돌릴 수 있도록 하고자 한다.

```
public void undo()
```

에 대한 메서드를 제공하라. 추가적인 주의로, 되돌리는 버튼을 한번 이상 클릭하면 그 버튼 클릭은 아무런 효과가 없도록 하라(힌트 : Math.max(n, 0)은 n이 0보다 크면 n을 반환하고, 그렇지 않으면 zero를 반환한다.).

■■테스팅 P2.2 Rectangle 객체를 생성하여 면적을 계산하고 출력하는 AreaTester 프로그램을 작성하라. getWidth와 getHeight 메서드를 사용하라. 예상되는 결과를 출력하라.

■테스팅 P2.3 Rectangle 객체를 생성하여 둘레를 계산하고 출력하는 PerimeterTester 프로그램을 작성하라. getWidth와 getHeight 메서드를 사용하라. 예상되는 결과를 출력하라.

■■P2.4 Rectangle 객체를 생성하고 System.out.println(box)를 호출하고 위치를 출력하여 사각형이 그려질 때, 하나의 커다란 사각형이 그려지도록 추가적으로 위치를 바꾸고 출력하는 것을 세 번 더하는 FourRectanglePrinter라 불리는 프로그램을 작성하라. 프로그램은 그리지 않을 것이다. 4개의 사각형에 대한 위치만 간단하게 출력할 것이다.

■■P2.5 왼쪽 위 모서리가 (100, 100)을 가지고 변의 길이가 50인 정사각형을 나타내는 사각형 객체 square를 생성하고, System.out.println(square)를 호출함으로 위치를 출력하며, translate와 grow 메서드를 호출하고 System.out.println(square)를 다시 호출하는 GrowSquarePrinter 프로그램을 작성하라. translate와 grow는 정사각형의 크기가 2배이고 왼쪽 위 모서리의 위치는 원래와 동일하도록 수정하라. 만약 사각형이 그려진다면 다음과 같이 보일 것이다.

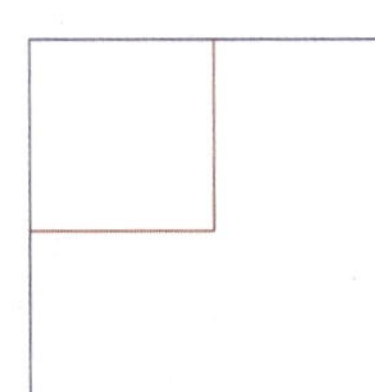

프로그램은 그리는 것을 생성하지 않을 것이다. 간단하게 변형 메서드를 호출하기 전과 후의 정사각형의 위치를 출력할 것이다.
API 문서에 있는 grow 메서드의 기술을 살펴보자.

■■■ P2.6 intersection 메서드는 두 사각형의 교차부분을 계산하는 메서드이다. 즉, 그 사각형은 그림을 그린다면 두 개의 겹쳐지는 사각형에 의하여 형성될 것이다.
이 메서드를 다음과 같이 호출한다.

```
Rectangle r3 = r1.intersection(r2);
```

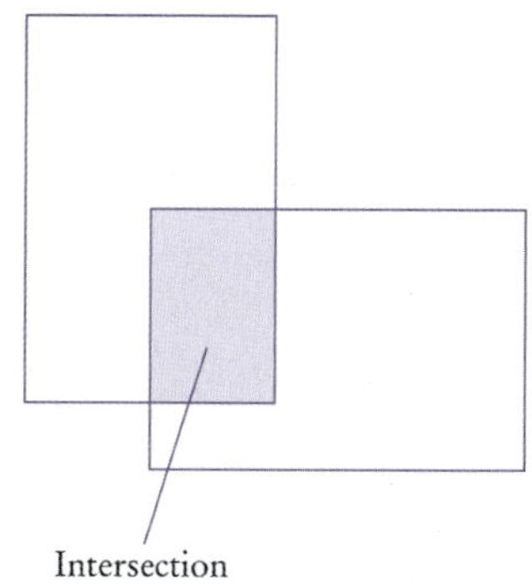

두 개의 사각형 객체를 생성하여 연습 문제 P2.4에서 기술했듯이 출력하고, 그리고 겹쳐지는 부분을 기술하는 사각형 객체를 출력하는 프로그램 Interaction-Printer를 작성하라. 프로그램은 사각형이 겹쳐지지 않을 때도 intersection 결과를 출력해야 한다. 프로그램에 결과 사각형이 비어있다는 것을 어떻게 말해줄 것인지 설명하는 주석을 추가하도록 하라.

■■■ 그래픽 P2.7 이 문제에서는 Rectangle 객체를 간단하게 보여주는 방법을 찾아본다. JFrame의 set-Bounds 메서드는 프레임 윈도우를 주어진 사각형으로 움직인다. Rectangle 클래스의 translate 메서드를 시각적으로 보여주는 다음 프로그램을 완성하라.

Rectangle class:

```
import java.awt.Rectangle;
import javax.swing.JFrame;
import javax.swing.JOptionPane;

public class TranslateDemo
{
   public static void main(String[] args)
   {
      // 프레임 생성자와 보여주기.
      JFrame frame = new JFrame();
      frame.setDefaultCloseOperation(JFrame.EXIT_ON_CLOSE);
      frame.setVisible(true);

      // 당신의 작업은 이곳이다.
      // 사각형을 생성하여 프레임 경계를 설정한다.

      JOptionPane.showMessageDialog(frame, "Click OK to continue");

      // 당신이 여기에 작업을 하라.
      // 사각형을 옮기고, 프레임 경계를 재설정하라.
   }
}
```

■■ P2.8 자바 라이브러리에 컬러는 빨강, 초록, 파랑 요소의 0에서 255사이의 값에(표 4 참조) 의하여 명시된다. 빨강, 초록, 파랑의 값이 50, 100, 150인 Color 객체를 생성하는

BrigthDemo 프로그램을 작성하라. 그리고 brighter 메서드를 적용하고 결과 컬러의 빨강, 초록, 파랑 값을 출력하라(실제적으로 컬러를 볼 수 없을 것이다. 어떻게 컬러를 표시하는지는 연습 문제 P2.9를 참조하라.).

■■그래픽 P2.9 연습 문제 P2.8을 반복하되, 코드를 다음 클래스에 두어라. 그러면 컬러가 표시될 것이다.

```
import java.awt.Color;
import javax.swing.JFrame;

public class BrighterDemo
{
   public static void main(String[] args)
   {
      JFrame frame = new JFrame();
      frame.setSize(200, 200);
      Color myColor = ...;
      frame.getContentPane().setBackground(myColor);
      frame.setDefaultCloseOperation(JFrame.EXIT_ON_CLOSE);
      frame.setVisible(true);
   }
}
```

■■P2.10 연습 문제 P2.8을 반복하되, darker 메서드를 Color.RED에 두 번 적용하라. DarkerDemo를 호출하라.

■■P2.11 Random 클래스는 무작위로 보이는 숫자를 순차적으로 만들어 내는 난수 생성을 구현한다. 난수 정수를 만들기 위해서 Random 클래스의 객체를 생성하고, nextInt 메서드를 적용한다. generator.nextInt(6)는 0과 5사이의 난수를 제공한다.

Random 클래스를 사용하여 주사위 던지는 시뮬레이션을 하고 1에서 6사이의 난수 프로그램이 실행되면 출력하는 DieSimulator 프로그램을 작성하라.

■테스팅 P2.12 main 메서드는 은행 계좌를 만들어 1,000달러를 예금하고, 500달러를 출금한 후, 다시 400달러를 출금하고 남아 있는 잔액을 출력하는 BankAccountTester 프로그램을 작성하라. 또한 예상되는 결과를 출력하라.

■P2.13 주어진 비율로 BankAccount 클래스에 정수를 더하는

```
public void addInterest(double rate)
```

메서드를 더하라. 다음의 문장

```
BankAccount momsSavings = new BankAccount(1000);
momsSavings.addInterest(10); // 10% 이자
```

후에는 momsSavings에 잔액이 1,100달러가 된다. 또한 실제와 예상되는 잔액을 출력하는 BankAccountTester 클래스를 제공하라.

■P2.14 interest라는 인스턴스 변수를 추가한 것만 제외하고는, BankAccount 클래스와 비슷한 SavingAccount 클래스를 작성하라. 초기 잔액과 이자율 두 가지를 설정하는 생성자를 제공하라. 계정에 이자율을 추가하는 명시적인 매개변수가 없는 addInterest 메서드를 제공하라. 초기의 잔액이 1,000달러이고 이자율이 10%인 예금 계정을 만들고, addInterest 메서드를 적용한 결과의 잔액을 표시하고, 직접 계산한 예상 결과를 계산하여 출력하도록 하는 SavingsAccountTester 클래스를 작성하라.

■■■P2.15 판매 세금을 계산하는 CashRegister 클래스에 하나의 특징을 더하라. 세율은 CashRegister 객체를 만들 때 제공되어야 한다. recordTaxablePurchase와 getTotalTax 메서드를 추가하라(recordPurchase로 추가된 만큼은 세금을 매길 수 없다.). giveChange 메서드는 세금을 매길 수 있는 항목에 대하여 정확하게 판매 세금을 반영한다.

■P2.16 마감 시간이 지난 후에 점포 관리인은 그날 하루 동안 얼마나 많은 비즈니스 거래가 수행되었는지를 알고 싶어 할 것이다. CashRegister 클래스를 수정하여 이러한 기능이 가능하게 하라. getSalesTotal과 getSalesCount 메서드를 제공하여 전체 판매량과 판매 수량을 얻을 수 있도록 하라. reset 메서드를 호출하여 개수나 전체를 다음 날 시작할 때 0부터 시작할 수 있도록 리셋 하는 기능을 제공하라.

■■P2.17 Employee 클래스를 구현하라. 고용인(employee)은 문자열(string) 이름과 급여(double 형)를 가지고 있다. 두 개의 매개변수를 가진 생성자를 제공하라.

```
public Employee(String employeeName, double currentSalary)
```

그리고 다음의 메서드를 제공하라.

```
public String getName()
public double getSalary()
public void raiseSalary(double byPercent)
```

이 메서드들은 이름과 급여를 반환하고, 일정한 비율로 고용인의 급여를 인상한다. 사용 예는

```
Employee harry = new Employee("Hacker, Harry", 50000);
harry.raiseSalary(10); // Harry는 10% 급여 인상을 받는다.
```

모든 메서드를 테스트하는 EmployeeTester 클래스를 제공하라.

■■P2.18 다음의 속성을 가진 Car 클래스를 구현하라. 각 차량은 특정한 연료 효율(마일/갤런, 또는 리터/km-둘 중의 하나)을 가지며, 기름 탱크에는 일정한 양의 기름이 들어 있다. 효율은 생성자에서 명시되고 초기 연료량은 0이다. 일정한 거리 동안 차를 운전하는 것을 시뮬레이션 하는 drive 메서드를 제공하라. 또한 getGasInTank 메서드를 제공하여 연료 탱크에 있는 기름의 양을 반환하고, addGas를 이용하여 연료 탱크에 기름을 추가하는 메서드를 제공하라. 사용 예는

```
Car myHybrid = new Car(50); // 갤런당 50마일
myHybrid.addGas(20); // 탱크에 20 갤런
myHybrid.drive(100); // 100마일 운전
double gasLeft = myHybrid.getGasInTank(); // 탱크에 남은 기름의 양
```

가용한 기름의 양을 초과하여 소모하는 것이 필요한 거리로는 drive가 호출되지 않는다고 가정해도 된다. 모든 메서드를 테스트하는 CarTester 클래스를 제공하라.

■■■ P2.19 Student 클래스를 구현하라. 이 연습에서는 학생(student)은 이름과 퀴즈 점수의 합을 가진다. 적당한 생성자와 getName( ), addQuiz(int score), getTotalScore( ), getAverageScore( )의 메서드를 제공하라. 후자를 계산하기 위하여 퀴즈의 횟수를 저장하는 것이 필요하다.

모든 메서드를 테스트하는 StudentTester 클래스를 제공하라.

■ P2.20 Product 클래스를 구현하라. 산출물(product)은 new Product("Toaster", 29.95)와 같이 이름과 가격이 있다. getName, getPrice, reducePrice 메서드를 제공하라. ProductPrinter라는 프로그램을 제공하여 두 개의 산출물을 만들고, 이름과 가격을 출력한 후, 가격을 5.00달러 낮추어서 가격을 다시 출력하도록 하라.

■■ P2.21 벌레가 수평 라인을 따라 움직이는 Bug라는 클래스를 작성하라. 벌레(bug)는 오른쪽 또는 왼쪽으로 움직인다. 초기에 벌레는 오른쪽으로 움직인다. 그러나 벌레는 방향을 바꿀 수 있다. 매번 움직일 때마다 벌레의 위치는 현재의 위치에 1단위 위치만큼 바뀐다. 생성자를 제공하라.

```
public Bug(int initialPosition)
```

그리고 메서드를 제공하라.

```
public void turn()
public void move()
public int getPosition()
```

사용 예는

```
Bug bugsy = new Bug(10);
bugsy.move(); // 이제 위치는 11이다.
bugsy.turn();
bugsy.move(); // 이제 위치는 10이다.
```

BugTester는 벌레를 만들어서 움직이고 몇 번 방향을 바꾼 후, 실제 및 예상된 위치를 출력하라.

■■ P2.22 나방이 직선을 날아다니는 것을 모델링한 Moth 클래스를 구현하라. 나방은 위치와 고정된 원점으로부터의 거리가 있다. 나방이 빛의 원점으로 움직이면 새로운 위치는 이전의 위치와 빛의 위치의 중간에 새로운 위치를 잡게 된다. 생성자를 제공하라.

```
public Moth(double initialPosition)
```

그리고 아래의 메서드를 제공하라.

```
public void moveToLight(double lightPosition)
public double getPosition()
```

MothTester는 나방을 생성하고 빛 쪽으로 몇 번 움직인 후, 나방의 위치를 확인하여 예상한 값과 같은지를 검토하라.

■■그래픽 P2.23 같은 중심을 가지는 두 개의 사각형을 그리는 그래픽 프로그램을 작성하라. TwoSquareViewer 클래스와 TwoSquareComponent 클래스를 제공하라.

■■그래픽 P2.24 하나는 분홍색이고 다른 하나는 보라색인 두 개의 실선 사각형을 그리는 프로그램을 작성하라. 하나는 표준 색상을 사용하고 다른 하나는 사용자 정의 색상을 사용하라. TwoSquareViewer 클래스와 TwoSquareComponent 클래스를 제공하라.

■■그래픽 P2.25 파랑 사각형 안에 빨간색으로 이름을 그리는 그래픽 프로그램을 작성하라. NameViewer 클래스와 NameComponent 클래스를 제공하라.

■■그래픽 P2.26 다음의 얼굴을 그리는 프로그램을 작성하라. FaceViewer 클래스와 FaceComponent 클래스를 제공하라.

■■그래픽 P2.27 검은색과 흰색이 교차하는 동심원 집합인 발사 목표를 그려라.
힌트 : 검은 원을 채운 다음, 그 위에 작은 흰색 원을 채우는 형식으로 계속한다. 프로그램은 Target, TargetComponent, TargetViewer 클래스로 구성되어 있어야 한다.

■■그래픽 P2.28 집을 그리는 프로그램을 작성하라. 따라오는 그림과 같은 간단한 그림일 수도 있으며, 원한다면(3D, 고층건물, 입구의 대리석 길 등) 보다 정교하게 만들 수 있다.
House 클래스와 집을 그리는 draw(Graphics2D g2) 메서드를 구현하라.

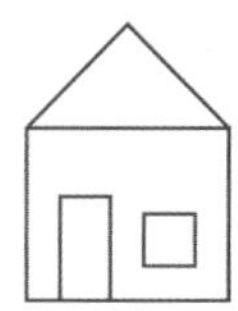

■■그래픽 P2.29 연습 문제 P2.28를 확장하여 위치와 크기를 명시하는 House 생성자를 제공하라. 그리고 다른 크기의 몇 집을 화면에 나타내라.

■■그래픽 P2.30 2.10.8절에 car 뷰어 프로그램을 수정하여 차가 다른 컬러로 나타나도록 만들어라. 각각의 차량은 자체의 컬러를 저장해야 한다. 변경된 Car 및 CarComponent 클래스를 제공하라.

■■그래픽 P2.31 Car 클래스를 변경하여 차의 크기가 생성자에 명시될 수 있도록 하라. CarComponent 클래스를 변경하여 차량 중의 하나는 원래 차량 크기의 2배 크기로 나타나도록 만들라.

■■그래픽 P2.32 선과 원을 이용하여 문자열 "HELLO"를 그리는 프로그램을 작성하라. drawString을 호출하지 말고, System.out도 사용하지 마라. LetterH, LetterE, LetterL,과 LetterO 클래스를 만들라.

■■그래픽 P2.33 올림픽 오륜기를 표시하는 프로그램을 작성하라. 고리를 올림픽 컬러로 나타내라. OlympicRingViewer와 OlympicRingComponent 클래스를 제공하라.

■■■P2.34 GregorianCanlendar 클래스는 오늘날 전세계적으로 사용되고 있는 Gregorian 달력에 의하여 측정된 시점을 기술한다. 주어진 달에 대한 연도, 달, 그리고 날로부터 GregorianCalendar 객체를 다음과 같이 만든다.

```
GregorianCalendar cal = new GregorianCalendar(); // 오늘 날짜
GregorianCalendar eckertsBirthday = new GregorianCalendar(1919,
      Calendar.APRIL, 9);
```

Calendar.JANUARY . . . Calendar.DECEMBER 값을 사용하여 달을 명시하라.

GregorianCalendar 객체의 날의 숫자를 증가시키는 add 메서드가 사용될 수 있다.

```
cal.add(Calendar.DAY_OF_MONTH, 10); // 이제 cal은 오늘로부터 10일째 날이다.
```

이것은 변형 메서드로 cal 객체를 바꾼다.

get 메서드는 주어진 GregorianCalendar 객체에 대한 질의에 사용될 수 있다.

```
int dayOfMonth = cal.get(Calendar.DAY_OF_MONTH);
int month = cal.get(Calendar.MONTH);
int year = cal.get(Calendar.YEAR);
int weekday = cal.get(Calendar.DAY_OF_WEEK);
   // 1은 일요일, 2는 월요일, ..., 7은 토요일
```

당신이 해야 할 것은 다음의 정보를 출력하는 프로그램을 작성하는 것이다.

- 오늘로부터 100일이 되는 때의 날짜와 요일
- 당신 생일의 요일
- 당신 생일로부터 10,000일이 되는 날짜

자신의 생일이 드러나는 것을 원하지 않는다면, 임의로 컴퓨터 과학자의 생일을 사용하라.

힌트 : GregorianCalander 클래스는 복잡하다. 따라서 몇몇 테스트 프로그램을 작성하여 전체 프로그램 문제를 해결하려고 하기 전에 API를 확인하는 것이 좋다. 오늘 날짜를 만드는 프로그램을 작성해 보라. 10일을 더하고 날짜와 달과 주를 출력해 보라.

■■■P2.35 이 프로젝트에서는 BankAccount 클래스를 강화하여, 추상화와 캡슐화가 어떻게 소프트웨어의 점진적인 변화를 가능하게 하는지를 보게 될 것이다.

간단한 강화부터 시작해 보자 : 매일의 입금과 출금의 수수료를 바꿔라. 수수료를 설정하는 방법을 제공하고, deposit과 withdraw 메서드를 수정하여 수수료가 부과되

도록 하라. 결과 클래스를 테스트하여 수수료가 올바르게 계산되는지를 확인하라.
이제 보다 복잡한 변화를 만들자. 은행은 이제 매달(예 : 예금이나 출금 같은) 거래 수수료에 대하여 고정된 금액을 허용하고, 무료로 배정된 것을 초과하는 거래에 대하여 수수료를 부과한다. 수수료는 즉각적으로 부과되지 않고 매월 말에 부과한다.
BankAccount에 월간 수수료를 공제하고 거래 숫자를 초기화하는 새로운 방법인 deductMonthlyCharge라는 새로운 메서드를 제공하라(힌트 : Math.max(actual transaction count, free transaction count)를 계산에 사용하라.).
수수료가 여러 달 동안 제대로 계산되는 것을 검증하는 테스트 프로그램을 만들어라.

자습 문제 모범 답안

1. 동일한 동작을 하는 객체는 동일한 클래스에 속한다. 창문은 외부의 바람과 더위나 추위로부터 방을 보호하면서 빛이 들어오게 한다. 온수기는 완전히 다른 동작을 한다. 그것은 물을 따뜻하게 한다. 그들은 다른 클래스에 속한다.

2. 메서드를 호출할 때, 그것이 어떻게 그 일을 수행하는지는 관심을 가지지 않는다. 조명등이 방을 밝히는 한, 주거자는 어떻게 광자가 만들어지는지 문제가 되지 않는다.

3. 세 가지 오류가 있다.
   - 변수 이름에 공백이 있을 수 없다.
   - 소수 부분을 가지기 때문에 변수의 데이터형은 double이어야 한다.
   - 문장의 마지막에 세미콜론이 빠졌다.

4.
```
double unitPrice = 1.95;
int quantity = 2;
```

5.
```
System.out.print("Total price: ");
System.out.println(unitPrice * quantity);
```

6. int와 String

7. double

8. 올바른 식별자는 처음 두 개 뿐이다.

9. `String myName = "John Q. Public";`

10. 아니다. = 연산자의 왼쪽은 변수이어야만 한다.

11. `greeting = "Hello, Nina!";`

    `String greeting = "Hello, Nina!";`

    은 올바른 답이 아니다. 이 문장은 새로운 변수를 만들게 된다.

12. 배정은 주차 공간에 하나의 차가 다른 차로 대체될 때 발생한다.

13. `new Rectangle(90, 90, 20, 20)`

14.
```
Rectangle box = new Rectangle(5, 10, 20, 30);
Rectangle box2 = new Rectangle(25, 10, 20, 30);
```

15. 0

16.
```
Before: 5
After: 30
```

17.
```
Before: 20
After: 20
```

    사각형을 움직이는 것은 그것의 폭이나 높이에 영향을 미치지 않는다. 폭과 높이는 setSize 메서드에 의하여 변경할 수 있다.

18. box.translate(-5, -10) 메서드가 새로운 사각형을 box에 저장하자마자 호출된다.

19. toLowerCase

20. "Hello, Space !" - 처음과 끝의 공백만 잘려진다.

21. translate 메서드의 인자들이 사각형을 x- 및 y-축으로 얼마나 이동할 것인지를 말해준다. setLocation 메서드의 인자는 왼쪽-위 모서리의 위치가 x- 및 y- 좌표값이 얼마인지를 가리킨다.
가령 box.translate(1,1)은 box를 한 픽셀 아래로, 한 픽셀 오른쪽으로 움직인다.
box.setLocation(1,1)은 box의 왼쪽-위 모서리 코너가 스크린의 (1,1)의 위치가 되도록 이동한다.

22. 프로그램의 맨 위에 import java.util.Random; 문장을 추가하라.

23. java.math 패키지에 있다.

24.
```
public void unclick()
{
   value = value - 1;
}
```

25. Clock 클래스의 메서드를 호출함으로써만 접근할 수 있다.

26. Counter 클래스에 메서드 중의 하나이다.

27. 자바 라이브러리를 설계하고 구현한 프로그래머들이다.

28. Other programmers who designed and implemented the Java library.

29.
```
harrysChecking.withdraw(
    harrysChecking.getBalance())
```

30. withdraw 메서드는 반환형이 void이다. 어떤 값도 반환하지 않는다. getBalance 메서드를 사용하여 withdraw 후의 잔액을 얻을 수 있다.

31. accountNumber 매개변수를 생성자에 추가하고, getAccountNumber 메서드를 추가하라. setAccountNumber 메서드는 필요가 없다. - 계정 번호는 한번 생성 후에는 바꿀 필요가 없다.

32.
```
/**
   Constructs a new bank account with a given
   initial balance.
   @param accountNumber the account number for
   this account
   @param initialBalance the initial balance for
   this account
*/
```

33. 메서드 설명의 첫 번째 문장은 그 메서드를 기술해야 한다. 이것은 요약 테이블에 따로 표시된다.

34. 인스턴스 변수

```
private int accountNumber;
```

를 클래스에 추가할 필요가 있다.

35. balance 인스턴스 변수는 BankRobber의 main 메서드로부터 접근할 수 있기 때문이다. 컴파일러는 main이 BankAccount 클래스에 접근하는 메서드가 아니고, BankAccount 클래스의 인스턴스 변수에 접근할 수 없기 때문에 오류를 보고할 것이다.

36.
```
public int getWidth()
{
   return width;
}
```

37. 하나 이상의 올바른 답이 있다. 가능한 구현의 한 가지 예는 다음과 같다.

```
public void translate(int dx, int dy)
{
   int newx = x + dx;
   x = newx;
   int newy = y + dy;
   y = newy;
}
```

38. 하나의 BankAccount 객체는 BankAccountTester 객체가 아니다. BankAccountTester 클래스의 목적은 main 메서드를 단지 유지하는 것이다.

39. 그와 같은 환경에서는 BankAccount 객체를 생성하고, 메서드를 호출하고, 반환값을 보여주는 것으로 상호작용 명령어를 생성할 수 있다.

40. 두 가지 카테고리는 메서드에 속한 변수로 메서드가 호출될 때 생겨나며, 메서드가 종료되면서

사라진다. 그것이 초기화에 있어서는 차이가 있다. 매개변수는 호출값으로 초기화가 되나 지역변수는 명시적으로 초기화를 해 주어야 한다.

41. greeting과 greeting2 모두 동일한 String 객체를 참조한다.

42. 두 개의 변수는 여전히 동일한 문자열을 참조하고 있고 문자열은 변경되지 않은 상태이다. toUpperCase 메서드는 대문자를 포함한 새로운 문자열을 생성하여 원래의 문자열은 변하지 않는다.

43. BankAccount 형에서는 this라고 불리우는 하나의 묵시적인 매개변수와 double 형의 amount라고 불리우는 인스턴스 변수가 없다.

44. 묵시적인 매개변수가 없다-main 메서드는 어떤 객체에서도 호출되지 않는다. - args라고 불리 우는 하나의 명시적인 매개 변수만을 가진다.

45. EmptyFrameViewer 프로그램은 다음과 같이 수정한다.

```
frame.setSize(300, 300);
frame.setTitle("Hello, World!");
```

46. 두 개의 JFrame 객체를 생성하여, 각각의 크기를 설정하고 setVisible(true)를 각각에 대하여 호출한다.

47. `g2.draw(new Ellipse2D.Double(75, 75, 50, 50));`

48.
```
Line2D.Double segment1
   = new Line2D.Double(0, 0, 10, 30);
g2.draw(segment1);
Line2D.Double segment2
   = new Line2D.Double(10, 30, 20, 0);
g2.draw(segment2);
```

49. `g2.drawString("V", 0, 30);`

50. CarComponent

51. Car 클래스의 draw 메서드에서,

```
g2.fill(frontTire);
g2.fill(rearTire);
```

를 호출하라.

52. Car 클래스의 draw 메서드에서 모든 측정값을 두 배하라.

CHAPTER 3

기본 자료형

이 장의 목표

- 정수와 실수 자료형을 이해한다.
- 자료형들의 제한 사항을 인식한다.
- 오버플로와 반올림 오류의 원인을 인지한다.
- 상수의 적절한 사용법을 이해한다.
- 자바로 산술 연산식을 작성한다.
- 문자열을 다루기 위해 String 형을 사용한다.
- 입력하는 법과 양식화된 출력을 만들어내는 프로그래밍 기법을 배운다.

이 장의 목차

사진의 전광판에 나타나 있는 것과 같은 수와 문자열은 자바 프로그램에서 매우 중요한 자료형이다. 이 장에서는 숫자와 문자를 이용해 작업하는 방법과 그 자료들로 유용한 작업을 수행할 수 있는 프로그램의 작성법을 배운다. 또한 대화형 프로그램을 작성할 수 있도록 입력과 출력에 관한 중요하고 기본적인 내용들을 다루게 된다.

3.1 수의 표현

이 장의 첫 번째 내용은 수(number)에 관한 정보다. 원하는 수치를 표현하기 위한 가장 적절한 수 자료형을 선택하는 방법과 값이 변하지 않는 상수(constant)로 작업하는 법을 설명할 것이다.

3.1.1 수 자료형

자바에는 4가지의 정수형, 2가지의 실수형을 포함하여 8개의 기본 자료형이 있다.

자바에서 사용하는 모든 자료는 객체에 대한 참조형 또는 표 1에 정리되어 있는 8개 **기본 자료형**(primary type) 중의 하나에 속한다.

기본 자료형 중 6개는 수(number)에 대한 것인데, 4가지는 정수형, 2가지는 부동 소수점 수(floating point number)로 표현되는 실수형을 나타낸다.

각 정수형이 표현하는 수의 범위는 모두 다르다. 부록 G에 각 자료형의 표현 범위가 왜 2의 승수와 관계가 있는지 설명되어 있다. int 형에서 표현될 수 있는 가장

표 1 기본 자료형

형	설명	크기
int	정수형으로 범위는 −2,147,483,648(Integer.MIN_VALUE) ... 2,147,483,647(Integer.MAX_VALUE, 약 21.4억)	4 바이트
byte	한 바이트로 표현되는 정수형. 범위는 −128...127	1 바이트
short	짧은 정수형. 범위는 −32,768...32,767	2 바이트
long	긴 정수형. 범위는 −9,223,372,036,854,775,808...9,223,372,036,854,775,807	8 바이트
double	두 배 정밀도의 부동 소수점 수. 범위는 약 $\pm 10^{308}$이고 십진수로 15개 정도의 유효숫자 표현	8 바이트
float	단일 정밀도 부동 소수점 수. 범위는 약 $\pm 10^{38}$이고 십진수로 7개 정도의 유효숫자 표현	4 바이트
char	문자형이고 유니코드로 표현(컴퓨팅과 사회 3.2 참조)	2 바이트
boolean	진리값 true와 false를 값으로 하는 부울형(4장 참조)	1 바이트

표 2 자바의 숫자 리터럴

수	자료형	설명
6	int	정수에는 소수점 아래 수가 없다.
−6	int	음수의 정수도 가능하다.
0	int	0은 정수다.
0.5	double	소수점 아래 수가 있는 수는 double 형이다.
1.0	double	정수지만 소수점 아래가 .0으로 표현된 수는 double 형이다.
1E6	double	지수 표현법으로 1×10^6 즉 1000000을 의미한다. 지수 표현법으로 나타낸 수는 항상 double 형이다.
2.96E−2	double	음의 지수 : $2.96 \times 10^{-2} = 2.96 / 100 = 0.0296$
🚫 100,000		오류 : 십진법에서 수를 분리하기 위해 콤마를 사용할 수 없다.
🚫 3 1/2		오류 : 분수 표현법을 사용할 수 없으며, 십진법 3.5로 표시해야 한다.

큰 수는 Integer.MAX_VALUE로 표시되며 21.4억 정도이다. 마찬가지로 Integer.MIN_VALUE는 int가 표현하는 가장 작은 수를 나타내며 -21.4억 정도이다.

자바 프로그램에서 6이나 0.335와 같은 값이 나타나는 경우, 이를 **숫자 리터럴(literal)**이라 한다. 숫자 리터럴에 소수점이 있으면 부동 소수점 수이고, 그렇지 않으면 정수다. 자바로 정수와 부동 소수점 수를 표현하는 방법은 표 2의 예를 참조하기 바란다.

산술 계산에서 결과가 자료형이 표현할 수 있는 수의 범위를 벗어나면 오버플로가 발생한다.

보통 정수와 관계된 연산에는 int 형을 사용한다. 그러나 때때로 정수 관련 연산에서 오버플로(overflow)가 발생할 수 있다. 이는 연산의 결과가 자료형의 표현 범위를 넘어갈 때 발생한다. 예를 들어,

```
int n = 1000000;
System.out.println(n * n); // 출력 결과는 -727379968로 틀린 것이다!!
```

계산의 결과가 int 형으로 표현할 수 있는 한계(약 21.4억)를 넘으면 오버플로가 발생한다.

곱셈 n*n의 결과는 10^{12}인데 이는 int 형이 표현할 수 있는 가장 큰 정수(약 $2 \cdot 10^9$)보다 더 크다. 이 값은 int 형에 맞도록 잘려 나가기 때문에 완전히 틀린 결과가 나오게 된다. 불행히도 오버플로가 발생해도 아무런 경고가 없다. 이런 문제와 부딪쳤을 때 해결하는 가장 간단한 방법은 long 형을 사용하는 것이다. long 형으로도 오버플로가 발생하는 경우라면 [심화 학습 3.1]에 설명된 BigInteger 형을 사용할 수 있다.

2배 정밀도의 부동 소수점 수를 사용하는 경우 오버플로는 거의 문제가 되지 않는다. double 형의 사용 가능 범위는 약 $\pm 10^{308}$이다. 그러나 부동 소수점 수는 별개의 문제

점을 안고 있는데, 바로 정밀도의 문제다. double 형은 약 15개의 유효 숫자를 표현할 수 있으며, 이는 double 형으로 정확하게 표현되지 않는 무수한 수가 있음을 의미한다.

부동 소수점 수로 정확한 수를 표현할 수 없는 경우 반올림 오류가 발생한다.

어떤 수가 정확하게 표현될 수 없는 경우 가장 가까운 수로 반올림된다. 다음 예를 보자.

```
double f = 4.35;
System.out.println(100 * f); // 434.99999999999994를 출력한다.
```

이 문제는 컴퓨터가 수를 이진법으로 표현하기 때문에 발생한다. 십진법에서 1/3=0.33333을 정확하게 표현할 수 없는 것처럼, 이진법에서는 1/10을 정확하게 표현할 수 있는 방법이 없다(더 자세한 내용은 부록 G를 참조).

이런 문제 때문에 금융계산에는 double 형이 적합하지 않다. 이 책에서는 프로그램을 되도록 간단하게 하기 위해 은행잔고 등 금융관련 값들을 표현할 때 double 형을 사용할 것이다. 그러나 현실 세계의 전문 프로그램에서는 이 용도로 BigDecimal 형을 사용해야 한다(심화 학습 3.1 참조).

자바에서는 정수를 부동 소수점 수에 대입해도 된다.

```
int dollars = 100;
double balance = dollars; // OK
```

그러나 그 반대는 오류가 된다. 부동 소수점 수나 연산식을 정수에 대입할 수 없다.

```
double balance = 13.75;
int dollars = balance; // 오류
```

3.2.5절에서 double 형 수를 어떻게 정수형으로 변환할 수 있는지 볼 것이다.

이 책에서는 float 형을 사용하지 않는다. float 형은 7개 이하의 유효 숫자만 표현할 수 있기 때문에 반올림 오류(roundoff error)가 발생할 위험이 매우 크다. 가끔 높은 정밀도를 요구하지 않는 대량의 수를 저장해야 할 경우 메모리를 절약하기 위해 float 형을 사용하기도 한다.

부동 소수점 수의 문제는 정밀도의 한계다. 정확하게 표현되지 못하는 수가 많으며 이 경우 반올림 오류가 발생할 수 있다.

3.1.2 상수

많은 프로그램에서 **상수**(constant) - 변하지 않으면서 계산에 특별히 사용되는 값 - 를 사용할 필요가 있다. 상수를 사용하는 전형적인 예로서 미국 동전의 가치를 계산하는 다음 예를 보자.

```
payment = dollars + quarters * 0.25 + dimes * 0.1
      + nickels * 0.05 + pennies * 0.01;
```

위 코드는 변수 이름 자체로 거의 설명이 된다. 그러나 4가지의 숫자 0.25, 0.1, 0.05, 0.01은 어떠한 설명도 없이 수식에 포함되어 있다. 이 경우 물론 1 니켈의 가치는 5센트, 즉 0.05달러가 된다는 등 미국 동전에 대한 상식을 가진 사람이라면 의미를 쉽게 알 수 있을 것이다. 그러나 이러한 상식이 없는 다른 나라에서 이 코드를 받아 관리해야 하는 경우도 있다.

따라서 명백한 경우일지라도 모든 상수값들에 이름을 부여하는 것이 좋다. 다음은 총액을 계산하는 코드의 의미가 좀 더 명확해지도록 바꾼 것이다.

```
double quarterValue = 0.25;
double dimeValue = 0.1;
double nickelValue = 0.05;
double pennyValue = 0.01;
payment = dollars + quarters * quarterValue + dimes * dimeValue
      + nickels * nickelValue + pennies * pennyValue;
```

final 변수는 상수이다. 한 번 값이 정해지면 변경될 수 없다.

이 코드를 좀 더 개선해 보자. 변수 nickels와 nickelValue에는 차이점이 있다. nickels는 계산이 필요할 때마다 그 값이 달라지지만 nickelValue는 항상 0.05다.

자바에서 상수는 키워드 final을 이용해 표시한다. final로 지정된 값은 한 번 정해진 후에는 절대 바꿀 수 없다. final 변수의 값을 변경하려는 코드가 있으면 컴파일러가 오류 보고를 하고 프로그램 컴파일이 완료되지 않는다.

상수, 즉 final 변수는 관습적으로 모두 대문자로 이루어진 이름을 사용한다. 예를 들어 nickelValue 대신 NICKEL_VALUE를 사용하는 것인데, 이렇게 하면 대부분 소문자로 이루어진 일반 변수와 상수를 구별하기 쉬워진다. 이 책에서도 이 관습을 따를 것이다. 그러나 이는 단지 권장되는 스타일 규칙일 뿐이지 자바 언어에서 규정하는 것은 아니다. final 변수에 소문자로 된 이름을 사용하더라도 컴파일러는 아무런 불평을 하지 않는다.

프로그램을 더 읽기 쉽고 유지하기 쉽게 하기 위해 이름이 부여된 상수를 사용하자.

총 지불액을 계산하기 위한 앞의 코드를 다시 수정해 보자.

```
final double QUARTER_VALUE = 0.25;
final double DIME_VALUE = 0.1;
final double NICKEL_VALUE = 0.05;
final double PENNY_VALUE = 0.01;
payment = dollars + quarters * QUARTER_VALUE + dimes * DIME_VALUE
      + nickels * NICKEL_VALUE + pennies * PENNY_VALUE;
```

여러 메서드에서 동일한 상수를 사용할 경우가 자주 발생한다. 이럴 때는 클래스의 객체 변수로 선언하고 static과 final 태그를 붙인다. 이때 final은 메서드 안에서 선언할 때와 마찬가지로 상수임을 지정한다. static 키워드는 그 상수가 클래스에 소속됨을 의미하는데 이에 대한 상세한 설명은 7장을 참조하자.

```
public class CashRegister
{
   // 상수
   public static final double QUARTER_VALUE = 0.25;
   public static final double DIME_VALUE = 0.1;
   public static final double NICKEL_VALUE = 0.05;
   public static final double PENNY_VALUE = 0.01;

   // 인스턴스 변수
   private double purchase;
   private double payment;

   // 메서드
   . . .
}
```

위 예에서 상수를 공용 즉, public으로 선언했다. 상수는 변경될 수 없기 때문에 그렇게 해도 아무런 위험이 없다. 다른 클래스의 메서드들도 CashRegister.NICKEL_VALUE와 같이 상수가 선언된 클래스의 이름, 점, 상수의 이름순으로 명명하여 상수를 사용할 수 있다.

표준 라이브러리에 있는 Math 클래스에는 두 개의 유용한 상수가 선언되어 있다.

```
public class Math
{
   . . .
   public static final double E = 2.7182818284590452354;
   public static final double PI = 3.14159265358979323846;
}
```

이 상수들은 각각 Math.E와 Math.PI라는 이름으로 어떤 메서드에서건 사용될 수 있다. 예를 들면 다음과 같다.

```
double circumference = Math.PI * diameter;
```

다음의 예제 프로그램은 상수를 어떻게 사용하는지 보여 준다. 따라 하기 2.1에 나왔던 CashRegister 클래스를 개선한 것으로서, 흔히 발생하는 업무상의 문제를 해결하기 위해 클래스의 공개 인터페이스를 수정하였다.

계산원들이 바쁘다 보면 동전 가격을 잘못 계산하는 경우가 있다. CashRegister 클래스에는 동전의 개수를 입력으로 받는 메서드가 있다. 예를 들어 다음 호출

```
register.receivePayment(1, 2, 1, 1, 4);
```

는 1달러, 2쿼터, 1다임, 1니켈, 4페니로 구성된 지불 금액을 입력하는 것이다. receivePayment 메서드는 총 지불액이 1.69달러임을 계산해 낸다. 코드에서 보다시피 이 메서드에서는 동전의 가치를 이름 붙은 상수로 표현하였다.

문법 3.1 상수 선언

Syntax 메서드에서 선언 final 형 이름 변수 이름 = 연산식;

클래스에서 선언 접근지정자 static final 형 이름 변수 이름 = 연산식;

메서드에서 선언

```
final double NICKEL_VALUE = 0.05;
```

final 키워드는 이 값이 변경될 수 없음을 지정한다.

상수를 표현하기 위해 대문자를 사용한다.

```
public static final double LITERS_PER_GALLON = 3.785;
```

클래스에서 선언

Section_1/CashRegister.java

```
/**
 판매 총액을 구하고 거스름돈을 계산하는 금전등록기 프로그램
*/
public class CashRegister
{
   public static final double QUARTER_VALUE = 0.25;
   public static final double DIME_VALUE = 0.1;
   public static final double NICKEL_VALUE = 0.05;
   public static final double PENNY_VALUE = 0.01;

   private double purchase;
   private double payment;

   /**
      돈이 들어 있지 않은 금전등록기를 생성한다.
   */
   public CashRegister()
   {
      purchase = 0;
      payment = 0;
   }

   /**
      한 상품의 구입액을 기록한다.
      @param amount 구입한 상품의 가격
   */
   public void recordPurchase(double amount)
   {
      purchase = purchase + amount;
   }

```

```
    /**
       고객으로부터 받은 지불액을 입력한다.
       @param dollars 달러 지폐의 수
       @param quarters 쿼터 동전의 수
       @param dimes 다임 동전의 수
       @param nickels 니켈 동전의 수
       @param pennies 페니 동전의 수
    */
    public void receivePayment(int dollars, int quarters,
          int dimes, int nickels, int pennies)
    {
       payment = dollars + quarters * QUARTER_VALUE + dimes * DIME_VALUE
             + nickels * NICKEL_VALUE + pennies * PENNY_VALUE;
    }

    /**
       거스름돈을 계산하고 다음 고객을 위해 금전등록기를 리셋한다.
       @return 거스름돈 액수
    */
    public double giveChange()
    {
       double change = payment - purchase;
       purchase = 0;
       payment = 0;
       return change;
    }
}
```

Section_1/CashRegisterTester.java

```
/**
   CashRegister 클래스를 테스트하는 프로그램
*/
public class CashRegisterTester
{
   public static void main(String[] args)
   {
      CashRegister register = new CashRegister();

      register.recordPurchase(0.75);
      register.recordPurchase(1.50);
      register.receivePayment(2, 0, 5, 0, 0);
      System.out.print("Change: ");
      System.out.println(register.giveChange());
      System.out.println("Expected: 0.25");

      register.recordPurchase(2.25);
      register.recordPurchase(19.25);
      register.receivePayment(23, 2, 0, 0, 0);
      System.out.print("Change: ");
      System.out.println(register.giveChange());
      System.out.println("Expected: 2.0");
   }
}
```

실행 결과

```
Change: 0.25
Expected: 0.25
Change: 2.0
Expected: 2.0
```

1. 자바에서 가장 많이 사용되는 수 자료형은 어떤 것들인가?
2. 여러 나라에서 수집된 인구 자료를 가지고 작업하는 프로그램을 작성하려고 한다고 하자. 어떤 자바 자료형을 사용해야 할까?
3. 다음의 초기화 문장 중 틀린 것은 무엇이며 그 이유는?
   a. `int dollars = 100.0;`
   b. `double balance = 100;`
4. 다음 두 문장의 차이점은 무엇인가?

   ```
   final double CM_PER_INCH = 2.54;
   ```

   와

   ```
   public static final double CM_PER_INCH = 2.54;
   ```

5. 다음 문장에서 잘못된 점은 무엇인가?

   ```
   double diameter = . . .;
   double circumference = 3.14 * diameter;
   ```

실습하기 이 장의 끝부분에 있는 복습 문제 및 연습문제 R3.1, R3.21, P3.20을 수행하시오.

심화 학습 3.1

거대한 수

엄청나게 큰 값의 수를 이용한 계산을 하려면 큰 수를 표현하는 거대 수 객체를 사용해야 한다. 거대 수 객체란 java.math 패키지의 BigInteger와 BicDecimal 클래스의 객체를 말한다. int나 double과 같은 기본 자료형과 달리, 거대 수 객체는 크기나 정밀도에 제한이 없다. 그러나 거대 수 객체의 연산은 기본 자료형의 연산보다 매우 느리다. 더 중요한 점은 기본 자료형 연산에 사용하는 (+ - *)와 같은 연산자를 사용할 수 없다는 것이다. 그 대신 add, subtract, multiply와 같은 메서드를 호출해야 한다. BigInteger 객체를 생성해서 multiply 메서드를 호출하는 예를 보도록 하자.

```
BigInteger n = new BigInteger("1000000");
BigInteger r = n.multiply(n);
System.out.println(r); // 1000000000000을 출력한다.
```

BigDecimal 형은 반올림 오류 없이 부동 소수점 수 연산을 할 수 있다. 예를 보자.

```
BigDecimal d = new BigDecimal("4.35");
BigDecimal e = new BigDecimal("100");
BigDecimal f = d.multiply(e);
System.out.println(f); // 435.00을 출력한다.
```

알아 두기 3.1

매직 넘버를 사용하지 마라

매직 넘버(magic number)란 코드에서 아무런 설명 없이 사용되는 숫자 상수들을 말한다. 예를 들어 자바 라이브러리 소스에 실제로 나타나는 다음의 수상한 코드를 살펴보자.

```
h = 31 * h + ch;
```

여기서 31이 도대체 뭘까? 1월의 날짜 수인가? 정수를 나타내는 비트 수에서 1을 뺀 것일까? 실제로 이 코드는 어떤 문자열의 해시 코드(hash code)를 계산하는 것이다. 문자열의 해시 코드란 문자를 이용해 계산된 하나의 수로서, 서로 다른 문자열이 서로 다른 해시 코드를 생산하도록 설계된다. 상수 31은 문자의 값을 잘 뒤섞기 위해 면밀히 고안된 수이다. 상수에 이름을 붙여 코드를 개선해 보자.

```
final int HASH_MULTIPLIER = 31;
h = HASH_MULTIPLIER * h + ch;
```

여러분의 코드에는 위와 같은 매직 넘버를 절대로 사용해서는 안 된다. 그 자체로 완전히 설명되지 않는 상수는 반드시 이름을 붙여 사용해야 한다. 가장 합리적이고 보편적인 상수라 할지라도 하루아침에 바뀔 수 있다. 1년은 과연 365일일까? 만약 고객이 화성에 산다면 이 어리석은 편견에 매우 불쾌해 할지도 모른다. 따라서 다음과 같이 상수를 만드는 것이 좋다.

```
final int DAYS_PER_YEAR = 365;
```

우리는 마술처럼 짠 하고 이루어지는 것 보다는 이해하기 쉬운 프로그램이 더 좋아요.

3.2 산술 연산

이번 절에서는 자바로 산술 연산을 수행하는 방법을 설명한다.

3.2.1 산술 연산자

자바로 일반 계산기와 같이 기본적인 덧셈, 뺄셈, 곱셈, 나눗셈 연산을 할 수 있는데, 곱셈과 나눗셈의 경우 **연산자**(operator)의 모양이 다르다.

곱셈을 표현할 때는 `a * b`와 같이 작성해야 한다. 수학에서와는 달리 ab, a · b, a × b 등을 사용할 수 없다. 마찬가지로 나눗셈의 경우는 항상 / 연산자를 사용하며, ÷나 분수 형태의 표현을 사용할 수 없다. 예를 들어 $\frac{a+b}{2}$는 `(a + b) / 2`가 된다.

변수, 리터럴, 연산자 및 메서드 호출문 등의 조합을 **연산식**(expression)이라 한다. 예를 들어 `(a + b) / 2`는 연산식이다.

괄호는 일반 수학에서와 같이 주로 계산식의 순서를 표시하는데 사용한다. 예를 들어 연산식 `(a + b) / 2`에서는 `(a + b)`가 먼저 계산되고 나중에 2로 나누는 연산이 실행된다. 반면, `a + b / 2` 식에서는 b가 먼저 2로 나누어진 뒤, a와 b/2의 덧셈이 이루어진다. 일반 대수학에서 하듯이 곱셈과 나눗셈은 덧셈과 뺄셈보다 우선순위가 높다. 예를 들어 `a + b / 2` 식에서 + 연산자가 먼저 왼쪽에 나타나지만 나눗셈 / 연산이 먼저 수행된다(부록 A를 참조).

산술 연산식에서 정수와 부동 소수점 수를 섞어 사용하면 그 결과는 부동 소수점 수가 된다.

산술 연산식에서 정수와 부동 소수점 수를 섞어서 사용하면 그 결과는 부동 소수점 수가 된다. 예를 들어 `7 + 4.0`의 결과는 부동 소수점 수 11.0이다.

3.2.2 증감 연산자

++ 연산자는 변수값을 하나 증가시킨다. -- 연산자는 변수값을 하나 감소시킨다.

프로그램에서 어떤 값을 1 증가시키거나 감소시키는 연산은 매우 자주 사용되기 때문에 특별히 축약된 형태의 연산자가 있다. ++ 연산자는 변수의 값을 하나 증가시킨다(그림 1 참조).

```
counter++; // 변수 counter의 값에 1을 더한다.
```

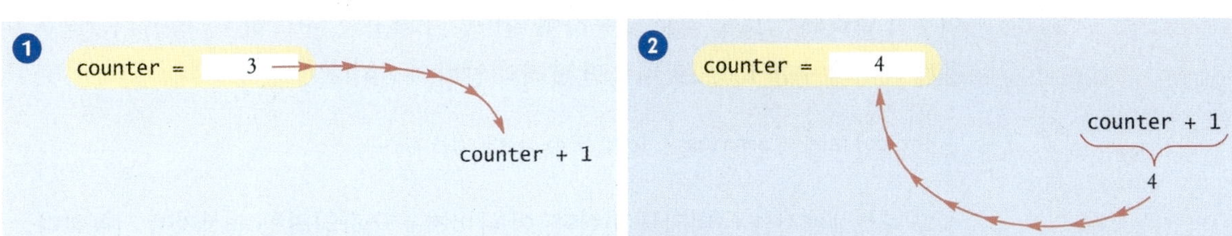

그림 1 변수값의 증가

마찬가지로 -- 연산자는 변수의 값을 하나 감소시킨다.

```
counter--; // 변수 counter의 값에서 1을 뺀다.
```

3.2.3 정수 나눗셈

/ 연산자의 두 피연산자가 모두 정수면 그 결과값도 정수가 되고 나머지는 버려진다.

나눗셈 연산 시 두 피연산자 중 어느 하나라도 부동 소수점 수이면 원래 우리가 알고 있던 대로 나눗셈 결과가 나온다. 즉, 다음 세 연산의 결과값은 모두 1.75다.

정수 나눗셈과 % 연산자를 이용해 페니로 가득 찬 돼지저금통의 달러값과 센트값을 계산한다.

```
7.0 / 4.0
7 / 4.0
7.0 / 4
```

그러나 두 수가 모두 정수면, **정수 나눗셈**의 결과는 항상 정수가 된다. 예를 들어 다음 식

```
7 / 4
```

의 결과는 1이 되고 나머지 3은 버려진다. 이와 같이 나머지를 버리는 연산은 때로 유용하게 사용될 수 있지만 오류의 원인이 되기도 한다. 흔한 오류 3.1을 살펴보기 바란다.

% 연산자는 나눗셈의 나머지를 계산한다.

정수 나눗셈에서 단지 나머지만 필요한 경우에는 % 연산자를 사용한다.

```
7 % 4
```

식의 결과는 3, 즉 7을 4로 나눈 나머지가 된다. 보통의 대수학에서는 %와 유사한 연산자가 없다. 나머지 연산이 나눗셈과 관련되어 있기 때문에 /와 비슷하게 생긴 기호가 선택된 것이다. 연산자의 이름은 **modulus** 또는 modulo, mod라고 하는데, 계산기에 보통 있는 백분율 계산과는 아무 관계가 없다.

/와 % 연산의 전형적인 예가 있다. 돼지저금통에 페니 동전이 가득 있다고 하자.

```
int pennies = 1729;
```

이것이 달러와 센트를 따로 구분하여 얼마인지 알고 싶다고 하자. 정수 나눗셈을 이용해 페니의 수를 100으로 나누면 달러의 양이 계산된다.

```
int dollars = pennies / 100; // dollars의 값은 17이다.
```

정수 나눗셈에서는 나머지를 버린다. 이 나머지를 구하려면 % 연산자를 사용한다.

표 3 정수 나눗셈과 나머지

연산식(n = 1729)	값	설명
n % 10	9	n % 10은 항상 n의 마지막 숫자가 된다.
n / 10	172	n / 10은 항상 n에서 마지막 숫자를 뺀 숫자가 된다.
n % 100	29	n의 마지막 두 자리 수
n / 10.0	172.9	10.0이 부동 소수점 수이기 때문에 소수점 아래가 절단되지 않는다.
–n % 10	–9	첫 번째 피연산자가 음수이기 때문에 나머지도 음수가 된다.
n % 2	1	n % 2가 0이면 n은 짝수, 1 또는 –1이면 n은 홀수다.

```
int cents = pennies % 100; // cents의 값은 29다.
```

표 3에 더 다양한 예가 나와 있다.

3.2.4 승수와 제곱근

자바 라이브러리에는 Math.sqrt(제곱근)나 Math.pow(승수) 메서드와 같은 많은 수학 함수가 미리 정의되어 있다.

자바에는 승수와 제곱근을 표현하는 연산자가 없다. 이를 계산하고 싶으면 메서드를 호출해야 한다. 어떤 수의 제곱근을 구하고 싶다면 Math.sqrt 메서드를 호출한다. 예를 들어 $\sqrt{x}$의 계산은 Math.sqrt(x)로 표현된다. x^n을 계산하고 싶으면 Math.pow(x, n)을 사용하면 된다.

대수학에서는 분수나 지수, 근호 표현 등이 모두 2차원 공간에 꽉 짜인 형태로 표시된다. 그러나 자바에서는 모든 것이 한 줄로 늘어선 형태로 표시되어야 한다. 예를 들어 다음 수식을 자바로 표현한 것을 보자.

$$b \times \left(1 + \frac{r}{100}\right)^n$$

```
b * Math.pow(1 + r / 100, n)
```

그림 2는 이러한 연산식을 어떻게 분석하는지 보여 준다. 표 4에 더 많은 수학 메서드가 소개되어 있다.

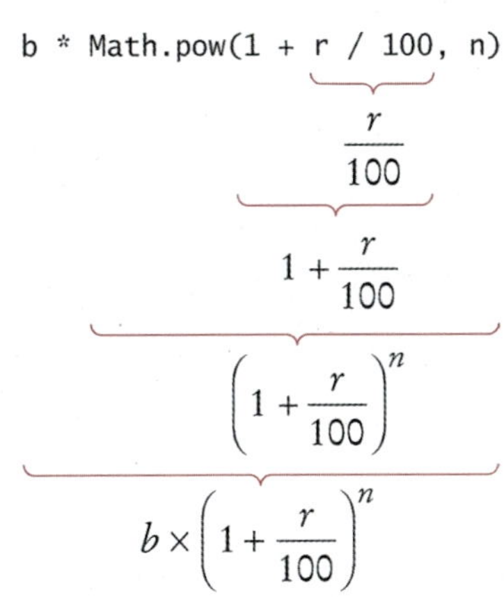

그림 2 연산식의 분석

표 4 수학 메서드			
함수	반환값	함수	반환값
Math.sqrt(x)	x (≥0)의 제곱근	Math.abs(x)	x의 절대값 |x|
Math.pow(x, y)	(x > 0, 또는 x = 0이고 y > 0, 또는 x < 0이고 y는 정수)	Math.max(x, y)	x와 y 중 큰 값
Math.sin(x)	x의 사인값 (x의 단위는 라디안)	Math.min(x, y)	x와 y 중 작은 값
Math.cos(x)	x의 코사인값	Math.exp(x)	e^x
Math.tan(x)	x의 탄젠트값	Math.log(x)	자연 로그 (ln(x), x > 0)
Math.round(x)	x에 가장 가까운 정수 (long 형)	Math.log10(x)	상용 로그 ($\log_{10}(x)$, x > 0)
Math.ceil(x)	x 보다 크거나 같은 정수 중 최소값 (double 형)	Math.floor(x)	x보다 작거나 같은 정수 중 최대값 (double 형)
Math.toRadians(x)	x도를 라디안으로 변환 (즉, x · π/180)	Math.toDegrees(x)	x 라디안을 각도값으로 변환 (즉, x · 180/π)

3.2.5 부동 소수점 수를 정수로 변환하기

때때로 double 형의 수를 int 형으로 바꿀 필요가 있는 경우가 있다. 부동 소수점 수를 정수형 변수에 대입하는 것은 오류를 초래한다.

```
double balance = total + tax;
int dollars = balance; // 오류 : double 형의 수를 int 형에 대입할 수 없다.
```

이는 다음과 같은 위험을 내포하고 있기 때문에 컴파일러가 허용하지 않는다.

- 소수점 아래 부분이 유실된다.
- 매우 큰 수일 가능성이 있다(가장 큰 int 형의 수가 약 20억인데 반해, 부동 소수점 수는 그보다 훨씬 큰 수도 가능하다.).

어떤 값을 다른 자료형의 값으로 강제 변환시키고 싶으면 형변환 연산자 (형 이름)을 사용한다.

부동 소수점 수를 정수로 변환하고 싶을 때는 **형변환(cast) 연산자** (int)를 사용해야 한다. 바꾸고 싶은 연산식의 앞에 형변환 연산자를 붙여 주면 된다.

```
double balance = total + tax;
int dollars = (int) balance;
```

형변환 연산자 (int)는 부동 수소점 수인 balance의 값에서 소수점 아래 부분을 잘라내고 정수로 만들어 준다. 예를 들어 balance가 13.75면 dollars의 값은 13이 된다.

산술 연산식에 형변환 연산자를 적용할 때는 적절한 괄호를 사용할 필요가 있다.

```
int dollars = (int) (total + tax);
```

문법 3.2 형변환

Syntax (형 이름) 연산식

형변환 후의 연산식의 자료형

```
(int) (balance * 100)
```

이 괄호는 형변환 연산자의 일부

연산식 전체의 결과에 형변환 연산자를 적용하고 싶을 때 여기에 괄호를 사용한다.

예제의 완전한 코드

웹 페이지 wiley.com/go/javacode에 가면 형변환, 반올림, % 연산자 등을 사용한 예제 프로그램을 다운로드할 수 있다.

소수점 아래 부분을 잘라내는 것이 언제나 적절한 것은 아니다. 부동 소수점 수를 가장 가까운 정수로 반올림하고 싶은 경우에는 Math.round 메서드를 사용한다. 이 메서드는 long 형의 정수를 반환하는데, 이는 부동 소수점 수가 매우 커서 int 형에 저장될 수 없는 경우를 고려하기 때문이다.

```
long rounded = Math.round(balance);
```

balance의 값이 13.75일 때 rounded는 14가 된다.

결과가 int 형에 저장될 수 있는 상황에서 long 형의 변수가 필요하지 않은 경우, 형변환 연산자를 사용할 수 있다.

```
int rounded = (int) Math.round(balance);
```

표 5 산술 연산식

산술식	자바 연산식	비고
$\frac{x+y}{2}$	(x + y) / 2	괄호가 필요하다. x + y / 2는 $x+\frac{y}{2}$를 의미한다.
$\frac{xy}{2}$	x * y / 2	괄호는 필요하지 않다. 같은 우선 순위를 가지는 연산자이며 왼쪽에서 오른쪽 순서로 연산이 수행된다.
$\left(1+\frac{r}{100}\right)^n$	Math.pow(1 + r /100, n)	복잡한 수식도 자바에서는 한 줄로 표현된다.
$\sqrt{a^2+b^2}$	Math.sqrt(a * a + b * b)	a * a가 Math.pow(a, 2)보다 효율적이다.
$\frac{i+j+k}{3}$	(i + j + k) / 3.0	i, j, k가 정수일 때 부동 수소점 연산을 하고 싶으면 분모를 3.0으로 표현해야 한다.
π	Math.PI	Math.PI는 Math 클래스에 정의되어 있는 상수다.

자습문제

6. 1년에 한 번 이자가 계산되는 은행 계좌가 있다. 첫 해에 부여된 이자를 계산하려면 자바로 어떻게 해야 하는가? double 형의 변수 percent와 balance가 이미 선언되어 있다고 가정하라.
7. 어떤 정사각형의 면적이 area라는 변수에 저장되어 있다고 할 때, 자바로 어떻게 한 변의 길이를 계산할 수 있는가?
8. 구의 체적은 다음 식으로 계산된다.

$$V = \frac{4}{3}\pi r^3$$

   반지름이 double 형 변수 radius로 주어질 때, 체적을 계산하는 자바코드를 작성하라.
9. 1729 / 100과 1729 % 100의 결과값은 각각 무엇인가?
10. n이 어떤 양수일 때, (n / 10) % 10의 결과는 무엇인가?

실습하기 이 장의 끝부분에 있는 복습 문제 및 연습문제 R3.5, R3.6, P3.4, P3.23을 수행하시오.

흔한 오류 3.1

부주의한 정수 나눗셈

자바에서 정수 나눗셈과 부동 소수점 수 나눗셈에 모두 / 연산자를 사용한다는 것은 유감스러운 일이다. 이 두 연산은 사실 아주 다르기 때문이다. 의도하지 않은 실수로 정수 나눗셈을 사용하는 것은 흔한 오류 중의 하나다. 세 정수의 평균값을 계산하는 다음 코드를 살펴보자.

```
int score1 = 10;
int score2 = 4;
int score3 = 9;

double average = (score1 + score2 + score3) / 3; // 오류
System.out.println("Average score: " + average); // 7.6666666666666667이 아니라 7.0을 출력한다.
```

무엇이 잘못되었을까? 물론 score1, score2, score3의 평균을 수식으로 표현하면 다음과 같다.

$$\frac{score1+score2+score3}{3}$$

그러나 자바 프로그램에서 /는 수학적 의미의 나눗셈이 아니다. 위의 코드에서 score1 + score2 + score3과 3이 모두 정수이기 때문에 / 연산자는 정수 나눗셈을 수 행하게 된다. 점수의 합이 23이기 때문에 23를 3으로 나눈 몫인 7이 평균값으로 계산

되고, 변수 average에 저장될 때는 double 형으로 7.0이 된다. 이를 제대로 계산하려면 분모나 분자를 부동 소수점 수로 표현하면 된다.

```
double total = score1 + score2 + score3;
double average = total / 3;
```

또는

```
double average = (score1 + score2 + score3) / 3.0;
```

흔한 오류 3.2

괄호 짝 맞추기

다음 연산식을 보자.

```
((a + b) * t / 2 * (1 - t)
```

무엇이 잘못되었는가? 괄호의 수를 세어 보자. 여는 괄호 (는 3개인 반면 닫는 괄호)는 2개다. 괄호의 짝이 맞지 않는다. 이런 종류의 타자 오류는 복잡한 수식에서 매우 흔한 일이다. 이제 다음 식을 살펴보자.

```
(a + b) * t) / (2 * (1 - t)
```

이 연산식은 3개의 (와 3개의)를 가지고 있어 수가 같지만 여전히 틀린 식이다. 식의 중간을 보면

```
(a + b) * t) / (2 * (1 - t)
           ↑
```

하나의 (가 나온 이후 닫는 괄호)가 두 개 나왔기 때문에 오류다. 식의 중간에서 여는 괄호의 수는 닫는 괄호의 수보다 항상 크거나 같아야 하고, 마지막에는 두 괄호의 수가 같아야 한다.

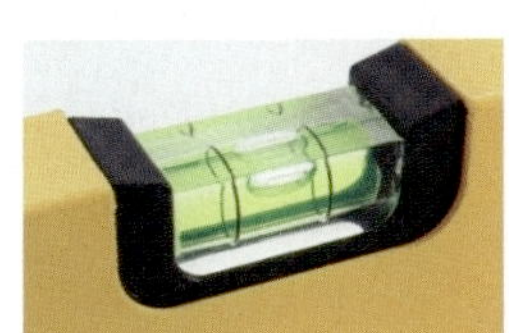

일일이 세어 보지 않고 괄호의 짝을 맞추는 간편한 방법을 소개한다. 두 괄호의 수를 동시에 기억하고 있기 힘들다면 식을 차례로 보면서 하나의 숫자만 센다. 처음 여는 괄호에서 1로 시작하여 여는 괄호를 만날 때마다 1을 더하고 닫는 괄호를 만날 때는 1을 뺀다. 되도록 큰소리로 읽으면서 해 보자. 숫자가 도중에 0보다 작아지거나 마지막에 0이 되지 않으면 괄호의 짝이 맞지 않는 것이다. 예를 들어 앞의 식을 이런 방식으로 훑어보면

```
(a + b) * t) / (2 * (1 - t)
1     0   -1
```

과 같이 되어 오류를 발견할 수 있게 된다.

알아 두기 3.2

연산식의 공백

다음과 같이 공백을 넣으면 읽기가 편하지만

```
x1 = (-b + Math.sqrt(b * b - 4 * a * c)) / (2 * a);
```

다음과 같이 공백이 전혀 없으면 읽기가 어렵다.

```
x1=(-b+Math.sqrt(b*b-4*a*c))/(2*a);
```

단순한 규칙 몇 가지를 사용해 보자. 모든 연산자, 즉 +, -, *, /, %, = 등의 앞뒤로 공백을 삽입한다. 그러나 단항 연산자의 경우는 -b와 같이 붙여서 쓴다. 이렇게 하면 이항 연산자 a - b의 경우와 쉽게 구분이 된다.

메서드 이름과 괄호 사이에는 공백을 넣지 않는 것이 관습이다. 즉, Math.sqrt (x)가 아니라 Math.sqrt(x)와 같이 작성한다.

심화 학습 3.2

대입 연산자와 산술 연산자의 결합

자바에서는 대입 연산자와 산술 연산자를 결합할 수 있다. 예를 들어 다음 코드는

```
balance += amount;
```

다음 코드를 짧게 축약한 것이다.

```
balance = balance + amount;
```

마찬가지로, 다음 식은

```
total *= 2;
```

다음 코드와 같은 의미다.

```
total = total * 2;
```

짧게 작성하는 것이 편하다고 선호하는 프로그래머가 많다. 여러분이 원한다면 프로그램 작성 시 그렇게 해도 좋다. 그러나 이 책에서는 일관성을 위해 축약형을 사용하지 않는다.

심화 학습 3.3

인스턴스 메서드와 정적 메서드

앞 절에서 여러 가지 수학 계산에 도움이 되는 메서드를 모아 놓은 Math 클래스를 보았다. 이 메서드들은 특정 객체에 대해 동작하는 것이 아니다. 즉, 다음과 같이 호출할 수 없다.

```
double root = 2.sqrt(); // 오류
```

자바에서 수는 객체가 아니기 때문에 어떤 수에 직접 메서드를 호출할 수 없다. 대신 메서드를 호출할 때 메서드 이름 뒤에 괄호로 싸서 명시적 매개변수로 수를 전달한다.

```
double root = Math.sqrt(2);
```

이런 메서드를 **정적**(static) **메서드**라 한다('정적'이라는 용어는 C와 C++언어로부터 물려받은 것이며 단어의 원래 뜻과는 아무런 관련이 없다.).

정적 메서드는 객체에서 작업하지 않지만 그래도 클래스 내부에서 정의된다. 메서드를 호출할 때는 정적 메서드가 어디에 소속되어 있는지 명시해야 한다.

클래스 이름 정적 메서드 이름

```
Math.sqrt(2)
```

이와 대비되어 특정 객체에 대해 동작하는 메서드를 **인스턴스**(instance) **메서드**라 한다. 당분간은 수를 다룰 때 정적 메서드를 사용한다고 기억하기 바란다. 7장에서 정적 메서드와 인스턴스 메서드의 차이점에 대해 더 상세히 공부할 것이다.

컴퓨팅과 사회 3.1

펜티엄 부동 소수점 오류

1994년 인텔은 당시로서는 가장 강력한 프로세서인 펜티엄(Pentium)을 출시했다. 이전 세대의 프로세서들과는 달리, 펜티엄은 매우 빠른 부동 소수점 연산 장치를 장착하고 있었다. 인텔의 목표는 전문가용 워크 스테이션에서 사용되던 고성능 프로세서 제작사의 제품들과 경쟁하는 것이었다. 펜티엄은 곧 커다란 성공을 거두게 된다.

1994년 여름, 버지니아 주 Lynchburg 대학의 Thomas Nicely 박사는 연속되는 소수의 역수의 합을 분석하기 위해 광범위한 연산을 수행하고 있었다. 그러나 자신의 이론적 예측과 결과가 항상 일치하지는 않았으며, 컴퓨터에서 피할 수 없는 반올림 오류를 모두 고려한 상황에서도 마찬가지 결과를 초래했다. 그런데 이 때, 똑같은 프로그램을 펜티엄의 이전 버전인 486 프로세서에서 수행해 보았더니 느리긴 하지만 정확한 결과를 생산해 낸다는 것을 알게 되었다. 이런 일은 발생해서는 안 되는 것이었다. 부동 소수점 계산에 대한 최적의 반올림 동작에 대해서는 IEEE(Institute for Electrical and Electronic Engineers)에서 이미 표준화된 것이고, 인텔은 486과 펜티엄 모두 IEEE 표준을 따르고 있다고 천명했기 때문이다. Nicely 박사는 테스트를 더 진행하여 어떤 두 수의 곱셈 결과가 두 프로세서에서 다르게 계산되는 경우를 몇 가지 발견하였다. 예를 들어, 다음 수식의 계산 결과는

$$4{,}195{,}835 - ((4{,}195{,}835/3{,}145{,}727) \times 3{,}145{,}727)$$

수학적으로 0이 되고, 486 프로세서에서도 0으로 계산된다. 그러나 펜티엄에서의 결과는 256이었다. 결국은 인텔에서도 테스트 과정에서 독자적으로 이 오류를 발견했고, 오류를 수정한 칩을 생산하기 시작했다. 이 오류는 부동 소수점 수의 곱셈 알고리즘을 빠르게 수행하기 위해 사용한 표 내부의 한 실수 때문이었다. 인텔은 이 오류가 매우 드물게 일어나는 것으로 판정하고, 일상적인 사용 환경에서는 27000년에 한 번 일어날 수 있는 오류라고 주장하였다. 그러나 인텔에게는 불행하게도 Nicely 박사는 일상적인 사용자가 아니었던 것이다.

이제 인텔은 실제로 문제를 안게 되었다. 그 때까지 판매한 모든 펜티엄 프로세서를 교체하는 비용은 어마어마할 것으로 산정되었다. 더구나 인텔은 생산 능력보다 더 많은 주문이 밀려 있는 상황에서, 품귀 현상을 빚고 있는 칩을 무료 교체 용도로 사용해야 한다는 것은 아주 짜증나는 일이었을 것이다. 결국 인텔 경영진은 이 문제를 무시하기로 하고, 자신의 작업이 매우 높은 수학적 정밀도를 요구한다는 것을 증명하는 소비자에게만 프로세서를 교환해 주기로 방침을 정했다. 당연한 얘기지만 하나의 펜티엄칩에 이미 700달러 이상의 금액을 지불한 수십만의 소비자들이, 어느 날 갑자기 계산 오류가 발생해 자신의 소득세 환급금에 문제가 생길 수도 있다는 찜찜한 상태에서 계속 프로세서를 사용해야 하는 상황을 용인할 리가 없었다.

최종적으로 인텔은 공공의 요구에 항복하여 약 4억 7천 5백만 달러의 비용을 들여 모든 오류 칩들을 교체해 주었다.

펜티엄 FDIV 오류

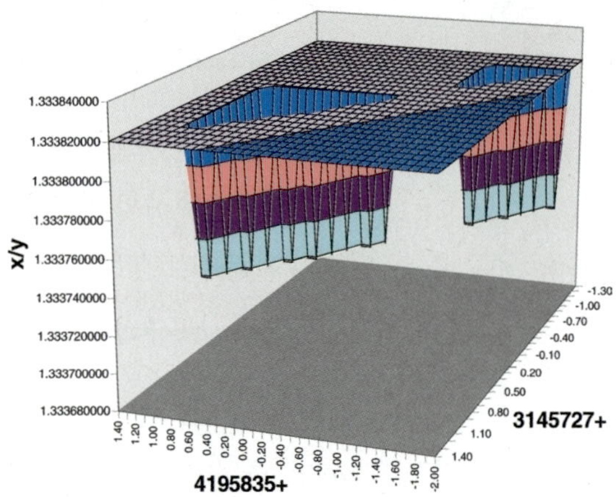

이 그래프는 최초의 펜티엄 프로세서가 잘못된 나눗셈을 수행하는 숫자들의 집합을 보여 준다.

3.3 입력과 출력

이 절에서는 사용자로부터 입력을 받는 방법과 프로그램 실행 결과로 나오는 출력의 모양을 조정하는 방법을 설명한다.

3.3.1 입력 읽기

고정된 값을 사용하는 것이 아니라 프로그램 사용자가 값을 입력하도록 하면 프로그램이 좀 더 여러 상황에 적용될 수 있다. 예를 들어, 음료수 용기의 가격과 양을 처리

슈퍼마켓의 스캐너는 바코드를 읽는다. 자바의 Scanner는 숫자와 문자를 읽는다.

하는 프로그램을 작성한다고 생각해 보자. 가격과 양은 때에 따라 변동될 수 있으므로 프로그램 사용자가 그 값을 그 때 그 때 입력하도록 해야 한다.

프로그램에서 사용자에게 입력을 요구할 때는 어떤 입력이 필요한지 알려 주는 메시지를 출력하는 것이 좋다. 이런 메시지를 **프롬프트(prompt)**라 한다.

```
System.out.print("Please enter the number of bottles: "); // 프롬프트 출력
```

프롬프트를 출력할 때는 println보다 print 메서드를 사용하도록 하라. 그러면 화면상에서 다음 줄이 아니라 콜론(:) 기호 옆에 사용자의 입력이 나타날 것이다. 콜론 다음에 공백을 하나 두는 것도 잊지 말자.

출력이 System.out으로 보내지기 때문에 입력을 위해 System.in을 사용할 것이라고 생각했을지 모르겠으나 아쉽게도 그렇게 간단하지가 않다. 자바를 처음 설계할 때 키보드 입력을 받는 기능에 별로 주의를 기울이지 않았기 때문이다. 모든 프로그래머가 텍스트 필드와 메뉴를 가진 그래픽 사용자 인터페이스를 사용할 것이라 생각하여 System.in에는 최소한의 기능만 제공하였기에, 보다 유용한 다른 클래스와 결합되어야만 제대로 사용할 수 있다.

키보드 입력을 편리한 방법으로 읽으려면 Scanner라는 클래스를 사용한다. Scanner 객체를 생성하려면 다음과 같은 문장을 사용한다.

```
Scanner in = new Scanner(System.in);
```

Scanner 클래스는 콘솔 창에서 키보드 입력을 읽는데 사용된다.

스캐너가 생성되면 정수값을 입력하기 위해 nextInt 메서드를 호출한다.

```
System.out.print("Please enter the number of bottles: ");
int bottles = in.nextInt();
```

문법 3.3 입력문

```
import java.util.Scanner;
.
.
Scanner in = new Scanner(System.in);
.
.
System.out.print("Please enter the number of bottles: ");
int bottles = in.nextInt();
```

- Scanner 클래스를 사용하려면 이 문장이 필요하다. (import java.util.Scanner;)
- 키보드 입력을 위해 Scanner 객체를 생성한다. (Scanner in = new Scanner(System.in);)
- 여기에 println을 사용하지 마라.
- 콘솔 창에 프롬프트를 출력한다. (System.out.print(...))
- 입력된 값을 저장할 수 있는 변수를 선언한다. (int bottles)
- 프로그램은 사용자 입력을 기다렸다가 입력된 값을 변수에 대입한다. (in.nextInt())

nextInt 메서드가 호출되면 프로그램은 사용자가 숫자를 입력하고 Enter 키를 칠 때까지 기다린다. 사용자가 입력을 마치면 그 값은 bottles 변수에 대입되고 이후 실행이 계속된다.

부동 소수점 수를 읽으려면 nextDouble 메서드를 사용한다.

```
System.out.print("Enter price: ");
double price = in.nextDouble();
```

Scanner 클래스는 java.util 패키지에 들어 있다. 따라서 Scanner 클래스를 사용하려면 해당 패키지를 가져 오기 위해 프로그램 파일의 맨 앞에 다음과 같은 선언문을 적어 주어야 한다.

```
import java.util.Scanner;
```

3.3.2 형식을 지정한 출력

계산 결과를 출력할 때 종종 출력의 모양을 가지런히 하고 싶을 때가 있다. 예를 들어, 어떤 값을 달러와 센트 단위로 출력하려면 부동 소수점 수를 소수점 두 자리까지 반올림해야 한다. 즉, 다음과 같이 출력되기를 원하는 것이다.

```
Price per liter: 1.22
```

모양을 조정하지 않으면 다음과 같이 출력될 수 있다.

> 결과값을 어떤 모양으로 출력할지 지정하려면 printf 메서드를 사용한다.

```
Price per liter: 1.215962441314554
```

다음 문장을 사용하면 가격을 소수점 두 자리까지 잘라서 출력할 수 있다.

```
System.out.printf("%.2f", price);
```

또한 숫자가 차지하는 전체 폭(field width)을 지정할 수도 있다.

```
System.out.printf("%10.2f", price);
```

이 명령대로 출력하면 가격은 전체 열 자리를 차지하게 되어 네 자리를 차지하는 1.22의 앞에 여섯 개의 공백이 추가된다.

```
      1.22
```

문장의 %10.2f와 같은 표시를 형식 지정자(format specifier)라 한다. 이는 출력해야 할 값이 어떤 모양으로 나타나야 하는지 지정하는 역할을 한다. 형식 지정자의 마지

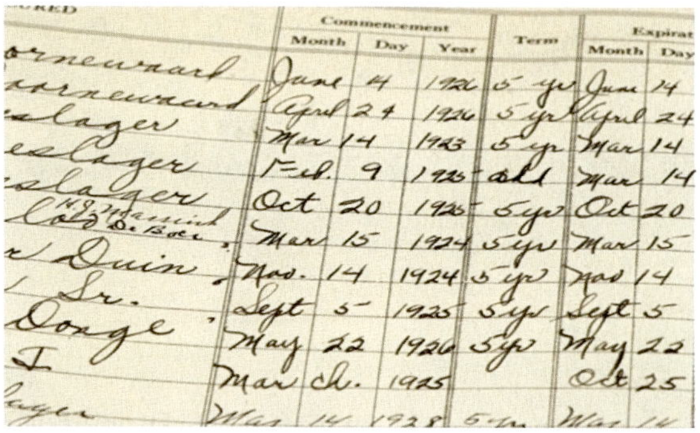

열을 잘 맞추어 깔끔하게 출력하려면 printf 메서드를 사용한다.

막 문자 f는 출력하려는 값이 부동 소수점 수라는 것을 의미한다. 정수에 대해서는 d, 문자열에 대해서는 s를 사용한다. 표 6에 형식 지정자의 예가 제시되어 있다. 형식 문자열(format string)은 형식 지정자와 리터럴 문자들로 구성된다. 형식 지정자가 아닌 다른 문자들은 보이는 그대로 출력된다. 예를 들어 다음 문장은

```
System.out.printf("Price per liter:%10.2f", price);
```

다음과 같은 출력을 생성한다.

```
Price per liter:      1.22
```

printf 메서드를 한 번 호출할 때 여러 개의 값에 대한 형식을 지정하여 출력할 수 있다. 다음과 같은 예가 일반적인 것이다.

```
System.out.printf("Quantity: %d Total: %10.2f", quantity, total);
```

표 6 형식 지정자 예제

형식 문자열	출력 예	설명
"%d"	24	정수 출력을 위해 d를 사용한다.
"%5d"	24	전체 폭이 5가 되도록 공백을 추가한다.
"Quantity:%5d"	Quantity: 24	형식 문자열 내에 있지만 형식 지정자가 아닌 문자들은 그대로 출력된다.
"%f"	1.21997	부동 소수점 수 출력을 위해 f를 사용한다.
"%.2f"	1.22	소수점 아래 두 자리만 출력한다.
"%7.2f"	1.22	전체 폭이 7이 되도록 공백을 추가한다.
"%s"	Hello	문자열 출력을 위해 s를 사용한다.
"%d %.2f"	24 1.22	한 번에 여러 개의 형식을 지정할 수 있다.

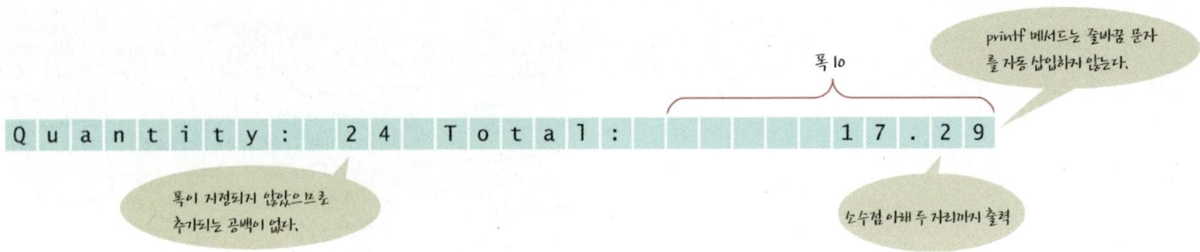

printf 메서드는 print 메서드와 마찬가지로 맨 뒤에 줄바꿈 문자를 자동 삽입하지 않아 출력 후 새 줄로 이동하지 않는다. System.out.println()을 호출하면 다음 출력이 새 줄에서 시작될 수 있다. 다른 방법으로는 형식 문자열에 직접 줄바꿈 문자를 추가할 수 있는데, 이는 3.5.4절에서 설명할 것이다.

다음의 예제 프로그램은 12온스짜리 캔 6개로 된 음료수 팩과 2리터 병의 가격에 대한 프롬프트를 출력하고 각 경우에 대해 리터당 가격을 출력한다. 프로그램에는 지금까지 공부한 입력 및 형식 지정 출력에 대한 모든 내용이 포함되어 있다.

12온스 캔 6개들이 팩과 2리터 병 중에 어느 것이 더 이익일까?

section_3/Volume.java

```
import java.util.Scanner;

/**
    이 프로그램은 6개 캔 음료수 팩과 2리터 병 음료수의 리터당 가격을
    출력한다.
*/
public class Volume
{
   public static void main(String[] args)
   {
      // 팩당 가격을 입력한다.

      Scanner in = new Scanner(System.in);

      System.out.print("Please enter the price for a six-pack: ");
      double packPrice = in.nextDouble();

      // 병당 가격을 입력한다.

      System.out.print("Please enter the price for a two-liter bottle: ");
      double bottlePrice = in.nextDouble();
```

```

        final double CANS_PER_PACK = 6;
        final double CAN_VOLUME = 0.355; // 12 온스는 0.355리터
        final double BOTTLE_VOLUME = 2;

        // 리터당 가격을 계산하여 출력한다.

        double packPricePerLiter = packPrice / (CANS_PER_PACK * CAN_VOLUME);
        double bottlePricePerLiter = bottlePrice / BOTTLE_VOLUME;

        System.out.printf("Pack price per liter:   %8.2f", packPricePerLiter);
        System.out.println();

        System.out.printf("Bottle price per liter: %8.2f", bottlePricePerLiter);
        System.out.println();
    }
}
```

실행 결과

```
Please enter the price for a six-pack: 2.95
Please enter the price for a two-liter bottle: 2.85
Pack price per liter:        1.38
Bottle price per liter:      1.43
```

자습문제

11. 사용자의 나이를 묻는 프롬프트를 출력하고 Scanner 변수인 in을 사용해 입력되는 나이를 읽어 들이는 문장을 작성하라.

12. 다음 코드에서 잘못된 점은 무엇인가?

```
System.out.print("Please enter the unit price: ");
double unitPrice = in.nextDouble();
int quantity = in.nextInt();
```

13. 다음 코드에서 문제가 될 만 한 점은 무엇인가?

```
System.out.print("Please enter the unit price: ");
double unitPrice = in.nextInt();
```

14. 다음 코드에서 문제가 될 만 한 점은 무엇인가?

```
System.out.print("Please enter the number of cans");
int cans = in.nextInt();
```

15. 다음 코드의 출력은 무엇인가?

```
int volume = 10;
System.out.printf("The volume is %5d", volume);
```

16. printf 메서드를 사용해 정수형 변수 bottles와 cans에 저장된 값이 다음과 같은 모양이 되도록 출력하라.

```
Bottles:        8
Cans:          24
```

숫자들은 오른쪽 끝이 정렬되도록 해야 한다. (숫자가 최대 8개까지라고 가정해도 좋다.)

실습하기 이 장의 끝부분에 있는 복습 문제 및 연습문제 R3.11, P3.6, P3.7을 수행하시오.

따라 하기 3.1 계산 수행하기

많은 프로그램 문제에서 어떤 값을 계산하기 위해 수학식을 사용해야 한다. 이번에 배울 기법은 주어진 문제를 의사코드(pseudocode)로 바꾸고 최종적으로 자바 프로그램으로 작성해 나가는 과정이다.

문제 정의 자동판매기를 흉내 내는 프로그램을 작성해야 한다고 하자. 구매자는 자동판매기에서 원하는 상품을 선택하고 지폐를 투입한다. 자동판매기는 선택된 상품을 찾아 꺼내 주고 거스름돈을 돌려준다. 여기서는 모든 상품의 가격이 25센트의 배수라고 가정하자. 그러면 자판기에서 나오는 거스름돈은 모두 1달러와 25센트 동전이 될 것이다. 해야 할 일은 각 상품과 지불한 액수에 대해 어떤 동전을 얼마나 돌려주어야 하는지 계산하는 것이다.

단계 1 **문제를 이해한다. 입력은 무엇인가? 원하는 출력은 무엇인가?**

이 문제에서는 두 가지의 입력이 있다.

- 구매자가 입력하는 돈의 액수
- 선택한 상품의 가격

출력은 두 가지가 있다.

- 자동판매기가 돌려주는 1달러 동전의 개수
- 자동판매기가 돌려주는 25센트 동전의 개수

단계 2 **손으로 몇 개의 예를 가지고 작업해 본다.**

이 단계는 매우 중요하다. 문제에 대한 해답을 손으로 계산할 수 없다면 그 계산을 자동화하는 프로그램을 작성하기란 더 힘들기 때문이다.

구매자가 2.25달러짜리 상품을 선택하고 5달러 지폐를 넣었다고 가정하자. 거스름돈은 2.75달러이고 1달러 동전 2개와 25센트 동전 3개로 지불할 수 있다.

사람이 이 작업을 하는 것은 쉬워 보일 수 있겠지만 자바 프로그램으로는 어떻게 해야 동일 작업을 할 수 있을까? 중요한 포인트는 달러가 아니라 페니 단위로 작업해야 한다는 것이다. 거스름돈을 페니로 환산하면 275페니가 된다. 이를 100으로 나누면 몫이 2가 되어 1달러 동전의 수가 된다. 그리고 나머지 75를 25로 나누면 몫이 3이 되어 25센트 동전의 수가 된다.

단계 3 **계산을 수행하는 의사코드를 작성한다.**

이전 단계에서 특정한 예를 들어 문제를 풀어 보았다. 이제 보편적인 경우에 대해 이 작업을 수행할 수 있는 메서드를 개발하는 것이 필요하다.

임의의 상품과 지불 금액에 대해 거슬러 주어야 할 동전의 종류와 개수를 어떻게 계산할 수 있을까? 먼저 거스름돈의 액수를 페니로 계산한다.

거스름돈 = 100 × 지폐 액수 − 페니 단위의 상품 가격

1달러 동전의 개수를 계산하기 위해 거스름돈 액수를 100으로 나누고 나머지는 버린다.

1달러 동전의 수 = 거스름돈 / 100(나머지 없이)

거스름돈의 나머지는 두 가지 방식으로 계산할 수 있다. 나머지 연산자에 익숙하다면 간단하게 다음과 같이 할 수 있다.

거스름돈 = 거스름돈 % 100

다른 방식으로는 달러 동전만큼의 금액을 페니로 환산해 빼주는 방법이 있다.

거스름돈 = 거스름돈 − 100 × 1달러 동전의 수

이를 이용해 25센트 동전의 개수를 계산하기 위해 25로 나누어 준다.

25센트 동전의 수 = 거스름돈 / 25

단계 4 **필요한 변수와 상수를 선언하고 자료형을 결정한다.**

이 문제에서는 다섯 개의 변수가 필요하다.

- billValue
- itemPrice
- changeDue
- dollarCoins
- quarters

100이나 25와 같은 숫자 대신에 PENNIES_PER_DOLLAR나 PENNIES_PER_QUARTER와 같은 상수를 도입해야 할까? 세계 시장을 염두에 두고 있다면 이 숫자는 나라마다 달라질 수 있으므로 상수를 사용하면 프로그램 변경이 더 쉽다. 여기서는 이 방식으로 할 것이다.

changeDue와 PENNIES_PER_DOLLAR가 int 형이어야 한다는 점은 매우 중요하다. dollarCoins를 계산할 때 정수 나눗셈이 필요하기 때문이다. 마찬가지로 다른 변수들도 모두 정수형이다.

단계 5 **의사코드를 자바문으로 변환한다.**

의사코드를 완벽하게 작성했다면 이 과정은 매우 쉬울 것이다. 물론 수식을 어떻게 자바로 표현해야 하는지, 승수 계산이나 정수 나눗셈은 어떻게 작성해야 하는지 이해하고 있어야 한다.

자동판매기가 지폐를 받고 동전으로 거슬러 준다.

```
changeDue = PENNIES_PER_DOLLAR * billValue - itemPrice;
dollarCoins = changeDue / PENNIES_PER_DOLLAR;
changeDue = changeDue % PENNIES_PER_DOLLAR;
quarters = changeDue / PENNIES_PER_QUARTER;
```

단계 6 **입력과 출력을 위한 코드를 작성한다.**

계산을 시작하기 전에, 사용자에게 지폐의 금액과 상품의 가격을 물어 보는 프롬프트를 출력한다.

```
System.out.print("Enter bill value (1 = $1 bill, 5 = $5 bill, etc.): ");
billValue = in.nextInt();
System.out.print("Enter item price in pennies: ");
itemPrice = in.nextInt();
```

계산이 완료되면 결과를 출력한다. 점수를 잘 받기 위해 깔끔하게 정돈된 모양으로 출력하도록 printf 메서드를 사용한다.

```
System.out.printf("Dollar coins: %6d", dollarCoins);
System.out.printf("Quarters:     %6d", quarters);
```

단계 7 **main 메서드가 포함된 클래스를 작성한다.**

지금까지 한 계산과 코드는 클래스 내부에 정의되어야 한다. 클래스의 이름은 계산의 목적을 설명할 수 있는 적절한 것으로 선택한다. 이 예제에서는 VendingMachine이라는 이름을 사용했다.

클래스 내부에는 main 메서드가 있어야 한다.

main 메서드에서는 먼저 상수와 변수를 선언하고(단계 4), 계산을 수행하며(단계 5), 입력과 출력 작업을 한다(단계 6). 작업의 순서는 당연히 입력, 계산, 출력의 차례로 한다. 메서드 첫 부분에 상수를 선언하고 각 변수는 필요한 단계 바로 앞에서 선언한다.

이상의 작업을 마친 완전한 프로그램 how_to_1/VendingMachine.java를 보자.

```
import java.util.Scanner;

/**
   이 프로그램은 잔돈을 거슬러 주는 자동판매기를 흉내 낸다.
*/
public class VendingMachine
{
   public static void main(String[] args)
   {
      Scanner in = new Scanner(System.in);

      final int PENNIES_PER_DOLLAR = 100;
      final int PENNIES_PER_QUARTER = 25;

      System.out.print("Enter bill value (1 = $1 bill, 5 = $5 bill, etc.): ");
      int billValue = in.nextInt();
      System.out.print("Enter item price in pennies: ");
      int itemPrice = in.nextInt();


      // 거스름돈을 계산한다.
      int changeDue = PENNIES_PER_DOLLAR * billValue - itemPrice;
      int dollarCoins = changeDue / PENNIES_PER_DOLLAR;
      changeDue = changeDue % PENNIES_PER_DOLLAR;
      int quarters = changeDue / PENNIES_PER_QUARTER;


      // 거스름돈을 출력한다.
      System.out.printf("Dollar coins: %6d", dollarCoins);
      System.out.println();
      System.out.printf("Quarters:     %6d", quarters);
      System.out.println();
   }
}
```

실행 결과

```
Enter bill value (1 = $1 bill, 5 = $5 bill, etc.): 5
Enter item price in pennies: 225
Dollar coins:      2
Quarters:          3
```

실습 예제 3.1 피라미드의 부피와 표면적 계산하기

이 실습 예제는 피라미드의 부피와 표면적을 계산하기 위해 클래스를 설계하는 법을 보여 준다. 웹 페이지 wiley.com/go/javaexamples에서 Worked Example 3.1을 다운로드 할 수 있다.

3.4 문제 해결 : 먼저 손으로 수행해 보라

알고리즘을 개발할 때 매우 중요한 단계 중 하나는 계산을 먼저 '손으로' 수행해 보는 것이다. 문제에 대한 해답을 자신의 능력으로 계산할 수 없다면 그 계산을 자동화하는 프로그램을 작성하기란 대체로 가능하지 않은 일이다.

수동 계산의 용도를 설명하기 위해 다음 문제를 살펴보자.

검은색과 흰색의 타일 한 줄을 벽을 따라 배치해야 한다. 건축가의 미적 감각에 따라 맨 처음과 마지막에 검은색 타일을 놓도록 지시가 내려져 있다.

해야 할 작업은 작업 공간의 너비와 각 타일의 너비가 주어졌을 때, 필요한 타일의 수와 양 끝의 간격을 계산하는 것이다.

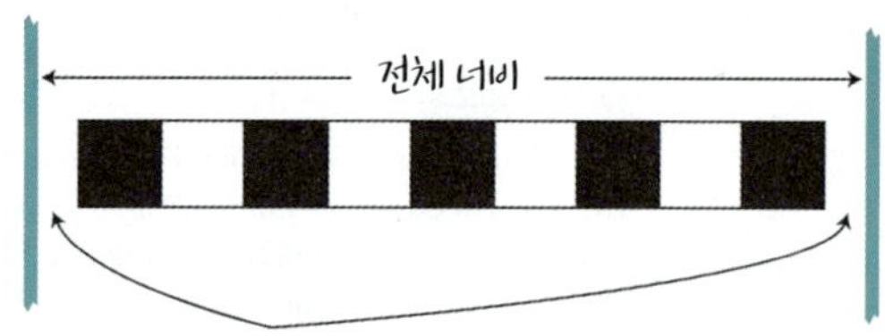

수동 계산에 사용할 보편적인 상황을 도출하기 위해 특정값을 선택한다.

문제를 좀 더 현실적으로 만들기 위해 다음 수치를 가정하자.

- 전체 너비 : 100인치
- 타일 너비 : 5인치

얼핏 쉽게 생각하면 20개의 타일로 전체를 채울 수 있다고 계산하겠지만, 그렇게 하면 마지막 타일이 흰색이 되기 때문에 문제 해결이 되지 않는다.

이렇게 생각해 보자. 첫 번째 타일은 무조건 검은색이어야 하고 나머지는 흰색과 검은색이 쌍으로 배치된다.

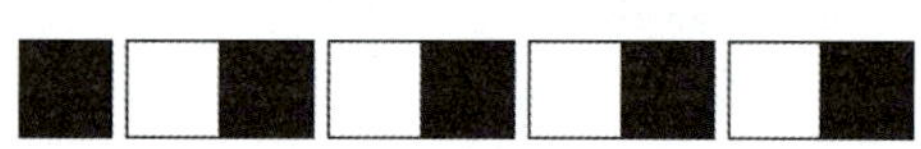

첫 번째 타일이 5인치 공간을 차지하므로 타일의 쌍이 배치될 수 있는 나머지 공간은 95인치가 된다. 각 쌍의 너비는 10인치이므로 필요한 타일 쌍의 수는 95 / 10 = 9.5로 계산할 수 있다. 그러나 타일 쌍의 일부분만 사용할 수는 없기 때문에 소수점 아래 부분은 버려야 한다.

그러므로 9개의 타일 쌍, 즉 18개의 타일을 사용해야 하고 맨 앞의 검은색 타일을 더해 총 19개의 타일이 필요하다.

타일이 차지하는 전체 너비는 19 × 5 = 95인치가 되고, 남는 공간은 100 − 19 × 5 = 5인치가 된다. 이 공간은 다시 양쪽 끝에 동일한 간격을 주어야하기 때문에 하나의 공간 간격은 (100 − 19 × 5) / 2 = 2.5인치가 된다.

실제값을 이용한 계산을 잘 살펴보면 임의의 공간 너비와 타일 너비가 주어졌을 때 계산하는 알고리즘을 고안하기에 충분한 정보를 얻을 수 있다.

타일 쌍의 수 = ((전체 너비 − 타일 너비) / (2 × 타일 너비))의 정수 부분
타일의 수 = 1 + 2 × 타일 쌍의 수
양끝의 간격 = (전체 너비 − 타일의 수 × 타일 너비) / 2

보다시피 직접 손으로 계산을 해 보면 문제와 그 풀이 과정을 충분히 이해할 수 있게 되어 알고리즘 개발과정이 용이해진다.

자습문제

17. 타일의 수와 양끝의 간격을 계산하는 의사코드를 자바코드로 변환하라.

18. 건축가의 지시가 검은색, 회색, 흰색의 타일로 다음과 같은 패턴을 만드는 것이라 하자.

이번에도 역시 처음과 마지막 타일은 검은색이어야 한다. 알고리즘을 어떻게 수정해야 하는가?

19. 로봇이 검은색과 흰색의 타일을 교대로 배치해야 한다. 행과 열의 번호를 지정하면 무슨 색깔(검은색은 0, 흰색은 1)의 타일이 필요한지 계산하는 알고리즘을 개발하라. 먼저 특정한 행과 열에 대해 계산을 해 보고 이를 일반화하는 방법을 사용하라.

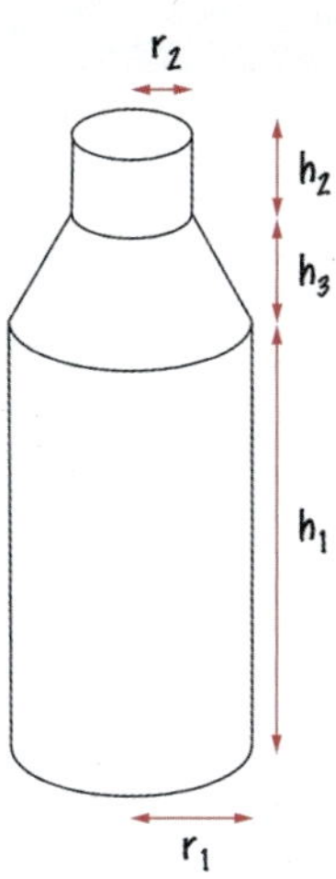

20. 어떤 자동차가 있는데 유지 보수 비용이 1년에 100달러, 10년에 1,500달러가 드는 것으로 추정된다. 매년 같은 크기로 증가한다고 가정하고, 3년이면 얼마의 비용이 발생되는지 계산하는 의사코드를 개발하라. 그 다음 n년에 대해 일반화하라.

21. 병의 모양을 어림해 보면, 반지름이 각각 r_1, r_2이고 높이가 각각 h_1, h_2인 원통 2개가 높이 h_3인 원뿔을 사이에 두고 결합된 것으로 생각할 수 있다. 원통의 체적을 계산하는 공식은 $V = \pi r^2 h$이고 원뿔의 체적을 계산하는 공식은 다음과 같다.

$$V = \pi \frac{\left(r_1^2 + r_1 r_2 + r_2^2\right) h}{3},$$

이 식을 이용해 병의 체적을 계산하는 의사코드를 개발하라. 개발한 의사코드가 올바른지 확인하기 위해 실제 용량을 알고 있는 병을 이용해 의사코드를 따라 손으로 계산해 보라.

실습하기 이 장의 끝부분에 있는 복습 문제 R3.16, R3.18, R3.19을 수행하시오.

실습 예제 3.2 **여행시간 계산하기**

암석으로 뒤덮인 지형에서 로봇이 어떤 물체를 추출하는데 필요한 시간을 계산하기 위해 수동 계산법을 개발하는 과정을 학습한다. 웹 페이지 `wiley.com/go/javaexamples`에서 Worked Example 3.2를 다운로드 할 수 있다.

3.5 문자열

문자열은 연속된 문자들이다.

많은 프로그램에서 수치가 아닌 텍스트(text)를 처리한다. 텍스트는 **문자**(character)로 구성되어 있으며, 문자는 알파벳, 숫자, 문장 부호, 공백, 특수 문자 등을 포함한다. 문자열(string)이란 문자들이 연속으로 나열된 것이다. 예를 들어 "Harry"란 문자열에는 다섯 개의 문자가 나열되어 있다.

3.5.1 String 형

문자열을 저장하는 변수는 다음과 같이 선언할 수 있다.

```
String name = "Harry";
```

문자열 변수(예 : 위에서 선언한 변수 name)와 **문자열 리터럴**(예 : "Harry"와 같이 쌍따옴표로 둘러 싼 문자의 나열)을 구분해야 한다. 문자열 변수는 정수를 저장하는 정수형 변수와 마찬가지로, 단순히 문자열을 저장하는 하나의 변수다. 문자열 리터럴은 특정 문자열을 표시하며, 특정한 수(예 : 2)를 표시하는 숫자 리터럴과 마찬가지다.

length 메서드는 문자열에 포함되어 있는 문자의 개수를 반환한다.

문자열에 포함된 문자의 개수는 문자열의 길이(length)라 한다. 예를 들어 "Harry"의 길이는 5이다. 문자열의 길이는 length 메서드를 호출해 알아낼 수 있다.

```
int n = name.length();
```

문자가 하나도 없어 길이가 0인 문자열은 빈 문자열(empty string)이라 하고 ""로 표시한다.

3.5.2 연결

문자열을 연결하기 위해 + 연산자를 사용할 수 있다. 즉, 한 문자열의 끝에 다른 문자열을 붙여 더 긴 문자열을 만든다.

"Harry"와 "Morgan"이라는 두 개의 문자열이 있을 때 이를 **연결**(concatenate)해 더 긴 문자열을 만들 수 있다. 결과물은 첫 번째 문자열의 모든 문자 뒤에 두 번째 문자열의 모든 문자가 오는 방식으로 구성된다. 자바에서는 두 개의 문자열을 연결하기 위해 + 연산자를 사용한다.

예를 들어,

```
String fName = "Harry";
String lName = "Morgan";
String name = fName + lName;
```

이라는 코드의 결과는 다음 문자열이다.

```
"HarryMorgan"
```

첫 번째와 두 번째 문자열 사이에 공백을 주고 싶다면 어떻게 할 것인가?

```
String name = fName + " " + lName;
```

이 문장은 세 개의 문자열, 즉 fName, 문자열 리터럴인 " ", lName을 모두 연결한다. 결과는 다음과 같다.

```
"Harry Morgan"
```

수식에서 + 연산자가 문자열의 오른쪽이나 왼쪽에 나타나면 다른 쪽 피연산자도 자동으로 문자열로 취급되어 두 문자열이 연결된다.

예를 들어 다음 코드를 보자.

```
String jobTitle = "Agent";
int employeeId = 7;
String bond = jobTitle + employeeId;
```

+ 연산자의 피연산자 중 하나라도 문자열인 경우, 다른 피연산자도 문자열로 변환된다.

jobTitle이 문자열이기 때문에 emplyeeId의 값이 정수 7이지만 이 계산에서는 문자열 "7"로 변환된다. 그 다음 두 문자열 "Agent"와 "7"이 연결되어 "Agent7"이란 문자열이 생성된다.

이러한 연결은 System.out.print 메서드의 호출 수를 절약하는데 아주 유용하다. 예를 들어 다음 두 문장

```
System.out.print("The total is ");
System.out.println(total);
```

을 하나의 호출문으로 합칠 수 있다.

```
System.out.println("The total is " + total);
```

"The total is " + total은 문자열 "The total is "을 total의 값을 문자열로 바꾼 문자열을 연결하여 하나의 문자열을 생성한다.

3.5.3 문자열 입력

하나의 단어로 구성된 문자열을 입력하려면 Scanner 클래스의 next 메서드를 사용한다.

콘솔 창에서 문자열을 입력할 수도 있다.

```
System.out.print("Please enter your name: ");
String name = in.next();
```

next 메서드를 이용해 문자열을 입력하면 오직 한 단어만 입력된다. 예를 들어 앞의 프롬프트에 대응하여 사용자가 다음과 같이 입력했다고 하자.

```
Harry Morgan
```

이 입력은 두 개의 단어로 구성되어 있다. in.next()를 호출한 반환값은 "Harry"가 된다. in.next()를 한 번 더 호출해 두 번째 단어를 입력 받을 수 있다.

3.5.4 이탈 문자

리터럴 문자열 내에 쌍 따옴표 문자를 넣고 싶은 경우, 백슬래시(\)를 앞에 첨부한다.

```
"He said \"Hello\""
```

백슬래시 자체는 문자열에 포함되지 않는다. 백슬래시는 다음에 오는 문자가 문자열의 끝을 표시하는 쌍 따옴표가 아니라 문자열 내에 포함되어야 한다는 것을 알려 주는 표지다. \"과 같은 연속 문자를 **이탈 문자**(escape sequence)라 한다.

문자열에 백슬래시를 삽입하고 싶으면 이탈 문자 \\를 사용한다.

```
"C:\\Temp\\Secret.txt"
```

자주 사용하는 또 다른 이탈 문자는 **줄바꿈**(newline) 문자인 \n이다. 줄바꿈 문자를 출력하도록 하면 그 다음 출력이 다음 줄에서 시작하게 된다. 예를 들어 다음 문장을 실행하면,

```
System.out.print("*\n**\n***\n");
```

다음과 같이 세 줄로 출력된다.

```
*
**
***
```

System.out.printf를 사용해 형식을 지정한 출력을 할 때, 종종 형식 문자열의 끝에 줄바꿈 문자를 포함하는 것이 필요할 때가 있다.

```
System.out.printf("Price: %10.2f\n", price);
```

3.5.5 문자열과 문자

문자열은 문자의 연속된 나열이다.

문자열은 유니코드(Unicode, 컴퓨팅과 사회 3.2 참조) 문자의 나열이다. 자바에서 문자란 char 형의 값이며 실제로는 수치값으로 표현된다. 부록 A를 보면 서유럽 언어에 사용되는 문자들의 값을 알 수 있다. 예를 들어, 문자 'H'에 대한 값을 찾아보면 72라는 수로 부호화되어 있음을 볼 수 있다.

문자 리터럴은 외따옴표로 싸서 표시하는데, 이를 문자열과 혼동해서는 안 된다.

- 'H'는 문자로 char 형의 값이다.
- "H"는 문자열로 하나의 문자를 포함하고 있으며, String 형의 값이다.

문자열에서 문자의 위치는 0에서부터 시작한다.

charAt 메서드는 문자열에서 지정한 위치의 문자를 찾아 그 값을 반환한다. 첫 번째 문자의 위치는 0으로 표시되고 두 번째는 1로 표시되는 식이다.

H	a	r	r	y
0	1	2	3	4

마지막 문자의 위치 번호(문자열 "Harry"에서 4번)는 항상 문자열의 길이보다 하나 작은 수이다. 예를 보자.

```
String name = "Harry";
char start = name.charAt(0);
char last = name.charAt(4);
```

위의 코드는 start 변수의 값을 'H'로, last 변수의 값을 'y'로 설정하게 된다.

3.5.6 부분 문자열

어떤 문자열의 일부만 추출하려면 substring 메서드를 사용한다.

어떤 문자열에 대해 substring 메서드를 사용해 부분 문자열을 추출할 수 있다. 다음 메서드 호출을 보자.

```
str.substring(start, pastEnd)
```

이는 문자열 str에서 start 위치부터 pastEnd 바로 앞의 위치까지 있는 모든 문자들로 구성되는 문자열을 반환한다. 예를 보자.

```
String greeting = "Hello, World!";
String sub = greeting.substring(0, 5); // sub의 값은 "Hello"이다.
```

위의 substring 연산은 greeting 문자열에서 5개의 문자를 추출해 새로운 문자열을 생성한다.

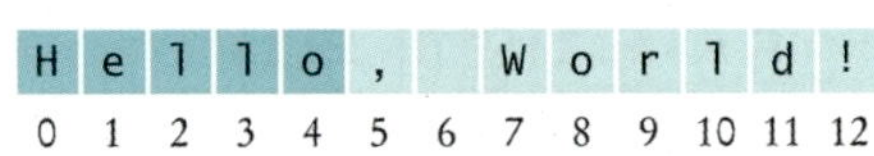

여기서 부분 문자열 "World"는 어떻게 추출해 낼 수 있을까? 문자 위치 번호는 1이 아니라 0에서부터 시작한다. 문자를 세어 보면 8번째 문자인 W는 위치 번호 7임을 알 수 있다. 그리고 원하지 않는 첫 번째 문자인 !는 위치 번호 12이다. 그러므로 "World"를 추출하기 위한 올바른 호출문은 다음과 같다.

```
String sub2 = greeting.substring(7, 12);
```

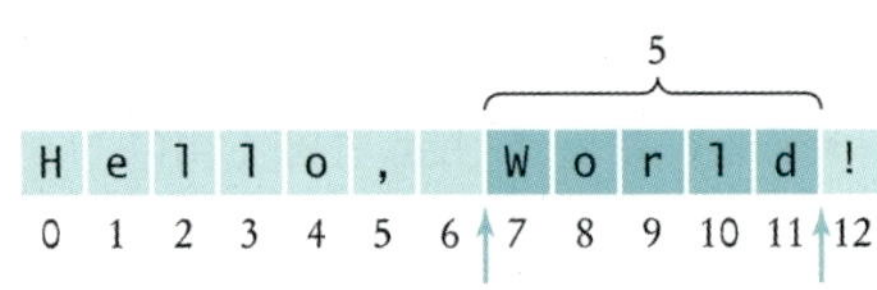

부분 문자열을 만들 때 왜 추출하고 싶은 첫 번째 문자의 위치와 해당하지 않은 첫 번째 문자의 위치를 매개변수로 명시해야 하는지 의아할 것이다. 이렇게 하는 데는 장점이 하나 있다. 부분 문자열의 길이를 pastEnd - start 식을 이용해 쉽게 계산할 수 있다는 것이다. 예를 들어 "World"의 길이는 12 - 7 = 5가 된다.

substring 메서드에서 두 번째 매개변수를 생략하면 명시한 시작 위치부터 맨 마지막까지의 문자들을 모두 포함해 부분 문자열을 만든다.

```
String tail = greeting.substring(7); // 7번 위치부터 마지막까지 모든 문자를 복사
```

위의 호출은 부분 문자열 "World!"를 tail에 대입하게 된다.

다음 예제는 지금까지 설명한 개념을 구현한 간단한 프로그램이다. 프로그램에서는 사용자 자신의 이름과 자신에게 소중한 다른 사람의 이름을 물어 본 다음 입력된 이름들을 이용해 이니셜을 만들어 출력한다.

프로그램은 first.substring(0, 1)을 호출해 first 문자열의 맨 앞에서 한 글자를 떼어내서 문자열을 구성한다. 다음은 second 문자열에도 같은 작업을 한다. 마지막으로 추출된 한 글자짜리 문자열 두 개 사이에 문자열 리터럴 "&"을 넣어 연결해 길이가 3인 initials 문자열을 생성한다(그림 3 참조).

이니셜은 각 이름의 첫 글자를 이용해 만들어진다.

```
   first = | R | o | d | o | l | f | o |
             0   1   2   3   4   5   6
  second = | S | a | l | l | y |
             0   1   2   3   4

initials = | R | & | S |
             0   1   2
```

그림 3 initials 문자열 구성 과정

section_5/Initials.java

```
import java.util.Scanner;

/**
   이 프로그램은 한 쌍의 이니셜을 출력한다.
*/
public class Initials
{
   public static void main(String[] args)
   {
      Scanner in = new Scanner(System.in);

      // 커플의 이름을 입력 받는다.

      System.out.print("Enter your first name: ");
```

```
        String first = in.next();
        System.out.print("Enter your significant other's first name: ");
        String second = in.next();

        // 이니셜로 된 이름표를 만들어 출력한다.

        String initials = first.substring(0, 1)
           + "&" + second.substring(0, 1);
        System.out.println(initials);
    }
}
```

실행 결과

```
Enter your first name: Rodolfo
Enter your significant other's first name: Sally
R&S
```

표 7 문자열 연산

문장	결과	설명
string str = “Ja”; str = str + “va”;	str의 값이 “Java”가 된다.	문자열에 + 연산자를 적용하면 문자열이 연결된다.
System.out.println(“Please” + “ enter your name: ”);	Please enter your name: 을 출력한다.	한 줄로 표시할 수 없는 긴 문자열을 나누어 표시하고 연결할 수 있다.
team = 49 + “ers”	team의 값이 “49ers”가 된다.	“ers”가 문자열이기 때문에 숫자 49가 문자열로 변환된다.
String first = in.next(); String last = in.next(); (사용자 입력 : Harry Morgan)	first에 “Harry”, second에 “Morgan”이 대입된다.	next 메서드로 단어를 하나씩 읽어 문자열 변수에 대입한다.
String greeting = “H & S”; int n = greeting.length();	n의 값이 5가 된다.	문자열 내의 공백도 하나의 문자로 계산한다.
String str = “Sally”; char ch = str.charAt(1);	ch의 값이 'a'가 된다.	이 연산의 결과는 char 형이며 String 형이 아니다. 첫 번째 문자의 위치 번호는 0이다.
String str = “Sally”; String str2 = str.substring(1,4);	str2의 값이 “all”이 된다.	1번 위치에서 시작해 4번 위치 앞에서 끝나는 부분 문자열을 추출한다.
String str = “Sally”; String str2 = str.substring(1);	str2의 값이 “ally”가 된다.	끝나는 위치를 지정하지 않으면 시작 위치에서 문자열의 끝까지의 모든 문자를 추출한다.
String str = “Sally”; String str2 = str.substring(1,2);	str2의 값이 “a”가 된다.	길이가 1인 문자열을 추출한다. str.charAt(1)과 차이점을 주의하라.
String last = str.substring(str.length() − 1);	last의 값은 str 문자열의 마지막 문자로 구성되는 문자열이 된다.	문자열에서 마지막 문자의 위치는 문자열 길이 − 1이다.

22. 문자열 "Java Program"의 길이는 얼마인가?

23. 다음과 같은 문자열 변수가 있다.

```
String str = "Java Program";
```

부분 문자열 "gram"을 반환하는 substring 메서드 호출문을 작성하라.

24. 문자열 연결 기능을 이용해 자습 문제 23의 변수 str의 값을

```
"Java Programming".
```

으로 변환하는 문장을 작성하라.

25. 다음 코드의 출력은 무엇인가?

```
String str = "Harry";
int n = str.length();
String mystery = str.substring(0, 1) + str.substring(n - 1, n);
System.out.println(mystery);
```

26. "John Q. Public"과 같은 형식의 이름을 입력 받을 수 있는 입력문을 작성하라.

실습하기 이 장 끝부분에 있는 복습 문제 및 연습문제 R3.8, R3.12, P3.14, P3.29를 수행하시오.

알아 두기 3.3

예외 보고서 읽는 요령

프로그램 실행 중 다음과 같은 오류 메시지를 자주 접하게 될 것이다.

```
Exception in thread "main" java.lang.StringIndexOutOfBoundsException:
      String index out of range: -4
   at java.lang.String.substring(String.java:1444)
   at Homework1.main(Homework1.java:16)
```

놀라울 정도로 많은 학생들이 오류 메시지를 제대로 읽어보지도 않은 채로 "안 되네." 또는 "프로그램이 죽었어!"라며 포기해 버린다. 사실 오류 메시지의 형식이 친절하지는 않다. 그러나 실제로 이를 해석하는 것은 그리 어렵지 않다.

오류 메시지를 자세히 들여다보면 두 가지의 유용한 정보가 있음을 발견할 것이다.

1. 예외의 이름 - 예에서는 StringIndexOutOfBoundsException
2. 예외를 발생시킨 문장이 포함된 코드의 줄 번호 - 예에서는 Homework1.java:16

예외의 이름은 항상 메시지의 첫 번째 줄에 나오며, 맨 끝에 항상 Exception이 붙는다. Exception 앞에 있는 단어들을 잘 해석해 보면 예외의 원인을 유추할 수 있는 유용한 정보를 얻을 수 있다. StringIndexOutOfBoundsException은 문자열에서 위치 번호가 범위를 벗어나 있다는 의미이다.

오류를 발생시킨 코드의 줄 번호는 좀 더 알아보기 힘들며 예외 보고서는 **스택 추적**(stack trace) 경로를 모두 포함하고 있다. 즉, 예외가 발생할 당시 호출되어 실행 중이던 모든 메서드의 이름이 순서대로 나타난다. 스택 추적의 첫 번째 줄은 실제 예외를 발생시킨 메서드이며, 마지막 줄은 main 메서드이다. 표준 라이브러리에 속한 메서드에서 예외가 발생하는 경우도 흔히 있다. 예외 보고의 첫 번째 줄을 먼저 살펴보고 다음과 같이 자바 라이브러리 메서드 호출에 대한 오류 보고 부분은 그냥 건너뛴다.

```
java.lang.String.substring(String.java:1444)
```

다음 줄은 자신이 작성한 코드인 Homework1.java 파일에서의 줄 번호를 나타낸다. 코드의 줄 번호를 알아냈으면 파일을 열고 해당 줄을 살펴보자. 또한 앞에서 보았던 예외의 이름을 적용하여 생각해 본다. 대부분의 경우 이 두 가지의 정보, 예외의 이름과 예외가 발생한 코드의 위치가 있으면 무엇이 잘못되었는지 바로 알아낼 수 있으며 오류를 쉽게 수정할 수 있다.

심화 학습 3.4

입출력을 위한 대화 상자

콘솔 창을 이용하는 프로그램은 대부분의 사용자에게 구식으로 보인다. 가장 쉬운 다른 방법은 입력 시마다 별도의 팝업 창을 띄우는 것이다.

대화 상자를 만드는 방법은 JOptionPane 클래스의 정적 메서드인 showInputDialog를 호출하는 것이다. 이 때 사용자에게 출력할 프롬프트 메시지를 추가할 수 있다. 다음과 같다.

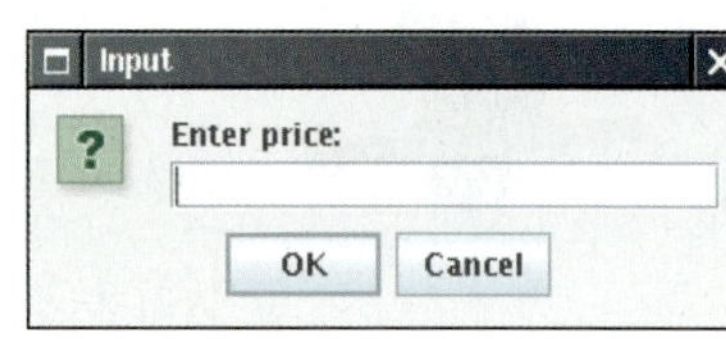

입력 대화 상자

예제의 완전한 코드

웹 페이지 wiley.com/go/javacode에 가면 입출력을 위해 옵션 창을 사용하는 예제 프로그램을 다운로드할 수 있다.

```
String input = JOptionPane.showInputDialog("Enter price:");
```

이 메서드는 String 객체를 반환한다. 물론 숫자 입력을 원할 때도 있을 것이다. 문자열을 숫자로 변환하려면 Integer.parseInt나 Double.parseDouble 메서드를 호출한다.

```
double price = Double.parseDouble(input);
```

출력용 대화 상자도 같은 방식으로 생성할 수 있다.

```
JOptionPane.showMessageDialog(null, "Price: " + price);
```

컴퓨팅과 사회 3.2 국제 알파벳과 유니코드

영문 알파벳은 상당히 단순하다. a부터 z까지의 소문자와 대문자로 구성된다. 다른 서유럽 언어에는 다양한 악센트 부호와 특수 문자들이 포함되기도 한다. 예를 들어 독일어에는 세 개의 umlaut 문자인 ä, ö, ü와 double-s 문자인 ß가 있다. 독일어 문서를 작성하기 위해 꼭 필요한 이 문자들은 단순한 장식이 아니다. 그래서 독일식 키보드에는 이 문자들을 위한 키가 장착되어 있다.

독일식 키보드 구성

그런가 하면 로마식 표기를 전혀 사용하지 않는 나라들도 많다. 러시아, 그리스, 헤브라이, 아랍, 타이 등 많은 나라의 언어가 완전히 다른 모양의 문자를 사용한다. 게다가 아랍어, 헤브라이어는 오른쪽에서 왼쪽 방향으로 작성하기 때문에 문제가 더 복잡해진다. 그리고 이 문자들 역시 영문 알파벳처럼 많은 알파벳으로 각각 구성된다.

헤브라이어, 아랍어, 영어

중국을 비롯해 한국, 일본 등에서는 한자를 사용한다. 한자의 각 문자는 소리가 아니라 의미를 나타내며, 이 표의 문자들을 하나 이상 조합해 단어가 만들어진다. 지금까지 알려진 한자는 약 70,000여 글자가 있다.

1987년부터 하드웨어와 소프트웨어 제조사들의 연합체가 구성되어 세상에 존재하는 모든 문자를 부호화할 수 있는 일관된 체계인 유니코드(Unicode)를 개발하기 시작하였다. 유니코드의 초기 버전은 각 문자마다 16비트를 사용했으며, 자바의 char 형도 그 방식을 따른다.

오늘날의 유니코드는 21비트 코드로 확장되어 있으며, 약 10만 이상의 문자에 대한 코드 정의를 포함한다(www.unicode.org 참조). 심지어는 이집트 상형문자와 같이 사라진 언어에 대한 코드를 추가할 계획도 있다. 불행하게도 이는 자바의 char값이 유니코드에 대응하지 않을 수도 있음을 의미한다. 중국어나 고대 이집트어와 같은 언어에서 일부 문자는 두 개의 char값이 필요할 때도 있다.

한자 표기

본 장의 요약

수를 표현하기 위한 적절한 자료형 선택

- 자바에는 정수형 4가지와 부동 소수점 수 2가지를 포함한 8가지의 기본형이 있다.
- 수치 계산에서 결과가 지정된 자료형의 범위를 벗어나면 오버플로가 된다.
- 반올림 오류는 수 사이의 변환을 정확하게 할 수 없을 때 발생한다.
- `final` 변수는 상수이다. 일단 값이 정해지면 바꿀 수 없다.
- 프로그램의 가독성을 높이고 유지보수를 쉽게 하기 위해 이름 붙은 상수를 사용하라.

자바로 산술 연산식 작성

- 산술 연산식에서 정수와 부동 소수점 수를 같이 사용할 때 결과는 부동 소수점 수가 된다.
- ++ 연산자는 변수에 1을 더하고 -- 연산자는 변수에서 1을 뺀다.
- / 연산자의 피연산자가 모두 정수면 결과값도 정수고 나머지는 버린다.
- % 연산자는 정수 나눗셈의 나머지를 계산한다.
- 자바 라이브러리에는 Math.sqrt(제곱근 계산)나 Math.pow(승수 계산)와 같은 많은 수학 메서드가 정의되어 있다.
- 어떤 값을 다른 형으로 변환하고 싶으면 형변환 연산자(형 이름)를 사용한다.

사용자 입력을 받고 지정한 형식대로 출력하는 프로그램 작성

- 콘솔 창에서 키보드 입력을 받기 위해서는 Scanner 클래스를 사용한다.
- 출력할 내용의 모양을 지정하기 위해서는 printf 메서드를 사용한다.

알고리즘을 개발할 때 수동 계산 수행

- 수동 계산 시에는 대표적인 상황을 나타낼 수 있는 특정값을 사용한다.

문자열을 처리하는 프로그램 작성

- 문자열은 문자를 연속으로 나열한 것이다.
- length 메서드는 문자열에 포함된 문자의 개수를 반환한다.

- 문자열을 연결하려면 + 연산자를 사용한다. 문자열을 연결하면 두 문자열을 이어서 하나의 긴 새로운 문자열을 만들어 낸다.
- + 연산자의 피연산자 중 하나가 문자열이면 나머지 하나도 문자열로 자동 변환된다.
- 하나의 단어로 구성된 문자열을 프로그램에 입력하려면 Scanner 클래스의 next 메서드를 사용한다.
- 문자열에서 각 문자의 위치를 셀 때는 0부터 시작한다.
- 문자열의 일부분을 추출하려면 substring 메서드를 사용한다.

이 장에서 소개된 표준 라이브러리 요소

```
java.io.PrintStream
   printf
java.lang.Double
   parseDouble
java.lang.Integer
   MAX_VALUE
   MIN_VALUE
   parseInt
java.lang.Math
   PI
   abs
   cos
   exp
   log
   log10
   max
   min
   pow
   round
   sin
   sqrt
   tan
   toDegrees
   toRadians
java.lang.String
   charAt
   length
   substring
java.lang.System
   in
java.math.BigDecimal
   add
   multiply
   subtract
java.math.BigInteger
   add
   multiply
   subtract
java.util.Scanner
   next
   nextDouble
   nextInt
javax.swing.JOptionPane
   showInputDialog
   showMessageDialog
```

복습 문제

■R3.1 다음 값을 저장하기 위한 선언문을 작성하라. 정수와 부동 소수점 수 중에 자료형을 선택하고, 필요하다면 상수로 선언하라.

a. 일주일을 구성하는 요일의 수

b. 학기 끝까지의 수업일수

c. 1인치를 센티미터로 환산한 수

d. 학급에서 가장 큰 학생의 키를 센티미터로 표현한 수

■R3.2 다음 문장을 실행한 후 mystery의 값은 무엇이 되는가?

```
int mystery = 1;
mystery = 1 - 2 * mystery;
mystery = mystery + 1;
```

■R3.3 다음 코드에서 잘못된 점은 무엇인가?

```
int mystery = 1;
mystery = mystery + 1;
int mystery = 1 - 2 * mystery;
```

■■R3.4 다음 자바 연산식을 수학적 표기법으로 변환하라.

a. `dm = m * (Math.sqrt(1 + v / c) / Math.sqrt(1 - v / c) - 1);`

b. `volume = Math.PI * r * r * h;`

c. `volume = 4 * Math.PI * Math.pow(r, 3) / 3;`

d. `z = Math.sqrt(x * x + y * y);`

■■R3.5 다음 수학 연산식을 자바 표현으로 변환하라.

$$s = s_0 + v_0 t + \frac{1}{2} g t^2$$

$$G = 4\pi^2 \frac{a^3}{p^2(m_1 + m_2)}$$

$$\text{FV} = \text{PV} \cdot \left(1 + \frac{\text{INT}}{100}\right)^{\text{YRS}}$$

$$c = \sqrt{a^2 + b^2 - 2ab\cos\gamma}$$

■■R3.6 다음 연산식들의 값은 무엇인가? 변수 선언은 다음과 같다고 가정한다.

```
double x = 2.5;
double y = -1.5;
int m = 18;
int n = 4;
```

a. `x + n * y - (x + n) * y`

b. `m / n + m % n`

c. `5 * x - n / 5`

d. `1 - (1 - (1 - (1 - (1 - n))))`

e. `Math.sqrt(Math.sqrt(n))`

■R3.7 n이 17이고 m이 18일 때, 다음 연산식들의 값은 무엇인가?

a. `n / 10 + n % 10`

b. `n % 2 + m % 2`

c. `(m + n) / 2`

d. `(m + n) / 2.0`

e. `(int) (0.5 * (m + n))`

f. `(int) Math.round(0.5 * (m + n))`

■■R3.8 다음 연산식들의 값은 무엇인가? 변수 선언은 다음과 같다고 가정한다.

```
String s = "Hello";
String t = "World";
```

a. `s.length() + t.length()`

b. `s.substring(1, 2)`

c. `s.substring(s.length() / 2, s.length())`

d. `s + t`

e. `t + s`

■R3.9 다음 프로그램에서 다섯 개 이상의 컴파일 오류(compile-time error)를 찾아보자.

```
public class HasErrors
{
   public static void main();
```

```
    {
        System.out.print(Please enter two numbers:)
        x = in.readDouble;
        y = in.readDouble;
        System.out.printline("The sum is " + x + y);
    }
}
```

■■R3.10 다음 프로그램을 실행할 때 발생하는 오류(run-time error) 세 개를 찾아보자.

```
public class HasErrors
{
    public static void main(String[] args)
    {
        int x = 0;
        int y = 0;
        Scanner in = new Scanner("System.in");
        System.out.print("Please enter an integer:");
        x = in.readInt();
        System.out.print("Please enter another integer: ");
        x = in.readInt();
        System.out.println("The sum is " + x + y);
    }
}
```

■■R3.11 다음 코드를 보자.

```
CashRegister register = new CashRegister();
register.recordPurchase(19.93);
register.receivePayment(20, 0, 0, 0, 0);
System.out.print("Change: ");
System.out.println(register.giveChange());
```

이 코드는 결과로 0.07000000000000028을 출력한다. 왜 그렇게 되는지 설명하라. 결과 때문에 사용자가 당황하지 않도록 코드를 개선할 수 있는 방안을 제시하라.

■R3.12 2, 2.0, '2', "2", "2.0"의 차이점에 대해 설명하라.

■R3.13 다음 코드가 무엇을 계산하는지 설명하라.

a.
```
x = 2;
y = x + x;
```

b.
```
s = "2";
t = s + s;
```

■■R3.14 단어를 하나 입력받아 첫 번째 문자, 마지막 문자, 그 사이의 문자들을 차례로 출력하는 프로그램의 의사코드를 작성하라. 예를 들어 입력이 Harry인 경우, 프로그램 출력은 H y arr이 된다.

■■R3.15 Harold James Morgan과 같은 이름을 하나 입력받아 각 이름의 머리글자로 구성되는 단어(HJM)를 출력하는 프로그램의 의사코드를 작성하라.

■■■R3.16 어떤 수의 첫 번째 숫자와 마지막 숫자를 추출하는 프로그램의 의사코드를 작성하라. 예를 들어 입력이 23456인 경우, 프로그램은 2와 6을 출력해야 한다(힌트 : %, `Math.log10`).

■R3.17 따라 하기 3.1의 의사코드를 개선하여 거스름돈을 25센트, 10센트, 5센트 동전으로 계산할 수 있도록 하라. 각 품목의 가격은 5센트의 배수라고 가정할 수 있다. 의사코드를 개발하기 위해 두 개 정도의 실제값으로 계산을 수행해 보자.

■■R3.18 칵테일 셰이커는 세 개의 원뿔로 구성된다고 할 수 있다. 실제 셰이커의 반지름과 높이를 이용하고, 자습 문제 21에 제시된 원뿔의 체적 공식을 적용해 체적을 계산한다. 그 다음 보편적인 경우에 대한 알고리즘으로 확장하여 개발하라.

■■■R3.19 그림과 같이 파이 조각을 잘라 내려고 한다. c는 직선 부분의 길이이고, h는 조각의 높이라고 할 때, 대략의 면적을 구하는 공식은 다음과 같다.

$$A \approx \frac{2}{3}ch + \frac{h^3}{2c}$$

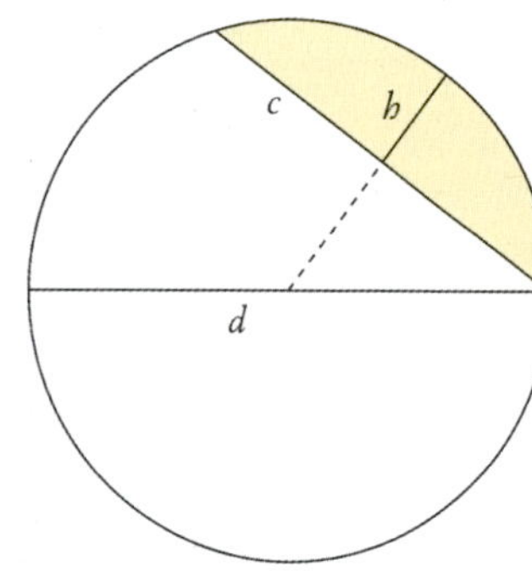

그러나 파이의 지름인 d는 잘 알려진 반면, h를 측정하는 것은 쉬운 일이 아니다. 지름이 12인치의 파이에서 직선 길이가 10인치인 조각을 잘라낼 때 면적을 계산하자. 그리고 이를 일반화하여 임의의 지름과 직선 길이가 주어졌을 때 면적을 계산하는 알고리즘을 고안하라.

■■R3.20 다음의 의사코드는 요일이 숫자로 주어졌을 때(예 : 0은 일요일, 1은 월요일 등) 요일의 이름을 알아내는 방법을 기술한 것이다.

요일 이름으로 구성된 문자열 "SunMonTueWedThuFriSat"을 저장하는 names라는 문자열 변수를 선언한다.
3 × 요일 번호로 요일 이름의 시작 위치를 계산한다.
names 문자열에서 시작 위치로부터 길이가 3인 부분 문자열을 추출한다.

요일 번호 4를 이용해 이 의사코드를 검증해 보라. 계산 과정을 보이기 위해 본문의 그림 3과 같은 다이어그램을 작성하라.

■■■R3.21 다음 의사코드는 한 단어 내에서 두 개의 문자의 위치를 서로 바꾸는 과정을 기술한 것이다.

문자열 str과 두 개의 위치 번호 i와 j가 주어져 있다(i가 j보다 작은 수이다.).
first 변수에 str의 첫 번째 문자부터 i 바로 앞의 문자까지의 부분 문자열을 저장한다.

middle 변수에 i + 1부터 j − 1 위치까지의 부분 문자열을 저장한다.

last 변수에 j + 1부터 마지막 문자까지의 부분 문자열을 저장한다.

다음 다섯 개의 문자열을 연결한다. first, j 위치의 문자를 포함하는 문자열, middle, i 위치의 문자를 포함하는 문자열, last

"Gateway"와 위치 번호 2와 4를 이용해 이 의사코드를 검증해 보라.
계산 과정을 보이기 위해 본문의 그림 3과 같은 다이어그램을 작성하라.

■■R3.22 문자열의 첫 번째 문자를 어떻게 추출하는가? 마지막 문자는? 첫 번째 문자를 어떻게 제거하는가? 마지막 문자는?

■■■R3.23 다음 값을 출력하는 프로그램을 작성하라.

```
3 * 1000 * 1000 * 1000
3.0 * 1000 * 1000 * 1000
```

결과를 설명하라.

프로그램 연습 문제

■P3.1 레터 용지(8.5 × 11 인치)의 각 길이를 밀리미터 단위로 출력하는 프로그램을 작성하라. 1인치는 25.4mm이다. 프로그램에 이름 붙은 상수와 주석문을 적극 활용하라.

■P3.2 레터 용지(8.5 × 11 인치)의 전체 둘레와 대각선의 길이를 계산해서 출력하는 프로그램을 작성하라.

■P3.3 숫자를 입력받아 그 수의 제곱, 세제곱, 네제곱을 계산해 출력하는 프로그램을 작성하라. 네제곱에 대해서만 Math.pow 메서드를 사용하라.

■■P3.4 사용자에게 두 개의 수를 입력하도록 프롬프트를 출력하고 다음 값을 계산해 출력하는 프로그램을 작성하라.

- 합
- 차
- 곱
- 평균
- 거리(차이의 절대값)
- 최대값(둘 중의 큰 값)
- 최소값(둘 중의 작은 값)

힌트 : 최대값과 최소값을 구하는 메서드는 Math 클래스에 정의되어 있다.

■■P3.5 연습 문제 P3.4의 프로그램을 개선하여 다음과 같이 정렬된 형태로 출력되도록 하라.

```
Sum:            45
Difference:     -5
Product:       500
Average:        22.50
Distance:        5
Maximum:        25
Minimum:        20
```

■■P3.6 사용자에게 미터법으로 된 측정값을 입력하도록 안내하고 입력된 값을 마일, 피트, 인치 등으로 변환하는 프로그램을 작성하라.

■P3.7 사용자에게 반지름 길이를 입력하도록 안내하고 다음을 계산하여 출력하는 프로그램을 작성하라.

- 입력된 반지름을 갖는 원의 면적과 둘레
- 입력된 반지름을 갖는 구의 체적과 표면적

■■P3.8 사용자에게 직사각형의 각 변의 길이를 입력하도록 하고 다음을 계산하여 출력하는 프로그램을 작성하라.

- 직사각형의 면적과 둘레
- 대각선의 길이(피타고라스 정리를 활용하라.)

■P3.9 따라하기 3.1의 프로그램을 개선하여 지폐뿐만 아니라 25센트 동전도 받을 수 있도록 하라.

■■P3.10 이 프로그램은 사용자에게 다음 세 가지를 입력받는다.

- 연료탱크에 들어 있는 연료의 리터 수
- 1리터당 몇 km를 주행할 수 있는지를 나타내는 연비
- 1리터당 연료의 가격

그 다음, 100miles를 주행하기 위한 비용과 현재 연료탱크에 있는 연료로 얼마나 주행할 수 있는지 계산해 출력하는 프로그램을 작성하라.

■P3.11 **파일 이름과 확장자.** 다음 작업을 수행하는 프로그램을 작성하라. 먼저 사용자에게 드라이브 문자(C), 경로(`\Windows\System`), 파일 이름(Readme) 및 확장자(txt)를 각각 입력하도록 하는 프롬프트를 출력한다. 그 다음 완전한 파일 이름 `C:\Windows\System\Readme.txt`를 만들어 출력한다(유닉스/리눅스나 매킨토시 운영체제를 사용하고 있다면 드라이브 문자는 생략하고, 디렉터리 구분 문자로 \ 대신 /을 사용하라.).

■■■P3.12 사용자에게서 1,000과 999,999 사이의 수를 하나 입력받고, 콤마 없이 숫자만 출력하는 프로그램을 작성하라. 실행 과정은 다음과 같다. 사용자 입력은 파란색으로 표시된다.

```
Please enter an integer between 1,000 and 999,999: 23,456
23456
```

힌트 : 입력을 문자열로 읽는다. 문자열의 길이를 알아낸 다음 그 길이가 n이라면, 처음의 n-4개 문자로 구성된 부분 문자열과 마지막 3개 문자로 구성된 부분 문자열을 추출한다.

■■P3.13 사용자에게서 1,000과 999,999 사이의 수를 하나 입력 받고, 천 단위마다 콤마를 삽입한 숫자를 출력하는 프로그램을 작성하라. 실행 과정은 다음과 같다. 사용자 입력은 파란색으로 표시된다.

```
Please enter an integer between 1000 and 999999: 23456
23,456
```

■P3.14 **격자무늬 출력.** 틱택토(tic-tac-toe) 게임을 하기 위한 격자무늬를 다음과 같이 출력하는 프로그램을 작성하라.

```
+--+--+--+
|  |  |  |
+--+--+--+
|  |  |  |
+--+--+--+
|  |  |  |
+--+--+--+
```

물론 다음과 같은 문장을 포함한 7개의 출력문으로 이 작업을 수행할 수도 있다.

```
System.out.println("+--+--+--+");
```

그러나 좀 더 세련된 방법을 찾아보자. 두 가지 패턴, 즉 빗 모양과 가로선 모양을 각각 저장하는 문자열 변수를 선언한다. 그 다음 빗 모양을 세 번, 마지막으로 가로선을 한 번 출력한다.

■■P3.15 정수를 읽어 들여 개별 숫자로 분해하여 출력하는 프로그램을 작성하라. 예를 들어 16384가 입력되면 출력은 다음과 같다.

```
1 6 3 8 4
```

입력 정수의 길이는 5 이하이고 음수는 입력되지 않는다고 가정해도 좋다.

■■P3.16 (0900, 1730)과 같이 군대 형식으로 된 시간의 쌍을 입력받고 두 시간 사이의 간격을 각각 시간과 분으로 출력하는 프로그램을 작성하라. 실행 예는 다음과 같다. 사용자 입력은 파란 색으로 표시되어 있다.

```
Please enter the first time: 0900
Please enter the second time: 1730
8 hours 30 minutes
```

첫 번째 시간이 두 번째 시간보다 나중인 경우도 처리할 수 있도록 하면 보너스 점수를 받을 수 있다.

```
Please enter the first time: 1730
Please enter the second time: 0900
15 hours 30 minutes
```

■■■P3.17 **대형 글자 만들기.** 글자 H를 다음과 같이 대형으로 만들 수 있다.

```
*   *
*   *
*****
*   *
*   *
```

이 글자는 다음과 같은 문자열 리터럴로 선언할 수 있다.

```
final string LETTER_H = "*   *\n*   *\n*****\n*   *\n*   *\n";
```

(\n은 이탈 문자로 줄바꿈 문자를 표시하며, 그 뒤에 오는 문자를 다음 줄에 출력하게 된다.) 같은 방식으로 E, L, O에 대한 리터럴을 선언하라. 그리고 다음 메시지를 대형 글자로 출력하는 프로그램을 작성하라.

```
H
E
L
L
O
```

■■P3.18 숫자 1, 2, 3, ..., 12를 대응하는 달의 이름 January, February, March, ..., December로 변환하는 프로그램을 작성하라(힌트 : 모든 달의 이름이 포함된 긴 문자열 "January February March..."를 만든다. 이 때 각 달의 이름이 같은 길이가 되도록 적절한 공백을 추가한다. 그 다음 substring을 이용해 원하는 달의 이름을 추출한다.).

■■P3.19 다음과 같이 크리스마스트리 모양을 출력하는 프로그램을 작성하라.

```
   /\
  /  \
 /    \
/      \
--------
  "  "
  "  "
  "  "
```

이탈 문자를 사용해야 함을 명심하라.

■■P3.20 CashRegister 클래스를 수정하여 각 화폐 변수를 입력된 값으로 설정할 수 있도록 enterDollars, enterQuarters, enterDimes, enterNickles, enterPennins 메서드를 추가하라. 테스트용으로는 다음 클래스를 사용한다.

```
public class CashRegisterTester
{
   public static void main (String[] args)
   {
      CashRegister register = new CashRegister();
      register.recordPurchase(20.37);
      register.enterDollars(20);
      register.enterQuarters(2);
      System.out.println("Change: " + register.giveChange());
      System.out.println("Expected: 0.13");
   }
}
```

■■P3.21 아이스크림콘의 부피와 표면적을 계산하는 IceCreamCone 클래스를 작성하라. 표면적을 계산해 반환하는 getSurfaceArea()와 부피를 계산해 반환하는 getVolume() 메서드를 구현해야 하며, 생성자에는 콘의 높이와 반지름을 전달한다. 표면적을 계산할 때 아이스크림을 담기 위해 비어 있는 꼭대기 부분을 빼고 나머지 표면만 계산에 넣도록 주의하라.

■■P3.22 탄산음료 캔을 모델링한 SodaCan 클래스를 작성하라. 높이와 지름을 매개변수로 받는 생성자와 부피를 계산하는 getVolume, 표면적을 계산하는 getSurfaceArea 메서드를 제공한다. SodaCan 클래스를 테스트하기 위한 SodaCanTester 클래스도 작성하라.

■■■P3.23 공기로 가득찬 구의 형태인 풍선을 모델링하는 Balloon 클래스를 작성하라. 생성자는 빈풍선을 생성하며, 다음과 같은 메서드를 제공해야 한다.

- void addAir(double amount) : 주어진 양의 공기를 더한다.
- double getVolume() : 현재의 부피를 계산한다.
- double getSurfaceArea() : 현재의 표면적을 계산한다.
- double getRadius() : 현재의 반지름을 계산한다.

Balloon 클래스를 테스트하는 BalloonTester 클래스도 작성하라. 테스터는 하나의 풍선을 생성하고, 100cm^{3}의 공기를 추가하고, 3개의 접근 메서드를 테스트한 다음, 다시 100cm^{3}의 공기를 추가하고 접근 메서드들을 테스트하는 순서로 동작한다.

■■■P3.24 하이브리드 자동차를 구매할지 결정하는 것을 도와 줄 프로그램을 작성하라. 프로그램의 입력은 다음과 같다.

- 새 차의 가격
- 1년간 주행 거리의 추정치
- 유가 추정치
- 연비

- 5년 후의 중고차 가격 추정치

5년간 차를 소유할 때의 전체 비용을 계산하라(단순하게 하기 위해 할부비용이나 유지보수 비용은 산정하지 않는다.). 적절한 경로로 실제 하이브리드 차의 새 차와 중고차 가격을 알아내어 사용하라. 현재 유가와 1년에 15,000miles 주행을 기준으로 하여 프로그램을 두 번 수행하라. 과제 제출 시 의사코드와 프로그램 실행 결과도 첨부해야 한다.

■■P3.25 부활절 주일은 봄의 첫 보름날 이후의 첫 일요일이다. 날짜를 계산하기 위해 수학자 칼 프리드리히 가우스가 1800년에 고안한 다음 알고리즘을 사용한다.

1. y를 연도라 하자(1800, 2001 등).
2. y를 19로 나눈 나머지를 a라 하자. 몫은 무시한다.
3. y를 100으로 나눈 몫을 b, 나머지를 c라 하자.
4. b를 4로 나눈 몫을 d, 나머지를 e라 하자.
5. 8 * b + 13을 25로 나눈 몫을 g라 하자. 나머지는 무시한다.
6. 19 * a + b - d - g + 15를 30으로 나눈 나머지를 h라 하자. 몫은 무시한다.
7. c를 4로 나눈 몫을 j, 나머지를 k라 하자.
8. a + 11 * h를 319로 나눈 몫을 m이라 하자. 나머지는 무시한다.
9. 2 * e + 2 * j - k - h + m + 32를 7로 나눈 나머지를 r이라 하자. 몫은 무시한다.
10. h - m + r + 90을 25로 나눈 몫을 n이라 하자. 나머지는 무시한다.
11. h - m + r + n + 19를 32로 나눈 나머지를 p라 하자. 몫은 무시한다.

그러면 부활절은 n월의 p일이 된다. 예를 들어 y가 2001이면,

```
a = 6            h = 18           n = 4
b = 20, c = 1    j = 0, k = 1     p = 15
d = 5, e = 0     m = 0
g = 6            r = 6
```

따라서 2001년의 부활절 주일은 4월 15일이다. 사용자에게 연도를 입력 받아 부활절 주일의 날짜를 계산해 출력하는 프로그램을 작성하라.

■■■P3.26 이 과제에서는 삼각형에 관한 계산을 수행한다. 삼각형은 세 꼭지점의 (x, y) 좌표로 정의된다. 주어진 과제는 정의된 삼각형에 대해 다음 성질을 계산하는 것이다.

- 모든 변의 길이
- 각 꼭지점의 각도
- 둘레
- 면적

적절한 메서드를 가진 Triangle 클래스를 구현하라.

그리고 사용자에게 세 꼭지점의 좌표를 입력하도록 프롬프트를 보여 주고, 모든 성질을 예쁘게 정리된 표로 출력하는 프로그램을 작성하라.

■■■P3.27 CashRegister 클래스는 미국과 캐나다에서 통용되는 동전 시스템에만 적용할 수 있다는 제한점이 있다. 유럽에서 사용되는 동전 시스템을 조사해 보자. 과제의 목표는 유로와 유로 동전에 적용되는 금전등록기를 만드는 것이다. 이 때 단지 유럽에만 적용 가능한 제한적인 기능의 CashRegister 클래스가 아니라, 별도의 Coin 클래스를 추가하여 모든 형태의 동전에 적용할 수 있도록 보편적인 금전등록기 프로그램을 설계하고 구현하도록 한다.

■■업무용 P3.28 다음 의사코드는 어떤 서점에서 주문받은 책의 수량과 가격을 이용해 총 주문금액을 계산하는 과정이다.

책의 전체 가격과 수량을 입력한다.
부가세(전체 책 가격의 10%)를 계산한다.
발송경비(책 당 2,000원)를 계산한다.
총 주문금액은 전체 책 가격과 부가세, 발송경비를 모두 더한 값이다.

이 의사코드를 자바 프로그램으로 변환하라.

■■업무용 P3.29 다음 의사코드는 열 자리의 전화번호(예 : "4155551212")를 저장한 문자열을 변환해 보다 읽기 편한 형태, 즉 "(415) 555-1212"와 같은 형태로 바꾸는 과정을 나타낸다.

처음 세 숫자로 구성된 부분 문자열을 추출하여 "("와 ")" 문자열로 둘러싼다. 이는 지역 번호가 된다.
지역 번호와 다음 세 숫자로 구성된 부분 문자열, 하이픈(-), 마지막 네 숫자를 차례로 연결한다. 이는 모양낸 전화번호가 된다.

이 의사코드를 변환하여 전화번호는 문자열 변수에 입력받고 모양낸 전화번호를 만들어 출력하는 자바 프로그램을 작성하라.

■■업무용 P3.30 다음 의사코드는 부동 소수점 수로 주어진 가격에서 달러와 센트를 따로 추출하는 과정이다. 예를 들어 가격이 2.95이면 달러와 센트로 각각 2와 95가 추출된다.

가격(price)을 정수형 변수 dollars에 대입한다.
price에서 dollars × 100을 빼고 0.5를 더한다.
결과를 정수형 변수 cents에 대입한다.

이 의사코드를 자바 프로그램으로 변환하라. 가격을 입력받고 달러와 센트를 출력한다. 입력값을 2.95와 4.35로 주고 테스트해 보라.

■■업무용 P3.31 **거스름돈 내주기.** 여러 가지의 동전이 있을 때 거스름돈을 어떻게 내주어야 하는지 계산원에게 직접 알려 주는 프로그램을 작성하라. 입력은 지불할 돈의 액수와 고객으로부터 받은 돈의 액수다. 고객이 돌려받아야 할 금액을 달러, 쿼

터(25센트), 다임(10센트), 니켈(5센트), 페니(1센트)로 각각 분류해 출력하라. 반올림 오류를 방지하기 위해 돈의 액수는 모두 1센트 단위로 입력해야 한다. 예를 들어 2.74 달러의 경우 274를 입력한다.

■업무용 P3.32 어떤 온라인 은행이 자기 은행에 예금하면 이자가 얼마나 붙는지 잠재적 고객에게 알려 줄 프로그램의 제작을 의뢰하고 싶어 한다. 프로그램은 초기 예치금과 연 이자율을 입력받는데, 이자는 월 복리로 계산된다. 3개월이 지난 후의 잔액을 계산해 출력하라. 실행 예시는 다음과 같다.

```
Initial balance: 1000
Annual interest rate in percent: 6.0
After first month:     1005.00
After second month:    1010.03
After third month:     1015.08
```

■■업무용 P3.33 어떤 비디오 대여점에서 우수 회원에 대한 할인 서비스를 하려고 한다. 우수 고객 할인율은 비디오 대여 횟수 + 새 회원을 소개한 횟수를 퍼센티지 값으로 산정하는데, 최대 75%를 넘을 수 없다(힌트 : `Math.min`.). 할인율을 계산하는 프로그램 `DiscountCalculator`를 작성하라. 실행 예는 다음과 같다.

```
Enter the number of movie rentals: 56
Enter the number of members referred to the video club: 3
The discount is equal to:     59.00 percent.
```

■과학계산용 P3.34 다음 회로를 생각해 보자.

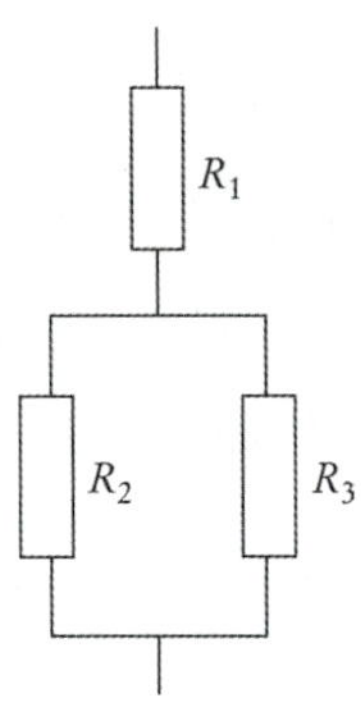

세 저항의 저항값을 읽어 Ohm's의 법칙을 활용해 전체 저항값을 계산하는 프로그램을 작성하라.

■■과학계산용 P3.35 이슬점 T_d의 근사값은 상대습도가 RH이고 실제 온도가 T일 때 다음 식을 이용해 계산할 수 있다.

$$T_d = \frac{b \cdot f(T,RH)}{a - f(T,RH)}$$

$$f(T,RH) = \frac{a \cdot T}{b+T} + \ln(RH)$$

여기서 a = 17.27이고 b = 237.7℃이다.

0과 1 사이의 값인 상대 습도와 섭씨로 표기된 온도를 읽어 이슬점을 계산해 출력하는 프로그램을 작성하라. 자연 로그의 계산은 자바 라이브러리의 log 메서드를 이용한다.

■■■ 과학계산용 P3.36 아래 그림의 파이프 클립 온도 센서는 파이프 내부의 액체 온도를 측정하기 위해 직접 구리관에 끼울 수 있는 형태로 되어 있다.

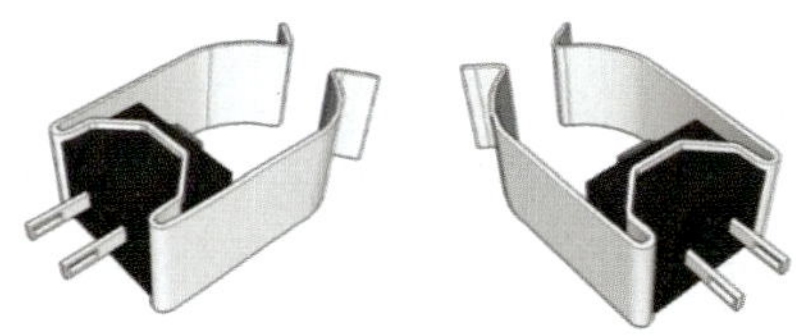

각 센서에는 서미스터(thermistor)라는 장치가 내장되어 있는데, 서미스터는 온도에 따라 저항이 변하는 반도체 장치며, 저항의 변화는 다음 식을 따른다.

$$R = R_0 e^{\beta\left(\frac{1}{T} - \frac{1}{T_0}\right)}$$

여기서 R은 온도 T(°K단위의 값)일 때 저항(Ω단위의 값)이고, R_0는 온도 T_0(°K단위의 값)일 때의 저항(Ω단위의 값)이다. β는 서미스터 제작에 사용된 재료에 따라 결정되는 상수값이다. 서미스터의 특성은 R_0, T_0, β에 따라 결정된다.

파이프 클립 온도 센서에 사용되는 서미스터의 특성값은 T_0 = 85℃일 때 R_0 = 1075Ω이고 β = 3969°K이다(β의 단위가 °K임을 주의하라. °K단위의 온도는 ℃단위의 온도에서 273을 더해서 구할 수 있다.). ℃단위의 액체 온도는 저항 R(Ω단위의 값)에 따라 다음 식에 의해 결정된다.

$$T = \frac{\beta T_0}{T_0 \ln\left(\frac{R}{R_0}\right) + \beta} - 273$$

사용자에게 서미스터 저항 R을 입력하도록 프롬프트를 출력하고 액체 온도를 ℃단위로 출력하는 프로그램을 작성하라.

■■■ 과학계산용 P3.37 아래 그림의 회로는 전력회사와 소비자와의 연결 구조에서의 중요한 요소를 보여 준다. 전력 소비자는 세 개의 특성 V_t, P, pf로 표현된다. V_t는 벽 콘센트에 전원을 꽂았을 때의 전압이다. 소비자가 가전제품을 제대로 사용하려면 안정적인 V_t값이 보장되어야 한

다. 따라서 전력 회사는 V_t값을 주의 깊게 조절하여 통제한다. P는 소비자가 사용하는 전력량을 표시하며, 전기요금을 결정하는 가장 주요 요소이다. 전력 계수 pf는 다소 생소할 것이다(전력 계수는 코사인 함수로 계산되어 항상 0과 1 사이의 값을 가진다.).이 문제는 이 전력 계수의 중요성을 탐구하는 자바 프로그램을 작성하는 것이다.

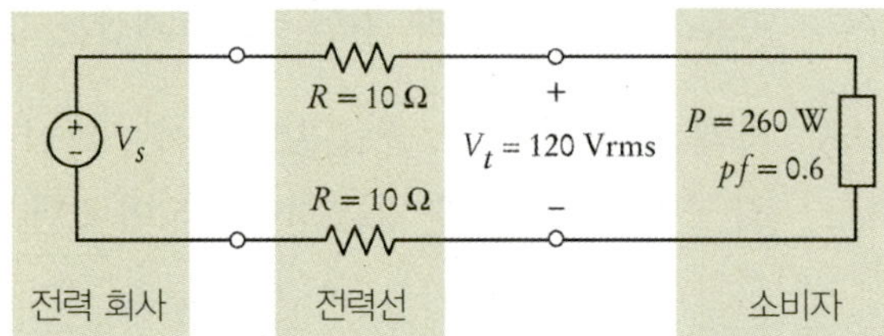

그림에서 전력선은 다소 단순화하여 Ohm 단위의 저항으로만 표시했다. 전력회사는 교류 전압의 공급원으로 표시된다. 공급 전압 V_s는 다음 식에 따라 소비자에게 V_t의 전압으로 P만큼의 전력을 공급하는데 필요한 값으로 계산된다. V_s의 단위는 Vrms이다.

$$V_s = \sqrt{\left(V_t + \frac{2RP}{V_t}\right)^2 + \left(\frac{2RP}{pf V_t}\right)^2 \left(1 - pf^2\right)}$$

이 공식을 보면 V_s의 값은 pf에 의해 결정된다는 것을 알 수 있다. 사용자에게 전력 계수를 입력하도록 프롬프트를 출력하고, 위의 그림에 나타난 P, R, V_t 값을 이용해 그에 상응하는 V_s의 값을 계산해 출력하는 자바 프로그램을 작성하라.

■■■과학계산용 P3.38 안테나에 연결된 튜닝 회로를 생각해 보자. C는 용량이 C_{min}에서 C_{max}까지 변하는 가변 콘덴서를 나타낸다. 튜닝 회로는 주파수를 $f = \frac{2\pi}{\sqrt{LC}}$로 맞추려고 한다. 주어진 주파수로 회로를 설계하기 위해 $C = \sqrt{C_{min}C_{max}}$일 때 f와 C에서 필요한 인덕턴스 L을 계산하라. 그러면 안테나를 $f_{min} = \frac{2\pi}{\sqrt{LC_{max}}}$에서 $f_{max} = \frac{2\pi}{\sqrt{LC_{min}}}$사이의 어떤 주파수로도 맞출 수 있게 된다.

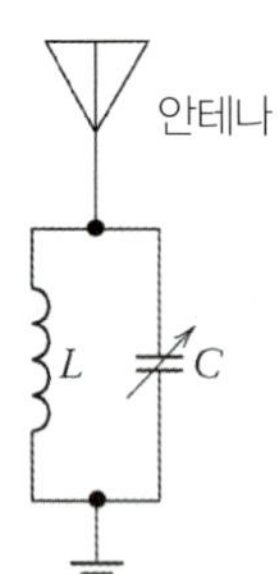

주어진 주파수에 대해 C_{min}에서 C_{max}까지의 용량을 가지는 가변 콘덴서를 이용해 튜닝 회로를 설계하는 자바 프로그램을 작성하라(일반적인 입력은 f=16.7MHz, C_{min}=14pF, C_{max}=365pF이다.). 프로그램은 Hz 단위의 f값, pF 단위의 C_{min}과 C_{max} 값을 입

력받고, 필요한 인덕턴스값과 콘덴서 용량이 변함에 따라 조절될 수 있는 회로의 주파수 범위를 출력해야 한다.

■과학계산용 P3.39 쿨롱의 법칙에 따르면, 서로 r미터만큼 떨어져 있고 Q_1과 Q_2 쿨롱으로 각각 대전된 입자 간의 전기력(electric power)은 $F = \frac{Q_1 Q_2}{4\pi\varepsilon r^2}$으로 계산된다. 여기서 ε의 값은 8.854×10^{-12}Farads/미터이다. 한 쌍의 대전 입자 간의 전기력을 계산하는 프로그램을 작성하라. 사용자가 Q_1쿨롱, Q_2쿨롱, r미터의 값을 입력하고 계산한 전기력의 값을 출력해야 한다.

자습 문제 모범 답안

1. `int`와 double
2. 세상에서 인구가 가장 많은 나라인 중국에는 약 1.2×10^9명이 살고 있다. 이 숫자는 `int` 형으로 저장할 수 있다. 그러나 전 세계의 인구는 6×10^9명 이상이다. 만약 여러 나라의 인구 합계나 평균을 계산한다면 그 결과는 `int` 형의 표현 범위를 넘을 수도 있다. 그러므로 double을 사용하는 편이 더 낫다. long 형을 사용할 수도 있지만 한 나라의 정확한 인구 숫자를 알 수 있는 방법은 없으므로 별로 이득이 없다.
3. 첫 번째 초기화는 잘못되었다. 오른편의 값이 double 형인데, `int` 형 변수에 double 형 값을 대입하는 것은 적법하지 않다. 두 번째 초기화는 문제가 없다. `int` 형 값은 항상 double 형으로 변환될 수 있다.
4. 첫 번째 선언문은 메서드 내에서 사용되고 두 번째는 클래스 내에서 사용된다.
5. 두 가지가 있다. 첫째, 매직 넘버인 3.14보다는 이름 붙인 상수를 사용해야 한다. 둘째, 3.14는 π를 정확하게 표현하는 수가 아니다.
6. `double interest = balance * percent / 100;`
7. `double sideLength = Math.sqrt(area);`
8. `4 * PI * Math.pow(radius, 3) / 3`
   또는 `(4.0 / 3) * PI * Math.pow(radius, 3)`,
   그러나 `(4 / 3) * PI * Math.pow(radius, 3)`으로 쓰면 틀리다.
9. 17과 29
10. n의 끝에서 두 번째 자리의 숫자다. 예를 들어 n이 1,729이면, `n / 10`은 172이고 `(n / 10) % 10`은 2가 된다.
11.
```
System.out.print(" 당신의 나이는? ");
int age = in.nextInt();
```
12. 사용자가 양(quantity)을 입력하도록 안내하는 프롬프트 문장이 없다.
13. 두 번째 문장에서 double로 선언된 변수에 next-Double이 아닌 `nextInt` 메서드를 사용해 값을 대입하도록 하고 있다. 사용자가 1.95와 같은 값을 입력하면 "input mismatch exception" 메시지를 출력하고 프로그램이 종료할 것이다.
14. 프롬프트 문장의 마지막에 콜론과 공백이 없다. 이를 실행하면 다음과 같이 화면에 나타날 것이다.

```
Please enter the number of cans6
```

15. `The total volume is    10`

is와 10 사이에는 4개의 공백이 존재한다. 공백 하나는 형식 문자열 내에 이미 포함되어 있는 것이고(s와 % 문자 사이), 나머지 세 공백은 전체 너비를 5로 지정했기 때문에 출력할 수 10 앞에 추가되는 것이다.

16. 간단한 해법은 다음과 같다.

```
System.out.printf("Bottles: %8d\n", bottles);
System.out.printf("Cans:    %8d\n", cans);
```

Cans: 다음의 공백에 주의하기 바란다. 다른 방법으로는 문자열에 대한 형식 지정자를 사용하는 방법이 있고, 이들 모두를 하나의 문장으로 결합해 표현할 수도 있다.

```
System.out.printf("%-9s%8d\n%-9s%8d\n",
"Bottles: ", bottles, "Cans:", cans);
```

17.

```
int pairs = (totalWidth - tileWidth)
   / (2 * tileWidth);
int tiles = 1 + 2 * pairs;
double gap = (totalWidth -
   tiles * tileWidth) / 2.0;
```

pairs 변수는 반드시 int 형으로 선언되어야 한다.

18. 여기서는 첫 번째에 검은 타일이 오고 그 다음의 타일들은 네 개씩 묶어 생각해야 한다(회색/흰색/회색/검은색). 그러므로 알고리즘은 다음과 같다.

그룹의 수 = ((전체 너비 - 타일 너비) / (4 × 타일 너비))의 정수 부분

타일의 수 = 1 + 4 × 그룹의 수

19. 행과 열의 번호가 짝수냐 홀수냐에 따라 답이 결정된다. 따라서 각 번호를 2로 나누어 나머지를 구하고 각 나머지에 대해 색을 표시해 본다. 다음 표와 같다.

행 % 2	열 % 2	색깔
0	0	0
0	1	1
1	0	1
1	1	0

이 표의 위 세 줄을 보면, 타일의 색은 나머지를 더한 값과 같다는 것을 알 수 있다. 마지막의 경우는 합이 2가 되는데, 이를 0으로 만들어야 한다. 합을 다시 2로 나눈 나머지를 구하면 이 값을 얻을 수 있다.

색깔 = ((행 % 2) + (열 % 2)) % 2

20. 9년 동안 수리비는 1,400달러 증가한 셈이므로 매년 필요한 유지 보수 비용은 1,400 / 9 ≈ 156달러가 된다. 3년이 지난 후의 유지 보수 비용은 100 + 2 × 156 = 412달러이다. n년에 드는 유지 보수 비용은 100 + n × 156으로 계산할 수 있다. 반올림 오류가 누적되는 것을 방지하기 위해서는 156이라는 숫자보다 원래의 계산식을 사용하는 것이 좋다.

n년의 유지 보수 비용 = 100 + n × 1400 / 9

21. 계산 공식에서 의사코드를 도출하면 다음과 같다.

하부 체적 = $\pi \times r_1^2 \times h_1$

상부 체적 = $\pi \times r_2^2 \times h_2$

중간부 체적 = $\pi \times (r_1^2 + r_1 \times r_2 + r_2^2) \times h_3 / 3$

전체 체적 = 상부 체적 + 하부 체적 + 중간부 체적

일반적인 와인병의 크기는 센티미터 단위로 다음과 같은 값을 가진다. r_1 = 3.6, r_2 = 1.2, h_1 = 15, h_2 = 7, h_3 = 6 따라서 하부 체적 = 610.73, 상부 체적 = 31.67, 중간부 체적 = 135.72, 전체 체적 = 778.12로 계산된다. 실제 와인병의 용량은 750ml이며, 계산이 정확하다고 믿을 만한 근사값이 도출되었다고 볼 수 있다.

22. 길이는 12다. 공백도 문자로 계산한다.

23. `str.substring(8, 12)` 또는 `str.substring(8)`

24. `str = str + "ming";`

25. `Hy`

26.

```
String first = in.next();
String middle = in.next();
String last = in.next();
```

CHAPTER 4

결정문

이 장의 목표

- if 문을 사용하여 결정문을 구현한다.
- 정수, 실수, 문자열 등을 비교한다.
- 부울 자료형을 활용한 문장을 작성한다.
- 자신의 프로그램을 테스트하기 위한 전략을 개발한다.
- 사용자의 입력을 검증한다.

이 장의 목차

컴퓨터 프로그램의 핵심적인 특징 중 하나는 선택하여 판단을 내릴 수 있다는 것이다. 스위치의 설정이 어디로 되어 있느냐에 따라 선로를 바꿀 수 있는 기차와 같이 프로그램은 입력 및 다른 상황에 따라 서로 다른 동작을 할 수 있다.

이 장에서는 간단하거나 복잡한 결정문들을 사용하여 프로그램을 작성하는 방법을 배운다. 또한 이를 사용자의 입력 검증에 적용하는 방법을 배울 것이다.

4.1 if 문

if 문은 처리되는 데이터의 성질에 따라 프로그램이 서로 다른 동작을 수행하도록 한다.

if 문은 결정(decision)을 구현하는데 사용된다(문법 4.1 참조). 어떤 조건이 만족되면 그에 따른 일련의 명령문이 실행된다. 만족하지 않으면 다른 명령문의 집합이 실행된다.

if 문의 예를 하나 보자. 많은 나라에서 13을 불길한 숫자로 여긴다. 어떤 건물주들은 이를 미신이라고 치부하기보다는 13층을 건너뛰어 12층 다음에 바로 14층이라 부르는 방법을 선택한다. 물론 13층이 비어 있다거나 음모론자들이 종종 이야기하듯이 비밀 사무실이나 연구소로 채워져 있는 것은 아니다. 단지 이름만 14층으로 하는 것이다. 이런 건물의 엘리베이터를 조작하는 컴퓨터는 이 숫자의 공백을 처리하고 13층 위의 층 번호를 모두 조절해야 한다.

이 과정을 자바로 풀어 보자. 사용자에게 원하는 층 번호를 입력하게 하고 프로그램은 실제의 층 번호를 계산한다. 입력이 13보다 크면 실제 층 번호를 계산하기 위해 입력된 수에서 1을 빼야 한다. 예를 들어 사용자가 20을 입력하면 프로그램은 실제로는 19층이라고 결정한다. 그렇지 않으면 단순히 사용자가 입력한 번호를 그대로 사용하게 된다.

이 엘리베이터의 번호판에는 13이 없다. 13층이 실제로 없는 것이 아니라 13 이상의 층 번호를 컴퓨터가 조절하는 것이다.

```
int actualFloor;

if (floor > 13)
{
   actualFloor = floor - 1;
}
else
{
   actualFloor = floor;
}
```

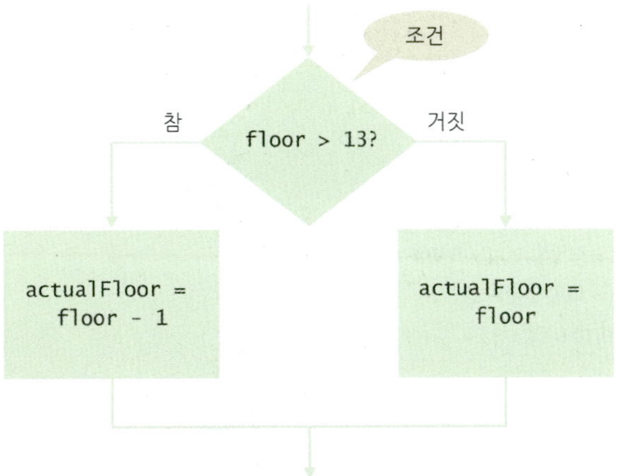

그림 1 if 문에 대한 순서도

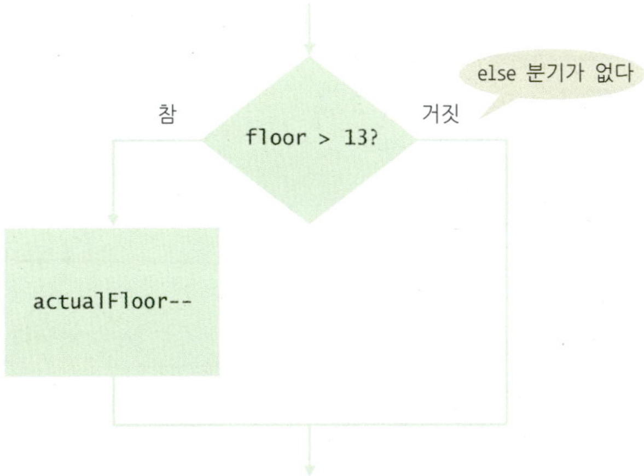

그림 2 else 분기가 없는 if 문에 대한 순서도

그림 1의 순서도(flowchart)는 조건에 따라 분기(branch)하는 동작을 나타낸다.

이 예에서 if 문의 각 분기 결과는 하나씩의 명령문을 포함한다. 원한다면 몇 개의 명령문이라도 사용할 수 있다. 때로는 else 분기의 경우 실행할 작업이 하나도 없을 수 있다. 그런 경우는 else 부분을 완전히 생략할 수 있다.

```
int actualFloor = floor;

if (floor > 13)
{
   actualFloor--;
} // else 문이 필요하지 않다.
```

이 경우의 순서도는 그림 2에 나타나 있다.

if 문은 갈림길과 같은 것이다. 결정에 따라 프로그램의 서로 다른 부분이 실행된다.

문법 4.1 if 문

Syntax

```
if ( 조건 )
{
  문장집합
}
```

```
if ( 조건 ) { 문장집합1 }
else { 문장집합2 }
```

```
if (floor > 13)
{
   actualFloor = floor - 1;
}
else
{
   actualFloor = floor;
}
```

참 또는 거짓으로 판별할 수 있는 조건식 == != < <= > >=와 같은 관계 연산자를 사용하는 경우가 많다. (표 1 참조)

몸체가 하나의 문장으로 이루어져 있으면 중괄호는 필요하지 않다(심화 학습 4.2 참조).

여기에 세미콜론을 붙이지 말 것! (흔한 오류 4.1 참조)

조건이 참이면 이 부분의 문장들이 차례대로 실행되고 거짓이면 건너뛴다.

아무 할 일이 없으면 else 부분은 없어도 된다.

조건이 거짓이면 이 부분의 문장들이 차례대로 실행되고 참이면 건너뛴다.

중괄호의 줄을 맞춰 주는 것이 좋다. (심화 학습 4.1 참조)

다음은 if 문을 사용한 프로그램이다. 사용자에게 원하는 층 번호를 입력하게 하고 실제 층 번호를 출력한다.

section_1/ElevatorSimulation.java

```java
import java.util.Scanner;

/**
   이 프로그램은 13층을 건너뛰는 엘리베이터의 번호판을 시뮬레이션 한다.
*/
public class ElevatorSimulation
{
   public static void main(String[] args)
   {
      Scanner in = new Scanner(System.in);
      System.out.print("Floor: ");
      int floor = in.nextInt();

      // 필요한 경우 층 번호를 조절한다.

      int actualFloor;
      if (floor > 13)
      {
         actualFloor = floor - 1;
      }
```

```
      else
      {
         actualFloor = floor;
      }

      System.out.println("The elevator will travel to the actual floor "
         + actualFloor);
   }
}
```

실행 결과

```
Floor: 20
The elevator will travel to the actual floor 19
```

1. 일부 국가에서는 14를 불길한 숫자로 생각한다. 일부 건물주는 모든 경우에 안전하도록 14층과 13층을 모두 건너뛰도록 한다. 이런 건물에 사용하려면 엘리베이터 예제 프로그램을 어떻게 수정해야 하는가?
2. 할인 가격을 계산하기 위한 다음 if 문을 살펴보자.

   ```
   if (originalPrice > 100)
   {
      discountedPrice = originalPrice - 20;
   }
   else
   {
      discountedPrice = originalPrice - 10;
   }
   ```

   원래 가격이 95, 100, 105인 경우 각각의 할인 가격은 얼마가 되는가?
3. 다음의 if 문을 자습 문제 2의 경우와 비교해 보라.

   ```
   if (originalPrice < 100)
   {
      discountedPrice = originalPrice - 10;
   }
   else
   {
      discountedPrice = originalPrice - 20;
   }
   ```

   이 두 코드는 항상 같은 결과를 계산하는가? 그렇지 않다면 차이점은 무엇인가?
4. 할인 가격을 계산하기 위한 다음 if 문을 살펴보자.

   ```
   discountedPrice = originalPrice;
   if (originalPrice > 100)
   {
      discountedPrice = originalPrice - 10;
   }
   ```

   원래 가격이 95, 100, 105인 경우 각각의 할인 가격은 얼마가 되는가?
5. 변수 fuelCapacity와 fuelAmount에는 각각 자동차 연료 탱크의 용량과 현재 연료 탱크에 들어 있는 연료의 양이 저장된다. 탱크에 남아 있는 연료가 용량의 10%보다

적으면 계기판의 표시등이 빨간색으로 되고, 그렇지 않은 경우 녹색으로 나타난다. 표시등은 각각 "red"와 "green"을 출력하도록 하여 이 과정을 코드로 작성하라.

실습하기 이 장의 끝부분에 있는 복습 문제 및 연습문제 R4.5, R4.6, P4.9를 수행하시오.

알아 두기 4.1

중괄호 배치

컴파일러는 괄호가 어디에 있든 상관하지 않지만, 이 책에서는 중괄호 { 와 }의 위치를 줄 맞춰서 나란히 하는 간단한 규칙을 따른다.

```
if (floor > 13)
{
   floor--;
}
```

코드의 줄을 잘 맞추어 작성하면 프로그램 읽기가 편해진다.

이 방식을 사용하면 괄호의 쌍을 맞추기가 쉽다. 일부 프로그래머들은 여는 괄호를 if 문과 같은 줄에 둔다.

```
if (floor > 13) {
   floor--;
}
```

이렇게 하면 괄호의 짝을 맞추기 어렵다는 단점이 있지만, 줄 하나를 줄일 수 있고 따라서 코드를 화면에서 볼 때 스크롤하지 않고 많은 코드를 볼 수 있다. 각 방식마다 열렬한 옹호자들이 있다.

어떤 배치 방식이든 하나를 선택해서 하나의 프로젝트 내에서는 일관성 있게 그것을 지키는 것이 매우 중요하다. 어떤 방식을 선택할 것인가는 개인의 선호도에 따라 정해질 수도 있고, 공동 작업에서 지침으로 정해진 코딩 스타일을 반드시 따라야 하는 경우도 있다.

알아 두기 4.2

항상 중괄호를 사용하라

if 문의 몸체가 단 하나의 문장으로 구성되는 경우 중괄호를 사용하지 않아도 된다. 예를 들어 다음과 같이 작성할 수 있다.

```
if (floor > 13)
   floor--;
```

그러나 항상 중괄호를 사용하는 것이 좋은 습관이다.

```
if (floor > 13)
{
   floor--;
}
```

중괄호를 사용하면 코드를 읽기가 쉬워진다. 또한 if 문 내에 문장을 추가하게 되는 경우에도 별도로 중괄호를 걱정할 필요가 없어 코드의 유지 보수가 용이해진다.

흔한 오류 4.1

if 조건식 뒤의 세미콜론

다음 코드에는 한심한 오류가 있다.

```
if (floor > 13) ; // 오류
{
   floor--;
}
```

if 문의 조건식 뒤에 세미콜론(;)이 오면 안 된다. 컴파일러가 위 문장을 해석한 결과는 다음과 같다. floor가 13보다 크면 첫 번째 세미콜론까지의 문장, 즉 여기서는 아무 내용도 없는 문장을 실행한다. 중괄호로 싸인 그 다음 문장은 if 문과 전혀 관계없는 문장이며, 조건이 무엇이든 항상 실행된다. 즉, floor가 13 이하의 값인 경우에도 항상 1 감소하게 된다.

알아 두기 4.3

탭

블록 구조의 코드에서는 문장들이 중첩되는 성질을 갖게 되며, 중첩된 수준을 나타내기 위해 들여쓰기를 한다.

```
public class ElevatorSimulation
{
|  public static void main(String[] args)
|  {
|  |  int floor;
|  |  . . .
|  |  if (floor > 13)
|  |  {
|  |  |  floor--;
|  |  }
|  |  . . .
|  }
|  |  |  |
0  1  2  3    들여쓰기 수준
```

한 줄의 시작 위치에서 적절한 들여쓰기 위치까지 어떻게 커서를 옮길까? 간단하면서도 완벽한 방법은 충분한 횟수만큼 스페이스바를 누르는 것이다. 그러나 많은 편집기에서 스페이스바보다는 탭(tab) 키를 사용해 다음 들여쓰기 위치로 커서를 옮길 수 있다. 심지어 어떤 편집기에는 탭 사이의 공간을 자동으로 공백 문자로 채워 주는 옵션이 있기도 하다.

다음 들여쓰기 수준으로 커서를 옮기기 위해서는 탭 키를 사용한다.

탭 키는 매우 유용한 반면, 어떤 편집기에서 줄을 맞추기 위해 사용하는 탭 문자는 그렇게 좋지만은 않다. 탭 문자는 파일을 다른 사람에게 전송하거나 프린터로 출력을 할 때 문제를 일으킬 수 있다. 탭 문자의 간격에 대한 보편적이고 공통적인 원칙이 없기 때문에 어떤 소프트웨어는 탭 문자를 모두 무시하거나 자기 나름의 간격으로 처리해 버린다. 따라서 입력 시에 탭을 사용했더라도 저장할 때는 탭을 모두 공백으로 바꾸는 것이 좋다. 대부분의 편집기는 탭을 모두 공백으로 자동 변환해 주는 설정이 가능하다. 자신의 편집기를 포함한 개발 환경의 설명서를 확인해서 이 유용한 기능을 알아내어 사용하도록 하자.

심화 학습 4.1

조건 연산자

자바에는 다음과 같은 형태의 조건 연산자(conditional operator)가 있다.

조건 ? 값$_1$: 값$_2$

이 연산자가 사용된 식의 결과는 조건이 참인 경우 값$_1$이 되고, 거짓이면 값$_2$가 된다. 예를 들어 실제 층 번호를 다음 식으로 계산할 수 있다.

```
actualFloor = floor > 13 ? floor - 1 : floor;
```

이는 다음 문장과 동일하다.

```
if (floor > 13) { actualFloor = floor - 1; } else { actualFloor = floor; }
```

조건 연산자는 어떤 값이 필요할 때 어디서나 사용할 수 있다. 다음 예를 보자.

```
System.out.println("Actual floor: " + (floor > 13 ? floor - 1 : floor));
```

이 책에서는 조건 연산자를 사용하지 않는다. 그러나 많은 자바 프로그램에서 이 편리한 구조를 사용한 경우를 많이 볼 수 있을 것이다.

알아 두기 4.4

분기문에서 중복코드를 제거하라

자신의 프로그램에서 각 분기문마다 동일한 코드 중복이 있는지 살펴보라. 그런 것이 있다면 if 문 밖으로 그것을 옮기는 것이 좋다. 중복의 예를 보자.

```
if (floor > 13)
{
   actualFloor = floor - 1;
   System.out.println("Actual floor: " + actualFloor);
}
else
{
   actualFloor = floor;
   System.out.println("Actual floor: " + actualFloor);
}
```

분기된 두 경우 모두 동일한 출력문을 포함하고 있다. 이는 오류가 아니기 때문에 프로그램은 제대로 동작한다. 그러나 중복된 문장을 if 문 밖으로 옮기면 프로그램을 더 깔끔하게 만들 수 있다.

```
if (floor > 13)
{
   actualFloor = floor - 1;
}
else
{
   actualFloor = floor;
}
System.out.println("Actual floor: " + actualFloor);
```

프로그램이 오랫동안 관리되어야 하는 경우 이러한 중복 제거는 매우 중요하다. 두 부분의 코드가 동일한 효과를 나타낼 때, 두 부분을 모두 수정하는 것보다 한 쪽만 수정해도 된다면 작업이 더 쉬워지기 때문이다.

4.2 값의 비교

값을 비교하려면 관계 연산자(< <= > >= == !=)를 사용한다.

모든 if 문에는 조건식이 포함된다. 많은 경우 이 조건은 두 개의 값을 비교하는 것과 관련이 있다. 이 절에서는 자바에서 비교 연산을 어떻게 구현하는지 학습한다.

4.2.1 관계 연산자

관계 연산자는 값을 비교한다. == 연산자는 값이 동일한지 검사한다.

관계 연산자(relational operator)는 두 값 사이의 관계를 검사한다. 예를 들어 층 번호가 13보다 큰지 검사하기 위해 `floor > 13`에서 > 연산자를 사용하였다. 자바에는 6개의 관계 연산자가 있다(표 1 참조).

표에서 보다시피 <, > 2개의 연산자만이 수학적 표기법과 동일하다. 컴퓨터 키보드에는 ≤, ≥, ≠와 같은 문자가 없기 때문에 <=, >=, != 등을 사용하며, 비슷하게 생겼으므로 기억하기는 어렵지 않을 것이다. 자바 초보자에게는 == 연산자가 처음에 좀 혼동될 것이다.

자바에서 = 연산자는 대입(assignment)의 의미로 사용되고, == 연산자는 값의 동등성 검사(equality testing)를 나타낸다.

```
floor = 13; // floor에 13을 대입
if (floor == 13) // floor의 값이 13인지 검사
```

조건식 안에서는 == 연산자, 밖에서는 = 연산자를 사용해야 함을 명심해야 한다.

표 1의 관계 연산자들은 산술 연산자들보다 우선 순위가 낮다. 즉, 계산과 비교를 동시에 하나의 연산식에 사용할 때 산술식을 괄호로 싸지 않아도 된다. 다음 연산식

문법 4.2 비교

```
floor > 13

floor == 13

String input;
if (input.equals("Y"))

double x; double y; final double EPSILON = 1E-14;
if (Math.abs(x - y) < EPSILON)
```

- 이 값들이 비교된다.
- 올바른 연산자를 사용했는지 점검하라 > (크다) < (작다)
- == != < <= > >= 중의 하나 (표 1 참조)
- 경계 조건을 점검한다. 경계값을 포함(>=)할 것인가, 말(>) 것인가?
- 동등성을 검사한다.
- ==를 사용한다. =가 아니다.
- 문자열 비교는 equals를 사용한다. (흔한 오류 4.2 참조)
- 두 개의 부동 소수점 수가 거의 같은 수인지 검사 (4.2.2절 참조)

표 1 관계 연산자

자바	수학적 표기법	설명
>	>	크다
>=	≥	크거나 같다
<	<	작다
<=	≤	작거나 같다
==	=	같다
!=	≠	같지 않다

의 예를 보자.

```
floor - 1 < 13
```

< 연산자의 양쪽 값 floor - 1과 13이 각각 먼저 계산되고 그 결과가 서로 비교된다. 자바의 모든 연산자와 우선순위를 알고 싶으면 부록 B를 참조하자.

4.2.2 부동 소수점 수의 비교

부동 소수점 수를 서로 비교할 때는 반올림 오차에 대처할 수 있도록 주의해야 한다. 예를 들어 2의 제곱근을 제곱하고 2를 빼는 다음 코드를 보자.

```
double r = Math.sqrt(2);
double d = r * r - 2;
if (d == 0)
{
   System.out.println("sqrt(2) squared minus 2 is 0");
}
else
{
   System.out.println("sqrt(2) squared minus 2 is not 0 but " + d);
}
```

수학적으로 $\left(\sqrt{2}\right)^2 - 2$의 결과는 당연히 0이 된다. 그러나 이 프로그램의 실행 결과는 다음과 같다.

```
sqrt(2) squared minus 2 is not 0 but 4.440892098500626E-16
```

유감스럽게도 이런 반올림 오차는 피할 수 없다. 대부분의 경우 부동 소수점 수의 정확한 값을 비교하는 것은 의미가 없고, 대신 근사치인지를 검사한다.

부동 소수점 수를 비교할 때는 값이 같은지를 검사하지 말고, 대신 두 값이 충분히 가까운 근사치인지 검사해야 한다.

어떤 수 x가 0에 가까운 수인지 검사하기 위해서는 x의 절대값 $|x|$(부호가 제거된 수)가 매우 작은 임계값보다 작은지 비교한다. 이 임계값은 대개 ε(그리스 문자 엡실론)이라 하는데, double 형의 수를 검사하기 위해서는 보통 10^{-14}로 지정된다.

마찬가지로 두 개의 수가 거의 같은지 검사하기 위해서는 두 값의 차가 0에 가까운지 검사하면 된다.

$$|x - y| \leq \varepsilon$$

위 식을 자바 프로그램으로 옮기면 다음과 같다.

```
final double EPSILON = 1E-14;
if (Math.abs(x - y) <= EPSILON)
{
    // x와 y는 거의 같다.
}
```

4.2.3 문자열의 비교

두 문자열이 서로 같은지 비교하려면, equals라는 메서드를 사용해야 한다.

```
if (string1.equals(string2)) . . .
```

문자열을 비교할 때는 == 연산자를 사용하는 것이 아니라 equals 메서드를 사용해야 한다.

문자열을 비교할 때 == 연산자를 사용해서는 안 된다. 다음과 같은 조건식은 문자열 비교와는 전혀 다른 의미를 갖는다.

```
if (string1 == string2) // 의미가 없다.
```

이 식은 두 개의 문자열이 동일한 메모리 위치에 저장되어 있는지 검사하는 것이다. 서로 다른 위치에 있지만 동일한 내용의 문자열을 저장할 수도 있기 때문에 이 검사는 실제 프로그램에서 그다지 의미가 없다. 흔한 오류 4.2를 참조하기 바란다.

두 개의 문자열이 같지 않다고 판명이 나는 경우에 거기에 더해서 두 문자열 간에 어떤 관계가 있는지 알고 싶을 때도 있다. compareTo 메서드는 문자열들을 **사전식(lexicographic) 순서**로 비교한다. 이 순서는 사전에 있는 단어들이 정렬되는 순서와 매우 유사하다. 만약 조건식

```
string1.compareTo(string2) < 0
```

이 참이라면 string1이 string2보다 사전에서 앞에 나온다는 것을 의미한다. 예를 들어 string1이 "Harry"이고 string2가 "Hello"인 경우이다. 마지막으로 다음 조건식이

참이면

```
string1.compareTo(string2) == 0
```

string1과 string2는 같다.

compareTo 메서드는 사전식 순서로 문자열을 비교한다.

사실 자바에서 사용하는 "사전식" 순서는 우리가 알고 있는 일반 사전과는 약간 다르며, 자바에서는 다음과 같은 특성이 있다.

- 모든 대문자는 소문자보다 앞에 온다. 예를 들어 "Z"는 "a"보다 앞에 온다.
- 공백 문자는 모든 다른 출력 가능한 문자보다 순서가 앞선다.
- 숫자는 문자 앞에 온다.
- 기타 구두점의 경우는 부록 A를 참조하라.

c a r

c a r t

c a t

문자 일치 r이 t보다 앞에 온다

사전식 순서

자바에서 두 문자열을 비교할 때는 대응하는 문자들끼리 한 글자씩 차례로 비교해서 서로 다른 문자가 나타나거나 어느 한 쪽 문자열이 끝날 때까지 비교한다.

한 쪽 문자열이 끝난 경우는 길이가 긴 쪽이 순서에서 뒤에 오는 것(더 큰 것)으로 간주한다. 예를 들어 "car"와 "cart"를 비교해 보라. 처음 세 글자까지 모두 같고 첫 번째 문자열의 끝에 이르게 된다. 그러므로 "car"는 사전식 순서에서 "cart"보다 앞에 온다.

서로 일치하지 않는 문자가 나타나면 더 큰 문자를 가진 쪽의 문자열을 더 큰 것으로 간주한다. 예를 들어 "cat"과 "cart"를 비교하면, 처음 두 글자가 같고 t가 r보다 뒤에 오기 때문에 사전식 순서에서 "cat"이 "cart"보다 뒤에 온다.

두 단어 중 어느 것이 사전에서 먼저 나오는지 알아보려면 철자 중에 달라지는 첫 번째 글자를 보면 된다.

4.2.4 객체의 비교

== 연산자로 두 객체 참조를 비교하는 것은 두 참조 변수가 같은 객체를 참조하고 있는지를 검사하는 것이다. 예를 보자.

```
Rectangle box1 = new Rectangle(5, 10, 20, 30);
Rectangle box2 = box1;
Rectangle box3 = new Rectangle(5, 10, 20, 30);
```

비교 연산

```
box1 == box2
```

의 결과는 true다. 두 변수 모두 같은 객체를 가리키고 있다. 그러나 다음 비교 연산

```
box1 == box3
```

== 연산자는 두 객체 참조가 같은지 검사한다. 객체의 내용이 같은지 비교하기 위해서는 equals 메서드를 사용해야 한다.

의 결과는 false다. 두 객체 변수는 서로 다른 객체를 참조하고 있다(그림 3 참조). 두 객체의 내용이 같다는 것은 상관이 없다.

두 Rectangle 객체가 같은 내용을 가지고 있는지 즉, 좌상단 시작점과 폭, 높이가 같은지 비교하기 위해서는 equals 메서드를 사용하면 된다. 예를 들어 다음 연산의 결과는 참이 된다.

```
box1.equals(box3)
```

그러나 equals 메서드를 사용할 때는 주의해야 한다. 해당 클래스에 메서드가 적합하게 구현되어 있을 때만 제대로 동작한다. Rectangle 클래스는 직사각형의 동등성을 검사하는 equals 메서드를 제공하고 있다.

직접 작성하는 클래스에는 적절한 equals 메서드를 직접 구현해야 한다. 9장에서 그 방법을 배우게 될 것이다. 그 때까지는 자신의 클래스에 equals 메서드를 사용해서는 안 된다.

그림 3 객체 참조 비교

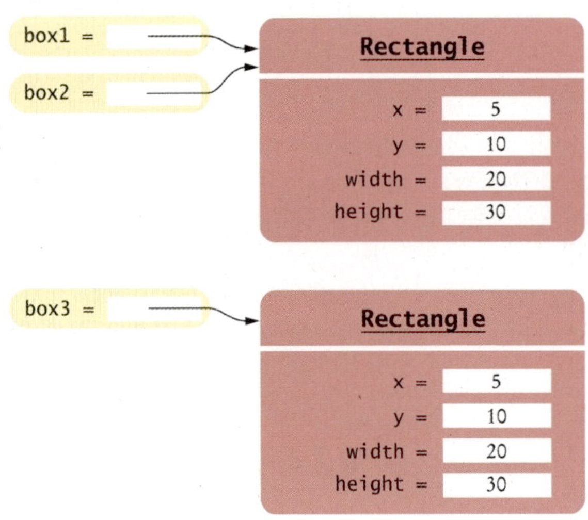

4.2.5 널 검사

null 참조는 아무 객체도 참조하지 않는다.

아무런 객체도 참조하지 않는 객체 참조는 null이라는 특수한 값을 갖는다. 특정한 값이 설정되지 않는 것을 표시하기 위해 흔히 null을 사용한다. 예를 들어 다음 코드를 보자.

```
String middleInitial = null; // 설정되지 않음
if ( . . . )
{
   middleInitial = middleName.substring(0, 1);
}
```

객체 참조가 null인지 아닌지 검사하기 위해서는 equals 메서드가 아니라 == 연산자를 사용한다.

```
if (middleInitial == null)
{
   System.out.println(firstName + " " + lastName);
}
else
{
   System.out.println(firstName + " " + middleInitial + ". " + lastName);
}
```

예제의 완전한 코드

웹 페이지 wiley.com/go/javacode에 가면 여러 가지 숫자와 문자열을 비교한 예제 프로그램을 다운로드할 수 있다.

널 참조(null reference)는 빈 문자열(empty string) ""과 다르다는 것에 주의하자. 빈 문자열은 길이가 0인 정상적인 문자열 객체인 반면, null은 문자열 변수가 아무런 문자열도 참조하지 않음을 나타낸다.

표 2는 자바에서 여러 가지 값들을 비교하는 예를 보여 준다.

표 2 관계 연산자 예제

조건식	결과값	설명
3 <= 4	true	3은 4보다 작다. <=은 "작거나 같은"지 검사한다.
3 =< 4	오류	"작거나 같은"지 검사하는 연산자는 "작다" 연산자 <를 앞에 써서 <=로 표기해야 한다. =<는 틀린 것이다.
3 > 4	false	>는 <=의 반대
4 < 4	false	< 연산자 왼쪽의 값은 오른쪽의 값보다 분명히 작아야 한다.
4 <= 4	true	양쪽 값이 같다. <=은 "작거나 같은"지 검사한다.
3 == 5 – 2	true	==은 양쪽 값이 같은지 검사한다.
3 != 5 – 1	true	!=은 양쪽 값이 서로 다른지 검사한다. 3은 5–1의 계산 결과와 다르다.
3 = 6 / 2	오류	동등성을 검사하기 위해서는 ==를 사용해야 한다.
1.0 / 3.0 == 0.333333333	false	두 값은 매우 비슷하지만 완전히 똑같지는 않다. 4.2.2절 참조
"10" > 5	오류	문자열과 수를 비교할 수 없다.
"Tomato".substring(0,3).equals("Tom")	true	두 문자열이 같은 내용인지 비교하기 위해서는 반드시 equals 메서드를 사용해야 한다.
"Tomato".substring(0,3) == ("Tom")	false	문자열을 비교할 때 ==를 사용해서는 안 된다. 이 연산자는 두 문자열이 같은 곳에 저장되어 있는지 검사할 수 있다. 흔한 오류 4.2 참조

자습문제

6. a가 3이고 b가 4일 때, 다음 조건식 중 참인 것은?
   a. `a + 1 <= b`
   b. `a + 1 >= b`
   c. `a + 1 != b`

7. 다음 조건식의 역이 되는 식은?

```
floor > 13
```

8. 다음 코드에서 오류는 무엇인가?

```
if (scoreA = scoreB)
{
   System.out.println("Tie");
}
```

9. 다음 코드의 if 문에 사용자가 Y를 입력했는지 검사하는 조건식을 작성하라.

```
System.out.println("Enter Y to quit.");
String input = in.next();
if (. . .)
{
   System.out.println("Goodbye.");
}
```

10. 문자열 str이 빈 문자열인지 검사하는 두 가지 방법을 제시하라.

11. 문자열 s가 다음과 같을 때 s.length()의 값은 무엇인가?
   a. 빈 문자열 ""?
   b. 공백 문자가 있는 문자열 " "?
   c. 널(null)?

12. 다음 비교 연산 중 문법이 틀린 것은 무엇인가? 또한 문법은 맞지만 논리적으로는 문제가 있어 보이는 것은 어느 것인가?

```
String a = "1";
String b = "one";
double x = 1;
double y = 3 * (1.0 / 3);
```

   a. `a == "1"`
   b. `a == null`
   c. `a.equals("")`
   d. `a == b`
   e. `a == x`
   f. `x == y`
   g. `x - y == null`
   h. `x.equals(y)`

실습하기 이 장의 끝부분에 있는 복습문제 및 연습 문제 R4.4, R4.7, P4.13을 수행하시오.

흔한 오류 4.2

문자열 비교에 == 사용하기

만약 다음과 같이 작성하면

```
if (nickname == "Rob")
```

변수 nickname이 문자열 상수 "Rob"와 완전히 같은 문자열 객체를 참조하고 있을 때만 참이 된다. 문자열 변수가 다음과 같이 동일한 문자열 리터럴로 초기화되었다면 조건식은 참이 될 것이다.

```
String nickname = "Rob";
. . .
if (nickname == "Rob") // 결과값은 true
```

그러나 다른 방식으로 R o b 글자가 조합되어 만들어진 문자열이라면 이 조건식은 성립하지 않는다.

```
String name = "Robert";
String nickname = name.substring(0, 3);
. . .
if (nickname == "Rob") // 결과값은 false
```

이 경우 substring 메서드는 새로운 "Rob" 문자열을 생성해 처음의 "Rob"과 다른 메모리 위치에 저장한다. 두 문자열의 내용이 똑같다 할지라도 위의 비교 결과는 참이 되지 않는다.

기억해야 할 것은 문자열을 비교하기 위해 == 연산자를 사용해서는 절대 안 된다는 것이다. 두 문자열이 같은 내용인지 비교하려면 항상 equals 메서드를 사용하도록 하라.

따라 하기 4.1

if 문 구현하기

이번 따라하기는 if 문을 구현하는 과정을 차근차근 보여 줄 것이다. 다음 문제를 해결하기 위한 과정을 단계별로 설명한다.

문제 정의 대학 구내 서점이 매년 10월 24일에 모든 컴퓨터 주변 기기에 대한 세일을 실시한다. 구매 금액이 128달러보다 적은 경우는 8%, 128달러 이상일 때는 16% 할인을 해준다. 계산원에게 원래 가격을 입력하도록 하고 할인된 가격을 계산해서 출력해 주는 프로그램을 작성하라.

단계 1 **분기 조건이 무엇인지 결정하라.**

이 예제에서 검사해야 할 조건으로 다음 식을 금방 생각할 수 있다.

```
원래 가격 < 128?
```

그 자체로 충분하므로 이 식을 그대로 조건식으로 사용할 것이다.

그러나 반대 조건, 즉 "128 이상일 때"를 선택한다면 이와 마찬가지로 쉽게 조건식을 만들어낼 수 있는가? 만약 할인 금액이 더 큰 경우를 빨리 알고 싶어 하는 구매자의 입장이라면 이 조건을 선택할 수도 있을 것이다.

세일 시 비싼 상품일수록 할인폭이 큰 경우가 많다. 그러한 결정 과정을 구현하려면 if 문을 사용하라.

단계 2 조건이 만족되었을 때 수행되어야 할 작업의 의사코드를 작성한다.

이 단계에서는 조건식의 결과가 참일 때 수행해야 할 작업들을 나열해 본다. 상세한 내용은 각자 알아서 해 보자. 메시지 출력, 가격 계산, 또는 프로그램 종료도 가능하다.

이 예제에서는 8% 할인율을 적용하게 된다.

```
할인된 가격 = 0.92 × 원래 가격
```

단계 3 조건이 만족되지 않았을 때 수행되어야 할 작업이 있다면 그에 대한 의사코드를 작성한다.

단계 1에서 정한 조건이 만족되지 않으면 무엇을 하기 원하는가? 아무 것도 하지 않을 수도 있다. 그 경우 else 문 없이 if 문만 사용하면 된다.

이 예제에서는 가격이 128달러보다 작은지 검사되었다. 이것이 만족하지 않는다는 것은 가격이 128달러 이상이라는 것이고 그 경우 16%의 할인율이 적용된다.

```
할인된 가격 = 0.84 × 원래 가격
```

단계 4 관계 연산자를 재점검한다.

첫째, 연산자의 방향이 의도한 바와 맞는지 확인한다. <와>를 혼동하는 경우도 흔하다. 다음으로는 < 연산자를 써야 할지, 그와 비슷한 <= 연산자를 써야 할지 주의 깊게 생각해 본다.

원래 가격이 정확히 128달러면 어떻게 되는가? 문제를 잘 읽어 보면 원래 가격이 128달러보다 "작을 때" 낮은 할인율이 적용되고, 128달러 "이상"일 때 높은 할인율이 적용된다는 것을 알 수 있다. 정확히 128달러라는 것은 앞에서 선택한 조건을 만족하지 않는 것이므로 <=가 아니라 <를 사용해야 한다.

단계 5 중복되는 부분을 제거한다.

어떤 동작이 두 방향의 분기에서 모두 공통적으로 수행된다면 if 문 밖으로 빼내야 한다. (알아 두기 4.4 참조)

이 예제에서는 다음과 같은 형태의 두 문장이 있다.

```
할인된 가격 = ___ × 원래 가격
```

빈 공간, 즉 할인율만 다르고 나머지 요소는 같다. 그러므로 if 문에서는 할인율만 설정하도록 하고 계산은 그 다음으로 빼내는 것이 최선이다.

```
if 원래 가격 < 128
  할인율 = 0.92
else
  할인율 = 0.84
할인된 가격 = 할인율 × 원래 가격
```

단계 6 **양쪽 분기를 각각 테스트한다.**

조건을 만족하는 것과 만족하지 않는 두 개의 테스트 사례를 만든다. 각 사례에서 무슨 결과가 나와야 하는지 먼저 계산해 본다. 그리고 앞에서 작성한 의사코드를 따라서 각 사례를 적용해 본다.

이 예제를 위해 원래 가격이 100달러와 200달러인 경우를 생각해 보자. 첫 번째 경우는 8달러 할인을 받고 두 번째는 32달러를 할인 받게 될 것이다.

원래 가격이 100달러일 때 조건식 100 < 128의 결과는 참이 된다. 따라서 의사코드에 이를 적용한 결과는 다음과 같다.

```
할인율 = 0.92
할인된 가격 = 0.92 × 100 = 92
```

원래 가격이 200달러일 때는 조건식 200 < 128이 거짓이 되고 다음과 같이 수행된다.

```
할인율 = 0.84
할인된 가격 = 0.84 × 200 = 168
```

두 경우 모두 예상한 대로의 결과가 나왔다.

단계 7 **자바로 if 문을 작성한다.**

다음과 같은 틀 속에 문법 4.1에서 본 것과 같이 내용을 채운다.

```
if ()
{
}
else
{
}
```

필요하지 않다면 else 부분은 작성하지 않는다.

이 예제에 대한 완전한 if 문은 다음과 같이 작성할 수 있다.

예제의 완전한 코드

웹 페이지 wiley.com/go/javacode에 가면 할인된 금액을 계산하는 예제의 완전한 프로그램을 다운로드 할 수 있다.

```
if (originalPrice < 128)
{
   discountRate = 0.92;
}
else
```

```
{
   discountRate = 0.84;
}
discountedPrice = discountRate * originalPrice;
```

실습 예제 4.1

중앙 글자 추출하기

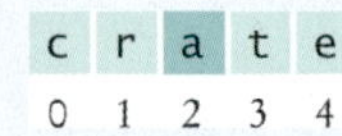

이 실습예제는 문자열에서 중앙 글자를 추출하는 프로그램을 보여준다. 문자열의 길이가 짝수일 때는 두 개의 중앙 글자를 추출하게 된다. 웹 페이지 wiley.com/go/javaexamples에서 Worked Example 4.1을 다운로드 할 수 있다.

컴퓨팅과 사회 4.1 덴버의 수화물 처리 시스템

결정을 내린다는 것은 어떤 프로그램에서든 핵심적인 부분이다. 공항에서 수화물 분류 작업을 관리하는 컴퓨터 시스템이 가장 명백한 예라 할 수 있다.

수화물에 붙은 인식코드를 스캔하여 분류하고 서로 다른 컨베이어 벨트에 올려놓는 작업이 수행되면 인간 작업자가 그 화물을 트럭에 실어 간다. 덴버 시에서 구식이며 포화상태인 시설을 대체할 거대한 공항을 건설할 때, 수화물 시스템 구축을 맡은 하청회사는 기본 기능에서 한 단계 더 나아가기를 원했다. 그 결과 새로운 시스템을 도입하여 사람 대신 로봇 카트를 사용하기로 설계한 것이다. 허나 유감스럽게도 시스템은 제대로 작동하지 않았다. 시스템은 수화물이 트랙에서 떨어진다거나 카트가 서로 엉키는 것과 같은 기계적인 문제로 계속 곤란을 겪었다. 또한 소프트웨어 결함도 마찬가지로 문제가 되었다. 어디선가 카트가 필요한데도 한 쪽에서는 할 일 없는 카트가 계속 쌓이는 일이 발생하곤 했다.

공항은 1993년에 개장하기로 계획되어 있었지만, 하청 회사가 제대로 동작하지 않는 수화물 시스템을 수리하려 애쓰는 사이에 개장이 1년 넘게 지연되었다. 그 시스템은 결국 성공하지 못했고 최종적으로는 수동 시스템이 설치되었다. 시와 항공사들이 지불해야 했던 지연 비용은 10억 달러가 넘었고, 한 때 미국에서 수화물 시스템 분야의 선두주자였던 하청 회사는 결국 파산했다.

작은 시스템에서 한 번도 검증되지 않은 신기술에 기반하여 대형 시스템을 구축하는 것은 명백히 매우 위험한 일이다. 로봇과 그 로봇을 제어하는 소프트웨어는 시간이 지날수록 개선될 것이며, 미래에는 수화물 시스템에서 큰 역할을 할 수 있을 것이다. 그러나 이런 변화는 점진적으로 추구되어야 한다.

덴버 공항은 처음에 인간 작업자를 로봇 카트로 대체하는 전자동 수화물 이동 시스템을 구축하였다. 불행하게도 시스템은 제대로 동작하지 않았고 공항이 개장하기 전에 제거되고 말았다.

4.3 다중 선택문

4.1절에서 if 문으로 두 가지 경우의 수를 프로그램 하는 법을 공부하였다. 많은 경우, 두 가지 이상의 선택사항이 있을 때가 있다. 이 절에서는 많은 선택사항이 있을

복잡한 결정 과정을 계산하기 위해 여러 개의 if 문을 결합해 사용할 수 있다.

때의 결정문을 구현하는 방법을 설명하려고 한다. 예를 들어 리히터 규모로 지진의 강도를 보여 주기 위한 프로그램을 작성한다고 생각해 보자.

1989년 샌프란시스코의 베이 브릿지과 많은 건물을 파괴한 Loma Prieta 지진은 리히터 강도 7.1로 측정되었다.

표 3 리히터 규모

값	효과
8	대부분의 구조물이 무너짐
7	많은 건물이 파괴됨
6	많은 건물이 심각한 손상을 입고 일부는 무너짐
4.5	부실한 건물이 손상을 입음

리히터 규모는 지진의 강도를 나타내는 척도다. 이 규모의 각 단계는 지진의 강도가 10배씩 증가함을 의미한다. 예를 들어 7.0은 6.0보다 10배 강하다.

이 문제의 경우 5개의 분기가 필요하다. 각각의 손상을 설명하는 네 단계와 아무 손상이 없는 경우 하나가 있다. 그림 4는 이 다중 분기를 그림으로 나타낸 순서도이다.

여러 가지 선택을 구현하려면 다음과 같이 여러 개의 if 문을 사용한다.

```
if (richter >= 8.0)
{
   description = "대부분의 구조물이 무너짐";
}
else if (richter >= 7.0)
{
   description = "많은 건물이 파괴됨";
}
else if (richter >= 6.0)
{
   description = "많은 건물이 심각한 손상을 입고 일부는 무너짐";
}
else if (richter >= 4.5)
{
   description = "부실한 건물이 손상을 입음";
}
else
{
   description = "건물의 파괴는 없음";
}
```

처음 네 가지 중 하나의 조건이 만족하면 지진의 충격을 묘사하는 문장이 출력되고 더 이상의 조건 검사는 시행되지 않는다. 네 가지 모두 만족하지 않으면 마지막 else 문이 적용되어 기본 문장이 출력된다.

그림 4 다중 선택

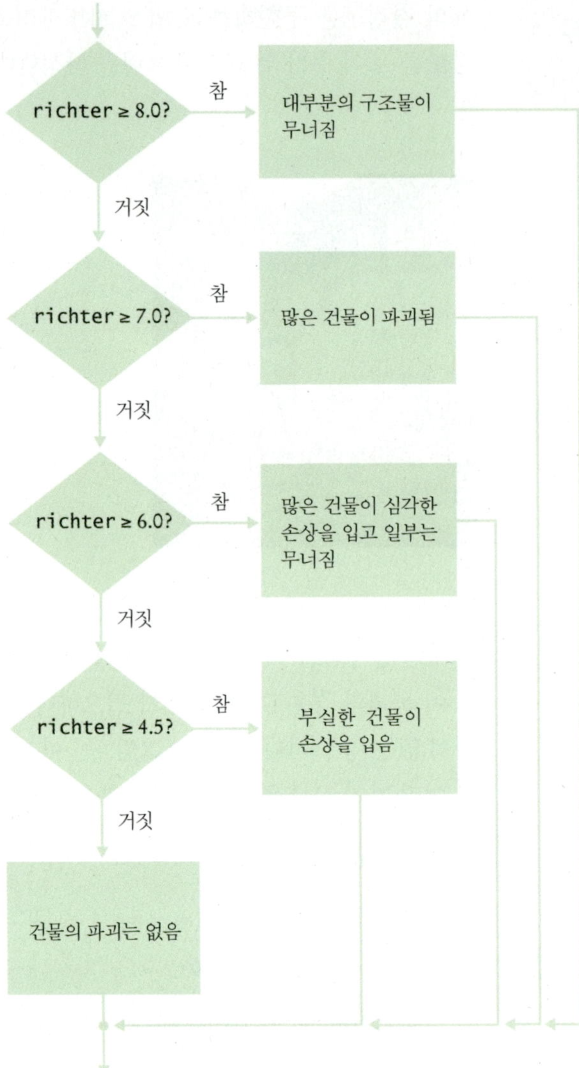

여기서는 가장 큰 조건값이 가장 먼저 오도록 조건을 배치해야 한다. 이를 역순으로 한다고 가정해 보자.

```
if (richter >= 4.5) // 잘못된 순서로 검사
{
   description = "부실한 건물이 손상을 입음";
}
else if (richter >= 6.0)
{
   description = "많은 건물이 심각한 손상을 입고 일부는 무너짐";
}
else if (richter >= 7.0)
{
   description = "많은 건물이 파괴됨";
```

```
}
else if (richter >= 8.0)
{
   description = "대부분의 구조물이 무너짐";
}
```

> 여러 개의 if 문을 사용할 때 보다 구체적인 조건을 먼저 검사하고 포괄적인 조건을 나중에 검사해야 한다.

이것은 제대로 동작하지 않는다. 변수 richter의 값이 7.1이라 하자. 이는 4.5보다 크기 때문에 첫 번째 조건에서 참이 되고 나머지 검사는 시도조차 되지 않는다.

해법은 보다 구체적인 조건을 먼저 검사하는 것이다. 여기서는 richter >= 8.0이라는 조건이 richter >= 7.0보다 더 구체적이고, richter >= 4.5가 다른 것보다 더 포괄적, 즉 좀 더 많은 값을 포함하는 조건이다. 이 예에서는 별개의 if 문을 여러 개 사용한 것이 아니라 if/else if/else 문장을 사용한 것도 역시 중요한 점이다. 다음과 같이 별개의 if로 이루어진 검사를 생각해 보라.

```
if (richter >= 8.0) // else를 사용하지 않은 검사
{
   description = "대부분의 구조물이 무너짐";
}
if (richter >= 7.0)
{
   description = "많은 건물이 파괴됨";
}
if (richter >= 6.0)
{
   description = "많은 건물이 심각한 손상을 입고 일부는 무너짐";
}
if (richter >= 4.5)
{
   description = "부실한 건물에 손상이 생김";
}
```

> **예제의 완전한 코드**
> 웹 페이지 wiley.com/go/javacode에 가면 지진의 효과를 출력하는 프로그램을 다운로드할 수 있다.

이 경우 각 조건들이 상호 배타적이지 않아 여러 번 참이 될 수 있다. 변수 richter의 값이 7.1이라면 뒤의 세 조건식에서 모두 참이 된다. 변수 description의 값도 세 개의 서로 다른 문자열로 설정되며 마지막에 설정된 잘못된 값이 최종적으로 남게 된다.

자습문제

13. 어떤 게임 프로그램에서 플레이어 A와 B의 점수가 각각 변수 scoreA와 scoreB에 저장된다. 점수가 높은 플레이어가 이긴다고 할 때, "A가 이겼습니다.", "B가 이겼습니다.", "비겼습니다."를 각각 출력하는 if/else if/else 문을 작성하라.
14. x를 검사해 양수면 변수 s를 1로, 음수면 −1로, 0이면 0으로 설정하는 세 개의 분기문을 가진 조건문을 작성하라.
15. 자습 문제 14의 작업을 수행하기 위해 두 개의 분기문만을 가진 조건문을 작성하려면 어떻게 해야 하는가?
16. 초보자들은 종종 다음과 같은 문장을 작성한다.

```
if (price > 100)
{
   discountedPrice = price - 20;
}
else if (price <= 100)
{
   discountedPrice = price - 10;
}
```

이 코드를 어떻게 개선할 수 있는지 설명하라.

17. 지진 프로그램에서 사용자가 -1을 입력했다고 하자. 무엇이 출력되는가?

18. 지진 프로그램을 개선해 사용자가 음수를 입력한 경우를 별도로 점검하려고 한다. 기존의 if 문에 어떤 분기문을 어디에 추가해야 하는가?

실습하기 이 장의 끝부분에 있는 복습문제 및 연습 문제 R4.22, R4.10, P4.10을 수행하시오.

심화 학습 4.2

switch 문

하나의 값을 여러 가지 선택 조건에 따라 비교하는 if/else if/else문은 switch 문으로 구현될 수도 있다. 예를 보자.

```
int digit = . . .;
switch (digit)
{
   case 1: digitName = "one"; break;
   case 2: digitName = "two"; break;
   case 3: digitName = "three"; break;
   case 4: digitName = "four"; break;
   case 5: digitName = "five"; break;
   case 6: digitName = "six"; break;
   case 7: digitName = "seven"; break;
   case 8: digitName = "eight"; break;
   case 9: digitName = "nine"; break;
   default: digitName = ""; break;
}
```

위의 문장은 다음을 간단하게 작성한 것과 같다.

```
int digit = . . .;
if (digit == 1) { digitName = "one"; }
else if (digit == 2) { digitName = "two"; }
else if (digit == 3) { digitName = "three"; }
else if (digit == 4) { digitName = "four"; }
else if (digit == 5) { digitName = "five"; }
else if (digit == 6) { digitName = "six"; }
else if (digit == 7) { digitName = "seven"; }
else if (digit == 8) { digitName = "eight"; }
else if (digit == 9) { digitName = "nine"; }
else { digitName = ""; }
```

switch 문을 사용하면 한정된 값의 집합에서 선택을 할 수 있다.

사실 그렇게 간단해진 것 같지 않지만 한 가지 장점은 모든 분기의 검사가 하나의 같은 값, 여기서는 digit에 대해 이루어진다는 점이 명확해 보인다는 것이다.

switch 문이 적용될 수 있는 상황은 한정되어 있다. case 문의 값들은 반드시 상수여야 하며, 또한 정수거나 문자형이어야 한다. 자바 7부터는 문자열도 비교 대상이 될 수 있다. 부동 소수점 수에 대한 조건 검사를 위해 switch 문을 사용할 수는 없다.

switch 문의 모든 분기문은 break 명령으로 끝나야 한다. break가 없으면 바로 다음의 분기문에 있는 문장을 실행하게 되며, 새로운 break를 만나거나 switch 문의 끝에 이르기까지 모든 문장을 실행하게 된다. 실제로 이렇게 다른 분기문으로 빠져 버리는 동작은 별로 유용하지도 않고 오류의 원인이 되는 경우가 많다. 실수로 break 문을 빠트린 경우에도 컴파일러에서 오류를 지적하지는 않으며, 원하지 않은 코드가 실행되어 버린다. 이런 이유로 많은 프로그래머가 switch 문을 위험하게 생각하고 대신 if 문을 선호한다.

여러분이 프로그램을 작성할 때 switch 문을 사용할 것인가 말 것인가의 문제는 자신의 선택에 맡기겠다. 어쨌든 다른 프로그래머의 코드에서 switch 문을 볼 수도 있으므로 그에 대해 알고 있어야 할 필요는 있다.

4.4 중첩된 분기

결정문이 다른 결정문의 한 분기에 포함되어 있을 경우, 그 결정문은 중첩되었다고 한다.

if 문을 다른 if 문 내에 포함시키는 것이 필요할 때가 자주 있다. 그러한 구조를 중첩된(nested) 문장이라고 한다. 전형적인 한 예를 보자.

미국에서는 결혼 상태에 따라 다른 세율의 연방소득세를 납부한다. 크게 두 가지 과세 체계가 있는데 하나는 독신 납세자용이고 하나는 결혼한 납세자들을 위한 부부합산제이다. 결혼한 사람들은 부부의 소득을 합쳐서 그 총액에 대해 세금을 납부할 수 있다. 표 4는 2008년 연방납세신고를 위한 세율규정을 간단하게 정리한 것이다. 각 계층별 과세기준금액은 결혼 상태에 따라 달라진다.

중첩된 결정문은 두 단계 이상의 의사결정을 해야 하는 문제에 필요하다.

이제 결혼 상태와 소득에 따라 세금을 계산해 보자. 핵심 사항은 결정을 내리기 위해 두 단계를 거쳐야 한다는 것이다. 먼저 결혼 상태에 따라 경우를 나누어야 하고, 그 다음은 각 결혼 상태에서 소득 수준에 따라 다시 경우를 나누어야 한다.

표 4 연방 세율 체계

독신인 경우의 소득	세율	세율 적용 소득
32,000달러 이하	10%	0 달러 초과분
32,000 달러 초과	3,200 달러 + 25%	32,000 달러 초과분
기혼인 경우의 소득	**세율**	**세율 적용 소득**
64,000 달러 이하	10%	0 달러 초과분
64,000 달러 초과	6,400 달러 + 25%	64,000 달러 초과분

두 단계 결정 과정은 두 단계의 if 문에 반영된다. 프로그램은 이 절의 마지막에 있다(그림 5의 순서도 참조). 이론적으로 중첩은 두 단계 이상 갈 수도 있다. 3단계 결정 과정(예 : 거주지의 선택, 결혼 상태 선택, 소득 수준)은 3단계 중첩이 필요하다.

소득세를 계산하기 위해서는 여러 단계의 결정 과정이 필요하다.

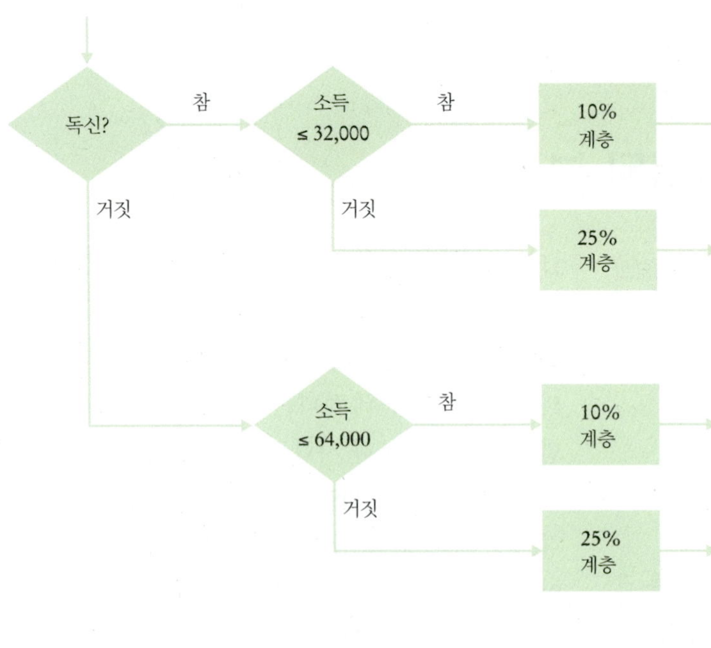

그림 5 소득세 계산

section_4/TaxReturn.java

```
/**
   2008년 납세자를 위한 세금 계산 프로그램
*/
public class TaxReturn
{
   public static final int SINGLE = 1;
   public static final int MARRIED = 2;

   private static final double RATE1 = 0.10;
   private static final double RATE2 = 0.25;
   private static final double RATE1_SINGLE_LIMIT = 32000;
   private static final double RATE1_MARRIED_LIMIT = 64000;

   private double income;
   private int status;

   /**
      주어진 소득과 결혼 상태에 따라
      TaxReturn 객체를 생성한다.
      @param anIncome 납세자의 소득
      @param aStatus SINGLE(독신) 또는 MARRIED(기혼)
   */
   public TaxReturn(double anIncome, int aStatus)
   {
      income = anIncome;
      status = aStatus;
   }

   public double getTax()
   {
      double tax1 = 0;
      double tax2 = 0;

      if (status == SINGLE)
      {
         if (income <= RATE1_SINGLE_LIMIT)
         {
            tax1 = RATE1 * income;
         }
         else
         {
            tax1 = RATE1 * RATE1_SINGLE_LIMIT;
            tax2 = RATE2 * (income - RATE1_SINGLE_LIMIT);
         }
      }
      else
      {
         if (income <= RATE1_MARRIED_LIMIT)
         {
            tax1 = RATE1 * income;
         }
         else
         {
            tax1 = RATE1 * RATE1_MARRIED_LIMIT;
            tax2 = RATE2 * (income - RATE1_MARRIED_LIMIT);
         }
      }
```

```java

        return tax1 + tax2;
    }
}
```

section_4/TaxCalculator.java

```java
import java.util.Scanner;

/**
   TaxReturn 클래스를 이용해 납세 금액을 계산하는 프로그램
*/
public class TaxCalculator
{
   public static void main(String[] args)
   {
      Scanner in = new Scanner(System.in);

      System.out.print("Please enter your income: ");
      double income = in.nextDouble();

      System.out.print("Are you married? (Y/N) ");
      String input = in.next();
      int status;
      if (input.equals("Y"))
      {
         status = TaxReturn.MARRIED;
      }
      else
      {
         status = TaxReturn.SINGLE;
      }
      TaxReturn aTaxReturn = new TaxReturn(income, status);
      System.out.println("Tax: "
            + aTaxReturn.getTax());
   }
}
```

실행 결과

```
Please enter your income: 80000
Are you married? (Y/N) Y
Tax: 10400.0
```

자습문제

19. 독신이면서 소득이 32,000달러인 납세자는 얼마의 세금을 납부해야 하는가?

20. 첫 번째 중첩 if 문

```java
if (income <= RATE1_SINGLE_LIMIT)
```

이 다음과 같이 변경되면

```java
if (income < RATE1_SINGLE_LIMIT)
```

세금 액수가 변하는가?

21. 해리와 샐리는 매년 각각 40,000달러의 소득이 있다. 이들이 결혼하면 세금을 절약할 수 있는가?

22. 사용자가 결혼 상태에 대한 응답을 입력할 때 Y 또는 N의 정확한 문자를 입력했는지 검사하려면 TaxCalculator.java 프로그램을 어떻게 수정해야 하는가?

23. 어떤 사람들은 고소득자에게 고세율을 부과하는 것은 부당하다고 항의하며, 열심히 일해 돈을 많이 벌어도 높은 세금으로 인해 실질 소득은 감소할 수 있다고 주장한다. 이 주장의 틀린 점은 무엇인가?

실습하기 이 장의 끝부분에 있는 복습문제 및 연습 문제 R4.9, R4.21, P4.14, P4.17을 수행하시오.

알아 두기 4.5 손으로 따라 하기

손으로 따라 하기는 프로그램이 제대로 동작하는지 이해하기 위한 좋은 방법이다.

프로그램이 제대로 동작하는지 이해하기 위한 유용한 방법으로 "손으로 따라 하기(hand tracing)"가 있다. 종이와 연필을 들고 프로그램의 동작을 따라서 기록해 나가는 것이다. 이 방식은 의사코드나 자바코드에 모두 적용할 수 있다.

명함이나 냅킨 등 종이라면 뭐든지 좋으니 한 장 준비하자. 표를 그리고 각 열에 변수의 이름을 적는다. 프로그램코드를 펼쳐 놓고 클립이나 핀 등 현재 실행 중인 곳을 표시하기 위한 마커를 준비한다. 그 다음 마음속으로 한 번에 한 문장씩 실행해 보자. 변수값이 변할 때마다 이전 값에 선을 그어 지우고 새로운 값을 아래에 적어 넣는다.

예를 들어 앞에 나온 예제 프로그램에 있는 데이터를 가지고 getTax 메서드를 따라 해 보자.

TaxReturn 객체가 생성될 때 income 인스턴스 변수의 값은 80,000이 되고 status는 MARRIED가 된다. 그 다음 getTax 메서드가 호출된다. TaxReturn.java의 31번 줄과 32번 줄에서 tax1과 tax2는 각각 0으로 설정된다.

```
29 public double getTax()
30 {
31    double tax1 = 0;
32    double tax2 = 0;
33
```

income	status	tax1	tax2
80000	MARRIED	0	0

status의 값이 SINGLE이 아니기 때문에 바깥 If 문의 조건식 검사에서 46번 줄의 else 문으로 이동한다.

```
34    if (status == SINGLE)
35    {
36       if (income <= RATE1_SINGLE_LIMIT)
37       {
38          tax1 = RATE1 * income;
39       }
40       else
41       {
42          tax1 = RATE1 * RATE1_SINGLE_LIMIT;
43          tax2 = RATE2 * (income - RATE1_SINGLE_LIMIT);
44       }
45    }
46    else
47    {
```

income이 64,000보다 크기 때문에 안쪽 if 문의 조건식 검사에서 52번 줄의 else 문으로 이동한다.

```
48       if (income <= RATE1_MARRIED_LIMIT)
49       {
50          tax1 = RATE1 * income;
51       }
52       else
53       {
54          tax1 = RATE1 * RATE1_MARRIED_LIMIT;
55          tax2 = RATE2 * (income - RATE1_MARRIED_LIMIT);
56       }
```

tax1과 tax2의 값이 변경된다.

```
53       {
54          tax1 = RATE1 * RATE1_MARRIED_LIMIT;
55          tax2 = RATE2 * (income - RATE1_MARRIED_LIMIT);
56       }
57    }
```

income	status	tax1	tax2
80000	MARRIED	~~0~~	~~0~~
		6400	4000

tax1과 tax2의 합이 반환되고 메서드 실행이 종료된다.

```
58
59    return tax1 + tax2;
60 }
```

income	status	tax1	tax2	return value
80000	MARRIED	~~0~~	~~0~~	
		6400	4000	10400

따라 하기의 결과가 예상했던 반환값 10,400달러와 동일하기 때문에 이 테스트 사례가 올바르게 수행되었음을 알 수 있다.

흔한 오류 4.3

대롱거리는 else 문제

if 문이 다른 if 문 안에 중첩될 때 다음과 같은 문제가 발생할 수 있다.

```
double shippingCharge = 5.00; // 미국 본토 내 운송 요금은 5달러
if (country.equals("USA"))
   if (state.equals("HI"))
      shippingCharge = 10.00; // 하와이의 경우 요금이 더 비쌈
else // 함정!
   shippingCharge = 20.00; // 국제 운송 요금
```

들여쓰기의 수준을 보면 else 문이 country.equals("USA")를 검사하는 if 문에 속한 것처럼 보인다. 안타깝게도 실제로는 그렇지가 않다. 컴파일러는 들여쓰기나 띄어쓰기 등을 모두 무시하고 else는 가장 가까운 if와 짝을 짓는다는 원칙을 고수한다. 즉, 다음과 같은 의미가 된다.

```
double shippingCharge = 5.00; // 미국 본토 내 운송 요금은 5달러
if (country.equals("USA"))
   if (state.equals("HI"))
      shippingCharge = 10.00; // 하와이의 경우 요금이 더 비쌈
   else  // 함정!
      shippingCharge = 20.00; // 국제 운송 요금
```

프로그램에서 원하던 바는 이것이 아니다. else 문이 첫 번째 if와 짝짓기를 원한다.

모호한 else는 대롱거리는(dangling) else라 한다. 알아 두기 4.2에서 권고한 대로 항상 중괄호 {}를 사용하면 이런 함정을 피할 수 있다.

```
double shippingCharge = 5.00;  // 미국 본토 내 운송 요금은 5달러
if (country.equals("USA"))
{
   if (state.equals("HI"))
   {
      shippingCharge = 10.00;  // 하와이의 경우 요금이 더 비쌈
   }
}
else
{
   shippingCharge = 20.00;  // 국제 운송 요금
}
```

심화 학습 4.3

블록의 유효 범위

블록(block)은 몇 개의 문장을 중괄호를 써서 함께 묶은 것이다. 예를 들어 보자.

```
if (status == TAXABLE)
{
   double tax = price * TAX_RATE;
   price = price + tax;
}
```

파란색으로 표시된 부분이 하나의 블록이다. 위의 예에서 tax라는 변수를 선언한 것처럼, 블록 내에서 새로운 변수를 선언할 수 있다. 그런 변수는 오로지 블록 내에서만 유효하다.

```
{
   double tax = price * TAX_RATE; // 블록 내에서 선언된 변수
```

```
    price = price + tax;
}
// 이 이후에는 tax 변수를 더 이상 사용할 수 없다.
```

서로 다른 도시에 똑같은 "Main street"라는 이름의 거리가 있는 것과 마찬가지로 자바 프로그램에서는 똑같은 이름의 변수가 여러 개 존재할 수 있다.

실제로 변수는 프로그램이 블록에 들어간 이후 생성되고 블록 실행이 끝나고 빠져나오면 소멸된다. 이럴 때 변수의 유효 범위(scope)는 블록이 되고, 블록 범위(block scope)를 가진다고 한다. 일반적으로 어떤 변수의 유효 범위는 그 변수를 접근하거나 사용할 수 있는 프로그램의 일부분을 의미한다. 블록 범위를 가지는 변수는 블록 내에서만 사용 가능하다.

변수의 유효 범위를 최소화하는 것은 좋은 설계기법으로 간주된다. 이렇게 하면 실수로 변수의 값을 변경하거나 이름이 서로 충돌할 가능성을 줄일 수 있다. 예를 들어 tax 변수가 블록 외부에서 전혀 사용되지 않는다면 블록 내에서 선언하는 것이 좋은 방식이다. 그러나 블록 외부에서 변수가 필요하다면 반드시 블록 외부에 선언해야 한다. 예를 보자.

```
double tax = 0;
if (status == TAXABLE)
{
   tax = price * TAX_RATE;
}
price = price + tax;
```

여기서는 tax 변수가 if 문의 블록 외부에서도 사용되었기 때문에 변수를 외부에서 선언해야 한다.

자바에서 지역 변수의 유효 범위 내에 같은 이름의 다른 지역 변수를 선언할 수 없다. 예를 들어 다음 코드는 오류다.

```
double tax = 0;
if (status == TAXABLE)
{
   double tax = price * TAX_RATE;
   // 오류 : 같은 이름의 다른 변수를 선언할 수 없다.
   price = price + tax;
}
```

그러나 유효범위가 서로 겹치지 않으면 같은 이름의 지역 변수를 다시 선언해도 된다.

```
if (Math.random() > 0.5)
{
   Rectangle r = new Rectangle(5, 10, 20, 30);
   . . .
}  // 변수 r의 유효 범위는 여기서 끝난다.
else
{
   int r = 5;
   // OK - 같은 이름의 다른 변수 r을 선언할 수 있다.
   . . .
}
```

이 변수들은 서로 무관하다. 유효 범위가 겹치지 않는다면 같은 이름의 지역 변수를 여러 개 선언해 사용할 수 있다.

심화 학습 4.4

열거형

많은 프로그램에서 한정된 수의 값들 중 하나를 저장할 수 있는 변수를 사용한다. 예를 들어 소득세 환급 프로그램에서 status 인스턴스 변수는 SINGLE이나 MARRIED 중 하나를 값으로 가진다. 프로그램에서는 임의로 SINGLE을 1로, MARRIED를 2로 선언했다. 만약 어떤 프로그램 오류가 있어 status 변수의 값이 그 외의 다른 정수(-1, 0, 3과 같은)로 설정되면 프로그램의 논리상 유효하지 않은 결과가 생성될 수 있다.

이는 간단한 프로그램에서는 그리 큰 문제가 아니다. 그러나 시간이 갈수록 프로그램이 커지고 더 많은 경우의 수(예를 들어 "부부 별산제" 상태)가 포함되면 오류의 발생 가능성이 높아진다. 자바 5.0에서는 이를 위한 해법으로 **열거형**(enumeration type)을 도입하였다. 열거형은 한정된 수의 값만을 가지는 자료형이다. 예를 보자.

```
public enum FilingStatus { SINGLE, MARRIED, MARRIED_FILING_SEPARATELY }
```

값의 개수는 정해져 있지 않으나, 반드시 enum형을 선언할 때 모두 명시해야 한다.

그 다음은 열거형의 변수를 선언할 수 있다.

```
FilingStatus status = FilingStatus.SINGLE;
```

변수 status에 FilingStatus에 정해져 있지 않은 다른 값, 예를 들어 2나 "S" 등을 대입하려고 하면 컴파일러가 오류를 지적한다.

열거형 값들을 서로 비교할 때는 == 연산자를 사용한다. 예를 보자.

```
if (status == FilingStatus.SINGLE) . . .
```

enum 선언은 자신이 구현하는 클래스 내부에 선언해야 한다. 다음과 같다.

```
public class TaxReturn
{
   public enum FilingStatus { SINGLE, MARRIED, MARRIED_FILING_SEPARATELY }
   . . .
}
```

4.5 문제 해결 : 순서도

순서도는 작업, 입력/출력, 결정 등을 표현하는 요소로 이루어진다.

이 장의 앞부분에서 순서도(flowchart)의 예가 몇 번 소개되었다. 순서도는 결정 과정의 구조와 문제를 해결하기 위해 수행해야 할 작업을 그림으로 나타낸다. 복잡한 문제를 해결해야 할 경우, 제어의 흐름을 그림으로 표현하는 순서도가 큰 도움이 된다.

순서도의 기본 요소는 그림 6과 같다.

그림 6 순서도의 요소

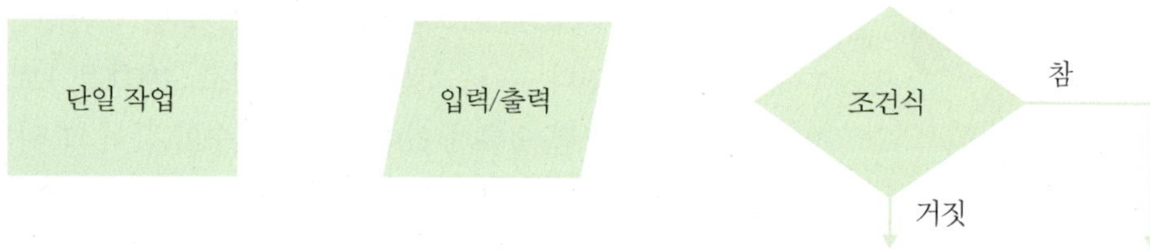

결정의 각 분기는 작업이나 다른 결정을 포함할 수 있다.

기본 아이디어는 매우 단순하다. 작업과 입출력 박스를 실행되어야 하는 순서대로 연결한다. 의사결정이 필요할 때는 두 개의 결과에 대한 연결선을 가진 마름모꼴을 그린다(그림 7 참조).

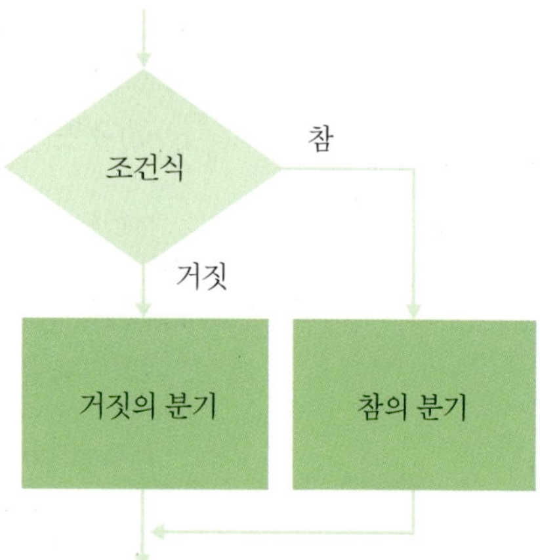

그림 7 두 연결선을 가지는 순서도

각 분기는 일련의 작업들과 추가의 결정 과정을 포함할 수도 있다. 어떤 값에 대해 여러 가지 선택이 가능한 경우에는 그림 8과 같은 순서도를 그린다.

순서도를 작성할 때 알아 두어야 할 문제가 하나 있다. 제약 없이 아무렇게나 분기를 만들고 연결선을 다시 합치고 하는 방식으로 그리면 일명 "스파게티 코드"를 작성하게 될 수도 있다. 스파게티 코드는 흐름이 복잡하게 뒤엉킨 구조의 프로그램을 의미한다.

그림 8 다중 선택에 대한 순서도

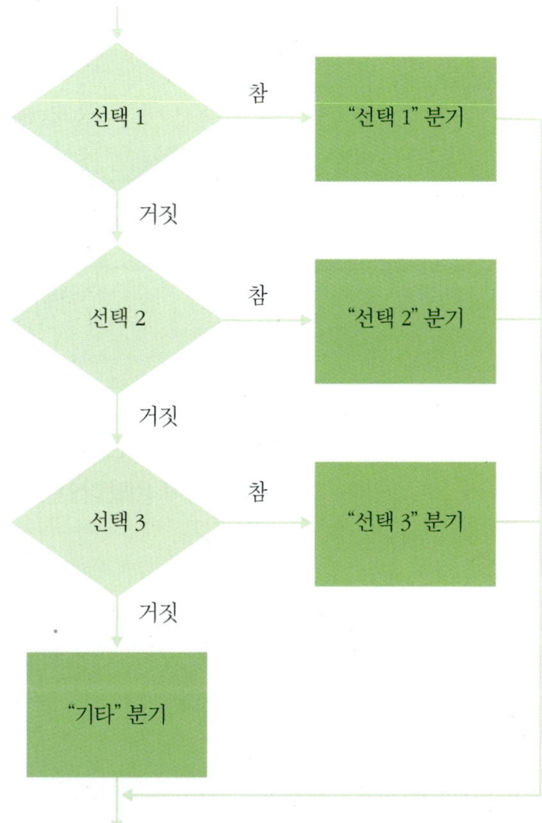

> 다른 분기의 내부로 선을 연결하면 절대로 안 된다.

스파게티 코드를 방지하는 간단한 규칙이 하나 있다. 다른 분기의 내부로 절대로 선을 연결하지 마라. 이 규칙을 이해하기 위해 다음 예를 보자.

운송 요금이 미국 내에서 5달러로 책정되어 있는데, 하와이와 알래스카의 경우만 예외로 10달러를 부과한다. 국제 운송 요금도 역시 10달러다. 이의 순서도를 다음과 같이 작성할 수 있다.

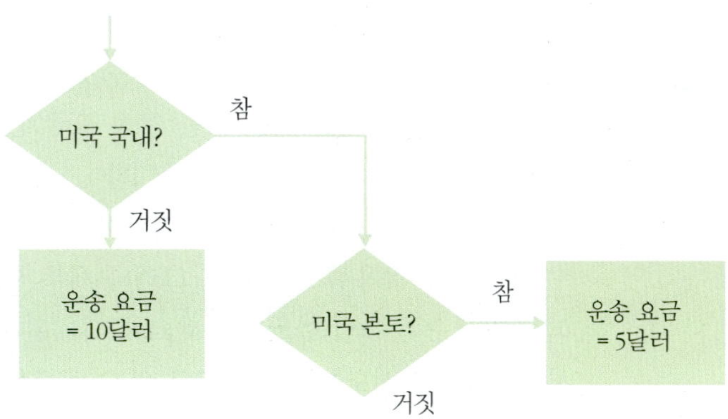

이 때 "운송 요금 = 10달러"이라는 작업을 재사용하고 싶을 수도 있다.

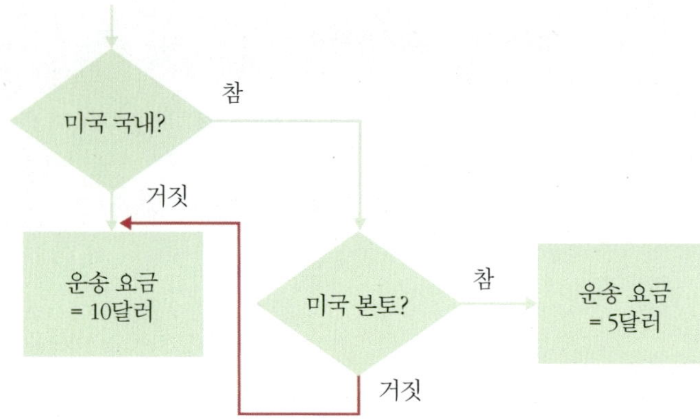

그렇게 해서는 안 된다! 빨간 화살표는 다른 분기의 내부로 끼어드는 것이다. 그 대신 운송 요금이 10달러인 다른 작업 박스를 추가해야 한다.

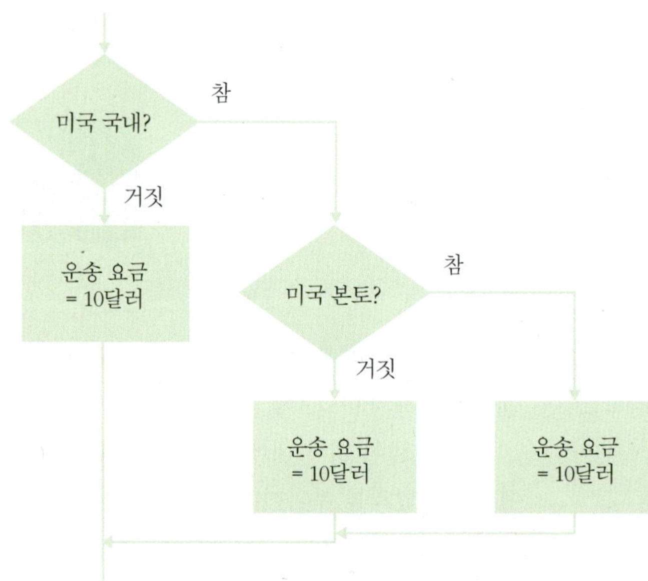

예제의 완전한 코드

웹 페이지 wiley.com/go/javacode에 가면 운송 요금을 계산하는 예제 프로그램을 다운로드할 수 있다.

이렇게 하면 스파게티 코드를 방지할 수 있을 뿐만 아니라 더 좋은 설계가 된다. 나중에는 하와이 및 알래스카로 가는 운송 요금과 국제 운송 요금이 달라질 수도 있기 때문이다.

순서도는 알고리즘의 흐름을 직관적으로 이해할 수 있는 매우 유용한 도구이다. 그러나 세부 사항이 더 추가될수록 그림의 크기가 빠르게 확대된다. 그 시점에서는 순서도를 의사코드로 바꾸어 표현하는 편이 더 합리적이다.

스파게티 코드는 실행 흐름이 너무 많아 이해하기가 불가능할 정도가 된다.

자습문제

24. 변수 temp의 값을 읽어 그 값이 0보다 작으면 “Frozen”을 출력하는 프로그램의 순서도를 작성하라.
25. 오른쪽의 순서도에 잘못된 점은 무엇인가?
26. 자습 문제 25의 순서도는 어떻게 수정해야 하는가?
27. 변수 x의 값을 읽어 0보다 작으면 “Error”, 그렇지 않으면 값의 제곱근을 출력하는 프로그램의 순서도를 작성하라.
28. 변수 temp의 값을 읽어 0보다 작으면 “Ice”, 100보다 크면 “Steam”, 그렇지 않으면 “Liquid”를 출력하는 프로그램의 순서도를 작성하라.

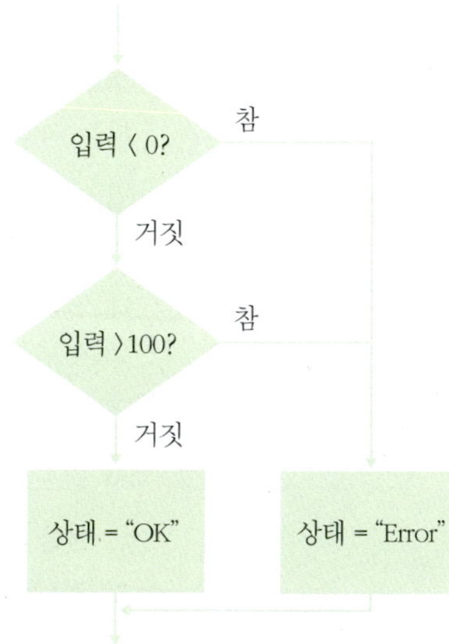

실습하기 이 장의 끝부분에 있는 복습문제 및 연습 문제 R4.12, R4.13, R4.14를 수행하시오.

4.6 문제 해결 : 테스트 사례 선정

블랙박스 검사는 구현 내용과 구조를 고려하지 않는 테스트 방법이다.

프로그램의 내부구조를 고려하지 않고 기능성만을 테스트하는 것을 **블랙박스 검사**(black-box testing)라 한다. 최종 사용자는 프로그램의 내부를 전혀 모르기 때문에 이 검사는 매우 중요하다. 어떤 입력에 대해서라도 프로그램이 완벽하게 동작한다면 검사는 성공한 것이다.

화이트박스 검사는 프로그램의 내부구조에 대한 정보를 사용한다.

그런데 보통 테스트 사례는 대표적인 것들로 한정된 수 이내에서만 만들어지기 때문에 가능한 “모든 입력”에 대해 프로그램이 제대로 동작한다고 확인하기란 불가능하다. 저명한 컴퓨터 과학자인 Edsger Dijkstra가 지적한 바와 같이 검사 결과로 알 수 있는 것은 오류가 “있다”는 것일 뿐, 오류가 “없다”는 것은 알 수 없다. 프로그램이 제대로 작성되었는지 확신하기 위해서는 내부구조를 고려하는 것이 유용하다. 프로그램의 내부를 살펴보는 검사 전략을 **화이트박스 검사**(white-box testing)라 한다. 각 메서드의 단위 테스트를 수행하는 것은 화이트박스 검사의 일부분이 된다.

코드 보증 범위는 프로그램에서 얼마나 많은 부분이 테스트되는가를 측정하는 방법이다.

프로그램을 테스트할 때 프로그램의 각 부분이 테스트 사례들에 의해 적어도 한 번 이상 실행되었다는 것을 확인할 수 있으면 좋을 것이다. 이를 **보증 범위**(code coverage)라 한다. 여러 개의 테스트 사례를 실행했을 때도 어떤 코드 부분이 한 번도 실행되지 않는다면 실제 사용자의 입력에 의해 그 부분이 실행될 때 제대로 동작할지 확신할 수 없으며, 제대로 된 테스트라고 할 수 없다. 프로그램 내에 결정문이 있다면 모든 if/else 조건에 따라 일일이 분기해 볼 수 있도록 테스트 사례가 만들어져야 한다는 것이다. 많은 결정문이 단지 특이하고 비정상적인 입력에 대처하는 것일 뿐이지만, 그 경우에도 뭔가 동작은 하게 되고 그것이 대부분 잘못된 방향으로 가는 것이 일반적인 현상이다. 테스트할 때 특이하고 비정상적인 입력을 하는 경우는 없기 때문에 테스트 과정에서 이런 결함이 발견되지 않는다. 물론 이런 결함들은 프로그램이 출시되고 첫 번째 사용자가 예상치 못한 입력을 넣어 프로그램이 오작동하는 순간 사용자의 분노와 함께 명백하게 드러나게 된다. 이를 피하는 방법이 각 테스트 사례에서 코드의 모든 부분이 테스트될 수 있도록 확인하는 것이다.

예를 들어 TaxReturn 클래스의 getTax 메서드를 테스트할 때 각각의 if 문이 적어도 하나의 테스트 사례에는 들어가도록 확인해야 한다. 독신과 기혼 납세자를 각각 테스트해야 하고, 각 부류의 납세자가 또 세 가지 소득 범위로 나누어지는 모든 경우를 테스트해야 한다.

테스트 사례를 선정할 때 **경계 검사 사례**(boundary test case)를 반드시 포함하는 습관을 기르자. 경계 검사 사례란 가능한 입력 값의 집합에서 경계선에 놓인 적법한 입력값을 의미한다.

경계 검사 사례는 허용 가능한 입력 중 경계에 놓인 테스트 사례이다.

소득세 프로그램에 대한 충분한 범위의 테스트 사례를 어떻게 선정할 것인가에 대해 다음과 같이 계획할 수 있다.

- 두 가지의 결혼 상태와 두 가지의 과세 표준 소득이 있으므로 4가지의 테스트 사례가 필요하다.
- 몇 가지 경계 조건을 검사한다. 예를 들어 소득이 두 과세 표준의 경계에 있는 경우와 소득이 0인 경우 등이다.
- 자신이 오류 점검에 대한 책임을 지고 있다면(4.8절에서 논의할 예정) 유효하지 않은 입력, 즉 마이너스 소득과 같은 경우도 테스트한다.

이제 필요한 테스트 사례와 예상되는 출력을 나열한다.

테스트 사례	결혼여부	예상 출력	설명
30,000	N	3,000	10% 과세 범위
72,000	N	13,200	3,200 + 40,000의 25%
50,000	Y	5,000	10% 과세 범위
104,000	Y	16,400	6,400 + 40,000의 25%
32,000	N	3,200	경계 사례
0		0	경계 사례

프로그램을 구현하기 전에 먼저 테스트 사례를 설계하는 것이 좋다.

테스트 사례 집합을 구성할 때 프로그램의 순서도(4.5절 참조)를 활용하면 도움이 될 것이다. 각 분기마다 테스트 사례가 있는지 점검해 보라. 각 결정문마다 경계 사례를 포함시켜라. 예를 들어, 입력이 100보다 작은지 결정해야 하는 경우 입력값을 100으로 하여 테스트하라.

테스트 사례는 실제 프로그램의 코딩을 시작하기 전에 설계하는 것이 항상 좋은 방식이다. 테스트 사례 작업을 하다 보면 구현하려고 하는 알고리즘을 더 잘 이해할 수 있게 되기 때문이다.

29. 그림 1을 참고하여 4.1절의 ElevatorSimulation.java 프로그램의 테스트 사례 집합을 설계하기 위해 이 절에서 설명한 과정을 수행해 보라.
30. 따라 하기 4.1의 알고리즘에 대한 경계 테스트 사례는 무엇이며, 그 경우 예상되는 출력은 무엇인가?
31. 그림 4를 참고하여 4.3절의 Earthquake.java 프로그램의 테스트 사례 집합을 설계하기 위해 이 절에서 설명한 과정을 수행해 보라.
32. 어떤 의료 로봇의 프로그램 일부분을 설계해야 한다고 가정하자. 이 로봇은 위치를 cm 단위의 x와 y 좌표로 반환하는 센서를 장착하고 있다. 센서의 위치가 원 내부에 있는지, 외부에 있는지, 또는 경계선(엄밀히 말해 경계선의 1mm 이내)에 있는지 검사해야 한다. 원의 중심점은 (0, 0), 반지름은 2cm라고 할 때, 테스트 사례 집합을 구성해 보라.

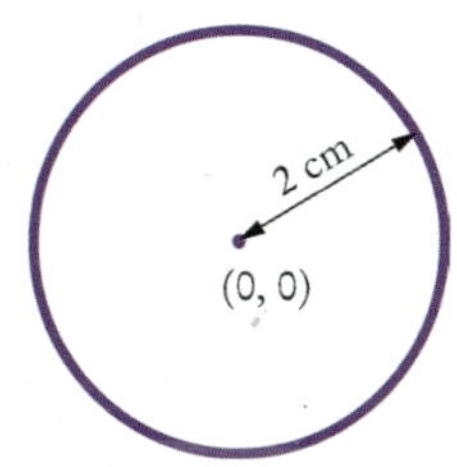

실습하기 이 장의 끝부분에 있는 복습 문제 R4.15, R4.16을 수행하시오.

알아 두기 4.6

일정표를 만들고 돌발 사태에 대비할 시간을 확보하라

상용 소프트웨어는 약속된 시기보다 늦게 출시되는 것으로 악명이 높다. 예를 들어 마이크로소프트는 애초 Windows Vista를 2003년에 출시할 것으로 약속했다가 다음 2005년, 2006년 3월 등으로 계속 연기하고 결국 2007년 1월에 가서야 정식 발매를 했다. 개발 초기의 약속이 어쩌면 비현실적이었을지도 모른다. 이런 약속은 잠재적 고객들에게 제품이 곧 출시될 것이라는 기대를 갖게 하려는 마이크로소프트의 잇속일 뿐이다. 실제 출시 일정을 알았다면 고객들이 도중에 다른 제품으로 바꾸어 버렸을 수도 있기 때문이다. 그러나 이런 부도 약속을 초래하게 된 원인 중에 하나로 제품 개발과정에서 해결해야 할 문제의 복잡도에 대해 마이크로소프트가 완전히 파악하지 못했기 때문이라는 점도 부정할 수 없는 사실이다.

마이크로소프트는 제품 출시를 연기할 수 있을지 모르나 학생이나 프로그래머로서 여러분은 그럴 수 없을 가능성이 높다. 따라서 자신에게 할당된 과제를 정해진 시간 내에 마치기 위해 시간을 현명하게 관리해야 한다. 간단한 프로그래밍 연습 문제는 마감 전날 밤에 시작해도 끝낼 수 있겠지만, 그보다 두 배쯤 어려워 보이는 과제는 중간에 무엇인가 잘못될 확률이 높기 때문에 네 배의 시간이 필요할 수도 있다. 그러므로 프로그래밍 프로젝트를 시작할 때마다 일정에 대한 계획을 세워야 한다.

먼저 각 단계에서 얼마나 많은 시간이 필요할지 현실적으로 평가해 보자.

- 프로그램 논리 설계
- 테스트 사례 개발
- 프로그램 입력과 문법 오류 수정
- 테스트와 디버깅

프로그래밍 작업을 위한 일정표를 작성하고 주어진 시간 내에 작업을 완수하라.

예를 들어 소득세 문제를 보자. 프로그램 논리 설계는 1시간, 테스트 사례 개발에 30분, 프로그램 입력과 문법 오류 수정에 1시간, 그리고 테스트와 디버깅에 1시간을 잡으면 총 3.5시간이 된다. 하루에 2시간씩 이 일을 한다면 이틀이 걸릴 것이다.

그런 다음에 뭔가 잘못될 경우를 생각해 보자. 컴퓨터가 고장날 수도 있고 컴퓨터 시스템의 문제로 곤경에 빠질 수도 있다(특히 초보자들에 자주 일어나는 일이다. 굉장히 사소한(초보에게는 어려운) 문제에 걸려 그것을 단숨에 해결해 줄 능력을 가진 누군가를 찾아다니느라 하루를 몽땅 허비할 수도 있다.). 그래서 경험적으로 보아 원래 산정한 시간의 두 배를 잡는 것이 좋다. 즉, 소득세 문제에서는 2일이 아니라 4일을 잡아 마감일의 4일 전에는 과제를 시작해야 한다는 것이다. 별 문제 없이 끝난다면 그걸로 충분히 만족스럽다. 마감보다 무려 2일 전에 과제를 제출할 수 있으며 그렇지 않은 경우, 뭔가 피할 수 없는 문제가 일어나도 당황하지 않고 실패하지 않도록 넉넉한 시간을 확보할 수 있다.

심화 학습 4.5

과정 기록하기

프로그램을 실행시킬 때 가끔 프로그램이 어디를 실행 중인지 알 수 없을 때가 있다. 프로그램 흐름의 내역을 알아보기 위해 다음과 같이 중간에 **추적 메시지**(trace message)를 삽입할 수 있다.

```
if (status == SINGLE)
{
   System.out.println("status is SINGLE");
   . . .
}
```

그러나 System.out.println을 이용해 실행 추적 메시지를 출력하는 것은 문제가 있다. 테스트가 끝나면 추적에 사용한 출력문을 모두 삭제해야 한다. 그런데 또 다른 오류가 발견되면 다시 출력문들을 삽입해야 한다.

이런 문제를 겪고 싶지 않으면 Logger 클래스를 사용하면 된다. Logger는 추적 메시지 출력문들을 삭제하지 않은 채로 출력 기능을 조정할 수 있다.

System.out을 써서 직접 출력하는 대신에 Logger.getGlobal() 메서드를 호출하여 반환되는 전역 로거 객체를 이용한다(자바 7 이전 버전에서는 Logger.getLogger("global")로 호출하면 된다.). 전역 로거 객체에 info 메서드를 호출하면 메시지가 출력된다.

```
Logger.getGlobal().info("status is SINGLE");
```

> Logger를 이용한 실행 추적 메시지 출력 기능은 테스트가 끝났을 때 비활성화시킬 수 있다.

기본 기능은 메시지를 출력하는 것이다. 그렇지만 main 메서드의 맨 앞에서 다음과 같이 호출하면 메시지 출력 기능이 억제된다.

```
Logger.getGlobal().setLevel(Level.OFF);
```

info 메서드의 메시지 출력을 다시 활성화시키고 싶으면 setLevel 메서드의 매개변수를 Level.INFO로 설정하면 된다. 이제 프로그램이 제대로 동작할 때는 로그 메시지 출력을 중지하고 새로운 오류가 발견되면 다시 활성화해서 메시지를 출력하도록 마음대로 조절할 수 있게 되었다. 요약해서 말하면 Logger.getGlobal().info를 사용해 System.out.println 메서드와 마찬가지로 메시지를 출력할 수 있고, 그에 더해 출력 기능을 껐다 켰다 할 수 있는 것이다.

Logger 클래스는 실행 기록뿐만 아니라 전문 업계 수준에서 사용할 수 있는 다양한 기록 옵션들을 제공한다. 기록을 보다 세밀하게 관리하고 싶은 사람은 API 문서를 참고하기 바란다.

4.7 부울 변수와 연산자

부울형 boolean은 true와 false, 단 두 가지의 값을 가진다.

때때로 프로그램의 한 부분에서 논리적 조건식을 계산한 다음, 그 결과를 프로그램의 다른 어디에선가 사용할 필요가 있을 때가 있다. 참 또는 거짓으로 평가되는 조건식 결과를 저장하기 위해서는 부울 변수(Boolean variable)를 사용한다. 부울 변수란 이름은 논리학의 선구자인 수학자 George Boole(1815-1864)의 이름을 따서 붙여진 것이다.

부울 변수는 플래그(flag)라고도 하는데, 깃발을 드는(true) 경우와 내리는(false) 두 가지 경우를 표현할 수 있기 때문이다.

자바에서는 boolean 자료형이 정확히 두 개의 값, true와 false를 표현한다. 이 값들은 문자열도 아니고 정수도 아니며, 단지 부울 변수를 위해서만 사용되는 특별한 값이다. 부울 변수의 선언은 다음과 같이 한다.

```
boolean failed = true;
```

이 변수의 값을 나중에 프로그램 내 결정이 필요한 부분에서 사용할 수 있다.

```
if (failed) // failed가 true로 설정되어 있을 경우 실행된다.
{
    . . .
}
```

복잡한 결정문을 작성할 때 부울 값들을 서로 결합할 필요가 있을 때가 종종 있다. 부울 값을 결합하는 연산자를 **부울 연산자(Boolean operator)**라 한다. 자바에서 &&(and) 연산자는 두 조건이 모두 참일 때만 true로 계산하고, ||(or) 연산자는 어느 한 쪽의 조건만 참이어도 true로 계산한다.

A	B	A && B
true	true	true
true	false	false
false	true	false
false	false	false

A	B	A || B
true	true	true
true	false	true
false	true	true
false	false	false

A	!A
true	false
false	true

그림 9 부울식의 진리표

자바에는 조건을 서로 결합하는 두 개의 연산자 &&와 ||가 있다.

온도 값을 처리하는 프로그램을 작성한다고 하자. 주어진 온도 값이 액체 상태의 물에 해당하는지 검사하고 싶다(해발 고도 0에서 물은 섭씨 0도에서 얼고 섭씨 100도에서 끓는다.). 온도가 0보다 크고 100보다 작을 때 물은 액체 상태에 있게 된다.

```
if (temp > 0 && temp < 100) { System.out.println("Liquid"); }
```

조건식은 두 부분으로 구성되고 && 연산자로 결합되어 있다. 각 부분은 true 또는

아이슬란드의 이 간헐천에서는 얼음과 물, 수증기가 공존한다.

false가 될 수 있는 부울 값으로 표현된다. 결합된 식은 두 부분식이 모두 true일 때만 true로 계산된다. 두 식 중 하나라도 false인 경우 그 결과도 역시 false가 된다(그림 9 참조).

부울 연산자 &&와 ||의 우선순위는 관계 연산자보다 낮다. 그러므로 부울 연산자의 양쪽에 오는 관계 연산식은 괄호 없이 사용해도 괜찮다. 예를 들어

```
temp > 0 && temp < 100
```

예제의 완전한 코드

웹 페이지 wiley.com/go/javacode에 가면 부울 연산식을 사용해 여러 수를 비교하는 예제 프로그램을 다운로드할 수 있다.

이라는 조건식에서 temp > 0과 temp < 100이 먼저 계산된다. 그 다음 && 연산자에 의해 결과가 결합된다. 〈부록 B〉에 보면 자바의 연산자들과 우선순위가 표로 정리되어 있다.

역으로, 주어진 온도에서 물의 상태가 액체가 아닐 경우를 검사해 보자. 이는 온도가 0도 이하거나 100도 이상인 때이다.

두 식을 결합하기 위해 || 연산자를 사용한다.

```
if (temp <= 0 || temp >= 100) { System.out.println("Not liquid"); }
```

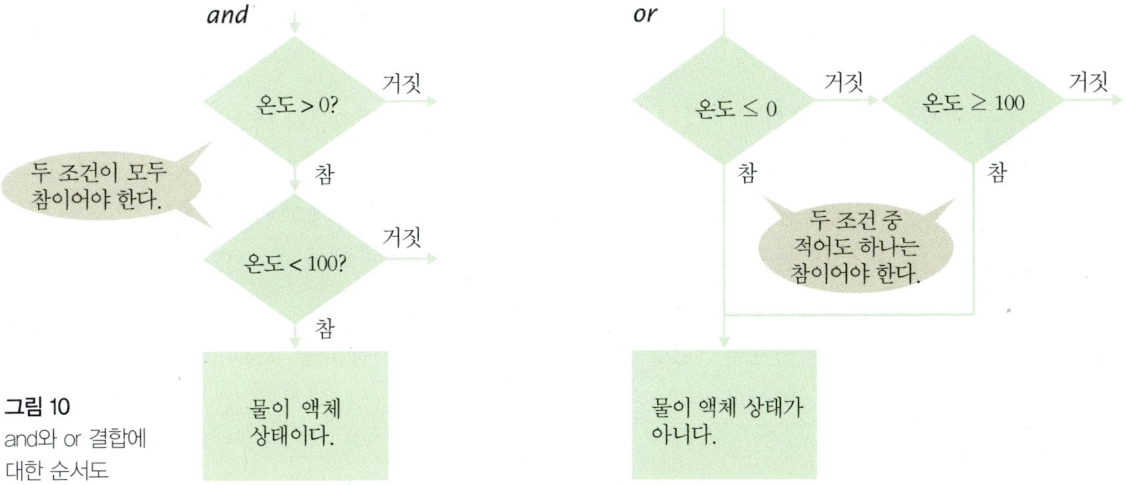

그림 10
and와 or 결합에 대한 순서도

<table>
<tr><th colspan="3">표 5 부울 연산자 예제</th></tr>
<tr><th>조건식</th><th>결과값</th><th>설명</th></tr>
<tr><td>0 < 200 && 200 < 100</td><td>false</td><td>첫 번째 조건만 참이다.</td></tr>
<tr><td>0 < 200 || 200 < 100</td><td>true</td><td>첫 번째 조건이 참이다.</td></tr>
<tr><td>0 < 200 || 100 < 200</td><td>true</td><td>|| 연산자는 배타적으로 한 쪽만 참인 경우를 검사하는 것이 아니다. 두 값이 모두 참일 때도 결과가 참이다.</td></tr>
<tr><td>0 < x && x < 100 || x == −1</td><td>(0<x && x<100) || x==−1</td><td>&& 연산자의 우선순위는 ||보다 높다(부록 B 참조).</td></tr>
<tr><td>🚫 0 < x < 100</td><td>오류</td><td>오류 : 이 식으로 x가 0과 100 사이의 값인지 테스트할 수 없다. 연산식 0 < x 의 결과는 부울 값이다. 부울 값을 정수 100과 비교할 수 없다.</td></tr>
<tr><td>🚫 x && y > 0</td><td>오류</td><td>오류 : 이 식으로 x와 y가 양수인지 테스트할 수 없다. && 연산자의 왼쪽은 정수 x이고 오른쪽 y > 0은 부울 값을 갖는다. 정수를 && 연산에 사용할 수 없다.</td></tr>
<tr><td>!(0 < 200)</td><td>false</td><td>0 < 200이 참이기 때문에 그의 역은 거짓이다.</td></tr>
<tr><td>frozen == true</td><td>frozen</td><td>부울 변수를 true와 비교할 필요는 없다.</td></tr>
<tr><td>frozen == false</td><td>!frozen</td><td>부울 변수를 false와 비교하는 것보다는 ! 연산자를 사용하는 것이 좋다.</td></tr>
</table>

그림 10에 이 예에 대한 순서도가 나와 있다.

조건식의 결과를 역으로 만들기 위해 ! (not) 연산자를 사용한다.

때로 부울 연산자 ! (not)을 사용해 조건식의 결과를 역으로 만드는 것이 필요할 때가 있다. ! 연산자의 피연산자는 하나의 조건식이며, 그 조건이 거짓이면 true로 참이면 false로 결과를 계산한다. 다음 예에서는 부울 변수 frozen의 값이 false일 때 결과가 출력된다.

```
if (!frozen) { System.out.println("Not frozen"); }
```

표 5에 부울 연산자를 계산하는 여러 예가 제시되어 있다.

33. x와 y가 각각 정수라 하자. 두 개가 모두 0인지 테스트하려면 어떻게 해야 하는가?
34. 둘 중의 하나라도 0인지 테스트하려면 어떻게 해야 하는가?
35. 둘 중 하나만 0인지 테스트하려면 어떻게 해야 하는가?
36. !!frozen의 결과 값은 무엇인가?
37. 문자열 "false"/"true"나 정수 0/1을 사용하는 것보다 boolean 형을 사용하는 방식의 장점은 무엇인가?

실습하기 이 장의 끝부분에 있는 복습 문제 및 연습 문제 R4.29, P4.22, P4.23을 수행하시오.

흔한 오류 4.4

여러 관계 연산자의 결합

다음 조건식을 살펴보자.

```
if (0 <= temp <= 100) // 오류
```

이는 수학식 0 ≤ temp ≤ 100과 비슷해 보인다. 그러나 자바에서 이것은 문법 오류에 해당한다.

조건들을 나누어 생각해 보자. 첫 부분 0 <= temp는 결과가 true 또는 false로 나오는 조건식이다. 이 결과(true 또는 false)는 식의 순서에 따라 그 다음 100과 비교 대상이 된다. true가 100보다 큰지 작은지 무슨 의미가 있는가? 진리값과 수를 서로 비교할 수 있는가? 자바에서는 이것을 허용하지 않으며 컴파일러는 이 문장을 오류 처리해 버린다.

두 개의 독립적인 조건을 결합하려면 && 연산자를 사용해야 한다.

```
if (0 <= temp && temp <= 100) . . .
```

흔히 범하는 또 다른 오류의 예를 보자.

```
if (input == 1 || 2) . . . // 오류
```

input의 값이 1 또는 2인지 검사하고 싶을 때 이렇게 작성한다면 컴파일러가 역시 문법 오류로 판정할 것이다. || 연산자는 숫자 사이에 넣을 수 없다. 앞의 예와 마찬가지로 관계를 검사하는 두 개의 조건식을 작성하고 그들을 || 연산자로 결합해야 한다.

```
if (input == 1 || input == 2) . . .
```

흔한 오류 4.5

&&와 ||의 혼동

"그리고(and)"와 "또는(or)" 조건을 혼동하는 일은 놀라울 만치 자주 일어난다. 어떤 값이 0과 100 사이라는 표현은 0 이상이고(and), 100 이하라는 의미이다. 다르게 표현하면 0보다 작거나(or) 100보다 큰 범위의 역이라고 할 수 있다. 어떤 방식으로 표현하는가에 대해 쉽게 따라갈 수 있는 정해진 원칙은 없기 때문에 프로그래머가 신중

하게 생각해야 한다.

문제에서 and나 or의 조건이 명확히 언급되어 있으면 그를 구현하는 것은 어렵지 않다. 그러나 인간의 언어로 서술된 내용이 그렇게 명확하지는 않을 때가 종종 있다. 개별 조건이 잘 나누어져 나열되어 있는 경우에도 그것들을 결합하는 방식에 대해서는 별다른 지시가 없는 경우가 많다.

소득세 신고에 대한 안내문을 살펴보자. 다음 어느 경우 하나라도 해당되면 독신이라고 주장할 수 있다.

- 한 번도 결혼한 적이 없다.
- 해당 년도의 마지막 날에 법적으로 별거 또는 이혼 상태이다.
- 배우자가 사망했으며 재혼하지 않았다.

"어느 경우 하나라도" 해당되면 조건을 만족한다고 했으므로 이 조건들은 "or" 연산자로 결합해야 한다. 그런데 같은 안내문에 보면 다음 조건들이 모두 참일 경우 부부합산으로 신고할 때 좀 더 세금 감면 혜택을 받을 수 있다고 한다.

- 배우자가 2년 이내에 사망했고 재혼하지 않았다.
- 부양가족으로 신고할 수 있는 자녀가 있다.
- 그 자녀가 해당 년도 1년 동안 같은 집에서 거주했다.
- 그 자녀를 부양하고 가계를 유지하기 위한 비용의 반 이상을 자신이 지불했다.
- 배우자 사망 당시 부부합산제로 소득세 신고를 했다.

이 경우는 모든 조건이 다 만족되어야 하므로 조건들을 "and"로 결합해야 한다.

심화 학습 4.6 부울 연산자의 지름길 연산

&&와 || 연산자는 지름길 연산 기법(short-circuit evaluation)을 사용해 결과를 계산한다. 다른 말로 하면 논리 연산식을 왼쪽에서 오른쪽 방향으로 하나씩 연산하며, 전체 식의 진리값을 판별할 수 있는 경우 즉각 계산을 중단한다. && 연산의 경우 첫 번째 조건이 거짓이면 두 번째 조건식의 결과에 상관없이 결과가 false가 되므로 두 번째 조건식은 계산하지 않는다.

예를 들어 다음 식을 보자.

```
quantity > 0 && price / quantity < 10
```

> &&와 || 연산자는 지름길 연산 기법을 사용한다. 진리값이 판별되는 즉시 연산을 중단하고 더 이상의 조건식은 계산하지 않는다.

quantity의 값이 0이라 하자. 그러면 quantity > 0의 결과는 false가 되고, 두 번째 조

건식은 계산되지 않는다. 실제 두 번째 식은 0으로 나누는 것이 되어 예외 상황이 발생하므로 하지 않는 편이 훨씬 낫다. 마찬가지로 || 연산식의 첫 번째 조건이 참이 되면 두 번째 조건식의 결과에 상관없이 true가 되므로 나머지 조건식은 계산하지 않는다.

이런 과정을 지름길 연산이라 한다.

단락 회로(short circuit)에서 전기는 가장 저항이 적은 경로를 따라 흐른다. 마찬가지로 지름길 연산에서는 부울 연산식의 결과를 결정할 수 있는 가장 빠른 방법으로 계산을 한다.

심화 학습 4.7

드 모르강의 법칙

and/or 연산식에 not 연산자를 적용한 논리적 조건을 해석하는 일은 매우 어렵다. **드 모르강의 법칙(De Morgan's Law)**은 논리학자 Augustus De Morgan(1806~1871)의 이름을 딴 것으로, 복잡한 부울 연산식을 단순화하는데 사용될 수 있다.

미국 본토가 아닌 곳에 운송하게 될 경우 더 높은 운송비를 부과하고 싶다고 하자.

```
if (!(country.equals("USA") && !state.equals("AK") && !state.equals("HI")))
{
   shippingCharge = 20.00;
}
```

이 조건은 약간 복잡하기 때문에 논리에 맞게 작성하려면 신중히 생각해야 한다. "국가가 USA이고 주는 알래스카도 아니고 하와이도 아니다" 가 참이 아닐 때 20달러를 부과한다. 위의 코드에 혼란스럽지 않을 사람이 있다는 건 믿기 어려운 일이다.

컴퓨터는 상관하지 않는다. 그러나 코드를 작성하고 관리하는 것은 인간 프로그래머의 책임이다. 그러므로 이런 조건을 어떻게 단순화할 것인지 아는 것은 유용한 능력이다.

드 모르강의 법칙에는 두 가지 형태가 있다. 하나는 and 연산의 부정이고 다른 하나는 or 연산의 부정이다.

!(A && B)는 !A || !B 와 같다.
!(A || B)는 !A && !B 와 같다.

드 모르강의 법칙은 &&와 || 조건을 부정하는 방법에 대한 것이다.

and와 or 연산자가 각각 not 연산자를 안쪽으로 이동하면서 뒤바뀌어 적용되었다는 점을 주목하라. 예를 들어 "주가 알래스카거나 하와이다"의 부정은

```
!(state.equals("AK") || state.equals("HI"))
```

으로 표현되고 이는 "주가 알래스카가 아니고 하와이도 아니다"와 같은 말이다.

```
!state.equals("AK") && !state.equals("HI")
```

이제 이 법칙을 운송료 계산 예에 적용해 보자.

```
!(country.equals("USA")
   && !state.equals("AK")
   && !state.equals("HI"))
```

이는 다음과 같다.

```
!country.equals("USA")
   || !!state.equals("AK")
   || !!state.equals("HI"))
```

! 연산자가 두 개인 경우는 하나도 없는 것과 같으므로 간단하게 다시 쓰면 다음과 같다.

```
!country.equals("USA")
   || state.equals("AK")
   || state.equals("HI")
```

다른 말로 하면, 목적지의 국가가 미국이 아니거나 주가 알래스카나 하와이일 때 높은 운송비가 적용된다. and와 or 연산식을 부정하는 조건을 단순화하기 위해 부정 연산을 가장 안쪽으로 이동하고 드 모르강의 법칙을 적용하는 것이 가장 좋은 방식이다.

4.8 응용 : 입력 검증

if 문의 중요한 응용 중의 하나는 입력 검증(input validation)이다. 프로그램에서 입력을 받을 때마다 그 입력을 사용한 계산을 수행하기 전에 사용자가 입력한 값이 유효한 것인지 확인할 필요가 있다.

앞에 소개된 엘리베이터 시뮬레이션 프로그램을 생각해 보자. 엘리베이터 번호판에 13을 제외한 1부터 20까지의 버튼이 있다고 가정했을 때 다음과 같은 입력은 잘못

된 것이다.

- 숫자 13
- 0 또는 음수
- 20보다 큰 수
- 숫자가 아닌 입력, 예를 들어 five

품질 관리자와 마찬가지로, 입력을 처리하기 전에 그 입력이 올바른 것인지 먼저 확인해야 한다.

이들 각각의 경우 오류 메시지를 출력하고 프로그램을 종료하기를 원한다.
13을 입력하지 못하도록 하는 것은 간단하다.

```
if (floor == 13)
{
   System.out.println("Error: There is no thirteenth floor.");
}
```

유효하지 않은 범위의 숫자를 입력하지 못하도록 하는 방법은 다음과 같다.

```
if (floor <= 0 || floor > 20)
{
   System.out.println("Error: The floor must be between 1 and 20.");
}
```

그러나 입력이 유효한 정수인지 아닌지 판별하는 것은 보다 어려운 문제다.
입력문

```
floor = in.nextInt();
```

다음에 입력할 내용이 숫자인지 확인하기 위해서는 hasNextInt나 hasNextDouble을 호출한다.

가 실행될 때 사용자가 정수가 아닌 문자(예 : five)를 입력하면, 정수형 변수 floor의 값이 설정되지 않는다. 대신 실행 시간 오류가 발생하고 프로그램이 종료된다. 이런 문제가 발생하지 않도록 하려면 다음 입력이 정수인지 확인하기 위해 먼저 hasNextInt 메서드를 호출해야 한다. 이 메서드가 true를 반환할 경우 안전하게 nextInt를 호출할 수 있다. 그렇지 않으면 오류 메시지를 출력하고 프로그램을 종료한다.

```
if (in.hasNextInt())
{
   int floor = in.nextInt();
   입력값을 처리한다.
}
else
{
   System.out.println("Error: Not an integer.");
}
```

다음은 입력 검증을 사용한 엘리베이터 시뮬레이션 프로그램의 코드다.

section_8/ElevatorSimulation2.java

```
import java.util.Scanner;

/**
   이 프로그램은 13층을 건너뛰는 엘리베이터의 번호판을 시뮬레이션 한다.
   입력 오류도 검사한다.
*/
public class ElevatorSimulation2
{
   public static void main(String[] args)
   {
      Scanner in = new Scanner(System.in);
      System.out.print("Floor: ");
      if (in.hasNextInt())
      {
         // 이제 사용자가 정수를 입력했다는 것을 확인했다.

         int floor = in.nextInt();

         if (floor == 13)
         {
            System.out.println("Error: There is no thirteenth floor.");
         }
         else if (floor <= 0 || floor > 20)
         {
            System.out.println("Error: The floor must be between 1 and 20.");
         }
         else
         {
            // 이제 입력이 유효하다는 것을 확인했다.

            int actualFloor = floor;
            if (floor > 13)
            {
               actualFloor = floor - 1;
            }

            System.out.println("The elevator will travel to the actual floor "
               + actualFloor);
         }
      }
      else
      {
         System.out.println("Error: Not an integer.");
      }
   }
}
```

실행 결과

```
Floor: 13
Error: There is no thirteenth floor.
```

자습문제

38. ElevatorSimulation2 프로그램에서 입력이 다음과 같을 때 출력은 무엇인가?

a. 100?

b. −1?

c. 20?

d. thirteen?

39. ElevatorSimulation2 프로그램의 19-26번째 줄을 수정하여, 복합 조건식을 가진 하나의 if 문이 되도록 작성하려고 한다. 조건식은 무엇이 되어야 하는가?

```
if (. . .)
{
   System.out.println("Error: Invalid floor number");
}
```

40. 셜록 홈즈 이야기 중 하나인 '서섹스의 흡혈귀'에서 이 독특한 탐정은 다음과 같은 말을 했다. "마틸다 브릭스는 젊은 여성의 이름이 아니라네, 왓슨..., 그건 수마트라의 거대한 쥐와 관련된 배였어. 아직 우리 세계는 그 이야기를 받아들일 준비가 안 됐지." 100년도 더 지난 후에 연구자들은 인도네시아의 한 지역인 웨스턴 뉴기니에서 거대 쥐를 발견했다. 쥐의 무게를 처리하는 프로그램을 작성할 임무를 부여받았다고 하자. 여기에는 다음과 같은 문장이 포함된다.

입력을 처리할 때 너무 큰 수에 대해서는 거부하려고 한다. 그런데 얼마나 커야 너무 큰 수인가? 웨스턴 뉴기니에서 발견된 이 거대 쥐는 일반적인 도시 쥐의 약 다섯 배 크기이다.

```
System.out.print("Enter weight in kg: ");
double weight = in.nextDouble();
```

여기에 들어오는 입력에 대해 무엇을 검사해야 하는가?

41. 다음 프로그램을 실행하고 프롬프트가 출력되면 2와 three를 입력해 보라. 무슨 일이 발생하는가? 왜 그렇게 되는가?

```
import java.util.Scanner;
public class Test
{
   public static void main(String[] args)
   {
      Scanner in = new Scanner(System.in);
      System.out.print("Enter an integer: ");
      int m = in.nextInt();
      System.out.print("Enter another integer: ");
      int n = in.nextInt();
      System.out.println(m + " " + n);
   }
}
```

실습하기 이 장의 끝부분에 있는 복습 문제 및 연습 문제 R4.3, R4.32, P4.12를 수행하시오.

컴퓨팅과 사회 4.2 인공 지능

소득세 신고 준비 패키지 같은 복잡한 컴퓨터 프로그램을 사용할 때는 컴퓨터가 어떤 지능을 가졌다고 생각하게 된다. 컴퓨터가 똑똑한 질문을 하고 사람에게 엄청난 지적 도전으로 생각되는 계산을 수행한다. 만약 소득세 신고 작업이 쉬운 일이였다면 그 일을 위해 컴퓨터를 개입시킬 필요는 없었을 것이다.

그러나 프로그래머로서는 이런 외견상의 지능이란 환상일 뿐이라는 것을 알고 있다. 인간 프로그래머가 모든 가능한 시나리오에 대해 소프트웨어를 신중하게 "가르치고", 소프트웨어는 프로그램된 대로 단순히 모든 동작과 결정을 재생할 뿐이다.

어떤 의미에서든 진짜로 지능적인 컴퓨터 프로그램을 작성하는 것이 가능할까? 초기 컴퓨팅 시대부터 인간의 뇌는 단지 거대한 컴퓨터일 뿐이고, 컴퓨터가 인간 사고의 어떤 과정을 모방하도록 프로그램하는 것이 가능할 것이라는 의견이 있었다. 인공 지능(artificial intelligence)에 대한 진지한 연구는 1950년대 중반에 시작되어 그 후 20년간 꽤 인상적인 성공을 거두었다. 체스 게임 – 분명히 뛰어난 지적 능력이 필요해 보이는 활동 – 을 하는 프로그램은 너무나 훌륭해 이제 세계 최고의 선수도 이겨 버리는 일이 일상화되었다. 1975년까지는 Mycin이라는 전문가 시스템 (expert-system) 프로그램이 평균적인 내과 의사보다 수막염 환자를 더 잘 진단해 내는 것으로 유명했다.

그러나 심각한 좌절이 찾아 왔다. 일본 정부는 1982년부터 1992년까지 400억 엔 이상을 투자하는 거대한 연구 프로젝트인 제 5세대 프로젝트(Fifth-Generation Project)를 발족시켰다. 프로젝트의 목표는 전문가 시스템 소프트웨어의 성능을 획기적으로 향상시키는 새로운 하드웨어와 소프트웨어를 개발하는 것이었다. 수행 초기 다른 나라들은 일본의 컴퓨터 산업이 이제 이 분야에서 확실하게 앞서가게 될 것을 우려했다. 그러나 최종 결과는 실망스러운 것이었고 인공 지능 응용으로 사업화된 것이 거의 없었다.

초기부터 AI 분야에서 공언한 목표 중 하나는 언어를 자동 번역하는, 예를 들어 영어를 러시아어로 번역하는 것과 같은 소프트웨어의 생산이었다. 이 작업은 터무니없이 복잡한 것으로 판명되었다. 인간의 언어는 처음 생각했던 것보다 훨씬 더 미묘하고 인간의 경험과 복잡하게 얽혀 있는 것으로 나타났다. 오늘날의 문서 편집기 프로그램에 포함된 문법 체크 도구조차도 어떤 유용한 도구라기보다는 일종의 눈속임에 더 가깝다. 문법을 분석하는 것은 문장을 번역하기 위한 첫 단계에 불과한데도 말이다.

1984년에 Douglas Lenat가 시작한 CYC(encyclopedia에서 유래) 프로젝트는 인간의 말과 글에 숨어 있는 암묵적인 가정을 성문화하려는 시도였다. 프로젝트 팀원들은 뉴스 기사를 분석하는 것으로 시작해 실제로 그 문장을 이해하기 위해 필요한 언급되지 않은 사실들이 무엇인지 자문해 보았다. 예를 들어 다음 문장을 살펴보자.

"Last fall she enrolled in Michigan State."

독자들은 이 문맥에서 "fall"이 떨어지는 것과 관련이 없고 계절을 의미한다는 것을 자동으로 인식한다. Michigan 주가 있기는 하지만 이 문장의 Michigan State는 대학을 표시한다. 컴퓨터는 이런 종류의 선험적 지식이 전혀 없다. CYC 프로젝트의 목표는 필수적인 사실을 추출해 저장하는 것이다. 필수사실을 열거해 보자.

(1) 사람은 대학에 등록(enroll)한다.

(2) Michigan은 주 이름이다.

(3) 많은 주에 X State University라는 이름의 대학이 있으며 약자로 보통 X State라 한다.

(4) 대부분의 학생들이 대학에 등록하는 것은 가을이다.

1995년까지 프로젝트에서는 약 100,000개의 상식적인 개념들과 그에 관련된 약 백만 개의 사실 또는 지식을 성문화하였다. 이 어마어마한 양의 데이터로도 어떤 유용한 응용에 충분하다고 검증받을 수 없었다.

최근의 인공 지능 기술은 중요한 진전을 보이고 있다. 가장 놀라운 예 중의 하나가 미 국방성의 고등 연구 계획국(Defense Advanced Research Projects Agency, DARPA)이 지원하는 자율 운항 차량에 대한 "위대한 도전" 시리즈의 결과물이다. 여러 도전팀을 초청해서 인간 운전자나 원격 조종 없이 장애물이 설치된 코스를 완주해야 하는 미션을 수행하는, 컴퓨터만으로 조종하는 차량을 출품하게 하였다. 2004년의 첫 번째 대회에서는 실망스럽게도 참가자 중 누구도 코스를 완주하지 못했지만 2005년에는 다섯 대의 차량이 모하비 사막의 험난한 212 km 코스를 완주했으며, 스탠포드 대학의 Stanley가 평균 시속 30km로 1등을 했다. 2007년 대회는 경주 코스를 "도시" 환경으로 옮겨 폐쇄된 공군 기지에서 실시되었다. 차량들은 서로 통신도 하고 캘리포니아 주의 교통 법규를 따를 수 있어야 했다. 스탠포드의 Sebastian Thrun이 설명한 대로 "마지막 위대한 도전에서 장애물이 바위인지 덤불인지는 진정한 문제가 아니었다. 그냥 돌아서 가면 되는 일이기 때문이다. 지금의 도전은 환경을 감지하는 것을 넘어서 이해하는 문제로 옮겨 가고 있다."

2007년 DARPA 위대한 도전의 우승자

본 장의 요약

if 문을 사용한 의사결정 과정의 구현

- if 문으로 프로그램하면 처리해야 할 데이터의 특성에 따라 서로 다른 작업을 수행할 수 있다.

수와 객체의 비교 구현

- 수를 비교하려면 관계 연산자(< <= > >= == !=)를 사용한다.
- 관계 연산자들은 값의 비교에 사용된다. == 연산자는 동등성을 검사한다.
- 부동 소수점 수에 대해서는 두 수가 동일한지 비교해서는 안 된다. 대신 두 수가 근사치인지 검사하라.
- 문자열을 비교할 때 == 연산자를 사용해서는 안 된다. 대신 equals 메서드를 사용하라.
- compareTo 메서드는 문자열을 사전식 순서로 비교한다.
- 객체를 서로 비교할 때 == 연산자는 동일한 객체를 참조하는지 검사한다. 객체의 내용이 서로 같은가 비교하고 싶을 때는 equals 메서드를 사용해야 한다.
- null 참조는 아무 객체도 참조하지 않는다.

여러 개의 if 문이 필요한 복잡한 결정 과정 구현

- 여러 개의 if 문이 복잡한 결정을 구현하기 위해 결합될 수 있다.
- 여러 개의 if 문을 사용할 때는 보다 구체적인 조건을 먼저 테스트하고 포괄적인 조건을 나중에 테스트하라.

각 분기문에서 새로운 결정이 필요한 결정문의 구현

- 결정문이 다른 결정문의 한 분기에 포함되어 있을 때 그 문장은 중첩되었다고 한다.
- 중첩된 결정문은 두 단계 이상의 결정 과정이 필요한 문제에 적용된다.

프로그램의 제어 흐름을 가시화하기 위한 순서도 작성

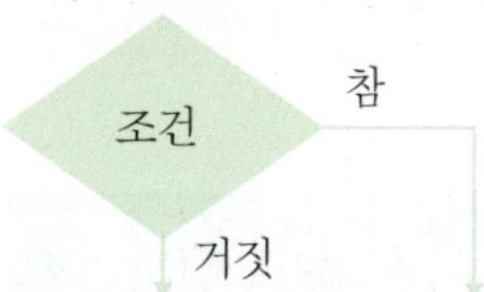

- 순서도는 작업, 입력/출력, 결정 등을 표현하는 요소로 이루어진다.
- 결정의 각 분기는 작업이나 추가적인 결정을 포함할 수 있다.
- 다른 분기의 내부로 흐름선을 연결해서는 절대로 안 된다.

프로그램에 대한 테스트 사례 설계

- 블랙박스 검사는 프로그램의 구현 구조를 고려하지 않고 기능을 테스트하는 방법이다.
- 화이트박스 검사는 프로그램의 구조에 대한 정보를 활용한다.
- 코드 보증 범위는 프로그램에서 얼마나 많은 부분이 테스트되는가를 나타내는 척도다.
- 경계 검사 사례는 허용 가능한 입력 중 경계에 놓인 테스트 사례이다.
- 프로그램을 구현하기 전에 테스트 사례를 먼저 설계하는 것이 좋다.
- 실행 추적 메시지는 테스트가 완료되었을 때 비활성화될 수 있다.

결과가 참 또는 거짓이 되는 조건들을 결합하고 그 결과를 저장하기 위해 부울 자료형 사용

- 부울 자료형인 boolean은 true와 false 두 가지 값만 가질 수 있다.
- 자바에는 조건을 결합하는 두 개의 부울 연산자 &&(and)와 ||(or)가 있다.
- 조건식의 역을 계산하려면 !(not) 연산자를 사용한다.
- &&와 || 연산자는 지름길 연산(short-circuit evaluation)을 사용한다. 즉, 진리값이 결정될 수 있으면 나머지 조건에 대한 연산을 수행하지 않는다.
- 드 모르강의 법칙은 &&와 || 조건을 부정하는 방법에 대한 것이다.

사용자 입력의 유효성 검증에 if 문 적용

- 다음 입력이 수인지 확인하기 위해 hasNextInt나 hasNext-Double을 호출하라.

이 장에서 소개된 표준 라이브러리 요소

```
java.awt.Rectangle
   equals
java.lang.String
   equals
   compareTo
java.util.Scanner
   hasNextDouble
   hasNextInt
java.util.logging.Level
   INFO
   OFF
java.util.logging.Logger
   getGlobal
   info
   setLevel
```

복습 문제

■R4.1 if 문이 실행된 다음 각 변수의 값은 무엇인가?

a.
```
int n = 1; int k = 2; int r = n;
if (k < n) { r = k; }
```
b.
```
int n = 1; int k = 2; int r;
if (n < k) { r = k; }
else { r = k + n; }
```
c.
```
int n = 1; int k = 2; int r = k;
if (r < k) { n = r; }
else { k = n; }
```
d.
```
int n = 1; int k = 2; int r = 3;
if (r < n + k) { r = 2 * n; }
else { k = 2 * r; }
```

■■R4.2 다음 두 코드의 차이점을 설명하라.

```
s = 0;
if (x > 0) { s++; }
if (y > 0) { s++; }
```

```
s = 0;
if (x > 0) { s++; }
else if (y > 0) { s++; }
```

■■R4.3 다음 if 문에서 오류를 지적하라.

a.
```
if x > 0 then System.out.print(x);
```
b.
```
if (1 + x > Math.pow(x, Math.sqrt(2)) { y = y + x; }
```
c.
```
if (x = 1) { y++; }
```
d.
```
x = in.nextInt();
if (in.hasNextInt())
{
   sum = sum + x;
}
else
{
   System.out.println("Bad input for x");
}
```
e.
```
String letterGrade = "F";
if (grade >= 90) { letterGrade = "A"; }
if (grade >= 80) { letterGrade = "B"; }
if (grade >= 70) { letterGrade = "C"; }
if (grade >= 60) { letterGrade = "D"; }
```

■R4.4 다음 코드가 각각 출력하는 것은 무엇인가?

a.
```
int n = 1;
int m = -1;
if (n < -m) { System.out.print(n); }
else { System.out.print(m); }
```
b.
```
int n = 1;
int m = -1;
if (-n >= m) { System.out.print(n); }
else { System.out.print(m); }
```
c.
```
double x = 0;
double y = 1;
if (Math.abs(x - y) < 1) { System.out.print(x); }
else { System.out.print(y); }
```
d.
```
double x = Math.sqrt(2);
double y = 2;   if (x * x == y) { System.out.print(x); }
else { System.out.print(y); }
```

■■R4.5 x와 y가 double 형의 변수라고 하자. x가 양수면 x의 값을 y에 대입하고 그렇지 않으면 0을 대입하는 코드를 작성하라.

■■R4.6 x와 y가 double 형의 변수라고 하자. y에 x의 절대값을 대입하는 코드를 작성하라. 단 Math.abs를 호출하지 말고 if 문을 사용하라.

■■R4.7 부동 소수점 수를 비교하는 것이 왜 정수의 비교보다 어려운지 설명하라. 정수 n이 10과 같은지 검사하는 자바코드와 부동 소수점 수 x가 10과 거의 같은지 검사하는 자바코드를 작성하라.

■R4.8 =와 == 연산자는 혼동하기 쉽다. 다음 문장을 포함하는 테스트 프로그램을 작성하라.

```
if (floor = 13)
```

어떤 오류 메시지가 나타나는가? 다음 문장을 포함하는 테스트 프로그램도 작성해 보자.

```
count == 0;
```

프로그램을 컴파일하면 컴파일러가 어떤 작업을 하는가?

■■R4.9 체스판의 모든 칸은 하나의 문자와 하나의 숫자로 표시할 수 있다. 다음 그림은 g5 칸을 보여 준다.

다음의 의사코드는 주어진 문자와 숫자를 이용해 해당 칸이 흰 색인지 검은 색인지 판별하는 알고리즘이다.

```
글자가 a, c, e, g 중 하나이면
    숫자가 홀수면
        색깔 = "검은색"
    아니면
        색깔 = "흰색"
아니면
    숫자가 짝수면
        색깔 = "검은색"
    아니면
        색깔 = "흰색"
```

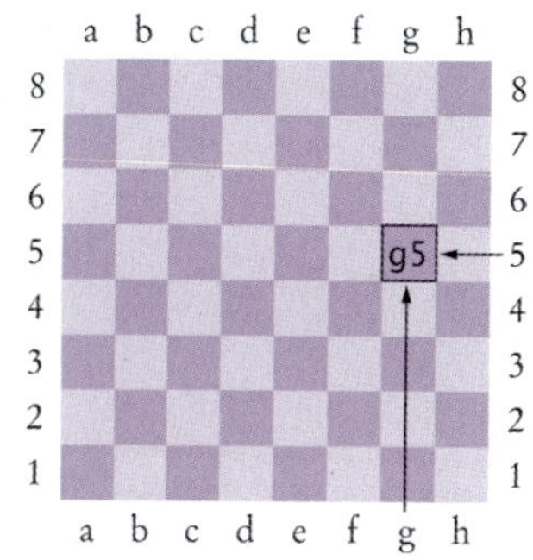

알아 두기 4.5의 절차를 활용하여 g5라는 입력값에 대해 의사코드를 따라해 보라.

■■테스팅 P4.10 복습 문제 R4.9의 알고리즘에 대하여 모든 경우의 분기를 테스트할 수 있는 네 가지 테스트 사례를 선정하라.

■■R4.11 일정 관리 프로그램을 작성할 때 두 개의 약속이 서로 겹치지 않는지 점검하고 싶다. 간단하게 하기 위해 약속은 정시에 시작하여 한 시간 단위로 진행된다고 가정하고, 시각은 군대 형식(0-24시)으로 표기한다. 다음 의사코드는 start1 시에 시작하고 end1 시에 끝나는 약속이 start2 시에 시작하고 end2 시에 끝나는 약속과 겹치는지 검사하는 알고리즘을 나타낸 것이다.

```
if start1 > start2
    s = start1
else
    s = start2
if end1 < end2
    e = end1
else
    e = end2
if s < e
    약속이 겹친다.
else
    약속이 겹치지 않는다.
```

10-12 시의 약속과 11-13 시의 약속이 서로 겹치는지, 또한 10-11 시의 약속과 12-13 시의 약속이 서로 겹치는지 알고리즘을 따라가 보라.

■R4.12 복습 문제 R4.11의 알고리즘에 대한 순서도를 작성하라.

■R4.13 연습 문제 P4.13의 알고리즘에 대한 순서도를 작성하라.

■R4.14 연습 문제 P4.14의 알고리즘에 대한 순서도를 작성하라.

■■테스팅 P4.15 복습 문제 R4.11의 알고리즘을 테스트할 수 있는 테스트 사례 집합을 개발하라.

■■테스팅 P4.16 연습 문제 P4.14의 알고리즘을 테스트할 수 있는 테스트 사례 집합을 개발하라.

■■R4.17 사용자에게 월과 일을 묻는 프롬프트를 출력하고 입력을 받아 다음 4개의 휴일 중 하나인지 아닌지 판별하는 프로그램을 의사코드로 작성하라.

- 새해 첫날 (1월 1일)
- 삼일절 (3월 1일)
- 광복절 (8월 15일)
- 크리스마스 (12월 25일)

■■R4.18 퀴즈 점수에 따라 등급을 부여하는 프로그램의 의사코드를 작성하라. 등급 기준은 다음 표와 같다.

점수	등급
90-100	A
80-89	B
70-79	C
60-69	D
< 60	F

■■R4.19 문자열의 사전식(lexicographical) 순서가 실제 사전이나 전화번호부에 수록된 단어들의 순서와 어떻게 다른지 설명하라(힌트 : `IBM`, `wiley.com`, `Century 21`, `While-U-Wait` 등의 문자열을 생각해 본다.).

■■R4.20 다음 각 문자열 쌍에서 어느 것이 자바의 사전식 순서에서 앞에 오는가?

a. `"Tom", "Jerry"`

b. `"Tom", "Tomato"`

c. `"church", "Churchill"`

d. `"car manufacturer", "carburetor"`

e. `"Harry", "hairy"`

f. `"Java", "Car"`

g. `"Tom", "Tom"`

h. `"Car", "Carl"`

i. `"car", "bar"`

■R4.21 `if/else if/else` 문과 중첩된 `if` 문의 차이점을 설명하고 각각의 예를 제시하라.

■■R4.22 조건 검사의 순서가 문제되지 않는 if/else if/else 문의 예를 제시하라. 또한 순서가 문제 되는 경우의 예를 제시하라.

■R4.23 4.3절의 조건식에서 사용한 >= 연산자 대신 < 연산자를 사용하여 조건식을 다시 작성하라. 비교의 순서에 어떤 영향이 있는가?

■■테스팅 P4.24 연습 문제 P4.26의 소득세 프로그램을 위한 테스트 사례 집합을 개발하라. 예상되는 결과값을 손으로 계산해 보라.

■R4.25 다음 문장을 사용해 대롱거리는 else 문제를 가진 자바코드의 예를 만들어 보라.
학점 평균이 1.5 이상 2 미만인 학생은 학사 경고를 받고, 1.5 미만인 학생은 낙제한다.

■■■R4.26 부울 입력값 p, q, r의 모든 조합에 대하여 부울 연산식을 계산하여 진리표를 완성하라.

p	q	r	(p && q) || !r	!(p && (q || !r))
false	false	false		
false	false	true		
false	true	false		
...				
5가지 조합이 더 있음				
...				

■■■R4.27 다음 문장이 참인지 거짓인지 판별하라.
조건 A와 B의 부울 값에 상관없이 A && B와 B && A의 결과는 같다.

■R4.28 많은 검색 엔진에는 "고급 검색" 기능이 있어 부울 연산자를 사용해 복잡한 질의를 할 수 있다. 예를 들어 "(cats OR dogs) AND NOT pets"와 같이 사용한다. 자바의 부울 연산자를 예의 검색 연산자와 대조해 보라.

■■R4.29 b의 값은 false이고 x의 값은 0이라 하자. 다음 각 식의 결과값은 무엇인가?

a. b && x == 0
b. b || x == 0
c. !b && x == 0
d. !b || x == 0
e. b && x != 0
f. b || x != 0
g. !b && x != 0
h. !b || x != 0

■■R4.30 다음 식을 간소화하라. 여기서 b는 boolean 형의 변수다.

a. `b == true`

b. `b == false`

c. `b != true`

d. `b != false`

■■■R4.31 다음 문장들을 간소화하라. 여기서 b는 boolean 형의 변수이고, n은 int 형 변수다.

a. `if (n == 0) { b = true; } else { b = false; }`

(힌트 : 조건 n == 0의 결과는 무엇인가?)

b. `if (n == 0) { b = false; } else { b = true; }`

c. `b = false; if (n > 1) { if (n < 2) { b = true; } }`

d. `if (n < 1) { b = true; } else { b = n > 2; }`

■R4.32 다음 프로그램에서 잘못된 점은 무엇인가?

```
System.out.print("Enter the number of quarters: ");
int quarters = in.nextInt();
if (in.hasNextInt())
{
   total = total + quarters * 0.25;
   System.out.println("Total: " + total);
}
else
{
   System.out.println("Input error.");
}
```

프로그램 연습 문제

■P4.1 정수를 하나 입력 받아 음수인지, 양수인지, 또는 0인지 판별해 출력하는 프로그램을 작성하라.

■■P4.2 부동 소수점 수를 하나 입력 받아 0이면 "zero"를, 그렇지 않으면 수에 따라 "양수", "음수"를 출력하는 프로그램을 작성하라. 그리고 입력된 수의 절대값이 1보다 작으면 "작다"를, 1,000,000이 넘으면 "크다"를 출력하는 코드를 추가하라.

■■P4.3 정수를 하나 입력 받아 그 수가 몇 개의 숫자로 이루어졌는지 출력하는 프로그램을 작성하라. 숫자의 개수는 수가 ≥ 10인지, ≥ 100인지 등을 테스트하면 알 수 있다. (입력된 정수는 100억보다 작다고 가정하라.) 입력된 수가 음수면 먼저 −1을 곱한 다음 같은 과정을 수행하면 된다.

■■P4.4 세 개의 수를 읽어 비교해 세 수가 모두 같으면 "모두 같다"를, 모두 다르면 "모두 다르다"를, 그렇지 않으면 "같지 않다"를 출력하는 프로그램을 작성하라.

■■P4.5 세 개의 수를 읽어 세 수가 점점 커지는 순서면 "오름차순"을, 점점 작아지는 순서면 "내림차순"을, 그렇지 않으면 "순서 없음"을 출력하는 프로그램을 작성하라. 여기서 "오름차순"이란 "엄격한 오름차순"을 의미하는 것으로, 각 수가 자기 앞의 수보다 확실히 커야 한다. 수열 3 4 4는 오름차순이 아닌 것으로 간주된다.

■■P4.6 연습 문제 4.5를 수정하여 수를 입력받기 전에 사용자가 "엄격한" 순서와 "느슨한" 순서 중 선택할 수 있도록 하라. 느슨한 순서에서는 수열 3 4 4를 오름차순으로 판별하고, 4 4 4의 경우는 오름차순, 내림차순이 모두 가능하다.

■■P4.7 세 개의 정수를 읽어 오름차순 또는 내림차순으로 정렬되어 있으면 "정렬됨"을, 그렇지 않으면 "정렬되지 않음"을 출력하는 프로그램을 작성하라. 결과의 예는 다음과 같다.

```
1 2 5    정렬됨
1 5 2    정렬되지 않음
5 2 1    정렬됨
1 2 2    정렬됨
```

■■P4.8 네 개의 정수를 읽어 순서에 상관없이 일치하는 수가 두 쌍이 있으면 "투페어"를 그렇지 않으면 "투페어 아님"을 출력하는 프로그램을 작성하라. 결과 예는 다음과 같다.

```
1 2 2 1    투페어
1 2 2 3    투페어 아님
2 2 2 2    투페어
```

■■업무용 P4.9 다음 작업을 수행하는 프로그램을 작성하라. 먼저 노동자의 이름과 급여를 입력 받는다. 여기서 급여는 시급을 의미한다. 그 다음 지난 1주일간 몇 시간을 일했는지 물어보는 프롬프트를 출력하고 노동 시간을 입력 받는다. 노동 시간에서 36.5와 같이 소수 부분을 포함할 수 있도록 한다. 그리고 시급과 시간을 이용해 급여 액수를 계산한다. 초과근무시간 (주당 40시간 초과)에 대해서는 시급의 150%를 지급해야 한다. 마지막으로 급여명세서를 출력한다. 프로그램에 PayCheck 클래스를 포함해서 구현하라.

■P4.10 다음 작업을 수행하는 프로그램을 작성하라. 온도 값과 단위를 나타내는 글자 C(섭씨) 또는 F(화씨)를 입력받는다. 해발 고도 0에서 주어진 온도 값에 대하여 물의 상태가 액체인지, 고체인지, 기체인지 판별하여 출력한다.

■P4.11 물의 끓는점은 고도가 300미터(또는 1,000피트) 올라갈 때마다 섭씨 1도씩 내려간다. 연습 문제 P4.10의 프로그램에서 고도를 미터 또는 피트 단위로 입력받아 처리할 수 있도록 수정하라.

■P4.12 연습 문제 P4.11의 프로그램에 오류 처리 부분을 추가하라. 오류의 예는 숫자가 필요

한 데서 문자를 입력한다거나 고도의 단위가 유효하지 않다거나 하는 등이다. 오류가 발생한 경우 오류 메시지를 출력하고 프로그램을 종료하도록 처리하라.

■■P4.13 시와 분으로 표시된 시간상의 두 점을 비교하여 어느 것이 앞서는지 비교하는 의사코드가 다음과 같다. 시는 군대 형식으로 0에서 23까지의 숫자로 표시된다.

```
hour1 < hour2인 경우
    time1이 앞선다.
그렇지 않고 hour1과 hour2가 같은 경우
    minute1 < minute2인 경우
        time1이 앞선다.
    그렇지 않고 minute1과 minute2가 같은 경우
        time1과 time2는 같다.
아니면
    time2가 앞선다.
```

사용자에게 두 개의 시간을 입력하도록 프롬프트를 출력하고 시간의 순서를 판별하여 빠른 시간을 먼저, 늦은 시간을 나중에 출력하는 프로그램을 작성하라. 프로그램 내에 클래스 Time과 메서드 compareTo를 포함시켜야 한다.

```
public int compareTo(Time other)
```

이 메서드는 한 시간이 다른(other) 시간보다 앞서면 −1을, 같으면 0을, 그렇지 않으면 1을 반환한다.

■■P4.14 다음은 주어진 날짜(월, 일)에 따라 계절을 판별하는 알고리즘이다.

```
If month is 1, 2, or 3 season = "Winter"
Else if month is 4, 5, or 6, season = "Spring"
Else if month is 7, 8, or 9, season = "Summer"
Else if month is 10, 11, or 12, season = "Fall"
If month is divisible by 3 and day >= 21
    If season is "Winter", season = "Spring"
    Else if season is "Spring", season = "Summer"
    Else if season is "Summer", season = "Fall"
    Else season = "Winter"
```

사용자에게 월과 일을 입력하도록 하고 이 알고리즘에 따라 계절을 판별하여 출력하는 프로그램을 작성하라. 메서드 getSeason를 포함하는 클래스 Date를 작성해 사용하라.

■■P4.15 문자로 된 학점을 수치로 변환하는 프로그램을 작성하라. 문자 학점은 A B C D F가 있고 +와 −가 뒤에 붙을 수 있는데 F+와 F−는 없다. 이를 수치화한 학점은 각각

4, 3, 2, 1, 0이고 +가 붙으면 0.3 더해지고 –가 붙으면 0.3 감해진다. 단 A+의 경우는 4.0이다.

```
Enter a letter grade: B-
The numeric value is 2.7.
```

getNumericGrade 메서드를 갖는 Grade 클래스를 작성해 사용하라.

■■P4.16 0에서 4 사이의 수치로 된 학점을 가장 가까운 문자 학점으로 변환하는 프로그램을 작성하라. 예를 들어 평점 평균으로 2.8이 입력되면 문자 학점으로 B-가 된다. 문자 학점의 정중앙에 위치하는 숫자의 경우에는 더 높은 학점으로 변환한다. 예를 들어 2.85는 B가 된다.

getLetterGrade 메서드를 갖는 Grade 클래스를 작성해 사용하라.

■■P4.17 1913년 미국의 소득세 체계는 매우 간단하여 독신과 기혼을 가리지 않고 다음과 같은 체계를 적용했다.

- 50,000달러 이하는 1%
- 50,000달러 초과 75,000달러 이하는 2%
- 75,000달러 초과 100,000달러 이하는 3%
- 100,000달러 초과 250,000달러 이하는 4%
- 250,000달러 초과 500,000달러 이하는 5%
- 500,000달러 초과는 6%

이 체계에 따라 세금을 계산하는 프로그램을 작성하라.

■■P4.18 다음과 같은 트럼프 카드의 단축 표기에 따라 입력을 받아 그 의미를 풀어서 출력하는 프로그램을 작성하라.

단축 표기	의미
A	Ace
2 ... 10	카드값
J	Jack
Q	Queen
K	King
D	Diamonds
H	Hearts
S	Spades
C	Clubs

실행 예는 다음과 같다.

```
Enter the card notation: QS
Queen of Spades
```

주요 클래스는 Card로서 카드의 단축 표기를 문자열로 받아 객체를 생성하는 생성자와 카드의 설명을 출력하는 getDescription 메서드를 가진다. 잘못된 입력이 들어오면 getDescription 메서드가 "Unknown" 문자열을 반환한다.

■■P4.19 세 개의 부동 소수점 수를 입력받아 셋 중 가장 큰 값을 출력하는 프로그램을 작성하라. 실행 예는 다음과 같다.

```
Please enter three numbers: 4 9 2.5
The largest number is 9.
```

■■P4.20 세 개의 문자열을 입력받아 사전식 순서로 정렬하여 출력하는 프로그램을 작성하라.

```
Enter three strings: Charlie Able Baker
Able
Baker
Charlie
```

■■P4.21 두 개의 부동 소수점 수를 입력 받아 소수점 아래 둘째 자리까지 반올림했을 때 두 수가 같은지 판별하는 프로그램을 작성하라. 실행 예는 다음과 같다.

```
Enter two floating-point numbers: 2.0 1.99998
They are the same up to two decimal places.
Enter two floating-point numbers: 2.0 1.98999
They are different.
```

■P4.22 사용자에게 하나의 알파벳 문자를 입력하도록 하고, 그 문자가 자음인지 모음인지 판별하여 출력하는 프로그램을 작성하라. 사용자 입력이 알파벳(a에서 z까지와 A에서 Z까지)이 아니거나 문자가 둘 이상인 문자열을 입력한 경우는 오류 메시지를 출력한다.

■■P4.23 사용자에게 월을 숫자로 입력하게 하고 각 달의 날 수를 출력해 주는 프로그램을 작성하라. 예를 들어 2월을 입력하면 "28 days"를 출력한다.

```
Enter a month: 5
30 days
```

프로그램에 Month 클래스를 작성해 사용하라. Month 클래스에는 다음의 메서드가 있다.

```
public int getLength()
```

각 달에 대해 별도의 if나 else를 사용하지 말고 부울 연산자를 사용하라.

■업무용 P4.24 어떤 수퍼마켓에서 고객이 식료품을 구매한 액수에 따라 보너스 쿠폰을 증정한다. 예를 들어 50달러어치를 구매하면 구매 금액의 8퍼센트에 해당하는 쿠폰을 받을 수 있다. 다음 표는 구매 금액에 따른 보너스 쿠폰 비율을 나타낸 것이다. 식료품 구매 액수를 입력했을 때 받을 수 있는 쿠폰 액수를 출력하는 프로그램을 작성하라. 실행

예는 다음과 같다.

```
Please enter the cost of your groceries: 14
You win a discount coupon of $ 1.12. (8% of your purchase)
```

구매 금액($)	쿠폰 비율(%)
10 미만	없음
10 이상 60 이하	8
60 초과 150 이하	10
150 초과 210 이하	12
210 초과	14

■■P4.25 사용자에게 생일을 월과 일로 입력 받아 별점에 따른 프로그래머 운세를 출력하는 프로그램을 작성하라. 결과는 다음과 같다.

```
생일을 입력하세요 (월 일): 6 16
쌍둥이자리는 복잡한 프로그램의 동작을 이해하는 전문가입니다.
당신은 오류가 어디서 발생하는지 느끼고 한 발 앞서 갈 수 있습니다.
오늘밤 당신의 방식이 엄격한 평가자들로부터도 인정받을 것입니다.
```

각각의 운세는 별자리 이름을 반드시 포함해야 한다(각 생일이 어느 별자리에 속하는지는 인터넷을 검색하면 쉽게 알 수 있을 것이다.). getFortune 메서드를 갖는 Date 클래스를 작성해 사용하라.

■■P4.26 다음 기준에 따라 소득세를 계산하는 프로그램을 작성하라.

독신인 경우 과세 소득	소득 범위	세율	세율 적용 소득
0달러 초과	8,000달러 이하	10%	0달러 초과분
8,000달러 초과	32,000달러 이하	800달러 + 15%	8,000달러 초과분
32,000달러 초과		4,400달러 + 25%	32,000달러 초과분
기혼인 경우 과세 소득	**소득 범위**	**세율**	**세율 적용 소득**
0달러 초과	16,000달러 이하	10%	0달러 초과분
16,000달러 초과	64,000달러 이하	1,600달러 + 15%	16,000달러 초과분
64,000달러 초과		8,800달러 + 25%	64,000달러 초과분

■■■P4.27 TaxReturn.java 프로그램은 2008년 미국 소득세 기준을 단순화하여 사용하였다. 독신과 부부 납세자에 대한 올해의 과세 표준과 세율을 찾아보고 실제 소득세를 계산하는 프로그램을 구현하라.

■■■P4.28 **단위 변환.** 도량형 단위를 변환하는 프로그램을 작성하라. 사용자에게 변환을 원하는 단위(fl. oz, gal, oz, lb, in, ft, mi)와 변환될 단위(ml, l, g, kg, mm, cm, m, km)를 입

력 받는다. 변환이 불가능한 경우는 거부하도록 하라(예: gal → km). 그 다음은 변환될 값을 입력 받고 결과를 출력한다.

```
Convert from? gal
Convert to? ml
Value? 2.5
2.5 gal = 9462.5 ml
```

■■■P4.29 1년이 366일인 해를 윤년(leap year)이라 한다. 지구가 태양의 주위를 365.25일마다 한 바퀴 돌기 때문에 달력을 이와 맞추기 위해 윤년이 필요하다. 사실 그 숫자는 완전히 정확한 것이 아니고 1582년 이후의 모든 날짜에 대해서는 그레고리안 수정(Gregorian correction)이 적용된다. 윤년은 보통 1996년과 같이 4로 나누어지는 연도다. 그러나 100으로 나누어지는 해는 윤년이 아니고(예 : 1900년), 400으로 나누어지는 해(예 : 2000년)는 다시 윤년이다. 사용자에게 연도를 입력하게 하고 그것이 윤년인지 판별해서 출력하는 프로그램을 작성하라. 프로그램 내에 클래스 Year를 작성하고, 클래스에는 메서드 `isLeapYear`가 있어야 한다. 메서드에는 하나의 `if` 문과 부울 연산자를 사용하라.

■■■P4.30 **로마 숫자.** 양의 정수를 로마 숫자로 변환하는 프로그램을 작성하라. 로마 숫자 체계는 다음과 같은 숫자 표기법을 따른다.

I	1
V	5
X	10
L	50
C	100
D	500
M	1,000

숫자를 조합하여 수를 구성하는 규칙은 다음과 같다.

a. 3,999까지의 숫자만 표현된다.

b. 십진수에서와 마찬가지로 천, 백, 십, 일은 별도로 표기된다.

c. 1부터 9까지의 수는 다음과 같이 표기된다.

I	1	VI	6
II	2	VII	7
III	3	VIII	8
IV	4	IX	9
V	5		

보는 바와 같이 V나 X 앞에 I가 오면 그 수를 뺀 값이 되고, 한 줄에 세 개 이상

의 I를 사용할 수 없다.

d. 십 단위, 백 단위에 대해서도 마찬가지의 규칙이 적용된다. 단, 일 단위의 I, V, X 대신 X, L, C와 C, D, M이 각각 사용된다.

프로그램에서는 1978과 같은 입력을 받아 로마 숫자 MCMLXXVIII와 같이 출력해야 한다.

■■■ P4.31 프랑스식 국가 이름은 철자가 e로 끝나면 여성형이고 그렇지 않으면 남성형이다. 단, 다음 이름들은 e로 끝남에도 불구하고 남성형이다.

- le Belize
- le Cambodge
- le Mexique
- le Mozambique
- le Za
- le Zäire
- le Zimbabwe

어떤 나라의 프랑스 이름을 입력 받아 관사를 추가하여 출력하는 프로그램을 작성하라. 관사는 le Canada, la Belgique와 같이 남성형에 대해서 le, 여성형에 대해서 la다. 그러나 l'Afghanistan과 같이 나라의 이름이 모음으로 시작하면 축약형 l'을 사용해야 한다. 다음의 복수형 이름에 대해서는 les를 사용한다.

- les Etats-Unis
- les Pays-Bas

■■■ 업무용 P4.32 은행 거래를 시뮬레이션하는 프로그램을 작성하라. 은행 계좌는 입출(checking) 계좌와 저축(savings) 계좌의 두 가지가 있다. 첫째, 은행 계좌의 초기 잔액을 사용자에게 물어서 입력 받는다. 음수가 입력되면 거부해야 한다. 둘째, 거래의 종류를 묻는다. 가능한 거래는 예금, 출금, 이체가 있다. 셋째, 계좌를 묻는다. 입출 계좌와 저축 계좌 중에서 선택하도록 한다. 계좌의 잔액을 넘어서는 거래는 거부하도록 한다. 마지막으로 두 계좌의 최종 잔액을 출력한다.

■■■ 업무용 P4.33 은행의 카드를 이용해 자동입출금기(ATM)를 이용할 때 계좌 접속을 위해 비밀번호(Personal Identification Number, PIN)가 필요하다. 사용자가 비밀번호 입력에 3회 실패하면 기계가 카드 사용을 금지해 버린다. 이 과정을 처리하는 프로그램을 작성하라. 사용자의 비밀번호는 "1234"라 가정한다. 먼저 사용자에게 3회 실패 시에 대한 경고를 포함한 프롬프트를 출력해 비밀번

호를 입력하도록 한다. 그 다음 과정은 다음과 같다.

- 사용자가 올바른 번호를 입력하면 "비밀번호가 정상적으로 입력되었습니다."를 출력하고 프로그램을 종료한다.
- 사용자가 틀린 번호를 입력하면 "비밀번호가 틀렸습니다."를 출력한다. 틀린 횟수가 3보다 작으면 재입력을 요구한다.
- 사용자가 3회째 틀린 번호를 입력하면 "고객님의 카드는 사용 금지되었습니다."를 출력하고 프로그램을 종료한다.

■업무용 P4.34 식당에 갔을 때 지불해야 할 팁을 계산하는 것은 어렵지 않다. 그러나 새로운 식당에서는 팁의 기준을 바꾸어 고객이 받은 서비스에 따라 팁을 주도록 제시하려고 한다. 다음과 같은 고객 만족도에 따라 팁을 계산하는 프로그램을 작성하라.

- 다음 점수로 고객의 만족도를 표시하도록 한다. 1 = 완전 만족, 2 = 만족, 3 = 불만족
- 고객이 완전히 만족한 경우 20% 팁을 계산한다.
- 고객이 만족한 경우 15% 팁을 계산한다.
- 고객이 불만족한 경우 10% 팁을 계산한다.
- 만족도를 출력하고 그에 따른 팁을 달러와 센트로 출력한다.

■과학계산용 P4.35 사용자에게 파장을 입력하도록 하고 다음 표에 주어진 전자기파 스펙트럼의 특성에 따라 설명을 출력하는 프로그램을 작성하라.

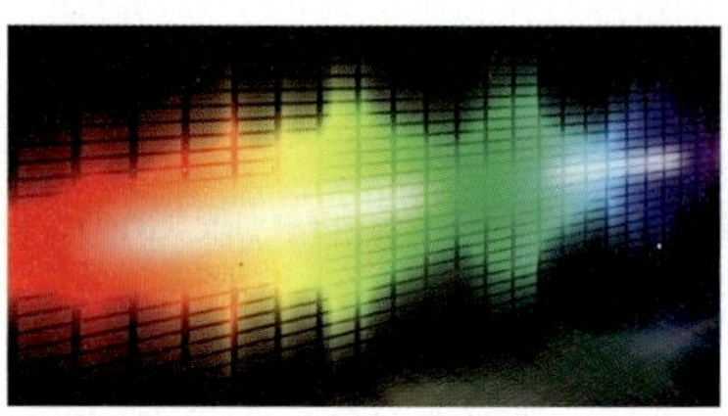

전자기파 스펙트럼		
종류	파장 (m)	주파수 (Hz)
라디오파	$>10^{-1}$	$<3\times10^{9}$
마이크로파	10^{-3}에서 10^{-1}까지	3×10^{9}에서 3×10^{11}까지
적외선	7×10^{-7}에서 10^{-3}까지	3×10^{11}에서 4×10^{14}까지
가시광선	4×10^{-7}에서 7×10^{-7} 까지	4×10^{14}에서 7.5×10^{14}까지
자외선	10^{-8}에서 4×10^{-7}까지	7.5×10^{14}에서 3×10^{16}까지
X-선	10^{-11}에서 10^{-8}까지	3×10^{16}에서 3×10^{19}까지
감마선	$<10^{-11}$	$>3\times10^{19}$

■과학계산용 P4.36 연습 문제 P4.35의 프로그램을 수정하여 파장 대신 주파수를 입력하도록 하라.

■■과학계산용 P4.37 연습 문제 P4.35의 프로그램을 수정하여 파장이나 주파수를 입력하기 전에 먼저 어느 것을 입력할 것인지 사용자가 선택하도록 하라.

■■■과학계산용 P4.38 미니밴에는 두 개의 슬라이딩 도어가 있다. 각 도어는 계기판에 있는 스위치나 문의 안쪽에 달린 손잡이, 또는 문 바깥쪽의 손잡이로 여닫을 수 있다. 그러나 어린이 안전용 잠금장치(child lock)가 활성화되어 있는 경우, 문 안쪽의 손잡이는 작동하지 않는다. 슬라이딩 도어를 열려면 기어가 반드시 주차 모드에 있어야 하고, 중앙 열림(master unlock) 스위치가 켜져 있어야 한다(이 책의 저자는 오랫동안 이런 사양의 차량으로 고생한 사람이다.). 작성해야 할 프로그램은 차량 제어 소프트웨어의 한 부분을 흉내 내는 것이다. 입력은 스위치 상태와 기어 전환을 나타내는 일련의 값이며, 다음 순서로 들어온다.

- 왼쪽 및 오른쪽 슬라이딩 도어에 대한 계기판 스위치, 어린이 안전용 잠금장치, 중앙 열림 스위치(0은 꺼진 상태, 1은 켜진 상태)
- 왼쪽 및 오른쪽 슬라이딩 도어의 문 안쪽과 바깥쪽 손잡이(0 또는 1)
- 기어 전환 설정(P N D 1 2 3 R 중의 하나)

대표적인 입력 예는 `0 0 0 1 0 1 0 0 P`와 같다. 입력된 값에 따라 "왼쪽 문 열림"이나 "오른쪽 문 열림" 등과 같은 적절한 메시지를 출력하도록 하라. 두 문장이 동시에 출력될 수도 있다. 어느 도어도 열리지 않는 상태면 "양쪽 문이 모두 닫혀 있음"을 출력한다.

■과학계산용 P4.39 소리의 세기를 나타내는 단위인 데시벨(dB)은 다음 식으로 계산된다.

$$L = 20 \log_{10}(p/p_0)$$

여기서 p는 음압(파스칼 단위 사용, 약어로 Pa)을 나타내고, p_0는 기준 음압으로서 20×10^{-6}Pa(L이 0 dB일 때)이다. 다음 표는 소리 세기의 각 단계를 설명한 것이다.

고통의 한계	130 dB
청각에 이상을 줄 수 있음	120 dB
1m 거리에서 착암기 작동	100 dB
10m 거리의 번잡한 도로 교통 소음	90 dB
정상적인 대화	60 dB
조용한 도서관	30 dB
가벼운 나뭇잎의 바스락거림	0 dB

소리에 대한 정보를 하나의 값과 단위(dB 또는 Pa)로 입력 받아, 위 표에서 그에 가장 가까운 설명을 찾아 출력하는 프로그램을 작성하라.

■■과학계산용 P4.40 아래의 전기 회로는 어떤 방에 들어찬 가스의 온도를 측정하기 위해 고안된 것이다. 저항기 R은 방에 내장된 온도 센서를 표시한다. Ω 단위로 나타내는 저항 R은 ℃ 단위의 온도 T와 관련이 있으며, 그 관계는 다음 식과 같다.

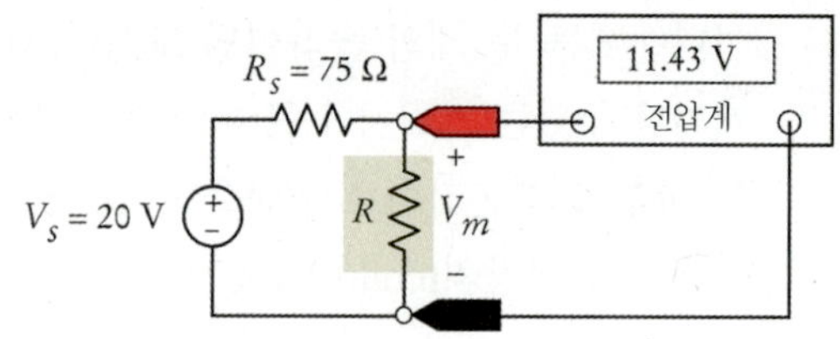

$$R = R_0 + kT$$

이 장치에서 R_0는 100Ω, k=0.5라고 하자. 전압계는 센서에 걸린 전압 V_m의 값을 보여 준다. 이 전압을 보면 다음 식에 따라 가스의 온도 T를 알 수 있다.

$$T = \frac{R}{k} - \frac{R_0}{k} = \frac{R_s}{k}\frac{V_m}{V_s - V_m} - \frac{R_0}{k}$$

전압계의 전압 범위는 $V_{min}=12V \le V_m \le V_{max}=18$이다.
전압으로 온도를 계산해 출력하는 프로그램을 작성하라. 먼저 전압 V_m의 값을 읽어 들여 12와 18의 범위 안에 있는지 검사한다. 그 다음 V_m이 12와 18 사이에 있을 때는 가스 온도를 섭씨 단위로 계산해 출력하고, 그렇지 않으면 오류 메시지를 출력한다.

■■■과학계산용 P4.41

서리로 인한 곡물 피해는 농부들이 마주치는 많은 위험 중의 하나다. 아래의 그림은 서리를 경고하는 기능의 간단한 경보기 회로를 보여 준다. 경보기 회로는 기온이 빙점 아래로 떨어질 때 경보를 울리도록 하기 위해 서미스터(thermistor)라고 하는 장치를 사용한다. 서미스터는 온도에 따라 저항이 변하는 반도체 장치며, 저항의 변화는 다음 식을 따른다.

$$R = R_0 e^{\beta\left(\frac{1}{T} - \frac{1}{T_0}\right)}$$

여기서 R은 온도 T(°K 단위의 값)일 때 저항(Ω 단위의 값)이고, R_0는 온도 T_0(°K 단위의 값)일 때의 저항(Ω 단위의 값)이다. β는 서미스터 제작에 사용된 재료에 따라 결정되는 상수값이다.

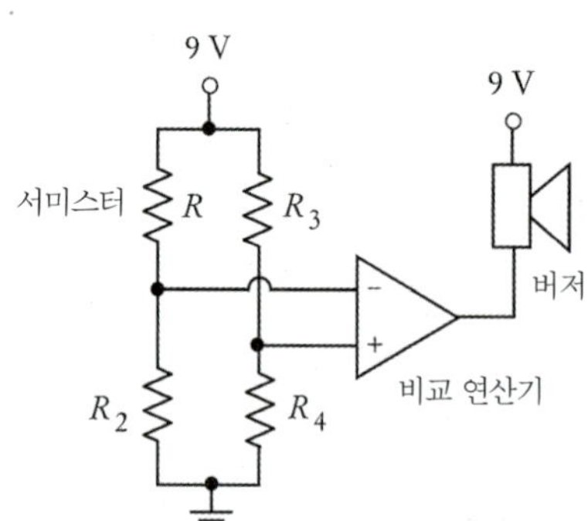

이 회로는 저항값의 관계가 다음과 같이 될 때 경보가 울리도록 설계되어 있다.

$$\frac{R_2}{R+R_2} < \frac{R_4}{R_3+R_4}$$

경보기 회로에서 사용된 서미스터의 특성값은 T_0=40℃이고 β =3,310°K일 때 R_0=33,192Ω이다(β의 단위가 °K임을 주의하라. °K 단위의 온도는 ℃ 단위의 온도에서 273을 더해서 구할 수 있다.). 저항 R_2, R_3, R_4는 각각 156.3 kΩ, 즉 156,300Ω이다. 사용자에게 화씨 단위의 기온을 입력하도록 하고 그 온도에서 경보가 발생할지 않을지 나타내는 메시지를 출력하는 프로그램을 작성하라.

■과학계산용 P4.42 질량 m = 2 킬로그램 덩어리가 길이 r = 3 미터인 로프의 끝에 부착되어 있다. 이 질량 덩어리가 고속으로 빙글빙글 도는데, 로프는 최대 장력 T = 60 Newton까지 지탱할 수 있다. 회전 속도 v를 입력 받아 그 속도에서 로프가 끊어질지 아닐지 판단해서 출력하는 프로그램을 작성하라. 힌트 : $T=mv^2/r$

■과학계산용 P4.43 하나의 질량 덩어리가 길이 r = 3 미터인 로프의 끝에 부착되어 있다. 이 로프는 초속 1, 10, 20, 40미터의 속도로만 회전할 수 있고, 로프가 지탱할 수 있는 최대 장력 T = 60 Newton이다. 사용자에게 질량 m의 값을 입력하도록 하고, 로프가 끊어지지 않게 회전할 수 있는 최대 속도는 얼마인지 판단해서 출력하는 프로그램을 작성하라. 힌트 : $T=mv^2/r$

■■과학계산용 P4.44 일반적인 인간의 경우, 지구를 벗어나는 것에 대한 공포를 느끼지 않고 7 mph의 속력으로 땅에서 도약할 수 있다. 그러나 어떤 우주비행사가 핼리 혜성 위에 서 있는 상태에서 이 속력으로 도약한다면, 이 우주비행사는 다시 땅으로 내려갈 수 있을까? 사용자에게 핼리 혜성에서의 발진 속도를 mph 단위로 입력하도록 하고, 도약자가 지표에 다시 돌아올 수 있을지 판단해 출력하는 프로그램을 작성하라. 만약 다시 돌아오지 못한다고 계산된 경우, 도약자를 지표에 돌아올 수 있게 하려면 혜성의 크기가 얼마나 더 커야 하는지 또는 더 무거워야 하는지 계산해야 한다. 힌트 : 탈출 속력 $v_{\text{escape}} = \sqrt{2\frac{GM}{R}}$이다. 여기서 중력 상수 $G=6.67\times10^{-11}Nm^2/kg^2$이고, 핼리 혜성의 질량 $M=1.3\times10^{22}kg$, 반지름 $R=1.153\times10^6m$이다.

자습 문제 모범 답안

1. if 문을 다음과 같이 수정한다.

```
if (floor > 14)
{
   actualFloor = floor - 2;
}
```

2. 85. 90. 85.

3. 차이가 나타나는 것은 originalPrice가 100일 때뿐이다. 자습 문제 2에서는 이 경우 discountedPrice가 90이 되고, 자습 문제 3에서는 80이 된다.

4. 95. 100. 95.

5.
```
if (fuelAmount < 0.10 * fuelCapacity)
{
   System.out.println("red");
}
else
{
   System.out.println("green");
}
```

6. (a)와 (b)는 true, (c)는 false

7. `floor <= 13`

8. 값을 비교할 때는 =가 아니라 ==를 사용해야 한다.

9. `input.equals("Y")`

10. `str.equals("")` 또는 `str.length() == 0`

11. (a) 0; (b) 1; (c) 예외가 발생된다.

12. 문법이 틀린 것: e, g, h
논리적으로 이상한 것: a, d, f

13.
```
if (scoreA > scoreB)
{
   System.out.println("A가 이겼습니다.");
}
else if (scoreA < scoreB)
{
   System.out.println("B가 이겼습니다.");
}
else
{
   System.out.println("비겼습니다.");
}
```

14.
```
if (x > 0) {s = 1;}
else if (x < 0) {s = -1;}
else {s = 0;}
```

15. 세 값 중의 하나를 미리 대입한다.

```
s = 0;
if (x > 0) {s = 1;}
else if (x < 0) {s = -1;}
```

16. if (price <= 100)을 삭제하고 else만 남겨 둔다. 그러면 else 분기가 유일한 대안이라는 의미가 명확해진다.

17. 건물의 파괴는 없음

18. 마지막 else 문 앞에 분기문을 추가한다.

```
else if (richter < 0)
{
   System.out.println("오류 : 음수가 입력됨.");
}
```

19. 3200

20. 아니다. 그 경우의 계산은 $0.10 \times 32000 + 0.25 \times (32000 - 32000)$이다.

21. 아니다. 현재 각각 5,200달러의 세금을 납부해야 하는데, 결혼하면 세금이 10,400달러가 된다. 실제로 더 고소득층(예제 프로그램에 포함시키지 않은)의 경우 결혼하면 세금을 더 많이 낼 수도 있고, 이 현상은 결혼 벌점(marriage penalty)으로 알려져 있다.

22. 22번째 줄의 else를 다음과 같이 수정한다.

```
else if (maritalStatus.equals("N"))
```

그리고 25번째 줄 다음에 다음 분기를 추가한다.

```
else
{
   System.out.println(
   "Error: Please answer Y or N.");
```

```
}
```

23. 고세율은 기준 과세 금액 이상에만 적용된다. 독신이고 31,900달러의 소득이 있다고 할 때, 200달러의 연봉 인상이 있다면? 그 중 100달러에 대해서는 10% 세금만 부과되고, 나머지 100달러에 대해서만 25% 세금이 부과된다. 따라서 90 + 75 = 165달러의 실질 소득 상승이 생긴다.

24.

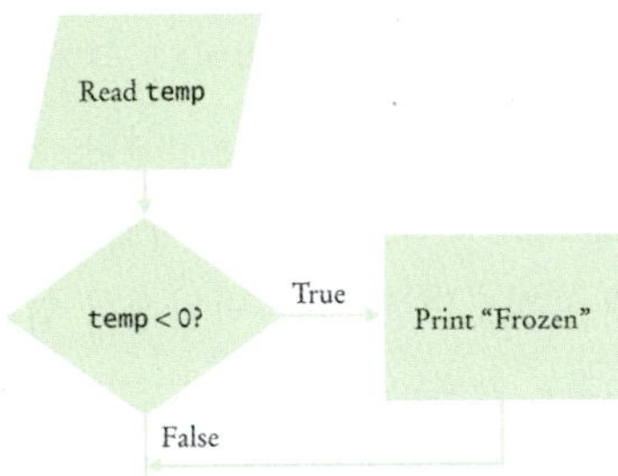

25. 첫 번째 조건식의 "참" 화살표가 두 번째 조건식의 "참" 분기 내로 연결되어 스파게티 코드를 만든다.

26. 가능한 한 가지의 해법이 아래에 나와 있다. 4.7절에서 보다 세련된 형태로 조건들을 결합하는 방법이 소개된다.

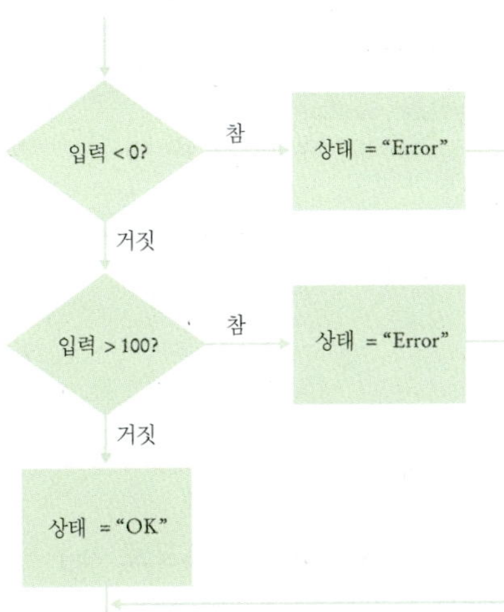

27.

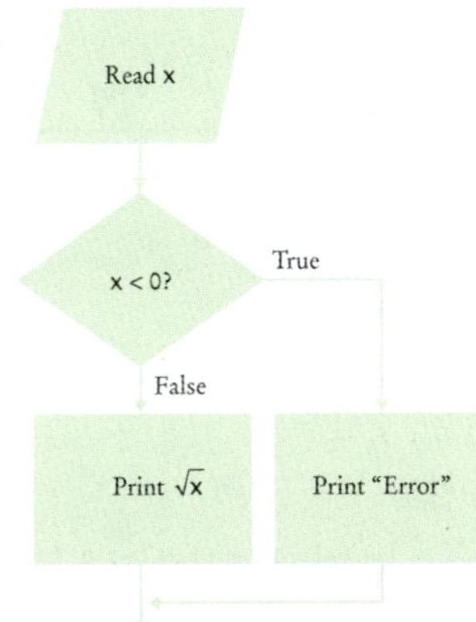

28.

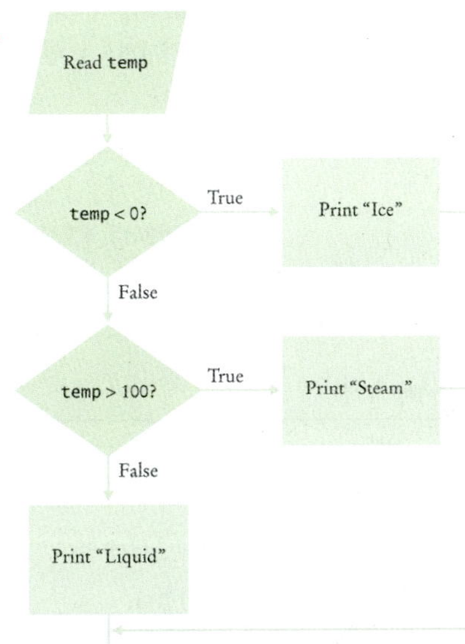

29.

테스트 사례	예상 출력	설명
12	12	13층보다 아래
14	13	13층보다 위
13	?	문제 기술이 명확하지 않다. 이런 경우의 오류 처리에 대해서는 4.8절 참조

30. 경계 테스트 사례는 128달러다. 제시된 문제에서 16% 할인이 적용되는 경우는 128달러 이상이라고 했기 때문이다. 이 경우 예상 출력은 107.52달러다.

31.

테스트 사례	예상 출력	설명
9	대부분의 구조물이 무너짐	
7.5	많은 건물이 파괴됨	
6.5	많은 건물이 손상을 입고 일부는 무너짐	
5	부실한 건물이 손상을 입음	
3	건물의 파괴는 없음	
8.0	대부분의 구조물이 무너짐	경계 사례. 이 프로그램에서 경계 사례는 그다지 중요하지 않다. 지진의 효과는 점진적으로 변하기 때문이다.
-1		문제 기술이 명확하지 않다. 이런 경우의 오류 처리에 대해서는 4.8절 참조

32.

테스트 사례	예상 출력	설명
(0.5, 0.5)	내부	
(4, 2)	외부	
(0, 2)	경계선	정확히 경계선 상에 있다.
(1.414, 1.414)	경계선	경계선에 가깝다.
(0, 1.9)	내부	경계선에서 1mm 이내가 아니다.
(0, 2.1)	외부	경계선에서 1mm 이내가 아니다.

33. x == 0 && y == 0

34. x == 0 || y == 0

35. (x == 0 && y != 0) || (x != 0 && y == 0)

36. frozen과 같은 값

37. 참과 거짓 외에 다른 어떤 값도 없다는 것이 보장된다. 문자열이나 정수를 사용하면 "maybe"나 −1과 같이 아무 의미도 없는 값이 계산에 들어오지 않는지 검사해야 할 경우도 있다.

38. (a) Error: The floor must be between 1 and 20

(b) Error: The floor must be between 1 and 20

(c) 19 (d) Error: Not an integer.

39. floor == 13 || floor <= 0 || floor > 20

40. in.hasNextDouble()을 사용해 연구자가 ohmy와 같은 엉뚱한 값을 입력하지 않았는지 확인해야 한다. 쥐의 무게는 항상 양수여야 하므로 weight <= 0을 검사한다. 거대 쥐가 얼마나 큰지 알 수는 없지만 뉴기니 쥐는 보통 2kg 이하다. 일반적인 집쥐(rattus rattus)는 보통 0.2kg이 최대이므로 weight > 10kg 정도면 충분한 범위에서 입력 오류를 검사한다고 할 수 있을 것이다. 지나치게 큰 수는 대부분 그램과 킬로그램을 혼동한 경우일 것이다. 따라서 입력 검사 코드는 다음과 같이 할 수 있다.

```
if (in.hasNextDouble())
{
   double weight = in.nextDouble();
   if (weight < 0)
   {
      System.out.println(
         "Error: Weight cannot be negative.");
   }
   else if (weight > 10)
   {
      System.out.println(
         "Error: Weight > 10 kg.");
   }
   else
   {
      무게를 처리한다.
   }
}
else
}
   System.out.print("Error: Not a number");
}
```

41. 두 번째 입력에 오류가 있으므로 아무 것도 출력하지 않고 프로그램이 종료한다.

CHAPTER 5

반복문

이 장의 목표

- while, for, do-while 문 등 반복문을 활용해 프로그래밍 할 수 있는 능력을 기른다.
- 프로그램 실행을 수동으로 추적하는 능력을 기른다.
- 자주 사용되는 루프 알고리즘을 학습한다.
- 중첩된 반복문을 이해한다.
- 데이터 집합을 입력하고 처리하는 프로그램을 구현하는 방법을 익힌다.
- 시뮬레이션을 구현하는 방법을 익힌다.
- 디버거 사용법을 익힌다.

이 장의 목차

루프(loop)는 목표하는 바를 달성할 때까지 프로그램의 일부분을 계속 반복하는 것이다. 루프는 반복이 필요한 계산을 표현하고 많은 데이터 항목들로 구성된 입력을 처리하는데 매우 유용한 문법 구조이다. 이번 장에서는 자바의 다양한 반복문 구조를 설명한다. 이 장에서 소개하는 프로그래밍 기법들을 익히고 나면, 데이터 입력을 효과적으로 처리하고 시뮬레이션을 구현하는데 적용할 수 있게 될 것이다.

5.1 while 루프

이 절에서는 하나 이상의 문장들을 반복해서 실행하는 프로그램을 어떻게 작성하는지 그 방법을 익힐 것이다. 이런 개념을 설명하기 위해 1장에서 소개한 투자 문제를 살펴보기로 하자. 초기 원금이 10,000달러이고 연이율은 5%인 은행 계좌가 있다고 할 때, 잔고가 초기 원금의 두 배인 20,000달러가 되려면 몇 년이 걸릴까? 1장에서 이 문제를 해결하기 위해 다음과 같은 알고리즘을 고안했다.

이미 얻은 이자에 다시 이자가 붙기 때문에 은행 잔고가 기하급수적으로 증식된다.

1. 기간은 0년, 잔고 10,000달러로 시작한다.

기간(년)	이자	잔고
0		10,000달러

2. 잔고가 20,0000달러 미만인 동안 다음 단계들을 반복한다.
    - 기간값을 1 증가한다.
    - 이자를 계산한다 (이자 = 잔고 × 0.05).
    - 이자를 잔고에 더하여 새로운 잔고를 계산한다.
3. 최종 기간값을 답으로 출력한다.

입자 가속 장치에서 소립자들은 물리적인 실험에 필요한 속도를 얻을 때까지 원형 터널을 여러 번 반복하여 순환한다. 이와 유사하게 컴퓨터 과학에서 루프 내의 문장들은 조건이 참일 동안 계속 반복 실행된다.

여러분은 이미 자바에서 변수를 선언하고 수정하는 방법을 배워서 알고 있다. 하지만 "20,000달러 미만인 동안 단계들을 반복한다."를 자바로 어떻게 표현해야 할지는 아직 모른다.

루프는 조건이 참일 동안 명령어들을 반복해서 실행한다.

자바에서는 while 문으로 이러한 반복을 구현할 수 있다. while 문의 구조는 다음과 같다(문법 5.1 참조).

```
while (조건)
{
   문장
}
```

while 키워드 옆의 조건이 true일 동안 반복해서 while 내의 문장을 실행한다. 여기서 문장은 대부분의 경우 여러 문장들의 집합으로 while 문의 몸체(body)라고 부른다.

앞의 은행 계좌 예에서 알고 싶은 내용은 잔고가 특정한 금액에 이르는 시기이다. 잔고가 그 금액(20,000달러)에 미치지 못하면 계속해서 이자를 계산하여 더하고, 햇수를 세는 year 변수를 증가시켜야 한다.

```
while (balance < targetBalance)
{
   year++;
   double interest = balance * RATE / 100;
   balance = balance + interest;
}
```

문법 5.1 while 문

Syntax

```
while (조건)
{
   문장
}
```

```
double balance = 0;
.
.
.
while (balance < targetBalance)
{
   double interest = balance * RATE / 100;
   balance = balance + interest;
}
```

이 변수는 루프 바깥에서 선언되고 루프 내부에서 변경된다.

루프 조건에서 하나 어긋난(off-by-one) 오류를 주의하라(흔한 오류 5.3 참조).

조건이 언젠가 false가 되지 않으면 무한 루프에 빠지게 된다. (흔한 오류 5.2 참조)

여기에 세미콜론을 쓰면 안 된다! (흔한 오류 4.1 참조)

이 문장들이 while 조건이 true일 동안 실행된다.

이 변수는 매번 반복할 때마다 새로 생성된다.

중괄호의 줄을 맞추는 것은 좋은 습관이다 (알아 두기 4.2 참조).

루프 몸체에 실행문이 하나이면 중괄호를 사용하지 않아도 된다(알아 두기 4.2 참조).

그림 1 while 루프의 순서도

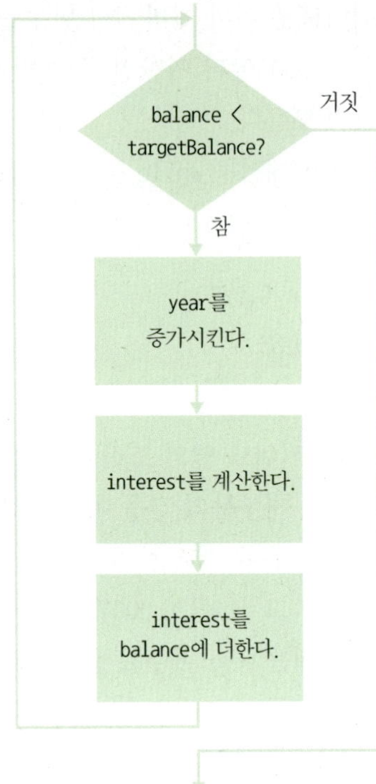

while 문은 루프(loop)의 한 예이다. 그림 1의 while 루프의 순서도(flowchart)를 살펴보면 조건을 검사하는 지점으로 실행 흐름이 다시 반복되는 것을 알 수 있다.

루프 몸체 내에 변수를 선언하면 이 변수는 루프가 한 번 반복될 때마다 생겼다가 없어지기를 반복한다. 앞의 루프 예에서 interest 변수를 보자.

```
while (balance < targetBalance)
{
   year++;
   double interest = balance * RATE / 100;
   balance = balance + interest;
}
// interest 변수는 더 이상 유효하지 않다.
```

매번 반복할 때마다 새로운 interest 변수가 생성된다.

이와 달리 balance나 year 변수는 루프 몸체 밖에서 선언되어야 한다. 이렇게 해야 동일한 변수를 루프의 모든 반복에서 계속 사용할 수 있다.

다음은 투자 문제를 해결하는 전체 프로그램 소스이다. 그림 2는 이 프로그램의 실행 과정을 보여준다.

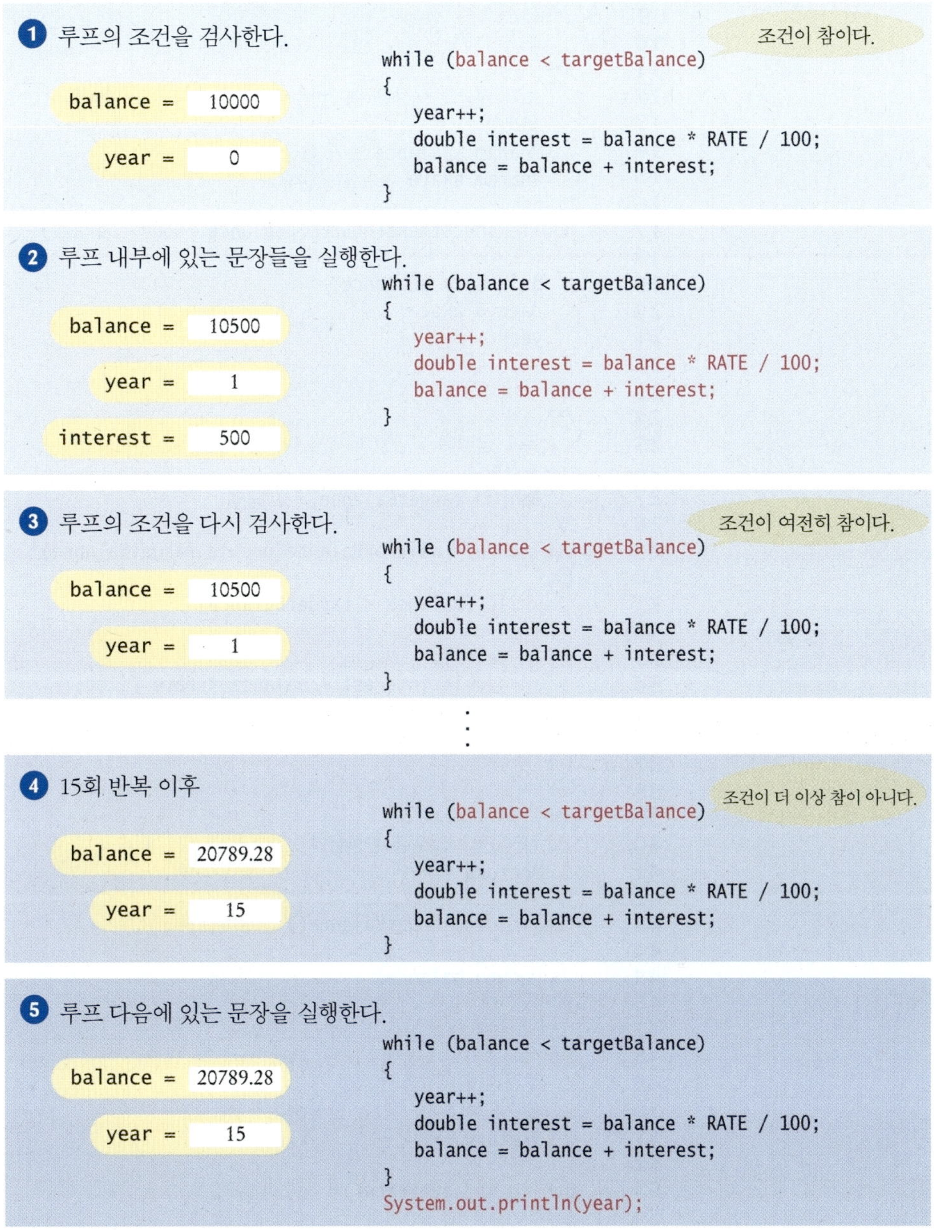

그림 2
Investment 루프의 실행

section_1/Investment.java

```
/**
   고정 금리로 연이자를 잔고에 계속 누적하여 투자 원금의 증가를
   관찰하는 클래스
*/
public class Investment
{
   private double balance;
   private double rate;
```

```
   private int year;

   /**
      초기 원금과 이율을 매개변수로 받아 Investment 객체를
      생성한다.
      @param aBalance 초기 원금
      @param aRate 연이율(% 단위)
   */
   public Investment(double aBalance, double aRate)
   {
      balance = aBalance;
      rate = aRate;
      year = 0;
   }

   /**
      목표 금액에 도달할 때까지 이자를 계산하여
      누적한다.
      @param targetBalance 목표 금액
   */
   public void waitForBalance(double targetBalance)
   {
      while (balance < targetBalance)
      {
         year++;
         double interest = balance * rate / 100;
         balance = balance + interest;
      }
   }

   /**
      현재 잔고 액수를 반환한다.
      @return 현재 잔고 액수
   */
   public double getBalance()
   {
      return balance;
   }

   /**
      투자액에 이자를 누적한
      햇수, 즉 투자 기간을 반환한다.
      @return 투자 기간
   */
   public int getYears()
   {
      return year;
   }
}
```

section_1/InvestmentRunner.java

```
/**
   이 프로그램은 주어진 기간 동안 투자 원금이 얼마나 불어났는지
   계산한다.
*/
public class InvestmentRunner
{
```

```java
    public static void main(String[] args)
    {
        final double INITIAL_BALANCE = 10000;
        final double RATE = 5;
        Investment invest = new Investment(INITIAL_BALANCE, RATE);
        invest.waitForBalance(2 * INITIAL_BALANCE);
        int years = invest.getYears();
        System.out.println("The investment doubled after "
                + years + " years");
    }
}
```

실행 결과

```
The investment doubled after 15 years.
```

자습문제

1. 초기 원금의 3배로 불어나려면 몇 년이나 걸리나? 프로그램을 수정해서 실행해 보라.
2. 연이율이 10%이면 초기 원금의 2배가 되는데 몇 년이 걸리나? 프로그램을 수정해서 실행해 보라.
3. 매년 잔고가 출력되도록 프로그램을 수정해 보라.
4. 다음과 같이 while 루프의 조건을 변경하면 프로그램 수행 결과는 무엇인가? 그 이유는?

```java
while (balance <= targetBalance)
```

5. 다음 루프는 무엇을 출력하는가?

```java
int n = 1;
while (n < 100)
{
   n = 2 * n;
   System.out.print(n + " ");
}
```

실습하기 이 장의 끝부분에 있는 복습 문제 및 연습 문제 R5.1, R5.5, P5.13을 수행하시오.

표 1 while 루프의 예

루프	출력	설명

i = 0; sum = 0;
while (sum < 10)
{
  i++; sum = sum + i;
  i와 sum을 출력한다;
}
	1 1
	2 3
	3 6
	4 10
		sum이 10이 되면 루프 조건이 거짓이 되고 루프가 종료한다.

루프	출력	설명

i = 0; sum = 0;
while (sum < 10)
{
  i++; sum = sum - i;
  i와 sum을 출력한다;
}
	1 −1
	2 −3
	3 −6
	4 −10
	…
		sum이 결코 10이 될 수 없기 때문에 "무한 루프"가 된다(흔한 오류 5.2 참조).

i = 0; sum = 0;
while (sum < 0)
{
  i++; sum = sum - i;
  i와 sum을 출력한다;
}
	(출력 없음)	sum < 0은 처음부터 거짓이므로 루프 몸체의 문장은 한 번도 실행되지 않는다.

i = 0; sum = 0;
while (sum >= 10)
{
  i++; sum = sum + i;
  i와 sum을 출력한다;
}
	(출력 없음)	이것을 작성한 사람은 "sum이 10 이상이 되면 실행을 멈춘다."라고 생각했겠지만 while 조건은 루프의 실행 조건을 검사하는 것이지 종료 조건을 검사하는 것이 아니다(흔한 오류 5.1 참조).

i = 0; sum = 0;
while (sum < 10) ;
{
  i++; sum = sum + i;
  i와 sum을 출력한다;
}
	(출력 없음, 프로그램이 종료하지도 않음)	조건 검사 뒤 { 앞의 세미콜론(;)이 문제다. 이는 루프에 몸체가 없다는 의미가 된다. 따라서 아무것도 하지 않고 sum < 10이라는 조건만 검사하며 영원히 실행된다.

흔한 오류 5.1

루프 조건 설정 오류

반복적인 작업을 할 때 우리들 대부분은 언제 작업을 끝마치는지 알고 싶어 한다. 예를 들어 "내가 최소한 20,000달러를 벌고 싶다."고 생각하고 루프 조건을 보통 다음과 같이 설정해야 하는 것으로 믿는다.

```
balance >= targetBalance
```

루프 조건을 표현할 때는 루프 실행이 언제 끝나야 하는지를 생각하지 말고 루프의 반복 실행이 계속되는 조건이 무엇인지를 생각한다.

그러나 while 루프는 이와 정반대로 동작한다. 즉, while 루프에서는 계속 작업을 진행하려면 어떤 조건이어야 하는지를 표현해야 한다. 따라서 루프 조건을 다음과 같이 위와는 반대로 표현해야 올바르게 동작한다.

```
while (balance < targetBalance)
```

달리 말하면 "잔고가 목표 금액보다 작을 동안 계속 계산을 진행하라."를 루프 조건으로 표현해야 한다.

흔한 오류 5.2

무한 루프

가장 성가신 루프 오류 중의 하나가 무한 루프이다. 무한 루프는 영원히 실행을 반복하므로 프로그램 전체를 강제로 종료시키거나 컴퓨터를 다시 시작해야 멈출 수 있다. 루프 내에 출력문이 있으면 무수히 많은 출력 내용을 화면에 계속해서 토해 낸다. 그렇지 않은 경우에는 그냥 그대로 아무 것도 하지 않은 채로 멈추어 서 있는 것처럼 보인다. 어떤 시스템에서는 Ctrl+C 키를 입력하여 프로그램을 강제로 중단시킬 수 있다. 프로그램이 실행 중인 창을 닫음으로써 강제 중단이 가능한 시스템도 있다.

쳇바퀴에서 달리기를 멈출 수 없는 햄스터처럼 무한 루프는 절대로 끝나지 않는다.

보통 무한 루프가 발생하는 이유는 루프의 진행을 제어하는 변수값을 변경하지 않기 때문이다. 다음 코드를 살펴보자.

```
int year = 1;
while (year <= 20)
{
   double interest = balance * RATE / 100;
   balance = balance + interest;
}
```

이것을 코딩한 프로그래머는 루프 내에서 year++ 문장을 빠트렸다. 그 결과로 year의 값은 계속 1에 머물게 되고 루프는 끝나지 않는다.

무한 루프의 또 다른 주요한 원인은 증가시켜야 할 값을 실수로 감소시키거나, 혹은 감소시켜야 할 값을 실수로 증가시키는 경우이다. 다음 코드를 살펴보기로 보자.

```
int year = 20;
while (year > 0)
{
   double interest = balance * RATE / 100;
```

```
    balance = balance + interest;
    year++;
}
```

여기서 year 변수는 증가가 아니라 감소되었어야 한다. 이것은 아주 흔한 오류인데, 일반적으로 카운터(counter) 역할의 변수는 증가시켜 사용하기 때문에 감소시켜야 하는 경우에도 손가락이 멋대로 ++를 타이핑해 버릴 수 있다. 결과적으로 year 변수의 값은 항상 0보다 크기 때문에 루프는 영원히 끝나지 않는다(실제로는 year 변수의 값이 계속 증가되면 정수로 표현 가능한 가장 큰 값을 넘어가서 그 다음에는 가장 작은 음수가 된다. 그러면 루프가 종료될 것이다. 물론 여기까지 가기에는 오랜 시간이 걸리고 결과도 당연히 틀리게 된다).

흔한 오류 5.3

하나 어긋난 오류

저축금액을 두 배로 만드는데 걸리는 햇수를 계산하는 앞의 예를 다시 살펴보자.

```
int year = 0;
while (balance < targetBalance)
{
    year++;
    balance = balance * (1 + RATE / 100);
}
System.out.println("The investment doubled after "
    + year + " years.");
```

year의 값은 0과 1 중 어떤 값으로 시작해야 할까? while 루프의 조건으로 balance < targetBalance와 balance <= targetBalance 중 어느 것을 사용해야 하는가? 이러한 수식에서 하나 차이로 하나 어긋난(off-by-one) 오류가 쉽게 발생한다.

어떤 사람들은 일단 +1이나 -1을 삽입해 보고 프로그램이 잘 동작하나 보는 방법으로 하나 어긋난 오류를 해결하려고 한다. 이런 건 제대로 된 방법이 아니다. 다양한 가능성에 대해 컴파일과 테스트를 반복하는 것은 오랜 시간이 걸린다. 그것보다는 잠깐 머리를 쓰는 것이 실제 시간을 절약할 수 있는 방법이다.

> 하나 어긋난 오류는 루프 프로그램에서 흔한 오류다. 이런 종류의 오류를 예방하기 위한 간단한 테스트 사례에 대해 충분히 생각해 보아야 한다.

다행스럽게도 하나 어긋난 오류는 예방하기가 쉽다. 충분히 심사숙고해서 올바른 루프 조건에 대한 이론적 근거가 될 수 있는 테스트 사례 두어 개를 선정해 필요한 정보를 도출하면 된다.

변수 year는 0과 1 중 어떤 값으로 시작해야 할까? 간단한 데이터를 이용한 시나리오를 따라가 보자. 원금을 100달러, 이율은 50%라고 하자. 1년 후에 잔고는 150달러가 되고

2년 후에는 225달러가 되어 원금의 2배를 넘는다. 즉 원금의 2배가 되는데 2년이 걸린 것이다. 루프는 2번 실행되고 year도 2번 증가되므로 year는 1이 아니라 0에서 시작해야 한다.

기간(년)	잔고
0	100달러
1	150달러
2	225달러

다시 말해 balance 변수는 매년 말 이후의 잔고를 나타내고 있기 때문에 시작 시점에서 볼 때는 balance의 값인 원금은 1년 후가 아니라 0년 후의 잔고를 의미한다.

다음으로 조건 검사에서 <와 <= 중 어느 것을 사용해야 하는가? 잔고가 원금의 딱 2배가 되는 경우는 매우 드물기 때문에 이것에 대한 테스트 사례를 찾아내는 것은 좀 더 어렵다. 쉬운 예로 이율이 100%라고 하자. 이 경우 루프는 단 한 번 실행되고 year값이 1이 되고 balance의 값은 targetBalance와 정확히 일치한다. 투자 원금이 1년 후에 정확히 두 배가 되었는가? 그렇다. 그러므로 루프는 다시 실행되어서는 안 된다. 검사 조건이 balance < targetBalance일 때 이 시점에서 조건이 거짓이 되므로 루프 실행이 멈춘다. 조건이 balance <= targetBalance라면 결과가 참이므로 루프가 한 번 더 실행된다. 다른 말해 잔고가 "두 배가 되지 않은 동안"만 이자가 더해지는 전자의 경우가 맞다.

5.2 문제 해결 : 손으로 따라 하기

손으로 따라 하기(hand-tracing) 방법은 프로그램의 실행을 한 문장씩 수동으로 따라가면서 변수들의 값이 어떻게 변경되는지 추적하는 코드 실행 시뮬레이션 기법이다.

알아 두기 4.5에서 손으로 따라 하기 방법을 배웠다. 프로그램을 손으로 따라가려면 종이 위에 변수 이름을 적어 두고 수동으로 한 단계씩 프로그램 코드를 실행하면서 변경된 변수들의 값을 종이에 계속 적어 나간다.

프로그램 코드가 출력된 종이와 현재 실행할 라인을 표시하는 종이 집게 같은 마커를 준비하고 손으로 따라 하기를 시작하면 된다. 변수의 값이 변경될 때마다 예전 값을 선을 그어 지우고 새 값을 아래에 적는다. 또한 프로그램에서 출력이 있으면 출력을 표시하는 칸에 적는다.

다음 코드 예에서 손으로 따라 하기 방법으로 어떤 값이 출력되는지 살펴보기로 하자.

```
int n = 1729;
int sum = 0;
while (n > 0)
{
   int digit = n % 10;
```

```
      sum = sum + digit;
      n = n / 10;
   }
   System.out.println(sum);
```

위의 코드에는 세 개의 변수가 n, sum, digit가 있다.

n	sum	digit

처음 두 문장의 실행으로 루프에 진입하기 전에 변수 n은 1729, sum은 0으로 초기화되었다.

```
int n = 1729;
int sum = 0;
while (n > 0)
{
   int digit = n % 10;
   sum = sum + digit;
   n = n / 10;
}
System.out.println(sum);
```

n	sum	digit
1729	0	

n이 0보다 크기 때문에 루프에 진입해 반복문을 실행한다. 변수 digit는 9(1729를 10으로 나눈 나머지)로, sum은 0 + 9 = 9로 변경된다.

```
int n = 1729;
int sum = 0;
while (n > 0)
{
   int digit = n % 10;
   sum = sum + digit;
   n = n / 10;
}
System.out.println(sum);
```

n	sum	digit
1729	~~0~~	
	9	9

첫 번째 반복의 마지막 반복문 실행으로 변수 n은 172가 된다(정수 나눗셈에서 나머지는 버려짐). n의 이전 값을 줄을 그어 지우고 새 값을 아래 줄에 적어 넣는다.

```
int n = 1729;
int sum = 0;
while (n > 0)
{
   int digit = n % 10;
   sum = sum + digit;
   n = n / 10;
}
System.out.println(sum);
```

n	sum	digit
~~1729~~	~~0~~	
172	9	9

```
int n = 1729;
int sum = 0;
while (n > 0)
{
   int digit = n % 10;
   sum = sum + digit;
   n = n / 10;
}
System.out.println(sum);
```

다시 루프의 조건식을 검사한다. n이 아직도 0보다 크기 때문에 루프를 반복한다. 루프의 이번 반복에서 digit는 2, sum은 9 + 2 = 11, n은 17이 된다.

n	sum	digit
~~1729~~	~~0~~	
~~172~~	~~9~~	~~9~~
17	11	2

루프를 다시 반복하면 digit는 7, sum은 11 + 7 = 18, n은 1이 된다.

n	sum	digit
~~1729~~	~~0~~	
~~172~~	~~9~~	~~9~~
~~17~~	~~11~~	~~2~~
1	18	7

루프에 마지막으로 한 번 더 진입하면 digit는 1, sum은 19, n은 0이 된다.

n	sum	digit
~~1729~~	~~0~~	
~~172~~	~~9~~	~~9~~
~~17~~	~~11~~	~~2~~
~~1~~	~~18~~	~~7~~
0	19	1

```
int n = 1729;
int sum = 0;
while (n > 0)
{
   int digit = n % 10;
   sum = sum + digit;
   n = n / 10;
}
System.out.println(sum);
```

n이 0이기 때문에 이 조건은 거짓으로 계산된다.

컴파일 과정

조건 n > 0이 거짓이 되므로 루프에 진입하지 않고 루프 다음 문장이 실행된다.

```
int n = 1729;
int sum = 0;
while (n > 0)
{
   int digit = n % 10;
   sum = sum + digit;
   n = n / 10;
}
System.out.println(sum);
```

n	sum	digit	출력
1729	0		
172	9	9	
17	11	2	
1	18	7	
0	19	1	19

루프 다음 문장은 출력문이고 출력되는 값은 변수 sum의 값인 19가 출력된다.

물론 코드를 컴퓨터에서 실행시켜 보면 금방 답을 알 수 있다. 그러나 이렇게 손으로 따라해 봄으로써 프로그램 내부와 알고리즘에 대한 이해가 깊어진다. 반복할 때마다 어떤 작업이 수행되었는지 다시 정리해 보자.

- n의 구성 숫자들 중 마지막 숫자를 추출한다.
- 그 숫자를 sum에 더한다.
- n의 마지막 숫자를 하나 잘라낸다.

Hand-tracing can help you understand how an unfamiliar algorithm work.

결국 이 루프는 n을 구성하는 각 숫자의 합을 구하는 것이다. 그래서 이 예에서 사용된 하나의 값뿐만이 아니라 다양한 n의 값에 대해 프로그램이 무슨 일을 하는지 이해하게 되었다.

Hand-tracing can show errors in code or pseudocode.

수를 구성하는 각 숫자의 합은 왜 구하는 것일까? 이런 종류의 작업은 신용카드나 신분증 등의 번호가 유효한 것인가를 검증하는 프로그램에서 유용한 기법이다.

손으로 따라 하기 방법은 프로그램 코드가 올바르게 동작하는지 이해하는데 도움을 줄뿐 아니라 코드에서 오류를 찾는 아주 강력한 방법이다. 프로그램이 예상한대로 동작하지 않을 때 종이 한 장을 준비한 후 코드를 따라 수동으로 문장들을 실행하면서 변수들의 값을 추적해보면 오류를 쉽게 찾을 수 있다.

손으로 따라 하기를 위해 반드시 작동이 가능한 프로그램을 준비하지 않아도 된다. 실제 작동하는 프로그램 대신 의사코드(pseudocode)를 가지고 손으로 따라 하기 방법을 적용할 수 있다. 설계한 프로그램을 실제 코드로 변환하기 전에 미리 의사코드에 손으로 따라 하기 방법을 적용해 프로그램이 올바로 동작함을 검증하는 것이 훨씬 더 유용한 개발 방식이라고 할 수 있다.

6. 손으로 따라 하기 방법을 다음 코드에 적용하여 n과 출력 결과를 보여라.

```
int n = 5;
while (n >= 0)
{
   n--;
   System.out.print(n);
}
```

7. 손으로 따라 하기 방법을 다음 코드에 적용하여 n과 출력 결과를 보여라. 어떤 오류가 있는지 찾아라.

```
int n = 1;
while (n <= 3)
{
   System.out.print(n + ", ");
   n++;
}
```

8. 다음 코드에 손으로 따라 하기 방법을 시도해 보라(a는 2, n은 4로 가정한다.). 임의의 a와 n에 대해 이 코드가 어떤 계산을 수행할지 설명하라.

```
int r = 1;
int i = 1;
while (i <= n)
{
   r = r * a;
   i++;
}
```

9. 다음 코드에 손으로 따라 하기 방법을 시도해 보라. 어떤 오류를 발견했는가?

```
int n = 1;
while (n != 50)
{
   System.out.println(n);
   n = n + 10;
}
```

10. 다음 의사코드는 수 n을 구성하고 있는 숫자들의 개수를 세는 코드이다. n = 123과 n = 100 두 가지 경우에 대해 의사코드를 손으로 따라가 보라. 어떤 오류를 찾을 수 있나?

```
count = 1
temp = n
while (temp > 10)
   Increment count.
   Divide temp by 10.0.
```

실습하기 이 장의 끝부분에 있는 복습 문제 R5.3, R5.6을 수행하시오.

컴퓨팅과 사회 5.1 소프트웨어 불법 복제

지금까지 몇 개의 컴퓨터 프로그램을 작성해 보면서 아주 간단한 프로그램이라도 많은 노력과 시간이 필요함을 느꼈을 것이다. 재무 회계 응용 프로그램이나 컴퓨터 게임 같은 실제로 사용되는 소프트웨어 제품을 개발하려면 많은 시간과 개발비를 투입해야 한다. 프로그램으로 돈을 벌 기회가 없다면 막대한 시간과 개발비를 투자할 사람이나 기업은 거의 없다고 할 수 있다. 기업들 중에 어떤 기업은 사용자들이 전문적인 기능을 모두 제공하는 상위의 판매용 버전을 구매할 것이라는 희망을 가지고 그들이 개발한 제한된 기능의 소프트웨어를 무료로 제공한다. 반면, 사용자들이 특정 종류의 파일을 읽고 사용할 수 있는 소프트웨어를 무료로 제공하면서 해당 종류의 파일을 생성할 수 있는 소프트웨어 판매를 기대하는 기업도 있다. 마지막으로 무료로 자유롭게 복제할 수 있는 프로그램을 개발하기 위해 열정을 가지고 자신들의 시간을 기부하는 소수의 개발자들도 있다.

소프트웨어를 판매할 때 기업은 고객들의 정직과 양심에 기대야 한다. 비양심적이고 몰염치한 사람들이 컴퓨터 프로그램을 구매하지 않고 복제하는 것은 아주 쉬운 일이다. 대부분의 국가에서는 이와 같은 복제를 불법으로 규정하고 저작권 보호법과 특허법 등 법적 보호 장치를 마련해두어 새로운 제품의 개발을 장려하고 있다. 불법 복제가 만연한 국가들에서는 시장에 외국의 값싼 소프트웨어가 너무나 넘쳐나 각 국가의 언어를 처리하는 워드 프로세서나 각 국가의 세법을 적용한 재무회계 프로그램 등과 같이 자국 국민들을 위한 소프트웨어 개발에도 적극적인 기업이 거의 없다.

소프트웨어를 위한 거대 마켓이 처음 나타났을 때 업체들은 불법 복제를 통해 경제적으로 막대한 손해를 보면서 격분하게 되었다. 업체들은 합법적인 권한을 가진 사용자들만 자사의 소프트웨어를 사용할 수 있도록 다양한 기술을 개발하였다. 예를 들어, 동글(dongle)과 같은 특별한 하드웨어 장치를 제공하여 프린터 포트에 이 장치를 부착해야만 소프트웨어를 구동할 수 있도록 제한하였다. 그러나 합법적인 사용자들은 이러한 장치를 별로 좋아하지 않는다. 그들은 소프트웨어를 합법적으로 구매했지만 그들의 컴퓨터에 부착해야만 하는 많은 동글들의 불편함을 감수해야만 했다. 미국에서는 시장의 강력한 요구에 의해 많은 업체들이 이러한 불법 복제 보호 방식을 포기해야 했지만 다른 국가들에서는 아직도 이 방식이 일반적으로 널리 사용되고 있다.

소프트웨어를 불법으로 복제하는 것이 쉽고 값싸며, 감시하기가 너무나 어려워 소비자의 도덕적 양심에 의존할 수밖에 없다. 만일 진정으로 소유하고 싶은 소프트웨어 패키지가 예산에 견주어 너무나 비싼 경우 여러분은 그것을 훔칠 것인가? 아니면 정직하게 기다려 좀 더 사정에 적합한 제품을 구매할 것인가?

물론 불법 복제는 소프트웨어에 국한되지 않고 다른 디지털 제품에도 존재한다. 많은 사람들이 돈을 지불하지 않고 노래나 영화의 복사본을 구했던 경험을 가졌을 수도 있다. 또는 여러분은 음악 재생 플레이어에 부착된 불법 복제 보호 장치로 인해 돈을 주고 합법적으로 구매한 노래를 아주 힘들게 감상했던 경험도 있을 것이다. 음악 앙상블의 경우 출판사가 자신들의 아주 조그만 노력에 비해 너무나 많은 비용을 청구하는 것에 대해 동정심을 가지기는 쉽지 않다. 그럼에도 불구하고 예술가와 저자는 그들의 노력에 대한 보상을 받아야 하는 것은 당연하다. 정직한 고객에게 너무 많은 부담을 지우지 않으면서 예술가와 저자, 프로그래머들에게 공정한 보상을 어떻게 할 것인가는 아직도 해결하지 못한 문제이며 많은 컴퓨터 과학자들이 이 문제에 대해 연구하고 있다.

5.3 for 루프

for 루프는 변수가 초기값부터 종료값까지 일정한 양만큼 증가하거나 감소하는 경우에 주로 사용된다.

주어진 횟수만큼 문장들을 반복하고 싶은 경우가 가끔 있다. 이 경우 다음 예처럼 카운터에 의해 제어되는 while 루프를 사용할 수 있다.

```
int counter = 1; // 카운터를 초기화한다.
while (counter <= 10) // 카운터를 검사한다.
{
   System.out.println(counter);
   counter++; // 카운터를 갱신시킨다.
}
```

이러한 루프 형태는 너무나 흔하기 때문에 이런 패턴을 특화시켜 만든 루프 구조가 있는데 이를 for 루프라고 한다(문법 5.2 참조).

```
for (int counter = 1; counter <= 10; counter++)
{
   System.out.println(counter);
}
```

루프를 차례대로 연속된 계단들로 시각화할 수 있다.

for 루프를 카운트-제어(count-controlled) 루프라고 부르는 반면, while 루프는 이벤트가 발생할 때까지 실행되므로 이벤트-제어(event-controlled) 루프로 부르기도 한다. 카운트-제어 루프를 칭하는 또 다른 용어는 확정적(definite) 루프이다. for 루프는 시작할 때 바로 루프 몸체가 몇 번 반복할지(위의 for 루프 예에서는 10번 반복) 확정적으로 알 수 있다. 이에 비해 5.1절의 투자 문제를 표현하는 while 루프에서와 같이 목표 금액을 계산하기 위해 루프 몸체를 몇 번 반복해야 하는지 미리 알 수 없는 경우도 있다. 이러한 루프를 불확정적(indefinite) 루프라고 한다.

for 루프는 초기화, 조건, 그리고 갱신 수식을 깔끔하게 그룹으로 묶는다. 그러나 이 세 수식을 모두 한꺼번에 실행시키는 것은 아니다(그림 3 참조).

- 초기화 수식은 루프에 진입하기 전에 한 번만 실행된다. ❶
- 조건 수식은 매번 반복 전에 검사한다. ❷ ❺
- 갱신 수식은 매번 반복 후에 실행된다. ❹

문법 5.2 for 문

Syntax

```
for ( 초기화; 조건; 갱신 )
{
   문장
}
```

세 영역의 수식은 서로 연관되어야 한다(알아두기 5.1 참조).

초기화는 루프가 시작하기 전에 한 번 실행된다.

조건은 매 반복 전에 검사된다.

갱신은 매 반복 이후마다 실행된다.

```
for (int i = 5; i <= 10; i++)
{
   sum = sum + i;
}
```

변수 i는 for 루프 내에서만 사용된다(심화 학습 5.1 참조).

이 루프는 6번 실행된다(알아두기 5.2, 5.3 참조).

❶ 카운터를 초기화한다.

counter = 1

```
for (int counter = 1; counter <= 10; counter++)
{
  System.out.println(counter);
}
```

❷ 조건을 검사한다.

counter = 1

```
for (int counter = 1; counter <= 10; counter++)
{
  System.out.println(counter);
}
```

❸ 루프 몸체를 실행한다.

counter = 1

```
for (int counter = 1; counter <= 10; counter++)
{
  System.out.println(counter);
}
```

❹ 카운터를 갱신한다.

counter = 2

```
for (int counter = 1; counter <= 10; counter++)
{
  System.out.println(counter);
}
```

❺ 조건을 다시 검사한다.

counter = 2

```
for (int counter = 1; counter <= 10; counter++)
{
  System.out.println(counter);
}
```

그림 3
for 루프의 실행

for 루프에서 루프 카운터 변수의 값을 증가시키는 대신 다음과 같이 감소시킬 수도 있다.

```
for (int counter = 10; counter >= 0; counter--) . . .
```

증가 혹은 감소값이 다음과 같이 반드시 1일 필요는 없다.

```
for (int counter = 0; counter <= 10; counter = counter + 2) . . .
```

다음 표 2는 for 루프의 다양한 사용 예를 보여 준다.

지금까지는 반복의 횟수를 세는 루프 카운터 변수를 다음과 같이 루프 초기화 수식에서 선언하여 사용했다.

```
for (int counter = 1; counter <= 10; counter++)
{
   . . .
}
// 여기서부터 counter를 더 이상 사용할 수 없다.
```

표 2 for 루프 예제

루프	i의 값	설명
for (i = 0; i <=5; i++)	0 1 2 3 4 5	루프가 6번 실행된다(알아두기 5.3 참조).
for (i = 5; i >= 0; i--)	5 4 3 2 1 0	값을 감소시키기 위해 i--를 사용한다.
for (i = 0; i < 9; i = i + 2)	0 2 4 6 8	2씩 증가시키기 위해 i = i +2를 사용한다.
for (i = 0; i != 9; i = i + 2)	0 2 4 6 8 10 12 ... (무한 루프)	이런 문제를 방지하기 위해 != 대신 <나 <=를 사용할 수 있다.
for (i = 1; i <= 20; i = i * 2)	1 2 4 8 16	i값을 갱신하는 어떤 규칙이라도 사용할 수 있다. 여기서는 2배씩 증가시켰다.
for (i = 0; i < str.length(); i++)	0 1 2 ... 문자열의 길이만큼	루프 몸체에서 문자 처리를 위해 문자열의 i번째 문자를 얻기 위해서는 str.charAt(i) 메서드를 사용한다.

이런 식으로 카운터 변수를 선언하면 변수를 루프의 모든 반복에서 사용할 수 있지만 변수의 사용 범위가 루프의 몸체 내부로 제한되어 루프 다음 문장들에서는 사용할 수 없다. 만일 카운터 변수를 다음과 같이 루프 진입 전에 선언했다면, 루프 다음 문장들에서도 카운터 변수를 계속 사용해도 된다.

```
int counter;
for (counter = 1; counter <= 10; counter++)
{
   . . .
}
// 여기에서도 counter를 계속 사용할 수 있다.
```

for 루프를 사용하는 일반적인 예 중의 하나는 아래와 같이 문자열의 모든 문자를 차례대로 처리하는 것이다.

```
for (int i = 0; i < str.length(); i++)
{
   char ch = str.charAt(i);
   ch를 처리한다.
}
```

기간(년)	잔고(달러)
1	10,500.00
2	11,025.00
3	11,576.25
4	12,155.06
5	12,762.82

카운터 변수 i가 0에서 시작하여 문자열의 길이에 도달했을 때 루프가 종료된다는 것에 주의하자. 예를 들어 str의 길이가 5이면 i값이 0, 1, 2, 3, 4일 동안 루프 몸체가 실행되고 이는 모두 문자열 내에서 유효한 문자의 위치를 나타낸다.

for 루프의 또 다른 전형적인 사용 예를 매년 정기

예금 통장의 잔고 계산을 통해 살펴보기로 하자. 이 정기 예금의 초기 원금이 10,000 달러이고 5% 복리로 예치할 때 다음 표는 5년간의 잔고 변화를 보여준다.
카운터 변수 year가 1에서 시작하여 목표 기간에 도달할 때까지 일정하게 증가하므로 for 루프 패턴을 적용해 루프를 표현하는 것이 좋다.

```
for (int year = 1; year <= numberOfYears; year++)
{
    잔고를 갱신한다.
}
```

그림 4는 이 루프에 대한 순서도이다.

그림 4 for 루프의 순서도

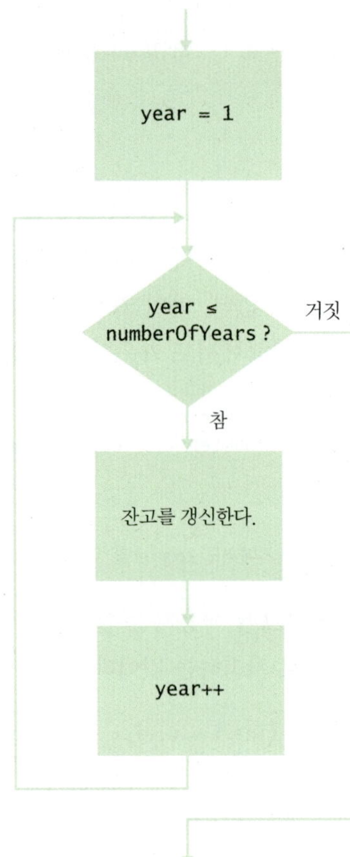

다음은 목표 투자 기간 동안 정기 예금 통장의 잔고를 계산하는 프로그램 소스이다.

section_3/Investment.java

```
/**
   고정 금리로 연이자를 누적하여 투자 원금의 증가를
   관찰하는 클래스
*/
```

```
public class Investment
{
   private double balance;
   private double rate;
   private int year;

   /**
      초기 원금과 연이율을 매개변수로 받아 Investment 객체를
      생성한다.
      @param aBalance 초기 원금
      @param aRate  연이율 (% 단위)
   */
   public Investment(double aBalance, double aRate)
   {
      balance = aBalance;
      rate = aRate;
      year = 0;
   }

   /**
      목표 금액에 도달할 때까지 이자를 계산하여
      누적한다.
      @param targetBalance 목표 금액
   */
   public void waitForBalance(double targetBalance)
   {
      while (balance < targetBalance)
      {
         year++;
         double interest = balance * rate / 100;
         balance = balance + interest;
      }
   }

   /**
      주어진 기간(년) 동안 이자를 계산하여 누적한다.
      @param numberOfYears 투자 기간
   */
   public void waitYears(int numberOfYears)
   {
      for (int i = 1; i <= numberOfYears; i++)
      {
         double interest = balance * rate / 100;
         balance = balance + interest;
      }
      year = year + n;
   }

   /**
      현재 잔고 액수를 반환한다.
      @return 현재 잔고 액수
   */
   public double getBalance()
   {
      return balance;
   }

```

```
   /**
      투자액에 이자를 누적한 기간을
      반환한다.
      @return 투자 기간
   */
   public int getYears()
   {
      return year;
   }
}
```

section_3/InvestmentRunner.java

```
/**
   이 프로그램은 주어진 기간 안에 투자 원금이 얼마나 불어났는지
   계산한다.
*/
public class InvestmentRunner
{
   public static void main(String[] args)
   {
      final double INITIAL_BALANCE = 10000;
      final double RATE = 5;
      final int YEARS = 20;
      Investment invest = new Investment(INITIAL_BALANCE, RATE);
      invest.waitYears(YEARS);
      double balance = invest.getBalance();
      System.out.printf("The balance after %d years is %.2f\n",
            YEARS, balance);
   }
}
```

실행 결과

```
The balance after 20 years is 26532.98
```

11. Investment 클래스의 for 루프를 while 루프로 변환하라.
12. 다음 for 루프는 숫자를 몇 개나 출력하는가?

```
for (int n = 10; n >= 0; n--)
{
   System.out.println(n);
}
```

13. 10과 20 사이(10과 20 포함)의 모든 짝수를 출력하는 for 루프를 작성하라.
14. 1부터 n까지 정수들의 합을 계산하는 for 루프를 작성하라.
15. 20, 40, ..., 100년이 지났을 때 잔고를 출력하도록 InvestmentRunner.java 프로그램을 수정하라.

실습하기 이 장의 끝부분에 있는 복습 문제 및 연습 문제 R5.4, R5.10, P5.8, P5.12을 수행하시오.

알아 두기 5.1

의도에 맞추어 for 루프 사용하기

for 루프는 특별한 형태의 루프에 대한 관용구로 간주할 수 있다. 카운터가 시작부터 끝까지 일정하게 증가 혹은 감소되면서 루프가 실행된다.

컴파일러는 초기화, 조건, 갱신 수식들이 상호 연관성이 있는지 여부를 검사하지 않으며, 임의 형태의 수식을 거부하지 못한다. 예를 들어 다음 루프는 문법적으로는 올바르지만, 프로그래머는 수식들이 서로 매치가 되지 않아 이 for 루프를 이해하는데 어려움을 겪을 것이다.

```
for (System.out.print("Inputs: "); in.hasNextDouble(); sum = sum + x)
{
   x = in.nextDouble();
}
// 혼란 - 상호 관련 없는 수식 추가
```

작성하고자 하는 루프가 for 루프의 특성과 일치하지 않으면 while 루프를 사용하는 것이 좋다. 한편, for 루프의 카운터 변수값을 루프 몸체에서 변경하지 않도록 주의해야 한다. 다음 예를 한번 살펴보기로 하자.

```
for (int counter = 1; counter <= 100; counter++)
{
   if (counter % 10 == 0) // 10으로 나누어떨어지면 값을 하나 건너뛴다.
   {
      counter++; // 나쁜 형태 - for 루프 몸체에서 카운터값을 변경하지 않도록 주의.
   }
   System.out.println(counter);
}
```

카운터 변수를 for 루프 내에서 변경할 경우, 카운터 변수를 매 반복 후에 다시 변경하므로 혼란이 발생할 수 있다. 즉, 카운터 변수가 한 번 변경될 수도 있고 두 번 변경될 수도 있는 경우가 발생한다. 이것은 프로그래머가 생각하는 for 루프의 의미에 맞지 않는다.

for 루프의 패턴에 맞지 않는 이런 상황을 만나면 while 루프를 사용하거나 건너뛰는 행위를 다른 방식으로 구현하는 것이 좋다. 예를 들어 위의 for 루프 코드를 다음과 같이 변경하도록 권장한다.

```
for (int counter = 1; counter <= 100; counter++)
{
   if (counter % 10 != 0) // 10으로 나누어떨어지면 값을 하나 건너뛴다.
   {
      System.out.println(counter);
   }
}
```

알아 두기 5.2

작업에 맞는 루프 경계값 선택하기

1부터 10까지 줄 번호를 출력한다고 하자. 당연히 여러분은 다음과 같은 for 루프를 사용할 것이다.

```
for (int i = 1; i <= 10; i++)
```

루프에서 i의 값은 관계식 1 ≤ i ≤ 10으로 범위가 한정된다. 양쪽 경계가 모두 ≤ 비교이기 때문에 이를 대칭 경계(symmetric bounds)라 부른다.

그러나 문자열 내의 문자들을 차례로 방문하여 처리할 경우에는 다음과 같이 경계를 표현하는 것이 자연스럽다.

```
for (int i = 0; i < str.length(); i++)
```

이 루프에서 i는 문자열의 모든 유효한 위치값을 따라간다. str 문자열의 i번째 문자를 접근하려면 str.charAt(i)로 표현하면 된다. 이 루프에서 i의 값은 관계식 0 ≤ i < str.length()로 범위가 한정된다. 왼쪽 경계는 ≤으로, 오른쪽 경계는 <으로 비교하기 때문에 이를 비대칭 경계(asymmertirc bounds)라고 한다. 이 경우 다음과 같은 대칭 경계로 표현하는 것은 좋지 않다.

```
for (int i = 0; i <= str.length() - 1; i++) // <= 보다 < 사용을 권장한다.
```

앞의 비대칭 경계 표현이 대칭 경계 표현보다 이해하기가 좀 더 쉽다.

알아 두기 5.3

반복 횟수 세기

루프 반복의 정확한 하한값과 상한값을 찾아내는 것은 판단하기 어려울 수 있다. 0 혹은 1 중 어떤 값으로 시작해야 할까? 종료 조건으로 <= b 와 < b 중 어느 것을 사용해야 할까?

반복의 횟수를 세어 보는 것은 루프를 더 잘 이해하기 위한 매우 유용한 방법이다. 비대칭 경계를 가지는 루프의 횟수를 세는 것이 더 쉽다.

```
for (int i = a; i < b; i++)
```

이 루프는 (b - a) 번만큼 실행된다. 예를 들어 문자열 내의 문자를 하나씩 처리하는 다음의 루프를 생각해 보자.

```
for (int i = 0; i < str.length(); i++)
```

이 루프는 str.length()번 실행된다. 실제 문자열에 저장된 문자의 수는 str.length()이기 때문에 완벽하게 맞는 횟수다.

대칭 경계를 가진 다음의 루프는

```
for (int i = a; i <= b; i++)
```

번 실행된다. 바로 이 "+ 1"이 많은 프로그래밍 오류의 원인이 된다. 다음 루프

```
for (int i = 0; i <= 10; i++)
```

는 11번 실행된다. 프로그래머가 의도한 대로일 수도 있지만, 그렇지 않고 10번 반복을 원했다면 1에서 시작하거나 < 10을 사용하는 것이 맞다.

이 "+ 1" 오류를 시각화하는 한 가지 방법은 울타리의 칸과 기둥의 수를 생각해 보는 것이다. 울타리가 10개의 칸(=)으로 나누어지려면 몇 개의 기둥(|)이 필요한가?

|=|=|=|=|=|=|=|=|=|=|

10개의 칸이 만들어지려면 11개의 기둥이 필요하다. 모든 칸이 각각 왼쪽에 기둥이 있고 마지막 칸은 오른쪽에도 하나 더 있다.

그래서 "<=" 루프에서 마지막 반복을 세는 것을 빠트리는 오류를 종종 '울타리 기둥 오류(fence post error)'라고 한다.

4개의 칸을 가진 울타리에는 몇 개의 기둥이 필요할까? 이와 같은 종류의 많은 문제들이 하나 어긋난(off by one) 방식의 문제이기 쉽다.

심화 학습 5.1

for 루프 머리 부분에서 선언한 변수

본문에서 이미 언급했듯이 자바는 for 루프의 머리 부분에서 변수 선언을 허용한다. 다음은 이러한 문법의 가장 일반적인 모습이다.

```
for (int i = 1; i <= n; i++)
{
   . . .
}
// 여기서부터 i는 더 이상 정의되지 않아 사용할 수 없다.
```

변수 i의 범위는 for 루프의 끝까지이며, for 루프 다음 문장부터는 i는 더 이상 정의되지 않는다. 만일 루프 다음 문장들에서도 계속 i를 사용하고 싶다면 i를 루프 밖에서 선언해

야 한다. 위의 루프에서는 루프가 종료된 후 i의 값은 필요 없다. 루프가 종료될 때 i의 값이 n + 1이라는 것을 알고 있다(사실상 n + 1이 아닐 수도 있다. 그 이유는 루프 끝이 아니라 루프 몸체 중간에서 루프를 빠져 나갈 수도 있기 때문이다. 심화 학습 5.4 참조). 루프에서 2개 이상의 종료 조건이 있는 경우에 루프 밖에서 카운터 변수의 값이 필요할 수도 있다. 다음 예를 살펴보자.

```
for (i = 1; balance < targetBalance && i <= n; i++)
{
   . . .
}
```

잔고(balance)가 목표 금액(targetBalance)을 채우기 원하지만 일정 기간 동안만 기다리고 싶을 경우도 있다. 만일 잔고가 빠르게 두 배가 될 경우 그 때의 i의 값을 알고 싶을 때 for 루프 머리 부분에 i를 선언하는 것은 부적절하다.

다음 두 for 루프에서 선언된 i는 서로 다른 독립적인 변수임을 주의해야 한다.

```
for (int i = 1; i <= 10; i++)
{
   System.out.println(i * i);
}
for (int i = 1; i <= 10; i++) // 새로운 변수 i를 선언
{
   System.out.println(i * i * i);
}
```

루프 머리 부분에 같은 자료형의 변수들을 여러 개 선언할 수 있으며, 콤마로 구분된 여러 개의 갱신 수식들을 포함할 수도 있다.

```
for (int i = 0, j = 10; i <= 10; i++, j--)
{
   . . .
}
```

그러나 많은 프로그래머들은 for 루프에 하나 이상의 카운터 변수가 존재하면 혼란스럽게 생각한다. 따라서 for 루프에 하나 이상의 카운터 변수 사용을 권장하지는 않는다(알아 두기 5.2 참조). 대신 for 루프에는 하나의 카운터 변수만을 사용하고 다른 변수들은 명시적으로 갱신하도록 코딩하는 것이 좋다.

```
int j = 10;
for (int i = 0; i <= 10; i++)
{
   . . .
   j--;
}
```

5.4 do-while 루프

do-while 루프는 루프 몸체가 최소 한번은 실행되어야 할 경우 유용하다.

간혹 루프의 몸체를 최소한 한번은 실행한 후 루프 조건을 검사해야 할 때가 있다. 이 경우, 사용할 수 있는 것이 do-while 루프(줄여서 do 루프라고 함)이며, 문법은 다음과 같다.

```
do
{
  문장
}
while ( 조건 );
```

do 루프는 몸체를 먼저 실행한 후 조건을 검사한다. 몸체를 먼저 실행한 후 조건을 검사하는 이러한 종류의 루프를 사후검사 루프(post-test loop)라고 부르기도 한다. 이에 비해 while과 for 루프는 루프 몸체에 진입하기 전에 조건을 먼저 검사하는 사전검사 루프(pre-test loop)이다.

do 루프를 사용해야 하는 대표적인 예로는 입력의 유효성을 조사해야 할 경우이다. 사용자에게 100보다 작은 정수를 입력하도록 요구했다고 가정하자. 사용자가 부주의하게 큰 값을 입력하면 올바른 값을 입력할 때까지 재입력을 계속 요구해야 한다. 이 때 사용자가 값을 입력하기 전에는 유효성을 조사할 수 없으므로 최소한 먼저 사용자가 값을 한번 입력한 후 조건을 검사해야 한다. 이러한 입력 예를 구현하려면 do 루프가 가장 적당하다는 것을 알 수 있다(그림 5 참조).

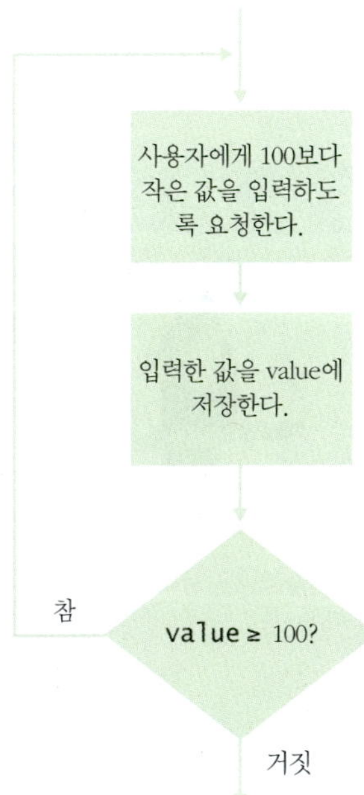

그림 5 do 루프의 순서도

예제의 완전한 코드

Go to wiley.com/go/javacode to download a program that illustrates the use of the do loop for input validation.

```
int value;
do
{
   System.out.print("Enter an integer < 100: ");
   value = in.nextInt();
}
while (value >= 100);
```

자습문제

16. 0과 100 사이의 값(0과100 포함)을 입력해야 한다고 가정하자. 입력값의 유효성을 검사하도록 이 절에서 소개한 do 루프 예를 수정하라.

17. 입력의 유효성을 검사하는 이 절의 do 루프를 while 루프를 사용하여 다시 작성하라. 여러분이 제시한 while 루프 버전의 단점은 무엇인가?

18. 자바가 do 루프 문법을 제공하지 않을 경우 어떤 do 루프를 while 루프로 재작성 할 수 있는가?

19. 정수값들을 입력하여 합을 계산하는 코드를 do 루프를 사용하여 작성하라. 0을 입력하면 루프를 종료한다.

20. 정수값들을 입력하여 합을 계산하는 코드를 do 루프를 사용하여 작성하라. 0을 입력하거나 한 줄에 같은 값을 두 번 입력하면 루프를 종료한다. 예를 들어 입력값이 1 2 3 4 4 이면 합으로 14를 계산하고 루프를 종료한다.

실습하기 이 장의 끝부분에 있는 복습 문제 및 연습 문제 R5.9, R5.16, P5.17을 수행하시오.

알아 두기 5.4

루프 순서도

4.5절에서 프로그램의 제어 흐름을 시각화하는데 순서도를 어떻게 사용하는지 배웠다. 자바에서 순서도에 포함해야 할 두 가지 종류의 루프로 while 루프와 do 루프가 있다. 둘은 조건을 두는 위치를 몸체 앞에 두느냐 혹은 뒤에 두느냐에 차이가 있다.

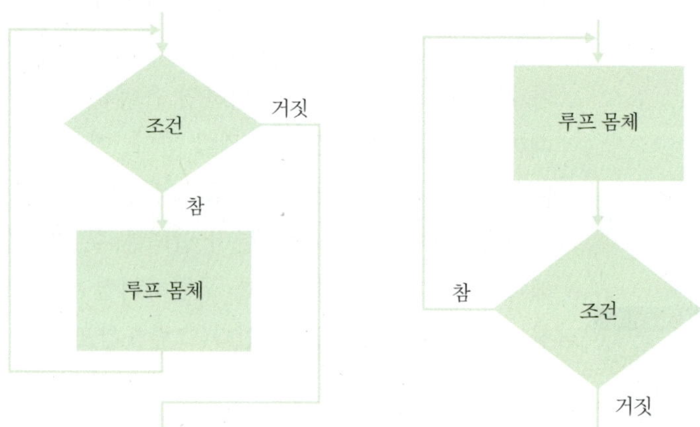

4.5절에서 설명한대로 순서도에서는 가능한 '스파게티 코드'를 피하고 싶을 것이다. 루프에서 스파게티 코드를 피하려면 루프 몸체 안쪽을 가리키는 화살표가 없어야 함을 의미한다.

5.5 응용 : 센티널값 처리

센티널(sentinel)값은 입력 데이터 집합의 끝을 나타내는 값이지만 입력 데이터는 아니다.

이 절에서는 일련의 연속된 입력값들을 읽고 처리하는 루프를 어떻게 작성해야 하는지 배울 것이다.

일련의 입력값들을 읽을 때마다 입력의 끝을 표시하는 방법이 필요하다. 운이 좋을 경우 유효한 입력값에 0이 포함되지 않아 0으로 입력의 끝을 표시할 수 있다. 유효한 입력에 0이 포함되지만 음수는 포함되지 않을 경우에 −1을 입력의 마지막을 표시하는데 사용할 수 있다.

이렇게 실제 유효한 입력값은 아니지만 입력을 끝내기 위한 신호로 사용하는 값을 센티널(sentinel)이라고 한다.

월급값의 집합에 대해 평균 월급을 계산하는 프로그램에 센티널값을 적용하여 동작하도록 해보자. 마이너스 월급을 받고자 하는 직원은 확실히 없을 것으로 생각되며 간혹 무료 봉사로 일을 하는 자원 봉사자들은 있을 수도 있다. 따라서 이 프로그램에서 센티널로 −1을 사용하면 문제없이 동작할 수 있을 것이다.

군대에서 보초병(sentinel)은 국경이나 경계선을 보호하고 통행을 감시한다. 컴퓨터 과학에서 센티널값은 입력값들의 끝이나 입력 집합들 간의 경계를 표시한다.

루프에서 하나의 값을 읽은 후 입력값이 −1이 아니면 그것을 처리한다. 평균을 계산하려면 모든 월급값들의 합과 입력된 월급값들의 수가 필요하다.

```
salary = in.nextDouble();
if (salary != -1)
{
   sum = sum + salary;
   count++;
}
```

센티널값이 입력되기 전에는 루프에서 계산을 계속 반복할 것이다.

```
while (salary != -1)
{
   . . .
}
```

마지막으로 해결해야 할 문제가 하나 더 있다. 제일 처음 루프에 진입할 때 아직 어떤 월급값도 입력되지 않은 상태이다. 따라서 salary 변수를 센티널값이 아닌 값으로 초기화해야 한다.

```
double salary = 0;
// -1이 아닌 어떤 값이라도 가능함
```

루프가 종료되면 평균을 계산하고 출력하면 된다. 다음은 완전한 전체 프로그램 소스이다.

section_5/SentinelDemo.java

```java
import java.util.Scanner;

/**
   이 프로그램은 센티널값을 활용하여 직원들의 평균 월급을 출력한다.
*/
public class SentinelDemo
{
   public static void main(String[] args)
   {
      double sum = 0;
      int count = 0;
      double salary = 0;
      System.out.print("Enter salaries, -1 to finish: ");
      Scanner in = new Scanner(System.in);

      // 센티널이 입력될 때까지 데이터를 처리한다.

      while (salary != -1)
      {
         salary = in.nextDouble();
         if (salary != -1)
         {
            sum = sum + salary;
            count++;
         }
      }

      // 평균을 계산하고 출력

      if (count > 0)
      {
         double average = sum / count;
         System.out.println("Average salary: " + average);
      }
      else
      {
         System.out.println("No data");
      }
   }
}
```

실행 결과

```
Enter salaries, -1 to finish: 10 10 40 -1
Average salary: 20
```

루프를 제어하기 위해 부울(Boolean) 변수를 사용할 수 있다. 루프에 진입하기 전에 변수를 임의의 부울값으로 설정하고 루프를 빠져 나오려면 루프 내에서 반대값으로 설정하면 된다.

프로그래머 중에서는 입력 변수를 센티널이 아닌 값으로 초기화하는데 거부감을 가지고 있을 수도 있다. 이 경우 부울 변수를 사용하여 표현하면 된다.

```
System.out.print("Enter salaries, -1 to finish: ");
boolean done = false;
while (!done)
{
   value = in.nextDouble();
   if (value == -1)
   {
      done = true;
   }
   else
   {
      value를 처리한다.
   }
}
```

심화 학습 5.4에서 위와 같은 루프에서 루프를 빠져나가는 다른 방식을 소개한다.

이제 입력이 어떤 숫자(양수, 음수, 혹은 0)도 허용할 때 어떻게 해야 할지 생각해보자. 이런 상황에서는 숫자가 아닌 값(예 : 문자 Q 등)을 센티널로 사용해야 한다. 4.8절에서 설명했듯이 다음 조건

```
in.hasNextDouble()
```

은 다음 입력값이 부동 소수점 수가 아니면 거짓이다. 따라서 다음 루프로 입력 데이터 집합을 읽어 처리할 수 있다.

```
System.out.print("Enter values, Q to quit: ");
while (in.hasNextDouble())
{
   value = in.nextDouble();
   value를 처리한다.
}
```

21. 사용자가 입력을 요구받자마자 −1을 바로 입력할 경우 SentinelDemo.java 프로그램은 무엇을 출력하는가?

22. 왜 SentinelDemo.java 프로그램은 다음 수식으로 표현된 조건을 두 곳에서 사용하는가?

    `salary != -1`

23. SentinelDemo.java 프로그램에서 salary 변수 선언을 다음과 같이 바꾸면 어떤 일이 발생할까?

    `double salary = -1;`

24. 이 절의 마지막 예에서 사용자에게 "Enter values, Q to quit: " 프롬프트를 제시

하여 값을 입력하도록 했다. Q가 아닌 다른 문자를 사용자가 입력하면 어떻게 될까?

25. 일련의 입력값들을 읽기 위해 작성한 다음 루프는 무엇이 잘못되었나?

```
System.out.print("Enter values, Q to quit: ");
do
{
   double value = in.nextDouble();
   sum = sum + value;
   count++;
}
while (in.hasNextDouble());
```

실습하기 이 장의 끝부분에 있는 복습 문제 및 연습 문제 R5.13, P5.17, P5.18을 수행하시오.

심화 학습 5.2

입출력 방향 재지정

Use input redirection to read input from a file. Use output redirection to capture program output in a file.

입력값들의 평균을 계산하는 SentinelDemo 프로그램을 생각해보자. 이 프로그램을 사용할 때 미리 프로그램에서 필요한 입력값들을 파일에 보관하고 있을 가능성이 높다. 이 경우 다시 모든 값들을 키보드로 타이핑하여 입력하는 것은 어리석은 일이다. 운영체제의 명령어 라인 인터페이스는 프로그램의 입력 장치에 파일을 연결하여 마치 키보드에서 타이핑하여 문자를 입력하는 것처럼 파일에서 문자들을 읽어 올 수 있다. 다음과 같이 운영체제의 명령어 라인에서 명령어를 타이핑하면

```
java SentinelDemo < numbers.txt
```

프로그램이 실행되면서 프로그램 내의 모든 입력문은 키보드로부터 입력을 받지 않고 numbers.txt 파일로부터 입력을 받는다. 이와 같은 과정을 입력 방향 재지정(redirection)이라고 한다.

입력 방향 재지정은 프로그램을 테스트하는데 굉장히 유용한 도구이다. 프로그램을 개발한 후 오류를 찾아 제거할 때 동일한 입력값들을 프로그램을 실행할 때마다 타이핑하는 것은 아주 지루한 작업이다. 파일에 이 입력 데이터를 보관한 후 입력 방향 재지정을 사용하면 입력 작업을 순식간에 할 수 있다.

출력도 또한 방향을 재지정할 수 있다. SentinelDemo 프로그램에서는 출력 방향 재지정이 별로 유용하지 않다. 다음과 같이 프로그램을 실행시키면

```
java SentinelDemo < numbers.txt > output.txt
```

output.txt 파일에 입력 프롬프트와 출력 결과가 다음과 같이 저장된다.

```
Enter salaries, -1 to finish: Enter salaries, -1 to finish:
Enter salaries, -1 to finish: Enter salaries, -1 to finish:
Average salary: 15
```

그러나 대량의 출력 결과를 생산하는 프로그램인 경우에는 출력 방향 재지정을 아주 유용하게 사용할 수 있다. 출력 결과를 보관하고 있는 파일의 내용을 보기 좋은 형식으로 변환하여 출력할 수도 있다.

심화 학습 5.3

중간 종료 루프 문제

데이터 집합에 대한 입력을 처리하는 루프는 가끔 다음과 같이 볼썽사납게 구현될 수도 있다.

```
boolean done = false;
while (!done)
{
   String input = in.next();
   if (input.equals("Q"))
   {
      done = true;
   }
   else
   {
      데이터를 처리한다.
   }
}
```

루프 종료 검사가 루프의 처음 부분이 아니라 중간 지점에서 이루어진다. 이런 문제를 '중간 종료 루프 (loop and a half)' 문제라고 부르는데 그 이유는 루프가 종료될지 아닐지 알려면 루프 중간 지점까지 가야하기 때문이다.

루프를 제어하기 위해 별도의 부울 변수 사용을 싫어하는 프로그래머도 간혹 있다. 중간 종료 루프 문제를 완화시키는데 사용할 수 있는 두 가지 자바 언어 기능이 있다. 나는 두 기능 모두 우수한 해결책이라고 생각하지 않지만 두 방식은 매우 흔하게 사용된다. 따라서 다른 사람들의 코드를 쉽게 읽으려면 두 가지 방식을 이해하고 있어야 한다.

루프 조건에 다음과 같이 대입과 검사를 결합할 수 있다.

```
while (!(input = in.next()).equals("Q"))
{
   데이터를 처리한다.
}
```

수식

```
(input = in.next()).equals("Q")
```

은 '먼저 in.next()를 호출한 후 그 결과를 input에 대입하고, 다음 "Q"와 같은지를 검사'하는 것을 의미한다. 이 수식은 부수 효과가 있는데 while 루프의 종료 조건을 검사하는 것이 주요 목적이지만 부수적으로 하나의 문자열을 호출하여 input 변수에 저장한다. 일반적으로 부수 효과가 발생하면 프로그램의 가독성을 떨어뜨리고 유지보수가 어렵기 때문에 바람직하지 않다. 그렇지만 위의 경우는 바람직하다. 그 이유는 가독성과 유지 보수를 어렵게 하는 제어 변수 done을 사용하지 않아도 되기 때문이다.

다른 해결책은 return 문이나 break 문을 사용하여 중간에서 루프를 바로 빠져나오는 방식이다(심화 학습 5.4 참조).

```
public void processInput(Scanner in)
{
   while (true)
   {
      String input = in.next();
      if (input.equals("Q"))
      {
         return;
      }
      데이터를 처리한다.
   }
}
```

심화 학습 5.4

break와 continue 문

이미 심화 학습 4.2에서 switch 문을 빠져나오기 위해 break 문을 사용하는 법을 배웠다. break 문은 switch 문뿐만 아니라 while, for, do 루프를 빠져 나오는데도 사용할 수 있다.

다음 while 루프 예에서 입력의 끝에 도달했을 때 break 문을 사용하여 루프를 종료시킨다.

```
while (true)
{
   String input = in.next();
   if (input.equals("Q"))
   {
      break;
   }
   double x = Double.parseDouble(input);
   data.add(x);
}
```

break 문을 사용한 루프는 루프 종료 지점을 찾기 위해 자세히 살펴야 하기 때문에 이해하기가 어렵다. 그러나 별도의 루프 제어 변수를 사용하는 것보다 break 문을 사용하여 '중간 종료 루프' 문제를 해결하는 것이 더 좋은 방법이라고 생각하는 프로그래머들도 있다. 이 이슈는 종종 과열되고 비생산적인 토론 주제이다. 이 책에서는 break 문의 사용을 추천하지 않으며 프로그램에서 break 문을 사용할지 여부는 여러분에게 맡긴다.

자바에서는 중첩된 루프를 바로 빠져 나오는데 사용하도록 break 문의 변형으로 라벨을 가진 break 문을 제공한다. break label; 문은 label이 부착된 문장의 끝으로 바로 점프하여 실행을 진행한다. if나 block 문을 포함하여 어떤 문장에도 라벨을 부착할 수 있는데 문법은 다음과 같다.

label: *statement*

라벨 break 문은 중첩된 루프들을 한 번에 바로 빠져나가기 위해 고안되었다.

```
outerloop:
while (외부 루프 조건)
{  . . .
   while (내부 루프 조건)
   {  . . .
      if (나쁜 상황이 발생)
      {
         break outerloop;
      }
   }
}
나쁜 상황이 발생했을 때 이곳으로 점프하여 여기서부터 실행을 계속 진행한다.
```

보통 위와 같은 상황은 아주 드물게 있다. 따라서 복잡한 중첩 루프를 가능하면 사용하지 말고 다른 방식을 사용하기를 권장한다.

마지막으로 루프의 현재 반복(iteration)의 끝으로 점프하도록 하는 continue 문이 있다. 다음 코드는 continue 문의 사용 예이다.

```
while (!done)
{
   String input = in.next();
   if (input.equals("Q"))
   {
      done = true;
      continue; // 루프 몸체의 끝으로 점프한다.
   }
   double x = Double.parseDouble(input);
   data.add(x);
   // continue 문에 의해 이곳으로 점프한다.
}
```

continue 문을 사용함으로써 루프 코드의 나머지를 else 절에 위치시킬 필요가 없다. 그러나 이것은 사소한 이점으로 소수의 프로그래머들만 continue 문을 사용하고 있다.

5.6 문제 해결 : 스토리보드

사용자와 상호 대화식으로 동작하는 프로그램을 설계하려면 상호 대화에 대한 기획을 해야 한다. 사용자는 어떤 정보를 어떤 순서로 제공해야 하는가? 프로그램은 어떤 정보를 어떤 형식으로 출력해야 하는가? 오류가 있을 때 어떤 일이 일어나는가? 언제 프로그램이 종료하는가?

스토리보드는 동작 순서의 각 단계를 표현하는 주석이 달린 스케치들로 구성된다.

프로그램 설계를 위한 기획안 수립은 영화나 컴퓨터 게임의 개발자가 스토리보드(storyboards)를 사용하여 동작 순서를 기획하는 것과 유사하다. 스토리보드는 각 단계의 스케치를 보여주는 패널들로 구성되어 있다. 주석은 무슨 일이 벌어지는지를 설명하고 특별한 상황을 기록한다. 소프트웨어를 개발할 때에도 스토리보드를 활용할 수 있다(그림 6 참조).

프로그램을 설계하려고 할 때 스토리보드를 만들어 두면 굉장히 유용하다. 프로그램 사용자가 원하는 답을 계산하기 위해 필요한 정보가 무엇인지 개발자는 스스로에게 계속 자문을 던져야 하며, 실행 결과를 어떻게 보여줄지도 결정해야 한다. 이러한 사항들은 답을 계산하는 알고리즘을 설계하기 전에 미리 정리되어야 한다.

스토리보드의 개발은 프로그램에서 필요한 입력과 출력에 대한 이해를 도와준다.

간단한 예를 한번 살펴보기로 하자. "1 파인트(pint)에는 몇 개의 테이블스푼 용량을 넣을 수 있는가?" 혹은 "30cm는 몇 인치인가?" 등과 같은 질문을 하는 사용자들에게 응답을 해주는 도우미 프로그램을 작성하고 싶다.

사용자는 무슨 정보를 제공하는가?

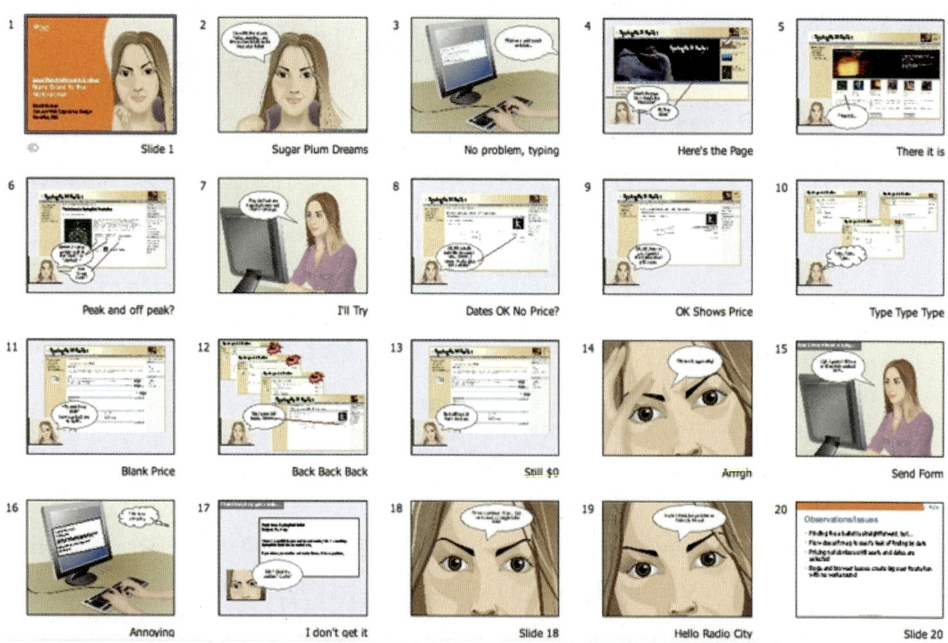

그림 6
웹 응용 설계를 위한 스토리보드

- 변환 전의 수량과 단위
- 변환 후의 단위

하나 이상의 수량을 제시하면 어떻게 처리해야 하나? 사용자는 인치로 변환할 cm값들의 표를 가지고 있을 수 있다.

옹스트롬 같이 프로그램이 처리할 수 없는 단위를 사용자가 입력한 경우 어떻게 해야 하나?

인치를 갤런으로 변환하는 등 사용자가 변환이 불가능한 요구를 했을 때 어떻게 해야 하나?

일단 하나의 스토리보드 패널을 가지고 시작해 보자. 사용자의 입력을 다른 색으로 표시하는 것은 아주 좋은 아이디어이다(만일 색연필을 가지고 있지 못하다면 밑줄로 표시해도 좋다.).

입력값들을 변환

```
What unit do you want to convert from? cm
What unit do you want to convert to? in
Enter values, terminated by zero        ——— 다수의 값들의 변환을 허용
30
30 cm = 11.81 in        ——— 변환 결과를 보여주는 형식이 명확함
100
100 cm = 39.37 in
0
What unit do you want to convert from?
```

스토리보드는 잠재적인 혼란을 어떻게 다루어야 할지 보여준다. 30cm가 몇 인치인지 알고 싶은 사용자가 첫 번째 프롬프트를 대충 읽고 인치를 입력할 수 있다. 이 경우 출력은 "30 in = 76.2 cm"가 되어 사용자의 의도와 다른 결과를 보여준다.

또한 스토리보드는 쟁점들을 자연스럽게 제기한다. 사용자는 'cm'와 'in'가 유효한 단위인지 어떻게 알게 되는가? 'centimeter'와 'inches'를 입력해도 제대로 동작하는가? 사용자가 잘못된 단위를 입력하면 무슨 일이 생기는가? 오류 처리를 보여주기 위해 다른 스토리보드를 만들어 보자.

모르는 단위 처리 (개선이 필요함)

```
What unit do you want to convert from? cm
What unit do you want to convert to? inches
Sorry, unknown unit.
What unit do you want to convert to? inch
Sorry, unknown unit.
What unit do you want to convert to? grrr
```

사용자의 불만을 사지 않으려면 사용자가 입력할 수 있는 단위들을 프롬프트에 안내해주는 것이 좋다.

```
From unit (in, ft, mi, mm, cm, m, km, oz, lb, g, kg, tsp, tbsp, pint, gal): cm
To unit: in        ——— 단위를 다시 나열할 필요는 없음
```

모든 단위 이름을 나열하기 위한 공간을 만들기 위해 짧은 프롬프트로 변경하였다. 복습 문제 R5.22에서 다른 대안을 찾아보도록 한다.

아직까지 제기하지 않은 다른 문제가 있다. 사용자는 프로그램을 어떻게 끝내는가? 첫 번째 스토리보드는 프로그램이 영원히 실행하도록 제안한다.

프로그램이 사용자에게 입력을 끝내기 위한 센티널값을 요청할 수 있다.

```
프로그램 종료

From unit (in, ft, mi, mm, cm, m, km, oz, lb, g, kg, tsp, tbsp, pint, gal): cm
To unit: in
Enter values, terminated by zero
30
30 cm = 11.81 in
0
More conversions (y, n)? n        ——— 센티널이 종료 프롬프트를 촉발시킴
(Program exits)
```

이 사례 연구에서 보듯이 스토리보드는 작동하는 프로그램을 개발하는데 필수적이다. 프로그램 구조를 구성하기 위해 사용자와의 상호 대화 흐름을 알아야 한다.

자습문제

26. 여러 개의 시험 점수를 읽어 들여 평균 점수를 출력하는 프로그램의 개발에 필요한 스토리보드 패널을 제공하라.

27. Google은 단위 변환을 요청하는 아주 단순한 인터페이스를 가지고 있다. 단지 질문을 입력하기만 하면 답을 얻을 수 있다.

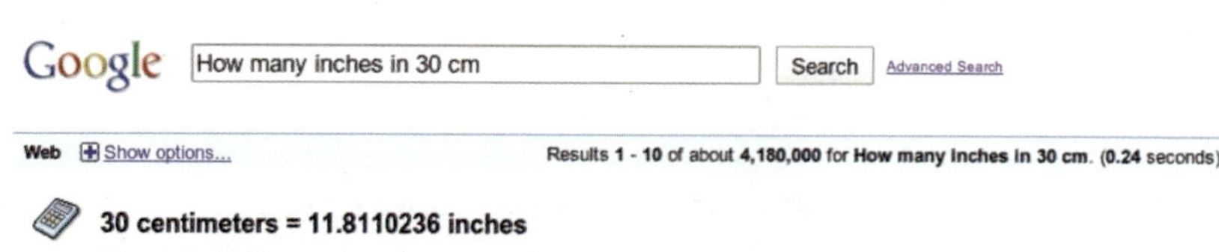

자바 프로그램에서 Google과 동일한 인터페이스를 제공하기 위한 스토리보드를 만들어라. 모든 것이 순조롭게 동작할 때의 시나리오와 두 가지 종류의 오류 처리를 보여라.

28. 자습 문제 26을 변경하려고 한다. 평균 점수를 계산하기 전에 최저 점수를 제외한다고 가정한다. 사용자가 하나의 점수만 입력할 경우를 위한 스토리보드를 제공하라.

29. 다음 스토리보드를 자바로 구현하려고 할 때 어떤 문제가 있는가?

다수의 평균 계산

```
Enter scores: 90 80 90 100 80
The average is 88
Enter scores: 100 70 70 100 80
The average is 88
Enter scores: -1
(Program exits)
```

-1을 프로그램을 종료하는 센티널값으로 사용

30. 초기 원금 10,000달러를 가지고 두 가지 이율로 주어진 기간 동안 저축했을 때 각각의 잔고를 계산한 후 비교하는 프로그램을 작성하기 위한 스토리보드를 만들어라.

실습하기 이 장의 끝부분에 있는 복습 문제 R5.21, R5.22, R5.23을 수행하시오.

5.7 자주 사용되는 루프 알고리즘

이 절에서는 가장 자주 사용되는 루프 알고리즘들을 소개한다. 이 알고리즘들을 루프가 필요한 프로그램을 설계할 때 출발점으로 활용하는 것이 좋다.

5.7.1 합계 계산하기

입력된 수들의 전체 합을 계산하는 것은 매우 흔한 작업이다. 입력되는 수를 연속으로 더하는 변수를 써서 중간 결과(running total)를 저장하도록 하라. 물론 이 변수는 0으로 초기화되어야 한다.

```
double total = 0;
while (in.hasNextDouble())
{
   double input = in.nextDouble();
   total = total + input;
}
```

total 변수가 루프 외부에서 선언되어 있음에 유의하라. 루프가 하나의 변수만을 갱신하도록 한다. input 변수는 루프 내부에서 선언되어 있으므로 매 반복에서 값을 입력할 때마다 생성되고 매 반복의 끝에서 소멸된다.

평균을 구하려면 모든 입력값들의 합과 개수를 계산하라.

평균을 계산하려면 전체 합을 입력값의 수(count)로 나누면 된다. 이때 입력 개수가 0이 아님을 보장해야 한다.

```
double total = 0;
int count = 0;
while (in.hasNextDouble())
{
   double input = in.nextDouble();
   total = total + input;
   count++;
}
double average = 0;
if (count > 0)
{
   average = total / count;
}
```

5.7.2 매치의 개수 세기

조건에 맞는 데이터의 수를 세려면 모든 값을 조건에 맞는지 검사하여 매치(match)가 되는 경우 카운터를 하나씩 증가시킨다.

때로는 특정한 조건을 만족하는 데이터가 몇 개나 있는지 알고 싶을 때가 있다. 예를 들어 하나의 문자열 내에 공백 문자가 몇 개 있는지 세고 싶다고 하자. 이런 경우는 카운터(counter) 역할을 할 변수를 사용한다. 카운터 변수는 0으로 초기화되고 조건에 맞는 데이터가 있을 때마다 하나씩 증가한다. 아래 예에서 spaces 변수가 카운터 역할을 한다.

```
int spaces = 0;
for (int i = 0; i < str.length(); i++)
{
   char ch = str.charAt(i);
   if (ch == ' ')
   {
      spaces++;
   }
}
```

예를 들어 str의 내용이 'My Fair Lady'이면 spaces 변수의 값은 i가 2일 때와 7일 때 두 번 증가된다.

spaces 변수가 루프 바깥에 선언되어 있음을 유의하라. ch 변수는 루프 내부에서 선언되어 있다. 따라서 매번 반복이 시작될 때마다 새로운 ch 변수가 생성되어, 매번 반복의 끝에서 소멸된다.

이 루프 코딩 방식은 입력을 하나씩 조사하는 데에도 사용할 수 있다. 다음 루프는 텍스트를 한 번에 한 단어씩 읽어 들여 3개 이내의 글자로 구성된 단어의 수를 센다.

```
int shortWords = 0;
while (in.hasNext())
{
   String input = in.next();
   if (input.length() <= 3)
   {
      shortWords++;
   }
}
```

매치를 세는 루프에서 카운터는 매치를 찾을 때마다 1씩 증가한다.

5.7.3 첫 번째 매치 찾기

목표가 조건을 만족하는 하나의 매치만을 찾는 것이라면 매치를 찾는 즉시 루프를 종료한다.

어떤 조건을 만족하는 값의 수를 모두 세려면 전체 데이터를 전부 검사해야 한다. 그러나 조건을 만족하는 값 중에 하나만 필요하다면, 전부를 찾아 볼 필요 없이 해당하는 값을 찾자마자 루프를 중단할 수 있다.

다음 예는 문자열에서 첫 번째의 공백 문자를 찾는 루프다. 문자열의 모든 문자를 다 볼 필요가 없기 때문에 for 루프보다는 while 루프를 사용하는 것이 더 적합하다.

```
boolean found = false;
char ch = '?';
int position = 0;
while (!found && position < str.length())
{
   ch = str.charAt(position);
   if (ch == ' ') { found = true; }
   else { position++; }
}
```

조건에 맞는 문자인 공백 문자가 발견되면 found의 값이 true가 되고 ch에는 그 문자가 저장되며 변수 position에는 그 문자의 위치가 저장된다. 조건에 맞는 문자가 아니면 found의 값은 false로 남아 있고 position의 값이 증가되어 str.length()가 될 때까지 루프가 반복된다.

탐색(search)할 때, 매치를 찾을 때까지 항목들을 하나씩 조사한다.

루프가 종료된 다음에도 ch 변수를 사용하고 싶은 경우에는 위의 코드와 같이 while 루프 바깥에 선언하도록 해야 한다. 만일 루프 몸체 내부에 ch 변수를 선언하면, 루프 외부에서는 사용할 수 없다.

5.7.4 매치를 찾을 때까지 입력 요구하기

앞에서 어떤 조건을 만족하는 문자를 찾을 때까지 문자열의 문자를 검사하는 예제를 보았다. 이 과정을 사용자 입력에도 적용해 볼 수 있다. 프로그램에서 100보다 작은 양수를 입력하도록 사용자에게 요구하는 경우를 가정해 보자. 사용자가 올바른 값을 입력할 때까지 계속해서 프롬프트를 내보내야 한다.

```
boolean valid = false;
double input = 0;
while (!valid)
{
   System.out.print("Please enter a positive value < 100: ");
   input = in.nextDouble();
   if (0 < input && input < 100) { valid = true; }
   else { System.out.println("Invalid input."); }
}
```

이전 예제와 마찬가지로 input 변수는 루프가 종료된 후에도 사용할 수 있도록 `while` 루프 바깥에 선언하였다.

5.7.5 최대값과 최소값 구하기

가장 큰 값을 찾기 위해 현재까지 구한 가장 큰 값보다 더 큰 값을 발견하면 가장 큰 값을 이 값으로 갱신한다.

데이터 집합에서 가장 큰 값을 구하기 위해 현재까지 조사한 값들 중 가장 큰 값을 보관하는 변수(largest)가 필요하다. 큰 값을 새로 찾으면 이 largest 변수를 갱신한다.

```
double largest = in.nextDouble();
while (in.hasNextDouble())
{
   double input = in.nextDouble();
   if (input > largest)
   {
      largest = input;
   }
}
```

버스 승객 중 가장 키가 큰 승객을 찾으려면 현재까지 찾은 가장 큰 키의 값을 기억해두고, 더 키가 큰 승객을 볼 때마다 가장 큰 키의 값을 갱신한다.

이 알고리즘은 최소한 하나의 입력값이 존재해야 정상적으로 동작한다.

데이터 집합에서 가장 작은 값을 구하려면 위의 알고리즘에서 비교를 반대로 하면 된다.

```
double smallest = in.nextDouble();
while (in.hasNextDouble())
{
   double input = in.nextDouble();
   if (input < smallest)
   {
      smallest = input;
   }
}
```

5.7.6 인접한 값을 비교하기

인접한 값들을 비교하려면 이전 입력값을 변수에 보관하라.

일련의 연속된 값들을 루프에서 처리할 때, 때때로 하나의 값을 바로 이전의 값과 비교해야 하는 경우들이 있다. 한 예로, 몇 개의 입력을 받아 그 중에 연속해서 동일한 값이 있는지 검사하고 싶다고 하자. 입력이 1 7 2 9 9 4 9와 같이 들어오는 경우가 이에 해당한다.

이제 문제에 도전해 보자. 값을 입력받는 전형적인 루프의 모습은 다음과 같다.

```
double input;
while (in.hasNextDouble())
{
   input = in.nextDouble();
   . . .
}
```

그런데 현재의 입력값을 어떻게 이전 것과 비교할 수 있는가? 항상 input 변수에는 이전 값을 덮어 쓴 현재의 입력값만 저장되어 있다.

답은 다음 코드처럼 이전 입력값도 변수에 저장하는 것이다.

인접한 값들을 비교하려면 이전 값을 변수에 보관하라.

```
double input = 0;
while (in.hasNextDouble())
{
   double previous = input;
   input = in.nextDouble();
   if (input == previous)
   {
      System.out.println("Duplicate input");
   }
}
```

예제의 완전한 코드

이 절에서 소개한 루프 알고리즘을 사용하는 프로그램의 완전한 소스를 웹 페이지 http://bcs.wiley.com/he-bcs/Books?action=resource&bcsId=8078&itemId=1118318765&resourceId=31564 사이트에서 다운로드 할 수 있다.

아직 한 가지 문제가 남아 있다. 루프가 처음 시작할 때는 previous에 저장할 이전 input값이 존재하지 않으며, 입력이 아닌 아무 값이나 사용해서도 안 된다. 이를 해결하기 위해서 while 루프 바깥에서 input 변수의 값을 입력받은 값으로 초기화하는 작업을 해 주면 된다.

```
double input = in.nextDouble();
while (in.hasNextDouble())
{
   double previous = input;
   input = in.nextDouble();
   if (input == previous)
   {
      System.out.println("Duplicate input");
   }
}
```

자습문제

31. 5.7.1절의 합을 구하는 알고리즘에서 사용자 입력이 하나도 없을 때 합을 얼마로 계산하는가?
32. 모든 양수 입력의 합을 계산하려면 어떻게 해야 하나?
33. 5.7.3절의 알고리즘에서 조건에 맞는 입력값이 없을 때 position과 ch 변수의 값은 무엇인가?
34. 문자열의 첫 번째 공백 문자의 위치값을 찾는 다음 루프의 오류를 찾아라.

```
boolean found = false;
for (int position = 0; !found && position < str.length(); position++)
{
   char ch = str.charAt(position);
   if (ch == ' ') { found = true; }
}
```

35. 문자열에서 마지막 공백 문자의 위치값을 어떻게 찾을 수 있나?
36. 입력값이 하나도 제공되지 않을 때 5.7.6절의 알고리즘에 무슨 일이 생길까?

실습하기 이 장의 끝부분에 있는 연습 문제 P5.5, P5.9, p5.10을 수행하시오.

따라 하기 5.1

루프 구현하기

루프를 개발하는 과정을 따라서 연습해 보자. 예제 문제를 통해 개발 단계별로 과정을 보여주며 연습하도록 하겠다.

문제 정의 매월 하나씩 12개의 기온값을 읽어서 최고 기온을 기록한 달의 숫자를 출력하라. 예를 들어 worldclimate.com 사이트에서 미국 서부 데스밸리(Death Valley) 지역의 월별 평균 기온 데이터를 찾아보면 다음과 같다.

18.2 22.6 26.4 31.1 36.6 42.2 45.7 44.5 40.2 33.1 24.2 17.6이 경우 최고 기온을 기록한 달은 섭씨 45.7도의 7월이므로 7을 출력해야 한다.

단계 1 루프 내부에서 무슨 작업을 해야 할지 결정한다.

모든 루프는 다음과 같은 종류의 반복되는 일을 해야 한다.

- 다음 항목을 읽는다.
- 값을 갱신한다(예 : 은행 잔고나 총액 등).
- 카운터를 증가시킨다.

루프 내부에서 무엇을 해야 할지 알 수 없다면 문제를 해결하기 위해 취할 행동을 단계별로 종이에 적어 본다. 기온을 읽는 문제라면 다음과 같이 적을 수 있다.

첫 번째 값을 읽는다.
두 번째 값을 읽는다.
두 번째가 첫 번째보다 큰 값이면 최고 기온값을 두 번째 값으로, 최고 기온 월을 2로 설정한다.
다음 값을 읽는다.
값이 첫 번째와 두 번째보다 큰 값이면 최고 기온값을 세 번째 값으로, 최고 기온 월을 3으로 설정한다.
다음 값을 읽는다.
값이 이제까지의 값들보다 큰 값이면 최고 기온값을 이 값으로, 최고 기온 월을 4로 설정한다.
...

적어 놓은 단계들을 찬찬히 들여다보며 루프 몸체로 넣을 수 있는 동일한 작업들을 묶어낸다. 첫 번째 작업은 다음과 같이 쉽게 정리할 수 있다.

다음 값을 읽는다.

다음 작업은 좀 더 까다롭다. 서술한 내용을 보면 비교 부분이 여러 가지로 표현되어 있다. "첫 번째보다 큰 값이면", "첫 번째와 두 번째보다 큰 값이면", "이제까지의 값들보다 큰 값이면" 등이다. 이들을 모두 반복할 때마다 한 가지 검사로 처리할 수 있도록 정리할 필요가 있다. 마지막의 서술이 가장 보편적으로 보인다.

동일한 방식으로 최고 기온을 기록한 달을 정하는 일반적인 방법을 찾아야 한다. 먼저 1부터 12까지 현재 처리 중인 달을 저장할 변수가 필요하다. 그리고 그것을 이용해 루프에서 사용할 두 번째 작업을 기술할 수 있다.

값이 이제까지의 최고 기온보다 큰 값이면 최고 기온값을 이 값으로, 최고 기온 월을 현재 월로 설정한다.

이제 루프 내에서 실행할 알고리즘을 모두 정리하면 다음과 같다.

```
다음 동작들을 반복한다.
  다음 값을 읽는다.
  값이 이제까지의 최고 기온보다 큰 값이면,
      최고 기온값을 그 값으로 설정한다.
      최고 기온 월을 현재 월로 설정한다.
  현재 월을 하나 증가시킨다.
```

단계 2 **루프 조건을 명시한다.**

루프에서 도달하고자 하는 목표가 무엇인가? 대표적인 예는 다음과 같다.

- 카운터가 마지막 값에 이르렀는가?
- 입력의 마지막에 도달하였는가?
- 값이 미리 설정한 임계치에 도달하였는가?

기온 예제에서는 현재 월이 12로 되는 것이 루프에서 도달해야 할 목표이다.

단계 3 **루프의 형태를 결정한다.**

루프는 크게 두 가지 형태로 분류할 수 있다. 확정적(definite) 또는 카운트 제어(count-controlled) 루프는 정해진 횟수만큼 반복하는 것이다. 반면, 비확정적(indefinite) 또는 이벤트 제어 루프는 반복의 횟수를 미리 알 수 없고 특정한 사건이 일어날 때까지 실행을 반복한다. 후자의 대표적인 예가 센티널값이 들어올 때까지 입력을 반복하는 루프다.

카운트 제어 루프는 for 문으로 구현될 수 있다. 이벤트 제어 루프를 사용해야 할 때는 루프 종료 조건을 잘 생각해야 한다. 종료 조건이 루프 몸체 내에서만 설정되는 값에 관계되는가? 그럴 경우에는 조건을 검사하기 전에 값이 설정될 수 있도록 루프 몸체가 적어도 한 번 실행되어야 하기 때문에 do 루프를 선택하는 편이 낫다. 그렇지 않으면 보통 while 루프를 사용한다.

때로는 루프를 종결시키는 조건이 루프 몸체 중간에서 변경될 수도 있다. 이럴 때는 언제 루프를 빠져 나갈지 표시하는 부울 변수를 사용할 수 있다. 다음에 소개하는 루프 패턴을 활용하자.

```
boolean done = false;
while (!done)
{
   작업을 한다.
   모든 작업이 완료되면,
   {
      done = true;
   }
   else
   {
   추가작업을 한다.
   }
}
```

이렇게 사용하는 부울 변수를 플래그(flag)라고 한다.

지금까지 설명을 요약해 보면 다음과 같다.

- 루프가 몇 번 반복해야 하는지 미리 알 수 있다면 for 루프를 사용한다.
- 루프 몸체가 적어도 한 번 실행되어야 한다면 do 루프를 사용한다.
- 그렇지 않으면 while 루프를 사용한다.

기온 예제에서는 12개의 기온값을 읽기 때문에 for 루프를 선택한다.

단계 4 **최초로 루프에 진입하기 전에 변수들의 값을 설정한다.**

루프에서 사용되거나 값이 변경될 모든 변수들을 나열하고 초기화할 방법을 결정한다. 일반적으로 카운터는 0 또는 1로, 합계는 0으로 설정한다.

기온 예제에서 사용할 변수들은 다음과 같다.

```
현재 월
최고 기온값
최고 기온 월
```

값의 초기값을 설정할 때는 주의해야 한다. 데스밸리 같은 고온 지역뿐만 아니라 북극같이 영하의 기온만 지속하는 지역에 대해서도 올바르게 동작해야 하기 때문에 이것을 단순히 0으로 설정하면 안 된다.

여기서 택할 수 있는 좋은 전략은 첫 번째 입력값을 이용해 최고 기온값을 초기화하는 것이다. 이렇게 하면 루프 반복 횟수는 11이 되어야 하고 현재 월은 2부터 시작해야 함을 잊지 말아야 한다.

최고 기온 월의 초기값도 1로 설정할 필요가 있다. 남반구 지역에서는 1월에 최고 기온을 기록하는 경우가 흔하므로 1월은 절대 답이 아니라고 예단해서는 안 된다.

단계 5 **루프가 종료된 후에 결과를 처리한다.**

많은 경우 구하고자 하는 결과는 루프 몸체에서 변경된 변수값 그 자체가 된다. 기온 예제에서도 구하려는 결과는 최고 기온 월이다. 다른 경우는 루프 몸체에서 계산된 값이 최종 결과를 도출하는데 사용되는 것이다. 평균 기온을 구해야 하는 예를 생각해 보자. 루프 내부에서는 기온들의 합계를 구할 수 있을 뿐 평균은 계산할 수 없다. 루프가 종료되면 평균을 계산할 준비가 된 것이고 루프에서 구한 합계를 입력값들의 수로 나누어 평균을 구할 수 있다.

기온 예제의 루프를 완성해 보자.

```
첫 번째 값을 읽는다; 최고 기온값으로 저장한다.
최고 기온 월 = 1
for (현재 월을 2월부터 12월까지 하나씩 증가시키면서)
```

다음 값을 읽는다.
값이 최고 기온값보다 크면,
 최고 기온값을 그 값으로 변경한다.
 최고 기온 월을 현재 월로 변경한다.

단계 6 대표적인 테스트 데이터를 만들어 루프 실행을 수동으로 추적해 본다.

5.2절에 제시한 대로 루프 코드를 손으로 따라가 본다. 너무 복잡하지 않도록 테스터 데이터를 만든다. 루프를 3~5번 수행하면 대부분의 오류를 찾아낼 수 있다. 루프에 처음 진입할 때와 마지막 반복에 특히 주의를 기울여야 한다.

가끔 손으로 따라 하기 쉽도록 문제를 약간 변형시킬 수도 있다. 투자 금액 두 배 만들기 예제에서 이율을 5%가 아니라 20%로 설정하면 반복 횟수가 줄어 손으로 계산하기가 쉽다. 최고 기온 예제에서도 12개의 온도값이 아니라 4개만 가지고 수동 실행을 해 본다.

입력된 데이터가 22.6 36.6 44.5 24.2라고 하자. 손으로 수행해 본 결과는 다음과 같다.

현재 월	현재값	최고 기온 월	최고 기온값
		~~1~~	~~22.6~~
~~2~~	~~36.6~~	~~2~~	~~36.6~~
~~3~~	~~44.5~~	3	44.5
4	24.2		

손으로 따라 하기의 결과를 보면 최고 기온 월과 최고 기온값이 올바르게 변경되고 있음을 알 수 있다.

단계 7 루프를 자바로 구현한다.

예제에 대한 자바 코드는 다음과 같다. 연습 문제 P5.4는 이 프로그램을 완성하도록 요구한다.

```
double highestValue;
highestValue = in.nextDouble();
int highestMonth = 1;
for (int currentMonth = 2; currentMonth <= 12; currentMonth++)
{
   double nextValue = in.nextDouble();
   if (nextValue > highestValue)
   {
      highestValue = nextValue;
      highestMonth = currentMonth;
   }
}
System.out.println(highestMonth);
```

실습 예제 5.1

신용카드 처리

이 실습 예제에서는 신용카드 숫자에서 공백을 제거하기 위해 루프를 사용하는 방법을 배운다. wiley.com/go/javaexamples 사이트에서 실습 예제 5.1의 전체 코드를 다운로드 할 수 있다.

5.8 중첩 루프

> 루프의 몸체가 다른 루프를 포함하고 있을 때 루프가 중첩되었다고 한다. 중첩 루프를 사용하는 대표적인 예는 행과 열로 이루어진 표를 출력하는 것이다.

4.4절에서 2개의 if 문을 어떻게 중첩하는지 살펴보았다. 이와 유사하게 복잡한 반복문을 구성하려면 loop 문 안에 또 다른 루프를 두는 중첩 루프(nested loop)를 활용해야 한다. 표나 행렬같이 2차원 구조로 정리된 데이터를 처리할 때 보통 중첩 루프를 사용한다. 바깥(outer) 루프는 표의 각 행(row)에 대해 반복하고, 안쪽(inner) 루프는 현재 행의 각 열(column) 데이터에 대해 반복한다.

이 절에서 표 데이터를 어떻게 출력하는지 알아 볼 것이다. 간단하게 구현하기 위해 오른쪽의 표처럼 x의 거듭제곱의 값, 즉 x^n을 출력하려고 한다.

다음은 표를 출력하는 의사코드이다.

x^1	x^2	x^3	x^4
1	1	1	1
2	4	8	16
3	9	27	81
…	…	…	…
10	100	1000	10,000

```
표 제목 행을 출력한다.
For (x가 1부터 10까지 반복)
   표의 행을 출력한다.
   새 줄(new line)을 출력한다.
```

표의 행을 어떻게 출력할까? 각 지수에 대한 거듭제곱의 값을 계산한 후 출력해야 한다. 이것은 다음과 같이 별도의 루프를 사용하여 나타낼 수 있다.

```
For (n이 1부터 4까지 반복)
   xⁿ을 출력한다.
```

디지털 시계의 시-분 화면은 중첩 루프의 예를 보여 준다. 시간은 12번 반복하고, 각 시간동안 분은 60번 반복한다.

그림 7
중첩 루프의 순서도

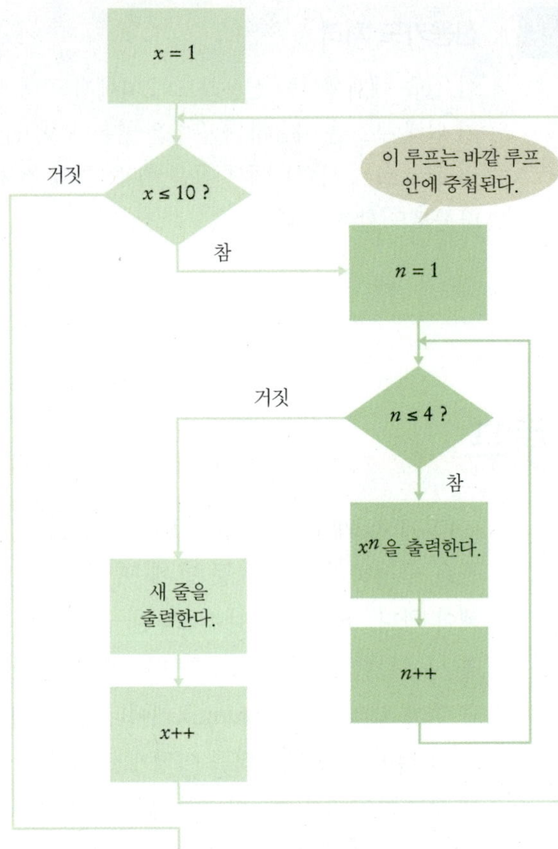

이 루프는 앞에 소개한 루프 안에 두어야 한다. 이렇게 루프들을 조합할 경우 안쪽 루프가 바깥 루프 안에 중첩되었다고 한다.

바깥 루프에서 10개의 행 데이터를 출력한다(변수 x가 현재 출력하는 행을 표현함). 각 x 행에 대해 프로그램은 안쪽 루프에서 4개의 열 데이터를 출력한다(그림 7 참조). 따라서 모두 10×4 = 40개의 값이 출력된다.

다음은 전체 프로그램 소스이다. 표의 제목 행을 출력하기 위해서도 두 개의 루프를 사용하고 있다.

section_8/PowerTable.java

```
/**
   이 프로그램은 x의 n 거듭 제곱표를 출력한다.
*/
public class PowerTable
{
   public static void main(String[] args)
   {
      final int NMAX = 4;
```

```java
        final double XMAX = 10;

        // 표의 제목 행을 출력한다.

        for (int n = 1; n <= NMAX; n++)
        {
           System.out.printf("%10d", n);
        }
        System.out.println();
        for (int n = 1; n <= NMAX; n++)
        {
           System.out.printf("%10s", "x ");
        }
        System.out.println();

        // 표의 행을 출력한다.

        for (double x = 1; x <= XMAX; x++)
        {
           //

           for (int n = 1; n <= NMAX; n++)
           {
              System.out.printf("%10.0f", Math.pow(x, n));
           }
           System.out.println();
        }
    }
}
```

실행 결과

```
         1         2         3         4
        x         x         x         x

         1         1         1         1
         2         4         8        16
         3         9        27        81
         4        16        64       256
         5        25       125       625
         6        36       216      1296
         7        49       343      2401
         8        64       512      4096
         9        81       729      6561
        10       100      1000     10000
```

자습문제

37. System.out.println(); 문장이 안쪽 루프가 아닌 바깥 루프에 있는 이유는 무엇인가?
38. x^0부터 x^5까지의 거듭 제곱의 값을 화면에 출력하도록 프로그램을 수정하라.
39. 자습 문제 38에서 지시한대로 프로그램을 수정할 경우 몇 개의 값들이 출력되는가?
40. 다음 중첩 루프는 무엇을 출력하는가?

```
for (int i = 0; i < 3; i++)
{
   for (int j = 0; j < 4; j++)
   {
      System.out.print(i + j);
   }
   System.out.println();
}
```

41. 다음 대괄호 패턴을 출력하는 중첩 루프를 작성하라.

```
[][][][]
[][][][]
[][][][]
```

실습하기 이 장의 끝부분에 있는 복습 문제 및 연습 문제 R5.27, P5.14, P5.16을 수행하시오.

표 3 중첩 루프 예제

중첩 루프	출력	설명

`for (i = 1; i <= 3; i++)`
`{`
`  for (j = 1; j <= 4; j++) { "*"을 출력 }`
`  System.out.println();`
`}`
	****
	****
	****
		행마다 4개씩 3행의 별표를 출력한다.

`for (i = 1; i <= 4; i++)`
`{`
`  for (j = 1; j <= 3; j++) { "*"을 출력 }`
`  System.out.println();`
`}`
	***
	***
	***
	***
		행마다 3개씩 4행의 별표를 출력한다.

`for (i = 1; i <= 4; i++)`
`{`
`  for (j = 1; j <= i; j++) { "*"을 출력 }`
`  System.out.println();`
`}`
	*
	**
	***
	****
		길이가 각각 1, 2, 3, 4인 4개의 행을 출력한다.

`for (i = 1; i <= 3; i++)`
`{`
`  for (j = 1; j <= 5; j++)`
`  {`
`    if (j % 2 == 0) { "*"을 출력 }`
`    else { "-"를 출력한다. }`
`  }`
`  System.out.println();`
`}`
	-*-*-
	-*-*-
	-*-*-
		짝수 열에는 별표를,
		홀수 열에는 대시를 출력한다.

`for (i = 1; i <= 3; i++)`
`{`
`  for (j = 1; j <= 5; j++)`
`  {`
`    if ((i + j) % 2 == 0) { "*"을 출력 }`
`    else { " "를 출력 }`
`  }`
`  System.out.println();`
`}`
	* * *
	 * *
	* * *
		체커보드 무늬 형태로 출력한다.

실습 예제 5.2

이미지에서 픽셀 조작하기

이 예제는 이미지 내에 있는 픽셀(pixel)들을 조작하기 위해 중첩 루프를 사용하는 법을 보여 준다. 바깥 루프는 이미지의 행을 하나씩 순회하고, 안쪽 루프는 각 행의 픽셀들을 하나씩 접근해 작업한다. 실습 예제 5.2의 프로그램 소스를 wiley.com/go/javaexamples 사이트에서 다운로드 할 수 있다.

5.9 응용 : 난수와 시뮬레이션

시뮬레이션에서는 컴퓨터를 사용해 실세계의 사건을 모사하는 작업을 실행한다.

시뮬레이션(simulation) 프로그램은 컴퓨터를 이용해 실세계 또는 가상 세계에서의 사건들을 흉내 내는 것이다. 시뮬레이션은 날씨 예측, 교통량 분석, 주가 예측 등 수많은 과학 및 비즈니스 분야의 응용에 활용되는데, 시스템의 상태를 변경하고 그 변화의 효과를 관측하기 위하여 하나 이상의 루프를 사용하는 시뮬레이션 프로그램이 많다. 5.9.1절과 5.9.2절에서 시뮬레이션의 예를 살펴볼 것이다.

5.9.1 난수 생성

실세계의 많은 사건들을 정확하게 예측하는 것은 대단히 어려운 것임에도 종종 평균적인 행동은 아주 잘 알고 있는 경우가 있다. 예를 들어, 상점에 고객들이 매 5분마다 들른다는 것을 경험적으로 알고 있다고 하자. 물론 이 수치는 평균적으로 그렇다는 것이다 — 실제로 고객들이 정확하게 5분 간격으로 상점에 들르지는 않는다. 고객의 방문 빈도와 규모를 정확하게 모사하기 위해 무작위의 변동 상황을 참작해야 한다. 이런 경우를 어떻게 컴퓨터로 시뮬레이션 할 수 있을까?

난수 생성기를 호출하여 무작위성을 도입할 수 있다.

자바 라이브러리의 Random 클래스는 난수 발생기(random number generator)를 구현한다. 난수 발생기는 완전히 무작위로 보이는 숫자들을 생성할 수 있다. 자바 프로그램에서 난수를 생성하려면 Random 클래스의 객체를 생성하고 다음 메서드 중의 하나를 호출하면 된다.

메서드	반환값
nextInt(n)	0(포함)과 n(제외) 사이의 무작위 정수
nextDouble()	0(포함)과 1(제외) 사이의 무작위 부동 소수점 수

예를 들어, 주사위 던지기를 다음 코드로 시뮬레이션 할 수 있다.

```
Random generator = new Random();
int d = 1 + generator.nextInt(6);
```

generator.nextInt(6)을 호출하면 0(포함)과 5(포함) 사이의 난수를 반환하기 때문에 1에서 6 사이의 난수값을 얻기 위해 1을 더해 준 것이다.

난수에 대한 감을 잡기 위해 다음 프로그램을 몇 번 실행해 보기 바란다.

section_9_1/Die.java

```
import java.util.Random;

/**
   던졌을 때 무작위로 주사위 면이 나타나는 실세계의 주사위를
   모사하는 주사위 클래스
*/
public class Die
{
   private Random generator;
   private int sides;

   /**
      매개변수로 전달받은 수만큼의 면을 가진 주사위 객체를 생성한다.
      @param s 면의 개수, 예를 들어 보통의 주사위인 경우 6임
   */
   public Die(int s)
   {
      sides = s;
      generator = new Random();
   }

   /**
      주사위 던지기 행동을 시뮬레이션한다.
      @return 던진 주사위의 윗면
   */
   public int cast()
   {
      return 1 + generator.nextInt(sides);
   }
}
```

section_9_1/DieSimulator.java

```
/**
   이 프로그램은 주사위를 10번 던지는 행동을 시뮬레이션한다.
*/
public class DieSimulator
{
   public static void main(String[] args)
   {
      Die d = new Die(6);
      final int TRIES = 10;
```

```
        for (int i = 1; i <= TRIES; i++)
        {
           int n = d.cast();
           System.out.print(n + " ");
        }
        System.out.println();
    }
}
```

전형적인 실행 결과

```
6 5 6 3 2 6 3 4 4 1
```

전형적인 실행 결과 (두 번째 실행)

```
3 2 2 1 6 5 3 4 1 2
```

위의 실행 결과에서 보듯이 매번 실행할 때마다 주사위 던지기 결과를 보여주는 숫자들의 스트림이 달라진다.

난수 발생기라고 하지만 사실 생성되는 숫자들이 완전히 무작위인 것은 아니다. 난수는 오랫동안 반복되지 않을 긴 수열에서 차례로 가져온 수이다. 이런 수열은 상당히 간단한 공식으로 계산되고 난수인 것처럼 보일 뿐이다. 그래서 이를 종종 의사난수(pseudorandom number)라 부르기도 한다. 진짜 난수처럼 보이는 수열을 생성하는 작업은 매우 중요하여 컴퓨터 과학에서 이미 많이 연구된 문제 중 하나다. 여기서는 난수 생성 문제를 더 파고들지 말고 Random 클래스가 생성하는 난수를 그냥 사용하도록 한다.

5.9.2 몬테카를로 방법

몬테카를로(Monte Carlo) 방법은 정확한 답을 구할 수 없는 문제들의 근사 해답을 찾는데 사용하는 기발한 방법이다(몬테카를로의 유명한 카지노에서 이름을 따왔다.). 몬테카를로 방법을 적용하여 근사 해답을 구하는 대표적인 예를 살펴보기로 하자. 원주율 π를 정확하게 계산하는 것은 아주 어렵지만 다음 시뮬레이션을 활용하면 쉽게 근사치를 구할 수 있다.

반지름이 1인 원을 감싸고 있는 정사각형 과녁에 다트를 쏘는 행동을 시뮬레이션하려고 한다. 이 시뮬레이션은 아주 쉽다. 일단 −1과 1 사이의 x, y 좌표값을 무작위로 생성하여 다트가 과녁에 맞히는 지점을 나타낸다.

만일 생성된 점이 원 안에 있는 점이면 적중(hit) 횟수를 하나 증가시킨다. 이것은 $x^2+y^2 \leq 1$을 만족하는 경우이다. 다트 발사는 전적으로 무작위로 이루어지므로 적중/시도 횟수의 비는 원과 정사각형의 면적비, 즉 $\pi/4$와 거의 동일하다. 따라서 π에 대한 추정치는 4×적중/시도 횟수가 된다. 이 방법으로 π에 대한 추정치를 간단한 산술 연산을 사용하여 구할 수 있다.

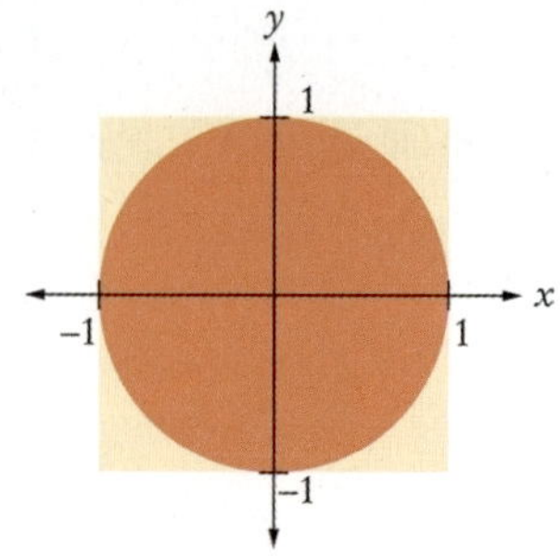

다음은 -1과 1 사이의 부동 소수점 난수를 생성하기 위한 자바 코드이다.

```
double r = generator.nextDouble(); // 0 ≤ r < 1
double x = -1 + 2 * r; // −1 ≤ x < 1
```

r값이 0(포함)부터 1(제외)까지 범위의 값이므로, x는 (포함)부터 (제외)까지 범위의 값을 갖는다. 다음은 x 계산을 위한 다트 시뮬레이션을 구현한 전체 프로그램이다.

section_9_2/MonteCarlo.java

```
import java.util.Random;

/**
   다트 던지기 행동을 시뮬레이션함으로써 원주율 pi의 추정치를 계산하는 프로그램
*/
public class MonteCarlo
{
   public static void main(String[] args)
   {
      final int TRIES = 10000;
      Random generator = new Random();

      int hits = 0;
      for (int i = 1; i <= TRIES; i++)
      {
         // -1과 1사이의 난수를 두 개 생성한다.

         double r = generator.nextDouble();
         double x = -1 + 2 * r; //
         r = generator.nextDouble();
         double y = -1 + 2 * r;

         // 점이 반지름 1인 원 안에 놓여 있는지 검사한다.

         if (x * x + y * y <= 1) { hits++; }
      }

      /*
```

```
            적중/시도 횟수의 비는 원의 면적/정사각형 면적비, 즉 pi/4와
            거의 같다.
         */

         double piEstimate = 4.0 * hits / TRIES;
         System.out.println("Estimate for pi: " + piEstimate);
      }
   }
```

실행 결과

```
Estimate for pi: 3.1504
```

자습문제

42. Random 클래스를 사용하여 동전 던지기를 어떻게 시뮬레이션하겠는가?
43. 카드를 무작위로 선택하는 행동을 어떻게 시뮬레이션하겠는가?
44. 한 쌍의 주사위들을 던지는 행동을 시뮬레이션하도록 DieSimulator 프로그램을 수정하라.
45. 많은 게임에서 2와 12 사이의 값을 구하기 위해 한 쌍의 주사위들을 던진다. 다음 한 쌍의 주사위 던지기 시뮬레이션에 무슨 문제가 있는가?

    ```
    int sum = 2 + generator.nextInt(11);
    ```

46. ≥0이고 <100인 부동 소수점 난수를 어떻게 생성하나?

실습하기 이 장의 끝부분에 있는 복습 문제 및 연습문제 R5.28, P5.7, P5.19을 수행하시오.

심화 학습 5.5

루프 불변식

계산 작업을 생각해 보자. 여기서 a는 부동 소수점 수이고 n은 양의 정수이다. 당연히 곱셈을 n번 수행하여, 즉 a · a · ... · a를 계산하여 결과를 얻을 수 있다. 그러나 이 방식은 이 굉장히 큰 수이면 곱셈의 횟수는 아주 많아진다. 다음 루프는 이 방식에 비해 아주 적은 수의 단계 내에 a^n을 계산한다.

```
double a = . . .;
int n = . . .;
double r = 1;
double b = a;
int i = n;
while (i > 0)
{
   if (i % 2 == 0) // n이 짝수이면
   {
      b = b * b;
```

```
      i = i / 2;
   }
   else
   {
      r = r * b;
      i--;
   }
}
// 이제 r은 a의 n 거듭 제곱값을 가지고 있다.
```

a^{100}을 계산		
b	i	r
a	100	1
a^2	50	
a^4	25	
	24	a^4
a^8	12	
a^{16}	6	
a^{32}	3	
	2	a^{36}
a^{64}	1	
	0	a^{100}

n = 100인 경우에 위의 루프를 적용해보자. 옆의 표는 위의 방법을 사용하여 a^{100}을 계산하는 단계들을 보여 준다. 놀랍게도 이 알고리즘은 단지 몇 개의 단계들만으로도 a^{100}을 정확하게 계산한다. 그 이유를 이해할 수 있는가? n의 모든 값에 대해 올바로 동작할 것으로 확신하는가? 의문을 풀기 위해 이 방법이 항상 정확한 결과를 계산한다는 것을 보여주는 논증의 예를 들어 보자. while 루프의 첫 위치에 도달할 때마다 다음 식이 참이라는 것을 입증하려고 한다.

$$r \cdot b^i = a^n \qquad \text{(I)}$$

루프에 처음 진입할 때 b = a, i = n이므로 이때 식 (I)은 참이 확실하다. 루프의 시작 지점에서 식 (I)가 사실이라고 가정하자. 루프에 들어 갈 때 r, b, i의 값에 'old' 라벨을 붙이고, 루프를 빠져 나올 때 'new' 라벨을 붙인다. 진입 시점에 다음을 가정한다,

$$r_{old} \cdot b_{old}^{\,i_{old}} = a^n$$

루프에서는 i_{old} 짝수와 i_{old} 홀수 두 가지 경우로 구별하여 증명해야 한다. i_{old}가 짝수이면 루프는 다음과 같은 변환 과정을 수행한다.

$$\begin{aligned} r_{new} &= r_{old} \\ b_{new} &= b_{old}^2 \\ i_{new} &= i_{old}/2 \end{aligned}$$

그러므로

$$\begin{aligned} r_{new} \cdot b_{new}^{\,i_{new}} &= r_{old} \cdot (b_{old})^{2 \cdot i_{old}/2} \\ &= r_{old} \cdot b_{old}^{\,i_{old}} \\ &= a^n \end{aligned}$$

만일 i_{old}가 홀수이면 다음과 같이 변환된다.

$$r_{new} = r_{old} \cdot b_{old}$$
$$b_{new} = b_{old}$$
$$i_{new} = i_{old} - 1$$

그러므로

$$r_{new} \cdot b_{new}^{\ i_{new}} = r_{old} \cdot b_{old} \cdot b_{old}^{\ i_{old}-1}$$
$$= r_{old} \cdot b_{old}^{\ i_{old}}$$
$$= a^n$$

두 경우 모두 r, b, i의 새 값은 루프 불변식 (I)를 준수한다. 따라서 루프가 마지막으로 벗어날 때(즉, 종료할 때) 다음의 식 (I)는 사실임이 증명된다.

$$r \cdot b^i = a^n$$

루프가 종료될 때 i = 0이므로 $r \cdot b^i = r \cdot b^0 = r$이 된다. 따라서 $r = a^n$이 되며, 이 방법이 a의 n 거듭 제곱값을 계산한다는 것을 알 수 있다.

이 기법은 애매모호한 알고리즘의 동작을 설명하는데 매우 유용하다. 조건 (I)를 루프 불변식(loop invariant)이라고 부르는 이유는 루프가 처음 진입할 때, 매 반복의 처음, 그리고 루프를 마지막으로 빠져 나갈 때 등 모든 경우에 참이 되기 때문이다. 루프 불변식을 기술적으로 잘 선정하면 계산의 정당성을 쉽게 추론할 수 있다. 다른 훌륭한 사례를 살펴보려면 'Programming Pearls(Jon Bentley, Addison-Wesley 출판사 1986, 4장)'을 읽어 보기 바란다.

5.10 디버거 사용

지금까지의 경험에서 컴퓨터 프로그램이 한 번 만에 완벽하게 동작한다는 것은 매우 드문 일이라는 것을 확실히 깨달았을 것이다. 때때로 버그(bug), 즉 오류를 찾아낼 수 없어 좌절감을 느낄 수도 있다. 물론 프로그램에 여러 개의 출력 명령을 끼워 넣어 프로그램을 실행해 출력 결과를 분석해 볼 수 있다. 출력 결과가 문제점을 확실히 나타내지 않으면 더 많은 출력 명령을 소스에 넣고 다시 프로그램을 실행해 본다. 문제를 찾아낼 수 있다 해도 이런 반복 작업은 시간을 무척 많이 잡아먹는다.

디버거 프로그램을 사용하면 다른 프로그램을 실행시켜 그 프로그램이 실행되는 동안의 행동을 분석할 수 있다.

현대의 개발 환경에는 디버거(debugger)라는 특별한 프로그램이 포함되어 있어서 프로그래머가 프로그램의 실행을 추적하며 쉽게 오류를 찾아낼 수 있다. 프로그램 실행 도중에 실행을 멈추거나 재시작 시킬 수 있으며, 잠시 실행을 정지시키고 변수값이 무엇인지 확인해 볼 수도 있다. 또한 매번 정지할 때마다 어떤 변수의 값을 점검할지 얼마나 많은 문장을 실행한 후 다시 정지할지 등의 세밀한 요소를 선택할 수 있다.

어떤 사람들은 디버거 때문에 프로그래머들이 게을러진다고도 평가한다. 사실 일부 프로그래머가 애초 프로그램을 엉성하게 짜놓고 디버거를 이용해 수정하는 방식으로 작업한다는 것을 부인할 수는 없다. 그러나 대다수의 프로그래머는 디버거를 사용하기 전에 최선을 다해 제대로 된 프로그램을 작성하려고 노력한다. 디버거를 사용하는 것이 출력문을 잔뜩 끼워 넣는 것보다 편리하기는 하지만 지불해야 할 대가가 있다는 것을 알기 때문이다. 제대로 된 디버깅 절차를 수립해 효과적으로 진행하는 것 역시 시간이 걸리는 작업이다.

실제 상황에서 디버거 사용을 피할 수는 없다. 프로그램의 크기가 클수록 출력문을 끼워 넣어 오류를 수정하는 것이 더 힘들어진다. 디버거 사용법에 투자한 시간은 프로그래머 직무를 수행할 때 충분히 보상받을 것이다.

컴파일러와 마찬가지로 디버거도 시스템에 따라 매우 다양하다. 어떤 시스템에서는 아주 원시적이어서 사용자가 난해한 명령어들을 모두 암기해 사용해야 하는 반면, 다른 시스템에서는 매우 직관적인 형태의 그래픽 인터페이스를 제공하기도 한다. 그림 8에 보이는 디버거는 이클립스(Eclipse) 통합 개발 환경에 포함되어 있는 것으로, 이클립스 재단의 웹 사이트(`eclipse.org`)에서 무료로 다운로드 할 수 있다. BlueJ와 같은 다른 통합 개발 환경도 역시 디버거를 포함한다. JSwat는 다른 기능이 없는 단독 디버거이며 `code.google.com/p/jswat`에서 무료로 구할 수 있다.

디버거를 사용하기 위해서는 먼저 프로그램을 디버깅 가능한 형태로 준비해야 하고 디버거를 실행시키는 방법을 알아야 한다. 편집기, 컴파일러, 디버거 등이 모두 포함된 통합 개발 환경(IDE: Integrated Development Environment)을 사용한다면 이 과정이 매우 쉽다. 일반적인 방식대로 프로그램을 작성하고 메뉴에서 디버깅을 선택하면 된다. 그렇지 않은 환경에서는 디버깅을 위한 프로그램 버전을 별도로 만들고 디버거 프로그램을 불러와야 할 수도 있다.

일시 정지점, 한 단계씩 실행, 변수 점검의 3가지 개념만 숙달하면 디버거를 효과적으로 사용할 수 있다.

일단 디버거를 실행시킨 후에는 딱 세 가지 명령만으로도 많은 작업을 할 수 있다. 그 세 가지 명령은 '일시 정지점(breakpoint) 설정', '한 단계씩 실행(single step)', '변수 점검(inspect variables)'이다. 명령을 직접 입력해야 하는지 아니면 마우스 클릭만으로 실행시킬 수 있는지 등 구체적 실행 방법은 디버거마다 천차만별이지만 이 기본 명령들을 제공하지 않는 디버거는 없다. 사용법은 설명서나 실습 교재를 참조하거나 경험 있는 선배나 친구에게 물어서 알아내도록 한다.

디버거가 프로그램을 실행할 때 일시 정지점이 설정된 곳에 도달할 때마다 실행이 잠시 중지된다.

디버거를 시작하면 일단 일시 정지점에 도달할 때까지는 평상시와 같이 프로그램을 실행한다. 일시 정지점에서는 실행이 멈추고, 멈춘 지점이 표시된다(그림 8 참조).

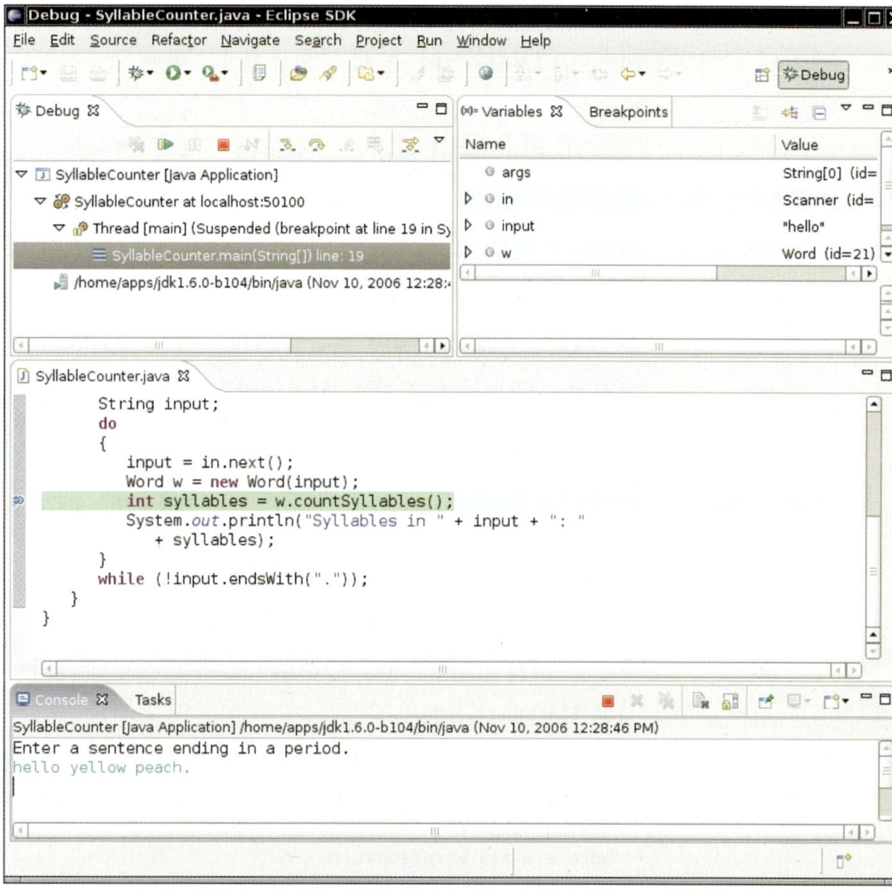

그림 8
일시 정지점에서 정지한 상황

그러면 변수값을 살펴보거나 그 지점부터 한 단계씩 실행하도록 할 수도 있고, 다시 다음 일시 정지점에 도달할 때까지 보통 속도로 실행하도록 할 수도 있다. 프로그램이 종료되면 디버거도 역시 종료된다.

일시 정지점은 명시적으로 제거할 때까지 그대로 남아 프로그램 실행을 정지시키기 때문에 더 이상 필요하지 않을 때는 이들을 확실히 제거해 주어야 한다.

일단 프로그램이 정지하면 변수의 현재값이 무엇인지 살펴볼 수 있다. 변수를 선택하는 방법은 마찬가지로 디버거에 따라 다르다. 어떤 디버거는 항상 현재 지역 변수를 보여 준다. 또 어떤 디버거에서는 "inspect variable"과 같은 명령어와 변수 이름을 입력하거나 해당 변수 이름을 클릭해야 변수의 내용을 보여 준다. 모든 변수가 예상한 대로의 값을 저장하고 있다면 프로그램을 다시 실행시켜 원하는 지점으로 이동한다.

객체의 내부를 살펴볼 때는 종종 객체를 '펼쳐라(open up)'는 명령이 추가로 필요할 때가 있다. 그래픽 사용자 인터페이스에서는 트리 노드를 클릭하는 방식으로 이루어지기도 한다. 객체가 펼쳐지면 객체 내부의 인스턴스 변수들을 살펴볼 수 있다(그림 9 참조).

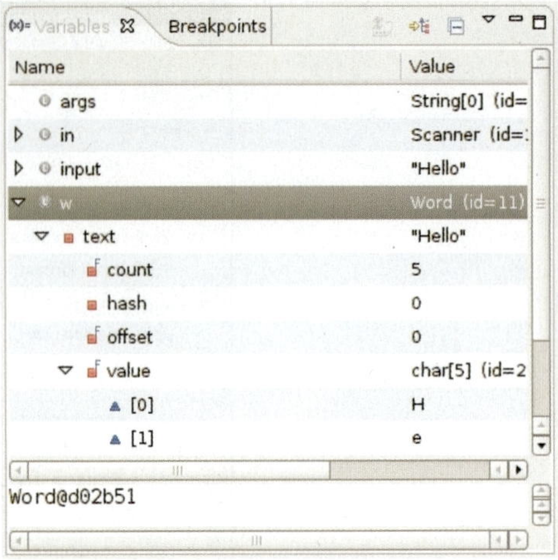

그림 9 변수 점검하기

한 단계 실행 명령은 프로그램을 한 번에 한 줄씩 실행시킨다.

일시 정지점까지 단번에 실행하면 빨라서 좋지만 프로그램이 어떻게 진행되는지 세부 사항을 알 수 없다. 대신 한 번에 한 줄씩만 실행하도록 하면 시간은 오래 걸리지만 프로그램이 어떻게 실행되는지 상세하게 파악할 수 있다. 한 단계 실행(single-step) 명령을 내리면 현재 위치의 실행문 한 줄만 실행하고 다음 줄에 가서 다시 정지한다. 대부분의 디버거는 두 종류의 한 단계 실행 기능을 가지고 있다. 하나는 '파고들기(step into)' 방식으로 메서드 호출이 있을 때 그 메서드의 내부로 진입하는 것이고, 다른 하나는 '지나가기(step over)' 방식으로 메서드 호출을 하나의 문장인 것처럼 실행해서 넘어 간다.

다음 코드의 예를 살펴보자. 파란색으로 표시된 부분이 현재 위치다.

```
String input = in.next();
Word w = new Word(input);
int syllables = w.countSyllables();
System.out.println("Syllables in " + input + ": " + syllables);
```

메서드 호출을 지나가기로 하면 다음 실행할 줄은 아래와 같다.

```
String input = in.next();
Word w = new Word(input);
int syllables = w.countSyllables();
System.out.println("Syllables in " + input + ": " + syllables);
```

그러나 메서드 안으로 파고들면 countSyllables 메서드의 첫 번째 줄이 다음 실행 순서가 된다.

```
public int countSyllables()
{
   int count = 0;
   int end = text.length() - 1;
   . . .
}
```

어떤 메서드가 올바르게 작동하는지 점검하고 싶으면 파고들기를 해야 한다. 메서드가 제대로 작동한다는 것을 이미 알고 있으면 지나가기를 한다.

마지막으로 프로그램의 실행이 종료되면 디버거 과정도 종료된다. 프로그램을 다시 실행시키려면 디버거를 재설정하거나 아예 디버거 실행을 종료하고 다시 시작해야 할 수도 있다. 세부 사항은 디버거에 따라 다르다.

디버거는 프로그램의 오류를 찾아내고 제거하는데 효과적으로 이용될 수 있는 도구다. 그러나 무엇보다 중요한 것은 훌륭한 설계와 신중한 구현이다. 디버거가 아무런 오류를 찾아내지 못했다고 해서 프로그램이 완전무결하다는 것을 의미하지는 않는다. 테스트와 디버깅은 오류의 존재만 보여줄 뿐 오류의 부재는 증명하지 못한다.

자습문제

47. 디버거 사용 도중 System.out.println 문장에 도달하였다. 이 메서드는 파고들기를 해야 하는가, 아니면 지나가기를 해야 하는가?

48. 디버거 사용 도중 내부에 여러 개의 루프가 있는 메서드의 시작점에 도달하였다. 내부 실행 과정은 건너뛰고 마지막에 계산되는 반환값이 무엇인지만 알아보고 싶다. 일시 정지점을 설정할 것인가, 아니면 메서드 전체를 한 단계씩 실행해 볼 것인가?

49. 디버거를 중에 한 변수의 값이 예상하지 못한 값을 가지고 있다. 변수가 언제 변경되었는지 보기 위해 실행을 어떻게 뒤로 되돌릴 수 있는가?

50. 디버거 사용 중에 변수의 값을 출력하는 문장을 삽입해야 하는가?

51. 디버거를 사용하지 않고 프로그램 실행을 손으로 따라갈 수 있는가?

실습하기 이 장의 끝부분에 있는 복습 문제 R5.30, R5.31, R5.32을 수행하시오.

따라 하기 5.2

디버깅

이제 디버깅의 기본 구조는 알게 되었다. 그렇지만 실제로 오류 투성이의 프로그램에 디버거를 적용하기 위해 알아야 할 내용이 너무 많아 여전히 난감함을 느낄지도 모른다. 오류와 그 원인을 발견하는 데 사용할 수 있는 수많은 전략 중 일부를 여기서 소개한다.

단계 1 **오류를 재현한다.**

프로그램을 테스트할 때 무엇인가 잘못되었다는 것을 알아챘다고 하자. 출력이 잘못되었을 수도 있고, 뭔가 뒤죽박죽인 내용이 출력될 수도 있고, 무한 루프에 빠지거나 심지어는 꼼짝 않고 멈춰 버리기도 한다. 어떻게 해야 그 모양을 그대로 똑같이 재현할 수 있는지 알아내야 한다. 무슨 값을 입력으로 주었는가? 마우스로 어디를 클릭했는가?

그리고 프로그램을 다시 실행시킨다. 똑같은 값을 입력하고 가능한 한 가까운 지점을 찾아 클릭한다. 프로그램이 아까와 똑같은 행동을 하는가? 만약 그렇다면 디버거를 켜서 이 문제에 대한 해답을 찾기 시작해도 된다. 디버거는 알려진 특정한 문제를 분석하는 데 적합한 도구이며, 프로그램을 전반적으로 조사하는 데는 거의 무용지물이다.

단계 2 **오류를 단순화한다.**

디버거를 실행하기 전에 동일한 현상을 야기하는 좀 더 간단한 입력이 없는지 잠깐 찾아보는 것이 좋다. 좀 더 짧은 문자열이나 더 간단한 수에 대해서도 똑같은 오류가 발생하는가? 그렇다면 이 오류를 디버깅할 때 단순한 값을 사용하는 것이 좋다.

단계 3 **분할하여 정복하라.**

프로그램의 오류 위치를 알아내기 위해 분할 정복법(divide-and-conquer)을 사용하라.

어떤 오류가 생기는지에 대해 알았다고 하자. 이제는 그 오류가 어디서 발생했는지 최대한 가까이 범위를 좁혀 가야 한다. 디버깅의 핵심 요소는 오류를 발생시키는 코드를 찾아내는 것이다. 집안에서 벌레를 잡는 것과 마찬가지로 벌레가 어디 있는지 찾기는 어렵지만 일단 눈앞에 나타났을 때 으깨어 죽이는 것은 상대적으로 쉽다.

프로그램이 0으로 나누는 연산 때문에 중단되었다고 하자. 보통 프로그램에는 수많은 나눗셈이 존재할 수 있기 때문에 그 모두에 일시 정지점을 설정하는 것은 비현실적인 방법이다. 대신에 분할 정복법(divide-and-conquer)을 사용해 보자. main에 있는 메서드들을 한 단계씩 실행시키는데 파고들기는 하지 말고 지나간다. 결국은 어딘가에서 다시 오류가 나서 중단될 것이다. 그러면 중단되기 전에 가장 마지막으로 호출한 메서드에 오류가 있다는 결론을 내릴 수 있다. 디버거를 다시 시작해서 main에서 그 메서드까지 실행시킨 다음, 찾아낸 메서드로 파고들기를 한다. 이 과정을 반복한다.

궁극적으로는 잘못된 나눗셈을 수행하는 코드 라인을 콕 집어낼 수 있을 것이다. 왜 0으로 나누게 되었는지 코드를 봐서 금방 알 수 있는 경우도 있지만, 그렇지 않을 때는 이제 그 0이 어디서부터 왔는지 다시 찾아내야 한다. 디버거를 재시작하고 0이 계산되는 곳으로 옮겨가서 탐색을 다시 시작하자.

단계 4 **프로그램이 무엇을 해야 하는지 이해해야 한다.**

디버깅하는 동안 실행 결과로 나타나는 변수의 값이 원래 예상하던 값들과 일치하는지 비교한다.

디버거는 프로그램이 무엇을 하고 있는지 보여 준다. 프로그래머는 자기의 프로그램이 무엇을 해야 하는지 알고 있어야 한다. 그렇지 않으면 오류를 찾아낼 수 없다. 루프 실행을 추적하기 전에 그 루프를 몇 번 반복해야 하는지 미리 생각해 보라. 변수의 값을 조사하기 전에 변수의 예상값이 무엇이어야 하는지 자문하라. 모르겠다면 디버깅에서 손 떼고 먼저 시간을 들여 생각을 해야 한다. 필요하다면 계산기를 들고 손으로 계산해 본다. 값이 무엇이 되어야 하는지 알았다면 그 때 디버거로 변수값을 조사하라. 이게 가장 중요한 순간이다. 프로그램이 제대로 수행되고 예상한대로 결과의 값들을 보여 준다면 오류를 찾아 전진할 수 있다. 값이 예상과 다를 때는 뭔가를 더 해야 할 수도 있다. 손으로 한 계산을 검산해 보고 그 값이 맞는다고 확신한다면 왜 프로그램이 다른 값을 만들어내고 있는지 알아내야 한다.

많은 경우에 프로그램 오류는 루프 종료 조건에 하나 어긋난 오류 등 아주 사소한 문제 때문에 발생한다. 그런 반면 계산 오류가 생기는 일도 꽤 자주 있다. 두 수를 더해야 하는데 실수로 뺄셈을 한다든지 하는 예다. 프로그램은 계산을 할 때 아주 큰 정수이거나 성가신 부동 소수점 수들도 쉽게 처리하므로 계산에 사용되는 수가 간단한 정수인지 등의 확인에 노력을 들이지 않아도 된다. 그러나 실세계에서는 엄청나게 큰 정수거나 아주 성가신 부동 소수점 수에 대해 손으로 직접 계산해야 하는 경우 상당히 곤란한 상황에 처해진다. 따라서 가끔 "이 값이 0보다 커야 하는가? 이 값은 저 값보다 커야 하는가?" 등을 자문해 봄으로써 이런 복잡한 계산에 빠지는 것을 방지할 수도 있다. 그 다음 이런 가설을 확인하기 위해 변수값을 점검해 본다.

단계 5 **세부 사항을 모두 점검한다.**

프로그램을 디버깅할 때 무엇이 문제일지 미리 가설을 세워 두는 경우가 많다. 그럼에도 불구하고 열린 마음으로 모든 가능성에 대해 세부 사항을 점검해야 한다. 무슨 이상한 메시지가 출력되지는 않는가? 왜 프로그램이 예상과 다른 행동을 나타내는가? 이런 세밀함이 중요하다. 디버깅을 할 때는 범죄 수사를 하는 형사의 자세로 모든 가능한 단서를 다 살펴보아야 한다.

찾아내려고 하는 문제를 탐색하던 중에 다른 오류를 감지하고 "나중에 봐야지" 해서는 안 된다. 바로 그 오류가 현재 탐색 중인 문제의 원인이 될 수도 있다. 탐색 중이던 문제에 대한 메모를 해 놓고 방금 찾은 오류를 수정한 후에 다시 원래의 문제로 돌아가는 것이 더 좋은 방법이다.

단계 6 **코드를 수정하기 전에 오류에 대해 완전히 이해하고 있는지 확인한다.**

루프 반복 횟수가 너무 많다는 것을 찾아냈다고 하자. 그것만 수정하면 그 문제는 다시 나타나지 않을 것 같다는 생각에 당장 어느 변수에서 1을 빼는 식으로 응급 처치를 하고픈 유혹에 빠지기 쉽다. 그렇게 성급하게 고치면 어딘가 다른 곳에서 새로운 문제가 생길 확률이 엄청나게 높다. 수정 작업을 하기 전에 프로그램이 어떻게 작성되어야 하는지에 대해 정말로 완전히 이해할 필요가 있다.

버그를 찾아내고 수정하면 다시 버그가 생기고 또 수정해야 하고, 여기 고치면 저기 틀리고, 저기 고치면 여기 틀리는 식의 문제는 정말 자주 일어난다. 이런 증상은 대개 단순 오류가 아니라 프로그램 논리와 관련된 좀 더 복잡하고 큰 문제일 때 나타난다. 이 경우는 디버거로는 어떻게 할 수가 없다. 프로그램 설계 단계로 돌아가서 문제를 이해하고 구조와 알고리즘을 심사숙고해야 한다.

실습 예제 5.3 디버깅 실습 예제

이 예제는 단어의 음절을 세는 알고리즘에서 오류를 찾는 방법을 배운다. 전체 프로그램 소스를 wiley.com/go/javaexamples에서 다운로드 할 수 있다.

컴퓨팅과 사회 5.2 최초의 버그

전설에 따르면 최초의 버그는 1947년 하버드 대학에 설치되어 있던 거대한 전자기계 컴퓨터인 Mark II에서 발견되었다고 한다. 이 버그는 진짜 버그(벌레) 때문에 발생했는데 나방 한 마리가 릴레이 스위치 사이에 끼어 있었기 때문이다.

실제로 컴퓨터 운영자가 나방 옆에 적어 놓은 일지를 보면(사진 참조), "bug"라는 단어는 이 때 이미 널리 사용되던 용어였던 것으로 짐작된다.

선구적 컴퓨터 과학자인 모리스 윌크스(Maurice Wilkes)는 다음과 같이 서술하였다. "어찌된 일인지 Moore School(최초의 컴퓨터 ENIAC을 만든 펜실베니아 대학교 전자공학부) 이래 이 분야에서 사람들은 올바르게 작동하는 프로그램을 작성하는 일은 별다른 어려움이 없을 것이라고 간주해 왔다. 나는 내가 작성한 프로그램에서 오류와 실수를 찾아내는데 내 미래의 대부분의 시간을 보내게 될 것이라는 생각이 머리에 떠오른 바로 그 정확한 순간을 기억할 수 있다."

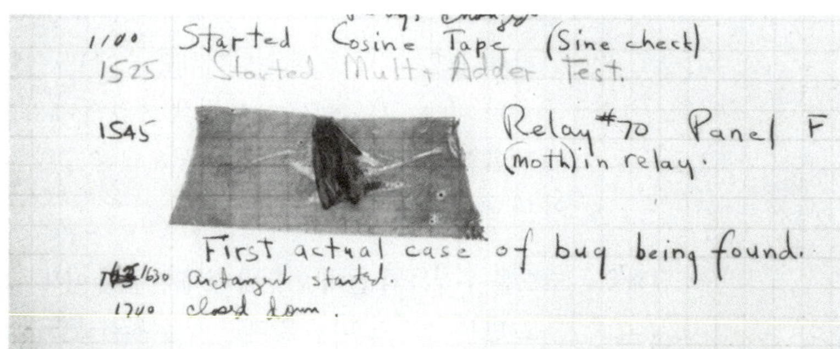

최초의 버그

본 장의 요약

루프에서 실행의 흐름을 설명하라.

- 루프는 조건이 참일 동안 명령어들을 반복적으로 실행한다.
- 하나 어긋난(off-by-one) 오류는 루프에서 흔한 오류다. 이런 종류의 오류를 예방하기 위한 간단한 테스트 사례에 대해 충분히 생각해 보아야 한다.

프로그램의 행동을 분석하기 위해 손으로 따라 하기 기법을 사용하라.

- 손으로 따라 하기는 프로그램의 명령어들을 한 단계씩 살펴보고 변수들의 값을 추적하기 위해 코드 실행을 수동으로 하는 시뮬레이션이다.
- 손으로 따라하면 처음 보는 알고리즘의 동작을 잘 이해할 수 있다.
- 손으로 따라 하기로 코드 혹은 의사코드에 있는 오류를 찾을 수 있다.

카운트 제어 루프를 구현할 때는 for 루프를 사용하라.

- for 루프는 변수가 초기값부터 종료값까지 일정한 양만큼 증가하거나 감소하는 경우에 주로 사용된다.

while 루프와 do 루프 중에 선택하라.

- do 루프는 루프 몸체를 최소한 한 번은 실행해야 할 때 적합하다.

연속적인 입력 데이터를 읽어 들이는 루프를 구현하라.

- 센티널값은 데이터 집합의 끝을 표시하지만 입력 데이터에는 속하지 않는다.
- 루프를 제어하기 위해 부울 변수를 사용할 수 있다. 루프에 진입하기 전에 부울 변수를 true로 설정하고 루프를 종료하고 싶으면 이 변수를 false로 설정하면 된다.
- 파일에서 데이터를 읽으려면 입력 방향 재지정을 사용하고, 파일에 프로그램 출력을 저장하려면 출력 방향 재지정을 사용하라.

사용자와의 상호 작용을 기획할 때 스토리보딩 기법을 사용하라.

- 스토리보드는 일련의 연속적인 동작의 각 단계를 표현하는 주석달린 스케치들로 구성되어 있다.
- 스토리보드 개발은 프로그램에서 필요한 입출력을 이해하는데 도움을 준다.

자주 사용하는 루프 알고리즘을 알아 두라.

- 평균을 계산하려면 전체 합계와 값들의 수를 보관해 두어야 한다.
- 조건에 맞는 값들의 개수를 세려면 모든 값들을 검사하고, 매치를 발견하면 카운터를 1 증가시킨다.

- 만약 조건에 맞는 경우를 하나 발견하는 것이 목적이라면 매치를 발견하자마자 루프를 종료한다.
- 가장 큰 값을 찾으려면 현재까지 찾은 가장 큰 값보다 더 큰 값을 새로 발견할 때마다 가장 큰 값을 그 값으로 갱신한다.
- 인접한 입력값들을 비교하려면 이전 입력값을 변수에 보관해두어야 한다.

다단계 반복을 구현하기 위해서는 중첩 루프를 사용하라.

- 루프의 몸체가 다른 루프를 포함하고 있을 때 루프가 중첩되었다고 한다. 중첩 루프를 사용하는 대표적인 예는 행과 열로 이루어진 표를 출력하는 것이다.

시뮬레이션을 구현할 때 루프를 적용하라.

- 시뮬레이션은 컴퓨터를 사용하여 행동을 모사하는 것이다.
- 난수 생성기를 호출하여 무작위성을 도입할 수 있다.

프로그램을 분석하기 위해 디버거를 사용하라.

- 디버거는 다른 프로그램을 실행시켜 그 프로그램이 실행되는 동안의 행동을 분석할 수 있는 프로그램이다.
- 일시 정지점(breakpoint), 한 단계 실행(single step), 변수 점검(variable inspection)의 3가지 개념만 숙달하면 디버거를 효과적으로 사용할 수 있다.
- 디버거가 프로그램을 실행할 때 일시 정지점이 설정된 곳에 도달할 때마다 실행이 잠시 중단된다.
- 한 단계 실행 명령은 프로그램을 한 번에 한 줄씩 실행시킨다.
- 프로그램의 오류 위치를 알아내기 위해 분할 정복법(divide-and-conquer)을 사용한다.
- 디버깅하는 동안 실행 결과로 나타나는 변수의 값이 원래 예상했던 값과 일치하는지 비교한다.

이 장에서 소개된 표준 라이브러리 요소

```
java.util.Random
   nextDouble
   nextInt
```

복습 문제

■R5.1 다음 각각을 출력하는 while 루프를 작성하라.

a. n보다 작은 모든 제곱수(square). 예를 들어 n이 100이면 0 1 4 9 16 25 36 49 64 81을 출력한다.

b. n보다 작고 10으로 나누어떨어지는 모든 양수. 예를 들어 n이 100이면 10 20 30 40 50 60 70 80 90을 출력한다.

c. n보다 작은 모든 2의 거듭 제곱값. 예를 들어, n이 100이면 1 2 4 8 16 32 64를 출력한다.

■■R5.2 다음을 계산하는 루프를 작성하라.

a. 2와 100(포함) 사이의 모든 짝수들의 합.

b. 1과 100(포함) 사이의 모든 제곱수의 합.

c. a와 b(포함) 사이의 모든 홀수들의 합.

d. 정수 n을 구성하는 숫자 중 홀수 숫자들의 합(예를 들어 n이 32677이면 합은 3+7+7=17).

■R5.3 아래 루프들의 실행을 따라가면서 변수 추적표(trace table)를 작성하라.

a.
```
int i = 0; int j = 10; int n = 0;
while (i < j) { i++; j--; n++; }
```

b.
```
int i = 0; int j = 0; int n = 0;
while (i < 10) { i++; n = n + i + j; j++; }
```

c.
```
int i = 10; int j = 0; int n = 0;
while (i > 0) { i--; j++; n = n + i - j; }
```

d.
```
int i = 0; int j = 10; int n = 0;
while (i != j) { i = i + 2; j = j - 2; n++; }
```

■R5.4 다음 루프들은 무엇을 출력하는가?

a. `for (int i = 1; i < 10; i++) { System.out.print(i + " "); }`

b. `for (int i = 1; i < 10; i += 2) { System.out.print(i + " "); }`

c. `for (int i = 10; i > 1; i--) { System.out.print(i + " "); }`

d. `for (int i = 0; i < 10; i++) { System.out.print(i + " "); }`

e. `for (int i = 1; i < 10; i = i * 2) { System.out.print(i + " "); }`

f. `for (int i = 1; i < 10; i++) { if (i % 2 == 0) { System.out.print(i + " "); } }`

■R5.5 무한 루프란 무엇인가? 컴퓨터에서 무한 루프를 실행 중인 프로그램을 어떻게 종료시킬 수 있는가?

■R5.6 연습 문제 P5.6의 의사코드에 대해 프로그램의 실행 추적을 작성하라. 입력값은 4 7

−2 −5 0 이라고 가정한다.

■■R5.7 하나 어긋난(off-by-one) 오류란 무엇인가? 자신의 프로그래밍 경험을 바탕으로 예를 하나 제시해 보라.

■R5.8 센티널값은 무엇인가? 숫자를 센티널값으로 언제 사용하는 것이 좋은지 간단한 규칙을 제시하라.

■R5.9 자바가 지원하는 루프 문장은 어떤 것들이 있는가? 각 루프 형태를 언제 사용하는 것이 좋은지 간단한 규칙을 제시하라.

■R5.10 다음 루프들의 반복 횟수는 몇 번인가? 변수 i는 루프 몸체에서는 변경되지 않는다고 가정한다.

a. `for (int i = 1; i <= 10; i++) . . .`

b. `for (int i = 0; i < 10; i++) . . .`

c. `for (int i = 10; i > 0; i--) . . .`

d. `for (int i = -10; i <= 10; i++) . . .`

e. `for (int i = 10; i >= 0; i++) . . .`

f. `for (int i = -10; i <= 10; i = i + 2) . . .`

g. `for (int i = -10; i <= 10; i = i + 3) . . .`

■■R5.11 다음 달력을 출력하는 프로그램의 의사코드를 작성하라.

```
Su  M  T  W Th  F Sa
          1  2  3  4
 5  6  7  8  9 10 11
12 13 14 15 16 17 18
19 20 21 22 23 24 25
26 27 28 29 30 31
```

■R5.12 다음과 같은 섭씨/화씨온도 변환표를 출력하는 프로그램의 의사코드를 작성하라.

```
Celsius | Fahrenheit
--------+-----------
      0 |         32
     10 |         50
     20 |         68
   . . .      . . .
    100 |        212
```

■R5.13 학생의 이름과 성, 하나 이상의 시험 성적들과 센티널값 -1로 구성되는 학생 레코드를 읽는 프로그램의 의사코드를 작성하라. 프로그램은 학생의 평균 성적을 출력해야 한다. 다음 입력 샘플에 대해 프로그램 실행 추적표를 만들어라.

```
Harry Morgan 94 71 86 95 -1
```

■■R5.14 일련의 연속적인 학생 레코드들을 읽고, 각 학생의 성적 합계를 출력하는 프로그램의 의사코드를 작성하라. 각 학생 레코드 입력은 학생의 이름과 성, 하나 이상의 시험 성적들과 센티널값 −1로 구성된다. 학생 레코드들의 마지막은 END 단어로 표시한다. 다음은 입력할 학생 레코드들의 한 예이다.

```
Harry Morgan 94 71 86 95 -1
Sally Lin 99 98 100 95 90 -1
END
```

위의 입력 샘플에 대해 프로그램 실행 추적표를 만들어라.

■R5.15 다음 for 루프를 while 루프로 재작성하라.

```
int s = 0;
for (int i = 1; i <= 10; i++)
{
   s = s + i;
}
```

■R5.16 다음 do 루프를 while 루프로 재작성하라.

```
int n = in.nextInt();
double x = 0;
double s;
do
{
   s = 1.0 / (1 + n * n);
   n++;
   x = x + s;
}
while (s > 0.01);
```

■R5.17 다음 루프들의 실행 추적표를 만들어라.

a.
```
int s = 1;
int n = 1;
while (s < 10) { s = s + n; }
n++;
```

b.
```
int s = 1;
for (int n = 1; n < 5; n++) { s = s + n; }
```

c.
```
int s = 1;
int n = 1;
do
{
   s = s + n;
   n++;
}
while (s < 10 * n);
```

■R5.18 다음 루프들은 무엇을 출력하는가? 컴퓨터를 사용하지 말고 손으로 코드 실행을 따라가면서 답을 구하라.

a.
```
int s = 1;
for (int n = 1; n <= 5; n++)
{
   s = s + n;
   System.out.print(s + " ");
}
```

b.
```
int s = 1;
for (int n = 1; s <= 10; System.out.print(s + " "))
{
   n = n + 2;
   s = s + n;
}
```

c.
```
int s = 1;
int n;
for (n = 1; n <= 5; n++)
{
   s = s + n;
   n++;
}
System.out.print(s + " " + n);
```

■R5.19 다음 프로그램 코드 조각들은 무엇을 출력하는가? 컴퓨터를 사용하지 말고 손으로 코드 실행을 따라가면서 답을 구하라.

a.
```
int n = 1;
for (int i = 2; i < 5; i++) { n = n + i; }
System.out.print(n);
```

b.
```
int i;
double n = 1 / 2;
for (i = 2; i <= 5; i++) { n = n + 1.0 / i; }
System.out.print(i);
```

c.
```
double x = 1;
double y = 1;
int i = 0;
do
{
   y = y / 2;
   x = x + y;
   i++;
}
while (x < 1.8);
System.out.print(i);
```

d.
```
double x = 1;
double y = 1;
int i = 0;
while (y >= 1.5)
{
   x = x / 2;
   y = x + y;
   i++;
}
System.out.print(i);
```

■■R5.20 대칭 경계가 좀 더 자연스러운 for 루프 예제를 하나 제시하라. 비대칭 경계가 좀 더 자연스러운 for 루프 예제도 하나 제시하라.

■R5.21 5.6절의 단위 변환 프로그램에 대해 스토리보드 패널을 하나 추가하라. 이 패널은 사용자가 양립할 수 없는 단위들을 입력하여 변환이 불가능한 경우의 시나리오를 보여주도록 한다.

■R5.22 5.6절의 단위 변환 프로그램에서 사용자 입력 프롬프트에 모든 유효한 단위들의 리스트를 보여주도록 정했다. 만일 프로그램이 더 많은 단위들을 지원해야 한다면, 이러한 처리 방법은 한계를 맞는다. 이 문제를 해결하기 위한 다른 처리 방법을 보여주는 스토리 보드 패널을 만들어라. 이 패널은 사용자가 프로그램에서 지원하지 않는 단위를 입력했을 경우에 처리할 수 있는 모든 단위들의 리스트를 보여주도록 구성한다.

■R5.23 5.6절의 스토리보드를 사용자에게 요청하는 기능 메뉴를 지원하도록 변경하라. 이 메뉴는 단위 변환, 프로그램 도움말, 프로그램 끝내기 기능들 중에 하나를 사용자가 선택할 수 있도록 구성한다. 프로그램이 시작할 때 일련의 값들을 변환한 후, 오류가 발생하여 오류 메시지를 보여준 후 등 세 가지 경우에 메뉴를 화면에 표시한다.

■R5.24 5.6절에 기술한 단위 변환을 수행하는 프로그램의 순서도를 그려라.

■■R5.25 5.7.5절의 최대값과 최소값을 찾는 코드에서 largest와 smallest 변수를 입력값 중 하나로 초기화한다. 왜 그 변수들을 0으로 초기할 수 없나?

■R5.26 중첩 루프란 무엇인가? 중첩 루프가 사용되는 대표적인 예를 하나 제시하라.

■■R5.27 다음 중첩 루프는

```
for (int i = 1; i <= height; i++)
{
   for (int j = 1; j <= width; j++) { System.out.print("*"); }
   System.out.println();
}
```

주어진 가로, 세로 크기로 아래와 같이 직사각형을 출력한다.

```
****
****
****
```

하나의 for 루프로 동일한 직사각형을 출력할 수 있도록 재작성하라.

■■R5.28 시계를 읽는 법을 아이들에게 가르칠 수 있는 교육용 게임을 설계하려고 한다. 시간과 분을 위한 난수를 어떻게 생성할 수 있나?

■■■R5.29 여행 시뮬레이션에서 해리는 세 개의 주에 살고 있는 그의 친구들 중의 한 친구를 방

문하려고 한다. 캘리포니아에는 10명, 네바다에는 3명, 유타에는 2명의 친구가 각각 있다. 목적지 주를 나타내는 1과 3 사이의 난수를 각 주에 살고 있는 친구들의 수에 비례하는 확률로 어떻게 생성할 수 있나?

■ 테스팅 P5.30 다음 디버깅 동작의 차이점을 설명하라.

- 메서드 파고들기
- 메서드 지나가기

■■ 테스팅 P5.31 자신이 사용하는 디버거에서 `String` 객체에 저장된 문자열을 점검하는 방법을 상세히 설명하라.

■■ 테스팅 P5.32 자신이 사용하는 디버거에서 `Rectangle` 객체에 저장된 정보를 점검하는 방법을 상세히 설명하라.

■■ 테스팅 P5.33 `BankAccount` 객체에 저장된 balance 변수의 값을 점검하기 위해 디버거를 사용하는 방법을 상세히 설명하라.

■■ 테스팅 P5.34 디버거에서 버그에 차차 접근하기 위해 사용하는 분할 정복법(divide-and-conquer) 전략을 설명하라.

프로그램 연습 문제

■ P5.1 루프를 사용하여 다음을 계산하는 프로그램을 작성하라.

a. 2와 100(포함) 사이의 모든 짝수들의 합.
b. 1과 100(포함) 사이의 모든 제곱수(square)의 합.
c. 2^0부터 2^{20}까지 2의 모든 거듭 제곱값.
d. a와 b(포함) 사이의 모든 홀수들의 합(a와 b는 입력).
e. 입력에 있는 모든 짝수 숫자들의 합(예를 들어 입력이 32677이면 합은 3+7+7=17이 된다.).

■■ P5.2 일련의 연속적인 정수 입력들을 읽어 들여 다음을 출력하는 프로그램을 작성하라.

a. 입력한 값들 중 최소값과 최대값
b. 짝수 입력과 홀수 입력의 개수
c. 누적 합계. 입력이 1 7 2 9인 경우 프로그램은 1 8 10 19와 같이 누적 합계들을 출력해야 한다.
d. 인접한 값들이 중복된 모든 경우(예를 들어 입력이 1 3 3 4 5 5 6 6 6 2이라면 프로그램은 3 5 6을 출력한다.).

■■P5.3 입력의 한 줄을 문자열로 읽어 들여 다음을 출력하는 프로그램을 작성하라.

a. 문자열에 있는 대문자.

b. 문자열의 문자들을 한 문자 걸러 즉, 2 문자마다(every second letter).

c. 모든 모음 문자를 밑줄로 대체한 문자열.

d. 문자열에 있는 모음의 개수.

e. 문자열에 있는 모든 모음의 위치값.

■■P5.4 따라 하기 5.1의 프로그램을 완성하라. 12개의 기온값을 읽어 가장 높은 기온을 기록한 달을 출력해야 한다.

■■P5.5 부동 소수점값들의 집합을 읽는 프로그램을 작성하라. 사용자에게 값들을 입력하도록 요청하고(모든 값들의 입력 요청 프롬프트는 한번만 표시), 다음을 출력한다.

- 평균
- 최소값
- 최대값
- 최소값과 최대값의 차이인 범위

프로그램은 DataSet 클래스를 정의하여 사용하도록 한다. DataSet 클래스는 다음의 메서드들을 가지고 있어야 한다.

```
public void add(double value)
getAverage
getSmallest
getLargest
getRange
```

■P5.6 입력 데이터 집합에서 최소값을 찾는 다음 의사코드를 자바 프로그램으로 변환하라.

```
부울 변수 "first"를 참으로 설정한다.
(while) 다른 값을 성공적으로 입력하는 동안 다음 단계들을 반복한다.
    (if) first가 참이면
        최소값을 현재 입력한 값으로 설정한다.
        first를 거짓으로 설정한다.
    (else if) 그렇지 않고, 입력한 값이 현재까지 구한 최소값보다 작으면
        최소값을 그 값으로 설정한다.
최소값을 출력한다.
```

■■■P5.7 문자열에 있는 문자들을 무작위로 위치를 바꿔 배치하는 다음 의사코드를 자바 프로그램으로 변환하라.

```
한 단어를 word 변수에 읽어 들인다.
```

```
word.length()번만큼 다음을 반복한다.
    word에서 마지막 위치를 제외한 임의의(random) 위치 i를 뽑는다.
    word에서 다른 임의의 위치 j (j > i)를 뽑는다.
    j와 i 위치에 있는 문자들을 서로 교환한다.
word를 출력한다.
```

문자들을 서로 교환(swap)하기 위해 word를 다음과 같이 서브 스트링들로 구분한다.

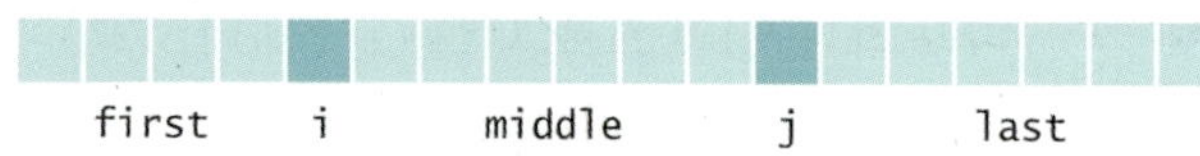

이제 word 변수를 다음 수식으로 계산된 문자열로 치환한다.

```
first + word.charAt(j) + middle + word.charAt(i) + last
```

■P5.8 한 단어를 읽어서 단어의 각 문자를 개별 라인에 출력하는 프로그램을 작성하라. 예를 들어 사용자가 "Harry"를 입력하면 프로그램은 다음과 같이 출력한다.

```
H
a
r
r
y
```

■■P5.9 한 단어를 읽어서 반전된 단어를 출력하는 프로그램을 작성하라. 예를 들어 사용자가 "Harry"를 입력하면 프로그램은 다음과 같이 출력한다.

```
yrraH
```

■P5.10 한 단어를 읽어서 단어에 있는 모음의 개수를 출력하는 프로그램을 작성하라. 이 문제에서는 a e i o u y 문자를 모음으로 가정한다. 예를 들어 사용자가 "Harry"를 입력하면 프로그램은 다음과 같이 출력한다.

```
2 vowels
```

■■■P5.11 한 단어를 읽어서 모든 서브 스트링들을 길이가 작은 서브 스트링부터 순서대로 출력하는 프로그램을 작성하라. 예를 들어 사용자가 "rum"을 입력하면 프로그램은 다음과 같이 출력한다.

```
r
u
m
ru
um
rum
```

■P5.12 2^0부터 2^{20}까지 2의 모든 거듭 제곱값을 출력하는 프로그램을 작성하라.

■■P5.13 한 정수를 읽어 이 수의 모든 이진 숫자(binary digit)를 출력하는 프로그램을 작성하라. 이 문제는 다음의 의사코드로 표현할 수 있다.

```
한 정수를 number 변수에 읽어 들인다.
number가 0이 아닌 동안 다음을 반복한다.
    number를 2로 나눈 나머지, 즉 (number % 2)를 출력한다.
    number를 (number / 2)로 치환한다.
```

예를 들어 사용자가 13을 입력하면 출력은 다음과 같다.

```
1
0
1
1
```

■P5.14 다음과 같이 구구단표를 출력하는 프로그램을 작성하라.

```
 1   2   3   4   5   6   7   8   9  10
 2   4   6   8  10  12  14  16  18  20
 3   6   9  12  15  18  21  24  27  30
 . . .
10  20  30  40  50  60  70  80  90 100
```

■■P5.15 한 정수를 읽어 두 개의 정사각형을 나란히 출력하는 프로그램을 작성하라. 읽어 들인 정수가 정사각형의 한 변의 길이가 된다. 별표를 사용하여 정사각형을 그리는데, 한 정사각형은 배경을 채우고 다른 정사각형은 배경을 비운다. 예를 들어 한 변의 길이가 5이면 프로그램은 다음과 같이 두 정사각형을 나란히 출력한다.

```
***** *****
***** *   *
***** *   *
***** *   *
***** *****
```

■■P5.16 한 정수를 읽어 다이아몬드 도형을 출력하는 프로그램을 작성하라. 읽어 들인 정수가 다이아몬드의 한 변의 길이가 된다. 별표를 사용하여 배경을 채운 다이아몬드를 그리면 된다. 예를 들어 한 변의 길이가 4이면 프로그램은 다음과 같이 다이아몬드를 출력한다.

```
   *
  ***
 *****
*******
 *****
  ***
   *
```

■■업무용 P5.17 **환전**(currency conversion). 미국 달러화를 일본 엔화로 환전하는 프로그램을 작성

하라. 먼저 미화 1달러가 몇 엔인지 오늘의 환율을 입력받는다. 그리고 사용자로부터 환전할 달러 액수를 입력 받은 후 엔화 금액으로 환전해 출력하는 작업을 반복한다. 사용자가 0(센티널 값)을 입력하면 프로그램을 종료한다.

■■업무용 P5.18 미국 달러화를 일본 엔화로, 일본 엔화를 미국 달러화로 각각 환전하는 프로그램을 작성하라. 먼저 미화 1달러가 몇 엔인지 오늘의 환율을 입력받는다. 그리고 사용자로부터 환전할 달러 액수를 입력 받은 후 엔화 금액으로 환전해 출력하는 작업을 반복한다. 사용자가 0(센티널값)을 입력하면 미국 달러화 입력을 마친다. 다음에 프로그램은 일련의 엔화 금액들을 입력 받아 각각을 달러 액수로 변환한다. 일본 엔화 입력을 끝내기 위해 다시 0을 입력한다.

■■P5.19 **몬티 홀 역설 문제(Monty Hall Paradox).** 마릴린 사반트(Marilyn vos Savant)는 다음 문제(몬티홀이 진행하는 게임쇼에서 유래함)를 '퍼레이드'라는 대중 잡지에 소개하였다. "여러분이 게임쇼에 참가하고 있다고 가정하자. 참가자는 세 개의 문 중 하나를 선택하여 문 뒤에 있는 상품을 가져갈 수 있다. 하나의 문 뒤에는 승용차가 있고 나머지 두 개의 문 뒤에는 염소가 있다. 이때 참가자가 하나의 문을 선택했을 때, 승용차가 어디에 있는지 알고 있는 게임쇼 진행자는 게임의 긴장감을 높이기 위해 나머지 두 개의 문에서 염소가 있는 하나의 문을 연다. 그 후 진행자는 참가자에게 선택의 기회를 준다. 즉 처음의 선택을 고수할 것인지, 아니면 진행자가 문을 연 후 남아 있는 다른 하나의 문으로 바꿀 것인지 물어본다. 이런 상황에서 처음의 선택을 고수하는 것이 유리한 지, 바꾸는 것이 유리한 지를 결정하는 문제이다."

마릴린 사반트는 선택을 바꾸는 것이 참가자에게 유리하다고 증명하였다. 이 주장이 잡지에 실린 뒤 수학전공 교수를 포함한 많은 독자들이 그녀의 결론이 틀렸다고 항의했다. 처음 선택을 바꾸든지 바꾸지 않든지 상관없이 다른 문이 이미 열려 있어 승용차에 당첨될 확률은 각각 1/2로 동일하기 때문에 선택을 바꾼다고 해서 당첨 확률이 상승할 수 없다는 것이다.

여러분의 작업은 이 게임쇼를 시뮬레이션하는 것이다. 각 반복에서 1번, 2번, 3번 문 중에서 자동차가 놓여 있을 만한 하나의 문 번호를 무작위로 선택한다. 게임 참가자가 무작위로 하나의 문을 선택하고, 게임쇼 진행자도 염소가 있는 다른 문을 무작위로 선택한다(물론 참가자가 선택한 문이 아닌 다른 문을 선택). 참가자가 진행자의 선택 후 처음의 선택을 바꿔 이기면 전략 1의 카운터 변수를 1 증가시키고, 처음의 선택을 고수해서 이기면 전략 2의 카운터 변수를 1 증가시킨다. 이 과정을 1,000번 반복하여 실행하고, 각 카운터 변수를 출력해보라.

■■P5.20 **평균과 표준 편차.** 부동 소수점 데이터 집합을 읽어 들여 입력된 데이터들의 수, 평균, 표준 편차를 출력하는 프로그램을 작성하라. 이 때 입력의 끝을 표시하는 적당한 방법을 선택하여 사용한다. 데이터 집합 $\{x_1, \ldots, x_n\}$의 평균을 구하는 공식은 다음과 같다.

$$\bar{x} = \sum x_i / n$$

여기서 $\sum x_i = x_1 + \ldots + x_n$은 입력된 값들의 합이다. 표준 편차는 다음 식으로 구한다.

$$s = \sqrt{\frac{\sum (x_i - \bar{x})^2}{n-1}}$$

그러나 여기서는 입력한 값들의 평균을 구하는데 사용한 후에 개별 x_i 값은 저장하지 않기 때문에 이 공식을 적용할 수 없다. 모든 값을 저장하는 방법을 배우기 전까지는 수학적으로 약간 불안정하지만 다음 공식을 사용하자.

$$s = \sqrt{\frac{\sum x_i^2 - \frac{1}{n}\left(\sum x_i\right)^2}{n-1}}$$

입력을 읽어 들이는 동안에 데이터의 개수, 합, 제곱의 합을 누적하여 계산한다.

작성할 프로그램에서 DataSet 클래스를 정의하는데 DataSet 객체 내의 인스턴스 변수에 입력값들을 저장해 두고, 위의 공식들을 이용해서 평균과 표준 편차를 구하기 위해 다음 메서드들을 DataSet 클래스에서 가지고 있어야 한다.

```
public void add(double value)
getAverage( )
getStandardDeviation( )
```

■■P5.21 피보나치 수열은 다음 규칙으로 정의된다.

$$f_1 = 1$$
$$f_2 = 1$$
$$f_n = f_{n-1} + f_{n-2}$$

위의 식을 프로그램 작성을 위해 다음과 같이 표현할 수 있다.

```
fold1 = 1;
fold2 = 1;
fnew = fold1 + fold2;
```

피보나치 수열로 토끼의 개체 수 증가를 설명할 수 있다.

fnew를 계산한 후에 fold2의 값은 더 이상 필요 없으므로 폐기하고 fold2에는 fold1의 값으로, fold1에는 fnew의 값으로 설정하여 다음 단계의 피보나치 수를 계산하면 된다. 이 과정을 원하는 피보나치 수를 계산할 때까지 반복한다.

사용자에게 정수 n을 입력받아 n번째 피보나치 수를 출력하는 프로그램을 작성하라. 피보나치 수는 위의 알고리즘을 사용해 계산하면 된다.

■■P5.22 **정수의 인수분해(factoring).** 사용자로부터 하나의 정수를 입력받아 이 정수의 모든 소인수(prime factor)를 오름차순으로 출력하는 프로그램을 작성하라. 예를 들어 입력된 정수가 150이면 출력은 다음과 같다.

```
2
3
5
5
```

생성자 FactorGenerator(int numberToFactor)와 nextFactor, hasMoreFactors 메서드로 구성되는 FactorGenerator 클래스와, FactorPrinter 클래스를 작성하라. FactorPrinter 클래스 내에 정의된 main 메서드는 사용자 입력을 받고 FactorGenerator 객체를 생성하며 구한 소인수들을 출력한다.

■■■P5.23 **소수(prime number).** 사용자에게 하나의 정수 입력을 요구하고, 그 수까지의 모든 소수를 찾아서 출력하는 프로그램을 작성하라. 예를 들어 사용자가 20을 입력하면 결과는 다음과 같다.

```
2
3
5
7
11
13
17
19
```

소수란 1과 자신 외의 수로는 나누어지지 않는 수를 말한다.

nextPrime과 isPrime 메서드를 포함하는 PrimeGenerator 클래스와 PrimePrinter 클래스를 작성하라. PrimePrinter 클래스 내에 정의된 main 메서드는 사용자 입력을 읽고 PrimeGenerator 객체를 생성하며 구한 소수들을 출력한다.

■■■P5.24 **님(Nim) 게임.** 이것은 다양한 변종을 가진 잘 알려진 게임이다. 다음에 소개하는 이 게임의 한 변종은 흥미 있는 필승 전략을 가지고 있다. 두 참가자가 교대로 구슬 더미에서 구슬을 꺼낸다. 각 참가자는 자기 차례에 얼마나 많은 구슬을 꺼낼지 결정한다. 참가자는 최소 한 개, 최대 남은 구슬의 반만큼만 구슬을 꺼낼 수 있다. 마지막 구슬을 꺼내는 참가자가 지게 된다.컴퓨터가 사람을 상대로 님 게임을 하는 프로그램을

작성하라. 먼저 구슬 더미의 초기 크기를 정하기 위해 10에서 100 사이의 정수 난수를 생성한다. 다음 0과 1 사이의 정수 난수를 만들어 컴퓨터와 사람 중 누가 먼저 게임을 시작할지 정한다. 마지막으로 0과 1 사이의 정수 난수를 다시 만들어 컴퓨터가 전문가(smart) 모드로 게임을 할지 초보자(stupid) 모드로 게임을 할지 결정한다. 초보자 모드의 컴퓨터는 자기 차례에서 단순히 1과 n/2 사이의 정수 난수를 만들어 구슬 더미에서 난수만큼의 구슬을 꺼낸다. 전문가 모드에서는 구슬 더미에 남는 구슬이 (2의 거듭 제곱수 − 1)의 값, 즉 3, 7, 15, 31, 63 등이 되도록 구슬을 가져 온다. 구슬 더미의 크기가 2의 거듭 제곱수보다 하나 작은 경우 외에는 언제나 구슬을 꺼낼 수 있는 방법이다. 구슬 더미의 크기가 2의 거듭 제곱수보다 하나 작은 경우에는 초보자 모드와 마찬가지로 그냥 임의의 난수를 만들어 꺼낼 구슬의 개수를 정한다.구슬 더미의 크기가 15, 31, 63 등이 아닐 경우 전문가 모드의 컴퓨터가 먼저 구슬을 꺼내게 하면 언제나 컴퓨터가 이긴다. 물론 사람이 먼저 구슬을 꺼낼 때 똑같이 이 전략을 쓰면 컴퓨터에게 이길 수 있다.

■■P5.25 **취객 워크(Drunkard's Walk).** 취객은 정사각형의 격자 단위로 된 도로의 교차로에서 네 방향 중 한 방향을 무작위로 택하여 한 블록 걸어가 다음 교차로에 도착한다. 이 교차로에서 다시 비틀거리면서 네 방향 중 한 방향을 무작위로 택하여 다음의 다른 교차로까지 걸어간다. 이렇게 계속 취객은 취한 상태에서 무작위로 방향을 정해 길을 걷는다. 취객의 선택들이 서로 상쇄시켜 평균적으로 취객이 아주 멀리 이동하지 못하고 시작 교차로 근처에 머물 것으로 예상할 수도 있지만, 실제로는 거의 대부분의 취객들이 멀리까지 이동한다.

교차로 위치를 정수 쌍 (x, y)로 나타내기로 한다. 100개의 교차로를 이동하는 취객 워크를 프로그램으로 구현하여라. 프로그램에서 취객은 교차로 (0, 0)에서 이동을 시작하고, 마지막 교차로의 위치를 출력한다.

■P5.26 간단한 난수 생성기를 아래 공식으로 만들 수 있다. 새로운 난수 r_{new}를 생성한 후 r_{old}를 r_{new}로 변경하여 다음 난수를 생성할 때 사용한다.

$$r_{\text{new}} = \left(a \cdot r_{\text{old}} + b\right)\%m$$

m이 2^{32}이면 다음의 공식으로 난수를 계산할 수 있다.

$$r_{\text{new}} = a \cdot r_{\text{old}} + b$$

왜냐하면 int 자료형의 값이 오버플로(overflow) 되어 잘라버린 이 결과가 나머지 연산 결과인 나머지와 동일하기 때문이다.

사용자에게 r_{old}값을 입력받아(이 값을 보통 종자값(seed)이라고 함), 처음 100개의 정수 난수를 출력하는 프로그램을 작성하라. 위의 공식으로 난수를 생성하는데 a =

32310901, b = 1729를 사용한다.

■■P5.27 **뷔퐁의 바늘 실험(Buffon Needle Experiment)**. 다음 실험은 프랑스 박물학자인 뷔퐁(Comte Georges-Louis Leclerc de Buffon; 1707-1788)에 의해 고안되었다. 1인치 길이의 바늘을 2인치 간격으로 선이 그어진 종이 위에 떨어뜨린다. 바늘이 선 위에 떨어지면 성공(hit)한 것으로 간주한다(그림 10 참조). 뷔퐁은 시도횟수/성공횟수의 비가 π값의 근사치인 것을 발견했다.

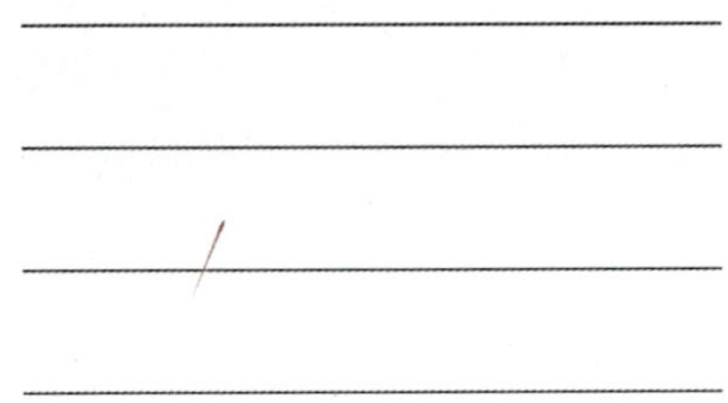

그림 10 뷔퐁의 바늘 실험

뷔퐁의 바늘 실험을 위해 두 개의 난수 생성이 필요한데, 하나는 바늘의 시작 위치, 다른 하나는 x축과 바늘이 이루는 경사각을 나타내기 위한 것이다. 그런 다음에 이 숫자들을 이용해 바늘이 선에 닿았는지 검사한다.

먼저 바늘의 하단점을 생성한다. x-좌표는 무관하므로 고려할 필요가 없고, 하단점의 y-좌표 y_{low}값이 0과 2 사이의 난수라고 가정한다. 바늘과 x-축 간의 경사각 α는 0도에서 180도(π 라디안) 사이의 값이 될 수 있다. 바늘 상단점의 y-좌표는 다음과 같은 수식으로 구할 수 있다.

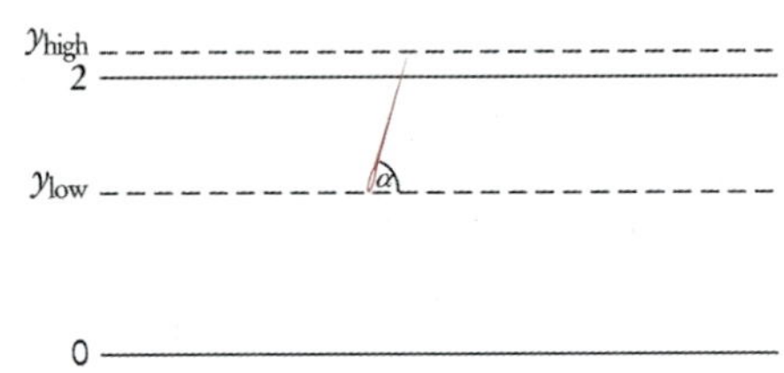

그림 11 뷔퐁의 바늘 실험에서 성공한 경우

$$y_{high} = y_{low} + \sin\alpha$$

그림 11에서 보듯이 y_{high}의 값이 2 이상이면 바늘은 선에 닿은 것이다. 부폰의 바늘 실험을 프로그램으로 구현해 10,000번 시도한 후, 시도/적중 횟수의 비를 출력해 보자(이 프로그램은 π 값을 계산하는데 적절하지 못하다. 프로그램에서 바늘과 x-축 간의 경사각을 구하기 위해 π 값이 필요하기 때문이다.).

■■업무용 P5.28 여러분의 회사가 주식을 소유하고 있는데, 주가가 목표 주가를 초과하면 팔려고 한다. 목표 주가를 읽어 들인 후, 목표 주가를 초과하는 주가를 읽을 때까지 현재 주가들을 읽어들이는 프로그램을 작성하라. 표준 입력 장치에서 일련의 `double` 자료형의 값들을 읽기 위해 `Scanner`를 사용하도록 한다. 목표 주가를 초과하는 현재 주가를 읽자마자 주가가 목표 주가를 초과했음을 보고해야 한다.

■■업무용 P5.29 제한된 수의 영화표를 사전 판매하기 위한 응용 프로그램을 작성하라. 각 구매자는 표를 4장까지 살 수 있다. 100장 이내의 표를 사전 판매할 예정이다. `TicketSeller` 프로그램을 구현하라. 이 프로그램은 사용자에게 원하는 표의 수를 입력 받고 남아 있

는 표의 수량을 사용자에게 안내한다. 영화표를 모두 팔 때까지 반복한 후 총구매자의 수를 출력한다.

■■업무용 P5.30 굴 전문 식당에서 동시에 식사할 수 있는 손님의 수를 통제해야 할 필요가 있다. 손님들이 식당을 떠날 때는 제한이 없지만, 식당에 입장할 때는 동행한 손님들의 수가 100명의 수용 인원을 초과하게 한다면 이 손님들의 일행은 식당에 바로 입장하지 못하고 대기해야 한다. 도착하거나 떠나는 손님들의 수를 읽는 프로그램을 작성하라. 떠날 때는 음수를 사용하여 동반 손님들의 수를 나타낸다. 각 데이터를 입력한 후 현재 식사 중인 손님의 수를 계산하여 안내한다. 식당에서 수용할 수 있는 최대 인원에 도달하면 즉시 식당이 만원 상태임을 알리고 프로그램을 종료한다.

■■과학계산용 P5.31 포식자-먹이 시뮬레이션에서, 포식자와 먹이의 개체 수 변화를 다음 식을 사용해 계산하려고 한다.

$$prey_{n+1} = prey_n \times (1 + A - B \times pred_n)$$
$$pred_{n+1} = pred_n \times (1 - C + D \times prey_n)$$

여기서 A는 먹이의 증가율, B는 포식율, C는 먹이가 없는 상황에서 포식자의 감소율, D는 먹이가 있는 상황에서 포식자의 증가율을 각각 나타낸다.

사용자에게 위의 네 가지 비율값, 초기 개체 수, 반복 주기의 횟수 등을 읽어, 정해진 반복 주기 동안 개체 수 변화를 출력하는 프로그램을 작성하라. 하나의 입력 사례로 $A = 0.1$, $B = C = 0.01$, $D = 0.00002$, 초기 먹이 개체 수 = 1,000, 초기 포식자 개체 수 = 20에 대해 프로그램을 실행시켜 보아라.

■■과학계산용 P5.32 **발사체 비행**(projectile flight). 포탄이 초기 속도 v_0로 공중을 향해 수직으로 발사되었다고 하자. 발사 t초 후에 포탄의 위치는 중력 가속도 $g = 9.81\ m/s^2$일 때, $s(t) = -\frac{1}{2}gt^2 + v_0 t$로 계산된다. 실제로 그런지 실험하는 것은 매우 위험하기 때문에 안전을 위해 컴퓨터로 이 작업을 수행할 것이다.사실 이것은 미적분법을 이용해 시뮬레이션으로 물리적 이론을 확인해 보려는 것이다. 시뮬레이션에서 매우 짧은 시간 간격 Δt 사이에 포탄이 얼마나 이동했는지 살펴볼 것이다. 짧은 시간 간격에서는 속도 v가 거의 변하지 않는다. 따라서 포탄이 이동

한 거리 $\Delta s = v\Delta t$로 계산할 수 있다. 프로그램에서는 이를 간단하게 다음과 같이 상수로 선언한다.

```
const double DELTA_T = 0.01;
```

그러면 이동한 위치는 다음과 같이 계산된다.

```
s = s + v * DELTA_T;
```

속도는 일정하게 변화한다. 실제로 속도는 중력 가속도 때문에 감소한다. 짧은 시간 간격에 v는 $g\Delta t$만큼 감소하고 이 값을 다음 계산을 위해 저장해야 한다.

```
v = v - g * DELTA_T;
```

다음 반복에서는 새로 갱신된 속도가 이동 거리를 계산하는데 사용된다.

이제 포탄이 땅에 떨어질 때까지 시뮬레이션을 수행해 보자. 초기 속도를 입력으로 받고(100m/sec가 적당), 포탄의 위치와 속도를 초당 100번씩 새로 계산한다. 출력은 매 초마다 하도록 한다. 비교를 위해 마지막에 정확한 공식 $s(t) = -\frac{1}{2}gt^2 + v_0t$로 계산한 값을 함께 출력한다.

주석 : 정확한 공식이 존재하는데도 이런 종류의 시뮬레이션 작업을 하는 것은 어떤 이점이 있는가? 사실 수학이나 물리책에 있는 이런 공식이 완전히 정확한 것은 아니다. 실제로 중력은 포탄이 지표면에서 멀수록 그 힘이 약하다. 이를 다 고려하면 수식이 너무 복잡해져 실제 운동에 대한 정확한 공식을 산출하는 것은 불가능하다. 그러나 컴퓨터 시뮬레이션에서는 중력 가속도를 상수가 아닌 변수로 두는 정도로 간단하게 처리할 수 있다. 포탄 문제에서는 교과서의 공식만으로도 충분하지만, 대륙간 탄도미사일과 같이 훨씬 높게 멀리 날아가는 물체의 정확한 궤적을 계산하기 위해서는 컴퓨터를 사용해야 한다.

■■■ 과학계산용 P5.33 다음은 배의 선체 구조 설계를 위한 간단한 모델이다.

$$|y| = \frac{B}{2}\left[1-\left(\frac{2x}{L}\right)^2\right]\left[1-\left(\frac{z}{T}\right)^2\right]$$

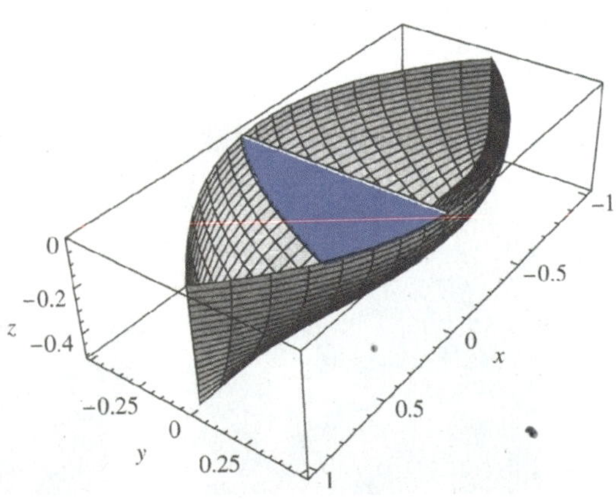

여기서 B는 선체 너비, L은 선체 길이, T는 선체 흘수(draft)를 나타낸다(주석 : 각 x와 z에 대해 y 값이 두 개 존재한다. 그 이유는 선체는 우현부터 좌현까지 대칭이기 때문이다.).

점 x에서의 단면적을 항해 용어로 '단면(section)'이라고 한다. 이 단면을 계산하기 위해 z를 0부터 $-T$까지 n번 증가시키는데, 각 증가값은 T/n이다. 각 z 값에 대해 y값을 구한다. 그 다음 사다리꼴 사각형들의 면적 합을 구한다.

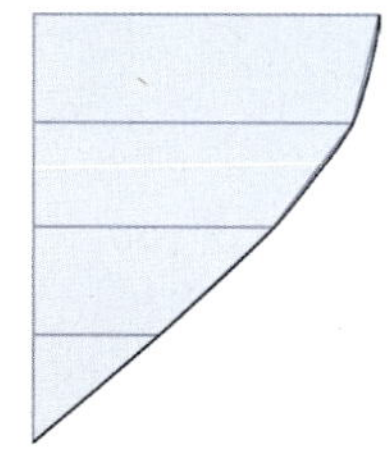

우측에 $n = 4$일 때 사다리꼴 사각형들을 보여준다.
B, L, T, x와 n을 읽어 x에서의 단면적을 출력하는 프로그램을 작성하라.

■■■ 과학계산용 P5.34

왼쪽의 사진은 '변압기(transformer)'라고 부르는 전기 장치를 보여준다. 변압기는 페라이트 자심(ferrite core) 주위에 전선 코일을 감아서 만든다. 아래 그림은 휴대폰이나 음악 재생기와 같은 다양한 오디오 장치에서 변압기를 사용하는 예를 보여준다. 이 전기 회로에서 변압기는 오디오 앰프의 출력단과 스피커를 연결하는데 사용된다.

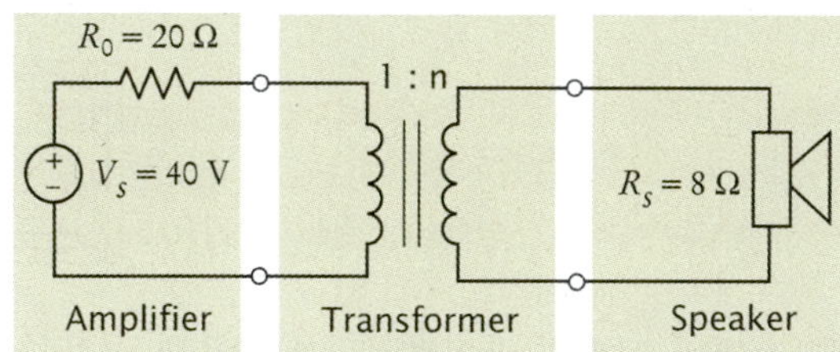

회로에서 변압기를 표시하는 기호는 전선의 두 코일을 암시한다. 변압기의 매개변수 n을 변압기의 '권수비(turns ratio)'라고 한다(코일을 만들기 위해 전선을 자심 주위에 감는 횟수를 코일에서의 권회수(number of turns)라고 부른다. 권수비라는 용어는 문자 그대로 두 전선 코일들의 권회수 비를 의미한다.).
회로를 설계할 때 스피커에 전달하는 전력량에 주요 관심을 두는데, 이 전력량은 우리가 듣고 싶은 소리를 낼 수 있도록 스피커를 구동한다. 스피커와 앰프를 변압기를 사용하지 않고 바로 연결했다고 가정하자. 앰프에서 가용할 수 있는 전력량의 일부만 스피커에 전달되고, 나머지 전력량은 앰프 자체에서 낭비된다. 스피커에 전달되는 앰프의 전력량을 늘이기 위해 변압기를 사용한다.
스피커에 전달되는 전력량 P_S는 다음 공식을 사용하여 계산할 수 있다.

$$P_s = R_s\left(\frac{nV_s}{n^2R_0 + R_s}\right)^2$$

지금까지 설명한 회로를 모사하는 프로그램을 작성하라. 권수비값을 0.01부터 2까지 매번 0.01 만큼 증가시켜 가면서 스피커에 전달되는 전력량을 계산한 후, 전력량을 최대로 만드는 권수비값을 구해 출력한다.

■ 과학계산용 P5.35

방사능 물질의 방사성 붕괴를 식 $A = A_0e^{-t(\log 2/h)}$을 사용해 모사할 수 있다. 여기서 A는 시간 t에서의 방사능 물질 양을, A_0는 시간 0(즉, 시작시점)에서의 방사능 물질 양을, h는 반감기를 각각 나타낸다.

테크네튬-99(Technetium-99)는 뇌 영상을 촬영할 때 사용하는 방사성 동위 원소인데, 이 원소의 반감기는 6시간이다. 프로그램은 환자 몸에 남아 있는 테크네튬-99의 상대량 A/A_0를 테크네튬-99를 투여한 후 24시간 동안 매 시간마다 계산하여 화면에 출력해야 한다.

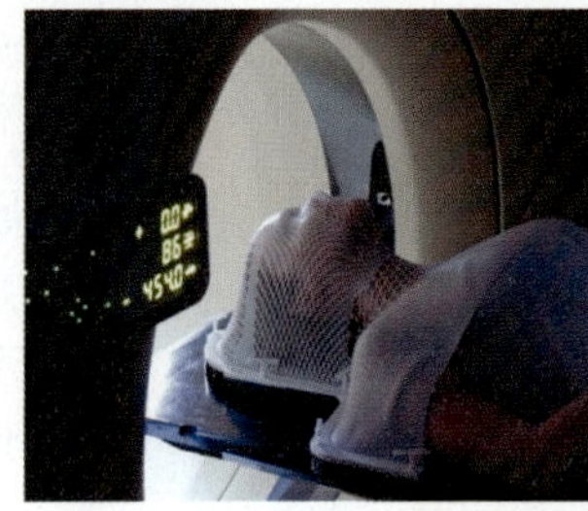

■그래픽 P5.36 흰색과 검은색이 교대로 칠해져 있는 64개(8×8)의 정사각형을 기진 체커보드를 그리는 그래픽 응용 프로그램을 작성하라.

■■■그래픽 P5.37 다음과 같은 나선 형태를 그리는 그래픽 응용 프로그램을 작성하라.

■■그래픽 P5.38 자바 그래픽 라이브러리를 이용해 곡선의 그래프를 그리는 것은 쉽고 재미있다. 점 $(x, f(x))$와 $(x + d, f(x + d))$ 사이를 연결하는 100개의 선분을 그려라. 여기서 x의 범위는 x_{min}에서 x_{max}까지이고, $d = (x_{max} - x_{min})/100$이다.선분을 연결하는 이런 방식으로 함수 $f(x) = 0.00005x^3 - 0.03x^2 + 4x + 200$($x$의 범위는 0에서 400까지)의 곡선을 그려 보라.

■■■그래픽 P5.39 '네 잎 장미(four-leaved rose)'의 그림을 그려라. 극좌표(polar coordinates)로 표현한 꽃잎의 방정식은 $r = \cos(2\theta)$이다. θ를 0부터 2π까지 100 단계로 증가시키며 매 단계마다 r을 계산한 다음, 극좌표로부터 아래 식을 이용해 (x, y) 좌표를 구하여 화면에 표시하라.

$$x = r \cdot \cos(\theta), y = r \cdot \sin(\theta)$$

자습 문제 모범 답안

1. 23년
2. 8년
3. 다음 문장을 while 문의 마지막 문장으로 추가한다.
   `System.out.println(balance);`
4. 프로그램은 동일한 결과를 출력한다. 그 이유는 14년 후의 잔고는 20,000달러보다 조금 작고, 15년 후의 잔고는 20,000달러보다 조금 많기 때문이다.
5. 2 4 8 16 32 64 128
   100보다 큰 128이 출력되는 것에 유의하라.
6.

n	output
5	
~~4~~	4

```
~~3~~  3
~~2~~  2
~~1~~  1
~~0~~  0
-1  -1
```

7.
n	output
~~1~~	1,
~~2~~	1, 2,
~~3~~	1, 2, 3,
4	

출력의 마지막 값 다음에 콤마가 있다. 보통의 경우 콤마는 값들 사이에만 둔다.

8.
a	n	r	i
2	4	~~1~~	~~1~~
		~~2~~	~~2~~
		~~4~~	~~3~~
		~~8~~	~~4~~
		16	5

코드는 a^n을 계산한다.

9.
n	output
~~1~~	1
~~11~~	11
~~21~~	21
~~31~~	31
~~41~~	41
~~51~~	51
~~61~~	61
. . .	

이것은 무한 루프이다. n은 절대로 50이 되지 않는다.

10.
count	temp
1	123
2	12.3
3	1.23

이것은 정답을 낸다. 123은 3개의 숫자를 가지고 있다.

count	temp
1	100
2	10.0

이것은 오답을 낸다. 100도 3개의 숫자를 가지고 있다. 루프 조건이 while (temp >= 10) 으로 변경되어야 한다.

11.
```
int year = 1;
while (year <= numberOfYears)
{
double interest = balance * RATE / 100;
balance = balance + interest;
year++;
}
```

12. 11개의 수 : 10 9 8 7 6 5 4 3 2 1 0

13.
```
for (int i = 10; i <= 20; i++)
{
   System.out.println(i);
}
```

14.
```
int sum = 0;
for (int i = 1; i <= n; i++)
{
   sum = sum + i;
}
```

15.
```
final int PERIODS = 5;
for (int i = 1; i <= PERIODS; i++)
{
   invest.waitYears(YEARS);
   System.out.printf("The balance after %d years is %.2f\n",
         invest.getYears(), invest.getBalance());
}
```

16.
```
do
{
   System.out.print("Enter a value between 0 and 100: ");
   value = in.nextInt();
}
while (value < 0 || value > 100);
```

17.
```
int value = 100;
while (value >= 100)
{
   System.out.print("Enter a value < 100: ");
```

```
    value = in.nextInt();
}
```

여기서 value 변수는 루프에 최소한 1번은 진입하도록 인위적으로 조작한 값(루프 조건을 만족시키는 값)으로 초기화해야 한다.

18. 예. do 루프

do { 몸체 } while (조건);

은 다음 while 루프와 동일한 계산을 수행한다.

```
boolean first = true;
while (first || 조건)
{
    몸체
    first = false;
}
```

19.
```
int x;
int sum = 0;
do
{
    x = in.nextInt();
    sum = sum + x;
}
while (x != 0);
```

20.
```
int x = 0;
int previous;
do
{
    previous = x;
    x = in.nextInt();
    sum = sum + x;
}
while (x != 0 && previous != x);
```

21. No data

22. 첫 번째 검사는 센티널값을 읽은 후 루프를 끝내기 위한 것이다. 두 번째 검사는 센티널값을 입력 데이터로 간주하지 않기 위한 것이다.

23. while 루프를 한 번도 실행하지 않고 건너뛴다. 사용자에게 입력을 요구하는 프롬프트가 한 번도 나타나지 않는다. count 변수가 0을 유지하므로 프로그램은 "No data"를 출력한다.

24. nextDouble 메서드는 false를 반환한다. 더 정확한 프롬프트는 다음과 같다.

"Enter values, a key other than a digit to quit: "

그러나 이 프롬프트는 더 혼란스러운 상황을 일으킬 수 있는데, 프로그램 사용자들에게 어떤 키를 선택해야 할지 고민에 빠져들게 한다.

25. 사용자가 수치 데이터를 입력하지 않으면 in.nextDouble() 호출은 실패한다.

26. 평균을 계산

```
Enter scores, Q to quit: 90 80 90 100 80 Q
The average is 88
(프로그램이 종료)
```

27. 단순 변환

```
Your conversion question: How many in are 30 cm      ← 하나의 값만 변환한다.
30 cm = 11.81 in
(프로그램이 종료)      ← 다른 질문을 하려면 프로그램을 다시 실행시킨다.
```

모르는 단위

```
Your conversion question: How many inches are 30 cm?
Unknown unit: inches
Known units are in, ft, mi, mm, cm, m, km, oz, lb, g, kg, tsp, tbsp, pint, gal
(프로그램이 종료)
```

프로그램이 질문 형식을 이해하지 못함.

```
Your conversion question: What is an ångström?
Please formulate your question as "How many (unit) are (value) (unit)?"
(프로그램이 종료)
```

28. 하나의 점수로는 불충분함.

```
Enter scores, Q to quit: 90 Q
Error: At least two scores are required.
(프로그램이 종료)
```

29. 지금까지 배운 자바 기능만으로는 이 인터페이스를 구현할 수 없다. 첫 번째 입력 데이터 집합이

언제 끝나는지 프로그램에서 알 수 있는 방법이 전혀 없다(value = in.nextDouble() 로 숫자들을 읽을 때, 숫자들을 한 줄로 입력할지 여러 줄에 걸쳐 입력할지는 프로그래머에게 달려 있다.).

30. 두 이율을 비교

```
First interest rate in percent: 5
Second interest rate in percent: 10
Years: 5
Year     5%          10%
-----------------------------
0     10000.00    10000.00
1     10500.00    11000.00
2     11025.00    12100.00
3     11576.25    13310.00
4     12155.06    14641.00
5     12762.82    16105.10
```

이 행은 1이 첫 번째 해의 끝을 나타내는 것을 분명하게 한다.

31. 합계는 0이다.

32.
```
double total = 0;
while (in.hasNextDouble())
{
    double input = in.nextDouble();
    if (input > 0) { total = total + input; }
}
```

33. position 변수의 값은 str.length()이고 ch 변수는 초기값 '?'이 계속 유지된다. ch 변수는 임의의 값으로 초기화되어야 한다. 그렇지 않으면 컴파일러가 초기화되지 않은 변수를 지적할 것이다.

34. 조건에 맞는 경우를 찾으면 루프가 종료되지만 position과 ch 변수가 루프 바깥에서 선언되어 있지 않아 탐색 결과인 첫 번째 공백 문자의 위치 값을 루프 밖에서는 알 수가 없다.

35. 다음과 같이 문자열의 마지막 문자부터 검색을 시작한다.

```
boolean found = false;
int i = str.length() - 1;
while (!found && i >= 0)
{
   char ch = str.charAt(i);
   if (ch == ' ') { found = true; }
   else { i--; }
}
```

36. 첫 번째 in.nextDouble() 호출이 실패하게 되고 프로그램이 종료한다. 가능한 해법 한 가지는 입력 작업을 모두 루프 내에서 하고 루프의 첫 번째 실행인지 아닌지 표시하는 부울 변수를 사용하는 것이다.

```
double input = 0;
boolean first = true;
while (in.hasNextDouble())
{
   double previous = input;
   input = in.nextDouble();
   if (first) { first = false; }
   else if (input == previous)
   {
      System.out.println("Duplicate input");
   }
}
```

37. 안쪽 루프 내에서 출력되는 모든 값들을 같은 줄에 출력해야 한다.

38. 13번, 18번, 30번 줄 모두 for(int n = 0; n <= NMAX; n++)로 변경한다. 8번 줄의 NMAX 상수 선언문을 final int NMAX = 5 로 변경한다.

39. 60개. 바깥 루프가 10번, 안쪽 루프가 6번 반복되므로 개다.

40.
```
0123
1234
2345
```

41.
```
for (int i = 1; i <= 3; i++)
{
    for (int j = 1; j <= 4; j++)
    {
        System.out.print("[]");
    }
    System.out.println();
}
```

42. generator.nextInt(2)를 호출하여 반환값이 0이면 동전의 앞면을, 1이면 뒷면을 나타낸다.

43. generator.nextInt(4)를 호출하여 반환값 0, 1, 2, 3을 4개의 카드 무늬와 연관시킨다. 다시 generator.nextInt(13)을 호출하여 반환값 0, 1 , . . . 12를 각각 카드의 숫자인 Jack, Ace, 2 . . . 10, Queen, King과 연관시킨다.

44. 2개의 Die 객체를 생성한다.

```
Die d1 = new Die(6);
Die d2 = new Die(6);
```

다음에 이 2개의 주사위를 던지고 결과를 출력한다.

```
System.out.println(
   d1.cast() + " " + d2.cast());
```

45. 2 + generator.nextInt(11) 식을 계산하면 2와 12 사이의 난수를 생성하지만, 모든 값은 같은 확률로 나타난다. 주사위 2개를 동시에 던질 경우 숫자 7은 숫자 2보다 나타날 확률이 6배정도 높다. 따라서 2개의 주사위 던지기를 표현하는 올바른 코드는 다음과 같다.

```
int sum = generator.nextInt(6)
   + generator.nextInt(6) + 2;
```

46. generator.nextDouble() * 100.0

47. 지나가기를 해야 한다. println 메서드의 내부 동작을 디버깅하는 것은 관심사가 아니기 때문이다.

48. 일시 정지점을 설정해야 한다. 루프들을 한 단계씩 실행하는 것은 몹시 지루한 일이다.

49. 유감스럽게도 대부분의 디버거는 실행을 뒤로 되돌리는 기능을 지원하지 않는다. 대신 프로그램을 종료한 후 다시 시작해야 한다. 재시작하기 전에 변수가 변경된 줄에 일시정지점을 설정하는 것이 좋다.

50. 아니오. 그럴 필요가 전혀 없다. 디버거에서 제공하는 기능을 활용하여 변수를 점검하면 된다.

51. 짧은 프로그램은 실행을 손으로 따라갈 수 있다. 그러나 아주 긴 프로그램의 실행을 수동으로 추적하는 것은 굉장히 많은 시간을 소모시키는 작업이다.

CHAPTER 6

배열과 배열 리스트

이 장의 목표

- 배열과 배열 리스트를 사용하여 요소를 모은다.
- 배열과 배열 리스트를 순회하는데 향상된 for 루프를 사용한다.
- 배열과 배열 리스트를 처리하는 일반적인 배열 알고리즘 익힌다.
- 이차원 배열의 사용 방법에 대해 배운다.
- 2차원 배열 사용한다.
- 회귀 테스팅 개념 이해한다.

이 장의 목차

많은 프로그램에서 대량의 값들을 모으는 방법이 필요하다. 자바에서는 이러한 목적을 위해 배열과 배열 리스트를 사용한다. 배열은 매우 간결한 문법 구조를 갖는 반면, 배열 리스트는 자동으로 원하는 크기로 조정할 수 있다. 본 장에서는 배열과 배열 리스트, 그리고 이들을 처리하는데 사용하는 알고리즘에 대해 배울 것이다.

6.1 배열

배열 자료형을 소개하면서 이 장을 시작하겠다. 배열은 자바에서 다수의 값들을 모아 보관하는 기본적인 메커니즘이다. 다음 절들에서 배열을 선언하고 배열 요소를 접근하는 법에 대해 배울 것이다.

6.1.1 배열 선언과 사용

일련의 연속값들을 호출하고 다음과 같이 그 값들을 출력하고, 가장 큰 값을 표시하는 프로그램을 작성해 보기로 하자.

```
32
54
67.5
29
35
80
115 <= 가장 큰 값
44.5
100
65
```

배열은 동일한 자료형의 일련의 연속적인 값들을 모아 보관한다.

입력한 모든 값들을 보기 전까지는 어떤 값을 가장 큰 값으로 표시할지 알 수 없다. 따라서 모든 값들을 출력하기 전에 먼저 어딘가에 저장해 두어야 한다.

단순히 각 값을 별개의 변수에 저장할 수 있는가? 만약 10개의 값이 있다면, 10개의 변수 value1, value2, value3, ... , value10에 그 값들을 저장할 수 있다. 그렇지만 이 변수들을 연속적으로 사용한다는 것은 매우 비현실적이다. 꽤 많은 길이의 코드를 각 변수마다 한 번씩 10번 작성해야 한다. 자바에서 배열(array)은 동일한 데이터형의 연속적인 값들을 모아 저장하기 위한 훨씬 나은 수단이다.

10개의 부동 소수점 수를 갖는 배열을 구성하는 방법은 다음과 같다.

```
new double[10]
```

요소(element)의 수(여기서는 10)를 배열의 길이라고 부른다.

new 연산자는 단지 배열을 만드는 것이다. 나중에 배열에 접근하기 위해서 그 배열에 대한 참조값을 배열 변수에 저장해 두어야 한다.

배열 변수의 자료형은 배열 요소의 자료형과 같아야 하고 [ ]를 뒤에 붙인다. 위의 예에서 요소의 자료형이 double 이므로, 배열 변수의 자료형은 double[ ]이 된다.

다음은 double[ ] 자료형인 배열 변수의 선언 예이다(그림 1 참조).

```
double[] values; ❶
```

배열 변수를 선언하면 초기화가 저절로 되지는 않는다. 따라서 다음과 같이 배열 변수를 배열 참조값으로 초기화해야 한다.

```
double[] values = new double[10]; ❷
```

이제 values 변수는 10개의 수를 저장할 수 있는 배열로 초기화되었다. 이 때 배열의 각 요소는 자동적으로 0으로 초기화된다.

배열을 선언할 때, 요소들의 초기값을 명시적으로 지정할 수도 있다. 예를 들어

```
double[] moreValues = { 32, 54, 67.5, 29, 35, 80, 115, 44.5, 100, 65 };
```

초기값을 제공하면 new 연산자를 사용하지 않아도 된다. 컴파일러가 초기값의 수를 세어 배열의 길이를 정한다.

배열의 각 요소는 배열 변수 [i]로 표기하여 접근할 수 있다. 여기서 i는 정수형 인덱스이다.

배열 내에 저장된 하나의 값을 접근하려면 사용하고 싶은 '슬롯(slot)'이 무엇인지 명시하면 된다. 이 작업은 다음 예와 같이 [] 연산자를 가지고 할 수 있다.

```
values[4] = 35; ❸
```

이제 values 배열의 4번 슬롯이 35로 채워진다(그림 1 참조). 이 '슬롯 번호'를 인덱스(index)라고 한다. 배열에서 각 슬롯은 하나의 요소를 보관한다.

하나의 배열 요소는 일반적인 변수처럼 사용할 수 있다.

values는 double 형 값의 배열이므로 각 요소 values[i]는 double 형 변수처럼 사용할 수 있다. 예를 들어 인덱스 4의 요소를 다음 명령으로 콘솔 화면에 출력할 수 있다.

```
System.out.println(values[4]);
```

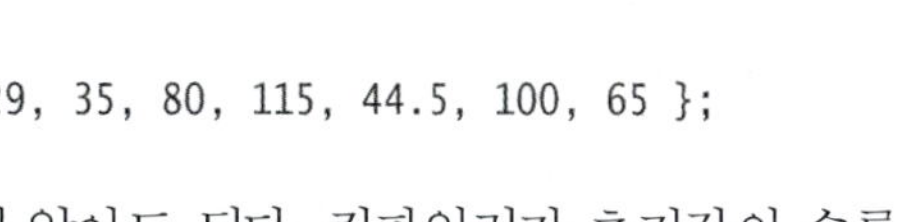

번호로 우편함을 구분하는 것처럼 배열 요소는 인덱스에 의해 구별된다.

그림 1을 자세히 들여다보면 values[4]를 변경했을 때 배열의 5번째 요소가 채워지는 것을 볼 수 있다. 자바에서 배열의 요소는 0부터 번호가 매겨진다. 즉, values 배열의 요소에 대한 올바른 표현은 다음과 같다.

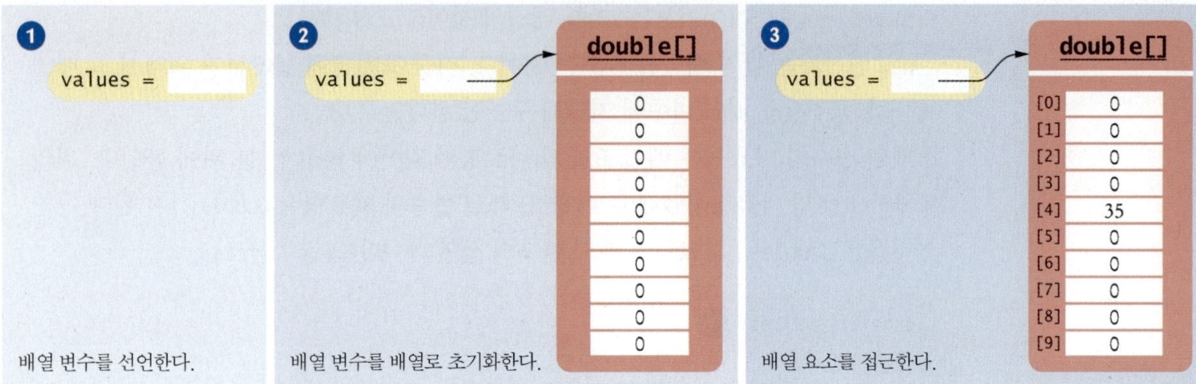

그림 1 크기가 10인 배열

values[0], 첫 번째 요소
values[1], 두 번째 요소
values[2], 세 번째 요소
values[3], 네 번째 요소
values[4], 다섯 번째 요소
…
values[9], 열 번째 요소

달리 말해서 다음 선언은

```
double[] values = new double[10];
```

문법 6.1 배열

Syntax 배열을 생성하기 위해 new *typeName[length]*
요소에 접근하기 위해 *arrayReference[index]*

배열 변수의 이름
요소의 데이터형
길이
배열 변수의 형

```
double[] values = new double[10];
```

0으로 초기화됨

```
double[] moreValues = { 32, 54, 67.5, 29, 35 };
```

이러한 요소들로 초기화됨.

요소에 접근하기 위해서는 각 괄호를 사용

```
values[i] = 0;
```

인덱스는 ≥0와 < 배열의 길이 이어야 함. (컴퓨팅과 사회 5.1 참조).

10개의 요소를 가진 배열을 생성한다. 이 배열에서 인덱스는 0과 9사이의 임의의 정수가 될 수 있다.

배열 인덱스는 최소한 0 이어야 하고, 배열의 크기보다 작아야 한다.

인덱스가 올바른 범위 내의 값을 갖도록 주의해야 한다. 배열 범위를 벗어난 요소를 접근하려고 하면 중대한 오류가 발생한다. 예를 들어 values가 10개의 요소를 가지고 있으면 values[20]은 허용되지 않는다. 유효한 인덱스 범위 밖의 인덱스값으로 요소를 접근하려고 시도하는 것을 범위 오류(bounds error)라고 한다. 컴파일러에서는 이런 종류의 오류를 잡아내지 못한다. 프로그램 실행 중에 범위 오류가 발생하면 실행 시간 예외를 초래한다.

범위 오류는 범위를 벗어나는 배열 인덱스를 사용할 때 발생하는데, 이 오류로 인해 프로그램이 예기치 않게 종료될 수 있다.

다음은 아주 흔히 발생하는 범위 오류이다.

```
double[] values = new double[10];
values[10] = value;
```

10개의 요소를 가진 배열에서 values[10]은 존재하지 않는다. 이 배열의 인덱스는 0부터 9까지의 범위에 있다.

범위 오류를 피하려면 배열에 있는 요소들의 수가 몇 개인지 알아야 한다. values.length 수식은 values 배열의 길이를 계산한다. length 다음에 괄호를 쓰지 않음을 주의하라.

배열의 요소 수를 알고 싶으면 배열 변수.length 수식을 사용해라.

아래 코드는 인덱스 변수 i가 범위 내에 있을 때에만 배열에 접근할 수 있다는 것을 보장한다.

```
if (0 <= i && i < values.length) { values[i] = value; }
```

표 1 배열을 선언하는 방법들

코드	설명
`int[] numbers = new int[10];`	10개 정수 배열 모든 요소들은 0으로 초기화된다.
`final int LENGTH = 10;` `int[] numbers = new int[LENGTH];`	'매직 숫자' 대신 이름이 있는 상수를 사용하는 것이 좋은 방법이다.
`int length = in.nextInt();` `double[] data = new double[length];`	길이가 반드시 상수일 필요는 없다.
`int[] squares = { 0, 1, 4, 9, 16 };`	5개의 정수로 초기화된 배열.
`String[] friends = { "Emily", "Bob", "Cindy" };`	3개의 문자열로 초기화된 배열.
🚫 `double[] data = new int[10];`	오류 : int[] 형의 배열로 double[] 형 배열 변수를 초기화할 수 없다.

배열은 중대한 한계를 가지고 있다. 즉, 배열의 길이가 고정된다는 것이다. 만약 10개 요소를 갖는 배열을 만들어 진행한 후에 추가적인 요소가 더 필요하게 된다면, 새로이 배열을 만들어서 이전 배열의 요소 전체를 새로운 배열에 복사해야 한다. 이러한 과정은 6.4.10절에서 자세히 다룰 것이다.

배열의 모든 요소를 방문하기 위해 인덱스를 위한 변수를 사용한다. 배열 values가 10개의 요소를 가지고 있고, 정수형 변수 i에 0, 1, 2, ... 으로 정수가 차례대로 배정된다고 하자. 그러면 values[i] 수식은 차례대로 배열의 각 요소를 나타낸다. 예를 들어 아래의 루프는 values 배열의 모든 요소를 화면에 내보낼 것이다.

```
for (int i = 0; i < 10; i++)
{
   System.out.println(values[i]);
}
```

루프 조건에서 인덱스를 10보다 작게 표현했다는 것에 유의해라. 그 이유는 values[10]과 연관된 요소는 존재하지 않기 때문이다.

6.1.2 배열 참조

그림 1을 자세히 살펴보면 values 변수가 어떤 숫자를 저장하지는 않는다는 것을 알 수 있다. 그 대신 배열은 다른 곳에 저장되어 있고, values 변수는 배열에 대한 참조(reference)만 가지고 있다(참조는 메모리에 저장되어 있는 배열의 위치를 나타낸다.). 2.9절에서 소개한 객체 참조에서 이런 식의 표현을 이미 살펴보았다. 객체나 배열을 접근할 때 자바가 참조를 사용한다는 사실에 관심을 둘 필요는 없다. 이런 사실은 참조를 복사할 경우에만 중요하게 된다.

배열 참조는 배열의 위치를 나타낸다. 참조 복사는 동일 배열에 대한 두 번째 참조를 만드는 것이다.

배열 변수의 값을 다른 배열 변수로 복사하면 두 배열 변수는 동일한 배열을 가리킨다(그림 2 참조).

```
int[] scores = { 10, 9, 7, 4, 5 };
int[] values = scores; // 배열 참조를 복사
```

위와 같이 배열 변수를 복사하면, 다음과 같이 두 변수 모두 동일한 배열을 수정하는데 사용할 수 있다.

```
scores[3] = 10;
System.out.println(values[3]); // 10을 출력한다.
```

6.4.10절에서 배열의 내용을 어떻게 복사할 수 있는지 알아 볼 것이다.

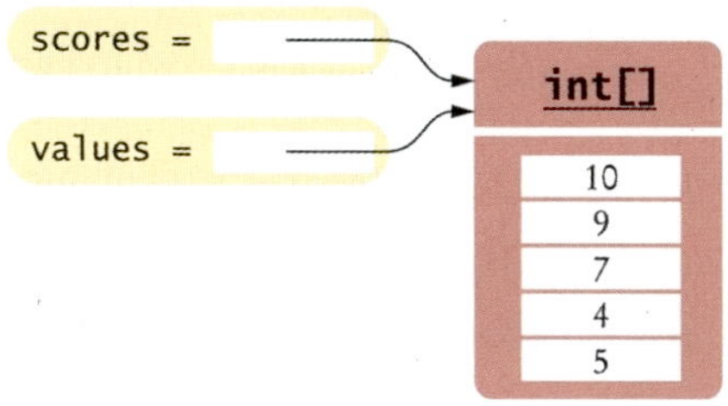

그림 2 동일한 배열을 참조하는 두 배열 변수

6.1.3 메서드 인수로 배열 사용

배열을 메서드의 인수와 반환값에 사용할 수 있다.

다른 값처럼 배열도 메서드의 인수(argument)와 반환값이 될 수 있다.

배열 인수를 갖는 메서드를 정의하려면 배열을 전달받는 매개변수(parameter)를 제공해야 한다. 예를 들어 다음 코드는 학생 객체에 점수를 추가하는 메서드를 정의한 것이다.

```
public void addScores(int[] values)
{
   for (int i = 0; i < values.length; i++)
   {
      totalScore = totalScore + values[i];
   }
}
```

이 메서드를 호출하려면 아래처럼 배열을 인수로 제공해야 한다.

```
int[] scores = { 10, 9, 7, 10 };
fred.addScores(scores);
```

역으로 메서드는 배열을 반환할 수 있다. 예를 들어 Student 클래스에 다음 메서드를 정의하여

```
public int[] getScores()
```

학생의 모든 점수를 배열로 반환하고 있다.

6.1.4 일부만 채운 부분 배열

배열은 실행 중에 크기를 바꿀 수 없다. 배열에 몇 개의 요소가 필요한지 미리 알 수 없을 때 이것은 문제가 된다. 이런 상황에서는 배열에 저장해야 할 요소의 최대 수를 잘 추정해야 한다. 예를 들어 10개 이상의 요소를 저장하고자 하나, 절대로 100개는 넘지 않을 것으로 추정한다면 아래와 같이 코드를 작성할 수 있다.

```
final int LENGTH = 100;
double[] values = new double[LENGTH];
```

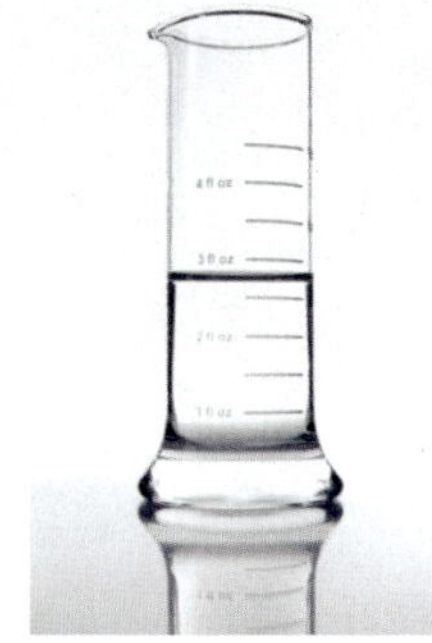

부분 배열을 처리하려면 몇 개의 요소가 채워졌는지 기억해두어야 한다.

보통 프로그램 실행에서 배열의 일부분만 실제 요소들로 채워진다. 이런 배열을 부분 배열(partially filled array)이라고 부른다. 이런 부분 배열을 처리하려면 몇 개의 요소가 실제로 쓰이는지 세는 동반 변수(companion variable)를 유지해야 한다. 그림 3에서 currentSize 변수가 동반 변수이다.

다음 루프는 입력값을 호출하여 values 배열을 채운다.

```
int currentSize = 0;
Scanner in = new Scanner(System.in);
while (in.hasNextDouble())
{
   if (currentSize < values.length)
   {
      values[currentSize] = in.nextDouble();
      currentSize++;
   }
}
```

부분 배열을 처리하려면 현재 배열 크기를 기억하기 위한 동반 변수를 유지해야 한다.

이 루프의 끝에서 currentSize는 배열에 실제로 저장된 요소의 수를 나타낸다. 동반 변수인 currentSize의 값이 배열의 길이와 같으면 입력을 중단해야 한다는 것에 주의해라.

입력으로 모은 배열 원소를 처리하기 위해 배열의 길이가 아닌 동반 변수를 다시 사용한다. 아래 루프는 부분 배열의 요소를 출력한다.

예제의 완전한 코드

웹 페이지 wiley.com/go/javacode 사이트에서 배열 연산을 보여 주는 프로그램을 다운로드할 수 있다.

```
for (int i = 0; i < currentSize; i++)
{
   System.out.println(values[i]);
}
```

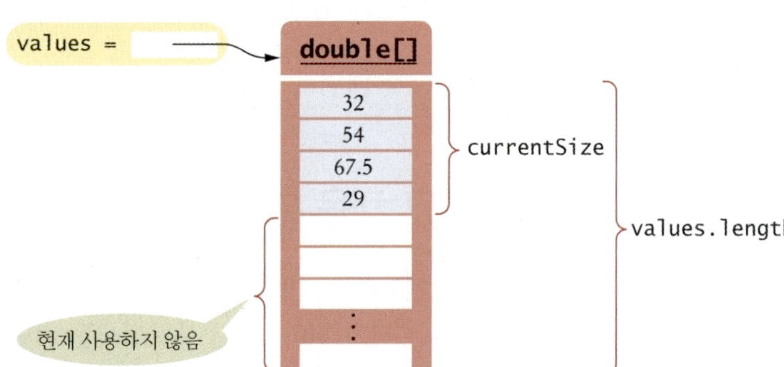

그림 3 부분 배열

자습문제

1. 처음 다섯 개의 소수를 보관하는 정수들의 배열을 선언하라.
2. 배열 primes를 1번에서 설명한대로 초기화했다고 가정한다. 다음 루프를 실행한 후, 이 배열에는 무엇이 저장되어 있는가?

```
for (int i = 0; i < 2; i++)
{
   primes[4 - i] = primes[i];
}
```

3. 배열 primes를 자습 문제 1에서 설명한대로 초기화했다고 가정한다. 다음 루프를 실행한 후, 이 배열에는 무엇이 저장되어 있는가?

```
for (int i = 0; i < 5; i++)
{
   primes[i]++;
}
```

4. 배열 선언

```
int[] values = new int[10];
```

위의 식이 주어졌을 때 values 배열에서 가장 작은 인덱스와 가장 큰 인덱스를 가진 두 요소에 정수 10을 저장하는 문장을 작성하라.

5. String 형의 10개의 요소를 보관할 수 있는 words 배열을 선언하라.
6. 두 문자열 'Yes'와 'No'를 가지고 있는 배열을 선언하라.
7. 입력된 값을 배열에 저장하지 않고도 5.7.5절에서 소개한 최대값 알고리즘과 유사한 알고리즘을 사용하여 6.11절에 보이는 출력을 만들 수 있는가?
8. n개의 숫자들의 조합을 반환하는 Lottery 클래스의 한 메서드를 선언하라. 이 메서드를 구현할 필요는 없다.

실습하기 이 장의 끝부분에 있는 복습문제 및 연습 문제 R6.1, R6.2, R6.6, P6.1를 수행하시오.

흔한 오류 6.1

범위 오류

배열에서 발생되는 가장 흔한 오류는 존재하지도 않는 위치에 접근하려고 하는 것이다.

```
double[] values = new double[10];
values[10] = 5.4;
  //오류 - values는 인덱스값이 0 ... 9인 10개의 요소들만 가지고 있다.
```

프로그램이 범위를 벗어난 인덱스로 배열을 접근할 때 컴파일러는 오류 메시지를 주지 않는다. 대신 프로그램은 실행 중에 예외를 생성한다.

흔한 오류 6.2

초기화도 채워지지도 않은 배열

배열을 사용할 때 생기는 흔한 오류 중 하나는 실제 배열이 아닌 배열 참조 변수에 값을 할당하려고 하는 것이다.

```
double[] values;
values[0] = 29.95; //오류 - values 배열 변수가 초기화되지 않았다.
```

배열 변수는 객체 변수와 동일하게 작동한다. - 배열 변수는 실제 배열에 대한 참조일 뿐이다. 실제 배열을 생성하기 위해서는 new 연산자를 사용해야 한다.

```
double[] values = new double[10];
```

또 다른 흔한 오류는 객체의 배열을 할당하면 객체 배열에 객체가 채워졌다고 생각하게 되는 것이다.

```
BankAccount[] accounts = new BankAccount[10]; // 10개의 null 참조를 갖고 있다.
```

이 배열은 초기의 은행 계좌가 아니라 null 참조를 가지고 있는 것이다. 다음 예와 같은 방법으로 배열을 채워야 한다는 것을 기억하기 바란다.

```
for (int i = 0; i < 10; i++)
{
   accounts[i] = new BankAccount();
}
```

알아 두기 6.1

서로 관련이 있는 연속적인 값들에 대해서 배열을 사용하라

배열은 동일한 의미를 갖는 연속적인 값들을 저장하도록 고안되었다. 예를 들어 시험 성적에 대한 배열 사용은 용도에 완벽히 맞는 것이다.

```
int[] scores = new int[NUMBER_OF_SCORES];
```

그러나 다음 배열은

```
int[] personalData = new int[3];
```

어떤 한 사람의 이름, 은행 잔고, 신발 사이즈를 배열 내 위치 0, 1, 2에 각각 저장하도록 설계했다. 이렇게 배열을 사용하도록 설계한 것은 잘못된 것이다. 이런 식으로 배열에 다른 의미의 값들을 저장하면 프로그래머는 각 데이터들이 어느 위치에 저장되어 있는지를 일일이 기억해야 하는 번거로움이 있다. 이러한 상황에서는 별개의 변수를 3개 사용하는 것이 더 좋다.

알아 두기 6.2

병렬 배열을 객체 배열로 만들어라

배열은 익숙하지만 객체 지향 프로그래밍은 서투른 프로그래머들이 가끔 정보를 별도의 여러 배열에 걸쳐 분산시켜 놓곤 한다. 다음은 이러한 전형적인 예를 보여 준다. 계좌 번호와 잔고로 구성된 은행 데이터를 처리해야 한다. 이때 계좌 번호와 잔고를 별도의 배열에 저장해서는 안 된다.

```
int[] accountNumbers;
double[] balances; // 이렇게 해서는 안 된다.
```

위와 같은 배열을 병렬 배열(parallel array)이라고 한다(그림 4 참조). 두 배열의 i번째 요소들(accountNumbers[i]와 balances[i])은 함께 처리되어야 할 데이터를 가지고 있다.

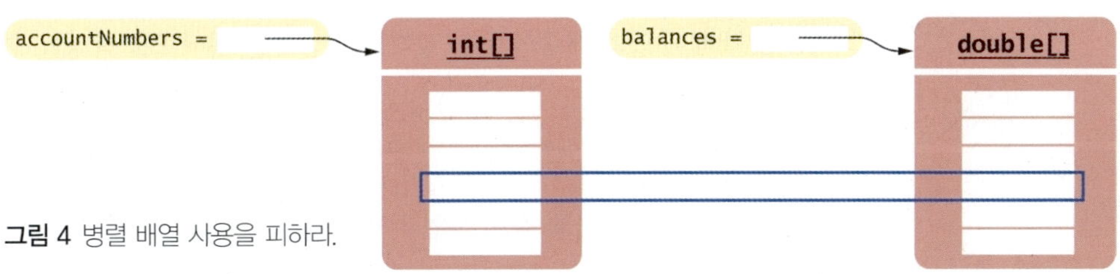

그림 4 병렬 배열 사용을 피하라.

병렬 배열을 객체 배열로 변경하여 병렬 배열의 사용을 피하라.

만약 같은 길이의 배열 두 개를 사용한다면 먼저 두 배열을 class 형의 단일 배열로 바꿀 수 있는지 고민해 보아야 한다. 배열의 요소들을 살펴보고 그것이 나타내는 의미를 생각해 보라. 그런 다음 그 개념을 클래스로 만들어라. 우리가 사용한 예에서 각 요소는 계좌 번호와 잔고를 담고 있는데, 이는 은행 계좌로 표현할 수 있다.

따라서 객체의 단일 배열을 사용하는 것은 쉬운 일이 된다(그림 5 참조).

```
BankAccount[] accounts;
```

이러한 방식을 사용하면 왜 유리할까? 미래에 발생될 일을 생각해 보라. 아마도 당신이 만든 프로그램은 언젠가 변경될 것이고, 또한 예금주 정보를 추가로 저장할 필요가 있을 것이다. BankAccount 클래스를 업데이트하는 것은 쉬운 일이다. 게다가 새로운 배열을 만들고 기존의 두 배열에 접근할 수 있던 메서드들이 새로 만들어진 세 번째 배열에도 여전히 접근할 수 있는지를 확인해야 하므로 문제가 매우 복잡해 질 수 있다.

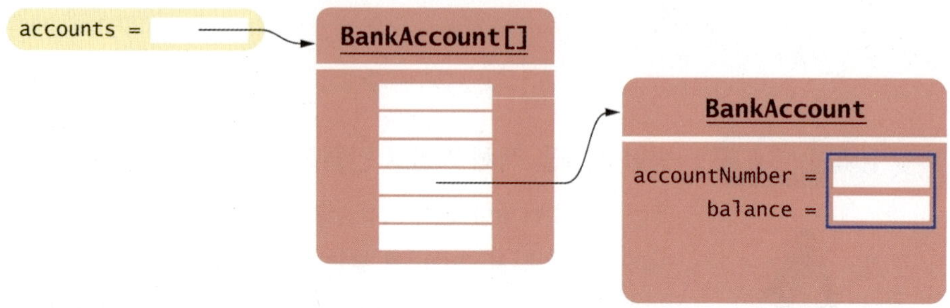

그림 5 병렬 배열을 객체 배열로 재구성한다.

심화 학습 6.1

가변 개수의 매개변수를 갖는 메서드

매개변수의 개수가 가변인 메서드를 선언할 수 있다. 예를 들어 학생을 표현하는 Student 객체에 임의 개수의 시험 성적들을 더하는 메서드를 작성할 수 있다.

```
fred.addScores(10, 7); // 이 메서드 호출은 두 개의 인수를 가진다.
fred.addScores(1, 7, 2, 9); // 같은 메서드에 대한 호출이지만 네 개의 인수를 가진다.
```

이런 메서드는 다음과 같이 선언되어야 한다.

```
public void addScores(int... values)
```

int... 자료형은 메서드가 int 형 인수를 임의의 개수만큼 전달받을 수 있음을 나타낸다. values 매개변수는 실제로 메서드에 전달되는 모든 인수를 전달받아 저장하고 있는 int[ ] 배열이다.

다음 메서드 구현은 values 배열의 요소들을 차례로 방문하여 처리한다.

```
public void addScores(int... values)
{
   for (int i = 0; i < values.length; i++) // values는 int[]이다.
   {
      totalScore = totalScore + values[i];
   }
}
```

컴퓨팅과 사회 6.1 컴퓨터 바이러스

1988년 11월, 코넬 대학교의 대학원 학생인 로버트 모리스(Robert Morris)가 인터넷에 연결된 수많은 컴퓨터들을 감염시켰던 이른바 바이러스 프로그램을 유포시켰다. 그 당시의 인터넷은 지금보다는 규모가 아주 작았다.

컴퓨터를 공격하기 위해 바이러스는 자신의 명령어가 실행될 수 있는 방법을 찾아야 한다. 모리스의 프로그램은 '버퍼 한도 초과(buffer overrun)' 공격을 수행하였는데, 공격 방식은 인터넷에 연결된 다른 컴퓨터의 한 프로그램에 예상 밖의 대규모 입력을 제공하는 것이다. 어느 누구도 512보다 긴 문자열을 입력하지 않을 것이라는 가정하에 그 프로그램은 크기가 512인 문자 배열을 할당했다. 불행하게도 그 프로그램은 C 프로그래밍 언어로 작성되었다. 자바와 달리 C 언어는 배열의 인덱스가 배열의 길이보다 작은지를 검사하지 않는다. 아주 큰 인덱스를 사용해 배열에 값을 저장하면 인덱스 범위를 검사하지 않으므로 다른 객체에 속한 메모리 위치에 그 값을 저장한다. C 프로그래머들은 보통 안전 점검 코드를 프로그램에 삽입하지만, 공격받은 그 프로그램은 우연하게도 안전 점검 코드가 빠져 있었다. 바이러스 프로그램은 의도적으로 512 크기의 문자 배열에 536 바이트를 채웠다. 공격자는 배열 공간 바로 다음에 저장되어 있는 이전의 복귀 주소를 초과된 24 바이트로 덮어 쓰게 하여 복귀 주소를 공격자가 원하는 주소로 바꾸었다. 입력을 읽는 메서드가 종료되면 호출자에게 돌아가지 않고 바이러스가 제공한 코드로 돌아간다(그림 참조). 따라서 바이러스는 원격의 컴퓨터에 자신이 원하는 코드를 실행시킬 수 있어 그 컴퓨터를 감염시킨다.

C 언어에서처럼 자바에서도 프로그래머들은 배열 범위를 초과하지 않도록 주의를 기울여야 한다. 그렇지만 자바에서 이러한 오류는 실행 시간 예외를 일으켜 배열 범위 밖의 메모리를 절대로 변질시키지 못하게 방지한다. 이것이 바로 자바의 안전성 보장 기능 중의 하나이다. 혹자는 수천 대의 컴퓨터를 무력화시킨 프로그램을 개발하느라 수 주일이나 보낼 만큼 바이러스 저자를 사로잡은 것이 무엇인지 의아할지 모른다. 침입은 전적으로 바이러스 프로그램 저자의 의도처럼 보이나 컴퓨터를 무력화시킨 것은 끊임없는 재감염으로 인한 버그였다. 모리스에게는 3년간의 근신과 400시간의 사회봉사, 10,000달러의 벌금형이 선고되었다.

최근 몇 년 사이에 점점 컴퓨터 공격이 심해지고 있으며 공격 동기도 악의적으로 되어가고 있다. 컴퓨터를 무력화시키는 대신 공격한 컴퓨터 내에 영주하려는 바이러스도 간혹 보인다. 범죄 단체는 스팸 메일을 보내려고 탈취한 수백만 대의 컴퓨터들의 처리능력을 빌리기도 한다. 또 다른 바이러스는 모든 키 입력을 감시하면서 신용카드 번호나 은행 계좌의 비밀 번호로 여겨지는 정보를 주인에게 보낸다.

컴퓨터가 감염되는 일반적인 이유는 사용자가 인터넷으로부터 다운로드 된 코드를 실행하기 때문이다. 이 코드는 게임이나 비디오 클립인 것처럼 위장하여 사용자로 하여금 아이콘이나 링크를 클릭하게 유도함으로써 다운로드 된다. 바이러스 퇴치 프로그램은 모든 다운로드 된 프로그램을 알려진 바이러스들의 목록과 대조한다.

자금을 관리하기 위해 컴퓨터를 사용하고 있다면 감염의 위험에 대해 계속 의식하고 있어야 한다. 바이러스가 여러분의 은행 계좌 비밀 번호를 읽어 계좌를 다 털어간다면, 여러분이 한 행동이 아니라는 사실을 은행이 믿게 하는데 많은 시간을 보내야 하고 아마도 대부분 돈을 잃어버릴 가능성이 높다. 운영 체제와 백신 프로그램을 항상 최신 버전으로 유지하고 웹 페이지나 수신한 메일의 의심스러운 링크를 절대로 클릭하지 말기 바란다. 자금 이체처럼 중요한 은행 업무를 할 때는 '이중 인증(two-factor authentication)'을 요구하는 은행을 이용하도록 한다. 이중 인증의 한 방법은 휴대폰을 사용한 회신 인증 혹은 문자 인증 방법이다.

바이러스는 군사적인 목적으로도 사용되고 있다. 2010년에 Stuxnet이라고 불리는 바이러스가 마이크로소프트의 윈도우즈를 통해 확산되어 USB 메모리를 감염시켰다. 이 바이러스는 지멘스사의 산업용 컴퓨터를 찾아 교묘한 방식으로 이 컴퓨터를 감염시키는데, 이란의 핵 농축 작업 중인 원심 분리기를 손상시키기 위해 설계한 것으로 보인다. 원심 분리기를 제어하는 컴퓨터들은 인터넷에 연결되어 있지는 않지만 USB 장치는 가지고 있었는데 그중의 일부를 감염시켰다. 미국과 이스라엘의 정보기관들이 이 바이러스를 개발했으며 이란의 핵 프로그램 속도를 늦추는데 성공적이었다는 소문이 돌았다.

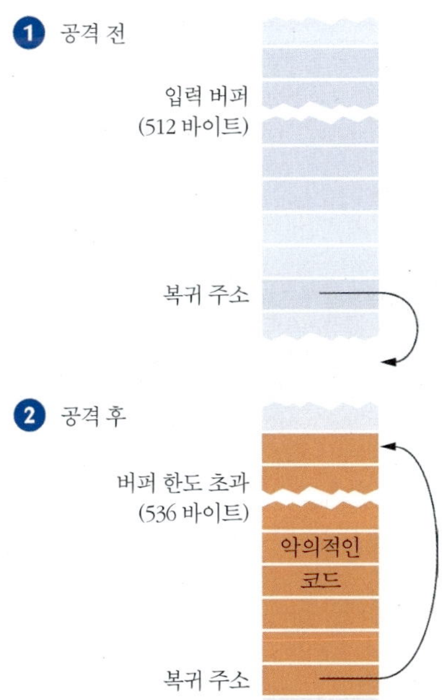

'버퍼 한도 초과' 공격

6.2 배열 리스트

배열 리스트는 크기 변경이 가능하며 일련의 연속된 값들을 저장한다.

입력을 모아 저장하는 프로그램을 작성할 때 입력이 몇 개나 되는지 정확히 모를 경우가 있다. 이러한 상황에서 배열 리스트(array list)는 아래와 같은 두 가지 특유의 이점을 제공한다.

- 배열 리스트는 필요에 따라 크기를 늘릴 수도 있고 줄일 수도 있다.
- ArrayList 클래스는 요소들을 삽입하고 삭제하는 것과 같은 기본적인 작업들에 대한 메서드들을 제공한다.

배열 리스트는 필요한 만큼의 요소들을 보관하기 위해 크기를 늘린다.

6.2.1 배열 리스트의 선언과 사용

다음은 문자열들을 저장하는 배열 리스트를 선언하는 문장이다.

```
ArrayList<String> names = new ArrayList<String>();
```

ArrayList 클래스는 제너릭 클래스이다. ArrayList<Type>은 Type 형의 객체들을 저장한다.

ArrayList 클래스는 java.util 패키지에 포함되어 있다. 프로그램에서 배열 리스트를 사용하려면 import java.util.ArrayList 문장을 프로그램 첫 부분에 삽입해야 한다.

ArrayList<String> 형은 String 형 요소들의 배열 리스트를 나타낸다. String 형 주위의 각 괄호(<>)는 String이 형 매개변수(type parameter)라는 것을 알려준다. String 대신 다른 클래스 형으로 바꾸면 다른 배열 리스트 형을 얻을 수 있다. 이러한 이유로 ArrayList는 제너릭 클래스(generic class)라 한다. 그렇지만 ArrayList<int>나 ArrayList<double> 형 등과 같이 기본 자료형을 형 매개변수로 사용할 수 없다는 것을 명심해야 한다. 6.2.2절에서 배열 리스트를 사용해 어떻게 숫자들을 모을 수 있는지 다룰 것이다.

배열 리스트를 사용할 때, 초기화를 잊어버려 발생하는 오류를 흔히 만나게 된다.

```
ArrayList<String> names;
names.add("Harry"); // 오류 - names가 초기화되지 않았다.
```

다음은 이 오류를 없애기 위한 적절한 초기화 선언문이다.

```
ArrayList<String> names = new ArrayList<String>();
```

문법 6.2 배열 리스트

Syntax 배열 리스트를 생성하기 위해 new ArrayList<*typeName*>()

요소에 접근하기 위해 *arraylistReference*.get(index)
arraylistReference.set(index, value)

데이터형 / 변수의 이름 / 크기 0인 배열 리스트 객체

```
ArrayList<String> friends = new ArrayList<String>();

friends.add("Cindy");
String name = friends.get(i);
friends.set(i, "Harry");
```

add 메서드는 크기를 증가시키면서 배열 리스트에 요소를 추가한다.

요소에 접근하기 위해서 get과 set 메서드를 사용하라.

인덱스는 ≥ 0와 < friends.size()이어야 함.

초기화 선언문의 오른쪽 new ArrayList<String> 다음에 ()를 사용하는 것에 유의하기 바란다. 이것은 ArrayList<String> 클래스의 생성자(constructor)가 호출되어야 함을 나타낸다.

ArrayList<String> 객체가 처음 생성될 때는 그 크기는 0이다. 배열 리스트의 끝에 한 요소를 추가하려면 add 메서드를 사용한다.

```
names.add("Emily"); // 이제 names는 크기가 1이 되고 "Emily" 요소를 가진다.
names.add("Bob"); // 이제 names는 크기가 2가 되고 "Emily"와 "Bob" 요소를 가진다.
names.add("Cindy"); // 이제 names는 크기가 3이 되고 "Emily", "Bob", "Cindy" 요소를 가진다.
```

배열 리스트의 현재 크기를 얻고 싶으면 size 메서드를 사용해라.

add 메서드가 호출될 때마다 그 크기는 증가하게 된다(그림 6 참조). size 메서드는 배열 리스트의 현재 크기를 알려준다.

배열 리스트 요소의 값을 얻기 위해서 연산자 []가 아닌, get 메서드를 사용한다. 배열과 마찬가지로 인덱스값은 0부터 시작된다. 예를 들어 names.get(2)는 배열 리스트에서 인덱스 2인 세 번째 요소를 검색하게 된다.

```
String name = names.get(2);
```

주어진 인덱스의 배열 리스트 요소를 접근하고 싶으면 get과 set 메서드를 사용해라.

배열에서와 같이 존재하지 않는 요소에 접근하면 오류가 발생된다. 아래는 매우 흔히 발생되는 범위 오류를 보여준다.

```
int i = names.size();
name = names.get(i); // 오류
```

배열에서의 마지막 인덱스는 names.size() - 1 이다.

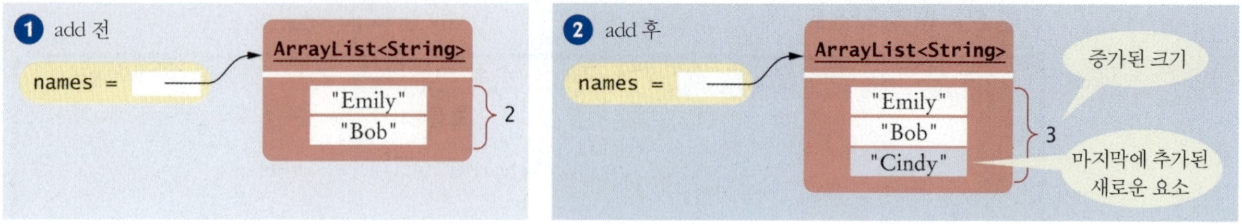

그림 6 add 메서드로 배열 리스트 요소를 삽입한다.

새로운 값을 배열 리스트에 넣기 위해서는 set 메서드를 사용한다.

```
names.set(2, "Carolyn");
```

이 호출은 names 배열 리스트의 위치 2에 "Carolyn"을 설정하여 전에 값이 무엇이 있었던지 상관없이 그 위에 덮어 쓰게 된다.

set 메서드는 단지 존재하는 값을 덮어 쓰기만 한다. 이것은 배열 리스트의 마지막에 새로운 객체를 추가하는 add 메서드와는 차이가 있다.

배열 리스트 요소를 추가하거나 삭제하고 싶으면 add와 remove 메서드를 사용해라.

배열 리스트의 중간 부분에 요소를 삽입할 수도 있다. names.add(1, "Ann")를 호출하게 되면 인덱스가 1 이상인 모든 요소들은 한 칸씩 뒤로 이동하게 되고 인덱스 1 위치에 문자열 "Ann"이 추가 된다. 매번 add 메서드를 호출한 후에는 배열 리스트의 크기는 1씩 증가된다(그림 7 참조).

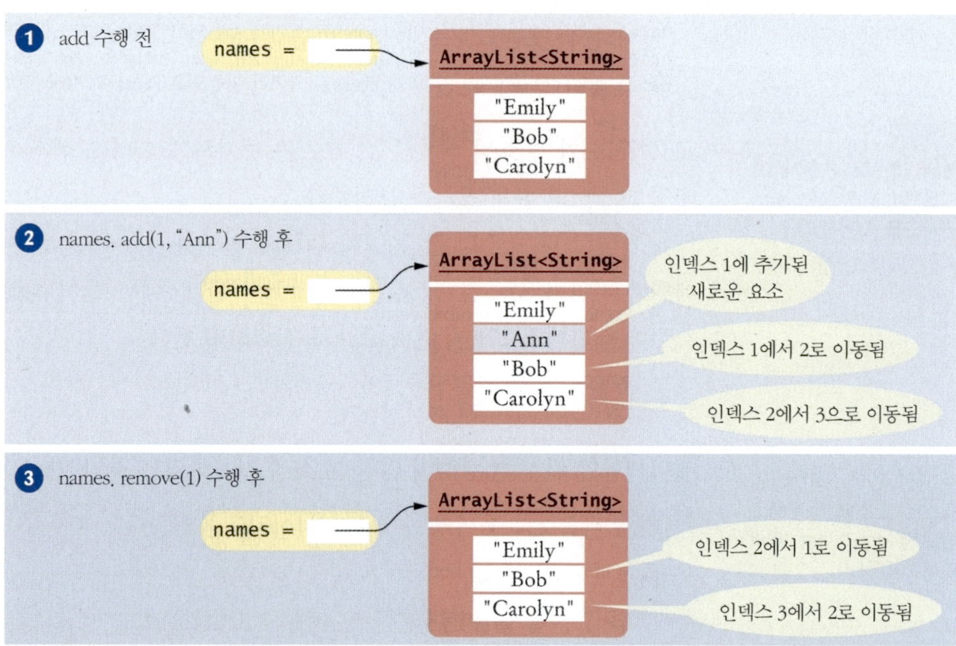

그림 7 배열 리스트 중간에 요소를 추가하고 삭제한다.

배열 리스트는 중간에 요소를 추가하거나 삭제하는 메서드를 가지고 있다.

반대로 remove 메서드는 주워진 인덱스에 위치한 요소를 삭제하고, 요소가 삭제된 후에는 삭제된 요소 다음의 모든 요소들은 각각 바로 하나 적은 인덱스로 이동시키고 배열 리스트의 크기를 1 감소시킨다. 그림 7의 3번째 부분은 names.remove(1) 호출의 결과를 설명한다.

배열 리스트를 출력하는 것은 아주 쉽다. 아래와 같이 배열 리스트를 println 메서드에 전달하기만 하면 된다.

```
System.out.println(names); // [Emily, Bob, Carolyn]을 출력한다.
```

6.2.2 래퍼와 자동 포장

판매용 트뤼플 케이크를 포장지에 싸야 하는 것처럼 기본 자료형의 값을 배열 리스트에 저장하려면 래퍼 객체로 감싸야 한다.

자바에서는 정수, 실수, 문자, 부울값 등 기본 자료형의 값을 바로 배열 리스트에 삽입할 수 없다. 배열 리스트는 객체만을 요소로 가질 수 있기 때문이다. 예를 들어 ArrayList<double> 형태는 사용할 수 없다. 그 대신 다음 표에서 보여주는 래퍼 클래스(wrapper class)들 중 하나를 사용해서 기본 자료형의 값을 대응되는 래퍼 객체로 바꾸어야 한다.

기본 데이터형	랩퍼 클래스
byte	Byte
boolean	Boolean
char	Character
double	Double
float	Float
int	Integer
long	Long
short	Short

따라서 배열 리스트에 double값들을 모으려면 ArrayList<Double>을 사용해야 한다. 래퍼 클래스의 이름은 대문자로 시작한다는 것과 Integer와 Character는 대응되는 기본 자료형의 이름과 서로 다르다는 것을 주의하기 바란다.

배열 리스트에 숫자를 모아 저장하려면 래퍼 클래스를 사용해야 한다.

기본 자료형과 대응되는 래퍼 클래스 간의 변환은 자동적으로 일어난다. 이러한 자동 변환 과정을 자동-포장(auto-boxing)이라고 한다. 자동-래핑(auto-wrapping)이라는 용어가 더 일관성은 있다.

예를 들어 만일 double값을 아래처럼 Double 객체에 할당한다면, 그 숫자는 자동적으로 래퍼 객체라는 '박스에 넣어지게' 된다(그림 8 참조).

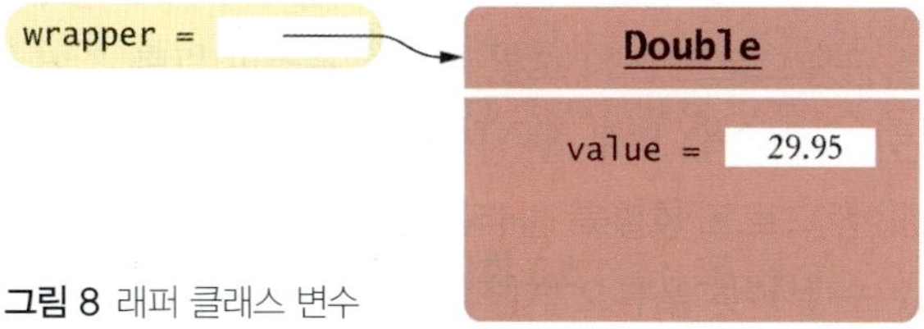

그림 8 래퍼 클래스 변수

표 2 배열과 배열 리스트의 연산 비교

연산	배열	배열 리스트
한 요소를 가져온다.	`x = values[4];`	`x = values.get(4)`
한 요소를 대치한다.	`values[4] = 35;`	`values.set(4, 35);`
요소들의 수	`values.length`	`values.size()`
채워진 요소들의 수	currentSize (동반 변수, 6.1.4절 참조)	`values.size()`
한 요소를 제거한다.	6.4.6절 참조	`values.remove(4);`
한 요소를 추가한다(컬렉션의 크기가 늘어남).	6.4.7절 참조	`values.add(35);`
컬렉션을 초기화한다.	`int[] values = { 1, 4, 9 };`	초기화 리스트 문법이 없음; add 메서드를 3번 호출한다.

```
Double wrapper = 29.95;
```

반대로, 래퍼 객체는 자동적으로 '상자가 열려' 기본 자료형으로 변환된다.

```
double x = wrapper;
```

포장(boxing)과 포장 해체(unboxing)는 자동적으로 이루어지기 때문에 굳이 신경을 쓸 필요는 없다. 단지, 숫자들을 저장하는 배열 리스트를 선언할 때 대응되는 래퍼 자료형을 사용해야 한다는 사실만 기억해두기 바란다. 그 다음부터는 기본 자료형을 사용하고, 자료형 변환은 자동-포장에 맡기면 된다.

```
ArrayList<Double> values = new ArrayList<Double>();
values.add(29.95);
double x = values.get(0);
```

6.2.3 배열 리스트와 배열 사이의 선택

대부분의 프로그래밍 작업에서 배열 리스트가 배열보다 사용하기 편하다. 배열 리스트는 확장과 수축이 가능하다. 이와 달리, 배열은 요소를 접근하고 요소의 초기화를 표현하는 근사한 문법을 가지고 있다.

둘 중에 어느 것을 선택할 것인가? 다음은 이때 고려해야 할 권고사항들이다.

- 컬렉션(Collection)의 크기가 변하지 않고 일정하면 배열을 사용해라.
- 매우 긴 일련의 기본 자료형 값들을 모아 저장해야 하는데 효율성에 관심이 많다

면 배열을 사용해라.

- 위의 두 경우가 아니라면 배열 리스트를 사용해라.

9. 처음 5개의 소수(즉 2, 3, 5, 7, 11)를 가지고 있는 정수형 배열 리스트 primes를 선언하라.
10. 자습 문제 9에서 선언한 primes 배열 리스트가 주어졌을 때, 마지막 요소부터 시작하여 primes의 요소들을 역순으로 출력하는 루프를 작성하라.
11. 다음 코드를 실행한 후에 names 배열 리스트에는 무엇이 보관되어 있는가?

```
ArrayList<String> names = new ArrayList<String>;
names.add("Bob");
names.add(0, "Ann");
names.remove(1);
names.add("Cal");
```

12. 다음의 코드에서 무엇이 잘못되었는가?

```
ArrayList<String> names;
names.add(Bob);
```

13. 한 배열 리스트의 요소들을 다른 배열 리스트의 끝에 추가하는 다음 메서드를 생각해 보자.

```
public void append(ArrayList<String> target, ArrayList<String> source)
{
   for (int i = 0; i < source.size(); i++)
   {
      target.add(source.get(i));
   }
}
```

아래 코드를 실행한 후에 names1과 names2의 내용은 무엇인가?

```
ArrayList<String> names1 = new ArrayList<String>();
names1.add("Emily");
names1.add("Bob");
names1.add("Cindy");
ArrayList<String> names2 = new ArrayList<String>();
names2.add("Dave");
append(names1, names2);
```

14. 일주일의 요일 이름들을 저장하려고 한다. 배열 리스트와 7개의 문자열을 저장할 수 있는 배열 중 어느 것을 사용하겠는가?

실습하기 이 장의 끝부분에 있는 복습 문제 및 연습 문제 R6.10, R6.32, P6.17, P6.19을 수행하시오.

흔한 오류 6.3

길이와 크기

안타깝게도 배열, 배열 리스트, 문자열에 있는 요소의 수를 알아내기 위한 자바 문법은 전혀 통일성을 갖고 있지 않다. 이런 문법의 혼란으로 인해 오류를 유발할 수 있다. 따라서 모든 자료형에 대한 정확한 문법을 기억해야 된다.

자료형	요소의 개수
Array	a.length
Array list	a. size()
String	a.length()

심화 학습 6.2

자바 7에서의 다이아몬드 문법

자바 7은 배열 리스트와 같은 제너릭 클래스들을 선언하는데 사용할 수 있는 몇 가지 편리한 문법 확장을 제공한다. 배열 리스트를 선언하고 생성할 때 생성자에 있는 형 매개변수를 반복할 필요가 없다.

```
ArrayList<String> names = new ArrayList<>();
```

대신에

```
ArrayList<String> names = new ArrayList<String>();
```

로 사용할 수 있다. 이러한 단축 방법은 빈 각 괄호 〈〉가 마치 다이아몬드 형태라고 해서 '다이아몬드 문법'이라고 불린다.

6.3 향상된 for 루프

배열이나 배열 리스트의 모든 요소들을 방문하기 위해 향상된 for 루프를 사용할 수 있다.

종종 배열 또는 배열 리스트의 모든 요소들을 방문해야 할 필요가 있다. 향상된 for 루프는 이러한 처리를 쉽게 프로그래밍할 수 있게 해 준다.

배열 values에 있는 모든 요소들의 총합계를 구하고 싶다고 하자. 아래 코드는 이러한 작업을 수행하는데 향상된 for 루프를 사용하는 방법을 보여준다.

문법 6.3 향상된 for 루프

```
Syntax    for (typeName variable : collection)
          {
             문장
          }
```

이 변수는 각 루프 반복 마다 할당된다.
이 변수는 루프 내에서만 정의된다.

배열 또는 배열 리스트

```
for (double element : values)
{
   sum = sum + element;
}
```

이 문장들은 각 요소마다 수행된다.

이 변수는 인덱스가 아닌 요소를 담고 있다.

```
double[] values = . . .;
double total = 0;
for (double element : values)
{
   total = total + element;
}
```

향상된 for 루프는 컬렉션의 모든 요소를 순회하는데 이용할 수 있는 편리한 메커니즘이다.

루프의 몸체는 배열 values에 있는 각 요소마다 실행된다. 각 루프 반복의 시작 부분에서 다음 요소가 변수 요소에 할당되고 루프의 몸체를 실행한다. 이러한 반복문은 "for each element in values"라고 읽어야 한다.

위의 향상된 for 루프 예는 아래의 인덱스 변수를 사용한 for 루프 버전과 동일하게 동작한다.

예제의 완전한 코드

웹 페이지 wiley.com/go/javacode 사이트에서 향상된 for 루프를 보여주는 프로그램을 다운로드할 수 있다.

```
for (int i = 0; i < values.length; i++)
{
   double element = values[i];
   total = total + element;
}
```

향상된 for 루프와 기본 for 루프 사이에 중요한 차이가 있음을 유의하기 바란다. 향상된 for 루프에서는 요소 변수(element variable)에 values[0], values[1], ... 이 할당된다. 그러나 for 루프에서는 인덱스 변수 i에 0, 1, ... 이 할당된다.

자습문제

15. 다음 향상된 for 루프가 하는 일은 무엇인가?

```
int counter = 0;
for (double element : values)
{
   if (element == 0) { counter++; }
}
```

16. 배열 values의 모든 요소를 출력하는 향상된 for 루프를 작성하라.
17. double[ ] 형 배열 factors의 모든 요소들을 곱해 그 결과를 product 변수에 누적시키는 향상된 for 루프를 작성하라.
18. 다음 기본 for 루프 코드에 대해 향상된 for 루프를 사용해 단축하는 것이 왜 부적절한가?

```
for (int i = 0; i < values.length; i++)
{
   values[i] = i * i;
}
```

실습하기 이 장의 끝부분에 있는 복습문제 R6.7, R6.8, R6.9를 수행하시오.

6.4 배열 알고리즘

이 절에서는 배열과 배열 리스트를 가지고 처리하는 가장 일반적인 알고리즘을 논의하기로 로 한다. 만일 부분적으로 채워진 부분 배열을 사용한다면 values.length나 values.size() 대신에 배열의 현재 크기를 보관하고 있는 동반 변수를 사용해야 함을 기억해야 한다.

6.4.1 채워 넣기

아래 루프는 배열에 제곱값 (0, 1, 4, 9, 16, ...)을 채워 넣는다. 인덱스 0을 갖는 요소는 0^2를, 인덱스 1을 갖는 요소는 1^2 ... 등을 저장하고 있다.

```
for (int i = 0; i < values.length; i++)
{
   values[i] = i * i;
}
```

6.4.2 합과 평균값 계산하기

5.7.1절에서 이미 이 알고리즘을 소개했었다. 값들이 배열 혹은 배열 리스트에 보관

되어 있다면 다음과 같이 간단하게 코드를 작성할 수 있다.

```
double total = 0;
for (double element : values)
{
   total = total + element;
}
double average = 0;
if (values.length > 0) { average = total / values.length; }
```

6.4.3 최대값과 최소값 찾기

5.7.5절에서 소개한 알고리즘을 이용한다. 알고리즘에서는 변수를 하나 두어 지금까지 살펴본 값들 중 가장 큰 값을 계속 보관한다. 다음은 배열을 사용하여 최대값을 구하는 알고리즘을 구현한 것이다.

```
double largest = values[0];
for (int i = 1; i < values.length; i++)
{
   if (values[i] > largest)
   {
      largest = values[i];
   }
}
```

largest 변수에 values[0]을 초기화했기 때문에 루프는 1에서 시작해야 한다.

최소값을 구하려면 위의 알고리즘에서 비교를 반대로 하면 된다. 물론 변수의 이름도 largest를 smallest로 바꾸는 것이 좋다.

최대값과 최소값을 구하는 이 알고리즘은 배열 내에 최소한 하나의 요소가 저장되어 있어야 가능한 방법이다.

다음은 배열 리스트를 사용하여 최대값을 구하는 알고리즘으로 위의 알고리즘과 동일하다.

```
double largest = values.get(0);
for (int i = 1; i < values.size; i++)
{
   if (values(i) > largest)
   {
      largest = values.get(i);
   }
}
```

일반적으로 어떤 배열 알고리즘이라도 배열 리스트로 동작하도록 변환할 수 있다. 이때 배열 연산 대신 배열 리스트의 메서드를 사용해야 한다(표 2 참조).

6.4.4 요소 구분자 출력하기

요소들을 구분할 때 첫 번째 요소 앞에는 구분자를 두지 않도록 한다.

배열의 요소를 화면에 나타낼 때 종종 콤마 또는 수직선 등을 사용하여 다음과 같이 요소들을 구분하는 것이 필요할 때가 있다.

```
32 | 54 | 67.5 | 29 | 35
```

요소의 수보다 한 개 적은 구분자(separator)를 사용한다는 것에 유의하기 바란다. 맨 앞의 값(인덱스 0)을 제외하고 각 요소 앞에 구분자를 출력하면 된다.

```
for (int i = 0; i < values.length; i++)
{
   if (i > 0)
   {
      System.out.print(" | ");
   }
   System.out.print(values[i]);
}
```

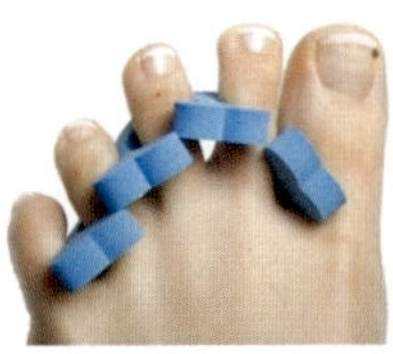

5개의 요소를 출력하려면 4개의 구분자가 필요하다.

콤마 구분자를 원하면 Arrays.toString 메서드를 사용하면 된다(import java.util.Arrays를 사용하여 Arrays 클래스를 불러와야 한다.). 다음 수식은

```
Arrays.toString(values)
```

values 배열의 내용을 나태는 문자열을 아래와 같은 형태로 반환한다.

```
[32, 54, 67.5, 29, 35]
```

대괄호로 요소 전체를 감싸고 요소 사이에는 콤마로 구분한다. 이 메서드는 디버깅에 편리하게 사용될 수 있다.

```
System.out.println("values=" + Arrays.toString(values));
```

6.4.5 선형 탐색

특정 요소를 탐색하기 위해 요소들을 차례대로 방문하면서 일치된 값을 만나면 멈춘다.

배열 내의 어떤 요소를 재배치하거나 삭제하기 위해 그 요소의 위치를 파악할 필요가 있을 경우가 있다. 특정 요소를 찾기 위한 간단한 방법 중의 하나는 일치된 값을 찾거나 배열의 마지막에 도달할 때까지 모든 요소들을 차례로 방문하는 것이다.
다음은 배열에서 100과 동일한 첫 번째 요소의 위치를 탐색하는 코드이다.

```
int searchedValue = 100;
int pos = 0;
boolean found = false;
while (pos < values.length && !found)
```

```
{
   if (values[pos] == searchedValue)
   {
      found = true;
   }
   else
   {
      pos++;
   }
}
if (found) { System.out.println("Found at position: " + pos); }
else { System.out.println("Not found"); }
```

선형 탐색은 일치된 값을 만날 때까지 요소들을 차례대로 점검한다.

이러한 알고리즘을 선형 탐색(linear search) 혹은 순차 탐색(sequential search)이라고 한다. 그 이유는 요소들을 차례대로 하나씩 점검하기 때문이다. 만일 배열이 이미 정렬되어 있다면 좀 더 효율적인 이진 탐색(binary search) 알고리즘을 사용할 수 있다. 13장에서 이진 탐색에 대해 논의한다.

6.4.6 요소 삭제하기

배열 리스트에서는 요소를 하나 삭제하려면 간단히 remove 메서드를 호출하면 된다. 그러나 배열에서 요소를 삭제하는 것은 매우 힘든 작업이다. 배열 values에서 인덱스 pos를 갖는 요소를 삭제하기 원한다고 하자. 6.1.4절에서 설명했듯이 배열에 있는 요소의 수를 보관하는 동반 변수의 사용이 필요하다. 이 예에서는 currentSize 이름의 동반 변수를 사용하겠다.

만약 배열의 요소들이 특별한 순서로 되어 있는 것이 아니라면 단순히 배열의 마지막 요소를 삭제될 요소의 위치에 덮어 쓰기를 하고, currentSize 변수를 하나 감소시키면 된다(그림 9 참조).

```
values[pos] = values[currentSize - 1];
currentSize--;
```

만약 요소들의 순서가 중요하다면 상황은 복잡해진다. 이 경우에는 삭제된 요소의

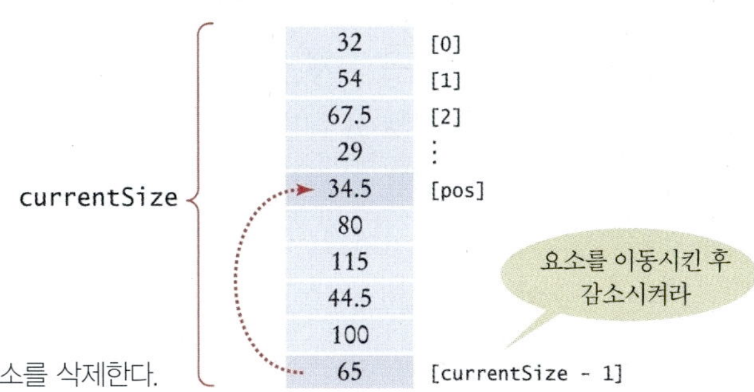

그림 9
비순서화된 배열에서 요소를 삭제한다.

다음에 있는 모든 요소들을 하위 인덱스로 이동하여야 한다. 그 다음에 배열의 크기를 나타내는 변수를 하나 감소시키면 된다(그림 10 참조).

```
for (int i = pos + 1; i < currentSize; i++)
{
   values[i - 1] = values[i];
}
currentSize--;
```

그림 10
순서화된 배열에서
요소를 삭제한다.

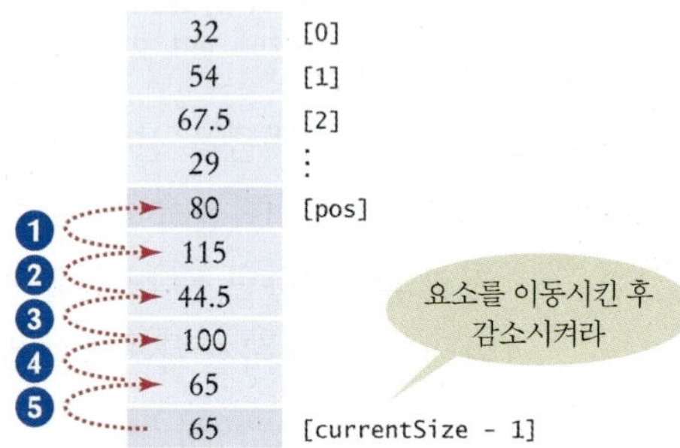

6.4.7 요소 삽입하기

이 절에서는 배열에 요소를 삽입하는 방법을 설명할 것이다. 6.1.4절에서 설명되었던 것처럼 배열에 있는 요소의 수를 나타내는 동반 변수 사용이 필요하다는 것을 상기하라.

만약 요소의 순서가 중요하지 않다면 간단히 배열의 마지막에 새로운 요소를 삽입하고 배열의 크기를 나타내는 변수를 하나 증가시키면 된다.

```
if (currentSize < values.length)
{
   currentSize++;
   values[currentSize - 1] = newElement;
}
```

배열 중간의 특정 위치에 요소를 삽입하기 위해서는 더 많은 작업이 필요하다. 먼저 삽입 위치보다 위에 있는 모든 요소들은 더 높은 인덱스 위치로 옮겨져야 한다. 그다음 새로운 요소를 삽입하면 된다(그림 12 참조).

> 요소를 삽입하기 전에 요소들을 배열의 끝으로 이동시킨다. 이동은 배열의 마지막 요소부터 시작한다.

삽입 혹은 삭제 시에 요소들을 이동하는 순서에 유의하자. 한 개의 요소를 삭제할 때는 삭제될 요소 다음에 위치한 요소부터 차례대로 낮은 인덱스 위치로 옮긴다. 이러한 과정은 최종적으로 배열의 마지막 위치에 도달하게 될 때까지 수행한다. 한 개의 요소를 삽입할 때는 배열의 마지막 끝에서부터 시작하여 더 높은 인덱스 위치로 차례대로 요소를 이동시킨다. 이러한 과정은 최종적으로 삽입 위치에 도달할 때까지 수행한다.

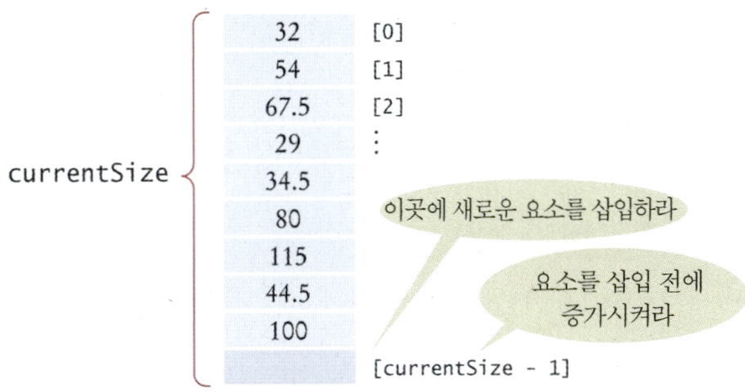

그림 11
비순서화된 배열에서 요소를 삽입한다.

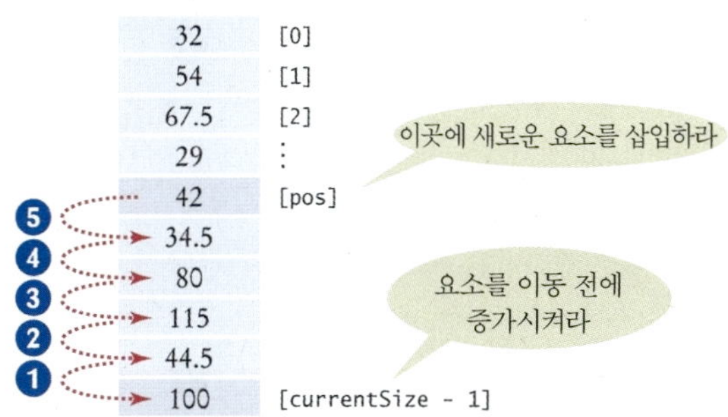

그림 12
순서화된 배열에서 요소 삽입하기

```
if (currentSize < values.length)
{
   currentSize++;
   for (int i = currentSize - 1; i > pos; i--)
   {
      values[i] = values[i - 1];
   }
   values[pos] = newElement;
}
```

6.4.8 요소 교환하기

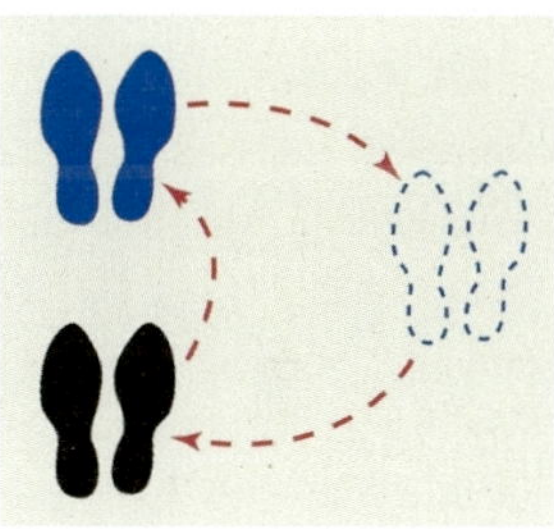

To swap two elements, you need a temporary variable.

배열의 두 요소들을 서로 교환하고 싶은 경우가 가끔 생긴다. 예를 들어 순서에 맞지 않은 두 요소들을 반복하여 교환함으로써 배열을 정렬시킬 수 있다.

values 배열의 위치 i와 j에 있는 두 요소를 서로 교환하는 작업을 생각해 보자. 일단 values[i]를 values[j]에 저장된 값으로 변경하면 될 것으로 보인다. 그러나 이것은 values[i]를 덮어 쓰게 되어 그곳에 저장된 원래 값을 잃어버린다. 따라서 상호 교환을 제대로 수행하려면 먼저 values[i]에 저장된 값을 따로 보관해 두어야 한다.

두 요소들을 교환할 때 임시 변수를 사용해라.

```
double temp = values[i];
values[i] = values[j];
```

이제 values[j]에 보관된 temp값을 저장하면 된다.

```
values[j] = temp;
```

그림 13은 이 교환 과정을 자세히 보여준다.

그림 13
배열 요소 교환

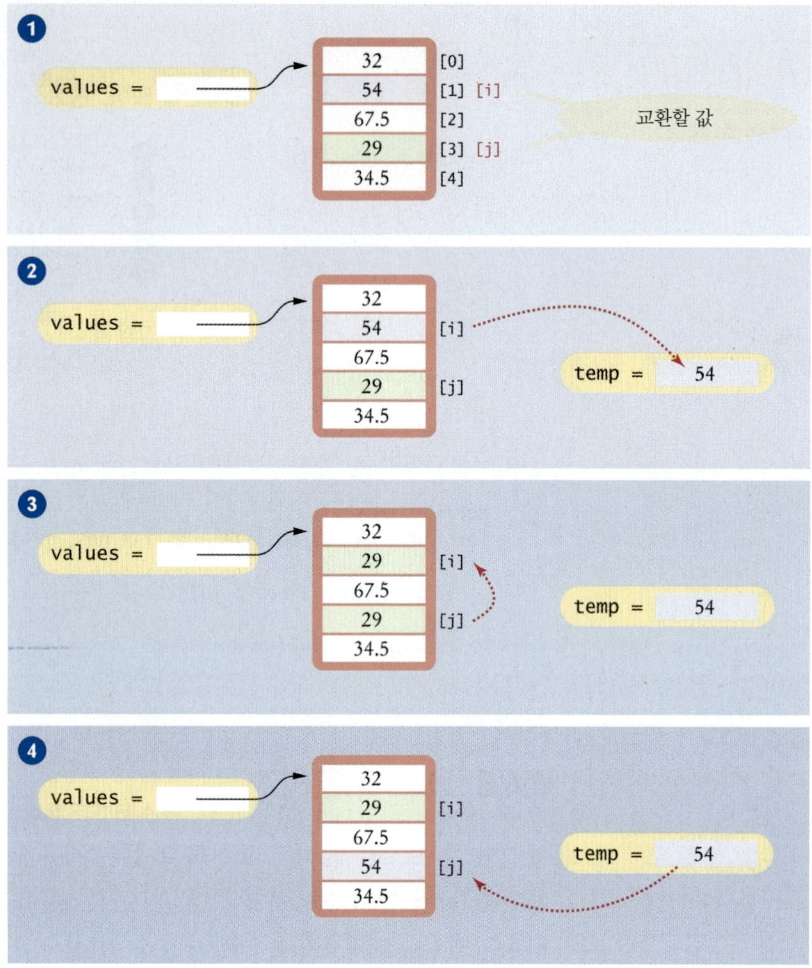

6.4.9 조건에 일치하는 요소 삭제하기

배열 리스트에서 요소를 하나 삭제하는 것은 아주 쉬운데 remove 메서드를 호출하기만 하면 된다. 특정 조건에 일치하는 모든 요소를 제거하는 작업은 프로그래밍 작업에서 흔한 일이다. 예를 들어 배열 리스트에서 길이가 4보다 작은 모든 문자열을 제거하고 싶다고 하자.

물론 배열 리스트의 요소들을 차례로 순회하면서 조건에 일치하는 요소들을 먼저 찾아야 한다.

```
ArrayList<String> words = ...;
for (int i = 0; i < words.size(); i++)
{
   String word = words.get(i);
```

```
    String word = words.get(i);
    if (word.length() < 4)
    {
       인덱스 i에 있는 요소를 삭제한다.
    }
}
```

그러나 위의 알고리즘에 감지하기 어려운 문제가 존재한다. 요소를 삭제한 후에 for 루프는 i를 하나 증가시켜 다음 요소를 처리하지 않고 건너뛰게 한다.

실제 예에서 한번 이 문제를 파악해보자. 배열 리스트 words에 "Welcome", "to", "the", "island!" 문자열이 저장되어 있다고 가정한다. i가 1이 되면 인덱스 1에 있는 단어 "to"를 삭제한다. 그런 다음 i는 2로 증가되는데, 이렇게 되면 위치가 1로 바뀐 단어 "the"는 조건 검사를 건너뛴다.

i	words
~~0~~	~~"Welcome", "to", "the", "island"~~
~~1~~	"Welcome", "the", "island"
2	

단어를 삭제할 때 인덱스값을 증가시키면 안 된다는 것을 알았다. 아래 코드는 이 문제를 해결하기 위한 의사코드이다.

```
If (인덱스 i의 요소가 조건과 일치)
   요소를 삭제한다.
Else
   i를 하나 증가시킨다.
```

인덱스를 항상 증가시키지 않으므로 for 루프보다는 while 루프가 이 알고리즘을 구현하는데 적합하다.

```
int i = 0;
while (i < words.size())
{
   String word = words.get(i);
   if (word.length() < 4)
   {
      words.remove(i);
   }
   else
   {
      i++;
   }
}
```

6.4.10 배열과 배열 리스트 복사하기

배열 변수는 그 자신이 바로 배열의 원소들을 저장하고 있지는 않다. 배열 변수는 실제 배열의 참조를 가지고 있다(객체 변수와 유사하다.). 만일 참조를 복사한다면 동일한 배열을 가리키는 또 다른 참조를 얻게 되는 것이다(그림 14 참조).

```
double[] values = new double[6];
. . .  // 배열을 채운다.
double[] prices = values; ①
```

배열의 원소들을 새로운 배열에 복사하고 싶으면 Arrays.copyOf 메서드를 사용해라.

만약 배열을 정말로 복사하고 싶다면 Arrays.copyOf 메서드를 호출하여 사용하기 바란다.

```
double[] prices = Arrays.copyOf(values, values.length); ②
```

Arrays.copyOf(values, n) 호출은 길이 n인 배열을 할당하여 values 배열의 처음 n개의 요소들을 새로 만든 배열에 복사하고 새 배열의 참조값을 반환한다. 만일 n≥ values.length라면 values 배열 전체를 복사하게 된다. Arrays 클래스를 프로그램에서 사용하려면 프로그램의 첫 부분에 다음 import 문을 추가해야 한다.

```
import java.util.Arrays;
```

Arrays.copyOf에 대한 또 다른 용도는 공간이 부족한 배열의 크기를 증가시키는데 사용할 수 있다. 아래 문장은 배열의 길이를 2배로 늘리는 효과를 가지고 있다(그림 15 참조).

```
double[] newValues = Arrays.copyOf(values, 2 * values.length); ①
values = newValues; ②
```

copyOf 메서드는 자바 6 버전에서 추가되었다. 만일 자바 5 버전을 사용하고 있다면

```
double[] newValues = Arrays.copyOf(values, n)
```

을 다음 코드로 변경해야 한다.

```
double[] newValues = new double[n];
for (int i = 0; i < n && i < values.length; i++) { newValues[i] = values[i]; }
```

배열 리스트를 복사하는 것은 비교적 쉽다. 복사 생성자(copy constructor)의 인수로 원본 배열 리스트를 전달하기만 하면 된다.

```
ArrayList<String> friends = new ArrayList<String>(names);
```

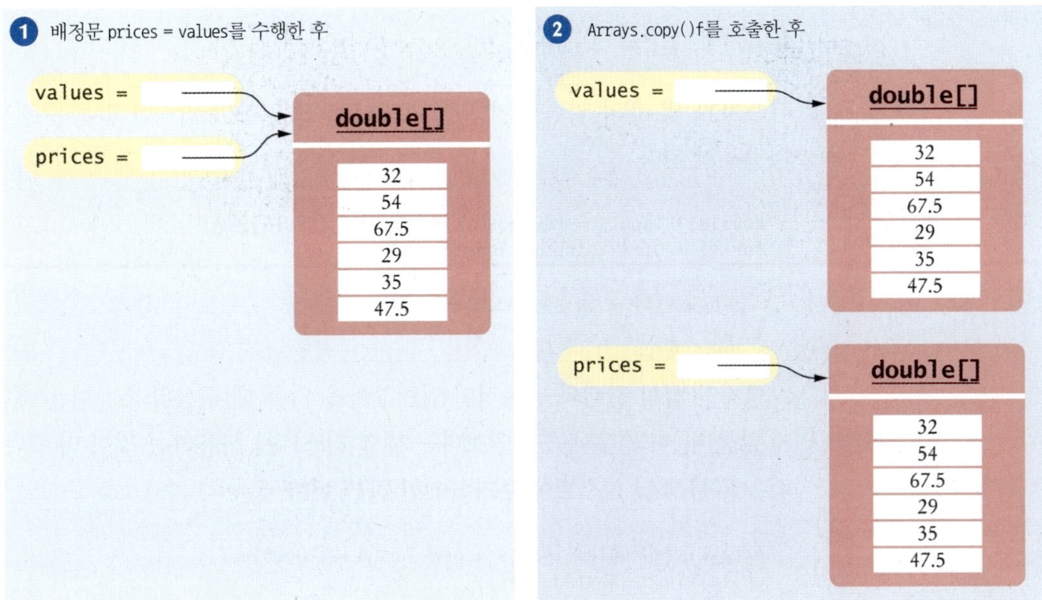

그림 14 배열 참조 복사 vs 배열의 복사

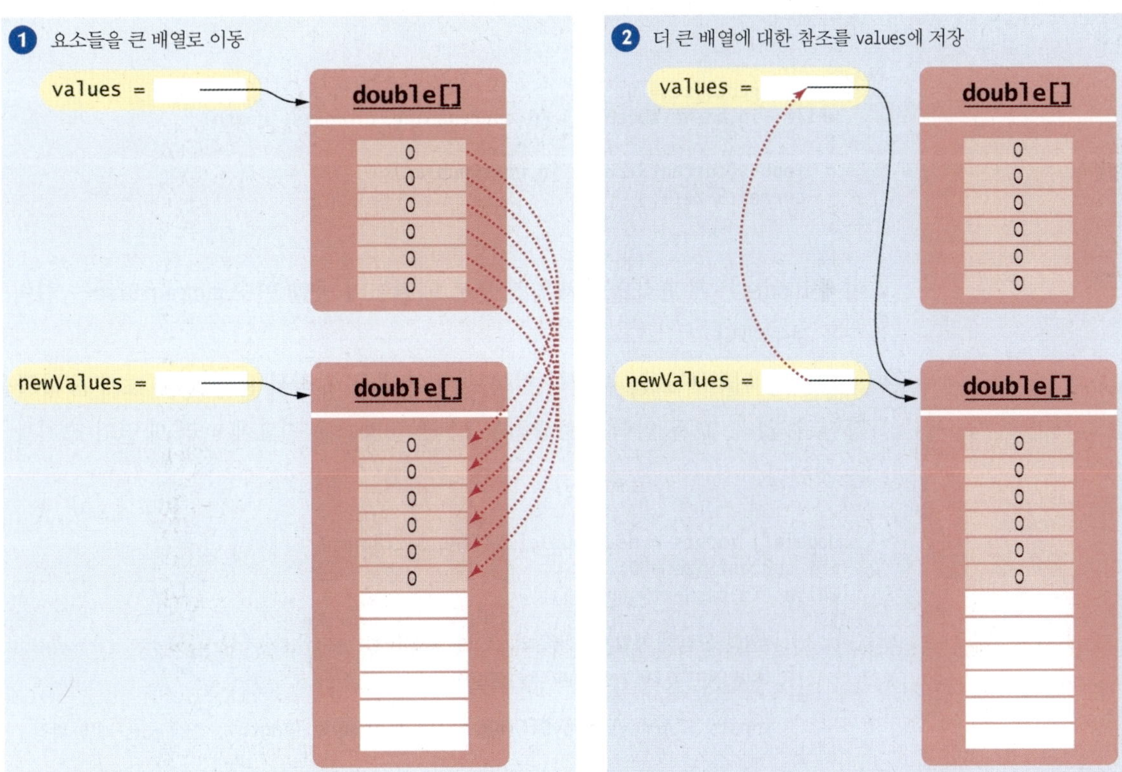

그림 15 배열 크기를 증가시킨다.

6.4.11 입력 읽기

사용자가 몇 개의 입력을 제공할지 미리 알고 있다면 입력한 값들을 간단히 배열에 저장하면 된다.

```
double[] inputs = new double[NUMBER_OF_INPUTS];
for (i = 0; i < inputs.length; i++)
{
   inputs[i] = in.nextDouble();
}
```

그렇지만 임의 길이의 연속적인 입력값들을 읽을 때에는 위의 방법은 제대로 동작하지 않는다. 이 경우에는 배열보다는 배열 리스트를 사용하는 것이 더 쉽다. 단순히 입력을 읽어 배열 리스트에 추가하기만 하면 된다.

```
ArrayList<Double> inputs = new ArrayList<Double>();
while (in.hasNextDouble()
{
   inputs.add(in.nextDouble());
}
```

만일 배열을 반드시 사용해야 한다면 입력이 끝날 때까지 입력한 값을 계속 배열에 추가한다.

```
int currentSize = 0;
while (in.hasNextDouble() && currentSize < inputs.length)
{
   inputs[currentSize] = in.nextDouble();
   currentSize++;
}
```

이제 inputs은 부분적으로 채워진 부분 배열이며 동반 변수 currentSize는 입력의 개수를 보관한다.

그러나 위의 루프는 배열의 길이보다 더 많은 입력이 존재할 때 초과된 값들을 저장할 수 없다. 모든 입력을 보관하는 더 좋은 방법은 필요에 따라 배열의 크기를 늘리는 것이다.

```
double[] inputs = new double[INITIAL_SIZE];
int currentSize = 0;
while (in.hasNextDouble())
{
   // 배열이 완전히 채워지면 배열의 크기를 늘린다.
   if (currentSize >= inputs.length)
   {
      inputs = Arrays.copyOf(inputs, 2 * inputs.length); // inputs 배열 확장
   }

   inputs[currentSize] = in.nextDouble();
```

```
      currentSize++;
   }
```

입력 작업이 완료된 후 배열의 비어 있는 초과 요소들을 폐기할 수 있다.

```
   inputs = Arrays.copyOf(inputs, currentSize);
```

다음 프로그램들은 6장을 시작할 때 제기한 문제인 연속적인 입력에서 가장 큰 값을 표시하는 문제를 해결하기 위해 6.4절의 알고리즘들을 활용한 것이다.

section_4/LargestInArray.java

```
import java.util.Scanner;

/**
   이 프로그램은 연속적인 값들을 읽어 출력하면서 그 중 가장 큰 값을 표시한다.
*/
public class LargestInArray
{
   public static void main(String[] args)
   {
      final int LENGTH = 100;
      double[] values = new double[LENGTH];
      int currentSize = 0;

      // 입력을 읽는다.

      System.out.println("Please enter values, Q to quit:");
      Scanner in = new Scanner(System.in);
      while (in.hasNextDouble() && currentSize < values.length)
      {
         values[currentSize] = in.nextDouble();
         currentSize++;
      }

      // 가장 큰 값을 찾는다.

      double largest = values[0];
      for (int i = 1; i < currentSize; i++)
      {
         if (values[i] > largest)
         {
            largest = values[i];
         }
      }

      // 모든 값들을 출력하면서 가장 큰 값에는 표시를 한다.

      for (int i = 0; i < currentSize; i++)
      {
         System.out.print(values[i]);
         if (values[i] == largest)
         {
            System.out.print(" <== largest value");
         }
         System.out.println();
```

```
      }
   }
}
```

section_4/LargestInArrayList.java

```
import java.util.ArrayList;
import java.util.Scanner;

/**
   이 프로그램은 연속적인 값들을 읽어 출력하면서 그 중 가장 큰 값을 표시한다.
*/
public class LargestInArrayList
{
   public static void main(String[] args)
   {
      ArrayList<Double> values = new ArrayList<Double>();

      // 입력을 읽는다.

      System.out.println("Please enter values, Q to quit:");
      Scanner in = new Scanner(System.in);
      while (in.hasNextDouble())
      {
         values.add(in.nextDouble());
      }

      // 가장 큰 값을 찾는다.

      double largest = values.get(0);
      for (int i = 1; i < values.size(); i++)
      {
         if (values.get(i) > largest)
         {
            largest = values.get(i);
         }
      }

      // 모든 값들을 출력하면서 가장 큰 값에는 표시를 한다.

      for (double element : values)
      {
         System.out.print(element);
         if (element == largest)
         {
            System.out.print(" <== largest value");
         }
         System.out.println();
      }
   }
}
```

실행 결과

```
Please enter values, Q to quit:
34.5 80 115 44.5 Q
34.5
```

```
80
115 <== 가장 큰 값
44.5
```

자습문제

19. 다음 입력이 주어졌을 때 LargestInArray 프로그램의 출력은 무엇인가?

```
20 10 20 Q
```

20. 배열에서 0과 동일한 요소가 몇 개인지 계산하여 루프를 작성하라.

21. 배열에서 최대값을 찾는 알고리즘을 생각해보자. largest와 i 변수를 다음 코드처럼 왜 0으로 초기화하지 않는가?

```
double largest = 0;
for (int i = 0; i < values.length; i++)
{
   if (values[i] > largest)
   {
      largest = values[i];
   }
}
```

22. 구분자를 출력할 때 첫 번째 요소 앞의 구분자는 생략했다. 마지막 요소를 제외하고 각 요소 뒤에 구분자가 출력될 수 있도록 루프를 재작성하라.

23. 구분자를 사용하여 배열의 원소들을 출력하는 다음 코드에서 무엇이 문제인가?

```
System.out.print(values[0]);
for (int i = 1; i < values.length; i++)
{
   System.out.print(", " + values[i]);
}
```

24. 배열에서 주어진 조건과 일치하는 값의 위치를 찾을 때 for 루프를 사용하지 않고 while 루프를 사용했다. while 대신 아래처럼 for 루프를 사용하면 무엇이 문제인가?

```
for (pos = 0; pos < values.length && !found; pos++)
{
   if (values[pos] > 100)
   {
      found = true;
   }
}
```

25. 배열에 한 요소를 삽입할 때 배열의 마지막 요소에서부터 시작하여 각 요소를 인덱스가 하나 큰 위치로 이동시켰다. 아래처럼 삽입 위치에서부터 요소들을 이동하면 왜 잘못되는가?

```
for (int i = pos; i < currentSize - 1; i++)
{
   values[i + 1] = values[i];
}
```

실습하기 이 장의 끝에 있는 복습 문제 및 연습 문제 R6.15, R6.18, P6.8을 수행하시오.

흔한 오류 6.4

데이터 집합의 크기에 대한 이해

프로그래머들은 사용자가 입력하는 데이터의 양을 불충분하게 견적을 내는 일이 빈번히 발생하여 사용자가 무대책의 프로그램에 대규모의 입력 데이터를 마구 쏟아 부을 수도 있다. 파일에 저장된 텍스트를 찾는 프로그램을 만든다고 가정하자. 파일의 각 줄은 문자열로 저장하고 이를 문자열의 배열에 보관할 것이다. 그렇다면 얼마나 큰 배열을 만들어야 하는가? 어느 누구도 100줄 이상을 입력하지 않는다는 것을 확신할 수도 있다. 과연 그럴까? 이상한 나라의 앨리스나 전쟁과 평화(이미 인터넷에서 찾을 수 있다.) 전문을 입력하는 것은 쉽다. 느닷없이 해당 프로그램은 수만 혹은 수십만 개의 줄을 처리해야 한다. 이 경우 프로그램이 대규모 입력을 처리하도록 허용하거나, 혹은 초과된 입력을 정중히 거부해야 한다.

심화 학습 6.3

자바 라이브러리를 이용한 정렬

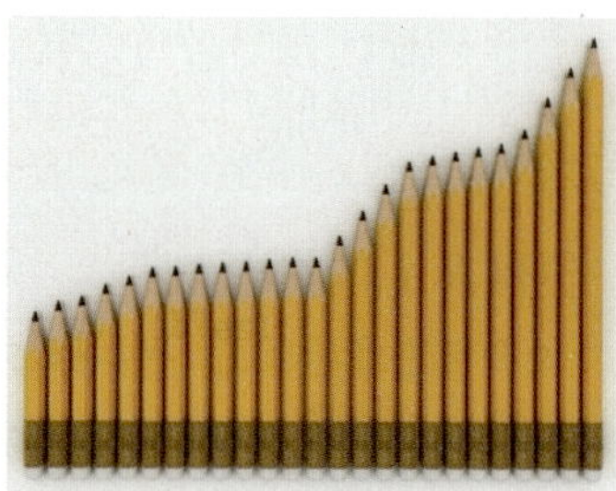

배열을 효율적으로 정렬하는 것은 쉽지 않은 일이다. 13장에서 효율적인 정렬 알고리즘을 구현하는 방법을 소개하겠다. 다행히 자바 라이브러리는 효율적인 sort 메서드를 제공한다.

values 배열을 정렬하려면 아래처럼 sort 메서드를 호출하면 된다.

```
Arrays.sort(values);
```

만약 배열이 부분적으로 채워졌다면 다음과 같이 호출한다.

```
Arrays.sort(values, 0, currentSize);
```

6.5 문제 해결 : 알고리즘 개작하기

기본 알고리즘들을 결합하여 복잡한 프로그래밍 작업을 처리할 수 있다.

6.4절에서 다양한 기본 배열 알고리즘들에 대해 알아보았다. 이 알고리즘들은 배열을 처리하는 수많은 프로그램의 기본 구성 요소들이다. 일반적으로 결합하고 개조할 수 있는 기본 알고리즘들의 레퍼토리를 가지는 것은 훌륭한 문제 해결 전략이다.

다음 예제 문제를 생각해 보기로 하자. 학생의 퀴즈 점수들이 주어졌을 때, 이들 중 가장 낮은 점수를 제외한 나머지 점수들의 합을 최종 퀴즈 점수로 계산한다. 예를 들어 점수들이 아래와 같으면 최종 점수는 50이다.

```
8  7  8.5  9.5  7  4  10
```

기본 알고리즘들 중에는 이런 문제를 해결하기 위한 알고리즘은 없다. 그 대신 어떤 알고리즘들이 이 문제와 관련이 있는지 따져보기로 하자. 문제와 연관된 알고리즘은 대략 다음과 같다.

- 합을 계산하는 알고리즘(6.4.2절)
- 최소값을 찾는 알고리즘(6.4.3절)
- 요소를 삭제하는 알고리즘(6.4.6절)

이 알고리즘들을 결합하여 해결 방안을 만들어 낼 수 있다.

> 최소값을 찾는다.
> 그것을 배열에서 삭제한다.
> 합을 계산한다.

앞의 점수 예에 이 방안을 적용해 보자. 최소값은 4이다.

[0]	[1]	[2]	[3]	[4]	[5]	[6]
8	7	8.5	9.5	7	4	10

4를 배열에서 어떻게 삭제할까?

이제 새로운 문제가 생겼다. 6.4.6절의 삭제 알고리즘은 요소의 값이 아닌 인덱스를 사용하여 삭제할 요소의 위치를 찾아낸다.

이 문제를 해결하는 다음의 알고리즘이 이미 존재한다.

- 선형 탐색 알고리즘(6.4.5절)

  위의 해결 방안을 아래처럼 바로 잡을 수 있다.

> 최소값을 찾는다.
> 그것의 위치를 찾는다.
> 그 위치를 배열에서 삭제한다.
> 합을 계산한다.

이 방안은 제대로 동작할까? 점수 예에 적용해보기로 하자.

최소값 4를 찾은 후 선형 탐색으로 값 4는 배열의 위치 5에 저장되어 있음을 알 수 있다.

[0]	[1]	[2]	[3]	[4]	[5]	[6]
8	7	8.5	9.5	7	4	10

배열에서 위치 5의 값을 삭제하면 아래와 같다.

[0]	[1]	[2]	[3]	[4]	[5]
8	7	8.5	9.5	7	10

마지막으로 합을 계산하면 8+7+8.5+9.5+7+10=50이다.

위의 코드 검토(walkthrough)는 위에서 제시한 문제 해결 전략이 제대로 동작한다는 것을 보여준다.

더 좋은 해결 방안을 찾을 수 있을까? 최대값을 먼저 찾은 후 다시 배열을 순회하면서 그것의 위치를 얻는 것은 조금 비효율적이다.

기본 알고리즘을 개작하려면 기본 알고리즘들의 구현에 익숙해 있어야 한다.

최소값을 찾는 알고리즘을 최소값의 위치를 찾아내도록 개선할 수 있다. 다음은 원래의 최소값 알고리즘이다.

```
double smallest = values[0];
for (int i = 1; i < values.length; i++)
{
   if (values[i] < smallest)
   {
      smallest = values[i];
   }
}
```

가장 작은 값을 찾았을 때 위치값도 아래처럼 갱신하면 된다.

```
if (values[i] < smallest)
{
   smallest = values[i];
   smallestPosition = i;
}
```

사실상 가장 작은 값을 계속 유지할 이유가 더 이상 존재하지 않는다. 최소값은 그저 values[smallestPosition]이다. 이러한 이해를 바탕으로 알고리즘을 다음과 같이 개작할 수 있다.

```
int smallestPosition = 0;
for (int i = 1; i < values.length; i++)
{
   if (values[i] < values[smallestPosition])
   {
      smallestPosition = i;
   }
}
```

예제의 완전한 코드

웹 페이지 wiley.com/go/javacode 사이트에서 최소값을 찾는데 개선된 알고리즘을 사용하는 점수 계산 프로그램을 다운로드 할 수 있다.

이러한 개작으로 앞의 문제는 다음 전략으로 해결할 수 있다.

최소값의 위치를 찾는다.

그 위치의 값을 배열에서 삭제한다.

합을 계산한다.

다음 절에서는 기본 알고리즘을 개작하여 문제를 해결할 수 없을 때 새로운 알고리즘을 발견하는데 이용할 수 있는 기법을 소개할 예정이다.

자습문제

26. 6.4.6절에서 요소를 삭제하는데 사용하는 두 개의 알고리즘을 소개하고 있다. 이 절에서 설명한 문제를 해결하기 위해 어떤 알고리즘을 사용해야 할까?
27. 점수 합계를 구하기 위해 최소값을 실제로 삭제할 필요는 없다. 최소값을 삭제하지 않는 다른 방안을 제시하라.
28. 5.7절에서 알고리즘을 하나 이상 사용하여 주어진 배열에서 양수값과 음수값의 개수를 어떻게 출력할 수 있는가?
29. 배열에 저장된 모든 양수값들을 콤마로 구분하여 출력하려면 어떻게 해야 하나?
30. 배열의 요소 중에서 조건에 일치하는 모든 요소를 모아 저장하는 다음 알고리즘에 대해 생각해 보자.

```
int matchesSize = 0;
for (int i = 0; i < values.length; i++)
{
   if (values[i]가 조건에 일치 )
   {
      matches[matchesSize] = values[i];
      matchesSize++;
   }
}
```

자습 문제 29를 해결하는데 이 알고리즘이 어떤 도움을 줄 수 있나?

실습하기 이 장의 끝부분에 있는 복습 문제 R6.24, R6.25를 수행하시오.

따라 하기 6.1 배열과 배열 리스트로 작업하기

수많은 데이터 처리 응용에서 일련의 연속적인 값들을 처리해야 한다. 따라 하기 6.1에서는 입력값들을 배열 혹은 배열 리스트에 저장하고, 그곳에 저장된 값들에 대해 계산을 수행하는 단계들을 보여준다.

문제 정의 6.5절에서 설명한 퀴즈 점수 계산 문제에 대해 다시 생각해 보자. 최종 퀴즈 점수는 최하 점수를 제외한 나머지 점수들을 합산하여 계산한다. 예를 들어 만약 점수들이 8 7 8.5 9.5 7 5 10이라면 최종 점수는 50이 된다.

단계 1 **작업을 여러 단계들로 분해하라.**

보통 주어진 작업을 다음과 같이 여러 단계들로 세분하는 것이 필요하다.

- 데이터를 입력한다.
- 하나 이상의 단계들로 데이터를 처리한다.
- 결과를 출력한다.

데이터를 처리하는 방법을 결정하려면 6.4절에서 설명한 배열 알고리즘들에 대해 익숙해져 있어야 한다. 대부분의 처리 작업이 이러한 알고리즘들을 하나 이상 사용해서 해결될 수 있기 때문이다.

위의 예에서 데이터를 읽은 후에 최소값을 삭제하고 나머지 점수들의 합을 계산할 것이다. 예를 들어 만약 입력이 8 7 8.5 9.5 7 5 10이라면 최소값 5를 제거함으로써 8 7 8.5 9.5 7 10을 얻게 된다. 최소값을 제외한 값들의 합은 50인데 이 합산 결과가 최종 점수가 된다.

지금까지 다음 세 단계들이 확인되었다.

입력을 읽는다.
최소값을 삭제한다.
합을 구한다.

단계 2 **필요한 알고리즘(들)을 결정하라.**

단계가 6.4절에서 설명한 기본 배열 알고리즘 중의 한 알고리즘과 정확하게 대응되는 경우도 가끔 있다. 합을 구하는 경우(6.4.2절)나 입력을 읽는 경우(6.4.11절) 등이 이 경우에 해당된다. 몇몇 개의 알고리즘을 결합할 필요가 있는 경우도 있다. 최소값을 삭제하기 위해 먼저 최소값을 찾고(6.4.3절), 그것의 위치를 알아내어(6.4.5절), 그 위치에 있는 값을 삭제한다(6.4.6절).

이제 문제 해결 방안을 다음과 같이 구체적으로 정리할 수 있다.

입력을 읽는다.
최소값을 찾는다.
그 위치를 찾는다.
최소값을 삭제한다.

합을 구한다.

위의 방안은 잘 동작할 것이다(6.5절 참조). 다른 해결 방안도 한번 살펴보기로 하자. 합을 구하여 합에서 최소값을 빼는 것은 쉽다. 이렇게 하면 최소값의 위치를 찾을 필요가 없다. 수정된 방안은 아래와 같다.

입력을 읽는다.
최소값을 찾는다.
합을 구한다.
합에서 최소값을 뺀다.

단계 3 **프로그램을 구조적으로 구성하기 위해 다수의 클래스와 메서드를 사용하라.**

모든 단계들을 main 메서드에 전부 둘 수도 있지만 이것은 결코 좋은 생각이 아니다. 각 처리 단계를 별개의 메서드에서 수행하도록 하는 것이 더 바람직한 방법이다. 또한 데이터를 모아서 처리하는 작업을 책임지는 별도의 클래스를 만드는 것도 좋은 생각이다.

위의 예에서 Student 클래스를 제공하기로 하자. Student는 점수들을 저장하기 위한 배열 리스트를 가진다.

```
public class Student
{
   private ArrayList<Double> scores;
   private double scoresSize;
   . . .
   public Student(int capacity) { . . . }
   public boolean addScore(double score) { . . . }
   public double finalScore() { . . . }
}
```

두 번째 클래스 ScoreAnalyzer는 사용자 입력을 읽어 들이고 실행 결과를 출력하는 것을 담당한다. 이 클래스의 main 메서드는 다음 코드와 같이 Student의 메서드를 그저 호출하기만 하면 된다.

```
Student fred = new Student();
System.out.println("Please enter values, Q to quit:");
while (in.hasNextDouble())
{
   fred.addScore(in.nextDouble());
}
System.out.println("Final score: " + fred.finalScore());
```

여기서 finalScore 메서드는 힘들고 복잡한 작업을 처리해야 한다. 모든 작업을 finalScore 메서드에서 전부할 필요는 없다. 대신 아래처럼 보조 메서드들을 제공하여 보완하기로 한다.

```
public double sum()
public double minimum()
```

이들 메서드들은 6.4.2절과 6.4.3절에 있는 알고리즘을 이용하여 간단히 구현할 수 있다.

위의 설명을 종합하여 finalScore 메서드를 다음과 같이 작성할 수 있다.

```
public double finalScore()
{
   if (scoresSize == 0)
   {
      return 0;
   }
   else if (scoresSize() == 1)
   {
      return scores.get(0);
   }
   else
   {
      return sum() - minimum();
   }
}
```

단계 4 **클래스와 메서드를 결합하여 프로그램을 완성하고 테스트하라.**

메서드들을 클래스 내에 배치하라. 코드를 재검토하고 정상적인 상황과 예외적인 상황을 모두 다루는지 점검하라. 비어 있는 배열이 주어졌을 때 무슨 일이 발생하는가? 하나의 요소를 저장하고 있는 배열이 주어진다면 무슨 일이 발생하는가? 조건과 일치하는 요소를 하나도 찾을 수 없을 때는 언제인가? 조건과 일치하는 요소를 하나 이상 발견하는 경우는 언제인가? 이러한 경계 조건(boundary condition)들을 테스트하여 프로그램이 올바로 동작하는지 확인하기 바란다.

앞의 점수 계산 예에서 배열이 비어 있으면 최소값을 구하는 것이 불가능하다. 이 경우에는 minimum 메서드를 호출하기 전에 오류 메시지를 내보내고 프로그램 실행을 종료시켜야 한다.

최소값이 하나 이상 존재한다면 어떻게 할까? 이 사실은 학생이 최하 점수를 기록한 시험이 한번 이상 된다는 것을 의미한다. 이 경우 문제의 의미에 부합하도록 최하 점수들 중 하나만 합에서 빼기로 정한다.

다음 표는 단계 4에서 설명한 경계 조건과 정상적인 입력을 보여주는 테스트 사례와 예상 출력을 보여 준다.

테스트 사례	예상 출력	설 명
8 7 8.5 9.5 7 5 10	50	단계 1 참조
8 7 7 9	24	최하 점수 중 한 점수만 삭제되어야 한다.
8	8	최하 점수가 하나라면 삭제하지 말아야 한다.
(입력 없음)	0	입력이 없으면 0을 반환한다.

완성된 프로그램은 이 책의 보조자료 코드의 ch06/how_to_1 디렉토리에 있다.

실습 예제 6.1

주사위 굴리기

주사위가 '공평(fair)'한지를 확인하기 위해 주사위 던지기 실험 데이터를 어떻게 분석해야 하는지 그 방법을 익힌다. wiley.com/go/javaexamples 사이트에서 실습 예제 6.1의 전체 코드를 다운로드 할 수 있다.

6.6 문제 해결 : 물체의 조작을 통한 알고리즘 발견

Manipulating physical objects can give you ideas for discovering algorithms.

6.5절에서 이미 알려진 알고리즘들을 결합하고 개작함으로써 문제를 해결하는 방법을 살펴보았다. 그렇지만 표준 알고리즘들이 현재 개발 중인 작업에 이용할 수 없는 경우에 어떻게 해야 할까? 이 절에서 여러분은 실제 물체를 조작해봄으로써 새로운 알고리즘을 발견할 수 있는 기법을 익힐 것이다.

크기가 짝수인 배열에서 배열의 전반부와 후반부를 서로 교환하는 작업을 수행하는 프로그램을 작성해보기로 하자. 예를 들어 배열이 다음 8개의 요소를 가지고 있다면

9	13	21	4	11	7	1	3

이 배열을 다음 배열로 변경하면 된다.

11	7	1	3	9	13	21	4

많은 학생들에게 알고리즘을 새로 고안하는 것은 매우 힘든 과정이다. 학생들이 루프가 필요한 것을 알아챌 수도 있고, 요소들이 삽입되어야(6.4.7절) 혹은 교환되어야(6.4.8절) 한다는 사실을 깨닫을 수도 있다. 그러나 그들은 이런 작업에 대해 도표를 그리거나 알고리즘을 서술하거나 혹은 의사코드를 작성하는 등에 대한 감각이 부족하다.

값들의 배열을 시각화하려면 일렬로 줄을 세운 동전이나 카드, 혹은 장난감을 사용해라.

새로운 알고리즘을 발견하기 위한 훌륭한 기법 중의 하나는 실제 물체들을 조작해 보는 것이다. 배열을 나타낼 수 있는 어떤 물체, 예를 들어 동전, 카드, 혹은 작은 장난감 등을 일렬로 줄을 세워 놓고 시작해 보자.

다음은 8개의 동전을 일렬로 배열해 본 것이다.

이제 한걸음 물러나 동전의 순서를 바꾸려면 어떻게 해야 할지 생각해 본다.
동전 하나를 줄에서 삭제한다(6.4.6절).

배열 요소의 삭제를 시각화한다.

동전 하나를 줄에 삽입한다(6.4.7절).

배열 요소의 삽입을 시각화한다.

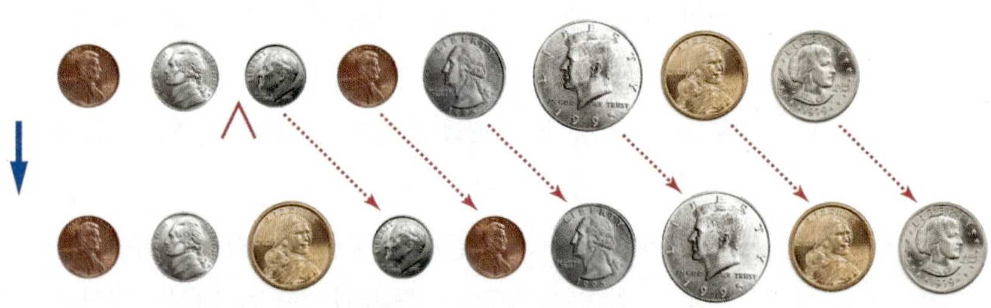

혹은, 두 동전의 위치를 교환한다(6.4.8절).

두 배열 요소의 교환을 시각화한다.

여러분들도 따라해 보자. — 약간의 동전들로 줄을 세우고 삭제/삽입/교환의 세 가지 동작을 즉시 시도해 본다. 그러면 세 가지 연산에 대한 감을 잡을 수 있다.

배열의 전반부와 후반부를 교환하는 문제를 해결하기 위한 알고리즘을 발견하는 데 이 동전 조작이 어떤 도움이 될까?

첫 번째 동전과 다섯 번째 동전의 자리를 바꾸어 놓자. 이 동작을 자바 프로그래머들처럼 위치 0과 4에 있는 두 동전을 교환했다고 표현할 것이다.

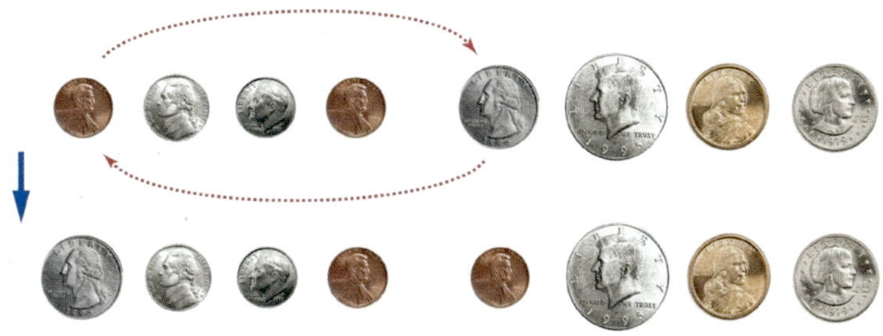

위치 1과 5에 있는 두 동전을 교환한다.

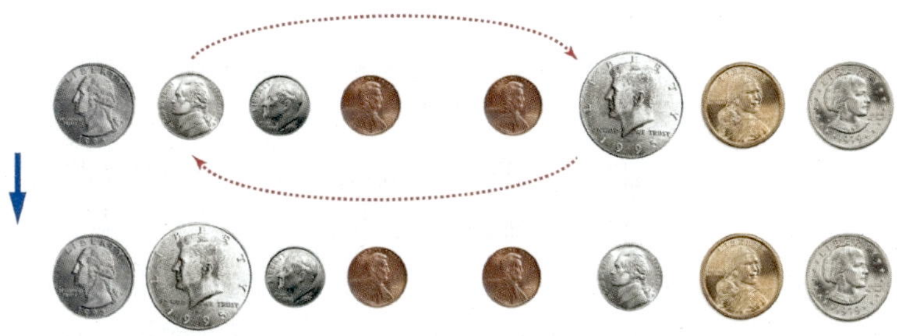

두 번의 교환을 더하면 작업이 끝난다.

이제 알고리즘이 분명해지고 있다.

```
i = 0
j = ...(이것에 대해 조금 후에 생각해 볼 것이다.)
While (아직 모르겠음)
    위치 i와 j에 있는 두 요소를 서로 교환한다.
    i++
    j++
```

예제의 완전한 코드

웹 페이지 wiley.com/go/javacode 사이트에서 배열의 전반부와 후반부를 서로 교환하는 프로그램을 다운로드 할 수 있다.

변수 j는 어느 위치에서 시작해야 할까? 8개의 동전이 있을 때 위치 0에 있는 동전을 위치 4로 옮긴다. 일반적으로 위치 0의 동전은 배열의 중간이나 위치 size / 2로 옮기면 된다.

모든 교환을 마치려면 몇 번이나 반복해야 할까? 배열 전반부의 모든 동전을 교환해야 하므로 size / 2개의 동전들을 교환해야 한다.

동전 교환 알고리즘을 표현하는 의사코드는 아래와 같다.

```
i = 0
j = size / 2
While (i < size / 2)
    위치 i와 j에 있는 두 요소를 서로 교환한다.
    i++
    j++
```

알고리즘이 올바르게 만들어졌는지 점검하기 위해 의사코드를 검토(walkthrough)하는 것은 아주 바람직한 생각이다(5.2절 참조). 변수 i와 j의 위치를 나타내기 위해 종이 집게를 사용할 수 있다. 검토가 문제점을 발견하지 못하고 성공적으로 수행됐다면 의사코드에 하나 차이(off-by-one) 오류가 전혀 존재하지 않는다는 것을 알 수 있다. 자습 문제 31은 검토를 수행하도록 요구하며 연습 문제 P6.9는 의사코드를 자바로 변환하도록 요청한다. 연습 문제 R6.26은 배열의 전반부와 후반부를 교환하기 위한 다른 방식의 알고리즘을 제시하는데, 이 알고리즘은 동전의 삭제와 삽입을 계속 반복하는 방식을 채택했다.

종이 집게를 위치 표시나 카운터로 사용할 수 있다.

많은 사람들은 도표를 그리거나 머리로 구상해야 하는 알고리즘보다는 실제로 물체를 조작해 보는 것이 문제의 이해나 알고리즘 발견에 더 도움이 된다고 생각한다. 새 알고리즘을 설계해야 한다면 한번 시도해 보기 바란다.

자습문제

31. 이 절에서 개발했던 알고리즘에 대해 위치 i와 j를 나타내는 두 개의 종이 집게를 사용하여 의사코드를 검토해 보라. 의사코드에서 왜 범위 오류가 발생하지 않는지 설명하라.
32. 약간의 동전을 꺼내서 다음 의사코드를 시뮬레이션 하라. 이때 위치 i와 j를 나타내기 위해 두 개의 종이 집게를 사용한다.

```
i = 0
j = size - 1
While (i < j)
    위치 i와 j에 있는 두 요소를 서로 교환한다.
```

```
i++
j--
```

알고리즘은 무슨 일을 수행하나?

33. 짝수값들이 먼저 나타나도록 배열의 모든 요소를 재배치하는 작업에 대해 생각해 보자. 요소들 간의 순서는 상관없다. 예를 들어 다음 배열은

```
1 4 14 2 1 3 5 6 23
```

아래처럼 재배치될 수 있다.

```
4 2 14 6 1 5 3 23 1
```

동전과 종이 집게를 사용하여 요소들을 교환함으로써 재배치 작업을 처리하는 알고리즘을 발견하라. 그런 다음 알고리즘을 의사코드로 작성하라.

34. 교환 대신 요소들의 삽입과 삭제를 사용하여 자습 문제 33의 작업에 대한 알고리즘을 발견하라.

35. 일련의 연속적인 입력값(배열이 아님)들 중에서 최대값을 찾는 5.7.5절의 알고리즘에 대해 생각해 보자. 장난감 병정들을 차례로 배치하는 것보다 카드 덱(card deck)에서 카드를 뽑는 것이 이 알고리즘을 시각화하는데 더 좋은 이유는 무엇인가?

실습하기 이 장의 끝부분에 있는 복습 문제 및 연습 문제 R6.26, R6.27, P6.9를 수행하시오.

6.7 이차원 배열

이차원 형태의 구조를 갖는 데이터 집합을 저장하고 싶을 때가 가끔 있다. 금융 및 과학 응용에서 이차원 구조의 데이터 집합이 사용되는 것을 흔히 볼 수 있다. 값들을 행(row)과 열(column)로 구성하는 배치 구조를 이차원 배열(two-dimensional array) 혹은 행렬(matrix)이라고 부른다.

그림 16에 2010년 동계 올림픽 피겨 스케이팅 종목의 메달 수를 국가별로 보여주고 있다. 이 예제 데이터를 어떻게 저장할지 방법을 찾아보기로 하자.

그림 16
피겨 스케이팅 메달 집계

	금	은	동
캐나다	1	0	1
중국	1	1	0
독일	0	0	1
대한민국	1	0	0
일본	0	1	1
러시아	0	1	1
미국	1	1	0

6.7.1 이차원 배열의 선언

표로 정리된 데이터를 저장하려면 이차원 배열을 사용해라.

자바에서 행과 열의 수를 넘겨주어 이차원 배열을 생성할 수 있다. 예를 들어 new int[7][3]은 7개의 행과 3개의 열을 가진 이차원 배열이다. 이런 이차원 배열에 대한 참조값은 int[ ][ ] 자료형으로 선언된 변수에 저장할 수 있다. 그림 16의 메달 수를 저장하기 위한 이차원 배열의 선언은 다음과 같다.

```
final int COUNTRIES = 7;
final int MEDALS = 3;
int[][] counts = new int[COUNTRIES][MEDALS];
```

각 행을 그룹으로 묶어 선언과 동시에 초기화를 하도록 다음과 같이 선언할 수도 있다.

문법 6.4 이차원 배열 선언

이름 / 요소의 자료형 / 행의 수 / 열의 수

```
double[][] tableEntries = new double[7][3];
```

모든 값들이 0으로 초기화된다.

이름

```
int[][] data = {
                  { 16, 3, 2, 13 },
                  { 5, 10, 11, 8 },
                  { 9, 6, 7, 12 },
                  { 4, 15, 14, 1 },
               };
```

초기값 리스트

```
int[][] counts =
   {
      { 1, 0, 1 },
      { 1, 1, 0 },
      { 0, 0, 1 },
      { 1, 0, 0 },
      { 0, 1, 1 },
      { 0, 1, 1 },
      { 1, 1, 0 }
   };
```

일차원 배열과 마찬가지로 이차원 배열도 일단 선언된 후에는 크기를 변경할 수 없다.

6.7.2 요소 접근

이차원 배열에서 각 요소는 두 개의 인덱스값을 사용하여 array[i][j]로 접근할 수 있다.

이차원 배열에서 특정 요소에 접근하려면 행과 열을 각각 선택하기 위한 두 개의 인덱스값을 아래처럼 별개의 괄호 []안에 명시하면 된다(그림 17 참조).

```
int medalCount = counts[3][1];
```

이차원 배열의 모든 요소에 접근하기 위하여 중첩 루프를 사용한다. 예를 들어 다음 루프는 counts의 모든 요소를 출력한다.

```
for (int i = 0; i < COUNTRIES; i++)
{
   // i번째 행을 처리한다.
   for (int j = 0; j < MEDALS; j++)
   {
      // i번째 행의 j번째 열을 처리한다.
      System.out.printf("%8d", counts[i][j]);
   }
   System.out.println(); // 한 줄에 한 행씩 출력한다.
}
```

루프에서 행과 열의 수를 상수로 표현하였다. 상수 대신 다음과 같은 행과 열의 수를 나타내는 수식을 사용할 수도 있다.

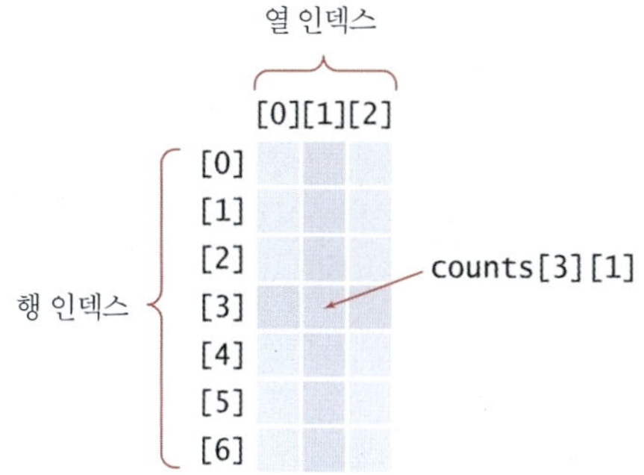

그림 17 이차원 배열에서 한 요소에 접근한다.

- counts.length는 행의 수를 나타낸다.
- counts[0].length는 열의 수를 나타낸다(이 수식의 자세한 설명은 심화 학습 6.4를 참조한다.).

위의 수식을 이용한 중첩 루프는 다음과 같다.

```
for (int i = 0; i < counts.length; i++)
{
   for (int j = 0; j < counts[0].length; j++)
   {
      System.out.printf("%8d", counts[i][j]);
   }
   System.out.println();
}
```

6.7.3 인접 요소들의 위치 찾기

이차원 배열을 가지고 동작하는 프로그램에서 한 요소에 인접한 요소들의 위치를 찾아야 하는 경우가 가끔 있다. 이런 작업은 게임 프로그램에서 흔하게 볼 수 있다. 그림 18은 한 요소에 인접한 요소들의 인덱스값을 어떻게 계산하는지 방법을 보여준다.

예를 들어 counts[3][1]의 왼쪽, 오른쪽 인접 요소는 각각 counts[3][0], counts[3][2]이며, 위와 아래쪽 인접 요소는 각각 counts[2][1], counts[4][1]이다.

배열의 경계에서 인접 요소들을 계산할 때는 주의해야 한다. 예를 들어 counts[0][1]은 위쪽에 인접한 요소가 없다. 요소 count[i][j]와 위/아래에 인접한 요소들의 합을 구하는 작업에 대해 생각해 보자. 먼저 요소가 배열의 맨 위 혹은 맨 아래에 위치해 있는지 아래 코드처럼 조사해야 한다.

```
int total = 0;
if (i > 0) { total = total + counts[i - 1][j]; }
if (i < ROWS - 1) { total = total + counts[i + 1][j]; }
```

[i - 1][j - 1]	[i - 1][j]	[i - 1][j + 1]
[i][j - 1]	[i][j]	[i][j + 1]
[i + 1][j - 1]	[i + 1][j]	[i + 1][j + 1]

그림 18
이차원 배열에서 인접 요소들의 위치

6.7.4 행과 열에 접근하기

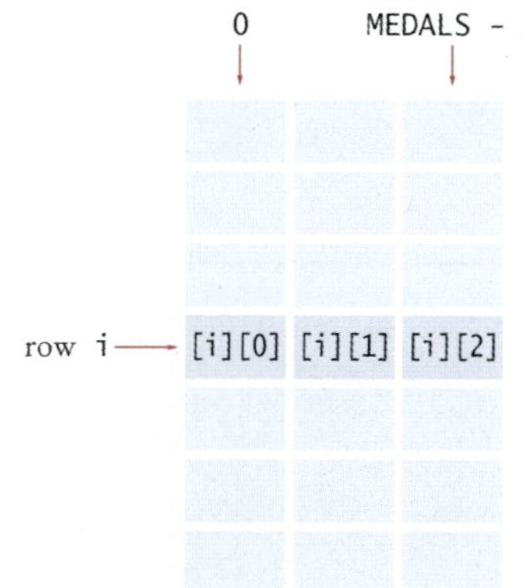

행이나 열의 모든 요소를 접근해야 하는 경우가 가끔 있다. 예를 들어 행 혹은 열에서 모든 요소들의 합을 구하거나, 혹은 가장 큰 요소를 찾는 것 등이다. 피겨 스케이팅 메달 집계 예의 배열에서 각 행의 모든 요소들의 합은 특정 국가가 획득한 메달의 총계를 의미한다.

올바른 인덱스값을 찾는 것은 조금 까다롭다. 따라서 요약하는 것이 좋은 방안이다. 행 i의 총합계를 구하려면 다음 요소들을 방문해야 한다.

위의 표에서 보듯이 counts[i][j](j는 0에서부터 MEDALS - 1까지 범위의 값)의 합을 구하면 된다. 다음 루프는 i번째 행의 합을 구한다.

```
int total = 0;
for (int j = 0; j < MEDALS; j++)
{
   total = total + counts[i][j];
}
```

열의 모든 원소의 합도 유사한 방법으로 구할 수 있다. 다음은 counts[i][j](i는 0에서부터 COUNTRIES - 1까지 범위의 값)의 합을 계산하는 코드이다.

```
int total = 0;
for (int i = 0; i < COUNTRIES; i++)
{
   total = total + counts[i][j];
}
```

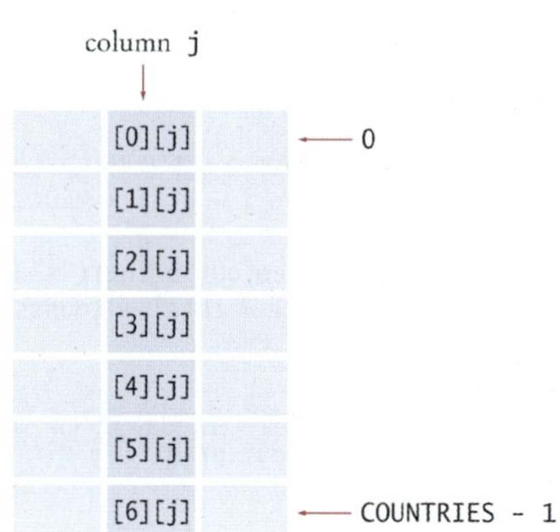

이차원 배열을 사용한 예를 다음 프로그램에서 볼 수 있다. 프로그램은 국가별 메달 집계표와 각 행의 합, 즉 각 국가의 메달 획득 수를 출력한다.

section_7/Medals.java

```java
/**
   이 프로그램은 메달 집계표와 각 행의 합을 출력한다.
*/
public class Medals
{
   public static void main(String[] args)
   {
      final int COUNTRIES = 7;
      final int MEDALS = 3;

      String[] countries =
         {
            "Canada",
            "China",
            "Germany",
            "Korea",
            "Japan",
            "Russia",
            "United States"
         };

      int[][] counts =
         {
            { 1, 0, 1 },
            { 1, 1, 0 },
            { 0, 0, 1 },
            { 1, 0, 0 },
            { 0, 1, 1 },
            { 0, 1, 1 },
            { 1, 1, 0 }
         };

      System.out.println("        Country    Gold  Silver  Bronze   Total");

      // 국가, 메달 집계표, 그리고 행의 합을 출력한다.
      for (int i = 0; i < COUNTRIES; i++)
      {
         // i번째 행을 처리한다.
         System.out.printf("%15s", countries[i]);

         int total = 0;

         // 각 행의 요소를 출력하고 행의 합을 갱신한다.
         for (int j = 0; j < MEDALS; j++)
         {
            System.out.printf("%8d", counts[i][j]);
            total = total + counts[i][j];
         }

         // 행의 합과 줄 바꿈 문자를 출력한다.
         System.out.printf("%8d\n", total);
      }
   }
}
```

실행 결과

```
      Country   Gold  Silver  Bronze   Total
       Canada      1       0       1       2
        China      1       1       0       2
      Germany      0       0       1       1
        Korea      1       0       0       1
        Japan      0       1       1       2
       Russia      0       1       1       2
United States      1       1       0       2
```

자습문제

36. 피겨 스케이팅 메달 집계 예에서 열의 합을 구하면 어떤 결과를 얻을 수 있나?

37. 보드 게임을 위한 다음의 배열에 대해 생각해 보자.

```
int[][] board = new int[8][8];
```

중첩 루프를 이용하여 체커 보드처럼 0과 1이 번갈아 저장되도록 board 배열을 초기화하라.

```
0 1 0 1 0 1 0 1
1 0 1 0 1 0 1 0
0 1 0 1 0 1 0 1
. . .
1 0 1 0 1 0 1 0
```

힌트 : `i + j`가 짝수인지 조사하라.

38. 틱택토(tic-tac-toe) 보드를 나타내기 위한 이차원 배열을 선언하라. 보드는 3개의 행과 3개의 열로 구성되고 문자열 "x", "o", " "을 저장한다.

39. 자습 문제 38에서 설명한 틱택토 보드의 오른쪽 상단 귀퉁이에 "x"를 놓는 행동을 나타내는 대입문(assignment statement)을 작성하라.

40. 자습 문제 38에서 설명한 틱택토 보드의 왼쪽 상단 귀퉁이와 오른쪽 하단 귀퉁이를 연결하는 대각선 위에 놓여 있는 요소는 무엇인가?

실습하기 이 장의 끝부분에 있는 복습 문제 및 연습 문제 R6.28, P6.15, P6.16을 수행하시오.

실습 예제 6.2 세계 인구표

이번 실습 예제를 통해 세계 인구 데이터와 같은 이차원 구조의 데이터 집합을 머리글 행과 열, 그리고 각 데이터 열의 합 정보들을 가지고 있는 표 형태로 어떻게 출력하는지 그 방법을 익힐 수 있다. wiley.com/go/javaexamples에서 실습 예제 6.2의 전체 코드를 다운로드 할 수 있다.

심화 학습 6.4

행 길이가 가변인 이차원 배열

다음 명령으로 이차원 배열을 선언했을 때

```
int[][] a = new int[3][3];
```

아래처럼 9개의 요소를 저장할 수 있는 행렬을 얻는다.

```
a[0][0] a[0][1] a[0][2]
a[1][0] a[1][1] a[1][2]
a[2][0] a[2][1] a[2][2]
```

이 행렬에서 모든 행은 같은 길이를 갖는다.

자바에서 행의 길이가 가변인 배열을 선언하는 것도 가능하다. 예를 들어 아래와 같이 삼각형 형태를 갖는 삼각 배열로 값을 저장할 수 있다.

```
b[0][0]
b[1][0] b[1][1]
b[2][0] b[2][1] b[2][2]
```

행의 길이가 가변인 위와 같은 이차원 배열을 할당하려면 조금 더 많은 작업이 필요하다. 먼저 세 개의 행을 보관할 공간을 할당해야 한다. 아래처럼 배열을 선언할 때 두 번째 인덱스를 비워두어 수동으로 각 행의 크기를 설정하겠다는 사실을 나타내야 한다.

```
double[][] b = new double[3][];
```

이제 각 행을 다음과 같이 따로따로 할당하면 된다(그림 19 참조).

```
for (int i = 0; i < b.length; i++)
{
   b[i] = new double[i + 1];
}
```

b 배열의 각 요소를 b[i][j]로 접근할 수 있다. 수식 b[i]는 i번째 행을 선택하고, [j] 연산자는 그 행의 j번째 요소를 선택한다.

배열 b의 행의 수는 b.length이고 i번째 행의 길이는 b[i].length라는 사실을 주의하기 바란다. 예를 들어 다음 중첩된 한 쌍의 루프는 행의 길이가 들쑥날쑥한 배열을 출력한다.

```
for (int i = 0; i < b.length; i++)
{
   for (int j = 0; j < b[i].length; j++)
   {
      System.out.print(b[i][j]);
   }
   System.out.println();
}
```

for 루프 대신 아래처럼 두 개의 향상된 for 루프를 사용해 출력할 수도 있다.

```
for (double[] row : b)
{
   for (double element : row)
   {
      System.out.print(element);
   }
   System.out.println();
}
```

물론 이런 '행의 길이가 들쑥날쑥한 배열(ragged array)'은 아주 드물게 쓰이고 있다.

자바에서 보통 쓰이는 평범한 고정 길이 이차원 배열도 위의 가변 길이 배열처럼 '일차원 배열의 배열'로 구현할 수 있다. 수식 new int[3][3]은 자동으로 3개의 행을 가리키는 일차원 배열(크기 3)을 할당하고, 또한 각 행의 내용을 저장하기 위한 3개의 일차원 배열(크기 3)도 할당한다.

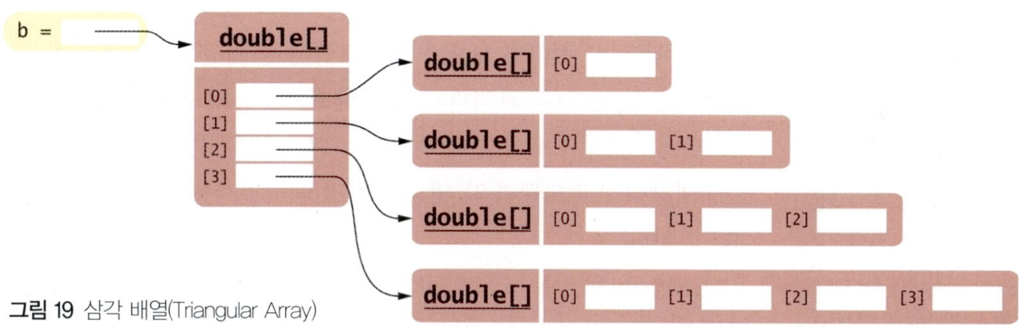

그림 19 삼각 배열(Triangular Array)

심화 학습 6.5

다차원 배열

이차원 이상의 차원 구조를 갖는 배열도 선언할 수 있다. 예를 들어 아래와 같이 3차원 배열의 선언도 가능하다.

```
int[][][] rubiksCube = new int[3][3][3];
```

이 3차원 배열의 각 요소는 다음처럼 3개의 인덱스값으로 명시된다.

```
rubiksCube[i][j][k]
```

6.8 회귀 테스팅

테스트 스위트는 반복된 시험을 위한 테스트 집합이다.

프로그램의 오류를 발견할 때마다 새로운 테스트를 하는 것은 매우 바람직한 습관이다. 오류 수정으로 프로그램이 제대로 동작하는지를 검증하기 위해 보통 테스트를 하게 된다. 이때 테스트한 데이터를 버리지 말고, 이 이후의 다음 버전 및 모든 후속 버전을 테스트할 때 재활용하기 바란다. 이렇게 테스트 사례들을 계속 모아 둔 것을 테스트 스위트(test suite)라고 한다.

이미 수정한 오류가 미래의 후속 버전에서도 빈번히 다시 발생되곤 한다. 이것은 순환(cycling)이라고 알려진 현상이다. 때때로 오류의 원인에 대한 근본적인 이해가 부족하여 작동되는 것처럼 보이는 임시방편을 적용하게 된다. 이후에 두 번째 문제를 해결하기 위해 다른 임시방편을 적용해 보지만, 이로 인해 첫 번째 문제가 다시 발생할 수 있다. 물론 '미봉책'을 남발하지 않고 오류의 원인에 대한 근본적인 이유를 찾아 오류를 해결하는 것이 최선의 방법이다. 그렇지만 오류에 대한 근본적인 해결책을 쉽게 찾을 수 없다면 최소한 프로그램이 잘 작동되는지에 대한 공정한 평가를 받을 필요가 있다. 모든 과거의 테스트 사례들을 모아 두고 그것들을 모든 후속 버전의 테스트에 적용함으로써 그에 대한 피드백을 얻을 수 있게 된다. 이렇게 테스트 스위트에 대하여 프로그램의 각 버전을 점검하는 과정을 회귀 테스팅(regression testing)이라고 한다.

회귀 테스팅은 소프트웨어의 새로운 버전에서 이전 버전의 알려진 결함이 발생하지 않는다는 것을 확인하기 위해 이전 버전들의 실행 테스트를 새 버전에서 되풀이하는 과정을 포함한다.

테스트 스위트를 어떻게 구성할 것인가? 쉬운 방법 중 하나는 ScoreTester1, ScoreTester2 등과 같이 여러 개의 테스터 클래스를 만들어 두는 것이다. 각 테스터 클래스는 코드 내에 포함된 별개의 테스트 데이터 집합을 가지고 테스트를 수행한다. 다음 예는 Student 클래스에 대한 하나의 테스터를 보여준다.

```
public class ScoreTester1
{
   public static void main(String[] args)
   {
      Scanner in = new Scanner(System.in);
      Student fred = new Student(100);
      fred.addScore(10);
      fred.addScore(20);
      fred.addScore(5);
      System.out.println("Final score: " + fred.finalScore());
      System.out.println("Expected: 30");
   }
}
```

다른 유용한 방법은 하나의 제너릭 테스터(generic tester) 클래스를 사용하는 것이다. 여러 파일에 저장해놓은 테스트 사례들을 다음 예제 프로그램 같은 제너릭 테스터에 입력으로 공급하여 테스트를 수행한다.

section_8/ScoreTester.java

```
import java.util.Scanner;

public class ScoreTester
{
   public static void main(String[] args)
   {
      Scanner in = new Scanner(System.in);
      double expected = in.nextDouble();
      Student fred = new Student(100);
      while (in.hasNextDouble())
      {
         if (!fred.addScore(in.nextDouble()))
         {
            System.out.println("Too many scores.");
            return;
         }
      }
      System.out.println("Final score: " + fred.finalScore());
      System.out.println("Expected: " + expected);
   }
}
```

이 프로그램은 예상 결과와 점수들을 입력으로 읽어들이고 있다. 서로 다른 입력들을 가지고 프로그램을 실행해봄으로써 다양한 종류의 시나리오를 테스트할 수 있게 된다.

물론 테스트를 수행할 때마다 일일이 손으로 입력값들을 타이핑하는 것은 귀찮은 일이다. 다음과 같이 파일에 입력값들을 저장해 두는 것이 더 좋은 방법이다.

section_8/input1.txt

```
30
10
20
5
```

프로그램을 운영체제의 쉘 윈도우(shell window)에서 실행시킬 때 입력 파일을 프로그램의 표준 입력에 연결할 수 있다. 이렇게 연결하면 파일에 저장된 모든 문자들이 마치 사용자에 의해 타이핑되는 것처럼 프로그램의 입력으로 공급된다. 쉘 윈도우에서 다음 명령을 타이핑해 보자.

```
java ScoreTester < input1.txt
```

이제 더 이상 키보드로부터 입력을 받아들이지 않고 프로그램이 수행될 수 있다. 그 대신 System.in 객체(그리고 System.in으로부터 읽어 들이는 Scanner 객체)가 input1.txt 파일로 부터 입력을 받아들인다. 입력 방향 재지정(input redirection)이라고 부르는 이 방법에 대해 심화 학습 5.2에서 이미 논의하였다.

출력은 여전히 콘솔 창에 다음과 같이 나타나게 된다.

실행 결과

```
Final score: 30
Expected: 30
```

출력도 방향을 재지정할 수 있다. 프로그램의 출력을 모으기 위해 파일에 저장하려면 다음과 같은 명령을 사용하면 된다.

```
java ScoreTester < input1.txt > output1.txt
```

이렇게 입력 데이터 집합들과 그것의 실행 결과들을 파일에 저장해두면 테스트 사례들의 기록 보관에 아주 유용하게 쓰인다.

자습문제

41. 어떤 메서드 코드를 수정했다고 가정하자. 앞 버전의 코드에서 이미 통과된 테스트를 새 버전에서 다시 반복해야 하는 이유는 무엇인가?
42. 여러분이 개발한 프로그램의 고객이 오류를 하나 발견했다고 가정하자. 오류 수정 이외에 당신은 무슨 조치를 취해야 하는가?
43. 왜 ScoreTester 프로그램은 입력을 안내하는 프롬프트를 포함하고 있지 않나?

실습하기 이 장의 끝부분에 있는 복습 문제 R6.34, R6.35을 수행하시오.

컴퓨팅과 사회 6.2 테락-25 사건

테락-25(Therac-25)는 암환자에게 방사능 치료를 하는 컴퓨터화 된 방사선 치료기이다(그림 참조). 1985년 6월부터 1987년 1월까지 20개월 동안 이 치료기의 일부 기계들에서 방사능이 과다 투여되어 무려 6건의 사고가 발생하여 3명이 죽고 다른 3명은 심각한 방사능 후유장애에 시달려야 했다.

테락-25는 컴퓨터 프로그램으로 제어되고 있었는데 프로그램의 결함이 방사능 과다 투여의 직접적인 원인이 되었다. 레버슨과 터너의 사고 조사에 의하면("An Investigation of the Therac-25 Accidents," IEEE Computer, July 1993, pp. 18-41), 이 프로그램은 프로그래머 1명이 혼자서 작성했는데 이후 제조회사를 떠나 행방을 알 수 없었다. 조사 인터뷰에 응한 회사의 직원들 중 누구도 프로그래머의 교육 수준이나 자격 요건 등에 대해 알고 있지 못했다.

미국 식품 의약국(FDA)의 사고 조사에 따르면 프로그램을 개발하면서 문서화를 거의 하지 않았으며 설계 명세서나 형식 테스트 계획조차 존재하지 않았다(여기서 여러분이 작성하고 있는 프로그램에 대한 형식 테스트 계획을 가지고 있는지 스스로에게 한번 자문해 보아야 한다.).

방사능 과다 투여의 근본 원인은 여러 기계 장치들인 키보드, 디스플레이, 프린터, 방사능 치료기를 동시에 함께 제어해야 하는 중요한 소프트웨어를 비전문적으로 설계한 것에 기인한다. 그 당시 이미 안전한 다중 태스킹 기법이 알려져 있었음에도 불구하고 프로그램에서 태스크(task)들 사이의 동기화와 데이터 공유를 주먹구구식으로 실행하고 있었다. 만약 프로그래머가 다중 태스킹 기법 등을 포함한 컴퓨터 분야 정규 교육을 받았거나, 혹은 컴퓨터 분야 학문을 계속 공부했더라면 조금 더 안전한 기계를 만들 수 있었을 것이다. 이러한 안전한 기계는 아마도 상업적인 다중 태스킹 시스템을 포함하고 있었을 것이고, 따라서 더 값비싼 컴퓨터가 필요했을 것이다.

동일한 결함이 이전 모델인 테락-20을 제어하는 소프트웨어에서도 존재했다. 그러나 테락-20은 방사능 과다 투여를 기계적으로 방지하는 하드웨어 연동장치를 가지고 있어 사고가 발생하지 않았다. 아마도 비용을 줄이기 위한 것이겠지만 테락-25에서는 하드웨어 안전장치를 제거하였고 대신 소프트웨어 검사로 대치하였다.

FDA의 프랭크 휴스톤은 1985년에 이렇게 쓰고 있다. '생명과 관련된 중요한 시스템에 사용되는 상당한 양의 소프트웨어를 소규모 의료기기 업체에서 내놓고 있다. 보통 이런 업체들은 시스템 안전성 혹은 소프트웨어 공학의 원칙에 대해 잘 모르거나 이 원칙을 쉽게 받아들이지 못하는 사람들에게 딱 어울리는 업체들이다.'

누구를 비난할 것인가? 프로그래머를? 프로그래머가 일을 제대로 해낼 것이라는 사실을 보증하지 못했을 뿐 아니라 종합적인 테스팅을 수행해야 한다고 주장하지도 않은 매니저를? 테락-25를 설치한 병원을? 설계 공정을 제대로 검토하지 않은 FDA를? 안타까운 일이지만 오늘날에도 무엇이 안전한 소프트웨어 설계 공정을 구성하는지에 대한 확실한 표준이 존재하지 않는다.

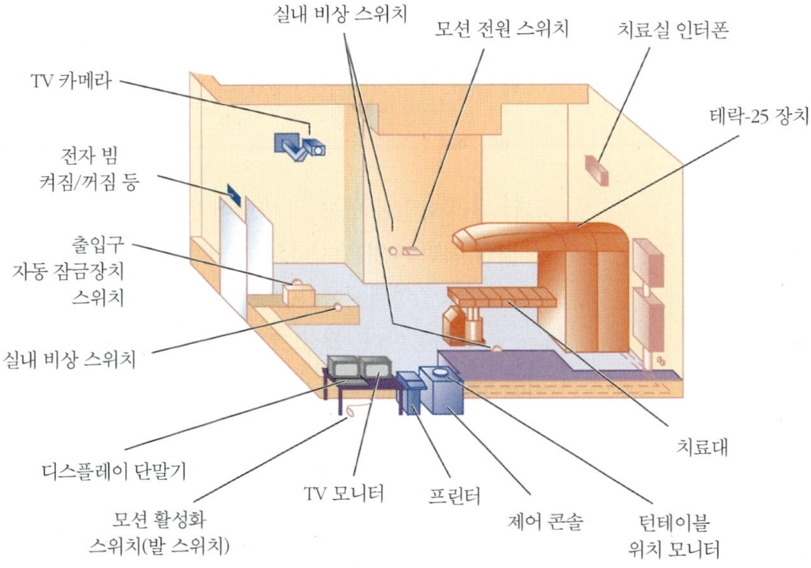

전형적인 테락-25 시설

알아 두기 6.3

일괄 처리 파일과 쉘 스크립트

쉘 윈도우의 명령어 라인에서 같은 작업을 계속 반복해야 한다면 운영체제에서 제공하는 자동화 기능에 대해 배울 가치가 있다.

마이크로소프트의 윈도우즈에서는 다수의 명령어들을 자동으로 실행하기 위해 일괄 처리(batch) 파일을 사용하면 된다. 예를 들어, 다음과 같이 3개의 테스터를 실행하여 프로그램을 테스트해야 한다고 가정하자.

```
java ScoreTester1
java ScoreTester < input1.txt
java ScoreTester < input2.txt
```

그런 다음 오류를 발견하여 그것을 고치고 다시 테스트를 실행한다. 이렇게 테스트를 반복하다 보면 위의 세 명령어를 1번 이상 타이핑해야 한다. 매번 명령어를 타이핑하는 것보다 더 좋은 다른 방법이 있는데, 윈도우즈에서는 아래와 같이 명령어들을 텍스트 파일에 저장하고 파일의 이름을 test.bat처럼 붙인다(.bat 확장자를 가지며 일괄 처리 파일이라고 한다.).

파일 test.bat

```
java ScoreTester1
java ScoreTester < input1.txt
java ScoreTester < input2.txt
```

그런 다음 아래처럼 타이핑하면

```
test.bat
```

일괄 처리 파일에 있는 세 명령어가 자동으로 실행된다.

일괄 처리 파일은 자바의 기능이 아니고 운영체제에서 제공하는 기능이다. Linux, Mac OS, UNIX 운영체제에서는 윈도우즈의 일괄 처리 파일 방식과 유사한 쉘 스크립트(shell script)를 사용한다. 쉘 스크립트 방식의 운영체제에서는 다음과 같이 타이핑하여 세 명령어를 실행시킬 수 있다.

```
sh test.bat
```

일괄 처리 파일과 쉘 스크립트는 활용이 많이 되고 있으므로 매개변수나 루프 같은 고급 기능을 더 배워 두는 것이 좋다.

본 장의 요약

값들을 모아 저장하기 위해 배열을 사용하라.

- 배열은 동일한 자료형의 연속적인 값들을 모아 놓은 것이다.
- 배열에서 각 요소는 *array*[i], i는 정수 인덱스 표현을 사용하여 접근할 수 있다.
- 한 배열 요소는 일반 변수처럼 취급하여 사용할 수 있다.
- 배열 인덱스값의 범위는 0부터 배열의 크기 −1까지이다.

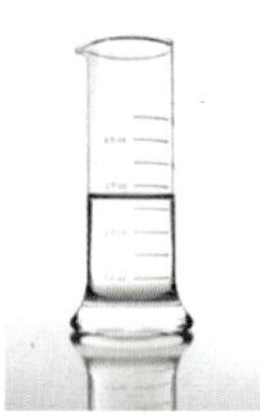

- 범위를 벗어나는 배열 인덱스로 요소를 접근할 때 발생하는 범위 오류는 프로그램을 비정상적으로 종료시킨다.
- 배열에 있는 요소의 수를 알고 싶으면 수식 *array*.length를 사용해라.
- 배열 참조는 배열의 위치를 나타낸다. 참조를 복사하면 동일한 배열에 대한 두 번째 참조가 만들어진다.
- 배열을 메서드의 인수와 반환값으로 사용할 수 있다.
- 병렬 배열의 사용은 피하고 이를 객체 배열로 변경해서 사용해라.

크기가 변경될 수 있는 집합을 다루기 위해서는 배열 리스트를 사용하라.

- 배열 리스트는 크기가 변할 수 있는 연속적인 값들의 집합을 저장한다.
- ArrayList 클래스는 제너릭 클래스; ArrayList〈*Type*〉는 Type 자료형의 요소들을 모아 저장한다.

- 배열 리스트의 현재 크기를 얻으려면 size 메서드를 사용해라.
- 주어진 인덱스로 배열 리스트의 요소를 접근하려면 get과 set 메서드를 사용해라.
- Use the add and remove methods to add and remove array list elements.
- 배열 리스트로 기본 자료형의 숫자를 모아 저장하려면 래퍼 클래스를 사용해야 한다.

향상된 for 루프를 언제 사용해야 할지 알고 있어라.

- 배열과 배열 리스트의 모든 요소를 방문하기 위해 향상된 for 루프를 사용할 수 있다.
- 루프 몸체에서 인덱스값을 쓸 필요가 없다면 향상된 for 루프를 사용해라.

흔히 사용되고 있는 배열 알고리즘을 알아두고 사용해라.

- 요소들을 구분할 때 구분자를 첫 번째 요소 전에 두지마라.
- 선형 탐색은 조건에 일치하는 요소를 찾을 때까지 요소들을 차례대로 점검한다.
- 배열에 요소를 삽입하기 전에 마지막 요소부터 시작하여 삽입할 위치의 요소까지 배열의 끝으로 요소들을 이동시킨다.
- 두 요소를 서로 교환할 때 임시 변수를 사용해라.
- 배열의 모든 요소를 새로운 배열로 복사하려면 Arrays.copyOf 메서드를 사용해라.

프로그래밍 문제를 해결하는데 기존 알고리즘들을 결합하거나 개작하라.

- 기본 알고리즘들을 결합함으로써 복잡한 프로그래밍 작업을 해결할 수 있다.
- 기본 알고리즘을 개작하려면 알고리즘의 세부 구현에 대해 잘 이해하고 있어야 한다.

실제 물체를 조작해봄으로써 알고리즘을 발견하라.

- 값들의 배열에 대한 연산을 시각화하기 위해 일련의 동전, 카드, 장남감 등을 사용해라.
- 종이 집게를 위치 표시나 카운터로 사용할 수 있다.

행과 열로 배치된 데이터 집합 보관에 이차원 배열을 사용하라.

- 표로 정리된 데이터를 저장하려면 이차원 배열을 사용해라.
- 이차원 배열의 각 요소는 두 인덱스값을 가진 *array*[i][j] 표현을 사용하여 접근할 수 있다.

회귀 테스팅 과정을 서술하라.

- 테스트 스위트는 반복적인 테스팅을 위한 테스트들의 집합이다.
- 회귀 테스팅은 이전 버전에서 알려진 오류가 소프트웨어의 새 버전에서는 발생되지 않음을 보장하기 위해 이전 버전의 테스트를 새 버전에서 다시 반복하는 것을 말한다.

이 장에서 소개된 표준 라이브러리 요소

```
java.lang.Boolean
java.lang.Double
java.lang.Integer
java.util.Arrays
   copyOf
   toString
java.util.ArrayList<E>
   add
   get
   remove
   set
   size
```

복습 문제

■■R6.1 다음의 숫자들의 집합으로 배열을 채우는 코드를 작성하라.

a. 1 2 3 4 5 6 7 8 9 10
b. 0 2 4 6 8 10 12 14 16 18 20
c. 1 4 9 16 25 36 49 64 81 100
d. 0 0 0 0 0 0 0 0 0 0
e. 1 4 9 16 9 7 4 9 11
f. 0 1 0 1 0 1 0 1 0 1
g. 0 1 2 3 4 0 1 2 3 4

■■R6.2 아래 배열에 대해 생각해 보자.

```
int[] a = { 1, 2, 3, 4, 5, 4, 3, 2, 1, 0 };
```

다음 루프들의 실행이 끝난 후 total 변수의 값은 무엇인가?

a.
```
int total = 0;
for (int i = 0; i < 10; i++) { total = total + a[i]; }
```
b.
```
int total = 0;
for (int i = 0; i < 10; i = i + 2) { total = total + a[i]; }
```
c.
```
int total = 0;
for (int i = 1; i < 10; i = i + 2) { total = total + a[i]; }
```
d.
```
int total = 0;
for (int i = 2; i <= 10; i++) { total = total + a[i]; }
```
e.
```
int total = 0;
for (int i = 1; i < 10; i = 2 * i) { total = total + a[i]; }
```
f.
```
int total = 0;
for (int i = 9; i >= 0; i--) { total = total + a[i]; }
```
g.
```
int total = 0;
for (int i = 9; i >= 0; i = i - 2) { total = total + a[i]; }
```
h.
```
int total = 0;
for (int i = 0; i < 10; i++) { total = a[i] - total; }
```

■■R6.3 아래 배열에 대해 생각해 보자.

```
int[] a = { 1, 2, 3, 4, 5, 4, 3, 2, 1, 0 };
```

다음 루프들의 실행이 끝난 후 배열 a의 내용은 무엇인가?

a. `for (int i = 1; i < 10; i++) { a[i] = a[i - 1]; }`

b. `for (int i = 9; i > 0; i--) { a[i] = a[i - 1]; }`

c. `for (int i = 0; i < 9; i = i++) { a[i] = a[i + 1]; }`

d. `for (int i = 8; i >= 0; i--) { a[i] = a[i + 1]; }`

e. `for (int i = 1; i < 10; i = i++) { a[i] = a[i] + a[i - 1]; }`

f. `for (int i = 1; i < 10; i = i + 2) { a[i] = 0; }`

g. `for (int i = 0; i < 5; i++) { a[i + 5] = a[i]; }`

h. `for (int i = 1; i < 5; i++) { a[i] = a[9 - i]; }`

■■■R6.4 1과 100 사이의 난수 10개를 생성하여 배열 values를 채우는 루프를 작성하라. 또한 두 개의 루프를 중첩시킨 중첩 루프를 사용하여 1과 100 사이의 10개의 서로 다른 난수들로 배열 values를 채우는 코드도 작성하라.

■■R6.5 배열의 최대값과 최소값을 동시에 계산하는 루프를 자바 코드로 작성하라.

■R6.6 다음 각 코드는 무엇이 잘못되었는가?

a.
```
int[] values = new int[10];
for (int i = 1; i <= 10; i++)
{
   values[i] = i * i;
}
```

b.
```
int[] values;
for (int i = 0; i < values.length; i++)
{
   values[i] = i * i;
}
```

■■R6.7 다음 작업을 수행하는 향상된 for 루프를 작성하라.

a. 한 줄에 배열의 모든 요소를 공백 문자로 구분하여 출력

b. 배열의 모든 요소들의 최대값을 계산

c. 배열 내 음수 요소들의 수를 계산

■■R6.8 향상된 for 루프를 사용하지 말고 다음 루프를 재작성하라. 여기서 values는 double 형의 값을 갖는 배열이다.

a.
```
for (double x : values) { total = total + x; }
```

b.
```
for (double x : values) if (x == target) { return true; }
```

c.
```
int i = 0;
for (double x : values) { values[i] = 2 * x; i++; }
```

■■R6.9 향상된 for 루프를 사용하여 다음 루프를 재작성하라. 여기서 values는 double 형의 값을 갖는 배열이다.

a.
```
for (int i = 0; i < values.length; i++) { total = total + values[i]; }
```

b.
```
for (int i = 1; i < values.length; i++) { total = total + values[i]; }
```

c.
```
for (int i = 0; i < values.length; i++)
{
   if (values[i] == target) { return i; }
}
```

■R6.10 다음 각 코드는 무엇이 잘못되었는가?

a.
```
ArrayList<int> values = new ArrayList<int>();
```

b.
```
ArrayList<Integer> values = new ArrayList();
```

c.
```
ArrayList<Integer> values = new ArrayList<Integer>;
```

d.
```
ArrayList<Integer> values = new ArrayList<Integer>();
for (int i = 1; i<= 10; i++)
{
   values.set(i - 1, i * i);
}
```

e.
```
ArrayList<Integer> values;
for (int i = 1; i<= 10; i++)
{
   values.add(i * i);
}
```

■R6.11 배열에서 인덱스란 무엇인가? 정당한 인덱스값이란 무엇인가? 범위 오류란 무엇인가?

■R6.12 범위 오류를 발생시키는 프로그램을 작성하고 그 프로그램을 실행해 보아라. 컴퓨터에서 무슨 일이 일어났는가?

■R6.13 10개의 수를 읽어들이는 루프와 입력된 순서와 반대로 숫자들을 출력하는 두 번째 루프를 작성하라.

■■R6.14 부분적으로 채워진 배열을 위한 아래의 연산들에 대해 메서드의 머리 부분을 작성하라. 메서드들을 구현하지는 않아도 된다.

a. 내림차순으로 요소들을 정렬시킨다.
b. 주어진 문자열로 구분하여 모든 요소를 출력한다.
c. 주어진 값보다 작은 요소들이 몇 개인지 센다.
d. 주어진 값보다 작은 요소들을 모두 삭제한다.
e. 주어진 값보다 작은 요소들을 모두 다른 배열에 저장한다.

■R6.15 6.4.4절에서 서술한 루프의 실행 흐름을 주어진 예로 추적해 보라. 2개의 열로 추적 결과를 보여라. 한 열은 변수 i의 값을 다른 열은 루프 내 출력문의 출력 결과를 표시한다.

■R6.16 조건에 일치하는 모든 요소들을 모아 저장하는 다음 루프에 대해 생각해 보자. 루프에서 조건은 '100보다 큰 요소'이다.

```
ArrayList<Double> matches = new ArrayList<Double>();
for (double element : values)
{
   if (element > 100)
   {
      matches.add(element);
   }
}
```

배열 values가 110 90 100 120 80의 5개 요소를 저장하고 있을 때 루프의 실행 흐름을 추적해 보라.

■R6.17 배열 values가 80 90 100 120 110의 5개 요소를 저장하고 있을 때 6.4.5절에서 설명한 루프의 실행 흐름을 추적해 보라. pos 변수와 found 변수의 값을 두 개의 열로 보여라. values 배열이 80 90 120 70의 4개 요소를 가지고 있을 때 실행 흐름 추적을 다시 반복하라.

■■R6.18 6.4.6절에서 소개한 한 요소를 삭제하는 알고리즘의 실행 흐름을 추적해 보라. 110

90 100 120 80의 5개 요소를 가지고 있는 values 배열을 사용하여 이 배열의 인덱스 2의 요소를 삭제해 본다.

■■R6.19 아래에 보이는 것처럼 배열의 요소들을 한 위치씩 앞으로 순환시키는 알고리즘을 의사코드로 작성하라. 요소들을 순환시킬 때 첫 번째 요소는 배열의 끝으로 이동시킨다.

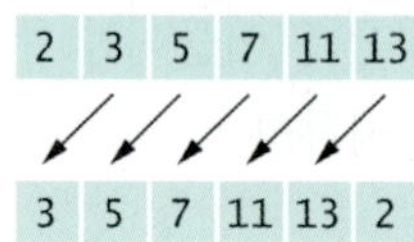

■■R6.20 배열에서 모든 음수 요소들을 삭제하는 알고리즘을 의사코드로 작성하라. 배열에 남아 있는 나머지 요소들의 순서는 그대로 유지되어야 한다.

■■R6.21 정수들의 배열 values가 정렬되어 있다고 가정하자. 배열에 한 요소를 삽입하려고 할 때 결과 배열이 계속 정렬 상태를 유지하도록 어떻게 적절한 위치를 찾아 요소를 삽입할 수 있는지 그 방법을 서술하는 의사코드를 작성하라.

■■■R6.22 런(run)은 동일한 값이 인접하여 연속해서 나타나는 경우를 말한다. 아래 숫자들의 배열에서 런은 (5 5), (2 2 2 2) 등이다. 배열에서 가장 긴 런의 길이를 구하는 의사코드를 작성하라. 예를 들어 다음 요소들을 원소로 갖는 배열에서 가장 긴 런의 길이는 4이다.

```
1 2 5 5 3 1 2 4 3 2 2 2 2 3 6 5 5 6 3 1
```

■■■R6.23 난수로 배열을 채우는 다음 메서드는 무엇이 잘못되었는가?

```
public void makeCombination(int[] values, int n)
{
   Random generator = new Random();
   int[] numbers = new int[values.length];
   for (int i = 0; i < numbers.length; i++)
   {
      numbers[i] = generator.nextInt(n);
   }
   values = numbers;
}
```

■■R6.24 평면상에 있는 점들의 집합을 배열로 나타내려고 한다. 점들의 x, y 좌표값을 각각 나타내는 두 개의 배열이 주어졌다고 하자. 점들의 집합을 그리려면 점들을 모두 포함하는 가장 작은 직사각형의 x, y 좌표들을 알아야 한다.

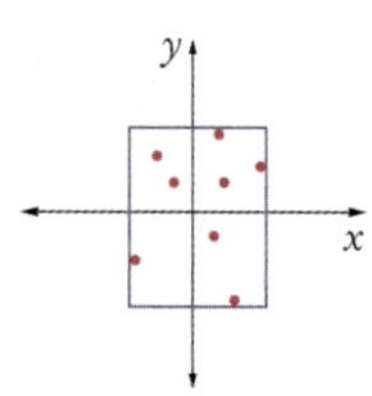

6.4절에 소개한 기본 알고리즘들을 활용하여 직사각형의 좌표값들을 구하는 방법을 찾아라.

■R6.25 6.5절에 서술한 문제를 배열을 먼저 정렬하는 방법을 사용하여 풀어보아라. 합계를 구하는 알고리즘을 어떻게 수정해야 하는가?

■■R6.26 6.6절에 서술한 문제를 요소들을 교환하는 대신에 요소들을 삭제하고 삽입하는 알고리즘을 사용하여 해결하라. 삽입 및 삭제 메서드가 이미 존재한다고 가정하고 발견한 알고리즘을 의사코드로 작성하라. 알고리즘의 동작을 동전 여러 개로 조작해 보고, 이 알고리즘이 6.6절에서 개발한 교환 알고리즘보다 왜 비효율적인지 설명하라.

■■R6.27 숫자들의 배열에서 가장 빈번하게 나타나는 숫자를 찾는 알고리즘을 개발하라. 동전과 종이 집게 여러 개로 알고리즘의 동작을 조작해 보라. 동전 아래에 종이 집게를 두어 같은 값을 가진 동전들이 몇 개인지 표시하라. 문제에 대한 올바른 답을 계산하는 알고리즘을 의사코드로 작성하라. 그리고 동전과 종이 집게를 조작해 보는 것이 알고리즘을 발견하는데 어떻게 도움이 되었는지 서술하라.

■■R6.28 다음에 선언된 배열을 가지고 아래에 나열된 작업들을 수행하는 자바 문장들을 작성하라.

```
int[][] values = new int[ROWS][COLUMNS];
```

- 모든 요소들을 0으로 채운다.
- 요소들에 체커 보드 무늬처럼 0과 1을 교대로 채운다.
- 상단과 하단의 행에 있는 요소들만 0으로 채운다.
- 모든 요소의 합을 계산한다.
- 표의 형식으로 배열을 출력한다.

■■R6.29 이차원 배열의 첫 번째 및 마지막 행뿐만 아니라 첫 번째 및 마지막 열의 요소들을 모두 −1로 채우는 알고리즘을 의사코드로 작성하라.

■R6.30 6.4.9절에서 배열 리스트의 요소들을 삭제할 때 인덱스값 갱신에 주의를 기울여야 한다는 것을 알았다. 배열 리스트를 마지막 요소부터 시작하여 첫 번째 요소로 순회하면서 삭제하면 이 문제를 피할 수 있음을 보여라.

■■R6.31 다음은 참인가 거짓인가?

a. 배열의 모든 요소는 동일한 자료형이다.
b. 배열은 요소로 문자열을 가질 수 없다.
c. 이차원 배열은 항상 동일한 크기의 행과 열을 갖는다.
d. 이차원 배열에서 다른 열의 요소들은 서로 다른 자료형을 가질 수 있다.
e. 메서드는 이차원 배열을 반환할 수 없다.
f. 메서드는 인수로 전달된 배열의 길이를 변경할 수 없다.

g. 메서드는 인수로 전달된 이차원 배열의 열의 크기를 변경할 수 없다.

■■R6.32 자바에서 배열 리스트를 가지고 다음 작업을 어떻게 수행하겠는가?

a. 두 배열 리스트가 동일한 요소들을 같은 순서로 저장하고 있는지를 점검한다.

b. 한 배열 리스트를 다른 배열 리스트로 복사한다.

c. 배열 리스트를 0으로 채운다. 즉, 배열 내 모든 요소들의 내용을 0으로 덮어 쓴다.

d. 배열 리스트의 모든 요소를 삭제한다.

■R6.33 다음은 참인가 거짓인가?

a. 배열 리스트의 모든 요소는 동일한 자료형이다.

b. 배열 리스트의 인덱스값은 반드시 정수여야 한다.

c. 배열 리스트는 요소로 문자열을 가질 수 없다.

d. 배열 리스트는 크기를 늘리거나 줄이는 등 변경할 수 있다.

e. 메서드는 배열 리스트를 반환할 수 없다.

f. 메서드는 인수로 전달된 배열 리스트의 크기를 변경할 수 없다.

■테스팅 P6.34 회귀 테스팅과 테스트 스위트라는 두 용어를 정의하라.

■■테스팅 P6.35 순환이라고 하는 디버깅 현상이란 무엇인가? 그것을 피하기 위해 무엇을 해야 하는가?

프로그램 연습 문제

■■P6.1 배열을 10개의 난수 정수로 초기화한 후, 다음 내용을 포함하도록 출력을 4개의 줄로 표시한다.

- 짝수 인덱스의 모든 요소
- 모든 짝수값 요소
- 모든 요소를 역순으로 출력
- 첫 번째 요소와 마지막 요소만 출력

■■P6.2 정수들의 배열에 대한 아래의 a부터 j까지 작업들을 수행하는 배열 메서드들을 작성하라. 이 메서드들을 다음 ArrayMethods 클래스 내에 정의하여 클래스 코드를 완성할 수 있다. 각 메서드에 대해 테스트 프로그램을 제공하라.

```
public class ArrayMethods
{
   private int[] values;
   public ArrayMethods(int[] initialValues) { values = initialValues; }
   public void swapFirstAndLast() { ... }
   public void shiftRight() { ... }
```

```
    ...
}
```

a. 배열의 첫 번째 요소와 마지막 요소를 서로 교환하라.
b. 모든 요소들을 오른쪽으로 하나씩 옮기는데, 마지막 요소는 첫 번째 위치로 이동시켜라. 예를 들어 배열 1 4 9 16 25는 25 1 4 9 16으로 변환된다.
c. 모든 짝수 요소들을 0으로 치환하라.
d. 첫 번째와 마지막 요소를 제외한 다른 모든 요소들을 자신의 두 인접 요소 중 큰 요소로 치환하라.
e. 배열의 길이가 홀수이면 중앙의 요소를 삭제하고, 길이가 짝수이면 중앙의 두 요소들을 삭제하라.
f. 모든 짝수 요소들을 배열의 앞쪽으로 이동시켜라. 짝수가 아니면 요소들의 순서를 그대로 유지한다.
g. 배열에서 두 번째 큰 요소를 반환하라.
h. 배열이 현재 오름차순으로 정렬되었다면 true를 반환하라.
i. 배열이 인접하면서 중복된 두 개의 요소들을 포함하고 있으면 true를 반환하라.
j. 배열이 중복된 두 개의 요소들을 포함하고 있으면 true를 반환하라(두 요소가 서로 인접해 있을 필요는 없다.).

■P6.3 최소값과 최대값을 모두 표시하도록 6.4절에서 서술한 `LargestInArray.java` 프로그램을 변경하라.

■■P6.4 한 개의 루프를 사용하여 배열에서 최소값을 제외한 다른 요소들의 합을 구하는 `sumWithoutSmallest` 메서드를 작성하라. 루프에서 모든 요소의 합과 최소값을 구한다. 루프가 끝나면 루프에서 구한 합에서 최소값을 뺀 값을 반환한다.

■P6.5 6.5절에서 선보인 `Student` 클래스에 다른 메서드를 호출하지 않고도 최하 점수를 제거하는 `removeMin` 메서드를 추가하라.

■■P6.6 일련의 정수들을 읽어서 배열에 저장하고 배열에 저장된 모든 요소들의 교대 합(alternating sum)을 계산하는 프로그램을 작성하라. 교대 합은 뺄셈과 덧셈을 번갈아 적용하여 누적한 합이다. 예를 들어 프로그램이 다음 값을 입력받는다면

1 4 9 16 9 7 4 9 11

다음과 같이 교대 합을 계산한다.

$$1 - 4 + 9 - 16 + 9 - 7 + 4 - 9 + 11 = -2$$

■P6.7 배열에서 요소들의 순서를 반대로 바꾸는 메서드를 작성하라. 예를 들어 다음 배열에 대해 메서드를 호출하면

1 4 9 16 9 7 4 9 11

배열은 아래처럼 변경된다.

11 9 4 7 9 16 9 4 1

■■■P6.8 1에서 10까지 숫자들을 무작위로 배열한 10개의 무작위 순열(random permutation)을 만드는 프로그램을 작성하라. 무작위 순열을 생성하기 위해서 1에서 10까지의 수를 갖는 값으로 배열을 채우되, 동일한 값이 배열 내에 존재하지 않도록 해야 한다. 배열에 아직 저장되어 있지 않는 새로운 값을 찾을 때까지 난수를 계속 생성하면 무작위 순열을 만들 수 있다. 그러나 이런 억지 기법은 비효율적이다. 이러한 억지 방식 대신 다음과 같은 알고리즘을 이용하여 무작위 순열을 만드는 것이 더 효율적이다.

두 번째 배열을 만들어 1에서 10까지 수로 채운다.
다음 단계들을 10번 반복한다.
    두 번째 배열에서 무작위로 한 요소를 뽑는다.
    뽑은 요소를 삭제하여 순열 배열에 추가한다.

■P6.9 6.6절에서 개발한 알고리즘을 구현하는 메서드를 작성하라.

■■P6.10 다음 클래스에 대해 생각해 보자.

```
public class Sequence
{
    private int[] values;
    public Sequence(int size) { values = new int[size]; }
    public void set(int i, int n) { values[i] = n; }
}
```

아래 메서드를 이 클래스에 추가하라.

```
public boolean equals(Sequence other)
```

이 메서드는 두 시퀀스가 동일한 순서로 동일한 값들을 가지고 있는지 여부를 점검한다.

■■P6.11 다음 메서드를 연습 문제 P6.10의 Sequence 클래스에 추가하라.

```
public boolean sameValues(Sequence other)
```

이 메서드는 순서와 중복을 따지지 않고 단지 두 시퀀스가 같은 값들을 가지고 있는

지 여부를 점검한다. 예를 들어 다음 두 시퀀스는 동일한 것으로 간주한다.

1 4 9 16 9 7 4 9 11

11 11 7 9 16 4 1

아마도 하나 이상의 도우미 메서드들이 필요할 것이다.

■■■P6.12 다음 메서드를 연습 문제 P6.10의 Sequence 클래스에 추가하라.

```
public boolean isPermutationOf(Sequence other)
```

이 메서드는 순서는 따지지 않지만 두 시퀀스가 동일한 중복과 동일한 값들을 가지고 있는지 여부를 점검한다. 예를 들어

1 4 9 16 9 7 4 9 11

시퀀스는 다음 시퀀스의 순열이다.

11 1 4 9 16 9 7 4 9

그러나

1 4 9 16 9 7 4 9 11

시퀀스는 다음 시퀀스의 순열이 아니다.

11 1 4 9 16 9 7 4 9

아마도 하나 이상의 도우미 메서드들이 필요할 것이다.

■■P6.13 다음 작업들을 수행하는 프로그램을 작성하라. 이 프로그램은 먼저 0과 99 사이의 난수 20개를 만들어 배열에 저장하고 이 배열의 요소들을 출력한다. 그런 다음 배열을 정렬시킨 후 다시 정렬된 결과 배열을 출력한다. 표준 자바 라이브러리의 sort 메서드를 이용하기 바란다.

■■P6.14 다음 클래스에 대해 생각해 보자.

```
public class Table
{
    private int[][] values;
    public Table(int rows, int columns) { values = new int[rows][columns]; }
    public void set(int i, int j, int n) { values[i][j] = n; }
}
```

표의 한 요소에 대해 그림 18에서 보이는 여덟 방향의 이웃 요소들의 평균을 구하는 다음 메서드를 Table 클래스에 추가하라.

```
public double neighborAverage(int row, int column)
```

그렇지만 요소가 배열의 경계에 있다면 표에 있는 이웃 요소들만으로 평균을 구한다. 예를 들어 row와 column이 모두 0이면 이웃 요소가 3개만 존재한다.

■■■P6.15 **마방진(Magic Squares).** 1, 2, 3, ... , n2의 수들로 채워진 n×n의 행렬에서 각 열과 각 행 그리고 두 개의 대각선에 위치한 요소들의 합이 같으면, 그 행렬을 마방진이라고 한다. 다음은 마방진을 보여주고 있다.

16	3	2	13
5	10	11	8
9	6	7	12
4	15	14	1

키보드에서 16개의 값들을 읽어 들여서 이들을 정방 행렬로 배치했을 때, 마방진을 형성하는지를 검사하는 프로그램을 작성하라. 기본적으로 다음 3가지 사항에 대한 검사가 필요하다.

1. 사용자 입력에서 1, 2, 3, ..., 16의 각 수가 한 번씩 입력되었는가?
2. 정방 행렬에 입력한 값들을 넣었을 때 각 행, 열, 대각선의 합이 서로 같은가?

■■■P6.16 n×n 마방진을 만드는 다음 알고리즘을 구현하라. 이 알고리즘은 n이 홀수일 때만 동작한다.

11	18	25	2	9
10	12	19	21	3
4	6	13	20	22
23	5	7	14	16
17	24	1	8	15

```
row = n - 1, column = n / 2 로 각각 설정한다.
For k = 1 . . . n * n
    k를 [row][column] 위치에 넣는다.
    row와 column을 하나 증가시킨다.
    row 혹은 column이 n이면
        그것을 0으로 대치한다.
    [row][column] 위치의 요소가 이미 채워졌다면
        row와 column을 그들의 이전 값들로 각각 설정한다.
    row를 하나 감소시킨다.
```

다음은 위의 방식에 따라 작성한 5×5 마방진을 보여준다.
숫자 n을 입력을 받아 n이 홀수인 경우 n×n 마방진을 출력하는 프로그램을 작성하라.

■■P6.17 일련의 입력값들을 읽어 값들의 막대그래프를 그려라. 그래프를 그릴 때 아래처럼 별표를 사용한다.

```
***********************
****************************************
*****************************
***************************
***************
```

모든 값들이 양수라고 가정해도 된다. 먼저 최대값을 계산해라. 최대값의 막대를 그

리는데 40개의 별표가 필요했다고 하면, 나머지 짧은 막대는 비례적으로 적은 별표를 사용해야 한다.

■■■P6.18 데이터 집합이 음수를 포함하고 있는 경우에도 올바르게 동작하도록 연습 문제 P6.17의 프로그램을 개선하라.

■■P6.19 각 막대에 캡션을 붙이도록 연습 문제 P6.17의 프로그램을 개선하라. 사용자에게 캡션과 데이터값들을 입력하도록 프롬프트를 화면에 내보낸다. 출력 결과는 아래처럼 보인다.

```
      Egypt **********************
     France ****************************************
      Japan ****************************
    Uruguay **************************
Switzerland **************
```

■P6.20 다음 클래스에 대해 생각해 보자.

```
public class Sequence
{
    private ArrayList<Integer> values;
    public Sequence() { values = new ArrayList<Integer>(); }
    public void add(int n) { values.add(n); }
    public String toString() { return values.toString(); }
}
```

다음 메서드를 위의 클래스에 추가하라.

```
public Sequence append(Sequence other)
```

이 메서드는 한 시퀀스 끝에 다른 시퀀스를 연결하여 새로운 시퀀스를 만든다. 이때 연결에 사용된 두 시퀀스의 내용은 전혀 건드리지 않는다. 예를 들어 a는 시퀀스

1 4 9 16

이고, b는 시퀀스

9 7 4 9 11

일 때, a.append(b)를 호출하면 a와 b를 모두 변경하지 않고 다음 시퀀스를 생성하여 반환한다.

1 4 9 16 9 7 4 9 11

■■P6.21 다음 메서드를 연습 문제 P6.20의 Sequence 클래스에 추가하라.

```
public Sequence merge(Sequence other)
```

이 메서드는 두 시퀀스를 합치는데, 두 시퀀스로부터 요소들을 서로 교차하면서 합친다. 한 시퀀스의 길이가 다른 시퀀스보다 짧으면 가능한 만큼 요소들을 교차하면서 합치고, 긴 시퀀스의 나머지 요소들을 결과 시퀀스의 끝에 붙인다. 예를 들어 a가

1 4 9 16

이고, b는

9 7 4 9 11

이면, a.merge(b)는 a와 b를 모두 변경하지 않고 다음 시퀀스를 생성하여 반환한다.

1 9 4 7 9 4 16 9 11

■■P6.22 다음 메서드를 연습 문제 P6.20의 Sequence 클래스에 추가하라.

```
public Sequence mergeSorted(Sequence other)
```

이 메서드는 이미 정렬된 두 시퀀스를 합치는데, 정렬된 새 시퀀스를 만들어 낸다. 각 시퀀스에서 인덱스값을 각각 유지하는데, 인덱스값은 시퀀스에서 현재 어느 요소까지 처리되었는지 나타낸다. 매번 두 시퀀스로부터 처리하지 않은 값들 중 최소값을 결과 시퀀스에 추가하고, 해당 시퀀스의 인덱스를 증가시킨다. 예를 들어 a가

1 4 9 16

이고, b는

4 7 9 9 11

이면, a.mergeSorted(b)는 다음 시퀀스를 생성하여 반환한다.

1 4 4 7 9 9 9 11 16

만일 a와 b가 정렬되어 있지 않다면, a와 b의 첫 부분에서 정렬되어 있는 가장 긴 서브 시퀀스(prefix)들을 찾아 합친다.

■■P6.23 런(run)은 일련의 인접하여 계속 반복되고 있는 수들을 말한다. 20회의 무작위 주사위 던지기 실험의 결과를 배열에 저장하고, 그 주사위 값들을 다음과 같은 방법으로 런들을 괄호 안에 표시하여 출력할 수 있도록 하는 프로그램을 작성하라.

```
1 2 (5 5) 3 1 2 4 3 (2 2 2 2) 3 6 (5 5) 6 3 1
```

다음 의사코드를 이용하라.

```
부울 변수 inRun에 false 값을 저장한다.
For 배열의 각 인덱스 i에 대해 다음 단계들을 반복
  If inRun
    values[i] 가 바로 앞의 인접 요소 값과 다르다면
          ')'문자를 출력한다.
          inRun = false
  Else
    values[i] 바로 뒤의 인접 요소 값과 같으면
          '('문자를 출력한다.
          inRun = true
  values[i]를 출력한다.
If inRun ')'문자를 출력한다.
```

■■P6.24 20회의 무작위 주사위 던지기 실험의 결과를 배열에 저장하고, 그 주사위 값들을 다음처럼 최대 길이를 갖는 런만 괄호 안에 표시하여 출력하는 프로그램을 작성하라.

```
1 2 5 5 3 1 2 4 3 (2 2 2 2) 3 6 5 5 6 3 1
```

만일 최대 길이의 런이 하나 이상 존재하면 첫 번째 런만 표시하라.

■■P6.25 일반적으로 화장실에서 남자들은 다른 사람이 이미 차지한 변기에서 최대한 멀리 떨어져 있는 변기를 선호한다는 재미있는 연구 결과가 있다. 이런 선택을 위해 본능적으로 연달아 비어있는 변기들의 시퀀스(sequence) 중 가장 긴 시퀀스를 찾아 그 시퀀스의 중간 변기를 사용한다고 한다.
예를 들어 다음과 같이 10개의 빈 변기가 있는 상황에 대해 생각해보자.

```
_ _ _ _ _ _ _ _ _ _
```

첫 번째 방문자는 중간 위치의 변기를 사용할 것이다.

```
_ _ _ _ _ X _ _ _ _
```

다음 방문자는 왼쪽에 있는 빈 변기들 중에서 중간의 빈 변기를 사용할 것이다.

```
_ _ X _ _ X _ _ _ _
```

변기의 수를 읽어들이고 사람이 화장실에 들어와 변기를 차지할 때마다 위의 양식으로 한 번에 하나씩 그림을 그리는 프로그램을 작성하라. 힌트: 변기가 사용되고 있는

지 여부를 나타내기 위해서 부울값을 저장하는 배열을 사용하라.

■■■P6.26 이번 과제에서는 불가리아 솔리테르(Bulgarian Solitaire) 카드놀이 게임을 모형화할 것이다. 이 게임은 45장의 카드를 갖고 시작한다(트럼프 카드가 아니어도 상관없다. 표시하지 않은 색인 카드로도 게임을 잘 즐길 수 있다.). 45장의 카드를 무작위로 임의의 크기의 카드 더미(pile)들로 분할한다. 예를 들어 각각 20, 5, 1, 9, 10의 크기의 5개 더미들로 시작한다고 하자. 매 라운드마다 각 더미에서 카드를 한 장씩 뽑아서 이들 카드들로 새로운 더미를 만든다. 예를 들어 위에서 제시한 초기 구성 형태는 19, 4, 8, 9, 5의 더미 크기들로 변할 것이다. 솔리테르 게임은 카드 더미들이 1, 2, 3, 4, 5, 6, 7, 8, 9의 크기가 되면(더미들의 순서는 중요하지 않음) 종료된다(항상 이런 마지막 구성 형태로 게임이 끝날 수 있다는 것을 보일 수 있다.).
프로그램에서는 먼저 임의의 초기 구성 형태를 만들어 출력하여야 한다. 그런 다음 솔리테르 단계를 계속 적용하여 결과를 출력한다. 솔리테르 게임의 마지막 구성 형태에 도달하게 되면 프로그램을 종료한다.

■■P6.27 극장의 좌석 배치도는 아래처럼 표 가격을 저장하는 이차원 배열로 구현된다.

```
10 10 10 10 10 10 10 10 10 10
10 10 10 10 10 10 10 10 10 10
10 10 10 10 10 10 10 10 10 10
10 10 20 20 20 20 20 20 10 10
10 10 20 20 20 20 20 20 10 10
10 10 20 20 20 20 20 20 10 10
20 20 30 30 40 40 30 30 20 20
20 30 30 40 50 50 40 30 30 20
30 40 50 50 50 50 50 50 40 30
```

사용자가 좌석이나 가격을 선택하여 입력하도록 프롬프트를 화면에 내보내는 프로그램을 작성하라. 예매가 된 좌석은 가격을 0으로 바꿔 표시한다. 사용자가 좌석을 입력하면 그 좌석이 예매 가능한지 확인한다. 사용자가 가격을 입력하면 그 가격의 예매 가능한 좌석을 찾는다.

■■■P6.28 틱택토 게임을 할 수 있는 프로그램을 작성하라. 오른쪽 사진처럼 3×3 바둑무늬 판을 가지고 틱택토 게임을 한다. 게임은 두 명이 하는데 차례를 바꿔가면서 진행한다. 자신의 차례에서 첫 번째 참가자는 ○으로 표시하고, 두 번째 참가자는 ×로 표시한다. 수직선이나 수평선, 혹은 대각선 방향으로 자신의 마크를 연속해서 3개 표시한 참가자가 승리한다. 프로그램은 게임 보드를, 그리고 차례가 돌아온 참가자에게 다음 마크를 표시할 좌표를 입력하도록 요청한다. 이 참가

자가 마크를 성공적으로 표시한 후에는 다른 참가자에게 차례를 바꾸고 게임 보드가 승리를 나타내는 구성 형태가 되면 승리자를 발표한다.

■■■ P6.29 이번 과제에서는 비디오 포커라고 하는 인기 있는 카지노 게임의 시뮬레이션을 구현할 것이다. 카드 한 벌은 총 52장으로 구성되며 각 무늬 별로 13장씩으로 되어 있다. 게임을 시작할 때 카드를 섞는다. 카드를 섞기 위한 적절한 메서드를 만들어야 한다(아주 효율적인 방법일 필요는 없다.). 경기자는 각 게임에 대해 토큰을 지불하여 판돈을 건다. 그 다음에 프로그램은 맨 위에 놓인 5장의 카드를 경기자들에게 보여 준다. 경기자는 카드를 한 장도 거부하지 않아도 되고 카드의 일부 혹은 전부를 거부할 수도 있다. 경기자에게 거부된 카드들은 전체 카드 덱의 맨 위에서부터 교체하여 준다. 손에 갖고 있는 패에 대해서 점수를 계산한다. 프로그램은 다음 점수 중의 하나가 되었다고 표명해야 한다.

- 노 페어(No pair) : 가장 낮은 패, 아래에서 설명하는 패들을 만들 수 없는 서로 다른 다섯 장의 카드
- 원 페어(One pair) : 같은 값을 갖는 두 장의 카드, 예를 들어 두 장의 Queen. 지급액 : 1
- 투 페어(Two pair) : 두 개의 원 페어, 예를 들어 두 장의 Queen과 두 장의 5. 지급액 : 2
- 쓰리 카드(Three of a kind) : 같은 값을 갖는 세 장의 카드, 예를 들어 세 장의 Queen. 지급액 : 3
- 스트레이트(Straight) : 연속적인 숫자들로 이루어진 다섯 장의 카드로 같은 무늬일 필요는 없다. 예를 들어 숫자 4, 5, 6, 7, 8인 다섯 장의 카드. Ace는 2의 앞 숫자로 보거나 King 다음으로 볼 수 있다. 지급액 : 4
- 플러쉬(Flush) : 같은 무늬의 다섯 장의 카드, 순서대로 되어 있을 필요는 없다. 지급액 : 5
- 풀 하우스(Full house) : 쓰리 카드와 원 페어의 결합. 예를 들어 세 장의 Queen과 두 장의 5. 지급액 : 6
- 포 카드(Four of a kind) : 같은 값을 갖는 네 장의 카드. 예를 들어 네 장의 Queen. 지급액 : 25
- 스트레이트 플러쉬(Straight flush) : 스트레이트와 플러쉬의 결합. 같은 무늬로 연속적인 값을 갖는 다섯 장의 카드. 지급액 : 50
- 로얄 플러쉬(Royal flush) : 포커에서 나올 수 있는 가장 높은 패. 모두 같은 무늬인 10, Jack, Queen, King, Ace. 지급액 : 250

■■■P6.30 인생 게임(The Game of Life)은 잘 알려진 수학 게임이다. 이 게임은 비록 몇 가지 단순한 규칙만 있지만, 무수히 많은 복잡한 행동을 유발하는 게임이다(참가 선수가 서로 이기기 위해 경쟁하는 전통적 개념의 게임은 아니다.). 게임 규칙은 다음과 같다. 게임은 직사각형 보드 위에서 진행된다. 보드에는 조그만 정사각형들이 그려져 있는데, 각 정사각형은 비어 있거나 세포(cell)로 채울 수 있다. 게임을 시작 할 때 게임 참가자가 원하는 형태로 정사각형을 비워 놓거나 세포로 채워 넣는다. 그 후 게임은 자동으로 실행된다. 각 세대에서 다음 세대를 계산한다. 만일 빈 정사각형이 정확히 3개의 이웃 세포에 둘러 싸여 있다면, 그 빈 정사각형 안에 한 개의 새로운 세포가 탄생되어 채워진다. 만약 세포 주위에 4개 이상의 이웃 세포가 있다면 세포 과밀 상태가 되어 세포는 죽는다. 그리고 세포 주위에 이웃 세포가 하나 이하이면 세포는 고독으로 죽게 된다. 이웃은 세포의 왼쪽, 오른쪽, 위, 아래 혹은 대각 방향으로 인접되어 점유된 정사각형들을 의미한다. 그림 20은 한 개의 세포와 이것의 이웃 세포들을 나타낸 것이다.

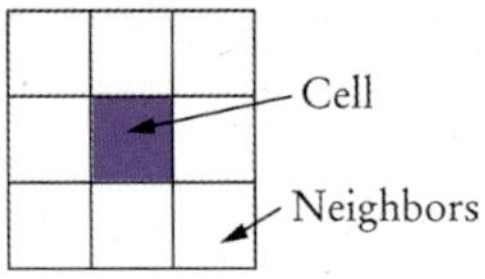

그림 20 셀의 이웃

많은 초기 형태에 이러한 규칙들을 적용하면 흥미로운 행동 결과를 보여준다. 그림 21은 5세대에 걸쳐 관찰된 글라이더(glider)를 보여준다. 4세대 이후에 0세대와 동일한 모습으로 바뀌지만 우측 및 아래로 한 칸씩 위치가 이동된다.

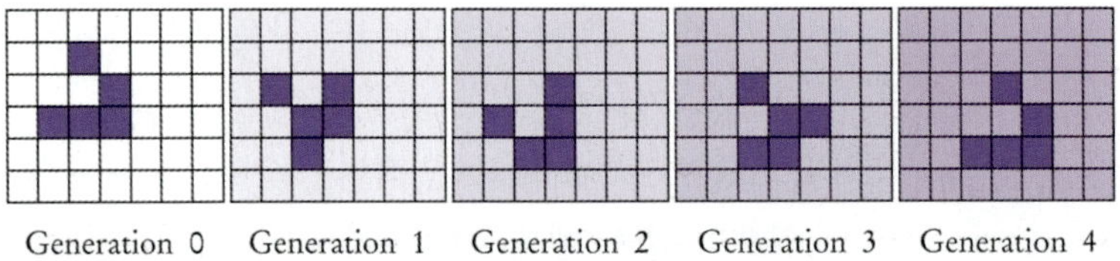

그림 21 글라이더

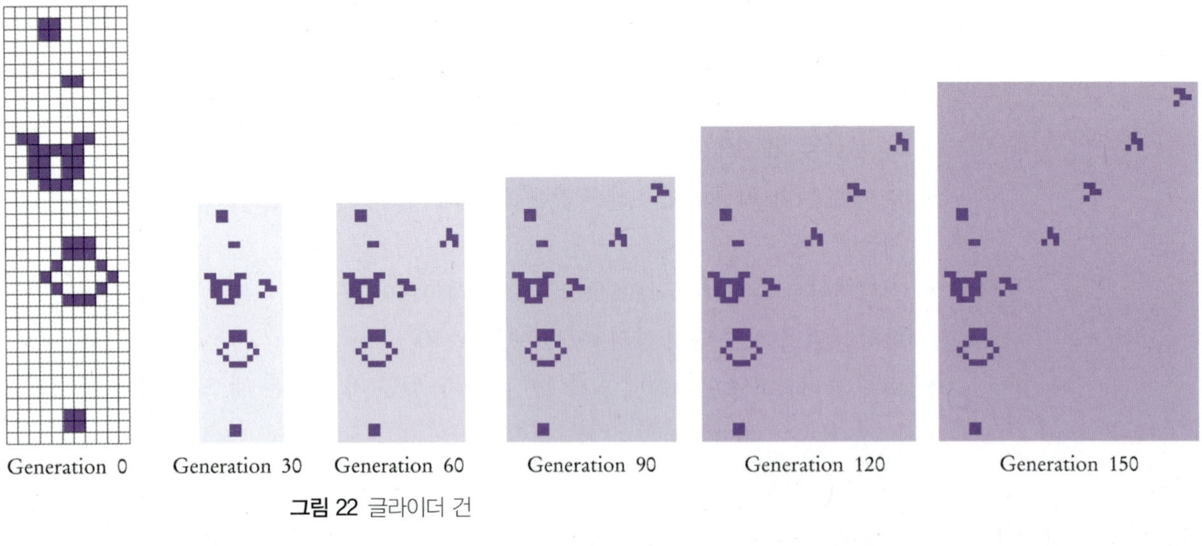

그림 22 글라이더 건

보다 놀라운 형태는 글라이더 건(glider gun)이다. 글라이더 건이란 30번의 이동 후에 원래 형태와 하나의 글라이더로 되돌아가는 세포들의 복잡한 집합을 말한다(그림 22 참조).

연속적인 세대를 손으로 계산해야 하는 고된 일을 하지 않도록 이 게임을 프로그램으로 만들어 보라. 직사각형의 형태를 저장하기 위해 이차원 배열을 사용하라. 게임을 진행하면서 연속적으로 생성되는 세대들을 보여주도록 프로그램을 작성하라. 사용자에게 원래 형태를 입력하도록 요청하라. 원래 형태는 공백문자와 'o' 문자를 타이핑하여 구성한다.

■■ 업무용 P6.31 애완동물 가게에서 한 마리 이상의 애완동물과 5개 이상의 애완동물 용품을 사는 고객들을 대상으로 할인 판매를 하려고 한다. 할인율은 애완동물을 제외한 용품 가격의 20%이다.

애완동물 및 용품을 나타내기 위해 Item 클래스를 사용한다. 이 클래스는 필요한 메서드들과 다음과 같은 한 생성자를 구현하고 있다.

```
public Item(double price, boolean isPet, int quantity)
```

구서는 Item 객체의 집합이다. 청구서를 저장하기 위해 배열이나 배열 리스트를 사용하면 된다. Invoice 클래스에서 다음 메서드들을 구현한다.

```
public void add(Item anItem)
public double getDiscount()
```

출납원에게 각 용품의 가격과 수량을 입력하도록 화면에 프롬프트를 내보내고 애완동물은 Y, 다른 용품은 N을 입력받는다. 가격 −1을 센티널값으로 사용한다. 루프 내에서 add 메서드를 호출하여 구매 용품을 청구서에 추가하고, 루프가 종료된 후에는 getDiscount 메서드를 호출하여 반환값을 출력한다.

■■ 업무용 P6.32 슈퍼마켓에서 매일 우수고객을 뽑아 보상하려고 한다. 보상은 고객의 이름을 슈퍼마켓의 스크린에 보여주는 것이다. 이 목적을 위해 슈퍼마켓을 나타내는 Store 클래스는 ArrayList<Customer>를 가지고 있다. Store 클래스에서는 판매액을 기록하고 가장 많이 구매한 고객의 이름을 반환하기 위해 다음 메서드들을 구현한다.

```
public void addSale(String customerName, double amount)
public String nameOfBestCustomer()
```

출납원에게 가격과 이름을 입력하도록 안내하고 가격과 이름을 Store 객체에 추가하는 프로그램을 작성하라. 가격 0을 센티널값으로 사용하기로 한다.

■■■ 업무용 P6.33 다수의 우수 고객들을 출력하도록 연습 문제 P6.32의 프로그램을 개선하라. 우수 고객들은 판매액 상위 순위의 topN 명의 고객을 말하는데, topN은 프로그램의 사용자가 입력한다. 다음 메서드를 구현하라.

```
public ArrayList<String> nameOfBestCustomers(int topN)
```

만약 고객들의 수가 topN보다 작으면 모든 고객을 topN 우수 고객으로 선발한다.

■■ 과학계산용 P6.34 소리는 특정 시간의 한 점에서 소리의 세기를 나타내는 샘플값들의 배열로 표현될 수 있다. 교재 보조 자료의 ch06/sound 디렉토리에 있는 프로그램은 소리 파일 (WAV 형식)을 읽어 샘플값들을 처리한 후 결과를 보여준다. 여러분의 작업은 소리에 반향을 넣어 소리를 처리하는 것이다. 각 소리값에 0.2초 전의 값을 더한다. 어떤 값도 32767보다 크지 않도록 결과를 조정한다.

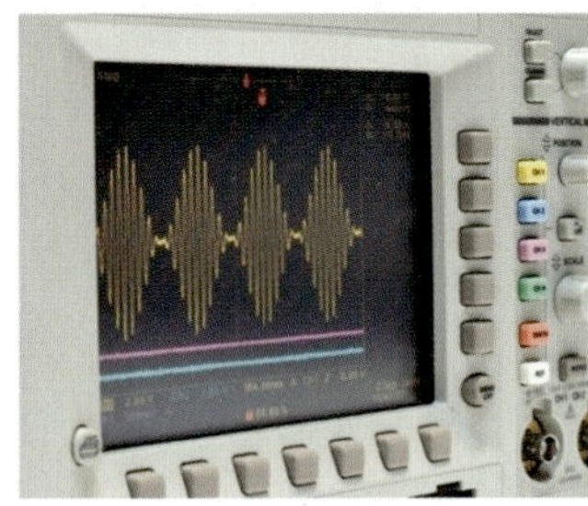

■■ 과학계산용 P6.35 정사각형 모양의 지형 내 서로 다른 지점들의 높이를 저장하는 이차원 배열이 있다고 하자. 다음 생성자와

```
public Terrain(double[][] heights)
```

다음 메서드를 작성하라.

```
public void printFloodMap(double waterLevel)
```

이 메서드는 홍수 지도를 출력하는데, 이 지도는 수위가 주어졌을 때 지형 내 어느 지점들이 물에 잠기는지 보여준다.

홍수 지도에서 물에 잠기는 지점을 별표(*) 문자로, 물에 잠기지 않는 지점은 공백 문자로 출력한다.

다음 예는 홍수 지도를 보여준다.

```
* * * *         * *
* * * * *     * * *
* * * *         * *
* * *         * * *
* * * *     *   * * *
* * * * * * * * * *
* *     * * *
*       * * * *   *
                * *
              * * *
```

지형 내 100개의 지점에 대한 높이값을 읽어 수위를 지형 내 가장 낮은 지점부터 가장 높은 지점까지 10개 단계로 증가시켰을 때 물에 잠기는 지점들이 어느 곳인지 표시하는 프로그램을 작성하라.

■■과학계산용 P6.36 실험에서 얻은 샘플값들을 가끔 매끄럽게 다듬을 필요가 있다. 간단한 방법 중 하나는 배열의 각 값을 자신과 두 이웃 값들의 평균으로 대체하는 것이다(배열의 양 끝에 있는 요소라면 하나의 이웃값을 적용). 다음과 같은 인스턴스 변수를 가진 Data 클래스가 주어졌다고 하고

```
private double[] values;
private double valuesSize;
```

아래 메서드를 구현한다.

```
public void smooth()
```

이 메서드는 샘플값을 매끄럽게 다듬는 연산을 수행한다. 여러분의 해결책에서 다른 배열을 만들어 사용하면 안 된다.

■■■과학계산용 P6.37 진동하는 스프링에 달려 있는 질량 m인 물체의 움직임을 모형화하는 프로그램을 작성하라. 스프링이 평형 위치에서 x만큼 당겨졌을 때, 후크(Hooke)의 법칙은 회복력이 다음과 같다는 것을 말하고 있다.

$$F = -kx$$

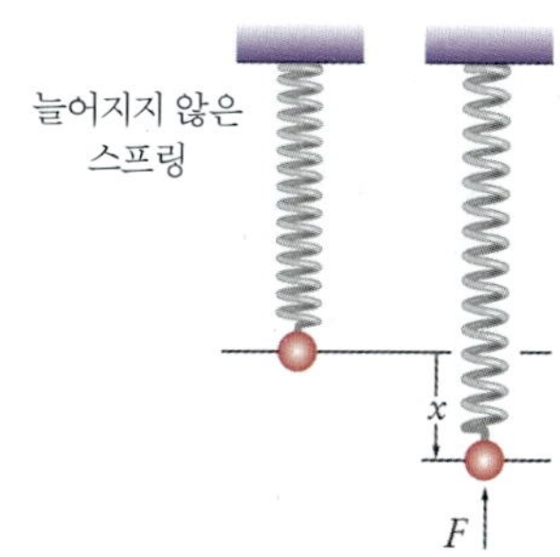

여기서 k는 스프링에 따라 정해지는 상수이다(이 시뮬레이션에서는 10 N/m을 사용하라.).
주어진 이동 거리 x(가령 0.5m)로 시작하라. 초기 속도 v를 0으로 설정한다. 질량 1kg을 사용해 뉴턴의 법칙($F=ma$)과 후크의 법칙으로 가속도 a를 구한다. 작은 시간 간격 Δt=0.01초를 사용하여 속도와 이동 거리를 갱신한다. Δt시간 후 속도는 $a\Delta t$, 이동 거리는 $v\Delta t$만큼 변경된다.
매 10번의 반복마다 스프링 이동 거리를 막대로 그려라. 그림에서 보듯이 1픽셀은 1cm를 나타낸다.

■■그래픽 P6.38 아래와 같은 체커 보드 이미지를 생성하라.

■그래픽 P6.39 아래와 같은 사인파의 이미지를 생성하라. 5도 간격으로 픽셀들의 선을 그려라.

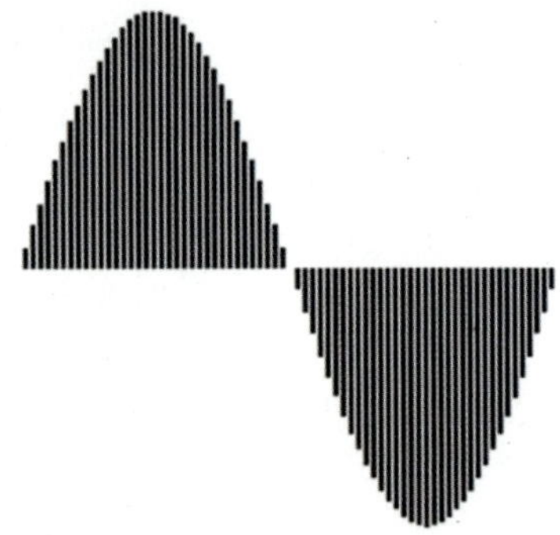

■그래픽 P6.40 Point2D.Double 객체의 배열 리스트를 가지고 있는 Cloud 클래스를 구현하라. Cloud 클래스는 다음의 메서드들을 지원해야 한다.

```
public void add(Point2D.Double aPoint)
public void draw(Graphics2D g2)
```

각 점들을 아주 작은 원 형태로 그려라. 100개의 임의의 점으로 구성된 구름 모양을 그리는 그래픽 응용 프로그램을 작성하라.

■■그래픽 P6.41 Point2D.Double 객체의 배열 리스트를 가지고 있는 Polygon 클래스를 구현하라. Polygon 클래스는 다음의 메서드들을 지원해야 한다.

```
public void add(Point2D.Double aPoint)
public void draw(Graphics2D g2)
```

인접한 점들을 선으로 연결해 나가고, 마지막으로 시작점과 끝점을 연결하여 다각형을 완성하라. 그리고 두 개의 Polygon 객체를 사용하여 정사각형과 오각형을 그리는 그래픽 응용 프로그램을 작성하라.

■그래픽 P6.42 다음과 같은 메서드들을 가진 Chart 클래스를 작성하라.

```
public void add(int value)
public void draw(Graphics2D g2)
```

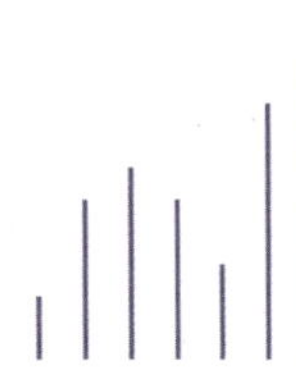

이들 메서드는 추가된 값들을 다음과 같은 모양의 막대그래프로 표시한다.
해당 값들은 픽셀의 위치라고 가정한다.

■■그래픽 P6.43 추가된 값들에 대한 막대를 그릴 수 있도록 하는 다음 메서드들을 가진 BarChart 클래스를 작성하라.

```
public void add(double value)
public void draw(Graphics2D g2)
```

추가된 모든 값들은 양수라고 가정하자. 화면의 전체 영역을 꽉 채울 수 있도록 막대들을 늘려라. 이때 추가된 값들의 최대값을 계산한 다음에 각 막대의 크기를 조정하여야 한다.

■■■그래픽 P6.44 데이터가 음수일 때도 정상적으로 동작할 수 있도록 연습 문제 P6.43의 BarChart 클래스를 개선하여라.

■■그래픽 P6.45 다음과 같은 메서드들을 가진 PieChart 클래스를 작성하라.

```
public void add(double value)
public void draw(Graphics2D g2)
```

위 메서드들은 추가된 값들에 대해 파이 모양의 차트를 표시하게 된다. 모든 데이터 값들은 양수로 가정한다.

자습 문제 모범 답안

1. `int[] primes = { 2, 3, 5, 7, 11 }`
2. `2, 3, 5, 3, 2`
3. `3, 4, 6, 8, 12`
4. `values[0] = 10;`
   `values[9] = 10;` 혹은 더 좋은 표현은
   `values[values.length - 1] = 10;`
5. `String[] words = new String[10];`
6. `String[] words = { "Yes", "No" };`
7. 아니오. 왜냐하면 값들을 어딘가에 보관할 수 없으므로 값을 읽을 때마다 바로 출력해야 한다. 그러나 모든 값들을 보기 전까지는 <= 을 어디에 추가해야 할지 모른다.
8.
```
public class Lottery
{
    public int[] getCombination(int n) { . . . }
    . . .
}
```
9.
```
ArrayList<Integer> primes = new
ArrayList<Integer>();
primes.add(2);
primes.add(3);
primes.add(5);
primes.add(7);
primes.add(11);
```
10.
```
for (int i = primes.size() - 1; i >= 0; i--)
{
   System.out.println(primes.get(i));
}
```

11. "Ann", "Cal"

12. names 변수가 초기화되지 않았다.

13. names1은 "Emily", "Bob", "Cindy", "Dave"를 가지고 있다.
names2는 "Dave"를 가지고 있다.

14. 요일의 수가 변하지 않기 때문에 배열 사용의 단점은 없으며, 배율은 초기화하기가 더 쉽다.

```
String[] weekdayNames = { "Monday", "Tuesday",
   "Wednesday", "Thursday", "Friday",
   "Saturday", "Sunday" };
```

15. values의 요소 중 0인 요소가 몇 개인지 센다.

16.
```
for (double x : values)
{
     System.out.println(x);
}
```

17.
```
double product = 1;
for (double f : factors)
{
     product = product * f;
}
```

18. 기본 루프 버전에서는 값을 values[i]에 저장한다. 향상된 for 루프에서는 인덱스 변수 i를 가지고 있지 있으므로 values[i]로 나타낼 수 없다.

19.
```
20 <== largest value
10
20 <== largest value
```

20.
```
int count = 0;
for (double x : values)
{
     if ( x == 0) { count++; }
}
```

21. values 배열의 모든 요소가 음수라면 결과가 0으로 잘못 계산된다.

22.
```
for (int i = 0; i < values.length; i++)
{
     System.out.print(values[i]);
     if ( i < values[i] - 1)
     {
        System.out.print(" | ");
     }
}
```

이제 루프를 왜 다른 방식으로 만들었는지 그 이유를 알게 됐을 것이다.

23. 배열에 요소가 하나도 없으면 프로그램은 예외를 발생시키고 비정상적으로 종료된다.

24. 만약 조건에 일치하는 매치가 하나 있다면, pos 변수는 루프를 빠져 나가기 전에 하나 증가된다.

25. 이 루프는 모든 요소를 values[pos]로 설정한다.

26. 첫 번째 알고리즘을 사용하라. 합을 계산할 때는 요소들의 순서는 상관이 없다.

27. 최소값을 찾는다.
합을 계산한다.
합에서 최소값을 뺀다.

28. 조건에 매치된 것을 세는 알고리즘 (5.7.2절)을 두 번 사용한다. 한번은 양수값을 세는데 사용하고, 한번은 음수값을 세는데 사용한다.

29. 6.4.4절에 있는 알고리즘을 수정할 필요가 있다.

```
boolean first = true;
for (int i = 0; i < values.length; i++)
{
   if (values[i] > 0))
   {
      if (first) { first = false; }
      else { System.out.print(", "); }
   }
   System.out.print(values[i]);
}
```

i > 0을 구분자를 출력하기 위한 조건으로 사용할 수 없다는 것에 유의하라.

30. 배열에서 모든 양수 요소들을 모아 저장하기 위해 알고리즘을 사용한다. 그런 다음 6.4.4절에 있는 알고리즘을 사용하여 matches 배열을 출력한다.

31. 변수 i를 나타내는 종이 집게는 위치 0, 1, 2, 3을 가정한다. i가 4로 증가될 때 조건 i < size / 2 은 거짓이 되고 루프는 종료한다.
유사하게 변수 j를 나타내는 종이 집게는 위치 4, 5, 6, 7을 가정한다. 이 위치값은 모두 배열의 후반부에 있는 요소들의 정당한 위치값이다.

32. 배열에 있는 요소들을 역순으로 바꾼다.

33. 여기서 하나의 해를 제시하겠다. 모든 홀수 요소들을 배열의 끝으로 이동하는 것이 기본 아이디어이다. 배열의 시작과 끝에 각각 종이 집게를 하나 놓는다. 첫 번째 종이 집게에 있는 요소가 홀수이면, 다른 종이 집게가 가리키는 요소와 서로 교환한 후 두 번째 종이 집게를 왼쪽으로 이동시킨다. 그렇지 않으면 (짝수이면), 첫 번째 종이 집게를 오른쪽으로 이동시킨다. 두 종이 집게가 만나면 동작을 멈춘다. 다음은 이 동작을 표현하는 의사코드이다.

```
i = 0
j = 0
While(i < j)
    If(a[i]가 홀수)
            위치 i와 j에 있는 두 요소들을 서로 교환한다.
            j--;
    Else
            i++;
```

34. 여기서 하나의 해를 제시하겠다. 모든 홀수 요소들을 삭제하여 배열의 끝으로 이동하는 것이 기본 아이디어이다. 언제 종료해야 되는지 아는 것이 비결이다. 이미 이동한 요소들을 가지고 있는 영역에 홀수 요소들을 옮기는 것은 의미가 없다. 따라서 그 영역을 다른 종이 집게로 표시하려고 한다.

```
i = 0
moved = size
While(i < moved)
If(a[i]가 홀수)
    위치 i에 있는 요소를 삭제하고, 그것을 배열의 끝에 추가한다.
    moved--
```

35. 입력들을 읽어 들일 때 값들을 한 번에 하나씩 본다. 따라서 뒤에 있는 요소를 미리 살펴볼 수가 없다. 모든 것이 드러난 일련의 물체들을 살펴보는 행동보다 카드 덱(deck)에서 카드를 하나씩 뽑는 행동이 이 입력 과정을 더 잘 시뮬레이션한다고 할 수 있다.

36. 피겨 스케이팅 종목의 금메달, 은메달, 동메달의 메달별 총수를 각각 나타낸다. 이 절의 샘플 데이터에서는 색깔별로 각각 4개의 메달이 있다.

37.
```
for (int i = 0; i < 8; i++)
{
    for (int j = 0; j < 8; j++)
    {
        board[i][j] = (i + j) % 2;
    }
}
```

38. `String[][] board = new String[3][3];`

39. `board[0][2] = "x";`

40. `board[0][0], board[1][1], board[2][2]`

41. 코드를 수정할 때 오류도 새로 추가될 가능성이 있다.

42. 오류를 바로잡았는지를 확인하는 테스트 스위트에 테스트 사례를 추가한다.

43. 입력이 파일에서 제공되면 프롬프트를 보게 될 인간 사용자가 존재하지 않는다.

CHAPTER 7

클래스의 설계

이 장의 목표

- 주어진 문제에 적합한 클래스들을 찾아내는 방법에 대해서 학습한다.
- 응집력에 관한 개념을 이해한다.
- 의존 관계와 부작용을 최소화하는 방법을 익힌다.
- 사전조건과 사후조건을 사용하여 메서드의 책임과 메서드를 호출하는 쪽의 책임을 규정하는 방법을 학습한다.
- 클래스에 대한 데이터 표현을 찾아내는 방법을 익힌다.
- 정적 메서드와 정적 변수를 이해한다.
- 패키지에 대하여 학습한다.
- 단위 테스트 작업을 위한 프레임워크에 대하여 학습한다.

이 장의 목차

좋은 설계는 기능적으로도 만족스러워야 하고 외형적으로도 멋져야 한다. 여러 개의 클래스들을 설계할 경우, 각 클래스는 특정한 목적을 달성할 수 있어야 하고, 여러 개의 클래스들은 서로 조화롭게 협력할 수 있어야 한다. 제7장에서는 주어진 문제로부터 클래스를 찾아내서 올바른 메서드들을 설계하고, 적합한 데이터 표현을 선택할 수 있는 방법을 학습한다. 그리고 각 객체들이 각각 별도로 갖는 특성이 아니라 클래스에 전체적으로 속하는 특징들을 정적 메서드와 정적 변수를 사용하여 설계하는 방법을 익히도록 한다. 또한, 작성된 클래스들을 구성하기 위하여 패키지를 사용하는 방법에 대해서 학습한다. 마지막으로 작성된 클래스들의 기능을 검증할 수 있는 JUnit 테스트 프레임워크에 대해서 소개하기로 한다.

7.1 클래스 찾아내기

제6장에서는 여러 개의 클래스들을 사용해 보았고, 여러 개의 클래스들을 프로그래밍과제를 수행하면서 스스로 설계해 보았다. 클래스를 설계하는 것은 도전적인 작업이다. 클래스 설계 작업을 어떻게 시작해야 하는지, 그리고 설계 결과가 좋은 품질을 갖는지에 대해서는 언제나 대답하기 수월하지 않다.

하나의 클래스는, 비즈니스, 과학, 수학 등과 같은 문제영역의 단 하나의 개념을 나타내야한다.

좋은 클래스는 어떻게 만들까? 가장 중요한 사항으로 1개의 클래스는 문제 영역의 단 1개만의 개념을 나타내야 한다. 지금까지 살펴보았던 아래의 몇 가지 클래스들은 수학 분야의 개념들을 나타내고 있다.

- Point
- Rectangle
- Ellipse

아래의 또 다른 클래스들은 실세계의 등장 요소들을 추상화하여 나타내고 있다.

- BankAccount
- CashRegister

위와 같은 클래스들로부터 생성된 각 객체가 갖는 속성들은 이해하기 수월하다. 예를 들어 Rectangle 클래스의 객체는 속성으로써 넓이(width)와 높이(height)를 갖는다. BankAccount 클래스의 객체에 대해서는 입금(deposit)과 출금(withdraw)을 수행할 수 있다. 일반적으로 프로그램의 목적과 관련 있는 분야(예 : 과학 분야, 비즈니스 분야, 게임 분야)의 개념들은 수월하게 클래스로 만들 수 있다. 이와 같은 경우 클래스의 이름은 해당 개념을 표현하는 명사를 사용하여 명명해야 한다. 실제로 클래스 설계는 문제가 기술된 문장에서 명사들을 찾아내는 작업으로부터 시작하는 것이 좋다.

어떤 클래스들은 액터(actor), 즉 어떤 작업을 수행하는 주체로 표현될 수 있다. 액터 클래스의 객체들은 사용자를 위한 어떤 작업들을 수행한다. 액터의 예로 제3장의 Scanner 클래스와 제5장의 Random 클래스가 있다. Scanner 클래스의 객체는 숫자와 문자열에 대한 스트림을 스캔하며, Random 클래스의 객체는 난수를 생성한다. 액터들을 나타내는 클래스는 "-er" 또는 "-or"로 끝나는 이름으로 명명하는 것이 좋다(Random 클래스의 이름은 RandomNumberGenerator로 하는 것이 더 좋을 것 같다).

간혹 어떤 클래스는 객체를 갖지는 않지만, 관련 있는 정적 메서드들과 상수들을 포함하는 경우도 있다. Math 클래스가 이와 같은 클래스의 예이다. 이러한 클래스를 유틸리티 클래스(utility class)라고 부른다.

마지막으로 main 메서드만을 포함하는 클래스가 있다. 이러한 클래스는 프로그램을 시작하는 역할을 한다. 설계관점에서 살펴보면, 이러한 클래스는 클래스 설계에 관한 개념을 변질시키는 예가 될 수 있다.

좋은 클래스가 될 수 없는 사례로 어떤 것들이 있을까? 클래스의 이름으로부터 해당 클래스에서 생성된 객체가 어떤 작업을 할 것인지 예측할 수 없다면, 클래스 설계가 잘못된 것이다. 예를 들어 급여명세서를 출력하는 프로그램을 작성하는 과제가 주어졌을 때, PayCheckProgram이라는 클래스를 설계하려고 한다고 하자. PayCheckProgram 클래스로부터 생성된 객체는 어떤 작업을 수행하는가? 이러한 클래스의 객체는 주어진 과제에서 원하는 모든 사항들을 전부 수행해야 될 것이다. 이러한 방법으로 설계한다면 매우 복잡해지므로 차라리 PayCheck 클래스를 설계하는 것이 더 좋다. 이와 같이 하면 PayCheck 클래스로부터 여러 개의 객체들을 생성하여 작업시킬 수 있는 프로그램으로 만들 수 있다.

또 다른 실수 사례로서 1개의 클래스에 단 1개의 동작을 포함시키도록 설계하는 경우가 있다. 예를 들어 급여계산을 수행하는 프로그램을 작성하는 과제에서 ComputePayCheck 클래스를 작성하였다고 생각해보자. 이와 같은 경우 ComputePayCheck 클래스에서 생성된 객체를 마음속에 상상할 수 있을까? "ComputePayCheck"는 명사가 아니므로 잘못된 클래스 설계이다. 한편 PayCheck 클래스는 직관적이다. "paycheck" 즉, "급여"라는 단어는 명사이며, 급여를 나타내는 객체를 마음속에 그려볼 수 있다. 이와 관련된 유용한 메서드들(예 : 주어진 과제를 해결하는데 도움이 되는 computeTaxes 메서드)에 대해서 생각해 볼 수 있게 된다.

자습문제

1. 클래스를 찾아내기 위한 간단한 방법은 무엇인가?
2. 체스경기를 수행하는 프로그램을 작성하려고 한다. ChessBoard 클래스는 적절한 클래스가 될 수 있을까? 그리고 MovePiece 클래스도 적절한 클래스인가?

실습하기 이 장의 끝부분에 있는 복습 문제 R7.1, R7.2, R7.3을 수행하시오.

7.2 메서드의 설계

7.2절에서는 클래스의 공개 인터페이스를 분석하고 개선하기 위한 몇 가지 유용한 기준들을 익히도록 한다.

7.2.1 응집력을 갖는 공개 인터페이스의 제공

어떤 클래스의 모든 특성들이 해당 클래스가 나타내고 있는 개념과 관련되어 있는 경우, 그 클래스의 공개 인터페이스는 응집력이 있다라고 한다.

1개의 클래스는 단 1개의 개념을 나타내야 한다. 클래스가 갖고 있는 모든 인터페이스 특징들은 해당 클래스가 나타내고 있는 단 1개의 개념과 밀접하게 관련되어 있어야 한다. 이와 같은 방식으로 작성된 공개 인터페이스는 응집력이 있다라고 한다.

응집력을 갖춘 팀의 구성원들은 공통 목표를 가지고 있다.

어떤 클래스의 공개 인터페이스가 여러 개의 개념들과 관련되어 있다면, 여러 개의 클래스들로 분리해야 된다. 예를 들어 3장의 CashRegister 클래스의 공개 인터페이스를 살펴보자.

```
public class CashRegister
{
   public static final double QUARTER_VALUE = 0.25;
   public static final double DIME_VALUE = 0.1;
   public static final double NICKEL_VALUE = 0.05;
   . . .
   public void receivePayment(int dollars, int quarters,
         int dimes, int nickels, int pennies)
   . . .
}
```

위의 CashRegister 클래스에는 2개의 개념들(동전들이 들어있으면서 전체 금액을 계산하는 금전등록기를 나타내는 개념과 각 동전들의 값을 나타내는 개념)이 혼재되어 있다(단순화하기 위하여 여기에서는 금전등록기에 지폐는 없고 동전들만 들어있는 것으로 가정하기로 한다. 연습 문제 P7.3에서는 보다 일반적인 상황에 대하여 논의하기로 한다).

따라서 CashRegister 클래스 외에 별도로 Coin 클래스를 정의해야 한다. Coin 클래스는 각 액면가를 알 수 있는 동전을 나타낸다.

```
public class Coin
{
   . . .
   public Coin(double aValue, String aName) { . . . }
```

```
    public double getValue() { . . . }
    . . .
}
```

이와 같이 하면 CashRegister 클래스는 아래와 같이 보다 간단히 정의될 수 있다.

```
public class CashRegister
{
    . . .
    public void receivePayment(int coinCount, Coin coinType) { . . . }
    {
        payment = payment + coinCount * coinType.getValue();
    }
    . . .
}
```

이와 같이 변경하면 CashRegister 클래스는 더 이상 각 동전의 액면가에 관해서 알고 있을 필요가 없게 된다. 따라서 CashRegister 클래스는 달러뿐만 아니라 유로 등과 같은 다양한 종류의 화폐들을 취급할 수 있게 된다.

위와 같이 금전등록기와 동전의 각 책임을 분리함으로써 더 좋은 프로그램을 구현할 수 있게 되었다. 3장에서는 CashRegister 관련 예제를 간단하게 만들기 위해서 이와 같은 방법을 사용하지 않았다.

7.2.2 상호의존성의 최소화

어떤 클래스 A의 메서드가 다른 클래스 B를 사용하는 경우, 클래스 A는 클래스 B에 의존하고 있다라고 한다.

대부분의 메서드들은 작업을 수행하기 위하여 다른 클래스들이 필요하다. 예를 들면 앞서 변경에 의해 간단히 정의되었던 CashRegister 클래스의 receivePayment 메서드에서는 Coin 클래스를 이용하고 있다. 이와 같은 경우 CashRegister 클래스는 Coin 클래스에 의존하고 있다라고 한다.

의존 관계와 같은 클래스들 사이의 관계를 가시화하기 위하여, 프로그래머는 클래스 다이어그램을 작성한다. 이 책에서는 UML(Unified Modeling Language)의 표기법을 사용하여 객체와 클래스를 나타낸다. UML은 객체지향 소프트웨어 개발 분야의 3명의 선진연구자들(Grady Booch, Ivar Jacobson, James Rumbaugh)에 의해 개발된, 객체 지향 분석 설계를 위한 표기법이다(부록H의 UML 표기법 요약을 참고). UML 표기법에서는 객체 다이어그램(Object Diagram)과 클래스 다이어그램(Class Diagram)을 별도로 규정하고 있다. 객체 다이어그램에서는 클래스의 이름에 밑줄을 그어서 표기하지만, 클래스 다이어그램에서는 클래스의 이름에 밑줄을 긋지 않는다. 클래스 다이어그램에서는 파선화살표(-->)를 사용하여 클래스들 사이의 의존 관계를 표기한다. 그림 1은 CashRegister 클래스가 Coin 클래스에 의존되어 있음을 나타내고 있다.

이때 Coin 클래스가 CashRegister 클래스에 의존하고 있다는 것이 아니라는 점에

그림 1
CashRegister 클래스와 Coin 클래스 사이의 의존 관계 표현

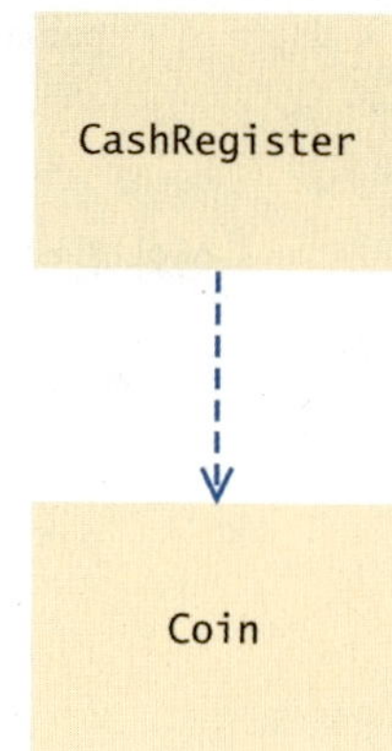

주의하기 바란다. Coin 클래스에 정의되어 있는 메서드들은 CashRegister 클래스에 정의되어 있는 어떠한 메서드들도 호출하지 않고 작업을 수행할 수 있다. 개념적으로 생각해보면, 동전은 자신이 금전등록기 안에 들어있는지 또는 들어있지 않은지에 대해서 전혀 고려하지 않는다.

아래에서는 의존 관계를 최소화하는 예를 살펴보기로 한다. 은행 잔고를 출력하는 경우를 생각해보자.

```
System.out.println("현재의 은행 잔고는" + momsSavings.getBalance() + "원입니다.");
```

위와 같은 코드는 아래와 같이 printBalance 메서드를 사용하여 변경할 수 있다.

```
public void printBalance() // 이와 같은 메서드는 바람직하지 않다!
{
   System.out.println( "현재의 은행 잔고는" + balance + "원입니다." );
}
```

위의 printBalance 메서드는 System.out에 의존하고 있다. 모든 계산환경이 System.out을 가지고 있는 것은 아니다. 예를 들면 실제로 현실 세계에서 사용되고 있는 현금자동지급기에서는 실행화면에 메시지를 출력하지 않는다. 따라서 위와 같이 설계하면 의존 관계를 최소화할 수 없다. printBalance 메서드에 의해 BankAccount 클래스와 System 클래스, 그리고 BankAccount 클래스와 PrintStream 클래스 사이에 의존 관계가 발생하게 된다.

출력을 수행하거나 입력데이터를 이용하는 코드는 분리해서 별도의 클래스에 구현하는 것이 좋다. 이와 같이 구현함으로써 주요 작업을 수행하는 부분과 입/출력부분 사이의 의존 관계를 해소시킬 수 있다.

7.2.3 접근자 메서드와 변경자 메서드의 분리

불변 클래스는 변경자 메서드를 전혀 갖지 않는 클래스이다.

변경자 메서드(mutator method)는 객체의 상태를 변경하는 메서드이다. 접근자 메서드(accessor method)는 객체의 상태를 변경하지 않고 어떤 결과를 계산하기 위해서 객체에게 작업을 요청하는 메서드이다.

어떤 클래스들은 변경자 메서드를 전혀 갖지 않고 접근자 메서드들만을 갖도록 설계되기도 한다. 이러한 클래스들을 불변 클래스(immutable class)라고 부른다. String 클래스는 불변 클래스의 좋은 예이다. String 클래스의 경우 문자열이 생성되면 해당 문자열의 내부 내용은 절대로 변경되지 않는다. String 클래스에 정의되어 있는 메서드들 중에서 문자열의 내용을 수정할 수 있는 메서드는 아무것도 없다. 예를 들어 toUpperCase 메서드는 주어진 문자열의 내용(문자열을 구성하는 각 문자들)을 변경시키지 않고, 모든 문자들을 대문자로 변경시킨 새로운 문자열을 생성하여 반환한다.

```
String name = "John Q. Public";
String uppercased = name.toUpperCase(); // name은 변경되지 않는다.
```

불변 클래스의 객체에 대한 참조는 안전하게 공유될 수 있다.

불변 클래스의 주요 장점은 불변 클래스로부터 생성된 객체들에 대한 참조를 안전하게 사용할 수 있다는 점이다. 불변 클래스의 객체가 갖는 값을 변경시킬 수 있는 메서드가 전혀 없다면, 어떤 프로그램 코드를 작성하더라도 예상하지 못한 시점에서 해당 객체를 변경시키는 것을 방지할 수 있다.

그러나 모든 클래스들이 불변 클래스로 되어야 하는 것은 아니다. 문자열이나 날짜 정보, 화폐 유통량, 색상 등과 같은 값들을 나타내는 클래스에 대해서는 불변 클래스로 구현하는 것이 바람직하다.

불변 클래스가 아닌 일반적인 클래스에서는 실수로 객체의 속성값을 변경하는 것을 방지하기 위하여, 접근자 메서드들과 변경자 메서드들을 명확하게 구분해 놓는 것이 좋다. 경험상 어떤 값을 반환하는 메서드를 변경자 메서드로 정의하는 것은 바람직하지 않다. 예를 들어 BankAccount 클래스의 객체에게 getBalance 메시지를 전송했을 때 계좌 잔액이 변경되는 것을 기대하는 사람은 아무도 없을 것이다(만약 잔고조회를 할 때마다 은행이 수수료를 징수한다면 오히려 무척 화가 날 것이다). 이와 같은 규칙을 따른다면 모든 변경자 메서드는 반환값의 데이터타입을 void로 해야 한다.

때로는 이와 같은 규칙을 조금 유연하게 적용하여 변경자 메서드가 어떤 의미 있는 값을 반환하도록 정의할 수도 있다. 예를 들어 ArrayList 클래스에는 리스트로부터 객체를 제거하기 위한 remove 메서드가 정의되어 있다.

```
ArrayList<String> names = ...;
boolean success = names.remove("Romeo");
```

remove 메서드의 제거작업이 성공하면, 즉, 매개변수에 지정된 객체를 리스트로부터 제거하는 작업이 성공했을 경우에 참값을 반환한다. 리스트에 해당 객체가 존재하는지 여부를 확인하는 방법이 달리 없다면, 이와 같이 값을 반환하는 방식이 우수한 설계가 아닐 수 있으나, 리스트에 해당 객체의 존재여부를 확인하는 메서드(예 : contains 메서드)가 존재한다. 어떤 값을 계산하는 접근자 메서드가 정의되어 있다면, 변경자 메서드에 대하여 계산된 값을 반환하는 방식은 사용할 수 있다.

그러나 이와 같은 방식은 Scanner 클래스에서 조금 다르게 적용된다. Scanner 클래스에 정의되어 있는 next 메서드는 어떤 값을 반환하는 변경자 메서드이다(next 메서드는 실제로 변경자 메서드이다. next 메서드를 2번 호출하게 되면 각각 서로 다른 값이 반환된다. 따라서 next 메서드는 Scanner 객체 내부의 무엇인가를 변경하고 있음에 틀림없다). 그러나, 불행하게도 동일한 값을 반환하는 접근자 메서드는 존재하지 않는다. 이러한 사실은 Scanner 클래스의 객체를 사용하는데 있어서 다소 어색하게 만들 수 있다. next 메서드가 반환하는 값을 두 번 다시 얻을 수 없으므로 주의해서 보존해야 한다. peek와 같이 다음번 입력값을 소모하지 않고 반환해주는 메서드가 존재한다면 보다 더 좋을 것이다.

물병 안에 있는 물의 온도를 체크하기 위해서 조금 마셔보면 된다. 이와 같은 방식은 변경자 메서드의 개념과 동일하다.

7.2.4 부작용의 최소화

어떤 메서드에서 데이터 값을 변경하였을 때 해당 메서드의 외부에서 인지된다면, 이 메서드의 데이터 변경작업은 부작용에 해당된다.

메서드의 부작용은 메서드를 실행시켜서 수행된 데이터 값의 변경이 메서드의 외부에서도 인식할 수 있는 경우에 발생한다. 변경자 메서드의 경우, 매개변수의 값을 변경하게 되는 부작용을 갖는다.

이밖에도 방지해야 하는 또 다른 종류의 부작용이 있다. 일반적으로 메서드는 매개변수를 변경하지 않아야 한다. 아래의 예를 살펴보도록 하자.

```
/**
   주어진 은행 계좌들의 잔고 합계를 구한다.
   @param accounts 은행 계좌들이 내포된 리스트
*/
   public double getTotalBalance(ArrayList<String> accounts)
   {
      double sum = 0;
      while (studentNames.size() > 0)
      {
         BankAccount account = accounts.remove(0); // 사용하지 않는 것이 좋음.
         sum = sum + account.getBalance();
```

```
        }
        return sum;
    }
}
```

getTotalBalance 메서드는 매개변수 accounts가 참조하고 있는 리스트로부터 모든 계좌들을 삭제한다. 아래와 같은 호출문이 수행완료된 후에 allAccounts는 어떤 요소도 포함하지 않는 빈(empty) 리스트가 된다.

```
double total = getTotalBalance(allAccounts);
```

이와 같은 부작용은 프로그래머들이 기대하는 사항이 결코 아니다. 리스트의 요소들을 제거하지 않고 다만 각 요소들을 방문하도록 하는 것이 바람직하다.

메서드를 설계할 때에는 부작용을 최소화하도록 한다.

출력과 관련된 부작용에 관하여 7.2.2절의 BankAccount 클래스의 printBalance 메서드를 살펴보도록 하자.

```
public void printBalance() // 바람직하지 않다.
{
    System.out.println("현재의 은행 잔고는" + balance + "원입니다.");
}
```

위의 printBalance 메서드는 System.out 객체를 변경하고 있다. 그러나 System.out 객체는 BankAccount 객체의 부품이 아니므로 부작용이 발생된다.

이와 같은 부작용을 방지하기 위해서는 해당 클래스에 입출력 동작을 포함시키지 않도록 하고, 입출력 작업은 main 메서드 내부에서 수행하도록 해야 한다.

이 택시는 보행자에게 흙탕물을 뿌리는 바람직하지 않은 부작용을 일으키고 있다.

3. 3장의 CashRegister 클래스가 응집력이 없는 이유는 무엇인가?
4. Coin 클래스가 CashRegister 클래스에 의존하고 있지 않은 이유는 무엇인가?
5. 클래스들 사이의 의존 관계를 최소화하는 것이 좋다고 한다. 그 이유는 무엇인가?
6. String 클래스의 substring 메서드는 접근자 메서드인가? 아니면 변경자 메서드인가?
7. Rectangle 클래스는 불변 클래스인가?
8. 참조변수 a가 BankAccount 객체를 참조하고 있을 때, a.deposit(100)을 실행하면 BankAccount 객체의 속성을 변경시키게 된다. 이와 같이 실행하면 부작

용이 발생하는가?

9. 6장의 Student 클래스에 대하여 아래와 같은 메서드를 추가하였다.

```
void read(Scanner in)
{
   while (in.hasNextDouble())
   {
      addScore(in.nextDouble());
   }
}
```

위의 read 메서드는 점수(score) 변경 외에 어떤 부작용을 발생시키는가?

실습하기 이 장의 끝부분에 있는 복습 문제 R7.4, R7.5, R7.9를 수행하시오.

알아 두기 7.1

일관성

7.2절에서는 클래스의 공개 인터페이스의 품질분석을 위한 2가지 기준을 학습하였다. 즉, 응집도를 최대화하고 불필요한 의존 관계를 제거하는 것이다. 여기에서는 또 다른 기준으로 일관성에 대해서 살펴보기로 한다. 여러 개의 메서드들을 구현하는 경우, 메서드의 이름과 매개변수에 관한 일관성을 유지해야 한다. 이러한 일관성에 관한 기준은 프로그램개발자에게 좋은 프로그래밍 능력을 유지할 수 있도록 해 준다.

그러나 표준 라이브러리에는 일관성이 결여되어 있는 예를 많이 볼 수 있다. 예를 들면 입력 다이얼로그 박스를 표시하기 위해서는 아래와 같은 문장을 수행해야 된다.

```
JOptionPane.showInputDialog(promptString)
```

한편 메시지 다이얼로그 박스를 표시하기 위해서는 아래의 문장을 수행해야 된다.

```
JOptionPane.showMessageDialog(null, messageString)
```

여기에서 null로 표기된 매개변수는 무엇일까? showMessageDialog 메서드는 첫 번째 매개변수로 상위 윈도우를 지정해야 한다. 그러나 필요 없는 경우에는 null을 지정하도록 규정되어 있다. 한편 showInputDialog 메서드의 경우에는 상위 윈도우를 지정할 필요가 없다. 이와 같이 일관성이 없는 이유는 무엇일까? 마땅한 이유는 없다. 다만 showInputDialog 메서드를 대신해서 showMessageDialog 메서드를 사용하는 것은 어렵지 않다.

짝짝이 식기를 사용하더라도 문제없이 식사는 할 수 있겠지만, 일관성을 엄수한다면 더욱 즐거운 식사 시간이 될 것이다.

위와 같이 일관성이 결여된 사례는 치명적인 결함은 아니지만, 쉽게 개선할 수 있기 때문에 더욱 눈에 거슬리는 부분이다.

심화 학습 7.1

값에 의한 호출과 참조에 의한 호출

7.2.4절에서는 매개변수에 대하여 변경자 메서드를 실행시켜서 매개변수의 값을 변경해서는 안 된다고 설명했다. 여기에서는 이와 관련된 주제로 매개변수에 새로운 값을 설정하면 어떤 일이 일어나는지에 대해서 살펴보기로 한다. 먼저 아래와 같은 메서드를 살펴보자.

```
public class BankAccount
{
   . . .
   /**
      이 계좌의 잔액으로부터 현금을 이체해서 다른 잔액에 추가한다.
      @param amount 이체할 현금 액수
      @param otherBalance 다른 잔액
   */
   public void transfer(double amount, double otherBalance) ②
   {
      balance = balance - amount;
      otherBalance = otherBalance + amount;
          // 매개변수의 값이 변경되지 않는다.
   } ③
}
```

이제 다음과 같은 문장이 수행되면 어떻게 되는지 살펴보기로 하자.

```
double savingsBalance = 1000;
harrysChecking.transfer(500, savingsBalance); ①
System.out.println(savingsBalance); ④
```

위의 문장들이 수행되면 변수 savingsBalance의 값이 1,500으로 증가될 것이라고 예상할 수 있으나 예상대로 수행되지는 않는다. 메서드가 실행되면 매개변수 otherBalance는 savingsBalance와 같은 값으로 설정된다(그림2 참조). 그런 다음 transfer 메서드의 내부에서 매개변수 otherBalance는 다른 값으로 변경된다. 이와 같은 변경은 savingsBalance에 아무런 영향을 주지 않는다. 왜냐하면 savingsBalance와 otherBalance는 상이한 저장장소를 갖는 서로 다른 변수이기 때문이다. transfer 메서드가 실행종료 되면, otherBalance 변수는 제거되므로 savingsBalance의 값은 증가되지 않는다.

Java프로그램에서는 메서드가 호출될 때, 매개변수는 실인수의 값으로 초기화된다. 호출된 메서드가 실행종료 되면 매개변수는 제거된다. 이와 같은 메서드 호출 방식을 "call by value", 즉 "값에 의한 호출"이라고 부른다. 따라서 자바 프로그램의 메서드는 매개변수의 값을 결코 변경시키지 않는다.

> Java 프로그램에서 메서드는 매개변수의 값을 결코 변경시키지 않는다.

C++와 같은 프로그래밍 언어에서는 "call by reference", 즉 "참조에 의한 호출"이라고 부르는 메서드 호출 방식을 제공하고 있다. 참조에 의한 호출 방식에서는 매개변수의 값

ANIMATION
메서드는 수치데이터를 갖는 매개변수를 변경시킬 수 없다.

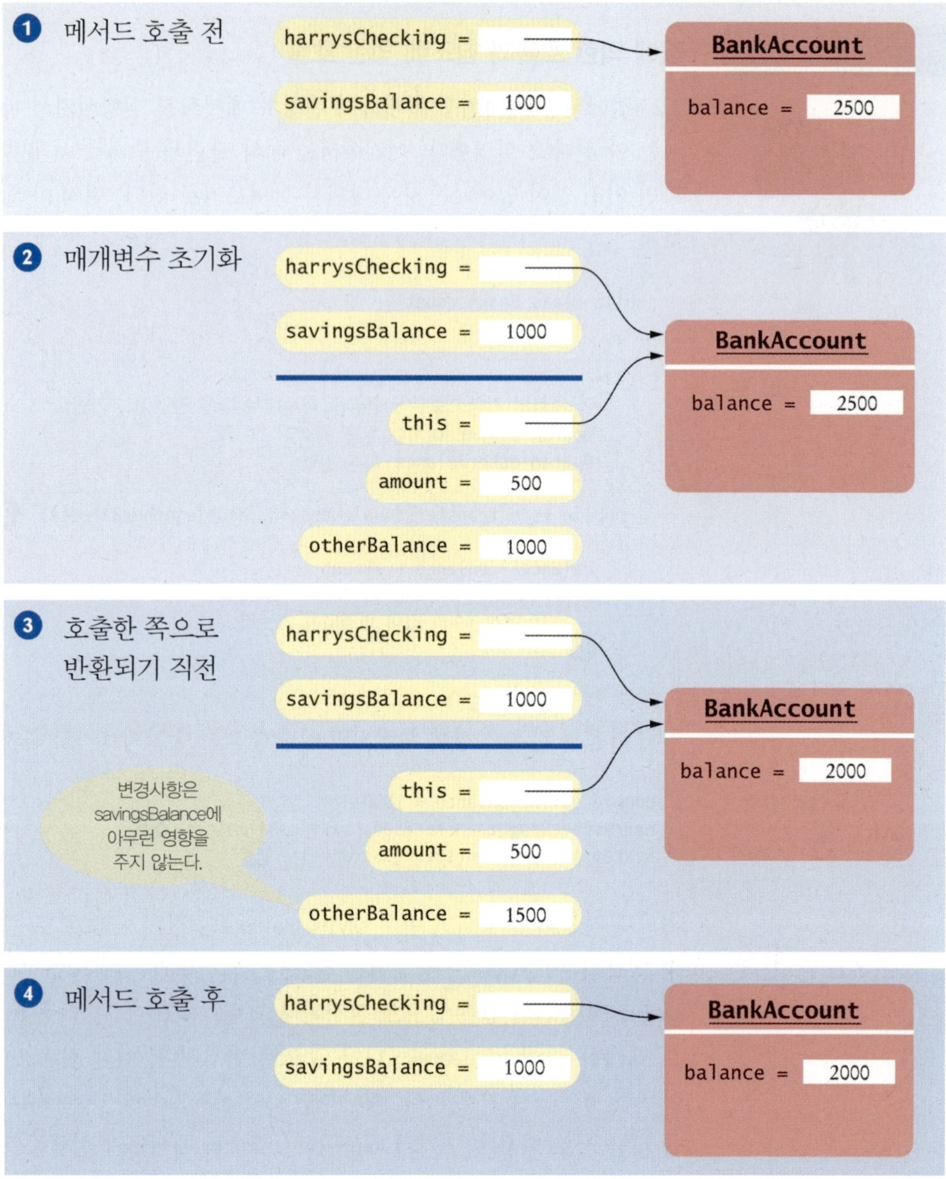

그림 2 기본형의 매개변수에 대한 변경은 메서드를 호출한 쪽에 아무런 영향을 주지 않는다.

을 변경시킬 수 있다. 일반적인 자바 관련 서적들에서 "숫자들은 값에 의한 호출 방식이고, 객체들은 참조에 의한 호출 방식"이라는 표현을 발견할 수 있을 것이다.

기술적인 측면에 살펴보면 이러한 표현은 올바르지 않다. 자바 프로그램에서는 객체들이 매개변수로 직접 전달되는 것이 아니다. Java 프로그램에서는 숫자뿐만 아니라 "객체에 대한 참조값"이 모두 값에 의한 호출 방식으로 전달된다.

이와 같이 혼란스럽게 된 원인은 자바 프로그램에서는 객체에 대한 참조값을 매개변수로 메서드가 전달받아야만 객체를 변경시킬 수 있기 때문이다(그림 3 참조).

```
public class BankAccount
{
   . . .
   /**
      이 계좌로부터 다른 계좌로 현금을 이체한다.
      @param amount 이체할 현금 액수
      @param otherAccount 이체 받을 다른 계좌
   */
   public void transfer(double amount, BankAccount otherAccount) ❷
   {
      balance = balance - amount;
      otherAccount.deposit(amount);
   } ❸
}
```

위와 같이 BankAccount 클래스의 transfer 메서드에 대하여, 아래와 같이 객체 참조값을 매개변수로 하여 호출하는 예를 살펴보자.

```
BankAccount harrysSavings = new BankAccount(1000);
harrysChecking.transfer(500, harrysSavings); ❶
System.out.println(harrysSavings.getBalance());
```

위의 예는 예상한 것과 같이 성공적으로 계좌 이체가 올바르게 수행된다. 매개변수 otherAccount에는 객체 참조 변수 harrysSavings가 참조하고 있는 객체에 대한 참조값의 복사본이 전달된다. 2.9절에서 객체 참조값의 복사에 의해 동일한 객체를 여러 개의 객체 참조 변수가 참조할 수 있음을 설명하였다. 따라서 transfer 메서드에서는 매개변수 otherAccount를 통해서 harrysSavings가 참조하고 있는 객체를 변경시킬 수 있다.

그러나 매개변수로 전달된 객체 참조값을 메서드 내부에서 대체할 수는 없다. 이와 같은 미묘한 차이점을 이해하기 위하여, 매개변수 otherAccount에 다른 새로운 객체를 설정하려는 예를 살펴보기로 하자.

```
public class BankAccount
{
   . . .
   public void transfer(double amount, BankAccount otherAccount)
   {
      balance = balance - amount;
      double newBalance = otherAccount.balance + amount;
      otherAccount = new BankAccount(newBalance); // 동작하지 않음
   }
```

위의 예에서는 매개변수 otherAccount가 참조하고 있는 객체의 상태(잔고액)를 직접 변경하지 않는 대신에, 변경된 잔고액을 갖는 다른 새로운 객체를 매개변수 otherAccount가 참조하도록 변경

> 자바에서는, 메서드가 매개변수로 전달받은 객체의 상태를 변경시킬 수는 있지만, 다른 객체 참조값으로 대체시킬 수는 없다.

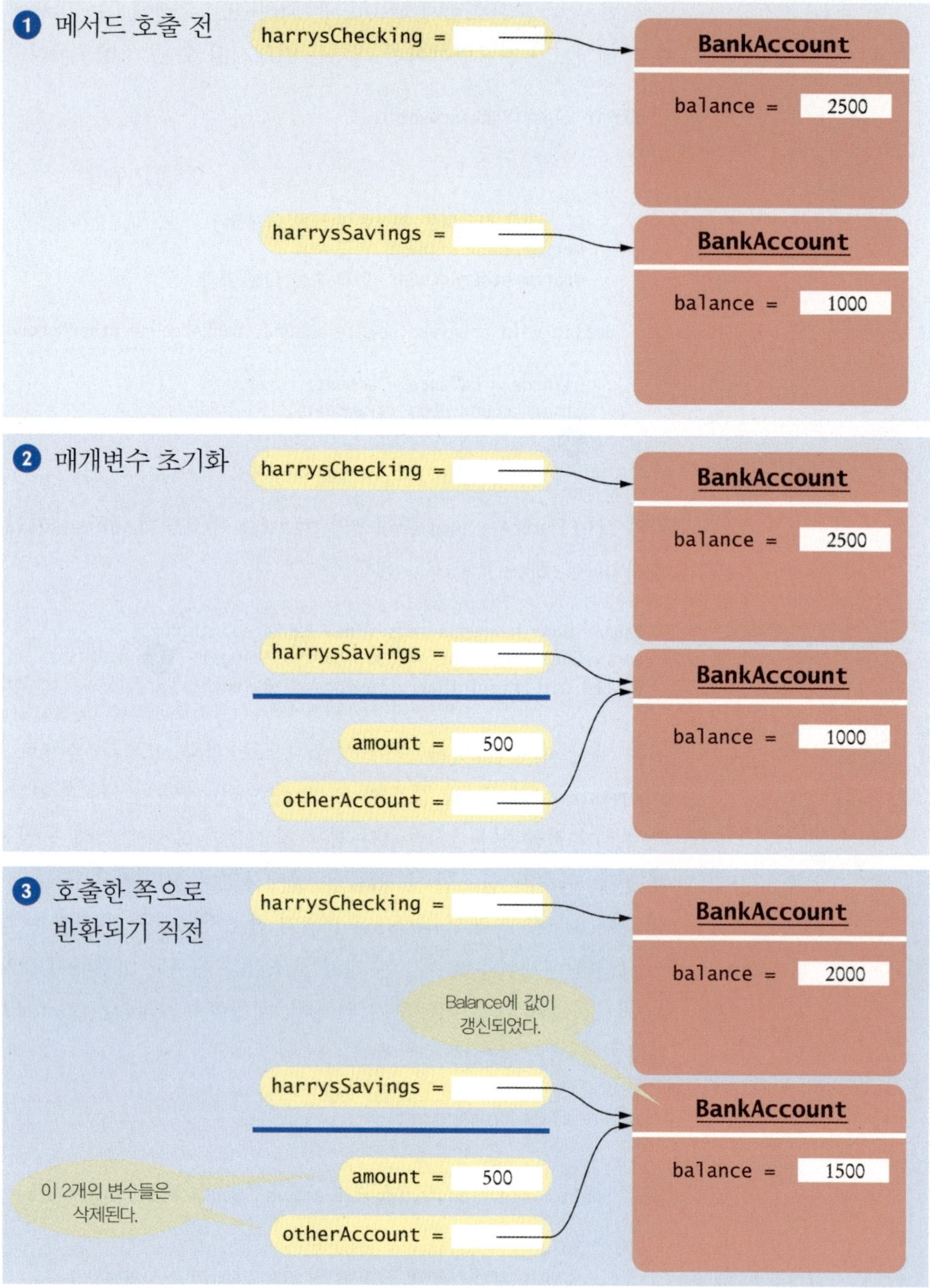

그림 3 객체 참조값을 가지고 있는 메서드에서는 참조된 객체를 변경시킬 수 있다.

하려고 하고 있다(그림 4 참조).

이제 매개변수 otherAccount에 저장되어 있는 참조값은 새롭게 생성된 BankAccount 객체의 참조값으로 대체되었다. 그러나 만약 아래와 같은 문장으로 수정하여 실행한다면,

```
harrysChecking.transfer(500, savingsAccount);
```

transfer 메서드를 호출할 때만 제공되도록 정의된 변수 savingsAccount에는 아무런 영향을 주지 않는다. 위의 결과로부터 객체는 참조에 의한 호출 방식으로 전달되지 않는다는 사실을 알 수 있다.

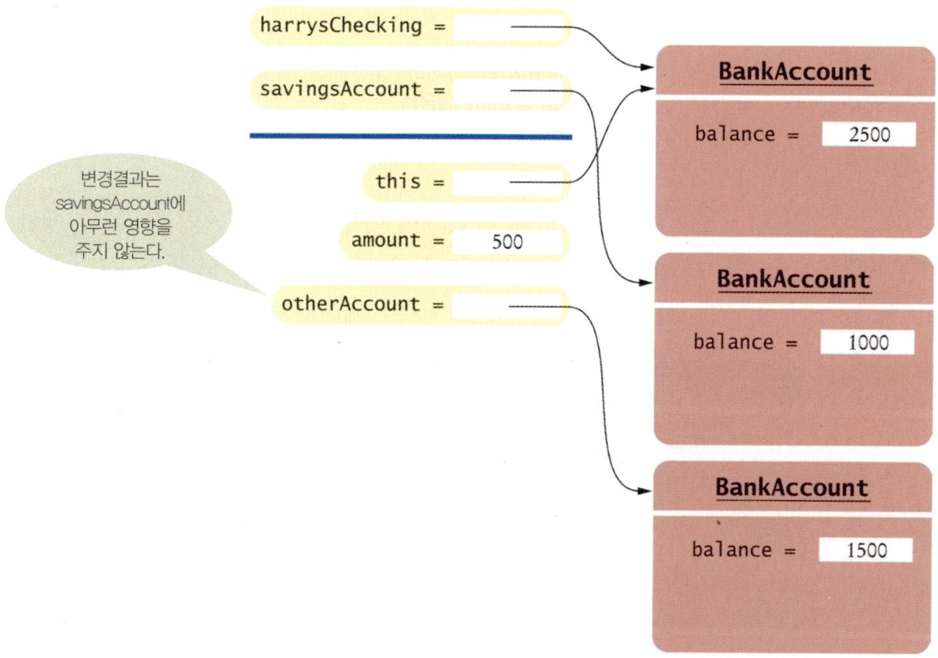

그림 4 매개변수에 객체 참조값을 대체하더라도 호출하는 쪽에 아무런 영향을 주지 못한다.

이상에서 살펴본 내용을 요약하면 다음과 같다.

- 자바 프로그램의 메서드에서는 매개변수로 전달되는 값을 변경시킬 수 없다.
- 자바 프로그램의 메서드에서는 객체 참조값이 매개변수로 전달되는 경우, 해당 객체를 변경시킬 수 있다.

7.3 사전조건과 사후조건

메서드의 사전조건은, 그 메서드를 호출하는 쪽에서 엄수해야하는 요구사항이다.

메서드의 사전조건(precondition)은 그 메서드를 호출하는 쪽에서 엄수해야하는 요구사항이다. 예를 들어 BankAccount 클래스에 정의된 입금 작업 수행을 위한 deposit 메서드의 경우 “입금액은 음수가 되어서는 안 된다.”는 것이 deposit 메서드의 사전조건에 해당된다. 메서드를 호출하는 쪽에서는 해당 메서드의 사전조건이 만족되지 않은 상태에서 메서드를 호출해서는 안 된다. 사전조건이 만족되지 않은 상태로 메서드를 호출하게 되면, 올바른 결과를 얻을 수 없게 된다.

따라서 사전조건은 메서드 호출에 있어서 매우 중요한 부분이며, 메서드의 사전조건을 명확하게 문서화해 놓아야 한다. 위의 deposit 메서드의 경우, 아래와 같이 매개변수 amount가 음수가 되어서는 안 된다는 사전조건을 명시하도록 한다.

```
/**
   은행 계좌에 입금 작업을 수행한다.
   @param amount 입금액
   (사전조건 : amount >= 0)
*/
```

자바 문서화에 관련하여 어떤 javadoc 관련 확장기능에는 @precondition 또는 @requires와 같은 태그들을 제공하는 경우도 있다. 그러나 이러한 태그들은 표준 javadoc 제작 프로그램에서는 제공하지 않는다. 표준 javadoc 제작 도구에서 이와 같은 태그들을 무시하고 처리하지 않으므로, 여기에서는 단순하게 메서드에 관한 주석문 또는 @param 태그를 적절히 사용하여 사전조건을 표기하도록 한다.

사전조건들은 일반적으로 다음과 같은 2가지 이유들 중에 어느 한 가지를 위해서 제공된다.

1. 메서드의 매개변수들에 대한 제약 사항을 명시
2. 어떤 적합한 상태를 만족했을 경우에만 메서드가 호출될 수 있도록 제약 사항을 명시

예를 들어 입력이 없는 상태에서 Scanner 객체에 대하여 next 메서드를 호출하면 오류가 발생한다. 따라서 next 메서드의 사전조건으로 "hasNext 메서드가 참값을 반환한다."가 된다.

> 만약에 어떤 메서드가 사전조건이 만족되지 않은 상태에서 호출된다면, 올바른 결과를 계산할 책임을 갖지 않는다.

호출하는 쪽에서 모든 사전조건들이 만족되었을 때에만 메서드는 올바른 동작을 보장해 준다. 사전조건이 만족되지 않은 상태로 메서드를 실행시키면 올바른 동작을 보장받을 수 없다. 부적합한 입력값으로 메서드를 호출하는 경우 메서드는 어떻게 해야 될까? 예를 들면 account.deposit(-1,000)과 같이 실행하면 어떻게 될까? 이와 같은 경우에는 다음과 같은 2가지 처리방식을 생각해 볼 수 있다.

1. 호출된 메서드는 입력값이 적합한지 여부를 검사하여 부적합한 경우에는 예외(exception) 처리를 의뢰하고, 메서드를 호출한 쪽에는 아무런 값도 반환하지 않는다. 그 대신에 프로그램의 제어 흐름은 예외 처리기(exception handler)에게 넘어간다. 만약 아무런 예외 처리문이 없을 경우에는 프로그램은 종료된다. 예외 처리에 관해서는 10장에서 설명하기로 한다.

2. 호출된 메서드는 입력값에 대해서 검사하지 않고, 사전조건이 만족되었을 것으로 가정하여 메서드를 실행시킨다. 만약 사전조건이 만족되지 않았다면, 내부 데이터의 부적합 상태(예 : 은행 계좌의 잔액이 음수값) 또는 이것 때문에 발생하는 프로그램 오류는 모두 메서드를 호출한 쪽의 과실이 된다.

위의 첫 번째 처리방식은 동일한 검사를 여러 개의 메서드에서 여러 번 반복하게 되면 비효율적이 될 수 있다. 두 번째 처리방식의 경우에는 매우 위험한 결과를 초래할 수도 있다. 따라서 위의 2가지 처리방식의 장점만을 제공하는 조건 선언 방식(assertion, "표명"이라고도 부름)이 제안되었다.

조건 선언(assertion)은 프로그램의 특정한 지점에서 항상 참(true)이 되어야 하는 조건을 선언해 놓은 것이다. 조건 선언에 대한 검사에서는 해당 조건이 참인지 여부를 검사한다.

조건선언(assertion)은 프로그램내에서 항상 참(true)이 되어야하는 논리적 조건식이다.

아래에는 어떤 사전조건을 검사하기 위한 조건 선언 검사의 일반적인 예를 보여주고 있다.

```
public double deposit (double amount)
{
   assert amount >= 0;
   balance = balance + amount;
}
```

위의 deposit 메서드를 작성한 프로그래머는 amount의 값이 절대로 음수값이 될 수 없음을 예상(선언)하고 있다. 이렇게 선언된 조건이 만족된다면 어떠한 피해도 발생하지 않으면서 프로그램은 정상적으로 동작한다. 그러나 어떤 이유에 의해 선언된 조건이 만족되지 않는다면, 즉 조건 선언에 대한 검사가 활성화된다면, 프로그램은 AssertionError가 발생하면서 종료된다.

그러나 조건 선언에 대한 검사가 비활성화된 경우에는 선언된 조건은 검사되지 않고 프로그램은 최고 속도로 동작한다. 일반적으로 프로그램을 실행시키면 조건 선언에 대한 검사는 자동적으로 비활성화된다. 활성화시켜서 프로그램을 실행시키기 위해서는 아래와 같은 명령문을 수행해야 한다.

```
java -enableassertions MainClass
```

위의 명령문에서 -enableassertions 대신에 단축형으로서 -ea를 사용할 수도 있다. 프로그램을 개발하여 테스트 작업을 수행하는 동안에는 조건 선언 검사 기능을 활성화하는 것이 좋다.

메서드의 사전조건을 검사하기 위하여 조건 선언 검사 방식을 반드시 이용할 필요는 없다. 대신에 예외 처리 방식이 현명한 대안이 될 수도 있으나 조건 선언 검사 방식은 한 가지 장점이 있다. 작성 완료된 프로그램을 검사한 후에 조건 선언 검사 기능을 비활성화하면, 프로그램이 최고 속도로 실행된다는 점이다. 이와 같은 방식을 사용하면 작성된 프로그램 내부에 조건 선언에 관련된 코드를 대량으로 추가 삽입하는 불편함을 제거할 수 있다. 또한 사전조건뿐만 아니라 일반적인 조건문들을 검사하기 위하여 조건 선언을 이용할 수도 있다.

대부분의 초보 프로그래머들은 사전조건이 만족되지 않았을 경우에 프로그램이 실행중지 되는 것을 마음에 들어 하지 않을 수 있다. 왜 메서드를 호출한 쪽으로 단순히 되돌아가도록 하지 않는 것일까?

```
public void deposit(double amount)
{
   if (amount < 0)
      return; // 바람직하지 않음
   balance = balance + amount;
}
```

위와 같이 하면 호출된 메서드는 사전조건이 만족되지 않으면 아무런 작업을 하지 않고 호출한 쪽으로 되돌아가므로, 오류는 발생하지 않는다. 그러나 조건 선언 검사 방식에 비해서 그다지 좋은 방법은 아니다. 만약 deposit 메서드를 호출하는 프로그램 쪽에 몇 가지 오류가 포함되어 있어서 deposit 메서드를 호출하면서 매개변수에 음수값을 전달한다면, 조건 선언 검사 방식으로 프로그램을 개량하여 검사를 수행하게 되어 매우 명확하게 오류를 검출하여 프로그래머에게 통보해 줄 수 있게 된다. 한편, 위의 예와 같이 단순하게 반환되는 방식으로 작성된 프로그램의 경우에는 아무런 통보가 없게 되어 프로그램 실행종료 후에 결과값에 오류가 포함되어 있음을 인식할 수 없게 될 수 있다. 조건 선언 검사 방식을 "엄격한 방법으로 도움을 주는 방식"으로 생각하기 바란다.

사전조건이 만족되어 메서드가 호출되면, 메서드가 동작하여 정해진 작업이 올바르게 수행됨을 보증할 수 있다. 동작되는 메서드가 보증해 주는 또 다른 종류의 보증사항을 사후조건(postcondition)이라고 부른다. 사후조건에는 다음과 같은 2가지 종류가 있다.

문법 7.1 조건 선언

Syntax `assert 조건식;`

```
assert amount >= 0;
```

조건식이 거짓이고 조건 선언 검사가 활성화 상태이면, 예외 객체가 생성된다.

참이 되어야 하는 조건식

1. 반환값이 올바르게 계산된다.
2. 메서드가 실행 완료된 후에 객체는 어떤 상태가 된다.

다음은 deposit 메서드가 실행 완료된 후에 해당 객체의 상태에 관하여 기술된 사후조건의 예이다.

```
/**
   은행 계좌에 대하여 입금 작업을 수행한다.
   ( 사후조건  : getBalance() >= 0)
   @param amount 입금액
   ( 사전조건  : amount >= 0)
*/
```

위의 사후조건은 사전조건이 만족된 상태에서 deposit 메서드가 실행된 후에 잔액(balance)은 음수값이 아님을 보증한다는 의미이다.

사후조건을 표기하기 위해서 javadoc에서는 @postcondition 또는 @ensures와 같은 태그들을 제공하고 있다. 그러나 사전조건과 마찬가지로 메서드에 관한 주석문 또는 @return 태그를 적절히 사용하여 사후조건을 표기하도록 한다.

몇몇 프로그래머들은 모든 메서드에 사후조건이 반드시 명시되어야 한다고 생각한다. 그러나 javadoc을 사용하는 경우에는 @return 태그를 이용하여 사후조건을 표기하므로 위와 같이 별도로 사후조건을 반복해서 표현하지 않아도 좋다.

사전조건이 만족되어 호출된 메서드는 실행 완료 후에 사후조건도 만족되었음을 보증해야 한다.

```
// 아래의 사후조건을 나타내는 문장은 지나치게 반복적으로 표기되었다.
/**
   은행 계좌의 현재 잔고액을 반환한다.
   @return 계좌의 잔고액
   (사후조건 : 반환값은 계좌의 잔고액과 같다.)
*/
```

사전조건과 사후조건은 해당 클래스의 공개 인터페이스를 사용하여 표현되고 있음을 주의하기 바란다. 따라서 withdraw 메서드의 사전조건은 amount <= balance가 아니라 amount <= getBalance()으로 표현한다. 결국 메서드를 호출하는 쪽에서는 사전조건을 확인해야 하며, 비공개된 구현 부분이 아니라 공개된 인터페이스만을 액세스할 수 있다.

사전조건과 사후조건은 계약(contract)과 비교되기도 한다. 실생활에서 계약은 쌍방 간의 의무사항을 표현한 것이다. 예를 들면 자동차 매매에 관한 계약이 체결된 경우, 자동차 판매업자는 자동차가 원활하게 주문되었음을 구입 신청인에게 약속하는 것이고, 자동차 구입 신청인은 구입대금을 올바르게 지불함을 약속하는 것이다. 만약 어느 한쪽이 약속을 파기하게 되면 다른 한쪽은 계약사항에 구애받지 않게 된다.

이와 유사한 개념으로 사전조건과 사후조건은 메서드와 해당 메서드를 호출하는 쪽 사이의 계약사항을 표현한 것이다. 메서드는 사전조건을 만족하는 모든 입력값에 대하여 사후조건을 만족함을 약속하는 것이고, 메서드를 호출하는 쪽에서는 올바르지 않은 입력값을 사용하여 메서드를 호출하지 않는다는 것을 약속하는 것이다. 메서드를 호출하는 쪽에서 계약사항(예 : 사전조건)을 엄수했음에도 불구하고 메서드 실행 후에 올바르지 않은 결과를 얻게 되었다면 해당 메서드를 "프로그래머 법정"에 기소할 수 있다. 그러나 메서드를 호출하는 쪽에서 계약사항을 엄수하지 못하여 어떤 비극적 결과가 발생했다면 어디에도 호소할 방법이 없다.

자습문제

10. 다른 프로그래머들에게 제공할 메서드에 대한 사전조건을 왜 그 메서드를 만든 사람이 작성해서 추가해야만 하는 것일까?
11. 사전조건이 기입된 메서드를 구현하였으나 그 메서드를 호출하는 쪽이 사전조건을 만족시키지 못했음을 알게 되었다고 가정하자. 메서드를 호출하는 쪽에 이와 같은 사실을 알려주어야 할까?

실습하기 이 장의 끝부분에 있는 복습 문제 R7.17과 R7.21을 수행하시오.

심화 학습 7.2

클래스 불변식

심화 학습 5.5에서는 루프 불변식(loop invariants)을 소개하였다. 루프 불변식은 반복문에 최초로 진입하였을 때 구성되어 모든 반복주기에서 보존된다. 또한 반복문이 종료되면 루프 불변식은 만족되어야 하며, 이와 같은 정보를 사용하여 반복문의 정당성을 판단한다.

클래스 불변식은 루프 불변식과 유사한 목적을 갖는다. 클래스 불변식은 해당 클래스의 생성자 또는 변경자 메서드를 실행한 후의 객체가 만족해야 하는 조건을 표현한 식(문장)이다. 클래스 불변식은 항상 참이 되어야 하고, 이에 관한 정보는 프로그램의 정당성을 판단할 때에 이용된다.

클래스 불변식에 관한 간단한 예로 생성자와 변경자 메서드에 관한 다음과 같은 사전조건들을 갖는 BankAccount 클래스를 살펴보기로 하자.

```
public class BankAccount
{
      . . .
   /**
      주어진 잔고액을 갖는 은행 계좌를 생성한다.
```

```
        @param initialBalance 초기 잔고액
        ( 사전조건 : initialBalance >= 0)
    */
    public BankAccount(double initialBalance) { balance = initialBalance; }

    /**
        은행 계좌에 대하여 입금 작업을 수행한다.
        @param amount 입금액
        ( 사전조건 : amount >= 0)
    */
    public void deposit(double amount) { . . . }

    /**
        은행 계좌에 대하여 출금 작업을 수행한다.
        @param amount 출금액
        ( 사전조건 : amount <= getBalance())
    */
    public void withdraw(double amount) { . . . }
}
```

BankAccount 클래스의 예로부터 다음과 같은 클래스 불변식을 작성할 수 있다.

```
getBalance() >= 0
```

위의 클래스 불변식이 왜 참이 되는지를 살펴보기 위하여 먼저 생성자를 검토한다. 생성자의 사전조건은 다음과 같다.

```
initialBalance >= 0
```

생성자가 initialBalance의 값을 balance에 설정하게 되면 위의 클래스 불변식은 참이 됨을 알 수 있다.

다음으로 변경자 메서드들을 검토해보자. deposit 메서드의 사전조건은 다음과 같다.

```
amount >= 0
```

deposit 메서드를 호출하기 전에 위에서 규정했던 클래스 불변식(getBalance() >= 0)이 이미 만족되고 있음을 알 수 있다. 따라서 deposit 메서드를 실행시키기 전에 balance >= 0이 참인 상태이다. deposit 메서드에서는 2개의 양수값(balance와 amount)이 더해져서 다시 balance에 저장되므로, deposit 메서드 실행 완료 후에는 balance >= 0이 됨을 알 수 있다. 따라서 deposit 메서드는 위의 클래스 불변식(getBalance() >= 0)을 만족한다.

이와 유사한 방법으로 살펴보면 withdraw 메서드 또한 클래스 불변식을 만족한다.

왜냐하면 클래스 불변식은 클래스에 대한 조건식이므로 클래스에 관한 주석문에 기입하도록 한다.

```
/**
    은행 계좌는 입금(deposit)과 출금(withdraw)에 의해 변경될 수 있는 잔고액
    (balance)을 가지고 있다.
    ( 불변식 : getBalance() >= 0)
*/
```

```
public class BankAccount
{
   . . .
}
```

7.4 문제 해결 : 객체 데이터를 위한 패턴

클래스를 설계하는 경우, 해당 클래스를 사용할 사용자(프로그래머)들의 요구사항을 먼저 고려하도록 한다. 클래스 설계자는 객체들을 다루기 위하여 클래스 사용자들이 호출하게 되는 메서드들을 작성한다. 클래스를 구현하는 경우 해당 클래스의 인스턴스 변수들을 생성해야 한다. 이와 같은 일련의 작업들을 구체적으로 어떻게 수행하는지에 대해서는 항상 명확한 것은 아니지만 다행스럽게도 클래스를 설계할 때 활용할 수 있는 패턴들 몇 가지가 있다. 여기서는 객체가 가지고 있는 데이터를 위한 패턴들을 소개하기로 한다.

7.4.1 총합계값을 보존하기 위한 패턴

전체수량을 나타내는 인스턴스 변수는 특정한 메서드들의 실행에 의해 그 값이 증가 또는 감소된다.

특정한 메서드들의 실행에 의해 객체가 소유하고 있는 어떤 속성값(특히 수량에 관련된 속성값)이 증가 또는 감소되는 경우가 있다. 이러한 경우에는 클래스에서 해당 수량에 관한 정보를 보존할 필요가 있다. 이와 관련된 예를 살펴보면 다음과 같다.

- 은행 계좌의 경우, 입금 또는 출금 작업에 의해 잔고액이 증가 또는 감소한다. 따라서 은행 계좌 클래스는 잔고액을 보존하기 위한 속성을 가지고 있어야 한다.
- 상점의 계산대에 있는 금전등록기의 경우, 상품의 바코드를 인식시키면 총구매액이 증가하게 되고, 판매가 완료되면 총구매액은 다시 0으로 재설정된다. 따라서 금전 등록기 클래스는 총구매액을 보존하기 위한 속성을 가지고 있어야 한다.
- 자동차의 경우, 연료탱크에 연료가 주입되면 총연료량이 증가하며, 자동차를 운전하게 되면 총연료량이 감소한다. 따라서 자동차 클래스는 총연료량을 보존하기 위한 속성을 가지고 있어야 한다.

위에서 살펴본 사례들에 대한 구현방법은 서로 비슷하다. 총합계값에 대한 정보를 표현하기 위한 인스턴스 변수를 해당 클래스에 선언하는 것이다. 예를 들면 금전등록기를 나타내는 CashRegister 클래스에는 다음과 같은 인스턴스 변수를 선언한다.

```
private double purchase;
```

다음으로는 해당 인스턴스 변수의 값을 변경하는 메서드들을 정의한다. 예를 들어 주어진 금액만큼 인스턴스 변수 purchase의 값을 증가시키는 메서드로 recordPurchase를 정의하면 다음과 같다.

```
public void recordPurchase(double amount)
{
   purchase = purchase + amount;
}
```

주어진 문제에 따라서 해당 클래스에는 총합계값을 감소시키거나 0으로 재설정하는 메서드가 정의될 수도 있다. 예를 들어 CashRegister 클래스의 경우, 아래와 같은 clear 메서드가 정의될 수 있다.

```
public void clear()
{
   purchase = 0;
}
```

또한 다음과 같이 총합계값 정보를 알려주는 메서드를 정의할 수도 있다.

```
public double getAmountDue()
{
   return purchase;
}
```

총합계값에 관한 정보를 관리하는 클래스들은 모두 이와 동일한 패턴을 따르고 있다. 총합계값을 증가 또는 감소시키는 메서드를 찾아내서 적합한 코드로 구현하고, 총합계값을 설정/보고/사용하는 메서드들을 구현하도록 한다.

7.4.2 사건들을 카운트하기 위한 패턴

사건들을 카운트하는 카운터는, 해당 사건과 관련된 메서드 내부에서 값이 증가된다.

어떤 객체의 일생동안 특정한 사건들이 몇 차례 발생하는지를 카운트할 필요가 있는 경우가 있다. 예를 들면 다음과 같은 사례들을 생각해 볼 수 있다.

- 금전등록기에서 1건의 판매에는 몇 개의 상품들이 포함되어 있는지를 파악할 필요가 있다.
- 은행 계좌와 관련하여 관련 업무 처리 각각에 대해서 수수료를 부과하는 경우에, 업무 처리 건수를 카운트할 필요가 있다.

해당 클래스에는 카운트값을 보존하는 역할을 하는 변수(카운터 변수 또는 카운터라고도 부름)를 정의할 필요가 있다. 예를 들어 금전등록기의 경우에는 다음과 같은 인스턴스 변수를 선언하도록 한다.

```
private int itemCount;
```

아래와 같이 카운터 작업을 수행하는 메서드 내부에 카운터값을 증가시키기 위한 명령문을 추가할 수 있다.

```
public void recordPurchase(double amount)
{
   purchase = purchase + amount;
   itemCount++;
}
```

그리고 다음과 같이 판매가 종료된 시점에서 카운터값을 0으로 재설정할 필요도 있다.

```
public void clear()
{
   purchase = 0;
   itemCount = 0;
}
```

해당 클래스 사용자에게 카운터값을 보고하는 메서드를 클래스에 정의하는 경우도 있고 그렇지 않은 경우도 있다. 카운터값은 요금 또는 평균값을 계산하는 경우에 사용될 수도 있다. 해당 클래스의 어떤 메서드들이 카운트값을 이용하는지 찾아내서, 현재의 카운트값을 전달하도록 정의한다.

7.4.3 값을 수집하기 위한 패턴

어떤 객체들은 숫자들이나 문자열들 또는 다른 객체들을 수집하여 구성된다. 예를 들면, 다지선다형 문제 1개에는 여러 개의 선택 가지들이 포함되어 있다. 금전등록기를 사용하여 판매 처리를 수행하는 경우, 금전등록기에는 고객이 계산대로 가져온 상품들의 각 판매 금액들이 저장되어야 한다.

쇼핑카트 객체는 구입상품들의 컬렉션을 관리할 필요가 있다.

배열 또는 ArrayList를 사용하여 다른 여러개의 객체들을 수집하여 하나의 객체를 구성할 수 있다.

이와 같은 판매 금액들을 저장하기 위해서는 array list 또는 배열을 사용하도록 한다(저장할 요소의 개수를 고려할 필요가 없으므로, array list를 사용하는 것이 더 간단하다). 또 다른 예로 다지선다형 문제를 살펴보면 다음과 같다.

```
public class Question
{
   private ArrayList<String> choices;
   . . .
}
```

Question 클래스의 생성자에서는 비어있는 컬렉션 객체를 참조하기 위한 인스턴스 변수를 설정한다.

```
public Question()
{
   choices = new ArrayList<String>();
}
```

또한, 컬렉션 객체에 요소를 추가하기 위한 메서드가 필요하다.

```
public void add(String option)
{
   choices.add(option);
}
```

Question 클래스의 객체를 사용하는 경우에는 위의 add 메서드를 여러 번 호출하여 선택 가지들을 추가하도록 한다.

7.4.4 객체의 속성들을 관리하기 위한 패턴

객체의 속성은 접근자 메서드에 의해 속성값을 액세스할 수 있고, 설정자 메서드에 의해 속성값을 변경할 수 있다.

객체의 속성은 해당 객체가 갖는 값으로서, 객체 사용자가 설정하거나 검색할 수 있다. 예를 들어 Student 클래스의 객체는 이름(name)과 학번(ID)을 속성으로 가질 수 있다. 속성값을 저장하기 위해서 해당 클래스에는 인스턴스 변수가 선언되어야 하며, 속성값을 취득하거나 설정하기 위한 메서드들이 정의되어야 한다.

```
public class Student
{
   private String name;
   . . .
   public String getName() { return name; }
   public void setName(String newName) { name = newName; }
   . . .
}
```

설정자 메서드 내부에는 오류를 검사하기 위한 코드를 추가하도록 한다. 예를 들어 이름을 설정하는 setName 메서드에 대하여 공백문자열로 이름을 설정하지 못하도록 하기 위하여, 다음과 같이 코드를 추가할 수 있다.

```
public void setName(String newName)
{
   if (newName.length() > 0) { name = newName; }
}
```

어떤 속성들은 생성자에 의해 값이 설정된 후에는 변경되어서는 안되는 특성을 갖는 경우도 있다. 예를 들어 학생의 학번(ID)은 한번 설정되면 변경불가하다. 이와 같은 경우에는 다음과 같이 해당 속성에 대한 설정자 메서드를 정의하지 않는다.

```
public class Student
{
   private int id;
   . . .
   public Student(int anId) { id = anId; }
   public String getId() { return id; }
   // setId 메서드는 정의하지 않음!
   . . .
}
```

7.4.5 서로 다른 여러 가지 상태들을 갖는 객체를 모델링하기 위한 패턴

물고기가 배고픈 상태가 되면, 물고기의 동작이 변경된다.

어떤 객체들은 과거시점에서 발생한 사건에 의해 다양한 동작을 갖는 경우가 있다. 예를 들면 Fish 클래스의 객체는 공복상태에서는 먹이를 찾지만, 만복상태에서는 먹이를 찾지 않고 무시할 것이다. Fish 클래스의 객체는 앞서 먹이를 충분히 섭취하였는지 여부를 기억해 둘 필요가 있다.

구현대상이 되는 객체가 동작에 영향을 끼치는 여러가지 상태들을 가지는 경우, 객체의 현재 상태를 기억하기 위한 인스턴스 변수를 선언하도록 한다.

따라서 객체의 상태를 기억하기 위한 인스턴스 변수를 해당 클래스 내부에 선언하도록 한다. 이때, 객체가 갖는 여러 가지 상태들을 표현하기 위한 상수들을 함께 정의해 둘 수 있다.

```
public class Fish
{
   private int hungry;

   public static final int NOT_HUNGRY = 0;
   public static final int SOMEWHAT_HUNGRY = 1;
   public static final int VERY_HUNGRY = 2;
   . . .
}
```

(기타 다른 구현방법으로서 열거형을 사용할 수도 있다. 심화 학습 4.4를 참고하기 바란다.)

어떤 메서드가 객체의 상태를 변경시키는지를 결정하도록 한다. Fish 클래스의 예에서는 방금 먹이를 먹은 물고기는 배고프지 않지만, 물고기가 움직이게 되면 곧 배가 고파질 것이다. 따라서 다음과 같이 eat 메서드와 move 메서드를 구현할 수 있다.

```
public void eat()
{
   hungry = NOT_HUNGRY;
   . . .
}

public void move()
```

```
{
   . . .
   if (hungry < VERY_HUNGRY) { hungry++; }
}
```

마지막으로 객체의 상태가 객체의 동작에 영향을 주는 부분이 어디인지를 결정한다. Fish 클래스의 예에서 알 수 있듯이 매우 배고픈 물고기는 곧바로 먹이를 원할 것이므로, 다음과 같이 구현할 수 있다.

```
public void move()
{
   if (hungry == VERY_HUNGRY)
   {
      먹이를 찾는다.
   }
   . . .
}
```

7.4.6 객체의 위치를 표현하기 위한 패턴

움직이는 객체를 구현하기 위하여, 해당 객체의 위치정보를 저장하고 갱신할 필요가 있다.

어떤 객체는 일생동안 여러 곳을 옮겨 다니기도 하므로, 객체의 현재 위치를 기억할 필요가 있다. 이러한 상황에 관한 예는 다음과 같다.

- 기차의 경우 철로를 따라서 운행되며, 출발역으로부터의 거리를 기억하고 있다.
- 컴퓨터 게임에 등장하는 벌레(격자모양의 구조물 속에서 움직이는 벌레)의 경우, 어떤 한 위치에서 다른 위치로 기어 다니거나, 좌측 또는 우측으로 90도 방향회전하기도 한다.
- 포탄은 공중으로 쏘아 올려지면, 중력에 의해 지표면으로 하강한다.

이와 같은 객체들은 자신의 위치를 저장해 둘 필요가 있다. 객체들의 동작에 관한 특성에 따라서 각 객체들은 자신의 방향성 또는 속력에 대해서도 저장할 필요가 있다.

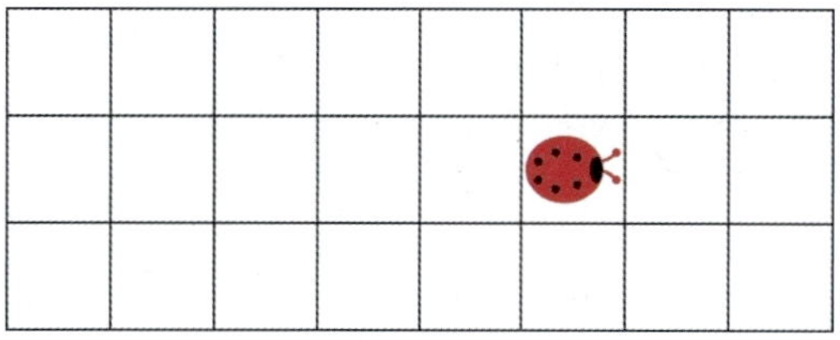

격자구조 내부에 있는 벌레는 현재 있는 곳의 행과 열, 그리고 움직이는 방향을 저장해 둘 필요가 있다.

어떤 객체가 선을 따라서 움직이는 경우, 어느 고정된 지점으로부터의 거리를 사용하여 객체의 위치를 나타낼 수 있다.

```
private double distanceFromTerminus;
```

격자모양의 구조물 내에서 움직이는 객체의 경우, 다음과 같이 격자구조 내에서의 현재 위치(행과 열)와 이동방향을 기억해 둘 필요가 있다.

```
private int row;
private int column;
private int direction; // 0 = 북쪽, 1 = 동쪽, 2 = 남쪽, 3 = 서쪽
```

포탄과 같은 물리적인 객체의 경우에는 위치와 속력을(가능하다면 2차원 또는 3차원적으로) 저장할 필요가 있다. 공중으로 쏘아올린 포탄에 대하여 다음과 같이 구현할 수 있다.

```
private double zPosition;
private double zVelocity;
```

객체의 위치정보를 갱신하기 위한 메서드를 정의할 필요가 있다. 객체가 움직인 거리만큼 위치정보를 갱신하도록 구현된 예는 다음과 같다.

```
public void move(double distanceMoved)
{
   distanceFromTerminus = distanceFromTerminus + distanceMoved;
}
```

격자모양의 구조물 내에서 객체가 움직이는 경우, 다음과 같이 현재의 이동방향을 토대로 행과 열의 값을 갱신할 필요가 있다.

```
public void moveOneUnit()
{
   if (direction == NORTH) { row--; }
   else if (direction == EAST) { column++; }
   else if (direction == SOUTH) { row++; }
   else if (direction == WEST) { column--; }
}
```

예제의 완전한 코드

Go wiley.com/go/javacode to download classes that use these patterns for object data.

연습 문제 P7.29에는 물리적 객체에 대하여 속력이 주어졌을 때, 위치정보를 갱신하는 방법을 소개하고 있다.

이동하는 객체에 대해서는 적절한 방법으로 실제 객체이동에 관해서 시뮬레이션할 수 있도록 프로그램이 작성되어야 한다. 선을 따라서 이동하거나 격자모양의 구조물 내에서 이동하는 경우 등을 고려하여 시뮬레이션에 관한 규칙들을 찾아내도록 한다. 이와 같은 규칙들에 의해 객체의 현재 위치를 나타내는 방법이 결정된다. 해당 객체를 이동시키는 메서드들을 클래스에 정의하고, 시뮬레이션에 관한 규칙에 따라서 객체의 위치정보를 갱신하도록 구현한다.

자습문제

12. 은행의 정기적인 자산상황 보고기간 중에, 어떤 은행 계좌의 업무 처리 횟수를 카운트하기 위하여 다음과 같이 BankAccount 클래스 내부에 카운트용 변수 transactionCount를 추가하였다.

```
public class BankAccount
{
   private int transactionCount;
   . . .
}
```

어떤 메서드들 내부에서 transactionCount 변수를 갱신하게 될 것인가?

13. 따라 하기 2.1에서 CashRegister 클래스에는 getTotalPurchase 메서드가 정의되지 않았다. 그러나 receivePayment 메서드와 giveChange 메서드를 호출하는 것으로 대신할 수 있다. 이와 같이 설계했을 경우 7.2.4절에서 설명한 사항들 중에서 어느 것을 위반하는가? 어떻게 하면 더 좋은 설계가 될 것인가?

14. 7.4.3절의 예에서 add 메서드가 필요한 이유는 무엇인가? Question 클래스의 객체를 사용하기 위해서 ArrayList<String> 클래스의 add 메서드를 호출할 수 없는 이유는 무엇인가?

15. 따라 하기 2.1의 CashRegister 클래스에 대하여 영수증을 발급하기 위하여 각 구입 상품들의 가격을 알아낼 수 있도록 개선하려고 한다. 어떤 인스턴스 변수를 선언해야 할까? 그리고 어떤 메서드들을 변경해야 할까?

16. 과세 일련번호(tax ID)와 급여액(salary)을 속성으로 갖는 Employee 클래스를 가정해 보자. 위의 2개 속성들 중에서 접근자 메서드만 정의되는 속성은 어떤 것인가? 그리고 접근자 메서드와 설정자 메서드를 정의할 수 있는 속성은 어떤 것인가?

17. 7.4.4절의 setName 메서드에 대하여 새로운 이름이 설정되었을 경우에는 true 값을 반환하고, 설정되지 않았을 경우에는 false값을 반환하도록 변경하였다고 가정하자. 이와 같이 변경하는 것은 좋은 생각인가?

18. 7.4.6절의 컴퓨터 게임용 벌레(격자모양의 구조물 속에서 움직이는 벌레)에 선언되어 있는 인스턴스 변수 direction을 살펴보자. 이와 같이 설계하는 것은 어떤 패턴을 사용한 것인가?

실습하기 이 장의 끝부분에 있는 연습 문제 P7.21, P7.22, P.7.23을 수행하시오.

7.5 정적 변수와 정적 메서드

정적 변수는 클래스에 속한다(해당 클래스의 객체에 속하는 것이 아니다).

임의의 값을 어떤 객체가 아닌 해당 클래스에 속하게 할 필요가 있는 경우, 정적 변수(static variable)를 사용한다. 연속되는 은행 계좌 번호를 은행 계좌에 부여하는 예를 생각해 보자. 첫 번째 은행 계좌에는 계좌 번호를 1001, 두 번째 계좌에는 1002, 등과 같이 설정하도록 BankAccount 클래스의 생성자를 구현하려고 한다. 먼저 은행 계좌 번호를 나타내는 변수 lastAssignedNumber의 값을 객체의 속성이 아닌 BankAccount 클래스의 속성으로 설정할 필요가 있다. lastAssignedNumber와 같은 변수는 static이라는 예약어를 사용하여 선언하기 때문에 정적 변수(static variable)라 부른다.

static이라는 예약어는 C++언어로부터 차용된 것이다. 자바에서는 static이라는 단어가 갖는 일반적인 의미("고정적인")와는 아무런 관련성이 없다.

```
public class BankAccount
{
   private double balance;
   private int accountNumber;
   private static int lastAssignedNumber = 1000;

   public BankAccount()
   {
      lastAssignedNumber++;
      accountNumber = lastAssignedNumber;
   }
   . . .
}
```

BankAccount 클래스에서 생성된 각 객체들은 자기 자신만의 인스턴스 변수 balance와 accountNumber를 갖게 되며, 모든 객체들은 단 1개의 정적 변수 lastAssignedNumber를 공유하게 된다(그림5 참조). 이와 같은 정적 변수는 BankAccount 클래스에서 생성된 각 객체의 내부가 아니라 외부의 별도 장소에 저장된다.

인스턴스 변수처럼 정적 변수는 private으로 선언해서 다른 클래스의 메서드들이 값을 변경하지 못하도록 해야 한다. 그러나, 정적 상수(static constant)는 private 또는 public으로 선언할 수 있다. 예를 들어 BankAccount 클래스의 내부에 다음과 같이 public으로 상수를 정의할 수도 있다.

```
public class BankAccount
{
   public static final double OVERDRAFT_FEE = 29.95;
   . . .
}
```

이와 같이 상수를 정의하면, BankAccount 클래스 외의 다른 어떤 클래스에서도 BankAccount.OVERDRAFT_FEE와 같은 형식으로 상수를 참조할 수 있다.

정적 메서드는 객체를 대상으로 실행되지 않는다.

때로는 객체를 대상으로 실행되지 않는 메서드들을 클래스 내부에 정의하는 경우도 있다. 이와 같은 메서드를 정적 메서드(static method)라고 부른다. Math 클래스에 정의되어 있는 sqrt 메서드가 정적 메서드의 예이다. 숫자들은 객체가 아니기 때문에 숫자들에 대해서 메서드를 실행시킬 수 없다. 예를 들어 x가 숫자인 경우 x.sqrt()와 같은 문장은 오류가 발생한다. 따라서 Math 클래스에서는 정적 메서드 sqrt()가 정의되어서 Math.sqrt(x)와 같은 호출문 형식으로 실행시킬 수 있다. 이때에는 Math 클래

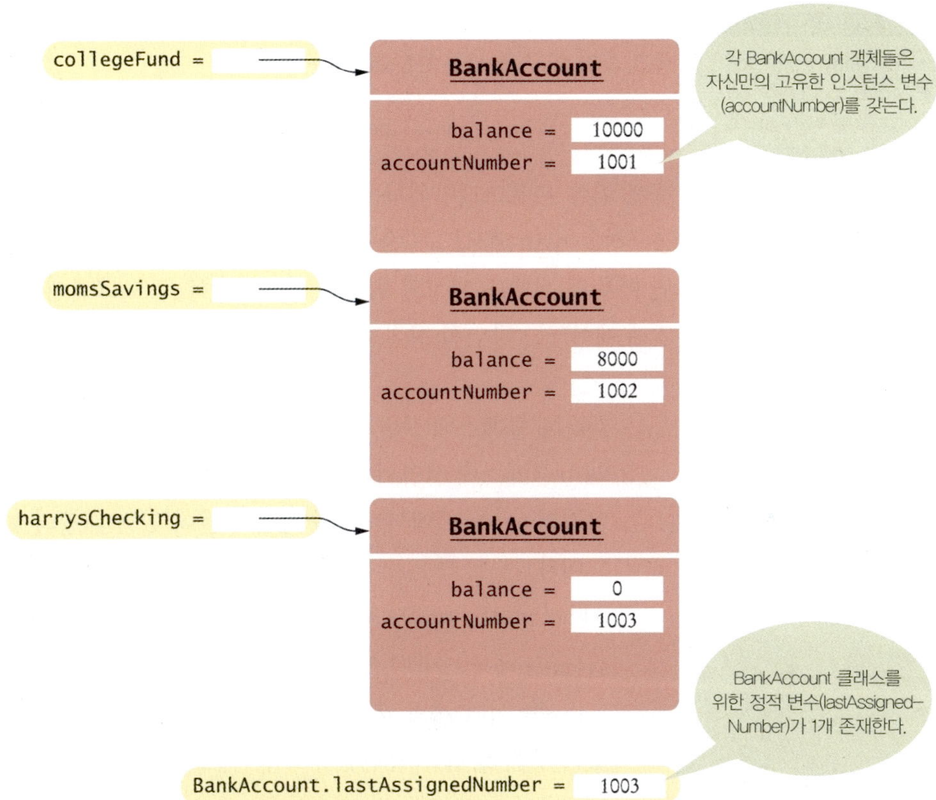

그림 5 정적 변수와 인스턴스 변수

스로부터 어떠한 객체도 생성되지 않는다. Math.sqrt(x)와 같은 호출문에서, Math라는 수식자는 컴파일러에게 sqrt 메서드가 Math 클래스에 정의되어 있음을 알려주는 역할을 한다.

다른 클래스들에서 사용할 수 있도록 정적 메서드를 정의할 수 있다. 아래의 예를 살펴보도록 하자.

```
public class Financial
{
   /**
      수량(amount)에 대한 백분율값을 계산한다.
      @param percentage 적용할 백분율
      @param amount 백분율을 적용할 수량
      @return 수량에 대한 백분율값
   */
   public static double percentOf(double percentage, double amount)
   {
      return (percentage / 100) * amount;
   }
}
```

예제의 완전한 코드

Go to wiley.com/go/javacode to download a program with static methods and variables.

위와 같은 정적 메서드를 실행할 때에는 다음과 같이 정적 메서드가 정의되어 있는 클래스의 이름을 사용하도록 한다.

```
double tax = Financial.percentOf(taxRate, total);
```

객체 지향 프로그래밍에서는 정적 메서드가 자주 사용되는 것은 아니다. 그럼에도 불구하고 main 메서드는 반드시 정적 메서드로 정의되어야 한다. 프로그램이 실행되면 아무런 객체도 생성되지 않은 상태이므로, 프로그램에서 가장 먼저 실행되는 첫 번째 메서드는 당연히 정적 메서드가 되어야 한다.

자습문제

19. System 클래스에 선언되어 있는 정적 변수 2개를 말해보시오.
20. Math 클래스에 선언되어 있는 정적 상수를 말해보시오.
21. 아래의 average 메서드는 숫자들이 들어 있는 배열의 평균값을 계산하는 메서드이다.

    ```
    public static double average(double[] values)
    ```

    average 메서드가 인스턴스 메서드로 정의되지 않은 이유는 무엇인가?
22. Harry는 여러 개의 객체들을 귀찮게 생성해서 관리하는 힘든 일을 회피할 수 있는 좋은 방법을 발견했다고 한다. 모든 코드들을 1개의 클래스에 전부 몰아넣고 모든 메서드들과 변수들을 static으로 선언해 놓는다는 것이다. 그리고 main 메서드가 정적 메서드들을 호출하면, 정적 메서드들은 다시 정적 변수들을 액세스하도록 프로그램을 작성하는 방법이라고 한다. 이와 같은 Harry의 방법으로 만든 프로그램은 제대로 동작할까? 과연 이런 방법은 좋은 생각일까?

실습하기 이 장의 끝부분에 있는 연습 문제 R7.27, P7.5, P7.6을 수행하시오.

알아 두기 7.2

정적 메서드 사용의 최소화

정적 메서드들만 정의되어 있는 클래스들을 사용하여 주어진 문제를 해결하는 프로그램을 작성할 수도 있다. 실제로 객체지향 프로그래밍 기법이 등장하기 전에는 이런 방법이 흔히 사용되었다. 그러나 이와 같은 방법으로 작성된 프로그램은 객체지향적인 특징을 갖지 못하며, 더구나 프로그램을 개량하려는 경우에 어렵게 된다.

따라 하기 6.1에서는 1명의 학생에 대한 여러 과목의 점수를 읽어 들여서 최종 성적을 출력하는 프로그램을 작성하는 내용이 소개되었다. 주어진 문제를 해결하기 위하여 학생들의 점수를 저장하기 위한 Student 클래스가 구현되었다. 물론 이 문제에 대해서는 몇 가지 정적 메서드들을 이용하여 프로그램을 작성하여 해결할 수도 있다.

```
public class ScoreAnalyzer
{
   public static double[] readInputs() { . . . }
   public static double sum(double[] values) { . . . }
   public static double minimum(double[] values) { . . . }
   public static double finalScore(double[] values)
   {
      if (values.length == 0) { return 0; }
      else if (values.length == 1) { return values[0]; }
      else { return sum(values) - minimum(values); }
   }

   public static void main(String[] args)
   {
      System.out.println(finalScore(readInputs()));
   }
}
```

위와 같이 구현하는 것은 단순한 문제를 해결하는 경우에는 적합하다. 그렇다면 1명의 학생이 아닌 여러 명의 학생들의 성적을 처리할 수 있도록 프로그램을 개량해야 하는 상황을 생각해 보자. 객체 지향 프로그램은 여러 명의 학생 성적을 저장할 수 있도록 Student 클래스를 진화하고 발전시킬 수 있다. 만약에 위 프로그램에 더 많은 기능을 추가하려고 정적 메서드를 더 많이 추가한다면, 프로그램은 더욱 지저분해질 것이다(연습 문제 P7.7참조).

흔한 오류 7.1

정적 메서드 내부에서 인스턴스 변수를 액세스

정적 메서드는 객체를 대상으로 수행되지 않는다. 정적 메서드에는 암묵적인 파라미터가 없어서 인스턴스 변수를 직접 액세스할 수 없다. 아래의 코드를 보면 오류가 발생된다는 것을 알 수 있다.

```
public class SavingsAccount
{
   private double balance;
   private double interestRate;

   public static double interest(double amount)
   {
      return (interestRate / 100) * amount;
      //에러 : 정적 메서드가 인스턴스 변수를 액세스하고 있다.
   }
}
```

서로 다른 저축 예금 계좌들에 대해서 서로 다른 이자율이 적용될 수 있으므로, interest 메서드는 정적 메서드로 정의되어서는 안 된다.

심화 학습 7.3

정적 Imports

자바 5.0부터는 import 문에 다양한 표현이 가능해지면서, 정적 메서드와 정적 변수를 사용할 때 클래스 이름을 표기하지 않아도 사용 가능하게 되었다. 예를 들어 아래와 같이 프로그램을 작성할 수 있게 되었다.

```
import static java.lang.System.*;
import static java.lang.Math.*;

public class RootTester
{
   public static void main(String[] args)
   {
      double r = sqrt(PI); // Math.sqrt(Math.PI) 대신에 사용
      out.println(r); // System.out 대신에 사용
   }
}
```

정적 import 문은 프로그램(특히 수학 관련 함수를 사용하는 경우)의 가독성을 향상시킬 수 있다.

심화 학습 7.4

인스턴스 변수와 정적 변수의 초기화

인스턴스 변수는 기본적으로 디폴트값(0, false, null 등과 같이 자료형에 따라서 정해진 초기값)으로 초기화된다. 특히 생성자 내부에서 인스턴스 변수를 원하는 값으로 초기화할 수도 있다. 이와 같은 초기화 방법을 이 책에서는 권장한다.

한편, 인스턴스 변수에 초기값을 지정하는 또 다른 2가지 방법이 있다. 아래의 예와 같이 지역 변수의 초기화 방법처럼 인스턴스 변수에 대한 초기값을 지정할 수 있다.

```
public class Coin
{
   private double value = 1;
   private String name = "Dollar";
   . . .
}
```

위와 같은 디폴트값들은 Coin 클래스로부터 생성되는 모든 객체들에 적용된다.

이밖에도 다소 많이 사용되지는 않지만 다른 방법이 있다. 아래의 예에서처럼 클래스 내부에 1개 이상의 초기화 블럭(initialization block)을 설정하는 방법이다. 초기화 블록 내에 있는 모든 문장들은 객체가 생성될 때마다 수행된다.

```
public class Coin
{
   private double value;
   private String name;
   {
      value = 1;
      name = "Dollar";
   }
   . . .
}
```

정적 변수의 경우에는 정적 초기화 블럭(static initialization block)을 사용한다.

```
public class BankAccount
{
   private static int lastAssignedNumber;
   static
   {
      lastAssignedNumber = 1000;
   }
   . . .
}
```

정적 초기화 블록 내부에 있는 모든 문장들은 해당 클래스가 JVM(자바 가상머신)에 적재되면 실행된다. 초기화 블럭은 실제로 자주 사용되지 않는다.

객체가 생성되었을 때 초기화 문장 또는 초기화 블럭은 기술되어 있는 순서에 따라서 실행되고, 그 후에 생성자 내부에 있는 코드가 실행된다. 위에서 소개한 초기화 방법의 구조가 다소 복잡하기 때문에, 생성자를 이용한 초기화 방법을 사용하기 바란다.

7.6 패키지

자바 프로그램은 여러 개의 클래스들로 구성된다. 지금까지 다루었던 프로그램들은 적은 수의 클래스들로 구성되었었다. 그러나 프로그램의 규모가 점차 커지면, 여러 개의 파일들에 클래스들을 분산시키는 것만으로는 충분하지 않게 된다.

자바에서는 이와 같은 문제점을 해결하기 위한 보조적인 방법으로서 패키지가 제공되고 있다. 자바의 패키지는 관련 있는 클래스들을 모아놓은 것이다. 예를 들면 자바 라이브러리는 수백 개의 패키지들로 구성되어 있다. 표 1은 자바 라이브러리에 있는 중요한 몇 개의 패키지들을 나타내고 있다.

표 1 자바 라이브러리에 포함되어 있는 주요 패키지들		
패키지	목적	클래스의 예
java.lang	자바 언어를 지원	Math
java.util	유틸리티	Random
java.io	입출력	PrintStream
java.awt	추상 윈도우 툴킷	Color
java.applet	애플릿	Applet
java.net	네크워킹	Socket
java.sql	구조화된 질의 언어를 사용한 데이터베이스 액세스	ResultSet
javax.swing	스윙 유저 인터페이스	JButton
org.w3c.dom	XML 문서를 위한 Document Object Model	Document

7.6.1 관련 있는 클래스들을 패키지로 구성하기

작성된 클래스를 어떤 지정된 패키지에 넣기 위해서는 해당 클래스의 소스 코드 파일의 첫 번째 명령문을 다음과 같은 형식으로 작성해야 한다.

```
package packageName;
```

패키지 이름은 여러 개의 "."으로 구성되는 1개 이상의 식별자들로 구성된다(패키지 이름을 만드는 방법에 관해서는 7.6.3절을 참고하기 바란다).

자바에서는 관련 있는 클래스들을 패키지에 모아둘 수 있다.

예를 들면 7장에서 등장했었던 Financial 클래스를 com.horstmann.bigjava라는 패키지에 넣기 위해서, Financial.java 파일은 다음과 같은 문장으로부터 시작되어야 한다.

```
package com.horstmann.bigjava;
public class Financial
{
   . . .
}
```

이름이 부여된 패키지(예 ; java.util 또는 com.horstmann.bigjava)와 더불어서, 디폴트 패키지(default package)라고 부르는 특별한 패키지(이름이 없음)가 있다. 자바 프로그램을 작성할 때 소스 코드 파일의 첫 번째 문장에 아무런 package 문이 포함되지 않은 경우에는, 소스 코드 파일에 포함된 클래스들은 디폴트 패키지에 포함된다.

7.6.2 import 문을 이용한 패키지의 사용

어떤 패키지에 포함된 클래스를 사용하는 경우, 해당 클래스를 참조하기 위해서는 이름 전체(패키지 이름과 클래스 이름)를 사용해야 한다. 예를 들어 아래의 프로그램에서 java.util.Scanner는, java.util 패키지에 포함된 Scanner 클래스를 가리킨다.

```
java.util.Scanner in = new java.util.Scanner(System.in);
```

import문을 사용함으로써, 패키지 이름 없이 클래스 이름만으로도 패키지내에 포함된 클래스를 참조하여 이용할 수 있게 된다.

그런데 java.util.Scanner와 같이 표현하는 것은 다소 불편하다. 따라서 프로그램의 선두에 다음과 같은 import 문을 추가한다.

```
import java.util.Scanner;
```

이와 같이 패키지 이름을 표기하지 않고도 Scanner 클래스를 참조하여 사용할 수 있다.

import 문을 다음과 같이 *를 사용하여 표현하면, java.util 패키지에 포함된 Scanner 클래스와 Random 클래스를 비롯한 모든 클래스들을 패키지 이름을 표기하지 않고 전부 참조할 수 있다.

```
import java.util.*;
```

java.lang 패키지에 포함된 클래스들을 참조하는 경우에는 import 문을 명시하지 않아도 된다. java.lang 패키지에는 Math와 Object 등과 같은 가장 기본적인 자바 클래스들이 포함되어 있어서, 작성되는 프로그램에서 항상 참조할 필요가 있다. 따라서 모든 프로그램 소스 코드 파일에는 java.lang 패키지의 모든 클래스들을 import 하는 문장, 즉 import java.lang.*;이 자동적으로 추가된다.

마지막으로 같은 패키지 내에 포함된 다른 클래스들을 굳이 import할 필요가 없다. 예를 들면 homework1.Tester 클래스를 구현하는 경우, homework1.Bank 클래스를 import할 필요가 없다. 컴파일러는 import 문이 표기되지 않더라도 같은 homework1 패키지 내에 존재하는 Bank 클래스를 찾아낸다.

7.6.3 패키지 이름

관련 있는 클래스들을 패키지화하는 것은 클래스들을 사용하기 편리하게 구성하기 위한 좋은 방법이다. 그러나 패키지를 만드는 더 중요한 이유가 있다. 그것은 이름 충돌을 회피하기 위해서이다. 여러 명의 개발자들이 참여하는 대규모 프로젝트에서는 동일한 개념에 대해서 같은 이름을 사용해야 한다. 이러한 같은 이름 사용현상은 표준 자바 클래스 라이브러리(현재 수천 개의 클래스들이 포함되어 있음)에서도 발생하고 있다. 예를 들면, `Timer`라는 이름을 갖는 클래스는 `java.util` 패키지와 `javax.swing` 패키지에 각각 들어있다. 자바 컴파일러에게 어느 패키지에 포함된 Timer 클래스인지를 명확하게 알려주기 위해서는 `java.util.Timer` 또는 `javax.swing.Timer`와 같이 패키지 이름이 명시된 형태로 프로그램에 작성되어야 한다.

물론 패키지 이름을 명시하여 클래스를 사용하는 방법이 유효하기 위해서는 각 패키지들은 고유한 이름을 가져야 한다. 예를 들어 BMW 자동차 회사의 프로그래머가 작성한 모든 자바 코드를 bmw 패키지에 포함시키고, 어떤 다른 곳의 자바 프로그래머(이름이 Britney M. Walters)도 자신이 작성한 코드를 자신의 이름을 나타내는 bmw라는 패키지에 포함시킨다면, 문제가 발생하게 된다. 이와 같은 문제를 해결하기 위하여 자바 언어 창시자들은 인터넷 도메인 이름에서 사용하는 명명규칙과 유사한 방식으로 패키지 이름을 정하도록 권장하고 있다.

고유한 패키지 이름을 만들기 위해서는 도메인 이름을 역순으로 나열하는 방식을 사용하시오.

예를 들어 이 책의 저자는 `horstmann.com`이라는 도메인 이름을 가지고 있는데, 이와 동일한 도메인 이름을 갖는 사람은 지구상에 존재하지 않는다. 패키지 이름을 만들기 위해서는 도메인 이름을 역순으로 나열하면 된다. 즉, `com.horstmann`이 패키지 이름이 된다.

만약 본인의 도메인 이름이 없는 경우에는, 자신의 이메일 주소를 역순으로 나열하는 방식을 사용하여 고유한 패키지 이름을 만들 수 있다. 예를 들면 Britney Walter의 이메일 주소가 `walters@cs.sjsu.edu`인 경우, Britney Walter가 만든 클래스들은 `edu.sjsu.cs.walters` 패키지에 포함시킬 수 있다.

학교 과제를 수행할 때 homework1, homework2 등과 같은 별개의 패키지에 과제 결과물(프로그램)을 포함시켜야 하는 경우도 있다. 이와 같은 처리를 수행하는 이유는 이름 충돌을 방지하기 위해서이다. 클래스의 이름은 `Bank`로 같지만 속성이 서로 약간

문법 7.2 패키지 사양

Syntax `package` 패키지 이름;

```
package com.horstmann.bigjava;
```

이 파일에 들어있는 클래스들은 여기에 지정된 패키지에 포함된다.

도메인 이름을 역순으로 해서 패키지 이름을 만들면 가장 좋다.

씩 다른 2개의 클래스를 이름 충돌 없이 homework1.Bank와 homework2.Bank로 지정할 수 있다.

7.6.4 패키지와 소스 파일

클래스 파일의 경로는 패키지 이름과 대응되어야 한다.

소스 코드 파일은 패키지 이름과 일치되는 서브 디렉터리에 위치시켜야 한다. "." 사이에 있는 이름 부분은 디렉터리 계층구조와 일치되도록 표현되어야 한다. 예를 들면 com.horstmann.bigjava 패키지 내부에 있는 클래스들에 대한 소스 코드 파일은 com/horstmann/bigjava 서브 디렉터리에 저장되어야 한다. 또한 프로그램 파일이 위치하고 있는 기본 디렉터리의 하위에 com/horstmann/bigjava 서브 디렉터리가 저장되어야 한다. 예를 들어 어떤 과제를 /home/britney/hw8/problem1라는 디렉터리에서 수행하였다면, 그림 6과 같이 com.horstmann.bigjava 패키지에 포함되는 클래스들을 /home/britney/hw8/problem1/com/horstmann/bigjava 디렉터리에 위치시켜야 한다(여기에서는 UNIX 형식의 파일 이름을 사용하고 있다. 윈도우 환경에서는 c:\Users\Britney\hw8\problem1\com\horstmann\bigjava를 사용한다).

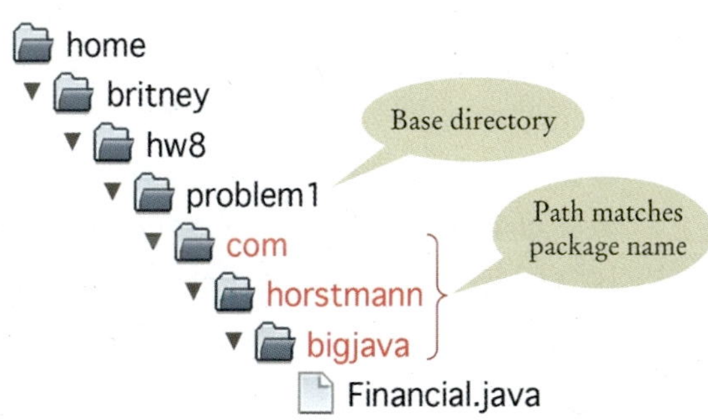

그림 6 패키지를 위한 기본 디렉터리와 서브 디렉터리

자습문제

23. 다음 중 패키지인 것은 어느 것인가?
    a. java
    b. java.lang
    c. java.util
    d. java.lang.Math
24. import 문이 포함되지 않은 자바 프로그램은 디폴트 패키지와 java.lang 패키지를 사용할 때 문제가 발생하는가?
25. 작성 완료된 과제 프로그램이 /home/me/cs101 디렉터리(윈도우 환경인 경우, c:\Users\Me\cs101)에 저장되어 있다고 하자. 과제 프로그램을 패키지에 저장할 경

우, hw1.problem1.TicTacToeTester 클래스를 어느 디렉터리에 저장해야 될까?

실습하기 이 장의 끝부분에 있는 복습 문제 및 연습 문제 R7.30, P7.15, P7.16을 수행하시오.

흔한 오류 7.2

혼란스러운 도트 사용

자바에서는 다음과 같은 경우에 도트기호(.)를 분리자(separator)로 사용한다.

- 패키지 이름 사이의 분리자(java.util)
- 패키지 이름과 클래스 이름 사이의 분리자(homework1.Bank)
- 어떤 클래스와 그 클래스에 내장된 다른 클래스 사이의 분리자(Ellipse2D.Double)
- 클래스와 인스턴스 변수 사이의 분리자(Math.PI)
- 객체와 메서드 사이의 분리자(account.getBalance())

도트 기호가 여러 개 포함된 경우 패키지, 클래스, 인스턴스 변수, 메서드의 이름을 구분해 낼 수 있어야 한다. 예를 들어 아래와 같은 코드를 살펴보도록 하자.

```
java.lang.System.out.println(x);
```

println은 여는 괄호 '(' 앞에 등장하므로, 메서드 이름에 해당한다. 따라서 out는 객체이거나 println이라는 정적 메서드를 갖는 클래스이다(사실 out은 PrintStream 클래스의 객체를 참조하고 있는 변수이다). 전체적인 상황을 파악하지 못한 상태에서는 System이 공개된 변수 out을 갖는 다른 객체인지, 아니면 정적 변수를 갖는 클래스인지 확정할 수 없다. 이와 같은 문제를 다루고 있는 자바 언어를 토대로 판단해 보면, 컴파일러 조차도 여러 개의 도트 기호가 포함된 문장의 해석에 혼란스러워 하고 있다.

이런 문제점을 해소하기 위하여 엄격한 코딩규칙을 적용하는 것이 좋다. 클래스 이름은 항상 대문자로 시작하고, 변수와 메서드 그리고 패키지의 이름은 항상 소문자로 시작함으로써 혼란을 피할 수 있다.

심화 학습 7.5

패키지를 액세스 하는 방법

어떤 인스턴스 변수 또는 메서드가 public 또는 private으로 선언되어 있지 않은 경우, 같은 패키지 내에 존재하는 모든 클래스들이 액세스 할 수 있다. 그러나, 이러한 방식은 바람직하지 않다.

어떤 클래스, 인스턴스 변수, 메서드가 public으로 선언되지 않았거나 또는 private으로 선언되어 있는 경우, 같은 패키지 내에 존재하는 클래스들의 모든 메서드들이 해당 클래스를 액세스할 수 있다. 예를 들어 어떤 클래스가 public으로 선언된 경우, 모든 패키지 내에 존재하는 다른 모든 클래스들이 해당 클래스를 사용할 수 있다. 그러나 만약 어떤 클래스에 아무런 접근자도 지정되지 않은 경우에, 같은 패키지에 존재하는 다른 클래스들만 해당 클래스를 사용할 수 있다. 클래스를 선언할 때에는 이와 같이 같은 패키지 내에서 사용 가능하도록 패키지 액세스 형태로 지정하는 것이 좋다. 그러나 인스턴스 변수를 선언하는 경우에는 패키지 액세스 형태로 지정하는 것은 매우 바람직하지 않다.

프로그램 작성 시 private 예약어 지정을 망각하여, 결국에는 보안 문제가 잠재된 프로그램에 작성되는 경우가 많다. 예를 들면 java.awt 패키지에 존재하는 Window 클래스는 다음과 같은 내용이 포함되어 있다.

```
public class Window extends Container
{
   String warningString;
   . . .
}
```

위의 예에서 Window 클래스의 인스턴스 변수 warningString에 대하여 다른 어떤 클래스로부터 아무런 액세스가 없기 때문에, warningString을 패키지 액세스 형태로 지정할 이유가 없다.

인스턴스 변수에 대한 패키지 액세스는 그다지 유용하지 않을 뿐만 아니라 보안 문제가 발생할 수 있다. 패키지 액세스로 지정된 인스턴스 변수들의 대부분은 프로그래머가 단순히 private 예약어 기입을 망각했기 때문에 발생한다. 프로그램 작성시 인스턴스 변수에 대하여 private 지정을 잊지 않았는지 재확인하는 습관을 기르도록 하는 것이 바람직하다.

따라 하기 7.1

프로그램의 패키지화

여기에서는 작성된 프로그램을 패키지에 격납하는 방법에 대하여 구체적으로 설명하도록 한다.

문제 정의 각 과제 결과물들을 별도의 패키지에 격납하시오. 이와 같이 함으로써 동일한 이름을 갖지만 구현 내용이 다른 클래스들(예 ; homework1.problem1.Bank와 homework1.problem2.Bank)을 액세스할 수 있다.

단계 1 패키지 이름을 결정한다.

교수님으로부터 앞으로 사용할 패키지 이름(예 ; homework1.problem2)이 지정되거나, 본인 고유의 패키지 이름을 사용하기 위해서 자신의 이메일 주소를 활용(예 ; walters@

cs.sjsu.edu를 활용하여 edu.sjsu.cs.walters)하여 직접 제작한다. 만들어진 패키지의 후미에 프로젝트를 나타내는 서브 패키지 이름을 추가하여 edu.sjsu.cs.walters.cs1project와 같이 완성한다.

단계 2 **기본 디렉터리를 선정한다.**

기본 디렉터리는 사용할 패키지들을 위한 디렉터리들을 포함하고 있다. 예를 들면 UNIX의 경우에는 /home/britney, Window 환경에서는 c:\Users\Britney가 기본 디렉터리가 된다.

단계 3 **패키지 이름과 동일한 서브 디렉터리를 기본 디렉터리 아래에 만든다.**

서브 디렉터리는 반드시 기본 디렉터리 아래에 포함되어야 한다. 패키지 이름의 각 구성 부분들은 아래의 예에서와 같이 계층화된 서브 디렉터리 구조에 대응해야 한다.

```
mkdir -p /home/britney/homework1/problem2  (UNIX 환경에서 사용할 경우)

mkdir /s c:\Users\Britney\homework1\problem2  (Window 환경에서 사용할 경우)
```

단계 4 **작성 완료된 소스 파일을 서브 디렉터리에 격납한다.**

예를 들면 작성 완료된 과제 결과물이 2개의 파일(Tester.java와 Bank.java)로 구성되어 있다면, 각 파일을 아래와 같이 해당 서브 디렉터리에 격납하도록 한다.

```
/home/britney/homework1/problem2/Tester.java
/home/britney/homework1/problem2/Bank.java  (UNIX 환경에서 사용할 경우)

c:\Users\Britney\homework1\problem2\Tester.java
c:\Users\Britney\homework1\problem2\Bank.java  (Window 환경에서 사용할 경우)
```

단계 5 **각 소스 파일 내부에 package 문을 기입한다.**

각 소스 파일의 첫 번째 라인에는 아래의 예와 같이 패키지 이름이 포함된 package 문이 기입되어야 한다.

```
package homework1.problem2;
```

단계 6 **기본 디렉터리로 이동하여 소스 파일들을 컴파일한다.**

아래의 예와 같이 단계 2에서 지정된 기본 디렉터리로 이동하여 소스 파일들을 컴파일한다.

```
cd /home/britney
javac homework1/problem2/Tester.java  (UNIX 환경에서 사용할 경우)

c:
cd \Users\Britney
javac homework1\problem2\Tester.java  (Window 환경에서 사용할 경우)
```

자바 컴파일러를 기동시킬 때에는 클래스 이름이 아니라 소스 파일 이름('/' 또는 '\'으로 구분된 디렉터리 이름 및 확장자를 모두 포함)을 지정해야 한다.

단계 7 **기본 디렉터리에서 프로그램을 실행한다.**

자바 인터프리터를 기동시킬 때에는 아래의 예와 같이, main 메서드가 포함된 클래스의 이름(도트 표기로 구분된 패키지 이름을 포함한 클래스 이름)을 지정해주어야 한다. 이때, 확장자는 필요 없다.

```
cd /home/britney
java homework1.problem2.Tester (UNIX 환경에서 사용할 경우)
c:
cd \Users\Britney
java homework1.problem2.Tester (Window 환경에서 사용할 경우)
```

컴퓨팅과 사회 7.1 퍼스널 컴퓨팅

1971년에 인텔의 엔지니어 Marcian E. "Ted" Hoff는 전자계산기 제작을 위한 마이크로칩 개발업무에 종사하고 있었다. 그는 매번 다른 형태의 주문제작 방식보다는, 계산기의 키 및 디스플레이와 소통하는 프로그래밍 가능한 범용 칩을 개발하는 것이 더 좋은 생각임을 깨닫게 된다. 이로써 마이크로프로세서가 탄생하게 된다. 당시 마이크로프로세서는 주로 계산기의 제어장치나 세탁기의 제어장치 등에 사용되었다. 마이크로프로세서가 오늘날과 같은 단일 칩 형태의 진정한 중앙처리장치로 컴퓨터산업에 사용가능하게 되기까지는 많은 세월이 필요했다.

1974년에 MITS Electronics에서 개발된 최초의 소형 컴퓨터 장치 Altair 8,800이 약 350달러에 판매되었다. 이 장치는 마이크로프로세서, 회로기판 1개, 소량의 메모리장치, on/off 스위치들, 그리고 디스플레이용 조명장치 등의 부품으로 구성되었다. 이 장치를 구입한 사람들은 각 부품들을 납땜하여 조립한 다음에 on/off 스위치를 이용하여 마이크로프로세서에 기계어 프로그램을 입력해야만 했기 때문에 시장에서 크게 성공하지 못했다.

반면 애플 II는 키보드와 모니터, 그리고 플로피디스크 장치를 갖춘 진정한 컴퓨터로서 등장과 함께 큰 성공을 거두게 되었다. 처음 발매되었을 당시에 3,000달러로 판매되었으며 스페이스 인베이더 게임을 할 수 있었고, 개인 회계처리 프로그램을 실행시킬 수 있었으며, BASIC 언어를 사용한 프로그래밍이 가능했다. 당시 애플 II는 소문자를 처리할 수 없었기 때문에 문서작성용으로는 사용할 수 없었다. 이런 문제를 해결할 수 있었던 것은 1979년에 등장한 새로운 스프레드시트 프로그램 VisiCalc 덕분이었다. 스프레드시트 프로그램에서 회계 데이터들과 데이터들 사이의 관계를 행과 열로 구성된 표에 입력(아래의 그림 참조)하고 나서, 데이터를 갱신하면 다른 부분이 어떻게 변화하는지를 실시간으

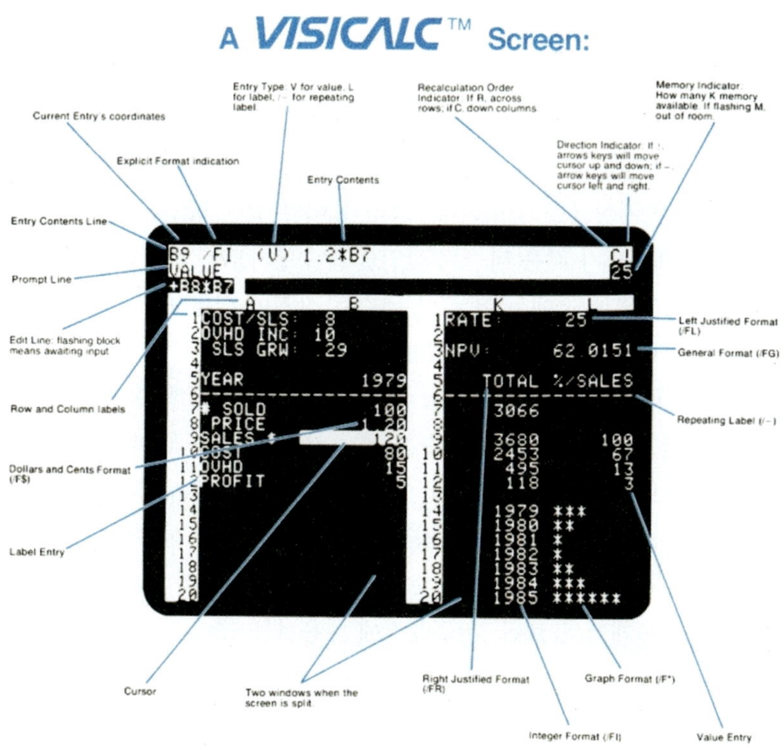

애플 II에서 실행되고 있는 VisiCalc 스프레드시트 프로그램

로 보여준다. 예를 들면 VisiCalc 프로그램을 사용하여 제조공정에서 작은 장치들의 조합을 변경하면 투자비용과 예상수익이 어떻게 변화되는지를 살펴볼 수 있다. 기업 관리자들은 VisiCalc 프로그램과 이를 실행시키기 위한 컴퓨터를 폭발적으로 구입하였다. 기업 관리자들에게는 컴퓨터가 곧 스프레드시트를 처리하는 기계였으며, 더욱이 이런 기계가 개인용 장치로 인식되었다. 기업 관리자들은 그동안 데이터센터에서 마치 고위 성직자들이 수행하듯이 처리되었던 여러 가지 계산 작업들을 자신들이 원하는 형태로 자유롭게 수행할 수 있게 되었다.

현재 우리들은 예전에 개인용 컴퓨터가 수행했던 기능들을 스마트폰, 태블릿 PC, 스마트 TV 등이 대신하는 시대에 접어들었다. 1990년대의 최신 개인용 컴퓨터에 비해서 현재의 휴대폰이 훨씬 탁월한 계산능력을 갖추고 있으나, 한편으로는 개인들의 통제력이 상실되고 있다는 사실이 걱정스럽다. 스마트폰 또는 태블릿 PC 제품 사용자는 '앱 스토어'에 출시된 응용 프로그램(앱)을 다운로드하여 인스톨하기만 하면 된다. 예를 들어 애플에서는 청소년들이 iPad에서 스크래치 프로그래밍 언어를 배울 수 있도록 배려하지 않고 있다. 다음 세대를 이어갈 청소년들에게 프로그래밍에 대해서 열의를 갖도록 하는데 애플이 관심을 보여야한다고 생각할 것이다. 그러나 애플은 Flash나 Java와 같은 경쟁기술들을 좌절시키기 위하여 애플제품에 일반인이 직접 프로그래밍을 할 수 없도록 하는 정책을 고수하고 있다.

전화통화 또는 영화감상을 위한 장치를 선택할 경우에 누가 통제권을 갖는지를 고려해 볼 필요가 있다. 스스로 선택한 방법으로 사용할 수 있는 개인용 장치를 구입할 것인가? 아니면, 다른 사람에 의해 통제받을 것인가?

그 이후부터 지금까지 개인용 컴퓨터는 일반인들에 의해 사용되고 있고, 수많은 사용자들이 하드웨어 및 소프트웨어와 더불어 사용해 오고 있으며, 때로는 크게 성공한 회사의 설립이나 수백만의 사용자들을 위한 무상 소프트웨어의 개발에 응용되고 있다. 이와 같은 '자유로운 확장성'은 퍼스널 컴퓨팅의 중요한 부분이다. 개인의 생산성 또는 창의성을 높이기 위해서는 비록 다른 많은 사람들이 대부분 사용하는 소프트웨어가 아니더라도 개인용 장치에 적합한 소프트웨어를 설치할 수 있어야 한다. 또한, 자신이 선택한 주변기기를 추가 설치할 수 있어야 한다. 개인용 컴퓨터 분야에서 초기 30여 년간은 이와 같은 자유로움이 지극히 당연한 것으로 여겨졌었다.

7.7 단위 테스트 프레임워크

지금까지 매우 단순한 방법으로 작성 완료된 프로그램에 대한 테스트 작업을 수행하였다. 기존 테스트 기법에서는 테스트 작업을 수행하는 클래스들의 `main` 메서드에서 값을 계산하여 실제값과 예상값을 출력한다. 그러나 이와 같은 방법은 한계점들을 가지고 있다. 즉, `main` 메서드가 많은 테스트 작업들을 수행하도록 작성되면 더욱 복잡해진다. 또한 테스트 작업들 중에서 어느 한 테스트 작업이 실행 중에 예외처리가 발생하게 되면, 나머지 테스트를 수행할 수 없게 된다.

> 단위 테스트 프레임 워크는 다량의 테스트 집합의 추가 및 평가 작업을 수월하게 해준다.

단위 테스트 프레임워크는 테스트 집합(test suites)을 신속하게 실행하여 평가하고, 점증적으로 테스트 집합을 수월하게 추가할 수 있게 하기 위해서 제공된다. 가장 인기 있는 테스트 프레임워크로 JUnit가 있다. JUnit는 `http://junit.org`로부터 무상으로 입수 가능하며, BlueJ 및 Eclipse와 같은 개발환경들에 내장되어 있다. 여기에서는 이 책이 작성될 무렵에 가장 최신 버전으로 공개된 JUnit 4에 대해서 설명하기로 한다.

JUnit을 사용하는 경우 개발 완료된 각 클래스에 대응하는 테스트 클래스를 설계해야 한다. 테스트 클래스에는 수행하려는 각 테스트 케이스(test case)를 실행시키기 위한 메서드를 작성해 넣어야 한다. 이때 테스트 메서드를 인식시키기 위한 '주석(annotation)'표시를 사용하도록 한다. 주석은 자바 언어가 제공하는 특징으로 코드 내부에 주석을 표시해 두면 다른 도구에 의해 해석된다. JUnit의 경우 `@Test`를 사용하여 테스트 메서드에 주석을 표시한다.

각 테스트 케이스에서 계산을 수행한 후에 참값으로 생각되는 조건들을 산출한다. 그리고 나서 테스트 결과를 JUnit 프레임워크에게 전달해 주는 역할을 수행하는 메서드(일반적으로 assertEquals 메서드)에 그 결과를 넘긴다. assertEquals 메서드에는 매개변수값으로 예상값과 실제값을 지정해야 한다(부동 소수점의 경우에는 허용 오차값도 매개변수값으로 전달해야 한다).

관례상, 테스트 클래스의 이름은 Test로 끝나도록 명명하도록 한다(예 ; CashRegisterTest). 아래에는 전형적인 테스트 클래스의 예를 보여주고 있다.

```
import org.junit.Test;
import org.junit.Assert;

public class CashRegisterTest
{
   @Test public void twoPurchases()
   {
      CashRegister register = new CashRegister();
      register.recordPurchase(0.75);
      register.recordPurchase(1.50);
      register.receivePayment(2, 0, 5, 0, 0);
      double expected = 0.25;
      Assert.assertEquals(expected, register.giveChange(), EPSILON);
   }
   // 기타 다른 테스트 케이스들
   . . .
}
```

모든 테스트 케이스들이 무사통과되면, JUnit는 그림 7과 같은 녹색 바 표시를 보여준다. 그러나 테스트 케이스들 중에서 어느 하나라도 실패하게 되면, JUnit는 빨간색 바와 더불어서 오류 메시지를 보여준다.

테스트 클래스에 다른 메서드들(이러한 메서드에는 @Test를 사용하여 주석표시하지 않음)도 포함될 수 있다. 이와 같은 메서드들은 테스트 메서드들 사이의 공유시킬 작업들을 수행한다.

JUnit에서는 프로그램 소스코드를 변경할 때마다 모든 테스트를 수월하게 수행할 수 있게 해준다.

JUnit에서 제공하는 기능은 단순한 개념으로 구성되어 있다. 클래스를 작성완료할 때마다 대응하는 테스트 클래스를 만든다는 것이다. 실행시킬 프로그램을 만들듯이 한 번에 한 개의 테스트 메서드가 포함된 테스트 케이스를 만들면 된다. 이런 식으로 테스트 케이스들은 테스트 클래스 내에 축적된다. 프로그램의 오류를 감지할 때마다 오류를 밝혀내기 위한 테스트 케이스를 추가하여 테스트한다. 이와 같은 작업을 수행함으로써 오류가 다시 발생하지 않음을 보증할 수 있다. 클래스를 변경할 때마다 테스트를 다시 간단히 수행하도록 한다.

모든 테스트가 무사통과되면 JUnit는 안심표시로 녹색 바를 보여준다. 그러나 무사통과되지 못하면 경고표시로 빨간색 바가 표시된다. 복잡한 프로그램 내부에서는 보다 독립된 단위 내에서 오류를 찾아내서 수정하는 것이 훨씬 더 수월하다.

그림 7
JUnit를 사용한 단위 테스트

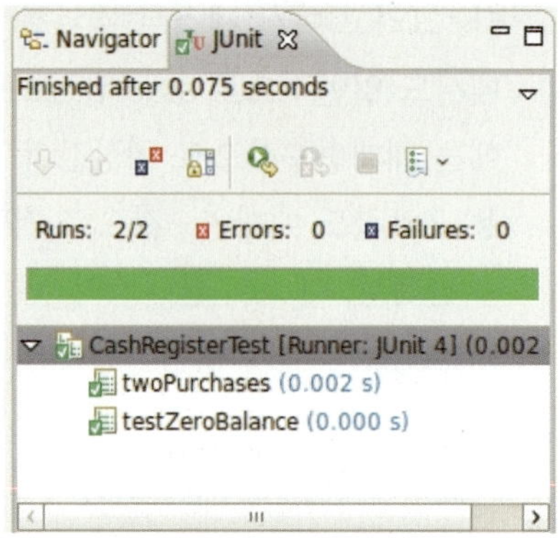

자습문제

26. 4장의 Earthquake 클래스에 대하여 테스트 케이스를 1개 포함하는 JUnit용 테스트 클래스를 작성하시오.

27. assertEquals 메서드의 매개변수로 지정되었던 EPSILON은 무엇인가?

실습하기 이 장의 끝부분에 있는 복습 문제 및 연습 문제 R7.32, P7.17, P7.18 수행하시오.

본 장의 요약

프로그래밍 문제를 해결하기 위한 적합한 클래스의 설계

- 1개의 클래스는 문제영역(예 : 비즈니스, 과학, 수학)의 어느 단 1개의 개념을 나타낸다.

높은 응집력과 일관성 유지, 그리고 부작용이 최소화된 메서드의 설계

- 클래스의 공개 인터페이스는 클래스의 모든 특징들이 해당 클래스가 나타내는 개념과 관련되었을 경우에 응집력이 높다.
- 어떤 클래스 A의 메서드가 다른 클래스 B의 메서드를 사용하는 경우, 클래스 A는 클래스 B에 의존된다.
- 불변 클래스는 변경자 메서드를 갖지 않는 클래스이다.
- 불변 클래스로부터 생성된 객체에 대한 참조는 안전하게 공유될 수 있다.
- 메서드 실행에 의한 부작용으로는 내부적으로 식별할 수 있는 데이터에 대한 변경이 있다.

- 메서드를 설계할 때에는 부작용을 최소화하도록 한다.
- 자바에서는 매개변수의 내용을 변경하도록 메서드를 구현해서는 안 된다.
- 자바에서는 매개변수값으로 객체 참조값이 전달되는 경우, 메서드에서 참조되는 객체의 상태를 변경시킬 수 있다. 그러나 매개변수의 값을 다른 객체 참조값으로 변경시킬 수는 없다.

메서드에 대한 사전조건과 사후조건

- 사전조건은 메서드를 호출하는 쪽에서 만족되어야 할 요구사항(조건)이다.
- 사전조건이 만족되지 않은 상태에서 메서드가 호출되면, 해당 메서드는 올바른 결과값를 계산하여 반환할 책임이 없다.
- 불변식은, ture값으로 예상되는 프로그램 내의 논리적 조건식이다.

객체의 데이터 표현을 설계하기 위한 패턴 사용

- 총합계값을 보존하는 인스턴스 변수는 해당 값을 증가 또는 감소시키는 메서드에서 값을 변경해야 한다.
- 사건을 카운트하는 카운터 변수는 해당 사건이 일어나는 메서드 내부에서 카운터 값이 증가되어야 한다.
- 다른 객체들을 수집하여 구성되는 객체는 배열 또는 ArrayList를 이용하도록 한다.
- 객체의 속성은 접근자 메서드에 의해 액세스되고, 설정자 메서드에 의해 새로운 값으로 설정된다.

- 어떤 객체가 여러 가지 상태를 갖는 경우에는 현재 상태를 나타내기 위한 인스턴스 변수를 사용한다.
- 움직이는 객체를 설계하기 위해서 해당 객체의 위치정보를 저장하고 변경시킬 필요가 있다.

정적 변수와 정적 메서드의 이해

- 정적 변수는 객체가 아니라 클래스에 속한다.
- 정적 메서드는 객체에 대하여 실행되지 않는다.

관련 있는 클래스들의 패키지화

- 패키지는 관련 있는 클래스들을 모아 놓은 것이다.
- `import` 문을 사용하면 패키지 이름을 생략한 형태로 패키지 내의 클래스를 참조할 수 있다.

- 도메인 이름을 역순으로 사용하여 고유한 패키지 이름을 만들 수 있다.
- 클래스 파일의 경로는 해당 클래스가 격납된 패키지 이름과 대응해야 한다.
- public 또는 private으로 선언되지 않은 인스턴스 변수 또는 메서드는, 같은 패키지 내의 모든 클래스들로부터 참조 가능하다. 그러나 이러한 방식의 구현은 바람직하지 않다.

단위 테스트를 위한 JUnit의 사용

- 단위 테스트 프레임워크는 많은 테스트 케이스들을 포함하는 테스트 클래스 작성 작업을 단순화해 준다.
- JUnit에서 프로그램을 변경할 때마다 모든 테스트 작업을 수행하는 방식을 사용하고 있다.

복습 문제

■■R7.1 자동판매기를 모의실험하는 프로그램을 작성하시오.
자동판매기 사용자는 상품을 선택한 후에 현금을 투입한다. 투입한 현금 액수가 선택상품의 가격보다 크면, 선택상품과 거스름돈을 사용자에게 제공한다. 한편 투입금액이 선택상품의 가격보다 작으면, 투입한 현금은 사용자에게 반환된다. 이와 같은 프로그램을 구현하기 위해서 적합한 클래스의 이름은 무엇인가? 적합하지 않은 클래스의 이름을 2개 답하고, 그 이유를 설명하시오.

■■R7.2 고객의 이름과 주소, 그리고 구입상품들의 이름과 가격을 읽어 들여 청구서를 출력하는 프로그램을 작성하려고 한다. 이와 같은 프로그램을 구현하기 위하여 적합한 클래스는 다음 중 어느 것인가?

a. `Invoice`

b. `InvoicePrinter`

c. `PrintInvoice`

d. `InvoiceProgram`

■■■R7.3 급여 계산 프로그램을 작성하고자 한다. 직원들은 근무 시간에 의해 계산된 급여를 받게 되어 있으나, 주당 40시간 이상 근무한 경우에는 초과 근무 시간에 대해서 정규 급여비율의 150%에 의해 계산된 급여를 지급받는다. 이와 같은 프로그램을 구현하기 위하여 적합한 클래스의 이름은 무엇인가?

■■R7.4 `java.lang.System` 클래스의 공개 인터페이스를 살펴보고, 응집력을 갖고 있는지 여부를 설명하시오.

■■R7.5 주문 상품들에 대한 명세사항과 고객의 청구지 주소 및 배송지 주소을 포함하고 있는 Invoice 객체에 대하여 Invoice, Address, Customer, Product 클래스들 사이의 의존관계를 나타내는 클래스 다이어그램을 작성하시오.

■■R7.6 자동판매기는 판매상품들을 포함하고 있고, 사용자들은 상품구입을 위하여 자동판매기에 동전을 투입한다. VendingMachine, Coin, Product 클래스들 사이의 의존 관계를 나타내는 클래스 다이어그램을 작성하시오.

■■R7.7 자바 클래스 라이브러리의 Integer 클래스는 어떤 클래스들에게 의존하고 있는가?

■■R7.8 자바 클래스 라이브러리의 Rectangle 클래스는 어떤 클래스들에게 의존하고 있는가?

■R7.9 Scanner 클래스에 정의되어 있는 메서드들에 대하여, 접근자 메서드와 변경자 메서드로 분류하시오.

■R7.10 Rectangle 클래스에 정의되어 있는 메서드들에 대하여, 접근자 메서드와 변경자 메서드로 분류하시오.

■R7.11 연습 문제 P7.31의 Register 클래스는 가변 클래스인가? 아니면 불변 클래스인가? 그 이유는 무엇인가?

■R7.12 아래의 클래스들 중에서 불변 클래스는 어느 것인가?

a. Rectangle

b. String

c. Random

■R7.13 다음과 같은 read 메서드를 살펴보자.

```
public class DataSet
{
   /**
      Scanner 객체로부터 숫자들을 입력 받아서 추가한다.
      @param in a Scanner
   */
   public void read(Scanner in) { . . . }
   . . .
}
```

read 메서드의 부작용에 대해서 설명하시오. 7.2.4절에서 설명하였던 내용에 의하면, 어떤 부작용을 주의해야 하는가? 바람직하지 않은 부작용을 제거하기 위해서는 어떻게 재설계해야 하는가? 재설계를 하면, 그 결과는 결합도에 어떤 영향을 주는가?

■R7.14 아래의 클래스들 중에서 불변 클래스는 어느 것인가?

a. PrintStream

b. Date

c. Integer

■■R7.15 아래의 3개 메서드들에는 어떤 부작용이 존재하는가?

```
public class Coin
{
   . . .
   public void print()
   {
      System.out.println(name + " " + value);
   }

   public void print(PrintStream stream)
   {
      stream.println(name + " " + value);
   }

   public String toString()
   {
      return name + " " + value;
   }
}
```

■■■R7.16 부작용을 갖지 않도록 메서드를 설계하는 것이 가장 이상적이다. 부작용이 전혀 없는 메서드를 포함하는 프로그램을 작성할 수 있을까? 과연 이와 같은 프로그램은 유용할까?

■■R7.17 아래의 각 메서드들에 대하여 사전조건을 작성하시오(단, 각 메서드들은 구현할 필요는 없다).

a. public static double sqrt(double x)

b. public static String romanNumeral(int n)

c. public static double slope(Line2D.Double a)

d. public static String weekday(int day)

■■R7.18 표준 자바 클래스 라이브러리에 포함되어 있는 아래의 메서드들은 어떠한 사전조건들을 가지고 있는가?

a. Math.sqrt

b. Math.tan

c. Math.log

d. Math.pow

e. Math.abs

■■R7.19 표준 자바 클래스 라이브러리에 포함되어 있는 아래의 메서드들은 어떠한 사전조건들을 가지고 있는가?

a. `Integer.parseInt(String s)`

b. `StringTokenizer.nextToken()`

c. `Random.nextInt(int n)`

d. `String.substring(int m, int n)`

■■■R7.20 사전조건을 위반한 매개변수들에 의해 어떤 메서드가 호출된 경우, 예외상황 또는 불변식 오류발생에 의해 정지되거나 호출한 쪽으로 어떤 결과가 반환된다. 각 경우에 해당하는 처리를 수행하는 메서드(이 책에서 사용되고 있는 표준 라이브러리 메서드)의 예를 각각 2개씩 설명하시오.

■■R7.21 다음과 같은 메서드를 갖는 CashRegister 클래스에 대하여,

- `public void enterPayment(int coinCount, Coin coinType)`
- `public double getTotalPayment()`

enterPayment 메서드에 대한 이상적인 사후조건은 무엇인가? CashRegister 클래스가 그와 같은 사후조건을 보장하기 위해서는 어떤 사전조건이 필요한가?

■■R7.22 다음은 2개의 정수에 대하여 값을 교환하기 위한 메서드를 작성한 예이다.

```
public static void falseSwap(int a, int b)
{
   int temp = a;
   a = b;
   b = temp;
}

public static void main(String[] args)
{
   int x = 3;
   int y = 4;
   falseSwap(x, y);
   System.out.println(x + " " + y);
}
```

위의 falseSwap 메서드가 x와 y의 값을 교환하지 못하는 이유는 무엇인가?

■■■R7.23 2개의 부동 소수점 수를 교환하는 메서드는 어떻게 작성할 수 있나? (힌트 : java.awt.Point)

■■R7.24 아래의 2개의 BankAccount 객체들을 교환하는 falseSwap 메서드가 정상적으로 동작하지 않는 이유를 그림 2와 같은 다이어그램을 그려서 설명하시오.

```
public static void falseSwap(BankAccount a, BankAccount b)
{
   BankAccount temp = a;
```

```
    a = b;
    b = temp;
}
```

■R7.25 다음의 프로그램을 컴파일하고, 표시되는 오류 메시지에 대하여 설명하시오.

```
public class Print13
{
   public void print(int x)
   {
      System.out.println(x);
   }

   public static void main(String[] args)
   {
      int n = 13;
      print(n);
   }
}
```

■R7.26 다음과 같이 5장의 Die 클래스에 대하여 정적 변수를 도입하여 변경하였다.

```
public class Die
{
   private int sides;
   private static Random generator = new Random();
   public Die(int s) { . . . }
   public int cast() { . . . }
}
```

다음과 같이 3개의 주사위를 생성했을 경우에 대하여 그림 2와 같은 다이어그램을 작성하고, sides 변수와 generator 변수의 값에 대하여 설명하시오.

```
Die d4 = new Die(4);
Die d6 = new Die(6);
Die d8 = new Die(8);
```

■R7.27 Integer 클래스에 정의되어 있는 메서드들 중에서 어느 것이 정적 메서드인가? 그 이유는 무엇인가?

■■R7.28 String 클래스에 정의되어 있는 메서드들(단, char[ ] 형의 매개변수를 갖는 메서드는 무시하도록 한다.) 중에서 어느 것이 정적 메서드인가? 그 이유는 무엇인가?

■■R7.29 System 클래스에 선언되어 있는 변수 in과 out은 System 클래스의 공개된 정적 변수이다. 이와 같이 설계하는 것은 좋은 설계인가? 그렇지 않다면, 어떻게 개선할 수 있을까?

■■R7.30 모든 자바 프로그램은 import 문을 사용하지 않도록 재작성할 수도 있다. 어떻게 하면 되는지 설명하고, 2.10.3절의 RectangleComponent.java 프로그램을 import 문을 사용하지 않는 형태로 재작성 하시오.

■R7.31 디폴트 패키지란 무엇인가? 7장에 관한 프로그램을 작성하면서 디폴트 패키지를 사용해본 적이 있는가?

■■테스팅 R7.32 테스트 메서드가 예외 객체를 throw하는 경우, JUnit는 어떤 작업을 수행하는가? JUnit를 직접 사용하여 관찰해 보고, 그 결과를 설명하시오.

프로그램 연습 문제

■■P7.1 7.2절에서 설명한 Coin 클래스를 구현하시오. 금전등록기에 동전을 추가할 수 있도록 아래와 같은 receivePayment 메서드를 추가하여 CashRegister 클래스를 수정하시오.

```
void receivePayment(int coinCount, Coin coinType)
```

위의 메서드를 호출하는 쪽에서는 지불한 현금에 포함된 각 동전의 유형별로, 위의 receivePayment 메서드를 여러 번 호출해야 한다.

■■P7.2 아래의 코드를 참고하여 거스름돈에 지정된 종류의 동전이 몇 개나 포함되는지를 알려줄 수 있도록 CashRegister 클래스의 giveChange 메서드를 변경시키시오.

```
int giveChange(Coin coinType)
```

위의 메서드를 호출하는 쪽에서는 각 동전 종류에 대하여 액면가가 작아지는 순서로 giveChange 메서드를 호출해야 한다.

■P7.3 실제로 우리들이 사용하는 금전등록기는 지폐와 동전을 모두 취급할 수 있다. 이와 같은 개념들('지폐'와 '동전')에 대한 공통점을 나타내는 클래스를 설계하시오. 이와 같은 클래스를 이용하여 CashRegister 클래스의 판매 금액 지불에 관한 메서드를 새롭게 변경하여 정의하시오.

■■P7.4 BankAccount 클래스를 불변 클래스가 되도록 다시 구현하시오. 이때, deposit 메서드와 withdraw 메서드는 적합한 잔고액을 갖는 새로운 BankAccount 객체를 반환해야 된다.

■■P7.5 아래와 같은 시그니처를 갖는 정육면체, 구, 원기둥, 원뿔의 부피와 표면적을 구하는 정적 메서드들을 Geometry 클래스에 정의하시오.

- `public static double cubeVolume(double h)`
- `public static double cubeSurface(double h)`
- `public static double sphereVolume(double r)`
- `public static double sphereSurface(double r)`
- `public static double cylinderVolume(double r, double h)`

- public static double cylinderSurface(double r, double h)
- public static double coneVolume(double r, double h)
- public static double coneSurface(double r, double h)

사용자로부터 반지름 r의 값과 높이 h의 값을 입력받아서, 위의 8개 메서드들을 호출하여 처리한 후에 그 결과값들을 출력하는 프로그램을 작성하시오.

■■P7.6 연습 문제 P7.5를 4개의 클래스(Cube, Sphere, Cylinder, Cone)를 구현하여 해결하시오. 연습 문제 P7.5와 P7.6 중에서 어느 쪽이 객체 지향적인 해결방법을 사용하고 있는가?

■■■P7.7 따라 하기 6.1의 프로그램을 여러 명의 학생들을 취급할 수 있도록 변경하시오. 먼저 사용자에게 모든 학생들의 이름을 입력하게 하고 나서, 각 학생에 대하여 모든 퀴즈 문제에 대한 점수를 입력하도록 한다. 마지막 단계에서는 각 학생들의 이름과 최종 성적을 출력한다. 1개의 클래스와 정적 메서드들만을 사용하여 프로그램을 작성하도록 한다.

■■■P7.8 여러 개의 클래스들을 사용하여 연습 문제 P7.7을 다시 해결하시오. Student 클래스에서 생성된 객체들을 집약하는 역할을 하는 GradeBook 클래스를 정의하여 사용하시오.

■■■P7.9 다음과 같은 시그니처를 갖고 타원 e의 면적과 둘레길이를 계산하는 메서드를 Geometry 클래스에 정의하시오. 이 문제에서는 둘레길이를 계산하기 위한 공식을 정확하게 구현해야 한다. 이 문제에서는 정적 메서드를 사용하고 있다. 그 이유는 무엇인가?

```
public static double perimeter(Ellipse2D.Double e);
public static double area(Ellipse2D.Double e);
```

■■P7.10 다음과 같은 시그니처를 갖는 메서드들을 Geometry 클래스에 정의하시오.

```
public static double angle(Point2D.Double p, Point2D.Double q)
public static double slope(Point2D.Double p, Point2D.Double q)
```

angle 메서드는 두 점을 이은 선분과 x축이 구성하는 각도를 계산하여 반환하고, slope 메서드는 두 점을 이은 선분의 기울기를 계산하여 반환한다. 각 메서드의 사전 조건은 무엇인가? 이 문제에서는 정적 메서드를 정의하고 있다. 그 이유는 무엇인가?

■■■P7.11 다음과 같은 시그니처를 갖는 메서드들을 Geometry 클래스에 정의하시오.

```
public static boolean isInside(Point2D.Double p, Ellipse2D.Double e)
public static boolean isOnBoundary(Point2D.Double p, Ellipse2D.Double e)
```

위의 메서드들에서는 주어진 점이 지정된 타원 내부에 위치하는지 여부와 타원의 경계선상에 위치하는지 여부를 테스트한다.

■P7.12 다음과 같은 시그니처를 갖는 메서드를 Input 클래스에 정의하시오.

```
public static int readInt(
      Scanner in, String prompt, String error, int min, int max)
```

readIn 메서드는 prompt 매개변수의 문자열을 출력하고 정수값 1개를 읽어 들여서 지정된 상한(max)과 하한(min)사이의 값인지 여부를 판단한다. 상하한 사이의 값이 아닌 경우에는 에러 메시지를 출력하고 다시 정수값을 읽어 들이는 작업을 반복한다.

■■P7.13 다음은 임의의 정수 n에 대하여 x^n의 값을 계산하는 알고리즘이다. $n<0$인 경우 $x^n=1/x^{-n}$이고, n이 양수이면서 짝수이면 , $x^n=(x^{n/2})^2$, n이 양수이면서 홀수이면 $x^n=x^{n-1}\times x$ 이다. 이와 같은 알고리즘을 참고하여 다음과 같은 시그니처를 갖는 intPower 메서드를 Numeric 클래스에 정의하시오.

```
public static double intPower(double x, int n)
```

■■P7.14 5장의 Die 클래스에 대하여 모든 주사위들이 1개의 난수 발생기를 공유할 수 있도록 generator 변수를 정적 변수로 변경하여 Die 클래스를 개량하시오.

■■P7.15 연습 문제 P7.1의 설명을 토대로 Coin 클래스와 CashRegister 클래스를 구현하시오. 이때 각 클래스는 money 패키지 내부에 위치시키도록 하고, CashRegisterTester 클래스는 디폴트 패키지에 저장한다.

■P7.16 7.6절의 설명을 참고하여 자신의 이메일 주소로부터 패키지 이름을 생성하여 BankAccount 클래스를 저장하시오. 단, BankAccountTester 클래스는 디폴트 패키지에 저장한다.

■■테스팅 P7.17 3개의 테스트 메서드들을 포함하고 있는 JUnit 테스트 클래스 StudentTest를 작성하시오. 각각의 테스트 메서드에서는 따라 하기 6.1의 Student 클래스에 관련된 메서드를 테스트한다.

■■테스팅 P7.18 3개의 테스트 메서드들을 포함하고 있는 JUnit 테스트 클래스 TaxReturnTest를 작성하시오. 각 테스트 메서드에서는 4장의 TaxReturn 클래스에 대하여 서로 다른 세금 적용 상황을 테스트한다.

■그래픽 P7.19 다음과 같은 시그니처를 갖는 메서드들을 작성하시오.

- `public static void drawH(Graphic2D g2, Point2D.Double p);`
- `public static void drawE(Graphic2D g2, Point2D.Double p);`
- `public static void drawL(Graphic2D g2, Point2D.Double p);`
- `public static void drawO(Graphic2D g2, Point2D.Double p);`

위의 각 메서드들은 그래픽 윈도우 상에 H, E, L, O를 각각 출력한다(단, p는 해당 문자의 좌측 상단 모서리의 위치를 나타낸다). 각 메서드들을 작성 완료한 후에, 그래픽 화면상에 "HELLO"와 "HOLE"을 출력하도록 필요한 메서드들을 호출하시오. 몇 개의 선들과 타원들을 출력하시오. 단, drawString 메서드와 System.out을 사용하지 마시오.

■■그래픽 P7.20 연습 문제 P7.19의 4개의 클래스(LetterH, LetterE, LetterL, LetterO)를 설계하여 다시 수행하시오. 단, 각 클래스의 생성자 함수는 해당 문자의 좌측 상단 모서리의 위치를 나타내는 Point2D.Double 형의 매개변수와 draw(Graphics2D g2) 메서드를 포함하고 있다.

■■P7.21 BankAccount 클래스에 모든 입출금 금액의 목록을 리스트 형태로 반환하는 메서드(getStatement)와 입출금 금액 목록을 초기화하는 메서드(clearStatement)를 추가하시오.

```
ArrayList<Double> getStatement()

void clearStatement()
```

■■P7.22 웹 사이트에서 흔히 볼 수 있는 로그인 화면의 기능을 수행하는 LoginForm 클래스를 작성하시오. 단, LoginForm 클래스에는 아래와 같은 시그니처를 갖는 메서드들이 정의되어야 한다.

```
public void input(String text)
public void click(String button)
public boolean loggedIn()
```

로그인과 관련하여 첫 번째 입력은 사용자의 이름, 두 번째 입력은 패스워드가 된다. click 메서드를 호출할 때에는 매개변수로 "Submit" 또는 "Reset"이 주어진다. 사용자의 이름과 패스워드를 입력하고 제출버튼(Submit)이 클릭되어 성공적으로 로그인되었을 경우, loggedIn 메서드는 참값을 반환한다. 만약 사용자가 올바르지 않은 사용자 이름과 패스워드를 입력하였을 경우에는 로그인 화면은 원상복귀된다.

■■■P7.23 다음과 같은 요구사항을 만족하는 무한 평면을 돌아다니는 Robot 클래스를 작성하시오.

- 로봇은 어떤 점(정수값으로 주어지는 2차원 평면의 x, y좌표)에 위치해 있으면서 동서남북 중에서 어느 한 방향을 바라보고 있다.
- Robot 클래스에는 다음과 같은 시그니처를 갖는 메서드들이 정의된다.

```
public void turnLeft()
public void turnRight()
public void move()
public Point getLocation()
public String getDirection()
```

- turnLeft 메서드와 turnRight 메서드는 로봇의 방향을 변경할 뿐, 위치를 변경하지는 않는다.
- move 메서드는 로봇이 바라보는 방향으로 로봇을 한 단위 이동시킨다.
- getDirection 메서드는 로봇이 바라보는 방향에 따라서, "N", "E", "S", "W" 중에서 어느 한 문자열을 반환한다.

■■■P7.24 아래의 그림과 같이 헬스클럽의 개인 물품 보관함에서 사용하는 번호 자물쇠를 나타내는 ComboLock 클래스를 아래의 요구사항을 참고하여 작성하시오.

- 번호 자물쇠의 비밀번호는 3개의 숫자조합(각 숫자는 0~39 사이의 값)으로 구성된다.
- ComboLock 클래스에는 다음과 같은 시그니처를 갖는 메서드들이 정의되어야 한다.

```
public class ComboLock
{
   . . .
   public ComboLock(int secret1, int secret2, int secret3) { . . . }
   public void reset() { . . . }
   public void turnLeft(int ticks) { . . . }
   public void turnRight(int ticks) { . . . }
   public boolean open() { . . . }
}
```

- reset 메서드는 다이얼이 가리키는 값을 0으로 재설정한다.
- turnLeft 메서드와 turnRight 메서드는 표시눈금을 주어진 눈금값 만큼 각각 좌측 또는 우측으로 다이얼을 돌린다.
- open 메서드는 번호 자물쇠를 열도록 한다. 이때 번호 자물쇠는 첫 번째 비밀번호는 오른쪽 방향으로, 두 번째 비밀번호는 왼쪽방향으로, 그리고 세 번째 비밀번호는 다시 오른쪽 방향으로 돌려서 맞춘다.

■■■Bussiness P7.25 다음의 요구사항을 참고하여 조교들의 급여를 출력하는 프로그램을 작성하시오.

- 지방세와 사회보장세를 공제하시오(4장의 세금계산에 관한 내용을 참고하시오. 사회보장세에 관해서는 인터넷을 검색하여 참고하시오).
- 작성되는 프로그램에서는 사용자로부터 조교의 성명과 시간당 임금액, 그리고 근무한 시간이 입력되도록 한다.

■■■P7.26 미국의 우체국에서는 보다 빠르게 우편물을 분류하기 위하여, 대량의 우편물을 발송하는 기업체에 대하여 그림 8과 같은 우편번호 바코드를 사용하도록 하고 있다. 또한, 그림 9는 5자리의 10진수로 구성되는 우편번호 바코드의 코드화 체계를 나타내고 있다. 우편번호 바코드의 양쪽 끝부분에는 바코드의 시작과 끝을 나타내는 긴 모

```
*************** ECRLOT ** CO57

CODE C671RTS2
JOHN DOE                          CO57
1009 FRANKLIN BLVD
SUNNYVALE      CA 95014 – 5143
```

그림 8 우편번호 바코드의 예

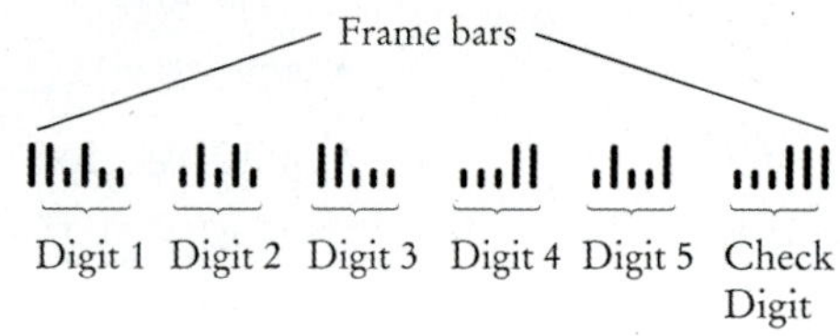

그림 9 우편번호 바코드의 코드화체계

양의 막대('프레임 바')가 위치하며, 그 사이에 5자리 우편번호와 체크용 숫자가 코드화되어 삽입된다. 체크용 숫자는 다음과 같은 방법으로 계산된다.

- 우편번호의 각 자리의 숫자를 합하여 그 합계값이 10의 배수가 되도록 체크용 숫자를 선택한다. 예를 들면 우편번호 95014의 경우 각 자리의 숫자 합계는 19이므로, 합계값이 10의 배수 즉, 20이 되도록 하기 위해서는 체크용 숫자를 1로 선택해야 된다.

우편번호를 구성하는 각 자리의 숫자와 체크용 숫자는 아래의 표를 참고하여 바코드를 만든다(아래의 표에서 각 셀에 기입되어 있는 0은 바코드에서는 짧은 모양의 막대를, 1은 긴 모양의 막대를 나타낸다). 특히, 각 자리의 숫자에 대응하는 바코드에는 2개의 긴 막대와 3개의 짧은 막대가 조합되어 있다.

숫자	가중치				
	7	4	2	1	0
1	0	0	0	1	1
2	0	0	1	0	1
3	0	0	1	1	1
4	0	1	0	0	0
5	0	1	0	1	1
6	0	1	1	0	0
7	1	0	0	0	0
8	1	0	0	1	1
9	1	0	1	0	0
0	1	1	0	0	0

가중치(7, 4, 2, 1, 0)를 사용하여 바코드로부터 우편번호의 각 자리숫자를 수월하게 계산할 수 있다. 예를 들어 바코드 01100은 0×7+1×4+1×2+0×1+0×0=6이므로 6에 해당한다. 특히 숫자 0에 대해서는 위의 표를 이용하여 가중치 계산를 하면 11이 되지만, 여기에서는 예외로 한다.

사용자가 우편번호를 입력하면 바코드를 출력하는 프로그램을 작성하시오. 바코드를 출력할 때에는 짧은 막대는 ':'로, 긴 막대는 '|'를 사용하여 나타내도록 한다. 예를 들면 우편번호 95014의 경우, 바코드는 다음과 같이 출력된다(실제 바코드를 출력하는 그래픽 애플리케이션을 작성해도 좋다).

```
||:|:::|:|:||::::::||:|::|:::|||
```

작성되는 프로그램에서는 바코드를 입력하였을 때, 우편번호를 출력하는 기능도 수행할 수 있어야 한다(만약, 입력된 바코드에 오류가 포함되었거나 입력된 바코드의 형식에 오류가 포함되었을 경우에는 오류 메시지를 보여주도록 한다).

■■ Bussiness P7.27 다음과 같은 요구사항을 만족하는 Customer 클래스를 작성하시오.

- 고객 감사 이벤트의 일환으로 100달러 이상 구입하는 고객에게는 다음번 상품구입부터 적용할 수 있는 10달러 할인권을 제공한다.
- Customer 클래스에는 다음과 같은 시그니처를 갖는 메서드들이 정의된다.

```
void makePurchase(double amount)
boolean discountReached()
```

Customer 클래스에 대하여 다음과 같은 테스트를 수행하는 테스트 프로그램을 작성하시오.

- 10달러 할인권을 가지고 있는 어떤 고객이 90달러 이상 100달러 미만을 구입한 경우, 이 고객에게는 다음번 상품구입에 적용할 수 있는 또 다른 10달러 할인권을 제공할 수 없다.

■■■ Bussiness P7.28 마을 시장 연합회에서는 연습 문제 P7.27와 유사한 고객우대 제도를 도입하여 시장 활성화 전략을 추진하려고 한다. 각 상점들은 고유번호(1~20의 숫자)가 부여되었다. makePurchase 메서드에 대하여 상점고유번호를 나타내는 새로운 매개변수를 추가하시오. 그리고 최소한 3개의 서로 다른 상점에서 구입한 금액의 합계가 100달러 이상인 경우에는 10달러 할인권을 고객에게 제공하도록 한다. 이와 같은 요구사항을 만족하도록 프로그래밍 하시오.

■■■ 과학계산용 P7.29 공중에서 폭발하도록 만들어진 포탄을 나타내는 Cannonball 클래스를 아래의 요구사항을 만족하도록 작성하시오.

- 포탄은 x좌표 및 y좌표를 갖는다.
- 포탄은 x축 방향의 속도와 y축 방향의 속도를 갖는다.
- Cannonbal 클래스의 생성자는 x좌표의 값을 매개변수로 갖는다(y좌표값은 0으로 초기화된다).
- move(double deltaSec) 메서드는 포탄을 다음과 같은 방법으로 계산된 위치로 이동시킨다.
    - 먼저 현재의 속도를 이용하여 deltaSec초 만큼 이동한 거리를 계산한다.
    - x좌표 및 y좌표의 값을 갱신한다.

- 중력가속도(-9.81m/s²)를 고려하여 y축 방향의 속도를 갱신한다(이때 x축 방향의 속도는 불변).

• 다음과 같은 요구사항을 만족하는 shoot 메서드를 정의하시오.
  - shoot 메서드의 시그니처는 `ArrayList<Point> shoot(double alpha, double v, double deltaSec)`으로 한다.
  - shoot 메서드의 매개변수 alpha와 v는 각각 포탄의 각도와 초기속도를 나타낸다.
  - shoot 메서드에서는 x축 방향의 속도 ($v \times \cos\alpha$)와 y축방향의 속도 ($v \times \sin\alpha$)를 계산한 후에, 주어진 시간(deltaSec) 동안 y좌표값이 0이 될 때까지 move 메서드를 반복 호출한다. 매번 move 메서드가 실행된 후의 포탄의 위치를 ArrayList에 저장한 후에 반복이 종료되면 ArrayList를 반환한다.

이와 같이 작성된 Cannonoball 클래스를 이용하여, 사용자로부터 발사각도와 초기속도를 입력받아서 shoot 메서드를 호출한 후에 포탄의 위치를 출력하는 프로그램을 작성하시오.

▪그래픽 P7.30 연습 문제 P7.29에 대하여 포탄의 궤적을 그려주는 그래픽 프로그램으로 작성하시오.

▪▪과학계산용 P7.31 우측의 그림은 6.2kΩ±5%의 저항기이다. ±5%는 저항기에서 허용 가능한 오차 범위를 나타낸다. 따라서 6.2kΩ ±5%의 저항기는 최소 5.89kΩ부터 최대 6.51kΩ의 저항값을 갖는다. 6.2kΩ는 저항기의 공칭값(nominal value)이며, 저항기의 실제 저항값은 5.89kΩ부터 6.51kΩ사이의 어느 한 값이 된다.

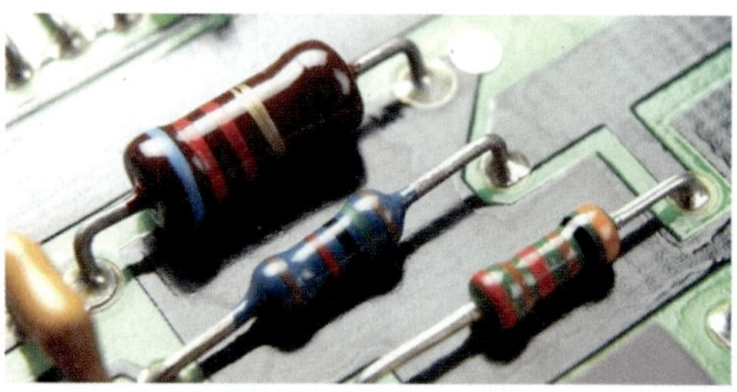

위와 같은 배경지식을 토대로 저항기를 나타내는 클래스를 작성하시오. 저항기 클래스의 생성자는 공칭값과 허용 오차 범위를 매개변수로 지정받아서 실제 저항값을 설정해야 한다(실제 설정값은 허용 오차 범위 내에서 랜덤하게 결정한다). 저항기 클래스는 공칭값과 허용 오차 범위, 그리고 실제 저항값을 각각 액세스할 수 있는 메서드들을 제공해야 한다. 또한, 10개의 330Ω±10%의 저항기들에 대한 실제 저항값을 출력하는 프로그램을 작성하시오.

▪▪과학계산용 P7.32 연습 문제 P7.31의 Resistor 클래스에 대하여 다음과 같은 요구사항을 참고하여 컬러 코드가 주어지면 저항기의 공칭값과 허용 오차를 반환하는 메서드를 정의하시오.

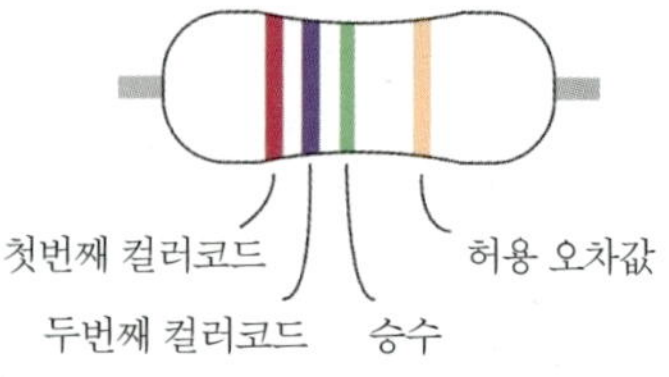

색상	유효 숫자	승수	허용 오차
검정색(Black)	0	$\times 10^0$	–
갈색(Brown)	1	$\times 10^1$	±1%
빨강색(Red)	2	$\times 10^2$	±2%
주황색(Orange)	3	$\times 10^3$	–
노랑색(Yellow)	4	$\times 10^4$	–
녹색(Green)	5	$\times 10^5$	±0.5%
파랑색(Blue)	6	$\times 10^6$	±0.25%
보라색(Violet)	7	$\times 10^7$	±0.1%
회색(Gray)	8	$\times 10^8$	±0.05%
흰색(White)	9	$\times 10^9$	–
금색(Gold)	–	$\times 10^{-1}$	±5%
은색(Silver)	–	$\times 10^{-2}$	±10%
무색(None)	–	–	±20%

- 첫 번째 컬러 코드는 저항값의 첫 번째 유효 숫자를 나타낸다.
- 두 번째 컬러 코드는 저항값의 두 번째 유 효숫자를 나타낸다.
- 세 번째 컬러 코드는 승수를 나타낸다.
- 네 번째 컬러 코드는 허용 오차값을 나타낸다.

예를 들어 컬러 코드(Red, Violet, Green, Gold)를 갖는 저항기의 경우, 첫 번째 유효 숫자는 2, 두 번째 유효숫자는 7, 승수는 10^5, 허용 오차는 ±5%이므로, 공칭값은 2,700kΩ이고 허용 오차는 ±5%이 된다.

■■과학계산용 P7.33 아래의 그림은 전압분배기(Voltage Divider)에 대한 전기회로도이다.

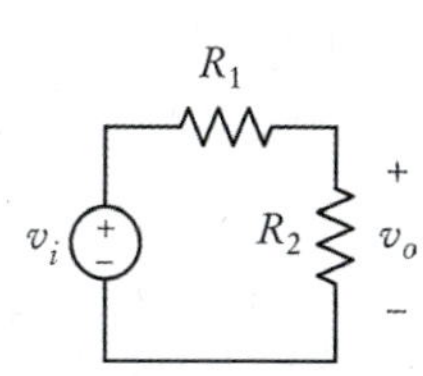

전압분배기의 입력은 전압이고, 출력은 전압이다. 전압분배기의 출력은 입력에 비례하고, 비례식의 상수값(출력전압을 입력전압으로 나눈 값)을 전압분배기의 '게인(gain)'이라고 부른다. 전압분배기의 게인(G)는 다음과 같은 방정식으로 표현할 수 있다(단, R_1과 R_2는 전압분배기를 구성하는 2개의 레지스터의 저항값이다).

$$G = \frac{v_o}{v_i} = \frac{R_2}{R_1 + R_2}$$

연습 문제 P7.31에서 설명한 바와 같이, 다양한 유형의 전압분배기를 제작함에 따라서 실제 저항값이 공칭값을 벗어나는 경우가 발생한다. 저항값의 변화는 결국, 전압분배기의 게인값의 변화를 의미한다. 따라서 저항값이 공칭값으로 주어지는 경우에는 게인값의 공칭값을 계산하고, 실제값으로 저항값이 주어지는 경우에는 게인의 실제값을 계산하도록 한다.

아래의 요구사항을 참고하여 2개의 클래스 VoltageDivider와 Resistor를 갖는 프로그램을 작성하시오.

- Resistor 클래스는 연습 문제 P7.31의 설명을 참고하도록 한다.
- VoltageDivider 클래스는 Resistor 클래스의 객체를 참조하는 2개의 인스턴스 변수를 갖는다.
- VoltageDivider 클래스의 생성자는 단 1개로, 매개변수로는 2개의 Resistor 객체들과 각각의 저항값(공칭값), 그리고 resistor의 허용 오차값이 주어진다.
- VoltageDivider 클래스는 전압분배기의 게인값에 대한 공칭값과 실제값을 각각 액세스하기 위한 메서드들이 정의되어야 한다.

위의 클래스들이 정상동작하는지를 실연하기 위하여, $R_1 = 250$, $R_2 = 750\Omega$(공칭값)이고 허용 오차 5%인 레지스터들로 구성되는 10개의 전압분배기의 게인값(공칭값 및 실제값)을 출력하는 main 메서드를 작성하시오.

자습 문제 모범 답안

1. 문제가 기술된 문장에서 명사들에 주목한다.
2. 예(ChessBoard), 아니오(MovePiece)
3. CashRegister 클래스에는 상품대금(payment)에 관한 개념과 동전액면가(coin value)에 관한 개념이 혼재되어 있기 때문이다.
4. Coin 클래스에 정의되어 있는 어떠한 메서드들도 CsahRegister 클래스를 사용하지 않기 때문이다.
5. 어떤 클래스가 다른 클래스들에 의존되지 않는다면, 다른 클래스들의 인터페이스를 변경하더라도 영향을 받지 않기 때문이다.
6. 접근자 메서드이다(substring 메서드를 호출하더라도 문자열을 변경시키지 않는다. 참고로 String 클래스의 모든 메서드들은 접근자 메서드이다.).
7. 아니오. translate 메서드는 변경자 메서드이다.
8. 부작용이 발생한다. 이와 같은 부작용은 객체 지향 프로그래밍에서 흔히 발생한다.
9. 예. read 메서드를 실행하면 매개변수(in)가 참조하는 String 객체의 상태가 변경된다.
10. 메서드 작성자가 굳이 올바르지 않은 값에 대하

여 검사할 필요가 없게 된다. 메서드를 호출하는 쪽에서 올바른 입력값으로 호출해야만 하는 책임을 지게 된다.

11. 아니오.

12. 카운트용 변수 transactionCount는, deposit과 withdraw 메서드 내부에서 값이 증가되어야 한다. 또한, 자산상황 보고기간이 종료되면 transactionCount값을 재설정하기 위한 메서드들이 필요하다.

13. giveChange 메서드는 변경자 메서드로, 다른 어떤 방법으로도 결정될 수 없는 값을 반환하고 있다. receivePayment 메서드는 인스턴스 변수 purchase의 값을 감소시키도록 하고, 프로그램 사용자는 receivePayment를 호출한 다음, getAmountDue를 실행시켜서 거스름돈을 결정하고, clear 메서드를 호출하여 다음번 고객의 처리를 위해 금전등록기를 재설정하도록 한다.

14. ArrayList<String>형의 인스턴스 변수는 비공개(private)로 설정되어 있어서 액세스할 수 없다.

15. 모든 구입상품들의 금액들을 격납하기 위한 인스턴스 변수 1개가 필요하다. 이러한 인스턴스 변수는, ArrayList<Double> 또는 ArrayList<String>형으로 선언될 수 있으며, 단순히 String 형으로 선언할 수도 있다. 이러한 인스턴스 변수는 recordPurchase 메서드 내부에서 값이 갱신되어야 한다. 또한, 영수증을 반환하는 메서드도 필요하다.

16. 회사원의 과제 일련번호(taxID)는 불변성을 갖고 있으며, 설정자 메서드가 필요 없다. 한편 급여액(salary)은 가변적이며, 설정자 및 변경자 메서드가 필요하다.

17. 7.2.3절에서는 설정자 메서드는 void를 반환하거나 다른 방법으로 사용자가 결정할 수 있는 편리한 값을 반환하도록 해야 한다고 설명했다. 이와 같은 상황에서는 setName 메서드를 호출하는 쪽에서 newName이 공문자(blank)인지 여부를 검사할 수 있으므로, 문제에서와 같이 변경하는 것은 아무런 문제가 발생하지 않으므로 좋은 변경이다.

18. 7.4.5절에서 설명한 'state pattern(서로 다른 여러 가지 상태들을 갖는 객체를 모델링하기 위한 패턴)'을 사용하고 있다. 인스턴스 변수 direction은 벌레가 방향을 전환했을 때 상태값이 변경되며, 벌레의 움직임에 영향을 준다.

19. System.in과 System.out

20. Math.PI

21. average 메서드는 아무런 데이터도 필요하지 않다. 매개변수 values로 전달되는 입력값만 필요로 한다.

22. 정상적으로 동작은 한다. 정적 메서드들은 해당 클래스의 정적 변수들만 액세스할 수 있다. 그러나 이와 같은 방법은 프로그램이 규모가 커지고 복잡해지면 심각한 결과를 초래한다. 복잡한 프로그램은 객체들과 클래스들을 사용해서 조직화해야 한다.

23. (a) 아니오, (b) 예, (c) 예, (d) 아니오.

24. 아니오. java.util.Random이나 java.awt.Rectangle과 같이 패키지 이름을 전부 포함한 클래스 이름을 사용할 수 있다.

25. 리눅스 환경인 경우에는 /home/me/cs101/hw1/problem1이고, 윈도우 환경에서는 c:\Users\Me\cs101\hw1\problem1이다.

26. 예를 들어 다음과 같이 작성할 수 있다.

```
public class EarthquakeTest
{
   @Test public void testLevel4()
   {
      Earthquake quake = new Earthquake(4);
      Assert.assertEquals(
         "Felt by many people, no destruction",
         quake.getDescription());
   }
}
```

27. EPSILON은 부동 소수점 수들을 비교할 때의 허용 오차 범위를 나타낸다. 두 값의 비교 결과가 허용 오차 범위 이내라면, 서로 같다고 판단할 수 있다.

CHAPTER 8

인터페이스와 다형성

이 장의 목표

- 인터페이스의 선언과 사용방법을 익힌다.
- 다형성에 관한 개념을 이해한다.
- 인터페이스를 이용하여 클래스들을 분리시키는 방법을 익힌다.
- 내장 클래스 형태로 도우미 클래스를 구현하는 방법을 익힌다.
- 그래픽 애플리케이션에서 이벤트 리스너를 구현하는 방법을 익힌다.

이 장의 목차

믹서기는 모터축에 장착할 수 있는 다양한 도구들을 회전시킬 수 있다. 즉, 1개의 모터에 다양한 여러 개의 도구들을 조합시켜 사용할 수 있다. 이와 같은 방식으로 재사용할 수 있게 된다면 편리할 것이다. 이 장에서는 어떤 처리작업에서 재사용 가능한 부분을 분리해내기 위한 기법을 학습하도록 한다. 믹서기에 장착되는 도구들의 형태에 관해서 믹서기 자신이 신경 쓰지 않는 것처럼, 재사용 가능한 부분은 메서드들의 구현방식에 대하여 신경 쓰지 않으면서 한 종류의 동일한 인터페이스를 갖는 메서드들을 동작시킨다. 프로그램 상에서는 재사용 가능한 코드가 규정된 인터페이스를 갖는 메서드들을 구현한 클래스와 결합된다. 다른 종류의 애플리케이션을 만들 경우에는 동일한 인터페이스를 구현한 다른 클래스에 재사용 가능한 코드부분을 결합시키면 된다.

8.1 알고리즘 재사용을 위한 인터페이스의 활용

어떤 서비스를 제공하기 위해 필요한 필수 기능들에 초점을 맞추어서 해당 서비스가 다양한 입력값을 처리할 수 있도록 만들 수 있다. 이와 같은 필수기능들을 표현하기 위하여 인터페이스 타입(interface type)이 사용된다.

이 레스토랑에서는 eat와 pay 메서드를 갖는 Customer 인터페이스에 따른다면, 누구에게든 서비스가 제공된다.

8.1.1 인터페이스 타입의 정의

은행 계좌들이 들어있는 배열에 대하여 은행 계좌들의 평균 잔고액을 계산하는 서비스를 제공하는 average 메서드를 살펴보자.

```
public static double average(BankAccount[] objects)
{
   double sum = 0;
   for (BankAccount obj : objects)
   {
      sum = sum + obj.getBalance();
   }
   if (objects.length > 0) { return sum / objects.length; }
   else { return 0; }
}
```

이번에는 다른 객체들의 평균값을 계산하는 경우를 생각해보자. 앞서 살펴보았던 은행 계좌들의 평균 잔고액을 계산하는 average 메서드와 유사한 또 다른 average 메서드를 다시 작성해야만 한다. 예를 들어, 국가를 나타내는 객체(Country 클래스의 객체)들에 대하여, 국가들의 평균 면적값을 계산하기 위해서 다음과 같은 메서드를 작성해야 한다.

```
public static double average(Country[] objects)
{
   double sum = 0;
   for (Country obj : objects)
   {
      sum = sum + obj.getArea();
   }
   if (objects.length > 0) { return sum / objects.length; }
   else { return 0; }
}
```

앞의 2가지 예로부터 알 수 있듯이, 2가지 경우 모두 평균값을 계산하는 알고리즘은 동일하다(값의 단위 또는 치수만 서로 다를 뿐이다). 어떠한 유형의 입력값에 대해서도 평균값 계산을 수행하는 단 1개의 메서드가 제공된다면 좋겠다는 생각을 할 수 있다.

그러나 한 가지 문제점이 있다. 각 클래스에서는 평균값 계산대상이 되는 데이터값을 반환해 주는 메서드의 이름이 서로 다르다. 즉, BankAccount 클래스의 경우 getBalance 메서드를 호출하고 있고, Country 클래스에서는 getArea 메서드를 호출하고 있다.

만약 모든 클래스들이 평균값 계산대상이 되는 데이터값을 구하여 반환하는 메서드의 이름을 getMeasure로 결정했다고 가정해 보자. 은행 계좌 관련 프로그램에서는 getMeasure 메서드가 은행 계좌의 잔고액을 반환하면 되고, 국가 면적 관련 프로그램에서는 getMeasure 메서드가 국토 면적값을 반환하는 방식으로 변경되면 된다.

따라서 아래와 같은 계산을 수행하는 메서드를 구현할 수 있다.

```
sum = sum + obj.getMeasure();
```

그러나 메서드의 이름을 통일하는 작업뿐만 아니라, 자바 프로그램에서는 obj라는 변수의 타입을 선언해야 한다. 물론 다음과 같이 해서는 안 된다.

```
BankAccount or Country or ... obj; // 이와 같이 선언하면 절대로 안 된다.
```

자바 언어에서 인터페이스 타입에는 몸체부분이 구현되지 않은 메서드들이 선언된다.

따라서 계산대상이 되는 객체의 클래스를 표현할 수 있는 새로운 데이터 타입을 만들어야 한다.

위와 같은 작업을 자바 언어에서는 인터페이스 타입(interface type)을 사용하여 수행할 수 있다. 여기에서는 Measurable이라는 이름의 인터페이스 타입을 선언하도록 하자.

```
public interface Measurable
{
   double getMeasure();
}
```

인터페이스 타입에 요구되는 모든 메서드들을 인터페이스 타입 선언부분에 열거하도록 한다. Measurable 인터페이스 타입에는 getMeasure라는 단 1개의 메서드가 선언되어 있다. 일반적으로 1개의 인터페이스 타입에는 여러 개의 메서드들을 선언해둘 수 있다.

인터페이스 타입은 클래스와 유사하지만, 몇 가지 중요한 차이점이 있다.

- 인터페이스 타입은 인스턴스 변수를 갖지 않는다.
- 인터페이스 타입에 선언된 모든 메서드들은 추상 메서드이다. 즉 메서드의 이름, 매개변수, 반환값의 데이터 타입만 기술되어 있다(메서드의 몸체부분은 정의하지 않는다).
- 인터페이스 타입에 선언된 모든 메서드들은 자동적으로 public으로 지정된다.
- 인터페이스 타입은 생성자를 갖지 않는다. 인터페이스는 클래스가 아니므로, 인터페이스 타입으로부터 객체를 생성할 수 없다.

Measurable 인터페이스를 선언함으로써 측정기능을 갖는 타입이 만들어졌으므로, 이제는 재사용 가능한 average 메서드를 구현할 수 있다.

```
public static double average(Measurable[] objects)
{
   double sum = 0;
   for (Measurable obj : objects)
   {
      sum = sum + obj.getMeasure();
   }
   if (objects.length > 0) { return sum / objects.length; }
   else { return 0; }
}
```

문법 8.1 인터페이스의 선언

Syntax

```
public interface 인터페이스 이름
{
      메서드 선언
}
```

```
public interface Measurable
{
   double getMeasure();
}
```

인터페이스에 선언된 메서드는 자동적으로 public이 된다.

인터페이스에 선언된 메서드는 구현부분이 정의되어 있지 않다.

위의 average 메서드는 Measurable 타입에 어울리는 클래스의 객체들에게 적용시킬 수 있다. 다음 절에서 이와 관련된 예제를 살펴보기로 하자.

Measurable 인터페이스는 표준 자바 라이브러리에 포함되어 있지 않다는 점을 주의하기 바란다. 즉, Measurable 인터페이스는 인터페이스 관련개념을 학습하기 위해서 이 책에서 특별하게 만들어진 인터페이스 타입이다.

이 그림의 믹서기는 공통 인터페이스에 어울리는 부품이라면 어느 것이든지 '회전시킨다'라는 서비스를 제공한다. 이와 유사한 방식으로 average 메서드는, 공통 인터페이스를 구현하고 있는 클래스라면 어느 클래스든지 적용할 수 있다.

8.1.2 인터페이스 타입의 구현

implements라는 예약어를 사용하여 클래스가 인터페이스 타입을 구현한다는 사실을 나타낸다.

앞 절에서 정의하였던 average 메서드는 Measurable 인터페이스를 구현하고 있는 클래스의 객체를 처리할 수 있다. 어떤 클래스 A가 implements 예약어를 사용하여 어떤 인터페이스 B를 선언하고 있는 경우, 클래스 A는 인터페이스 타입 B를 구현한다라고 부른다. 아래의 예에서는 BankAccount 클래스가 Measurable 인터페이스 타입을 구현하고 있다.

```
public class BankAccount implements Measurable
```

또한, BankAccount 클래스에서는 인터페이스에 선언되어 있는 메서드들을 구현해야 한다.

```
public class BankAccount implements Measurable
{
   . . .
   public double getMeasure()
   {
      return balance;
   }
}
```

특히, 인터페이스에서 public으로 선언된 메서드들은 인터페이스를 구현하고 있는 클래스에서 public으로 선언해야 한다.

BankAccount 클래스가 Measurable 인터페이스 타입을 구현하게 되면, BankAccount 클래스로부터 생성된 객체는 Measurable 인터페이스 타입의 인스턴스가 된다. 즉, 아

문법 8.2 인터페이스의 구현

Syntax

```
public class 클래스 이름 implements 인터페이스 이름1, 인터페이스 이름2, . . .
{
    인스턴스 변수들
    메서드들
}
```

```
public class BankAccount implements Measurable
{
   . . .
   public double getMeasure()
   {
      return balance;
   }
   . . .
}
```

BankAccount클래스가 구현하고 있는 인터페이스들을 모두 열거

BankAccount 클래스의 인스턴스변수

Measurable인터페이스에 선언되어 있는 메서드의 몸체부분을 구현

BankAccount 클래스의 메서드

래와 같은 문장은 실행가능하다.

```
Measurable obj = new BankAccount(); // OK
```

Measurable 타입으로 선언된 변수는 Measurable 인터페이스를 구현하는 클래스로부터 생성된 객체에 대한 참조값을 갖는다.

위에서 설명한 내용과 유사한 방법을 이용하여 Measurable 인터페이스를 구현하는 Country 클래스를 정의하면 다음과 같다.

```
public class Country implements Measurable
{
   public double getMeasure()
   {
      return area;
   }
   . . .
}
```

인터페이스 타입은 코드를 재사용 가능한 구조로 만들기 위하여 사용된다.

이 절의 끝부분에 제시되어 있는 프로그램에서는 여러 개의 은행 계좌들의 잔고액에 대한 평균값을 계산하거나 여러 나라들의 국토면적에 대한 평균값을 계산하는 단 1개의 average 메서드(Data 클래스에 정의되어 있음)를 사용하고 있다. 이러한 프로그램은 인터페이스 타입에 대한 전형적인 사용사례를 보여주고 있다. Measurable 인터페이스 타입을 작성함으로써, average 메서드를 재사용 가능하게 만들 수 있다.

그림 1은 Data 클래스와 Measurable 인터페이스, 그리고 Measurable 인터페이스를 구현하고 있는 클래스들(BankAccount, Country) 사이의 관계를 나타내고 있는 클래스

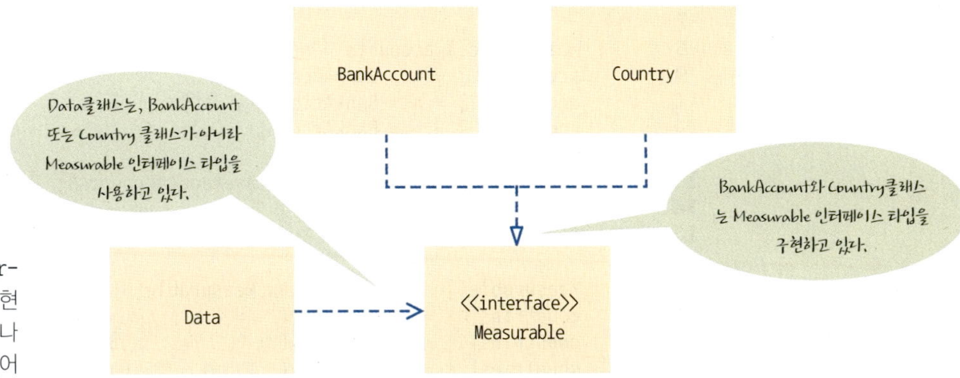

그림 1
Data 클래스와 Measurable 인터페이스를 구현하고 있는 클래스들을 나타낸 UML 클래스 다이어그램

다이어그램이다. 특히, Data 클래스는 BankAccount 클래스와 Country 클래스에 의존하지 않고, 오직 Measurable 인터 페이스에만 의존하고 있음을 알 수 있다.

UML 클래스 다이어그램에서는 <<interface>>라는 표식을 부착하여 인터페이스를 나타낸다. 삼각형 머리를 갖는 파선 화살표는 클래스와 인터페이스 사이의 구현 관계를 나타낸다. 특히, 구현 관계 화살표는 사용 관계 또는 의존 관계를 나타내는 화살표(⇢)와 혼동하지 않도록 주의할 필요가 있다.

section_1/Data.java

```
public class Data
{
   /**
      주어진 객체들이 소유하고 있는 데이터의 평균값을 계산한다.
      @param objects 측정가능한(Measurable) 객체들의 배열
      @return 평균값
   */
   public static double average(Measurable[] objects)
   {
      double sum = 0;
      for (Measurable obj : objects)
      {
         sum = sum + obj.getMeasure();
      }
      if (objects.length > 0) { return sum / objects.length;}
      else { return 0; }
   }
}
```

section_1/MeasurableTester.java

```
/**
   이 프로그램은 BankAccount와 Country 클래스를 시연하기 위한 프로그램이다.
*/
public class MeasurableTester
{
```

```
    {
        Measurable[] accounts = new Measurable[3];
        accounts[0] = new BankAccount(0);
        accounts[1] = new BankAccount(10000);
        accounts[2] = new BankAccount(2000);

        double averageBalance = Data.average(accounts);
        System.out.println( "잔고액 평균값 : "+ averageBalance);
        System.out.println( "기대값:4000" );

        Measurable[] countries = new Measurable[3];
        countries[0] = new Country( "우루과이", 176220);
        countries[1] = new Country( "타이", 513120);
        countries[2] = new Country( "벨기에", 30510);

        double averageArea = Data.average(countries);
        System.out.println( "국토면적 평균값 : "+ averageArea);
        System.out.println("기대값 : 239950");
    }
}
```

실행 결과

```
잔고액 평균값 : 4000
기대값 : 4000
국토면적 평균값 : 239950
기대값 : 239950
```

1. 회사원을 나타내는 Employee 클래스로부터 생성된 객체들이 저장된 배열에 대하여, 평균 급여액을 구하기 위하여 average 메서드를 사용하려고 한다. Employee 클래스는 어떤 조건을 만족해야 하는가?
2. average 메서드에 대하여 Object[ ] 타입의 매개변수를 사용할 수 없는 이유는 무엇인가?
3. String 객체들의 평균길이를 구하기 위하여 average 메서드를 사용할 수 없는 이유는 무엇인가?
4. 아래의 코드는 어떤 부분이 잘못되어 있는가?

```
Measurable meas = new Measurable();
System.out.println(meas.getMeasure());
```

5. 아래의 코드는 어떤 부분이 잘못되어 있는가?

```
Measurable meas = new Country("Uruguay", 176220);
System.out.println(meas.getName());
```

실습하기 이 장 끝부분에 있는 연습 문제 P8.1, P8.2, P8.3을 수행하시오.

흔한 오류 8.1

메서드를 public으로 선언하는 것을 잊는 경우에 발생하는 오류

인터페이스에 메서드를 선언할 때, 가시성 한정자를 기입하지 않으면 디폴트값으로 해당 메서드는 public으로 된다. 그러나 클래스에 메서드를 정의할 때, 가시성 한정자를 기입하지 않으면 디폴트값으로 메서드들이 package로 선언된다(7장 참조). 예를 들어 다음과 같이 인터페이스 내부에 선언된 메서드를 구현할 때 public이라는 가시성 한정자 기입을 잊어버리는 경우에는 오류가 발생한다.

```
public class BankAccount implements Measurable
{
   . . .
   double getMeasure() // 반드시 public으로 선언해야 한다!
   {
      return balance;
   }
}
```

위와 같은 코드에 대하여 컴파일러는 getMeasure 메서드의 가시성이 public이 아니라 package로 낮아졌음을 경고해 준다. 해당 메서드를 명확하게 public으로 정의해서 오류를 해결할 수 있다.

심화 학습 8.1

인터페이스 내부의 상수

인터페이스는 인스턴스 변수를 가질 수 없지만, 상수를 설정할 수는 있다. 예를 들어 SwingConstants 인터페이스에는 SwingConstants.NORTH, SwingConstants.EAST 등과 같은 다양한 상수들이 선언되어 있다.

인터페이스에 상수를 선언하는 경우 public static final과 같은 예약어들을 생략하도록 한다. 인터페이스 내부에 선언된 모든 변수들은 자동적으로 public static final로 설정되기 때문이다.

예를 들면

```
public interface SwingConstants
{
   int NORTH = 1;
   int NORTHEAST = 2;
   int EAST = 3;
   . . .
}
```

8.2 클래스와 인터페이스 사이의 변환

인터페이스는 클래스들 사이의 공통점을 표현하기 위해 사용된다. 이 절에서는 클래스와 인터페이스 타입 사이의 변환에 대해서 설명한다.

앞 절에서 다루었던 프로그램에서 다음과 같은 코드를 살펴보도록 하자.

```
double averageBalance = Data.average(accounts);
```

accounts는 BankAccount 클래스의 객체들을 저장하고 있는 배열을 참조하고 있다. 그러나 average 메서드는 다음과 같이 Measurable 객체들의 배열을 매개변수로 받도록 정의되어 있다.

```
public double average(Measurable[] objects)
```

클래스 타입을 해당 클래스가 구현하고 있는 인터페이스 타입으로 변환시킬 수 있다.

BankAccount 타입을 Measurable 타입으로 변환시킬 수 있다. 일반적으로 어떤 클래스 타입을 해당 클래스가 구현하고 있는 인터페이스 타입으로 변환할 수 있다. 예를 들면

```
BankAccount account = new BankAccount(1000);
Measurable meas = account; // OK
```

한편, Country 클래스는 Measurable 인터페이스를 구현하고 있기 때문에 Measurable 타입의 변수는 앞 절에서 다루었던 Country 클래스의 객체를 참조할 수 있다.

```
Country uruguay = new Country("Uruguay", 176220);
Measurable meas = uruguay; // Also OK
```

그러나 표준 자바 클래스 라이브러리의 Rectangle 클래스는 Measurable 인터페이스를 구현하고 있지 않으므로, 다음과 같은 코드는 오류를 발생시킨다.

```
Measurable meas = new Rectangle(5, 10, 20, 30); // 오류 발생!
```

어떤 객체를 인터페이스 타입의 변수가 참조하다가 타입을 변환시킬 필요가 있는 경우가 있다. 다음과 같이 2개의 객체들을 비교하여 보다 큰 데이터값을 갖는 객체를 반환하는 larger 메서드를 살펴보도록 하자.

```
public static Measurable larger(Measurable obj1, Measurable obj2)
{
   if (obj1.getMeasure() > obj2.getMeasure())
   {
      return obj1;
   }
   else
   {
```

```
        return obj2;
    }
}
```

larger 메서드는 2개의 객체들이 주어지면 그중에서 보다 큰 데이터값을 갖는 객체를 Measurable 참조값으로 반환한다. larger 메서드는 비교대상이 되는 2개 객체들의 정확한 타입을 알지 못한다. 이러한 larger 메서드를 사용하는 다음의 코드를 살펴보도록 하자.

```
Country uruguay = new Country("Uruguay", 176220);
Country thailand = new Country("Thailand", 514000);
Measurable max = larger(uruguay, thailand);
```

위의 코드를 실행 완료한 후에 max가 참조하고 있는 객체에 대해서 어떤 작업을 수행할 수 있을까? 여러분들은 위의 코드를 읽어보고 max가 Country 클래스의 객체를 참조하게 될 것임을 알 수 있으나, 컴파일러는 알지 못한다. 예를 들어 아래와 같이 getName 메서드를 호출한다면 오류가 발생한다. 왜냐하면 Measurable 인터페이스 타입에는 getName 메서드가 정의되어 있지 않기 때문이다.

인터페이스 타입을 클래스 타입으로 변환시키기 위해서 강제 형변환 기법을 사용한다.

```
String countryName = max.getName(); // 오류 발생!
```

그러나 max가 Country 클래스의 객체를 참조한다는 사실이 확실하다면, 다음과 같이 강제 형변환 기법(예 : cast 연산자)을 사용하여 타입을 변환시킬 수 있다.

```
Country maxCountry = (Country) max;
String name = maxCountry.getName();
```

만약 max가 Country 클래스의 객체를 참조한다는 사실이 확실하지 않고 실제로도 Country 클래스의 객체를 참조하지도 않는다면, 실행 시간에 예외가 발생할 것이다.

이와 같은 강제 형변환은 3장에서 설명한 숫자 타입들 사이의 형변환과 같은 방식이다. 예를 들면 x가 어떤 부동 소수점 수인 경우 (int) x는 부동 소수점 수의 정수부

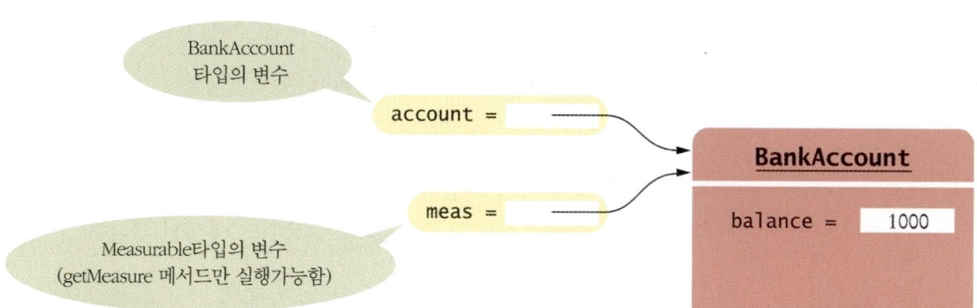

그림 2 클래스 타입의 변수와 인스턴스 타입의 변수

분에 해당하는 값으로 변환된다. 이와 같이 강제 형변환은 어떤 타입을 다른 타입으로 강제적으로 변환시킨다. 그러나, 숫자 타입의 강제 형변환과 클래스 타입의 강제 형변환에는 한 가지 커다란 차이점이 있다. 숫자 타입에 대한 강제 형변환을 수행하는 경우, 정보 상실현상이 발생할 수 있으므로 강제 형변환을 사용하여 컴파일러에게 정보 상실현상의 발생 가능성을 인지하고 있음을 알려준다. 한편, 클래스 타입에 대한 강제 형변환의 경우에는 컴파일러에게 예외 상황 발생에 대한 위험성을 감수하였음을 알려준다.

Person 클래스의 객체가 실제로는 Superhero 클래스의 객체라면, Superhero 클래스의 메서드를 실행하기에 앞서서 강제 형변환시킬 필요가 있다.

6. Measurable 타입의 변수 meas가 BankAccount 클래스의 객체를 참조하도록 형변환 시키기 위하여 (BankAccount) meas와 같이 강제 형변환 할 수 있는가?
7. BankAccount 클래스와 Country 클래스가 모두 Measurable 인터페이스를 구현하고 있는 경우, Country 클래스의 객체에 대한 참조를 BankAccount 클래스의 객체에 대한 참조로 변환시킬 수 있는가?

실습하기 이 장의 끝부분에 있는 복습 문제 R8.1, R8.2, R8.3을 수행하시오.

흔한 오류 8.2

인터페이스로부터 객체를 생성하려는 경우에 발생하는 오류

아래의 예와 같이, 인터페이스 타입의 변수를 선언할 수 있다.

```
Measurable meas;
```

그러나 인터페이스 타입으로부터 객체를 생성할 수는 없다.

```
Measurable meas = new Measurable(); // 오류 발생!
```

인터페이스는 클래스가 아니다. 객체의 타입이 인터페이스가 되는 객체는 존재할 수 없다. 어떤 인터페이스 타입의 변수가 객체를 참조하는 경우, 그 객체는 다른 어떤 클래스(즉, 해당 인터페이스를 구현한 클래스)로부터 생성된 것이다.

```
Measurable meas = new BankAccount(); // OK
```

8.3 다형성

여러 개의 클래스들이 같은 인터페이스를 구현하고 있는 경우, 각 클래스는 인터페이스의 메서드들을 다양하게 구현할 수 있다. 인터페이스의 메서드가 실행되면 어떻게 올바른 메서드가 구동되는 것일까? 이 절에서는 이에 대한 해답을 살펴보도록 한다.

아래의 예에서와 같이 변수를 선언하는 경우에, 인터페이스 타입으로 선언할 수 있다는 사실을 다시 한번 강조해도 좋을 것이다.

```
Measurable meas;
```

변수 meas가 참조하고 있는 객체는 Measurable 타입이 아니라는 점도 기억해 두기 바란다. 어떠한 객체도 Measurable 타입을 갖지 않는다. 그 대신에 객체의 타입은 Measurable 인터페이스를 구현한 클래스가 된다. 위의 예에서는 BankAccount 클래스 또는 Country 클래스, 아니면 getMeasure 메서드가 정의된 다른 클래스로부터 생성된 객체가 변수 meas가 참조하고 있는 객체가 될 수 있다.

```
meas = new BankAccount(1000); // OK
meas = new Country("Thailand", 513120); // OK
```

인터페이스 타입의 변수가 참조하고 있는 객체의 클래스에 대해서 알지 못하고 있는 경우에, 변수를 사용하여 무엇을 할 수 있을까? 해당 인터페이스에 선언되어 있는 메서드들을 실행시킬 수 있다.

```
double m = meas.getMeasure();
```

Data 클래스는 어떤 종류의 객체가 추가되는지 인지할 필요 없이, 추가된 객체의 데이터값을 계산하려는 경우에 위와 같은 능력을 이용한다.

이제 getMeasure 메서드 호출에 대하여 보다 주의 깊게 살펴보도록 하자. 어떤 getMeasure 메서드에 대해서 살펴보아야 할까? BankAccount 클래스와 Country 클래스는 getMeasure 메서드에 대하여 2가지 서로 다른 방식으로 구현하고 있다. meas가

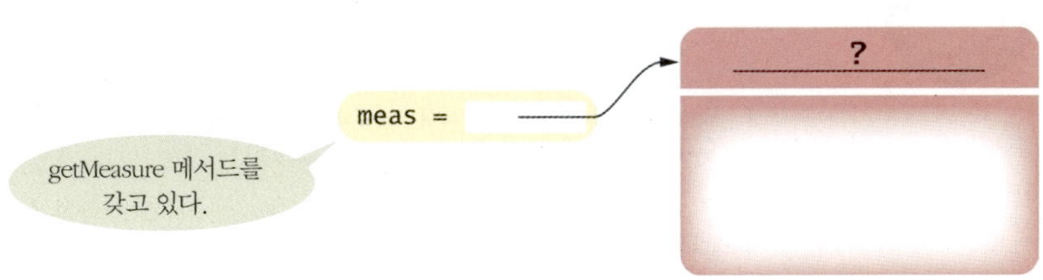

그림 3 인터페이스 타입의 변수는 해당 인터페이스를 구현하고 있는 클래스의 객체를 참조할 수 있다.

자바 가상머신은 인스턴스 메서드를 실행시킬 때, 해당 메서드에 내포된 매개변수의 클래스를 찾아낸다. 이러한 방식을 동적인 메서드 조회(dynamic method lookup)라고 부른다.

참조하고 있는 객체가 어떤 클래스에서 생성되었는지 모르는 상황에서, getMeasure 메서드를 호출하는 쪽에서는 어떻게 올바른 메서드를 호출할 수 있을까?

자바 가상머신에서는 실제 객체의 클래스를 먼저 찾아낸 후에, 해당 클래스의 이름으로 메서드를 호출한다. 즉, meas가 BankAccount 클래스의 객체를 참조하고 있는 경우, BankAccount.getMeasure 메서드가 호출된다. 또 meas가 Country 클래스 객체를 참조하는 경우라면 Country.getMeasure 메서드가 호출된다.

```
double m = meas.getMeasure();
```

다형성이란, 서로 다른 동작을 수행하는 객체들을 획일적인 방법으로 다룰 수 있게 해주는 특성을 뜻한다.

위와 같은 메서드 호출에서는 meas가 참조하고 있는 객체에 따라서 상이한 메서드가 호출된다는 것이다. 적합한 메서드를 호출하는 이와 같은 방식을 동적인 메서드 조회(dynamic method lookup)라고 부른다. 동적인 메서드 조회는 다형성(polymorphism)이라고 부르는 프로그래밍 기법을 구사할 수 있도록 해준다. '다형성'이라는 용어는 '다양한 모양들'이라는 뜻의 그리스어에서 유래되었다. 다양한 모양의 객체들에 대하여 동일한 계산을 수행하지만, 각 객체들의 특성에 적합하도록 계산을 수행한다는 의미를 갖는다.

운송방법에 따라서 운송수단이 다양하듯이, 다형성을 갖는 객체는 다양한 방법으로 일처리를 수행할 수 있다.

자습문제

8. Measurable 인터페이스로부터 객체를 생성할 수 없는 이유는 무엇인가?
9. Measurable 타입의 변수를 선언할 수 없는 이유는 무엇인가?
10. 다음과 같은 코드를 수행하면 어떻게 출력되는가? 이러한 코드가 다형성을 갖는 코드가 되는 이유는 무엇인가?

```
Measurable[] data = { new BankAccount(10000), new Country("Belgium", 30510) };
System.out.println(average(data));
```

실습하기 이 장의 끝부분에 있는 복습 문제 R8.5와 R8.6을 수행하시오.

실습 예제 8.1

수열의 속성 조사

임의의 수열이 갖는 속성을 조사하기 위하여 Sequence 인터페이스를 어떻게 이용할 수 있는지 익히기 위하여, wiley.com/go/javaexamples에서 Worked Example 8.1을 다운로드 할 수 있다.

8.4 Comparable 인터페이스

예를 들어, 정렬기능을 수행하는 메서드에서 프로그래머가 작성한 클래스의 객체들을 서로 비교할 수 있도록 Comparable 인터페이스를 구현하여 해당 클래스를 작성하도록 한다.

8.3절에서는 Measurable 인터페이스를 선언하고 구현클래스에서 동작하는 average 메서드를 정의하였다. 이 절에서는 표준 자바 클래스 라이브러리에 정의되어 있는 Comparable 인터페이스에 대해서 살펴보도록 한다.

Measurable 인터페이스는 단 1개의 객체를 측정하기 위하여 사용하였으나, Comparable 인터페이스는 2개의 객체들을 비교할 수 있도록 조금 더 복잡하게 구성되어 있다. Comparable 인터페이스에는 compareTo 메서드가 선언되어 있다. 메서드 호출문은 다음과 같다.

```
a.compareTo(b)
```

a가 b보다 작으면 음수를, a와 b가 같으면 0을, 그리고 a가 b보다 크면 양수를 반환한다.

Comparable 인터페이스는 다음과 같은 단 1개의 메서드를 갖고 있다.

```
public interface Comparable
{
   int compareTo(Object otherObject);
}
```

예를 들어 다음과 같이 BankAccount 클래스가 Comparable 인터페이스를 구현할 수 있다.

```
public class BankAccount implements Comparable
{
   . . .
   public int compareTo(Object otherObject)
   {
      BankAccount other = (BankAccount) otherObject;
      if (balance < other.balance) { return -1; }
      if (balance > other.balance) { return 1; }
      return 0;
   }
```

```
    . . .
}
```

위의 compareTo 메서드를 사용하여 2개의 은행 계좌의 잔고액을 서로 비교할 수 있다. compareTo 메서드가 Object 타입의 매개변수 1개를 갖고 있다는 사실에 주목하기 바란다. 매개변수를 BankAccount 클래스의 객체를 참조할 수 있도록 변환시키기 위하여, 다음과 같이 강제 형변환을 수행한다.

```
BankAccount other = (BankAccount) otherObject;
```

예제의 완전한 코드

Go to wiley.com/go/javacode to download a program that demonstrates the Comparable interface with bank accounts.

BankAccount 클래스가 Comparable 인터페이스를 구현하게 되면, 다음과 같이 Arrays.sort 메서드를 사용하여 은행 계좌들이 저장된 배열을 정렬할 수 있다.

```
BankAccount[] accounts = new BankAccount[3];
accounts[0] = new BankAccount(10000);
accounts[1] = new BankAccount(0);
accounts[2] = new BankAccount(2000);
Arrays.sort(accounts);
```

accounts가 참조하고 있는 배열은 계좌 잔고액 오름차순으로 정렬된다.

compareTo 메서드는 다른 객체와의 크고, 작음을 비교한다.

자습문제

11. Country 클래스의 객체들이 저장되어 있는 배열을 국토면적의 오름차순으로 정렬하려고 한다. 어떻게 하면 되는가?
12. String 클래스의 객체들이 저장되어 있는 배열을 정렬하기 위하여 Arrays.sort 메서드를 사용할 수 있는가? String 클래스에 관한 API 도큐먼트를 살펴보도록 하시오.
13. Rectangle 클래스의 객체들이 저장되어 있는 배열을 정렬하기 위하여 Arrays.sort 메서드를 사용할 수 있는가? Rectangle 클래스에 관한 API 도큐먼트를 살펴보도록 하시오.
14. 임의의 2개 Comparable 객체들에 대하여 더 큰 객체를 찾아내서 반환하는 max

메서드를 작성하시오.

15. 자습 문제 14의 max 메서드를 이용하여 2개의 은행 계좌들 중에서 잔고액이 큰 계좌를 반환하고, 그 잔고액을 프린트 출력하는 코드를 작성하시오.

실습하기 이 장의 끝부분에 있는 연습 문제 P8.6과 P8.23을 수행하시오.

심화 학습 8.2

clone 메서드와 Cloneable 인터페이스

다음과 같이 1개의 객체 참조를 복사하면, 같은 객체에 대한 2개의 참조가 만들어진다.

```
BankAccount account = new BankAccount(1000);
BankAccount account2 = account;
account2.deposit(500); // 잔고액이 1,500달러인 은행 계좌를 account와
                       // account2가 동시에 참조하게 된다.
```

어떤 객체의 복제본을 만들고 싶은 경우에는 어떻게 하면 될까? clone 메서드를 사용하면 해결할 수 있다. clone 메서드는 해당 객체와 동일한 상태를 갖는 새로운 객체(복제본)를 반환한다(그림 4 참조).

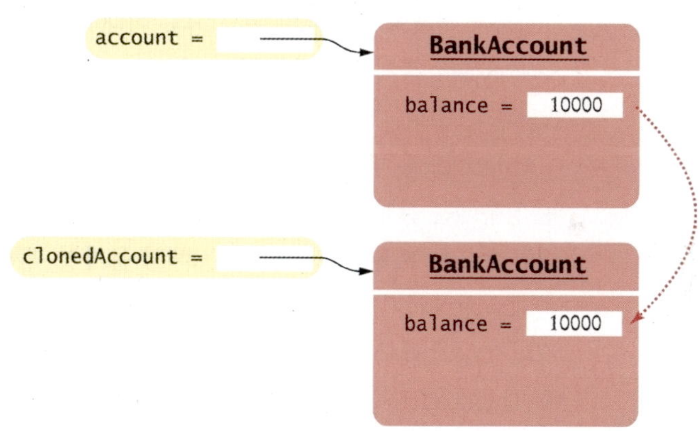

그림 4 객체의 복제

clone 메서드를 호출하는 예는 다음과 같다.

```
BankAccount clonedAccount = (BankAccount) account.clone();
```

clone 메서드의 반환값의 타입은 Object 클래스이다. clone 메서드를 호출하는 경우, 강제 형변환 연산자를 사용하여 컴파일러에게 메서드 호출 account.clone()에 의해 BankAccount 객체가 반환됨을 알려줘야 한다.

어떤 클래스가 정의되면 Object.clone 메서드가 해당 클래스에 제공되어 해당 클래스

의 객체를 복제할 수 있게 된다. 원본 객체로부터 인스턴스 변수를 복제본 객체로 자동 복사한다. BankAccount 클래스에 clone 메서드를 재정의하는 예는 다음과 같다.

Clone 메서드는 객체의 복제물을 생성해준다.

```
public class BankAccount
{
   . . .
   public Object clone()
   {
      // 아직 미완성 상태임.
      Object clonedAccount = super.clone();
      return clonedAccount;
   }
}
```

Object.clone 메서드를 사용하는 경우 몇 가지 주의가 필요하다. Object.clone 메서드는 복제에 관한 문제를 완벽하게 해결하는 것이 아니라 한 차원 전가시킬 뿐이다. 즉, 어떤 객체가 다른 객체에 대한 참조를 보유하고 있는 경우 Object.clone 메서드는 다른 객체에 대한 참조값을 복사만 할 뿐, 참조되고 있는 다른 객체 자체를 복제하지는 않는다. 그림 5는 String 객체와 BankAccount 객체에 대한 참조값을 보유하고 있는 Customer 객체에 대하여, Object.clone 메서드가 어떻게 동작하고 있는지를 나타내고 있다. 그림 5에서 알 수 있듯이 Object.clone 메서드는 String 객체와 BankAccount 객체에 대한 참조값들을 Customer 객체의 복제본에 복사한다. 이때 Customer 객체가 참조하고 있는 String 객체와 BankAccount 객체까지 복사되는 것은 아니다. 이와 같은 복사방식을 얕은 복사(shallow copy)라고 부른다.

Object.clone 메서드가 모든 참조 객체들을 전체적으로 복사하지 않는 이유가 있다. 어떤 경우에는 전체적인 복사가 불필요하기 때문이다. 예를 들어 어떤 객체가 문자열 객체에 대한 참조를 보유하고 있는 경우, 해당 문자열 객체에 대한 참조를 복사하는 것은 어떠한 문제도 발생시키지 않는다. 자바의 문자열 객체는 한번 생성되면 문자열 내용이 절대로 변경되지 않기 때문이다. 따라서 어떤 객체가 숫자, 부울값, 그리고 문자열 등을 보유하는 경우, Object.clone 메서드는 올바르게 복제기능을 수행한다. 그러나 어떤 객체가 가변적인 객체들에 대한 참조값을 갖는 경우에는 주의해서 Object.clone 메서드를 사용해야 된다.

이와 같은 이유 때문에 Object.clone 메서드를 안전하게 사용하기 위한 2가지 보호 조치 사항이 있다. 첫 번째 보호 조치 사항은 Object.clone 메서드를 protected로 선언해야 한다(심화 학습 9.5를 참조). protected로 clone 메서드를 선언하게 되면, 어떤 객체 참조 변수 x에 참조된 객체의 클래스가 public으로 선언된 clone 메서드를 보유하고 있지 않은 상태에서 x.clone()과 같은 메서드 호출을 방지할 수 있다.

두 번째 보호 조치 사항으로는 Object.clone 메서드는 복사되는 객체가 Cloneable 인터페이스를 구현하고 있는지를 검사한다. 만일 검사결과가 구현되어 있지 않다면, clone메서드는 예외처리를 의뢰하게 된다. Object.clone 메서드는 다음과 같은 모습을 하고 있다.

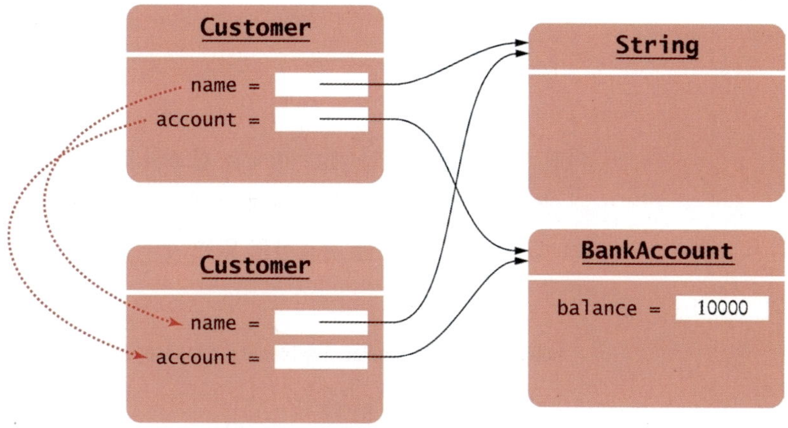

그림 5 Object.clone 메서드는 얕은 복사를 수행한다.

```
public class Object
{
   protected Object clone()
         throws CloneNotSupportedException
   {
      if (this instanceof Cloneable)
      {
         // 인스턴스 변수들을 복사한다.
         . . .
      }
      else
      {
         throw new CloneNotSupportedException();
      }
   }
}
```

불행하게도 위의 보호 조치 사항들은 Object.clone() 메서드를 올바르게 호출하는 경우에도 대가를 지불해야 된다는 의미를 담고 있다. 즉, Cloneable 인터페이스를 구현하는 클래스의 객체에 대해서 Object.clone 메서드를 실행시키더라도 예외처리(10장 참조)를 수행해야 된다.

```
public class BankAccount implements Cloneable
{
   . . .
   public Object clone()
   {
      try
      {
         return super.clone();
      }
      catch (CloneNotSupportedException e)
      {
         // BankAccount 클래스는 Cloneable 인터페이스를 구현하고 있으므로
         // 예외 상황은 발생하지 않지만, 예외 객체를 캐치할 수 있어야만 한다.
         return null;
```

```
        }
    }
}
```

어떤 객체가 가변적인 다른 객체를 참조하고 있는 경우, 참조되고 있는 객체를 복사하기 위하여 clone 메서드를 호출해야 한다. 예를 들면 Customer 클래스의 객체가 BankAccount 클래스의 객체를 참조하고 있는 경우 Customer.clone 메서드를 다음과 같이 구현할 수 있다.

```
public class Customer implements Cloneable
{
    private String name;
    private BankAccount account;
    . . .
    public Object clone()
    {
        try
        {
            Customer cloned = (Customer) super.clone();
            cloned.account = (BankAccount) account.clone();
            return cloned;
        }
        catch(CloneNotSupportedException e)
        {   // BankAccount 클래스는 Cloneable 인터페이스를 구현하고 있으므로
            // 예외 상황은 발생하지 않는다.
            return null;
        }
    }
}
```

일반적으로 clone 메서드를 구현하기 위해서는 다음과 같은 절차가 필요하다.

- clone 메서드가 정의되는 클래스는 Cloneable 인터페이스를 구현하도록 한다.
- clone 메서드에서는 super.clone()을 호출하도록 한다. clone 메서드가 정의되는 클래스의 슈퍼 클래스가 Object 클래스인 경우, CloneNotSupportedException 예외 객체를 처리하도록 한다.
- 가변적인 인스턴스 변수들에 대해서는 clone을 사용하여 모두 복사한다.

8.5 콜백을 구현하기 위한 인터페이스 사용

이 절에서는 콜백(callback)이라는 개념을 소개하고, 콜백을 이용하여 average 메서드를 보다 융통성 있는 메서드로 만드는 방법을 설명한다. 또한, 자바 언어에서 인터페이스를 사용하여 콜백을 구현하는 방법에 대해서도 설명하도록 한다.

average 메서드를 좀 더 개선하는 것이 왜 바람직한지 이해하기 위하여, Measurable 인터페이스와 관련하여 다음과 같은 한계점들을 살펴보도록 한다.

- Measurable 인터페이스는 통제 가능한 클래스들에 대해서만 적용할 수 있다. 만약에 Rectangle 클래스의 객체들에 대해서 처리하려는 경우, Rectangle 클래스가 다른 인터페이스를 구현하도록 만들 수 없다. Rectangle 클래스는 자바 라이브러리에 정의되어 있는 클래스이므로 변경할 수 없기 때문이다.
- 임의의 객체에 대해서는 오직 한 가지 방법으로만 측정할 수 있다. 만약 자동차 객체들에 대하여 속도뿐만 아니라 가격을 기준으로 동시에 처리하려면 불가능하다.

따라서, average 메서드의 개선에 대해서 고려해보아야 한다. average 메서드는 취급하는 객체들이 Measurable 인터페이스 타입이어야 함을 전제로 하고 있다. 취급하는 객체들 자신이 Measurable 인터페이스 타입으로 올바르게 되어 있어야 할 책임을 갖는다. 이점이 average 메서드가 한계점을 갖게 되는 원인이 된다.

average 메서드에게 평균값 계산에 필요한 데이터와 더불어서, 별도로 객체들을 측정하기 위한 메서드를 제공한다면 보다 좋은 해결책이 될 것이다. 사각형들에 대하여 평균값을 계산하는 경우는 사각형의 면적을 계산하는 메서드를 제공하도록 하고, 자동차에 관하여 평균값을 계산하는 경우에는 자동차의 가격을 액세스하는 메서드를 제공하도록 한다.

콜백 객체는 호출되기를 기다린다. 콜백 객체를 다루는 알고리즘은, 콜백이 제공하는 정보가 필요한 경우에만 호출한다.

콜백은 추후에 실행되는 코드를 지정해두기 위한 방법이다.

이와 같은 방식으로 별도로 제공되는 메서드를 **콜백**(callback)이라고 부른다. 콜백은 한 뭉치의 코드들이 추후에 실행될 수 있도록 한 덩어리로 묶어 놓는 방법이다.

어떤 프로그래밍 언어에서는 코드 블럭이나 메서드의 이름처럼 콜백을 직접 지정할 수 있다. 그러나 자바 언어는 객체 지향 언어이기 때문에 콜백을 객체로 변환시켜서 이용해야 한다. 이러한 변환은 콜백을 위한 인터페이스를 선언하는 작업으로부터 시작된다.

```
public interface Measurer
{
   double measure(Object anObject);
}
```

measure 메서드는 주어진 객체를 측정하여, 그 측정값을 반환한다. 여기서 우리는 모든 객체들은 Object 타입으로 변환될 수 있다는 사실을 이용하도록 한다.

콜백을 호출하는 코드는 위와 같은 인터페이스를 구현하는 클래스로부터 생성된 객체를 매개변수로 수신하며, 개량된 average 메서드는 Measurer 객체를 수신한다.

```
public static double average(Object[] objects, Measurer meas)
{
   double sum = 0;
   for (Object obj : objects)
   {
      sum = sum + meas.measure(obj);
   }
   if (objects.length > 0) { return sum / objects.length; }
   else { return 0; }
}
```

average 메서드는 주어진 객체를 측정해야 할 필요가 있을 때마다 단순히 measure 메서드에게 콜백을 제공하고 있다.

마지막으로, 특정한 콜백은 Measurer 인터페이스를 구현하여 만들 수 있다. 예를 들어 면적에 의해 사각형을 측정하는 경우를 살펴보도록 하자.

```
public class AreaMeasurer implements Measurer
{
   public double measure(Object anObject)
   {
      Rectangle aRectangle = (Rectangle) anObject;
      double area = aRectangle.getWidth() * aRectangle.getHeight();
      return area;
   }
}
```

여기에서 measure 메서드는 사각형에 관한 처리만을 수행함에도 불구하고, Object 타입의 매개변수를 1개 가지고 있음에 주목하기 바란다. measure 메서드의 매개변수 타입은 Measurer 인터페이스에 선언된 measure 메서드의 매개변수 타입과 일치해야 된다. 따라서 매개변수 anObject는 다음과 같이 Rectangle 타입으로 강제 형변환 되어야 한다.

```
Rectangle aRectangle = (Rectangle) anObject;
```

AreaMeasurer 클래스의 객체에 대해서는 어떤 작업을 수행할 수 있을까? AreaMeasurer 클래스의 객체는 사각형들의 면적 평균값을 계산하도록 한다. 다음과 같이 AreaMeasurer 클래스로부터 객체를 1개 생성하여 average 메서드에 전달한다.

```
Measurer areaMeas = new AreaMeasurer();
Rectangle[] rects
   = { new Rectangle(5, 10, 20, 30), new Rectangle(10, 20, 30, 40) };
double averageArea = average(rects, areaMeas);
```

average 메서드는 AreaMeasurer 클래스의 객체에게 사각형들을 측정하도록 요청할 것이다.

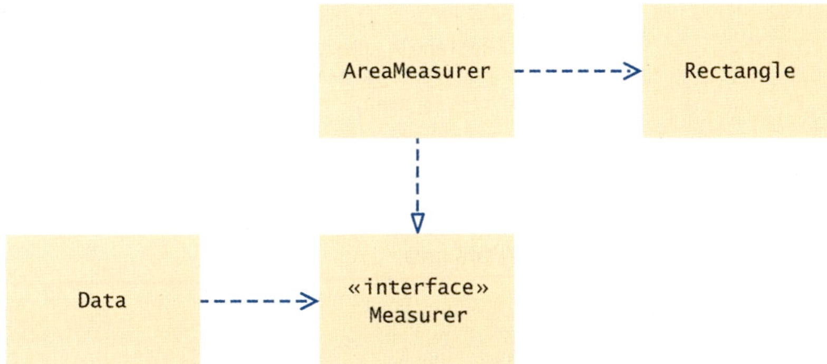

그림 6 Data 클래스와 Measurer 인터페이스에 대한 UML 클래스 다이어그램

그림 6은 지금까지 살펴보았던 클래스들과 인터페이스들에 대한 UML 클래스 다이어그램이다. 그림 1에서와 같이 Data 클래스(average 메서드가 정의되어 있음)는, 객체의 처리를 수행하는 Rectangle 클래스로부터 분리되어 있다. 그러나, 그림 1과는 다르게 Rectangle 클래스는 다른 클래스와 연결되어 있지 않다. 대신에 사각형을 처리하기 위하여 소규모의 '도우미' 역할을 수행하는 AreaMeasurer 클래스가 제공되고 있다. 이러한 도우미 클래스(AreaMeasurer)는, average 메서드에게 해당 객체를 측정하는 방법을 알려주는 단 하나의 목적만을 가지고 있다.

완전한 프로그램은 다음과 같다.

section_5/Measurer.java

```java
/**
   다른 객체들의 측정할 수 있는 객체를 정의한 클래스를 기술한다.
*/
public interface Measurer
{
   /**
      객체의 측정값을 계산한다.
      @param anObject 측정되는 객체
      @return 측정값
   */
   double measure(Object anObject);
}
```

section_5/AreaMeasurer.java

```java
import java.awt.Rectangle;

/**
   이 클래스의 객체는 면적으로 사각형을 측정한다.
*/
public class AreaMeasurer implements Measurer
{
   public double measure(Object anObject)
```

```
    {
        Rectangle aRectangle = (Rectangle) anObject;
        double area = aRectangle.getWidth() * aRectangle.getHeight();
        return area;
    }
}
```

section_5/Data.java

```
public class Data
{
    /**
       주어진 객체들의 측정값에 대한 평균값을 계산한다.
       @param objects 객체들이 보관된 배열
       @param meas  객체들의 측정자 객체
       @return  측정값의 평균값
    */
    public static double average(Object[] objects, Measurer meas)
    {
        double sum = 0;
        for (Object obj : objects)
        {
            sum = sum + meas.measure(obj);
        }
        if (objects.length > 0) { return sum / objects.length; }
        else { return 0; }
    }
}
```

section_5/MeasurerTester.java

```
import java.awt.Rectangle;

/**
   이 프로그램은 Measurer객체에 대한 사용 사례를 시연하고 있다.
*/
public class MeasurerTester
{
    public static void main(String[] args)
    {
        Measurer areaMeas = new AreaMeasurer();

        Rectangle[] rects = new Rectangle[]
            {
                new Rectangle(5, 10, 20, 30),
                new Rectangle(10, 20, 30, 40),
                new Rectangle(20, 30, 5, 15)
            };

        double averageArea = Data.average(rects, areaMeas);
        System.out.println( "평균 면적 : " + averageArea);
        System.out.println( "예상값 : 625" );
    }
}
```

실행 결과

```
평균 면적 : 625
예상값 : 625
```

16. String 객체들의 평균길이를 계산하기 위하여 8.1절의 average 메서드를 사용하려고 한다. 이 방법으로는 올바르게 수행할 수 없는 이유는 무엇인가?
17. String 객체들의 평균길이를 계산하기 위하여 이 절의 average 메서드를 어떻게 사용하면 가능한가?
18. Measurable 인터페이스의 getMeasure 메서드보다 Measurer 인터페이스의 measure 메서드가 매개변수를 1개 더 가지고 있는 이유는 무엇인가?
19. 임의의 2개 객체들 중에서 큰 객체를 찾아내는 max 메서드를 작성하시오. 단, max 메서드는 3개의 매개변수를 갖고 있으며, 객체 비교를 위하여 Measurer 객체를 사용해야 한다.
20. 다음과 같은 작업을 수행하는 코드를 작성하시오.
    - 자습 문제 19의 메서드를 호출하여, 임의의 2개 객체들 중에서 큰 객체를 찾아낸다.
    - 큰 객체의 가로와 세로의 길이를 출력한다.

실습하기 이 장의 끝부분에 있는 복습 문제 및 연습 문제 R8.7, P8.4, P8.5를 수행하시오.

8.6 내장 클래스

내장 클래스는 다른 클래스의 내부에 선언된 클래스이다.

8.5절에서 살펴보았던 AreaMeasurer 클래스는 매우 간단한 클래스이다. average 메서드가 Measurer 인터페이스를 구현하고 있는 클래스의 객체를 필요로 하기 때문에 AreaMeasurer 클래스가 필요했다. AreaMeasurer 클래스와 같이 매우 제한적인 목적을 위해서 필요시 되는 클래스는, 해당 클래스를 필요로 하는 메서드 내부에 정의할 수 있다.

```
public class MeasurerTester
{
   public static void main(String[] args)
   {
      class AreaMeasurer implements Measurer
      {
         . . .
      }

      . . .
```

```
        Measurer areaMeas = new AreaMeasurer();
        double averageArea = Data.average(rects, areaMeas);
        . . .
    }
}
```

내장 클래스는 다른 클래스의 내부에 선언된다.

위의 예에서 등장하는 AreaMeasurer 클래스와 같이, 다른 클래스의 내부에 선언되는 클래스를 **내장 클래스**(inner class)라고 부른다. 이와 같은 내장 방식은 작성된 프로그램을 살펴보는 사람에게 AreaMeasurer 클래스가 해당 메서드의 외부에서는 관심사가 아님을 강조하게 된다. 어떤 메서드의 내부에 정의된 내장 클래스는 메서드의 외부에 공개되지 않으므로, 상세하게 문서화할 필요는 없다.

내장 클래스는 프로그램의 다른 부분에서 액세스 할 수 없도록 제한하고자 하는 유틸리티 클래스들을 위해 주로 사용된다.

어떤 클래스의 내부에 내장 클래스를 선언(단, 메서드의 외부에 선언)할 수도 있다. 이렇게 선언된 내장 클래스는 내포하고 있는 클래스에 정의된 모든 메서드들에서 액세스 가능하다.

```
public class MeasurerTester
{
    class AreaMeasurer implements Measurer
    {
        . . .
    }

    public static void main(String[] args)
    {

        Measurer areaMeas = new AreaMeasurer();
        double averageArea = Data.average(rects, areaMeas);
        . . .
    }
}
```

내장 클래스를 사용하고 있는 프로그램의 소스 파일을 컴파일하는 경우, 프로그램 디렉터리에 있는 클래스 파일들을 살펴보도록 한다. 내장 클래스가 MeasurerTester$1 AreaMeasurer.class와 같은 희한한 이름의 파일에 저장된다. 파일 이름이 중요한 것은 아니고, 그보다는 컴파일러가 내장 클래스를 일반 클래스 파일로 변환시켜 준다는 점이 중요하다.

자습문제

21. 일반 클래스를 대신해서 내장 클래스를 사용하는 이유는 무엇인가?
22. 어떤 경우에 클래스의 내부에(그러나 메서드의 외부에) 내장 클래스를 정의하는가?
23. 8.6절에 등장하는 MeasurerTester 프로그램을 컴파일하면 몇 개의 클래스 파일들이 생성되는가?

실습하기 이 장의 끝부분에 있는 연습 문제 P8.7과 P8.9를 수행하시오.

심화 학습 8.3

무명 클래스

어떤 사물이 이름을 갖지 않는 경우, 익명 또는 무명의 사물이라고 부른다. 어떤 프로그램에서는, 단 한번만 사용되는 것에 대해서는 일반적으로 이름을 붙일 필요가 없다. 예를 들면

```
Country belgium = new Country("Belgium", 30510);
countries.add(belgium);
```

와 같은 코드가 다른 어떤 곳에서도 사용되지 않는다면, 다음과 같이 대체할 수 있다.

```
countries.add(new Country("Belgium", 30510));
```

new Country("Belgium", 30510)에 의해 생성되는 객체는 무명의 객체이다. 무명 객체는 이름 때문에 발생하는 문제가 없기 때문에 프로그래머들이 선호한다. 예를 들어 동전 객체에 대하여 그 이름을 c로 할지 아니면 dime으로 할 것인지, 아니면 aCoin으로 할 것인지 결정하기 어려운 상황에 직면하게 되면, 무명 객체를 사용함으로써 얻을 수 있는 편리성에 대해서 보다 더 잘 이해할 수 있을 것이다.

내장 클래스는 이와 유사한 상황에서 적용할 수 있다. AreaMeasurer 클래스로부터 객체 1개가 생성된 후에는 더 이상 AreaMeasurer 클래스를 사용하지 않는다. 자바 언어에서는 어떤 클래스가 단 1개의 객체를 생성하는데 사용된 경우, 해당 클래스를 무명 클래스로 선언할 수 있다.

```
public static void main(String[] args)
{
   //무명 클래스로부터 객체 1개를 생성한다.
   Measurer m = new Measurer()
      // Measuere 클래스의 선언은 여기부터 시작된다.
      {
         public double measure(Object anObject)
         {
            Rectangle aRectangle = (Rectangle) anObject;
            return aRectangle.getWidth() * aRectangle.getHeight();
         }
      };

   double result = Data.average(rectangles, m);
   . . .
}
```

measure 메서드를 구체적으로 정의함으로써 Measurer 인터페이스를 구현하는 클래스로부터 객체를 1개 생성한다. 다수의 프로그래머들이 이와 같은 방식을 선호하지만, 이 책에서는 사용하지 않기로 한다.

8.7 모의 객체

모의객체는 간략한 방식으로 다른 객체들에게 원래 객체가 제공하는 서비스와 동일한 서비스를 제공한다.

여러 개의 클래스들로 구성된 프로그램을 작성할 때, 전체 프로그램을 완성하기 전에 몇몇 클래스들을 테스트할 필요가 있다. 이러한 경우에 매우 효과적인 기법으로서 **모의 객체**(mock object)를 사용하는 방법이 있다. 모의 객체는 간략한 방식으로 다른 객체들에게 원래 객체가 제공하는 서비스와 동일한 서비스를 제공한다.

학생들의 퀴즈점수를 관리하는 성적표 관련 애플리케이션을 생각해 보도록 하자. 이 애플리케이션은 다음과 같은 메서드들을 갖는 GradeBook 클래스를 포함하고 있다.

```
public void addScore(int studentId, double score)
public double getAverageScore(int studentId)
public void save(String filename)
```

이제 GradeBook 클래스의 객체를 다루는 GradingProgram 클래스에 대해서 살펴보도록 하자. GradingProgram 클래스는 GradeBook 클래스에 정의되어 있는 메서드들을 호출한다. GradeBook 클래스의 모든 기능들이 완벽하게 갖추어져 있지 않더라도 GradingProgram 클래스를 테스트할 수 있다. 이를 위해서는 GradeBook 클래스가 제공하는 메서드와 동일한 메서드를 갖는 인터페이스 타입을 선언해야 한다. 이런 인터페이스의 이름은 아래와 같이 대문자 I를 앞에 붙여서 명명하는 것이 일반적이다.

```
public interface IGradeBook
{
   void addScore(int studentId, double score);
   double getAverageScore(int studentId);
   void save(String filename);
   . . .
}
```

모의 클래스와 실제 클래스는 모두 같은 인터페이스를 구현하여 작성한다.

GradingProgram 클래스는, GradeBook 클래스가 아니라 IGradeBook 인터페이스를 사용해야 한다. 물론 GradeBook 클래스는 IGradeBook 인터페이스를 구현할 것이지만, 앞서 설명한 바와 같이 어떤 경우에는 아직 완성되어있지 않을 수도 있다.

GradeBook 클래스가 미완성 상태인 동안, 단순화된 모의 객체를 제공하도록 한다. 단 1명의 학생만을 다루도록 제한하여 테스트를 수행해보도록 한다.

크리스마스 장식을 설치하는 연습을 하고 싶다면 진짜 나무가 필요없다. 이와 유사하게 컴퓨터 프로그램을 개발하는 경우, 개발한 프로그램의 일부분을 테스트하기 위하여 모의 객체를 사용할 수 있다.

```
public class MockGradeBook implements IGradeBook
{
   private ArrayList<Double> scores;

   public MockGradeBook() { scores = new ArrayList<Double>(); }

   public void addScore(int studentId, double score)
   {
      // studentId는 무시한다.
      scores.add(score);
   }
   public double getAverageScore(int studentId)
   {
      double total = 0;
      for (double x : scores) { total = total + x; }
      return total / scores.size();
   }
   public void save(String filename)
   {
      // 아무것도 하지 않는다.
   }
   . . .
}
```

이제 MockGradeBook 클래스로부터 객체를 1개 생성하여 GradingProgram 클래스에서 사용하도록 한다. 이렇게 함으로써 GradingProgram 클래스를 즉시 테스트할 수 있다. 실제 클래스(GradeBook 클래스)를 테스트할 수 있는 상태가 되면, GradeBook 클래스로부터 객체를 1개 생성하여 이용하면 된다. 모의 클래스는 삭제하지 말고, 회귀 테스트(regression test)를 수행할 때 사용하도록 한다.

자습문제

24. 실제 클래스와 모의 클래스가 같은 인터페이스 타입을 구현해야 하는 이유는 무엇인가?
25. 2명의 프로그래머들에 의해 GradeBook 클래스와 GradingProgram 클래스를 개발하는 경우에 모의 객체를 이용하는 방법이 특히 효과적인 이유는 무엇인가?

실습하기 이 장의 끝부분에 있는 연습 문제 P8.35와 P8.36을 수행하시오.

8.8 이벤트 처리

8.8절과 8.9절에서는 그래픽에 관한 내용이 포함되어 있고, 그래픽 사용자 인터페이스를 프로그래밍하는 경우에 인터페이스가 어떻게 사용되는지를 배우게 된다.

지금까지 작성했던 애플리케이션들에서는 사용자 입력이 프로그램을 통제하는 방식이었다. 즉, 지금까지 작성된 프로그램에서는 사용자들에게 특정한 순서에 맞추어서 입력하도록 하였다. 예를 들면 어떤 프로그램에서는 사용자에게 첫 번째 입력으로 이름을, 두 번째 입력으로는 금액을 입력하도록 요구하였다. 그러나 일상생활에서 사용되는 프로그램들은 이와 같은 방식으로 동작하지 않는다. 그래픽 사용자 인터페이스를 갖춘 프로그램에서는 사용자가 주도적인 입장에서 프로그램을 사용한다. 프로그램 사용자는 마우스와 키보드를 모두 사용하면서 사용자가 원하는 순서대로 사용자 인터페이스의 많은 부분들을 처리할 수 있다. 예를 들면 사용자는 순서에 구애받지 않으면서 텍스트 필드에 정보를 입력하고, 메뉴를 펼쳐보고, 버튼을 클릭하고, 스크롤바를 드래그할 수 있다. 사용자로부터 전달되는 처리명령들이 어떤 순서로 도착하더라도 프로그램은 반응해야 한다. 정해진 어떤 순서에 따라서 사용자 입력을 처리하는 것보다, 무작위 순서로 입력되는 모든 가능한 사용자 입력들을 처리하는 것이 훨씬 더 어렵다.

사용자 인터페이스 이벤트에는, 키 누름, 마우스 이동, 버튼 클릭, 메뉴 선택 등이 있다.

다음 절에서는 메뉴 선택과 마우스 클릭 등과 같은 사용자 인터페이스 이벤트에 대하여 반응할 수 있는 자바 프로그램을 작성하는 방법에 대해서 학습하도록 한다. 자바 윈도우 툴킷은 흥미로운 사용자 인터페이스 이벤트들의 기술 및 이런 이벤트들을 감지하는 객체를 표현할 수 있는 프로그램을 작성하기 위한 세련된 체계를 제공한다.

8.8.1 이벤트 감시

그래픽 프로그램의 사용자가 문자를 입력하거나 프로그램에 등장하는 윈도우들 중에서 어느 하나의 윈도우 내부에서 마우스를 사용할 때마다, 자바 윈도우 툴킷은 프로그램에게 이벤트가 발생했음을 알려준다. 윈도우 툴킷은 수많은 이벤트들을 발생시킨다. 예를 들어 어떤 윈도우 위에서 마우스를 아주 작은 간격으로 움직일 때마다 “mouse move” 이벤트가 발생한다. 마우스 버튼을 클릭할 때마다 “mouse pressed” 이벤트와 “mouse released” 이벤트가 발생한다. 또한 사용자가 메뉴항목 또는 버튼을 선택하면 더 상위레벨의 이벤트가 발생한다.

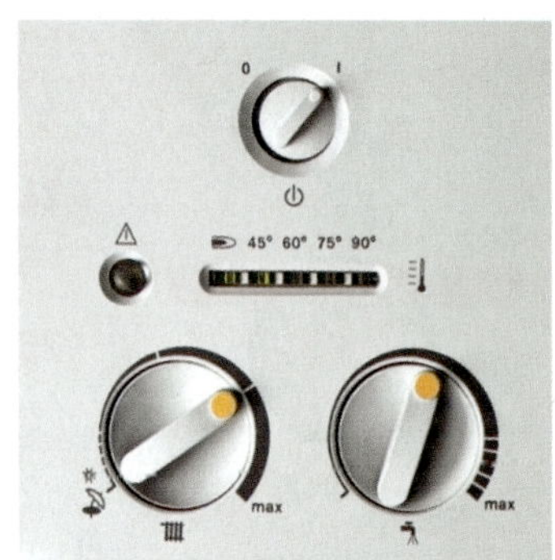

사용자 인터페이스를 갖춘 이벤트 구동형 프로그램에서는, 사용자가 컴포넌트를 조작할 때마다 프로그램은 이벤트를 수신한다.

대부분의 프로그램들은 관련없는 이벤트들이 난무하는 것을 원하지 않는다. 마우스를 이용하여 메뉴항목을 선택했을 때 어떤 일이 일어나는지 생각해보자. 사용자는 메뉴항목 위로 마우스를 움직여서 마우스 버튼을 누른 후에 다시 마우스 버튼을 뗀다. 이와 같은 동작에 관하여 모든 마우스 이벤트들을 프로그램이 수신하는 것 보다는, 메뉴 선택에 관한 이벤트들에 대해서만 집중

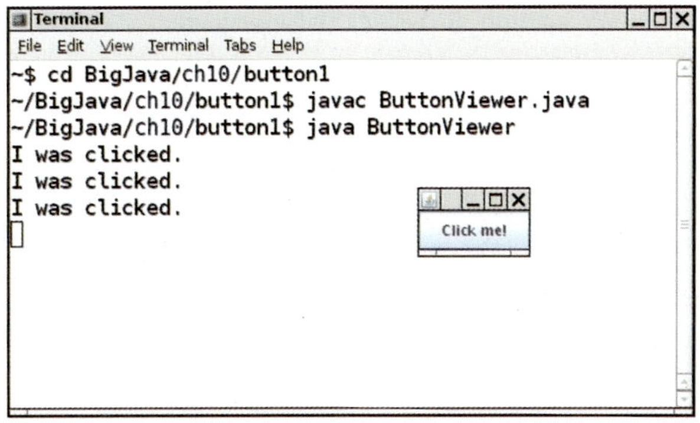

그림 7 ActionListener를 구현한 예

하도록 프로그램에 명시된다. 그러나 가상적인 캔버스 위에 다각형을 그리기 위하여 마우스 입력이 사용된 경우에는, 마우스 이벤트들을 상세하게 추적할 필요가 있다.

모든 프로그램에는 어떤 이벤트들을 수신할 것인지를 명시해야 한다. 이러한 작업은 **이벤트 리스너**(event listener) 객체를 프로그램 내부에 설치함으로써 수행할 수 있다. 이벤트 리스너 객체는 프로그래머가 작성하는 어떤 클래스로부터 생성된다. 프로그래머가 작성하는 이벤트 리스너 클래스에 정의되는 메서드에는, 해당 이벤트가 발생되었을 때 수행되어야 하는 명령어들이 작성되어 내장된다.

이벤트 감시자 객체는, 프로그래머가 작성하는 클래스로부터 생성된다. 이벤트 감시자 객체의 메서드에는 이벤트가 발생되었을 때 수행되는 동작을 기술한다.

이벤트 리스너 객체를 설치하기 위해서는 **이벤트 소스**(event source)에 대해서 알고 있어야 한다. 이벤트 소스는 해당 이벤트를 생성시키는 사용자 인터페이스 컴포넌트이다. 프로그래머가 이벤트 리스너 객체를 적정한 이벤트 소스에 추가해놓으면, 이벤트가 발생할 때마다 이벤트 소스는 추가된 이벤트 리스너 객체의 적절한 메서드를 호출한다.

이벤트가 발생하면 이벤트 소스는 모든 이벤트 감시자 객체들에게 이벤트 발생을 알려준다.

버튼이 클릭될 때마다 메시지를 출력하는 예제 프로그램(그림 7 참조)을 살펴보도록 하자. 버튼 이벤트 리스너 객체는 ActionListener 인터페이스를 구현하는 클래스로부터 생성된다.

```
public interface ActionListener
{
   void actionPerformed(ActionEvent event);
}
```

ActionListener 인터페이스에는 단 1개의 메서드 actionPerformed가 선언되어 있다. 프로그래머는 아래의 예와 같이, 버튼이 클릭될 때마다 수행되어야 하는 명령어들을 actionPerformed 메서드의 몸체부분에 정의해서 ActionListener 인터페이스를 구현하는 클래스에 추가한다.

section_8_1/ClickListener.java

```
import java.awt.event.ActionEvent;
import java.awt.event.ActionListener;

/**
  메시지를 출력하는 동작을 수행하는 이벤트 리스너 객체에 대한 클래스
*/
public class ClickListener implements ActionListener
{
   public void actionPerformed(ActionEvent event)
   {
      System.out.println( "버튼이 클릭되었습니다." );
   }
}
```

위의 소스 코드에서 actionPerformed 메서드의 매개변수 이벤트에 대한 값은 무시하도록 한다. 매개변수 이벤트에는 이벤트가 발생된 시간 등과 같은, 발생된 이벤트에 대한 추가적인 정보가 포함되어 있다.

이벤트 리스너 클래스가 정의되면, 이 클래스로부터 객체를 생성하여 버튼에 추가해야 된다.

버튼을 생성하기 위해서 JButton 컴포넌트를 사용한다. 각 버튼에는 ActionListener 객체를 1개씩 부착시키도록 한다.

```
ActionListener listener = new ClickListener();
button.addActionListener(listener);
```

버튼이 클릭될 때마다 다음과 같은 명령문이 호출되며, 그 결과로 화면에 메시지가 출력된다.

```
listener.actionPerformed(event);
```

Measurer 클래스의 measure 메서드처럼 actionPerformed 메서드를 일종의 콜백이라고 생각할 수도 있다. 어떤 객체를 측정하려고 할 때마다 Data 클래스가 measure 메서드를 호출하듯이, 자바 윈도우 툴킷은 버튼이 클릭될 때마다 actionPerformed 메서드를 호출한다.

아래의 프로그램에서 살펴보게 되는 ButtonViewer 클래스는 1개의 버튼을 갖는 프레임을 구성하고, 버튼에 ClickListener 클래스로부터 생성된 이벤트 리스너 객체를 추가한다. 이 프로그램에서는 실행 결과 화면 윈도우를 열면 ButtonViewer 프로그램이 시작된다. 사용자가 버튼을 클릭하면 실행 결과 화면상에 메시지가 출력된다.

section_8_1/ButtonViewer.java

```
import java.awt.event.ActionListener;
import javax.swing.JButton;
import javax.swing.JFrame;

```

```
/**
   이 프로그램은 이벤트 리스너 객체를 설치하는 방법을 보여주고 있다.
*/
public class ButtonViewer
{
   private static final int FRAME_WIDTH = 100;
   private static final int FRAME_HEIGHT = 60;

   public static void main(String[] args)
   {
      JFrame frame = new JFrame();
      JButton button = new JButton( "Click me!" );
      frame.add(button);

      ActionListener listener = new ClickListener();
      button.addActionListener(listener);

      frame.setSize(FRAME_WIDTH, FRAME_HEIGHT);
      frame.setDefaultCloseOperation(JFrame.EXIT_ON_CLOSE);
      frame.setVisible(true);
   }
}
```

8.8.2 내장 클래스를 사용하여 이벤트 리스너 객체 만들기

8.8.1절에서는 버튼이 클릭되었을 때 실행되는 코드를 리스너 클래스에 내장시키는 방법에 대해서 살펴보았다. 한편, 아래와 같이 리스너 클래스를 내장 클래스로 구현하는 방법이 일반적이다.

```
JButton button = new JButton(". . .");

// 아래의 내장 클래스는 버튼 변수와 같은 메서드내에 선언된다.
class MyListener implements ActionListener
{
   . . .
};

ActionListener listener = new MyListener();
button.addActionListener(listener);
```

리스너 클래스를 내장 클래스로 만드는 경우, 2가지 장점이 있다. 첫 번째 장점으로는 리스너 클래스가 매우 간단해진다는 점이다. 프로그램의 나머지 부분을 흐트러지게 하지 않고 내장 클래스를 필요로 하는 곳에 위치시킬 수 있다. 더구나 내장 클래스는 매우 매력적인 특징을 한 가지 가지고 있다. 내장 클래스의 메서드들은 주변에 있는 클래스의 인스턴스 변수들과 메서드들을 액세스할 수 있다.

내장 클래스의 메서드는 주변에 있는 클래스의 변수들을 액세스할 수 있다.

이와 같은 특징은 이벤트 처리를 위한 코드를 구현하는 경우에 특히 유용하다. 이벤트 객체를 생성자 또는 메서드의 매개변수로 수신할 필요없이 내장 클래스가 변수들을 액세스할 수 있게 된다.

한 가지 예를 살펴보도록 하자. 버튼이 클릭될 때마다 은행 계좌에 이자를 추가하기 위하여 다음과 같은 코드를 작성한다고 가정해 보자.

```
JButton button = new JButton( "이자추가" );
final BankAccount account = new BankAccount(INITIAL_BALANCE);

// 아래의 내장 클래스는 변수 account와 button과 같은 메서드 내에 선언된다.
class AddInterestListener implements ActionListener
{
   public void actionPerformed(ActionEvent event)
   {
      //리스너 메서드는 주변의 코드블럭으로 부터 account 변수를 액세스한다.
      double interest = account.getBalance() * INTEREST_RATE / 100;
      account.deposit(interest);
   }
};

ActionListener listener = new AddInterestListener();
button.addActionListener(listener);
```

내장 클래스의 메서드에 의해 액세스되는 지역변수들은 반드시 final로 선언되어야 한다.

위와 같이 작성된 코드에는 한 가지 기술적인 제약사항이 존재한다. 내장 클래스는 final로 선언된 주변의 지역 변수들만을 액세스할 수 있다. 이러한 제약사항은 걸림돌로 생각될 수도 있으나, 실제로는 문제점이 되지 않는다. 객체 참조 변수가 항상 같은 객체를 참조하는 경우에는 final로 선언해야 한다는 사실을 기억하도록 하자. 객체의 상태는 변경될 수는 있지만, 객체 참조 변수가 다른 객체를 참조할 수는 없다. 예를 들어, 은행 계좌 프로그램에서 어떤 account 변수에 대하여 여러 개의 은행 계좌들을 참조하도록 하지 않기 때문에, 해당 account 변수를 final로 선언한다고 해서 문제시되지 않는다.

내장 클래스는 한 가지 제약사항을 추가하여 주변 클래스의 인스턴스 변수들을 액세스할 수 있다. 이러한 주변 클래스의 인스턴스 변수는 내장 클래스의 객체를 생성하는 객체를 참조해야 한다. 만약 내장 클래스의 객체가 정적 메서드 내부에서 생성되었다면, 정적 변수들만을 액세스할 수 있다.

지금까지 논의된 사항에 대한 프로그램의 소스 코드는 다음과 같다.

section_8_2/InvestmentViewer1.java

```
import java.awt.event.ActionEvent;
import java.awt.event.ActionListener;
import javax.swing.JButton;
import javax.swing.JFrame;

/**
   이 프로그램은 이벤트 리스너 객체가 주변의 코드블럭의
   변수를 액세스하는 방법을 보여주고 있다.
*/
public class InvestmentViewer1
{
```

```
    private static final int FRAME_WIDTH = 120;
    private static final int FRAME_HEIGHT = 60;

    private static final double INTEREST_RATE = 10;
    private static final double INITIAL_BALANCE = 1000;

    public static void main(String[] args)
    {
       JFrame frame = new JFrame();

       // 아래의 버튼은 계산의 시작을 알려준다.
       JButton button = new JButton("이자추가");
       frame.add(button);

       // 은행 계좌에 이자를 추가
       final BankAccount account = new BankAccount(INITIAL_BALANCE);

       class AddInterestListener implements ActionListener
       {
          public void actionPerformed(ActionEvent event)
          {
             // 리스너 메서드는 주변의 코드 블럭으로 부터
             // account 변수를 액세스한다.
             double interest = account.getBalance() * INTEREST_RATE / 100;
             account.deposit(interest);
             System.out.println("이자 : " + account.getBalance());
          }
       }

       ActionListener listener = new AddInterestListener();
       button.addActionListener(listener);

       frame.setSize(FRAME_WIDTH, FRAME_HEIGHT);
       frame.setDefaultCloseOperation(JFrame.EXIT_ON_CLOSE);
       frame.setVisible(true);
    }
}
```

실행 결과

```
이자 : 1100.0
이자 : 1210.0
이자 : 1331.0
이자 : 1464.1
```

자습문제

26. ButtonViewer 프로그램에서 이벤트 소스 객체와 이벤트 리스너 객체는 무엇인가?
27. ClickListener 객체를 ActionListener 타입의 변수에 대입하는 것이 올바른 이유는 무엇인가?
28. actionPerformed 메서드는 언제 호출되는가?
29. 내장 클래스의 메서드는 그 메서드가 정의된 주변 범위 내에 선언된 변수만을 액세스 할 수 있다. 그 이유는 무엇인가?

30. 어떤 내장 클래스가 주변범위 내에 있는 지역 변수를 액세스하는 경우, 어떤 규칙이 적용되는가?

실습하기 이 장의 끝부분에 있는 복습 문제 및 연습 문제 R8.14, R8.20, P8.13을 수행하시오.

흔한 오류 8.3

메서드를 구현할 때 매개변수의 타입을 변경하는 경우에 발생하는 오류

인터페이스를 구현하는 경우 각 메서드는 인터페이스에 명시되어 있는 시그니처와 불일치되지 않도록 정확히 정의되어야 한다. 실수로 매개변수의 타입을 조금이라도 변경하게 되면 오류가 발생한다. 예를 들면,

```
class MyListener implements ActionListener
{
   public void actionPerformed()
   // 매개변수 ActionEvent를 기입하지 않았음!
   {
      . . .
   }
}
```

위의 코드에서 MyListener 클래스는 다음과 같은 메서드를 제공할 수 없게 된다.

```
public void actionPerformed(ActionEvent event)
```

컴파일러가 알려주는 오류 메시지를 주의 깊게 읽어보면서, 매개변수와 반환값의 타입에 오류가 없는지 살펴보도록 한다.

흔한 오류 8.4

리스너 메서드를 호출하려는 경우에 발생하는 오류

다음과 같이 리스너 메서드를 직접 호출하려고 시도하는 경우도 있다.

```
ActionEvent event = new ActionEvent(. ..); // 이렇게 하면 안 된다!
listener.actionPerformed(event);
```

리스너 메서드를 직접 호출해서는 안 된다. 프로그램 사용자가 버튼을 클릭했을 때 자바 사용자 인터페이스가 리스너 메서드를 호출한다.

8.9 버튼을 사용하는 애플리케이션의 작성

이 절에서는 버튼이 포함된 그래픽 애플리케이션의 작성방법에 대해서 살펴보도록 한다. 지금까지 다루어보았던 investment viewer 프로그램에 버튼을 추가하여 버튼이 클릭될 때마다 은행 계좌에 이자가 추가되고, 새로운 계좌 잔액이 화면에 표시되도록 변경해보자(그림8 참조).

먼저 JButton 클래스로부터 객체를 생성한다. 이때 버튼의 레이블을 JButton 클래스의 생성자에게 전달한다.

```
JButton button = new JButton("이자추가");
```

그리고 현재 은행 계좌의 잔고액을 표시하기 위한 사용자 인터페이스 컴포넌트가 필요하다. 이와 같은 목적에 부합하는 컴포넌트를 **레이블**(label)이라고 부른다. 레이블에 표시되는 메시지(문자열)는 다음과 같이 JLabel 클래스의 생성자에 전달해야 한다.

```
JLabel label = new JLabel("현재 잔고액 : " + account.getBalance());
```

여러개의 유저 인터페이스 컴포넌트들을 함께 그룹핑하기 위한 컨테이너 역할을 하는 JPanel을 사용한다.

이제 작성되는 프로그램의 프레임에는 버튼 1개와 레이블 1개가 포함되어야 한다. 그런데 단순히 2개의 컴포넌트들(버튼과 레이블)을 프레임에 추가하게 되면, 서로 상단 부분에 자리 잡게 된다. 이러한 문제점을 해결하기 위해서, 다른 유저 인터페이스 컴포넌트들의 컨테이너 역할을 하는 **패널**(panel)을 사용하여 버튼과 레이블을 패널에 추가한 후에, 다시 패널을 프레임에 추가하도록 한다.

```
JPanel panel = new JPanel();
panel.add(button);
panel.add(label);
frame.add(panel);
```

버튼이 클릭되었을 때 수행되어야 하는 동작에 대해서는 ActionListener 인터페이스를 구현한 클래스에 작성한다.

다음 단계에서는 버튼 클릭에 대한 처리를 수행하는 이벤트 리스너 객체(event listener)를 준비해야 한다. 8.8절에서 살펴본 바와 같이 ActionListener 인터페이스를 구현하는 리스너 클래스를 작성하고, 버튼 클릭에 의해 발생하는 액션 객체를 actionPerformed에 전달해야 한다. 리스너 클래스에서는 은행 계좌에 이자를 추가하고 계좌 잔고액을 화면에 표시한다.

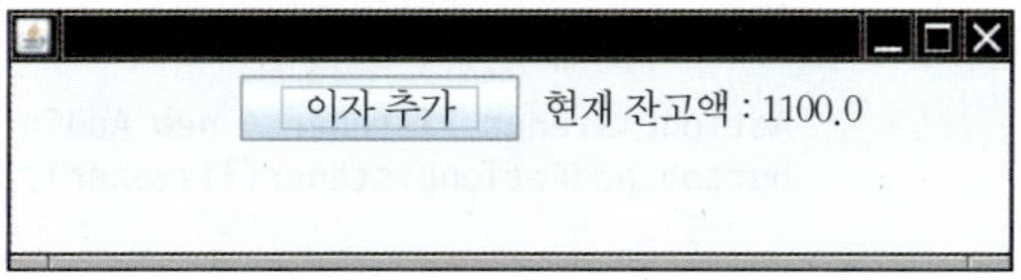

그림 8 버튼이 포함된 애플리케이션

버튼이 클릭될 때마다 모든 리스너 객체들에 대하여
actionPerformed 메서드가 호출된다.

```
class AddInterestListener implements ActionListener
{
   public void actionPerformed(ActionEvent event)
   {
      double interest = account.getBalance() * INTEREST_RATE / 100;
      account.deposit(interest);
      label.setText("현재 잔고액 : " + account.getBalance());
   }
}
```

위의 프로그램에는 약간의 기술적인 사항이 포함되어 있다. actionPerformed 메서드는 2개의 변수들(account와 label)을 사용하고 있다. 이러한 변수들은 AddInterestListener 클래스의 인스턴스 변수들이 아니라, investment viewer 프로그램의 main 메서드의 지역 변수들이다. 따라서 2개의 변수들(account와 label)을 final로 선언하여 actionPerformed 메서드가 액세스 할 수 있도록 할 필요가 있다.

위의 프로그램을 다른 부분과 결합시켜 보자.

```
public static void main(String[] args)
{
   . . .
   JButton button = new JButton( "이자추가" );
   final BankAccount account = new BankAccount(INITIAL_BALANCE);
   final JLabel label = new JLabel( "현재 잔고액 : " + account.getBalance());

   class AddInterestListener implements ActionListener
   {
      public void actionPerformed(ActionEvent event)
      {
         double interest = account.getBalance() * INTEREST_RATE / 100;
         account.deposit(interest);
         label.setText( "현재 잔고액 : " + account.getBalance());
      }
   }

   ActionListener listener = new AddInterestListener();
   button.addActionListener(listener);
   . . .
}
```

조금 연습하면 위의 코드를 살펴보고 다음과 같은 자연어 문장으로 표현할 수 있을 것이다.

"버튼이 클릭되면, 이자를 추가하고 레이블에 표시되는 문장을 설정한다."

이상에서 논의된 내용을 토대로 완전한 프로그램을 아래에 제시하였다. 아래의 프로그램은 패널을 이용하여 프레임에 여러 가지 컴포넌트들을 추가하는 방법과, 리스너를 내장 클래스로 구현하는 방법을 보여주고 있다.

section_9/InvestmentViewer2.java

```
import java.awt.event.ActionEvent;
import java.awt.event.ActionListener;
import javax.swing.JButton;
import javax.swing.JFrame;
import javax.swing.JLabel;
import javax.swing.JPanel;

/**
   이 프로그램은 예금 수익률을 보여준다.
*/
public class InvestmentViewer2
{
   private static final int FRAME_WIDTH = 400;
   private static final int FRAME_HEIGHT = 100;

   private static final double INTEREST_RATE = 10;
   private static final double INITIAL_BALANCE = 1000;

   public static void main(String[] args)
   {
      JFrame frame = new JFrame();

      //아래의 버튼은 계산의 시작을 알려준다.
      JButton button = new JButton( "이자추가" );

      //은행 계좌에 이자를 추가
      final BankAccount account = new BankAccount(INITIAL_BALANCE);

      //이자가 추가된 결과를 표시하는 레이블
      final JLabel label = new JLabel("현재 잔고액 : " + account.getBalance());

      //유저 인터페이스 컴포넌트들을 포함하고 있는 패널
      JPanel panel = new JPanel();
      panel.add(button);
      panel.add(label);
      frame.add(panel);

      class AddInterestListener implements ActionListener
      {
         public void actionPerformed(ActionEvent event)
         {
            double interest = account.getBalance() * INTEREST_RATE / 100;
            account.deposit(interest);
```

```
                label.setText("현재 잔고액 : " + account.getBalance());
            }
        }

        ActionListener listener = new AddInterestListener();
        button.addActionListener(listener);

        frame.setSize(FRAME_WIDTH, FRAME_HEIGHT);
        frame.setDefaultCloseOperation(JFrame.EXIT_ON_CLOSE);
        frame.setVisible(true);
    }
}
```

자습문제

31. "이자추가" 버튼의 왼쪽에 "현재 잔고액 : . . ." 메시지를 위치시키기 위해서는 어떻게 하면 되는가?

32. button 변수를 final로 선언할 필요가 없는 이유는 무엇인가?

실습하기 이 장의 끝부분에 있는 연습 문제 P8.14, P8.15, P8.16을 수행하시오.

흔한 오류 8.5

리스너 부착을 잊은 경우에 발생하는 오류

만약 프로그램을 실행시켰을 때 버튼이 동작하지 않는다면, 버튼 리스너를 부착시켰는지 확인하도록 하라. 이와 같은 오류 조치 방법은 다른 유저 인터페이스 컴포넌트들에 대해서도 동일하게 적용된다. 리스너를 부착하는 것을 깜빡 잊어서 발생하는 위와 같은 오류는, 이벤트 소스에 리스너를 부착하지 않은 채로 리스너 클래스와 이벤트 처리 코드를 작성한 프로그램에서 흔히 발생한다.

알아 두기 8.1

컨테이너를 리스너로 사용하지 말 것

이 책에서는 내장 클래스를 이벤트 리스너로 사용하고 있다. 이러한 방식은 다양한 이벤트 유형을 처리하는데 효과적이며, 한번 익숙해지면 더없이 편리하다. 대부분의 프로그램 개발환경에서는 내장 클래스 방식으로 코드를 자동 생성한다.

그러나 몇몇 프로그래머들은 이벤트 리스너 클래스를 사용하지 않고, 대신에 컨테이너(패널 또는 프레임 등)를 리스너로 전환시키는 경우가 있다. 아래에는 전형적인 예가 제시되어 있다. actionPerformed 메서드가 InvestmentViewer 클래스에 추가되어 있다. 즉, InvestmentViewer 클래스가 ActionListener 인터페이스를 구현하는 방식이다.

```
public class InvestmentViewer
      implements ActionListener // 이와 같은 방식은 바람직하지 않다.
{
   public InvestmentViewer()
   {
      JButton button = new JButton( "이자추가" );
      button.addActionListener(this);
      . . .
   }

   public void actionPerformed(ActionEvent event)
   {
      . . .
   }
   . . .
}
```

이제 actionPerformed 메서드는 별도의 리스너 클래스의 일부분이 아니라, InvestmentViewer 클래스의 일부분이 되어 있다. 리스너를 부착하기 위하여 this를 사용하고 있다.

이와 같은 방식에는 2가지 결점이 있는데, 우선, 버튼에 대한 선언과 버튼 액션이 분리되어 있다. 또한, 코드의 규모가 커지게 된다. 만약 InvestmentViewer 클래스가 2개의 버튼을 포함하고 있고, 각각 액션 이벤트가 생성된다면, actionPerformed 메서드는 이벤트 소스를 찾아내야 한다. 따라서 코드가 복잡해지고 오류가 발생하기 쉬워진다.

8.10 타이머 이벤트의 처리

이 절에서는 타이머 이벤트에 대해서 살펴보고, 타이머 이벤트를 사용하여 간단한 에니메이션 프로그램을 구현하는 방법을 학습한다.

javax.swing 패키지에 정의되어 있는 Timer 클래스는, 사용자가 정한 시간 간격으로 일련의 액션 이벤트들을 생성한다(Timer를 자동적으로 클릭되는 보이지 않는 버튼이라고 생각하면 된다). Timer 클래스는 일정한 시간 간격으로 갱신되는 객체가 필요한 경우에 유용하다. 예를 들면, 어떤 이미지를 초당 10번씩 갱신하여 화면에 보여줌으로써 움직이는 모습을 나타내려는 애니메이션을 가정해 보자.

Swing 패키지의 Timer 클래스에서 생성된 객체는 각 시각마다 리스너에게 알려준다.

Timer 클래스는 정해진 시간간격마다 타이머 이벤트를 생선한다.

Timer 클래스의 객체를 사용하는 경우, 이벤트 발생 주기와 ActionListener 인터페이스를 구현한 클래스의 객체(리스너 객체)를 지정해야 한다. 또한, actionPerformed 메서드의 내부에 발생시킬 액션을 지정해두어야 한다. 마지막으로 타이머를 시작시킨다.

```
class MyListener implements ActionListener
{
   public void actionPerformed(ActionEvent event)
   {
      // 여기에 각 타이머 이벤트가 발생될 때마다 수행되는 동작을 표현한다.
   }
}

MyListener listener = new MyListener();
Timer t = new Timer(interval, listener);
t.start();
```

타이머는 정해진 시간 간격마다 listener 객체의 actionPerformed 메서드를 호출한다.

움직이는 사각형을 표시하는 예제 프로그램을 살펴보도록 하자. 먼저, 주어진 거리만큼 사각형을 이동시키는 moveRectangleBy 메서드가 정의된 RectangleComponent 클래스를 작성하도록 한다.

section_10/RectangleComponent.java

```
import java.awt.Graphics;
import java.awt.Graphics2D;
import java.awt.Rectangle;
import javx.swing.JComponent;

/**
   아래의 클래스에서 생성된 객체는 이동 가능한 사각형을 화면에 표시한다.
*/
public class RectangleComponent extends JComponent
{
   private static final int BOX_X = 100;
   private static final int BOX_Y = 100;
   private static final int BOX_WIDTH = 20;
   private static final int BOX_HEIGHT = 30;

   private Rectangle box;

   public RectangleComponent()
   {
      // paintComponent 메서드가 작성하는 사각형
      box = new Rectangle(BOX_X, BOX_Y, BOX_WIDTH, BOX_HEIGHT);
   }

   public void paintComponent(Graphics g)
   {
      Graphics2D g2 = (Graphics2D) g;
      g2.draw(box);
   }

   /**
      주어진 거리만큼 사각형을 이동시킨다.
      @param dx  x축 방향으로 이동시킬 거리
      @param dy  y축 방향으로 이동시킬 거리
   */
   public void moveRectangleBy(int dx, int dy)
   {
```

```
      box.translate(dx, dy);
      repaint();
   }
}
```

repaint 메서드는 컴포넌트를 화면에 다시 표시한다. paintComponent 메서드가 그리는 도형들을 갱신할 때마다 repaint 메서드를 호출한다.

moveRectangleBy 메서드의 내부에서 repaint 메서드를 호출하는 부분에 대해서 살펴보도록 하자. repaint 메서드 호출은 사각형 객체의 상태변경이 완료된 후에 RectangleComponent 객체를 화면에 다시 표시해준다. 이 때 기억해두어야 할 사항으로는 RectangleComponent 객체는 화면표시를 위해서 픽셀값을 가지고 있지 않다는 점이다. RectangleComponent 객체는 단순히 Rectangle 객체가 내장되어 있고, Rectangle 객체 내부에는 4개의 좌표계값이 포함되어 있다. translate 메서드를 호출함으로써, 사각형의 좌표계값이 갱신된다. 그리고 repaint 메서드가 호출되면 paintComponent 메서드가 다시 호출된다. painComponent 메서드는 RectangleComponent 객체를 화면에 다시 표시한다. 이렇게 함으로써 갱신된 위치에 사각형이 나타나게 된다.

타이머 리스너의 actionPerformed 메서드는 단순하게 component.moveBy(1, 1)을 호출하며, 이에 따라서 사각형이 아래쪽으로 1픽셀, 오른쪽으로 1픽셀 이동하게 된다. actionPerformed 메서드는 1초당 여러 번 호출되므로, 사각형은 프레임 위에서 부드럽게 이동하는 것처럼 표시된다.

section_10/RectangleFrame.java

```
import java.awt.event.ActionEvent;
import java.awt.event.ActionListener;
import javax.swing.JFrame;
import javax.swing.Timer;

/**
   아래의 프레임에는 이동 가능한 사각형이 포함된다.
*/
public class RectangleFrame extends JFrame
{
   private static final int FRAME_WIDTH = 300;
   private static final int FRAME_HEIGHT = 400;

   private RectangleComponent scene;

   class TimerListener implements ActionListener
   {
      public void actionPerformed(ActionEvent event)
      {
         scene.moveRectangleBy(1, 1);
      }
   }

   public RectangleFrame()
   {
      scene = new RectangleComponent();
```

```java
        add(scene);

        setSize(FRAME_WIDTH, FRAME_HEIGHT);

        ActionListener listener = new TimerListener();

        final int DELAY = 100; // 시간 간격(Milli 초)
        Timer t = new Timer(DELAY, listener);
        t.start();
    }
}
```

section_10/RectangleViewer.java

```java
import javax.swing.JFrame;

/**
   이 프로그램에서는 사각형을 이동시킨다.
*/
public class RectangleViewer
{
   public static void main(String[] args)
   {
      JFrame frame = new RectangleFrame();
      frame.setTitle("움직이는 사각형");
      frame.setDefaultCloseOperation(JFrame.EXIT_ON_CLOSE);
      frame.setVisible(true);
   }
}
```

자습문제

33. 타이머에 리스너 객체가 필요한 이유는 무엇인가?

34. moveBy 메서드의 내부에서 repaint 메서드 호출문을 삭제하면 어떻게 되는가?

실습하기 이 장의 끝부분에 있는 연습 문제 P8.20과 P8.21을 수행하시오.

흔한 오류 8.6

Repaint를 실행시키는 것을 잊은 경우에 발생하는 오류

화면에 표시되는 컴포넌트가 가지고 있는 데이터를 이벤트 처리기가 변경하는 경우에 주의할 필요가 있다. 컴포넌트의 데이터를 변경하는 경우, 새롭게 갱신된 데이터를 갖는 컴포넌트는 자동으로 다시 화면에 표시되지 않는다. 따라서 이벤트 처리기 내부 또는 컴포넌트의 변경자 메서드 내부에서 해당 컴포넌트의 repaint 메서드를 반드시 호출해야 한다. 그러면 해당 컴포넌트의 paintComponent 메서드가 적합한 Graphics 객체와 더불어서 호출된다. 이때 주의할 사항으로 paintComponent 메서드를 직접 호출해서는 안 된다는 점이다.

위에서 설명한 사항들은 자신만의 컴포넌트를 제작하여 화면에 표시하는 경우에 해당된다. 표준 Swing 패키지의 컴포넌트(예 ; JLabel)를 이용하는 경우에는 변경된 사항을 반영하여 자동적으로 화면에 다시 표시해준다.

8.11 마우스 이벤트

마우스 이벤트를 포착하기 위해서 마우스 리스너를 사용한다.

그림을 표시하는 프로그램을 작성하는 경우, 사용자들이 마우스를 이용하여 그림을 조작할 수 있어야 한다. 이러한 경우에는 마우스 이벤트(mouse event)를 처리해야 한다. 마우스 이벤트를 처리하는 프로그램은 버튼 클릭이나 타이머가 포함된 프로그램보다 조금 더 복잡하다.

마우스 리스너는 MouseListener 인터페이스를 구현해야 하며, MouseListener 인터페이스에는 다음과 같은 5개의 메서드가 포함되어 있다.

```
public interface MouseListener
{
    void mousePressed(MouseEvent event);
      // 어떤 컴포넌트에 대하여 마우스 버튼을 눌렀을 때 호출된다.
    void mouseReleased(MouseEvent event);
      // 어떤 컴포넌트에 대하여 마우스 버튼을 떼었을 때 호출된다.
    void mouseClicked(MouseEvent event);
      // 어떤 컴포넌트에 대하여 마우스를 클릭했을 때 호출된다.
    void mouseEntered(MouseEvent event);
      // 마우스가 어떤 컴포넌트 영역에 들어갔을 때 호출된다.
    void mouseExited(MouseEvent event);
      // 마우스가 어떤 컴포넌트 영역으로부터 나왔을 때 호출된다.
}
```

Swing 패키지에서 마우스 이벤트는 쥐(mouse)들을 모아놓은 것이 아니라, 프로그램 사용자가 마우스를 클릭했다는 사실을 알려주는 역할을 한다.

mousePressed와 MouseReleased 메서드는 마우스 버튼을 누르거나 또는 뗄 때마다 호출된다. 만약 어떤 버튼에 대하여 마우스를 이동시키지 않고 빠르게 연속적으로 눌렀다가 떼었을 경우에는 mouseClicked 메서드가 호출된다. 그리고 어떤 유저 인터페이스 컴포넌트를 화면에 그리기 위하여 마우스를 그 컴포넌트 내부에 위치시킬 때마다 mouseEntered와 MouseExited 메서드가 사용될 수 있다.

mousePressed 메서드가 가장 흔히 사용된다. 일반적으로 사용자들은 마우스 버튼을 누르면 즉시 액션이 처리되기를 원한다. 마우스 리스너를 컴포넌트에 부착하기 위해서는 다음과 같이 addMouseListener 메서드를 호출해야 한다.

```
public class MyMouseListener implements MouseListener
{
   // 5개의 메서드들을 구현한다.
}

MouseListener listener = new MyMouseListener();
component.addMouseListener(listener);
```

아래의 예제 프로그램에서는 사용자가 사각형이 포함되어 있는 컴포넌트 위에서 마우스를 클릭한다. 마우스 버튼을 누를 때마다 사각형은 마우스가 있는 위치로 이동된다. 먼저 RectangleComponent 클래스를 보강한 후에, 새로운 위치로 사각형을 이동시키기 위한 moveRectangleTo 메서드를 추가하도록 하자.

section_11/RectangleComponent2.java

```
import java.awt.Graphics;
import java.awt.Graphics2D;
import java.awt.Rectangle;
import javax.swing.JComponent;

/**
   아래의 클래스에서 생성된 객체는 이동 가능한 사각형을 화면에 표시한다.
*/
public class RectangleComponent2 extends JComponent
{
   private static final int BOX_X = 100;
   private static final int BOX_Y = 100;
   private static final int BOX_WIDTH = 20;
   private static final int BOX_HEIGHT = 30;

   private Rectangle box;

   public RectangleComponent2()
   {
      // paintComponent 메서드가 작성하는 사각형
      box = new Rectangle(BOX_X, BOX_Y, BOX_WIDTH, BOX_HEIGHT);
   }

   public void paintComponent(Graphics g)
   {
      Graphics2D g2 = (Graphics2D) g;
      g2.draw(box);
   }

   /**
      주어진 거리만큼 사각형을 이동시킨다.
      @param x  x축 방향으로 이동시킬 거리
      @param y  y축 방향으로 이동시킬 거리
   */
   public void moveRectangleTo(int x, int y)
   {
      box.setLocation(x, y);
```

```
        repaint();
    }
}
```

moveRectangleTo 메서드 내부에서 repaint 메서드가 호출되고 있음을 주의하기 바란다. 앞 절에서 설명한 바와 같이 repaint 메서드를 호출하면 컴포넌트가 화면에 다시 표시되어서 새로운 위치에 사각형이 나타나게 된다.

다음 단계에서는 컴포넌트에 마우스 리스너를 추가한다. 마우스를 누를 때마다 마우스 리스너는 사각형을 마우스가 있는 위치로 이동시킨다.

```
class MousePressListener implements MouseListener
{
   public void mousePressed(MouseEvent event)
   {
      int x = event.getX();
      int y = event.getY();
      component.moveRectangleTo(x, y);
   }

   // 아래의 메서드에서는 아무런 작업도 수행하지 않는다.
   public void mouseReleased(MouseEvent event) {}
   public void mouseClicked(MouseEvent event) {}
   public void mouseEntered(MouseEvent event) {}
   public void mouseExited(MouseEvent event) {}
}
```

어떤 특정한 리스너는 1개 또는 2개의 리스너 메서드만을 위한 액션을 규정하고 있는 경우가 많다. 그럼에도 불구하고 인터페이스에는 5개의 메서드들을 모두 구현해야한다. 사용하지 않는 메서드들은 아무런 동작도 수행하지 않는 것으로 구현된다.

일단, RectangleViewer2 프로그램을 실행시켜보도록 하자. 프레임 내부에서 마우스를 클릭할 때마다 사각형이 마우스가 가리키는 위치로 이동된다(그림 9 참조).

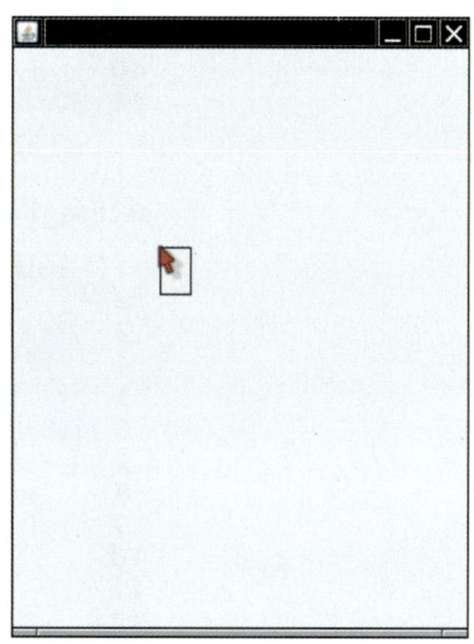

그림 9 마우스를 클릭하면 사각형이 이동한다.

section_11/RectangleFrame2.java

```
import java.awt.event.MouseListener;
import java.awt.event.MouseEvent;
import javax.swing.JFrame;

/**
   아래의 프레임에는 이동 가능한 사각형이 포함된다.
*/
public class RectangleFrame2 extends JFrame
{
   private static final int FRAME_WIDTH = 300;
   private static final int FRAME_HEIGHT = 400;

   private RectangleComponent2 scene;

   class MousePressListener implements MouseListener
   {
      public void mousePressed(MouseEvent event)
      {
         int x = event.getX();
         int y = event.getY();
         scene.moveRectangleTo(x, y);
      }

      // 아무런 동작을 하지 않는 메서드들
      public void mouseReleased(MouseEvent event) {}
      public void mouseClicked(MouseEvent event) {}
      public void mouseEntered(MouseEvent event) {}
      public void mouseExited(MouseEvent event) {}
   }

   public RectangleFrame2()
   {
      scene = new RectangleComponent2();
      add(scene);

      MouseListener listener = new MousePressListener();
      scene.addMouseListener(listener);

      setSize(FRAME_WIDTH, FRAME_HEIGHT);
   }
}
```

section_11/RectangleViewer2.java

```
import javax.swing.JFrame;

/**
   이 프로그램에서는 마우스로 이동시키는 사각형을 나타낸다.
*/
public class RectangleViewer2
{
   public static void main(String[] args)
   {
      JFrame frame = new RectangleFrame2();
      frame.setDefaultCloseOperation(JFrame.EXIT_ON_CLOSE);
      frame.setVisible(true);
```

```
    }
}
```

35. RectangleComponent 클래스에 정의되어 있는 moveRectangleBy 메서드를 moveRectangleTo 메서드로 교체한 이유는 무엇인가?
36. MousePressListener 클래스에서 5개의 메서드들을 모두 정의해야만 하는 이유는 무엇인가?

실습하기 이 장의 끝부분에 있는 복습 문제 및 연습 문제 R8.17과 P8.22를 수행하시오.

심화 학습 8.4

키보드 이벤트

게임프로그램을 작성하는 경우, 방향키와 같은 키 입력을 처리할 필요가 있다. 게임에 등장하는 컴포넌트에 키 리스너를 추가해 보도록 하자. KeyListener 인터페이스에는 3개의 메서드들이 포함되어 있다. 마우스 리스너의 경우 key press 이벤트에 관심을 가지게 되므로, 다른 2개의 메서드는 아무런 동작도 수행하지 않는 것으로 구현한다. 다음은 키 리스너 클래스의 예이다.

```
class MyKeyListener implements KeyListener
{
   public void keyPressed(KeyEvent event)
   {
      String key = KeyStroke.getKeyStrokeForEvent(event).toString();
      key = key.replace("pressed ", "");
      키를 눌렀을 때의 처리내용
   }

   // 아무런 동작도 수행하지 않는 메서드들
   public void keyReleased(KeyEvent event) {}
   public void keyTyped(KeyEvent event) {}
}
```

KeyStroke.getKeyStrokeForEvent(event).toString()와 같은 호출문은 이벤트 객체를 키에 대한 설명을 나타내는 문자열(예 ; "pressed LEFT")로 변환시켜 준다. 그다음 라인에서 "pressed"라는 접두 문자열을 생략하면, "LEFT" 또는 "A"와 같이 눌려진 키를 나타내는 문자열이 남는다. KeyStroke 클래스의 API 문서로부터 모든 키들의 이름을 찾아낼 수 있다.

프로그램 사용자가 키를 누를 때마다, 키 이벤트가 생성된다.

앞서 설명한 바와 같이, 리스너를 이벤트 소스에 부착하는 작업을 기억하기 바란다.

```
KeyListener listener = new MyKeyListener();
scene.addKeyListener(listener);
```

키 이벤트를 수신하기 위하여 컴포넌트에는 다음과 같은 호출문이 필요하다.

```
scene.setFocusable(true);
```

심화 학습 8.5

이벤트 어댑터

8.11절에서는 마우스 리스너를 마우스 이벤트 소스에 부착하는 방법과 이벤트가 발생했을 때 리스너 메서드가 호출되는 방식에 대해서 살펴보았다. 일반적으로 프로그램은 이벤트 발생에 대한 리스너의 모든 보고사항에 관심이 있는 것은 아니다. 어떤 프로그램은 마우스 클릭에만 관심을 갖고 있을 뿐, 마우스 클릭이 "mouse pressed" 이벤트와 "mouse released" 이벤트로 구성되어 있다는 사실에 대해서는 관심이 없는 경우가 있다. 물론 이런 프로그램은 아래의 예에서와 같이 mousePressed, mouseReleased 등과 같은 모든 메서드들에 대하여 아무런 동작을 수행하지 않도록 구현함으로써 리스너를 제공할 수도 있다.

```
class MouseClickListener implements MouseListener
{
   public void mouseClicked(MouseEvent event)
   {
      마우스 클릭 동작
   }

   // 아래의 4개 메서드들은 아무런 동작을 수행하지 않도록 구현한다.
   public void mouseEntered(MouseEvent event) {}
   public void mouseExited(MouseEvent event) {}
   public void mousePressed(MouseEvent event) {}
   public void mouseReleased(MouseEvent event) {}
}
```

위와 같이 아무런 동작을 수행하지 않는 메서드를 4개씩이나 구현하는 노력을 줄이기 위하여, MouseListener 인터페이스를 구현한 MouseAdapter 클래스가 정의되어 있다. 다음과 같이 MouseAdapter 클래스를 계승함으로써 아무런 동작을 수행하지 않는 메서드들을 상속받고 관심 있는 메서드만을 재정의할 수 있다.

```
class MouseClickListener extends MouseAdapter
{
   public void mouseClicked(MouseEvent event)
   {
      마우스 클릭 동작
   }
}
```

또한, KeyListener 인터페이스를 구현한 KeyAdapter 클래스도 정의되어 있다.

컴퓨팅과 사회 8.1 오픈 소스 소프트웨어와 프리 소프트웨어

소프트웨어를 개발하는 대부분의 회사들은 소스 코드를 영업비밀로 취급한다. 만약에 고객들 또는 경쟁업체들이 소스 코드에 접근하게 된다면, 소스 코드를 연구해서 소스 코드를 개발한 업체에게 대가를 지불하지 않은 채로 유사한 프로그램을 만들게 될 것이다. 이와 유사한 이유 때문에 고객들은 기밀화 된 소스 코드를 좋아하지 않는다. 만약에 어떤 소프트웨어 개발회사가 폐업하거나 해당 소프트웨어에 대한 지원을 중단한다면, 소프트웨어 사용자들은 좌초된 상태로 방치되는 것이다. 소프트웨어 사용자들은 버그를 고치거나 새로운 운영체제에 맞도록 소프트웨어를 변경할 수도 없다. 근래에는 몇몇 소프트웨어 패키지들이 '오픈 소스(open source)' 또는 '프리 소프트웨어(free software)' 형태로 배포되고 있다. 단, '프리(free)'라는 용어는 '무료'라는 의미가 아니라 소스 코드를 자유롭게 조사하고 수정 보완할 수 있다라는 의미이다. 유명한 컴퓨터 과학자이자 맥아더 천재장학금(MacArthur "genius" grant)의 수상자였던, 리처드 스톨만(Richard Stallman)이 프리 소프트웨어라는 개념의 창시자이다. 또한, 리처드 스톨만은 Emacs 텍스트 편집기를 발명하였고, UNIX 운영체제와 호환가능한 완전한 프리버전의 운영체제를 개발하기 위해 설립된 GNU 프로젝트의 창설자이다. GNU 프로젝트에 의해 개발된 모든 프로그램들은 GPL(General Public License, 일반 공공 라이선스)로써 저작권이 허용된다. GPL에 의해 무상으로 원하는 수량만큼 복제할 수 있고, 소스 코드에 대한 수정 및 원본과 수정본 소프트 웨어의 재배포가 가능하다. 그 대신에, 수정본을 만든 사람도 자신의 수정본에 대하여 GPL을 적용하는 것에 동의해야 하며, 소스 코드에 대한 어떠한 변경도 허용하는 조건으로 배포해야 한다. 다른 누구라도 같은 조건하에서 소스 코드를 재배포할 수 있다. GPL과 유사한 오픈 소스 라이선스는 사회적 계약을 형성한다. 소프트웨어 사용자들은 소프트웨어의 사용과 수정에 대한 자유를 누리는 대신에, 개선사항에 대해서는 다른 사람들과 공유해야 하는 의무가 부여된다. Linux 운영체제와 GNU C++ 컴파일러와 같은 많은 프로그램들이 GPL을 토대로 배포되고 있다.

몇몇 상용 소프트웨어 개발업체들은 GPL을 "바이러스와 같다."거나 "상용 소프트웨어 분야를 위태롭게 한다."는 식으로 공격한다. 또 다른 업체들은 독점적인 소프트웨어를 생산하면서 한편으로는 오픈 소스 프로젝트에 참여하는 식의 좀 더 미묘한 전략을 가지고 있다.

솔직하게 말하자면 오픈 소스는 만병통치약도 아닐 뿐더러 상용 소프트웨어 분야에 적합한 여지가 많다. 오픈 소스 소프트웨어는 개발자들 대부분이 문제 해결에만 관심 있고 사용자 편의성에 대해서 고려하지 않는 자원봉사 프로그래머들이기 때문에, 상용 소프트웨어의 품격이 결여되기도 한다. 어떤 상품분야에는 개발작업이 매력적이지 않아서 오픈 소스 소프트웨어가 전혀 존재하지 않는 경우도 있다. 오픈 소스 소프트웨어는 Linux 운영체제, 웹서버, 프로그래밍 도구 등과 같이 프로그래머들이 관심있는 분야에서 가장 큰 성공을 거두고 있다.

긍정적인 측면에서 오픈 소스 소프트웨어 분야는 매우 경쟁이 치열하고 창조적이다. 여러 개의 경쟁관계에 있는 프로젝트들 간에 상대편의 아이디어를 취사선택하여 즉각적으로 자신의 프로젝트에 반영시켜서 가시화한다. 수많은 프로그래머들이 참여하여 소스 코드를 읽음으로써, 단시간 내에 버그를 해결할 수 있다. 에릭 레이먼드(Eric Raymond)는 그의 유명한 논문 '성당과 시장(The Cathedral and the Bazaar(http://catb.org/~esr/writings/cathedral-bazaar/cathedral-bazaar/index.html))'에서, 오픈 소스 소프트웨어의 개발에 대해서 설명하고 있다. 그는 "(지켜보는) 눈동자가 많으면, 오류는 쉽게 찾아낼 수 있다."라고 역설하고 있다.

프리 소프트웨어 운동의 창시자,
리처드 스톨만

본 장의 요약

여러 개의 클래스들에게 공통의 서비스를 제공하기 위해서 인터페이스를 이용

- 자바의 인터페이스 타입에는 메서드가 선언되지만 구현은 하지 않는다.
- 어떤 클래스가 인터페이스를 구현하는 경우, implements라는 예약어를 사용한다.

- 프로그램 코드의 재사용성을 높이기 위해서 인터페이스 타입을 사용한다.

클래스와 인터페이스 타입 사이의 변환방법

- 어떤 클래스가 인터페이스를 구현하고 있는 경우, 그 클래스로부터 해당 인터페이스 타입으로 변환시킬 수 있다.
- 인터페이스 타입으로부터 클래스 타입으로 변환하기 위해서는 강제 형변환이 필요하다.

동적인 메서드 조회와 다형성

- 자바 가상 머신(Java Virtual Machine)이 인스턴스 메서드를 호출하면, 암묵적인 매개변수의 클래스에 정의되어 있는 메서드를 찾아낸다.
- 다형성은 객체들을 획일적인 방법으로 서로 다른 동작을 수행할 수 있도록 만드는 기법이다.

Comparable 인터페이스의 사용

- 어떤 클래스의 객체들을 비교가능하게 만들기 위해서는, 그 클래스가 Comparable 인터페이스를 구현하도록 정의한다.

인터페이스 타입을 이용한 콜백 제공

- 콜백은 한 뭉치의 코드들이 추후에 실행될 수 있도록 한 덩어리로 묶어 놓는 방법이다.

유용한 클래스의 사용범위를 제한하기 위한 내장 클래스의 사용

- 내장 클래스는 어떤 클래스의 내부에 선언된 클래스이다.
- 내장 클래스는 프로그램의 다른 부분에서 사용되지 않도록 제한시켜 놓은 클래스이다.

클래스의 테스트 버전을 제공하기 위한 모의 클래스의 객체

- 모의 클래스의 객체는 단순화된 방법으로 다른 객체에게 같은 서비스를 제공한다.
- 모의 클래스와 실제 클래스는 같은 인터페이스를 제공한다.

유저 인터페이스 프로그래밍에서 이벤트에 대응하기 위해 이벤트 리스너를 구현

- 유저 인터페이스의 이벤트에는 키 누름, 마우스 이동, 버튼 클릭, 메뉴 선택 등이

있다.

- 이벤트 리스너 객체는 애플리케이션 프로그래머가 제공하는 클래스로부터 생성된다. 이벤트 리스너 객체의 메서드에는 이벤트가 발생했을 때 수행되는 동작들이 정의된다.
- 이벤트가 발생되면, 이벤트 소스는 모든 이벤트 리스너 객체들에게 이벤트 발생 사실을 알려준다.
- 버튼을 만들기 위해서는 JButton 클래스를 사용한다. 만들어진 버튼에 ActionListener를 부착한다.
- 내장 클래스의 메서드는 주변에 있는 지역 변수와 인스턴스 변수를 액세스할 수 있다.
- 내장 클래스의 메서드가 액세스하는 지역 변수는 final로 선언되어야 한다.

버튼을 이용한 그래픽 애플리케이션의 작성

- 여러 개의 유저 인테페이스 컴포넌트들을 그룹핑하기 위한 컨테이너로서 JPanel을 사용한다.
- ActionListener 인테페이스를 구현한 클래스를 이용하여 버튼 클릭에 대한 동작을 정의한다.

타이머를 이용한 애니메이션 작성

- 타이머 객체는 정해진 시간 간격으로 타이머 이벤트를 생성한다.
- repaint 메서드는 컴포넌트를 다시 그리기 위해 사용된다. paintComponent 메서드가 그리는 도형을 갱신하려고 할 때마다 repaint 메서드를 호출하도록 한다.

마우스 이벤트를 처리하기 위한 프로그램 작성

- 마우스 이벤트를 포착하기 위하여 마우스 리스너를 사용한다.

이 장에서 소개된 표준 라이브러리 요소

```
java.awt.Component
   addKeyListener
   addMouseListener
   repaint
   setFocusable
java.awt.event.KeyEvent
java.awt.event.KeyListener
   keyPressed
   keyReleased
   keyTyped
   mousePressed
   mouseReleased
javax.swing.AbstractButton
   addActionListener
javax.swing.JButton
```

```
java.awt.Container
   add
java.awt.Dimension
java.awt.Rectangle
   setLocation
java.awt.event.ActionListener
   actionPerformed
java.awt.event.MouseEvent
   getX
   getY
java.awt.event.MouseListener
   mouseClicked
   mouseEntered
   mouseExited
javax.swing.JLabel
javax.swing.JPanel
javax.swing.KeyStroke
   getKeyStrokeForEvent
javax.swing.Timer
   start
   stop
```

복습 문제

■R8.1 클래스 C가 인터페이스 I와 J를 구현하였다고 가정하자. 아래의 대입문들 중에서 강제 형변환이 필요한 문장은 어느 것인가?

```
C c = . . .;
I i = . . .;
J j = . . .;
```

a. `c = i;`

b. `j = c;`

c. `i = j;`

■R8.2 클래스 C가 인터페이스 I와 J를 구현하였고, i는 다음과 같이 선언되었다고 가정하자.

```
I i = new C();
```

아래의 문장들 중에서 예외가 발생하는 것은 어느 것인가?

a. `C c = (C) i;`

b. `J j = (J) i;`

c. `i = (I) null;`

■R8.3 Edible 인터페이스를 구현한 Sandwich 클래스에 대하여 다음과 같은 변수 선언문들이 주어졌을 때,

```
Sandwich sub = new Sandwich();
Rectangle cerealBox = new Rectangle(5, 10, 20, 30);
Edible e = null;
```

아래의 대입문들 중에서 올바른 것은 어느 것인가?

a. `e = sub;`

b. `sub = e;`

c. `sub = (Sandwich) e;`

d. `sub = (Sandwich) cerealBox;`

e. `e = cerealBox;`

f. `e = (Edible) cerealBox;`

g. `e = (Rectangle) cerealBox;`

h. `e = (Rectangle) null;`

■■R8.4 3개의 클래스들(Rectangle2D.Double, Ellipse2D.Double, Line2D.Double)은 Shape 인터페이스를 구현하고 있다. Graphics2D 클래스는 Shape 인터페이스에 의존하고 있지만 사각형이나 타원, 그리고 선분에 관한 클래스에는 의존하지 않는다. 이러한 내용

을 참고하여 UML 클래스 다이어그램을 작성하시오.

■■R8.5 변수 r이 new Rectangle(5, 10, 20, 30)에 의해 생성된 객체를 참조하고 있는 경우, 아래의 대입문들 중에서 올바른 것은 어느 것인가?(Rectangle 클래스가 어떤 인터페이스를 구현하고 있는지 API 문서를 확인하도록 하라.)

a. `Rectangle a = r;`
b. `Shape b = r;`
c. `String c = r;`
d. `ActionListener d = r;`
e. `Measurable e = r;`
f. `Serializable f = r;`
g. `Object g = r;`

■■R8.6 Rectangle2D.Double, Ellipse2D.Double, Line2D.Double과 같은 클래스들은 Shape인터페이스를 구현하고 있다. Shape 인터페이스에는 Rectangle getBounds()와 같은 메서드가 선언되어 있어서 해당 도형을 내포하는 사각형을 반환한다. 이때, 다음과 같은 메서드 호출문이 다형성의 사례가 되는 이유에 대해서 설명하시오.

```
Shape s = . . .;
Rectangle r = s.getBounds();
```

■■R8.7 여러 명의 직원들에 대한 평균임금을 계산하기 위하여 배열을 이용한 프로그램을 작성하고자 한다. 8.1절에서 살펴보았던 Data.average 메서드(Measurable 객체를 처리할 수 있음)를 이용하여 어떻게 처리할 수 있는지 설명하시오. 또한, 8.5절의 방법을 사용하여 처리하는 방법에 대하여 설명하시오. 어떤 방법이 더 수월한가?

■R8.8 8.1절의 Data.average 메서드를 사용하여 String 객체의 배열을 처리하려고 한다면 어떻게 되겠는가?

■■R8.9 문자열들의 평균길이를 계산하기 위하여 8.5절의 Data.average 메서드를 이용하려고 한다. 어떻게 하면 되는지 설명하시오.

■■R8.10 8.5절의 Data.average 메서드에 대하여 문자열 배열과 AreaMeasurer 객체를 전달하면 어떻게 되겠는가?

■■R8.11 다음과 같은 프로그램에서, 메서드 f로 액세스 가능한 변수는 어느 것인가?

```
public class T
{
   private int t;

   public void m(final int x, int y)
   {
      int a;
      final int b;
```

```
        class C implements I
        {
           public void f()
           {
              . . .
           }
        }

        final int c;
        . . .
     }
  }
```

■■R8.12 어떤 내장 클래스가 final로 선언되지 않는 지역 변수를 액세스한다면 어떻게 되겠는가? 실제로 예제 프로그램을 작성하여 실행해 보고 그 결과를 설명하시오.

■■■그래픽 R8.13 8.8.2절의 InvestmentViewer1 프로그램에 대하여, 내장 클래스로 작성된 AddInterestListener 클래스를 상위의 클래스로 만들기 위해서는 전체 프로그램을 어떻게 변경하면 되는가?

■그래픽 R8.14 이벤트 객체, 이벤트 소스, 이벤트 리스너에 대하여 각각 설명하시오.

■그래픽 R8.15 프로그래머의 관점에서, 사용자 명령어 애플리케이션(command-line application)과 그래픽 사용자 인터페이스 애플리케이션(Graphic User Interface Application)의 가장 중요한 차이점은 무엇인가?

■그래픽 R8.16 ActionEvent와 MouseEvent의 차이점은 무엇인가?

■■그래픽 R8.17 MouseListener 인터페이스는 5개의 메서드를 가지고 있는 반면에, ActionListener 인터페이스는 메서드를 1개만 가지고 있다. 그 이유는 무엇일까?

■■그래픽 R8.18 여러 가지 이벤트 유형들에 대하여 어떤 클래스를 이벤트 소스로 만들 수 있는가? 만들 수 있다면 예를 보여라.

■■그래픽 R8.19 액션 이벤트 객체가 가지고 있는 정보는 무엇인가? 마우스 이벤트 객체는 어떤 정보를 추가적으로 가지고 있는가?

■■■그래픽 R8.20 이벤트 리스너를 내장 클래스 형태로 구축하는 이유는 무엇인가? 만약 자바에서 내장 클래스 방식을 허용하지 않는다면, 이벤트 리스너를 구현하는 다른 방법이 있는가?

■■그래픽 R8.21 paintComponent와 repaint 메서드의 차이점은 무엇인가?

■그래픽 R8.22 프레임과 패널의 차이점은 무엇인가?

프로그램 연습 문제

■■P8.1 가장 큰 측정값을 갖는 객체를 반환하는 max 메서드를 Data 클래스에 추가하시오.

```
public static Measurable max(Measurable[] objects)
```

■P8.2 Measuable 인터페이스를 구현하도록 Quiz 클래스를 작성하시오. Quiz 클래스에서 생성된 객체는 점수(score)와 학점(grade, 예 : B+)을 갖는다. Person 객체들의 배열을 처리하도록 연습 문제 P8.1에서 작성된 Data 클래스를 사용하시오. 평균점수와 최고 점수를 구해서 score와 grade를 출력하시오.

■P8.3 사람은 이름(name)과 키(height, 단위는 센티미터)를 가지고 있다. Person 객체들의 배열을 처리하도록 연습 문제 P8.1의 Data 클래스를 사용하시오. 평균키와 가장 키가 큰 사람의 이름을 구하여 출력하시오.

■■P8.4 가장 큰 측정값을 갖는 객체를 반환하는 max 메서드를 Data 클래스에 추가하시오.

```
public static Object max(Object[] objects, Measurer m)
```

■P8.5 Measurer 객체를 사용하여 Rectangle 객체들 중에서 가장 큰 둘레값을 갖는 사각형을 찾아내는 프로그램을 작성하시오.

■P8.6 7장의 Coin 클래스에 대하여 Comparable 인터페이스를 구현하도록 수정하시오.

■P8.7 main 메서드의 내부에 Measurer 클래스를 내장하는 방식으로 수정하여 연습 문제 P8.5를 다시 수행하시오.

■P8.8 main 메서드의 외부에 Measurer 클래스를 내장하는 방식으로 수정하여 연습 문제 P8.5를 다시 수행하시오.

■P8.9 문자열 형태로 표현되는 상품(item)들을 저장할 수 있는 Bag 클래스를 작성하시오. 특히 Bag에는 동일한 상품들이 여러 개 저장될 수도 있다. Bag에 상품을 추가하기 위한 메서드 add와 동일한 상품이 몇 번 Bag에 추가되었는지 카운트하기 위한 메서드 count를 Bag 클래스에 정의하시오.

```
public void add(String itemName)
public int count(String itemName)
```

Bag클래스에서는 ArrayList<Item>에 상품을 저장하도록 한다. 이때, Item은 2개의 인스턴스변수(상품의 이름과 수량을 나타내는 name 및 quantity)를 가지고 있는 내장 클래스이다.

■■P8.10 사각형 격자에 측정값들을 저장하는 Grid 클래스를 작성하시오. 격자에는 행과 열의

개수가 지정되며, 측정값을 나타내는 문자열(description)이 지정된 위치에 추가될 수 있다. 다음과 같은 시그니처를 갖는 생성자와 메서드들을 Grid 클래스에 정의하시오.

```
public Grid(int numRows, int numColumns)
public void add(int row, int column, String description)
public String getDescription(int row, int column)
public ArrayList<Location> getDescribedLocations()
```

단, Location은 격자의 행과 열 값이 포함되어 있는 내장 클래스이다.

■■■P8.11 무한한 범위를 갖는 격자를 나타내도록 연습 문제 P8.10을 다시 수행하시오. 생성자는 매개변수가 없도록 변경해야 하며, add 메서드와 getDescription 메서드의 매개변수 row와 column에 대해서는 임의의 정수값을 지정하도록 한다.

■■■그래픽 P8.12 자바 클래스 라이브러리에 있는 Shape 인터페이스를 구현한 객체들(예 ; 사각형, 타원, 선분 등)을 무작위로 생성하는 randomShape 메서드를 작성하시오. randomShape 메서드를 10번 호출하여 화면에 출력하시오.

■그래픽 P8.13 버튼을 클릭하면 "n번 클릭되었다!"라는 메시지를 출력하도록 ButtonViewer 프로그램을 수정하시오. 단, n의 값은 클릭할 때마다 증가되어야 한다.

■■그래픽 P8.14 2개의 버튼을 갖도록 ButtonViewer 프로그램을 수정하시오. 단, 각 버튼이 클릭될 때마다 "n번 클릭되었다!"라는 메시지를 출력해야 되며, 각 버튼은 별도의 클릭 횟수를 카운트할 수 있어야 한다.

■■그래픽 P8.15 2개의 버튼을 갖도록 ButtonViewer 프로그램을 수정하시오. 단, 각 버튼의 레이블은 "A"와 "B"로 지정하며, 버튼이 클릭되면 "버튼 x가 클릭되었다!"라는 메시지가 출력되어야 한다(단, x는 "A" 또는 "B").

■■그래픽 P8.16 연습 문제 P8.15와 같은 방식으로 1개의 리스너 클래스를 사용하도록 ButtonViewer 프로그램을 작성하시오.

■그래픽 P8.17 버튼을 클릭하면 클릭된 시각을 출력하도록 ButtonViewer 프로그램을 수정하시오.

■■■그래픽 P8.18 InvestmentViewer1 프로그램의 AddInterestListener 클래스를 내장 클래스 방식이 아니라 일반 클래스 방식으로 구현하시오(힌트 : 은행 계좌 객체에 대한 참조 변수를 AddInterestListener 클래스에 선언하고, 참조 변수에 은행 계좌 객체를 참조시키는 작업을 수행하는 생성자를 추가하도록 한다).

■■■그래픽 P8.19 InvestmentViewer2 프로그램의 AddInterestListener 클래스를 내장 클래스 방식이 아니라 일반 클래스 방식으로 구현하시오(힌트 : 은행 계좌 객체에 대한 참조 변수를

AddInterestListener 클래스에 선언하고, 참조 변수에 은행 계좌 객체를 참조시키는 작업을 수행하는 생성자를 추가하도록 한다).

■■그래픽 P8.20 매초마다 현재시각을 출력하는 타이머 프로그램을 작성하시오(힌트 : 아래의 코드는 현재시각을 출력한다. 단, Date 클래스는 java.util 패키지에 정의되어 있다.).

```
Date now = new Date();
System.out.println(now);
```

■■■그래픽 P8.21 8.10절에서 살펴보았던 애니메이션 프로그램의 RectangleComponent 클래스에 대하여, 사각형이 프레임 영역 내부에서만 움직일 수 있도록 변경하시오.

■그래픽 P8.22 8.11절에서 살펴보았던 마우스 리스너 관련 프로그램의 RectangleComponent 클래스에 대하여, 마우스를 클릭할 때마다 새로운 사각형이 추가되도록 변경하시오(힌트 : ArrayList<Rectangle> 타입의 리스트를 이용하도록 하고, paintComponent 메서드 내부에서는 모든 사각형들을 그려야 한다.).

■P8.23 Comparable 인터페이스를 구현하는 Person 클래스를 작성하시오. 단, Person 클래스에서 생성된 객체들은 이름에 의해 비교되어야 한다. 프로그램 이용자는 10명의 이름을 입력하여 10개의 Person 객체를 생성하도록 한다. compareTo 메서드를 사용하여 10명 중에서 첫 번째와 마지막 객체를 찾아내서 화면에 출력하도록 한다.

■■P8.24 실습 예제 8.1의 LastDigitDistribution 클래스의 display 메서드에 대하여 아래와 같은 형식의 막대그래프를 출력하도록 수정하시오. 단, 가장 긴 막대의 길이가 40이 되도록 한다.

```
0: *************
1: ******************
2: *************
```

■■P8.25 실습 예제 8.1의 Sequence 인터페이스를 구현하는 PrimeSequence 클래스를 작성하시오. 단, PrimeSequence는 일련의 소수들을 생성한다.

■P8.26 실습 예제 8.1의 Sequence 인터페이스에 hasNext 메서드를 추가하시오. hasNext 메서드는 시퀀스가 아무런 값도 포함하지 않는 경우에 false값을 반환한다. 프로그램 사용자가 입력한 데이터값(예를 들면 도시 또는 국가의 인구수, 기온, 주식값 등)들의 시퀀스를 생성하는 MySequence 클래스를 구현하시오. 인터넷으로부터 적당한 데이터값을 확보해서 배열에 저장할 수 있는 형태로 변환하시오. 시퀀스의 마지막 데이터에 도달할 때까지 next 메서드에서는 한번에 1개의 데이터값을 반환한다. SequenceDemo 클래스에서는 모든 시퀀스값들의 마지막 자릿수의 분포값를 출력하도록 한다.

■P8.27 실습 예제 8.1의 LastDigitDistribution 클래스와 유사하게 동작하는 FirstDigitDistribution 클래스를 작성하시오. 단, LastDigitDistribution 클래스에서는 각 데이터값의 첫 번째 자릿수의 분포값을 카운트한다. 일반적으로 난수(random value)의 첫 번째 자릿수는 균등하게 분포되지 않는다. 이러한 특성은 은행에서 거래금액들의 첫 번째 자릿수에 관한 분포가 부자연스러운 경우 분식회계를 적발하기 위하여 사용되고 있다.

■■P8.28 다음과 같이 Filter 인터페이스를 선언하시오.

```
public interface Filter
{
   boolean accept(Object x);
}
```

8.5절의 Data 클래스를 Measurer와 Filter의 객체를 모두 사용할 수 있도록 인터페이스 구현을 수정하시오. 특히, Filter 인터페이스에서 제공하는 accept 메서드를 적용하여 인증된 객체들만 사용할 수 있도록 해야 한다. 일련의 은행 계좌들에 대하여 잔고금액이 1,000달러미만인 계좌들을 제외하고 처리할 수 있음을 보여주는 프로그램을 작성하시오.

■■P8.29 System.out.printf 메서드는 정수와 부동 소수점 수, 그리고 다른 타입의 데이터를 출력하기 위한 출력형식들을 가지고 있고, 이러한 출력형식들은 확장가능하다. 예를 들어 S출력 형식을 사용하면, Formattable 인터페이스를 구현하고 있는 클래스들을 출력할 수 있다. Formattable 인터페이스는 다음과 같은 메서드가 1개 선언되어 있다.

```
void formatTo(Formatter formatter, int flags, int width, int precision)
```

Formattable 인터페이스를 구현하는 BankAccount 클래스를 작성하시오. 이때 flags와 precision은 무시하도록 하고, 주어진 넓이값(width)을 사용하여 은행 계좌의 출력형식을 지정하도록 한다. 이러한 작업을 수행하기 위하여 다음과 같이 Appendable 인터페이스 타입의 변수를 사용할 필요가 있다.

```
Appendable a = formatter.out();
```

Appendable 인터페이스에는 다음과 같은 메서드가 선언되어 있다.

```
void append(CharSequence sequence)
```

CharSequence는 String 클래스에 의해서 구현되는 인터페이스이다. 제일 먼저, 은행 계좌를 문자열로 변환시키고 지정된 길이(width)가 되도록 공백문자를 추가하여 문자열을 만든다. 이렇게 만들어진 문자열을 append 메서드에 전달하도록 한다.

■■■P8.30 연습 문제 P8.29의 formatTo 메서드에 대하여 정밀도(precision)를 고려하도록 수정하시오.

■■■ 그래픽 P8.31 패널 위에 스크롤링 되는 메시지를 표시하는 프로그램을 작성하시오. 스크롤링 효과를 지정하기 위하여 타이머를 사용하도록 하시오. 타이머의 액션 리스너에서는, 메시지의 출발지점을 이동시켜서 다시그리기(repaint) 한다. 메시지가 윈도우에 남아있는 경우, 출발지점을 다른 쪽 모서리로 재설정한다. 메시지 내용과 폰트, 색상, 그리고 배경색, 스크롤링 속도와 방향 등을 지정할 수 있는 컴포넌트들을 제공하도록 한다.

■■■ 그래픽 P8.32 3번의 마우스 클릭으로 삼각형을 그릴 수 있는 프로그램을 작성하시오. 첫 번째 마우스 클릭을 수행하면 작은 점을 화면에 나타낸다. 두 번째 마우스 클릭을 하면 두 점을 연결하는 선분을 화면에 나타낸다. 마지막으로 세 번째 마우스 클릭을 하면 삼각형을 화면에 나타낸다. 네 번째로 마우스를 클릭할 경우에는 앞서 보여준 삼각형을 지우고 새로운 삼각형 그리기 작업이 시작된다.

■■■ 그래픽 P8.33 틱택토(tic-tac-toe)는 2명이 번갈아가며 자신의 표식(O 또는 X)을 n행 n열의 격자판에 기입하여 같은 글자를 가로, 세로, 혹은 대각선 상에 놓이도록 하면 승리하는 게임이다. 2명의 사용자가 참여할 수 있는 틱택토 게임 프로그램을 작성하시오. 사용자가 마우스를 클릭하면 빈 공간에서 클릭하였는지를 검사하고, 현재 사용자의 표식을 클릭한 위치에 기입한 후에 상대방에게 게임순서를 넘긴다. 게임에서 승리하면 승자를 나타내도록 한다. 또 게임을 시작하는 버튼을 제공하도록 한다.

■■■ 그래픽 P8.34 마우스를 사용하여 막대그래프를 그리는 프로그램을 작성하시오. 사용자가 막대를 클릭한 후에 다시 마우스를 클릭하면 마우스 클릭지점의 x좌표 위치까지 막대의 길이를 늘려준다(마우스 클릭 지점의 x좌표값이 0이면 막대는 삭제된다). 사용자가 마지막 막대의 아랫부분을 클릭하면, 마우스 클릭 지점의 x좌표 위치까지의 길이를 갖는 새로운 막대가 추가된다.

■ 테스팅 P8.35 컴퓨터와 사람이 대적하는 틱택토 게임 프로그램을 작성하시오. 사용자 인터페이스 `TicTacToeUI`에서는, 사용자의 움직임을 읽어들이고 컴퓨터의 움직임과 경기장 상황을 화면에 나타낸다. `TicTacToeStrategy` 클래스에서는 컴퓨터가 수행하는 경기 동작을 결정하도록 한다. `TicTacToeBoard` 클래스는 경기장의 현재 상태를 나타낸다. TicTacToeStrategy 클래스를 제외한 나머지 클래스들을 모두 작성 완료하도록 하시오. TicTacToeStrategy 클래스를 대신하여, 단순하게 경기장의 비어 있는 격자셀을 찾아내는 모의 클래스를 사용하도록 한다.

■■ 테스팅 P8.36 Gutenberg 프로젝트(`http://gutenberg.org`)에서 제공하는 서식화 되어 있지 않은 표준 텍스트를 HTML형식으로 변환하는 작업을 살펴보도록 하자. 예를 들어, 톨스토이의 소설 '안나 카레니나'의 제1장 시작부분은 다음과 같다.

```
Chapter 1

Happy families are all alike; every unhappy family is unhappy in its own way.

Everything was in confusion in the Oblonskys' house. The wife had discovered
that the husband was carrying on an intrigue with a French girl, who had been a
governess in their family, and she had announced to her husband that she could
not go on living in the same house with him ...
```

이것을 HTML 형식으로 나타내면 다음과 같다.

```
<h1>Chapter 1</h1>
<p>Happy families are all alike; every unhappy family is unhappy in its own way.</p>
<p>Everything was in confusion in the Oblonskys&rsquo; house. The wife had discovered that the husband was carrying on an intrigue with a French girl, who had been a boverness in their family, and she had announced to her husband that she could not go on living in the same house with him ...</p>
```

서식화 되어 있지 않은 표준 텍스트	HTML
“ ”	“ (left) or ” (right)
‘ ’	‘ (left) or ’ (right)
—	&emdash;
<	<
>	>
&	&

HTML 형식으로의 변환작업은 2단계로 수행된다. 먼저 서식화 되어 있지 않은 표준 텍스트를 여러 개의 세그먼트들(segments, 예를 들면 머리글, 문단과 같은 동일한 종류의 텍스트 블록들)로 분할한다. 각 세그먼트들은 HTML의 태그들로 둘러쌓고 특수문자들은 대응하는 HTML 태그로 변환한다. 그러나 수작업으로 인터넷으로부터 텍스트를 발췌해서 세그먼트들로 분할하는 것은 힘든 작업이다.

이러한 작업을 수행하기 위한 프로그램의 사용자 인터페이스와 모의 클래스를 작성하여 구현하시오.

■■그래픽 P8.37 바퀴벌레들의 개체 증가 상황을 보여주는 프로그램을 작성하시오. 이 프로그램에서는 2마리의 바퀴벌레를 시작으로 버튼을 클릭할때마다 바퀴벌레 개체수를 2배로 증가시키도록 하시오.

■■그래픽 P8.38 1대의 자동차가 프레임을 가로질러서 움직이는 애니메이션 프로그램을 작성하시오.

■■■그래픽 P8.39 2대의 자동차가 서로 반대방향으로 프레임을 가로질러 움직이는 애니메이션 프로그램을 작성하시오. 이때, 각 자동차가 충돌하지 않도록 출발위치의 높이를 서로 다르게 설정하도록 한다.

■■그래픽 P8.40 화면에 마우스 클릭으로 중심점을 지정하고 JOptionPane에 반지름값을 입력하여 원을 그리는 프로그램을 작성하시오. 단, 이 프로그램에는 “그리기” 버튼을 사용하지 않는다.

■■그래픽 P8.41 JOptionPane 대화창을 사용하여 중심점의 x좌표와 y좌표의 값과 반지름값을 입력하고, "그리기" 버튼을 클릭하면 원을 그리는 프로그램을 작성하시오.

■■■그래픽 P8.42 2번의 마우스 클릭으로 원을 그리는 프로그램을 작성하시오. 단, 첫 번째 마우스 클릭에 의해 중심점의 위치가 지정되고, 두 번째 클릭에 의해 원의 반지름이 지정된다. 특히, 마우스 클릭 이벤트를 처리하는 리스너에서는 마우스 클릭이 발생할 때마다 첫 번째 클릭인지 아니면 두 번째 클릭인지를 확인할 수 있어야 한다.

■그래픽 P8.43 어떠한 도형이라도 움직이게 할 수 있는 MoveableShape 인터페이스를 작성하시오. MoveableShape 인터페이스에는 move와 draw 메서드가 선언되어야 한다. 또한 MoveableShape 타입의 객체(또는 그러한 객체들의 배열 리스트)를 화면에 그리고 움직이는 AnimationPanel을 작성하시오. 사각형과 자동차모양의 도형을 생성하여 움직이게 하는 프로그램을 작성해보시오.

■P8.44 2명이 즐길 수 있는 보드게임 프로그램을 관리하는 일반적인 프로그램을 설계하고자 한다. 이러한 게임 관리 프로그램은 틱택토 게임, 체스 게임, 연습 문제 P5.24에서 소개한 Nim 게임 등과 같은 게임들을 관리할 수 있도록 융통성을 갖추어야 한다.

보드게임을 표현하기 위한 Game 인터페이스를 설계하시오. 프로그램이 무엇을 해야 하는지 생각해보기 바란다. 먼저 첫 번째 플레이어에게 움직임에 대한 입력(각 게임에 알맞은 형식으로 설정된 문자열. 예를 들어 체스게임에서는 "Be3")을 요청할 것이다. 작성하려는 게임 관리 프로그램은 각 게임에 대한 구체적인 사항에 대해서 알지 못하므로, Game 인터페이스에는 다음과 같은 메서드를 선언해야 한다.

```
boolean isValidMove(String move)
```

게임 플레이어가 입력한 움직임 값이 유효한 값인 경우, Game 인터페이스에 선언된 또 다른 메서드 executeMove가 실행된다. 다음 단계에서 게임 관리 프로그램은 해당 게임이 종료되었는지를 체크해야 된다. 게임이 종료되지 않은 경우에는 또 다른 플레이어가 움직임값을 입력하도록 한다. 또한 게임 관리 프로그램에서는, 현재 진행 중인 보드게임의 상태를 나타낼 수 있어야 한다.

Game 인터페이스를 설계하고 님, 체스, 틱택토 중에서 2개를 구현해보도록 하시오. GamePlayer 클래스에서는 진행되고 있는 게임이 무엇이든 상관없이 Game 객체를 관리하고, 2명의 게임 플레이어들로부터 입력되는 움직임값을 처리할 수 있어야 한다. Game객체의 참조값을 서로 다르게 초기화하여 실행시키는 2개의 프로그램을 작성하시오.

자습 문제 모범 답안

1. Employee 클래스는 Measurable 인터페이스를 구현해야하며, Measurable 인터페이스의 getMeasure 메서드는 급여액을 반환해야 한다.

2. Object 클래스에는 getMeasure 메서드가 정의되어 있지 않기 때문이다.

3. String 클래스는 자바 클래스 라이브러리에 정의된 클래스로, Measurable 인터페이스를 구현하도록 변경할 수 없기 때문이다.

4. Measurable은 클래스가 아니다. 따라서 Measurable로부터 객체를 생성할 수 없다.

5. meas 변수는 Measurable 타입으로 선언되어 있으나, Measurable에는 getName 메서드가 정의되어 있지 않다.

6. meas가 BankAccount 객체를 참조했을 경우에만 meas와 같은 강제 형변환이 가능하다.

7. 변환 불가능하다. Country 객체에 대한 참조를 Measurable 객체에 대한 참조로 변환할 수는 있다. 그러나 Country 객체에 대한 참조를 BankAccount 객체에 대한 참조로 변환하려 한다면 예외가 발생된다.

8. Measurable은 인터페이스이다. 인터페이스는 인스턴스 변수를 갖고 있지 않고, 메서드의 몸체부분이 정의되어 있지 않으므로 객체를 생성할 수 없다.

9. Measurable 타입의 변수는 Measurable 객체를 참조하지 않는다. 다만, 이러한 변수는 Measurable 인터페이스를 구현하는 클래스로부터 생성된 객체를 참조하게 된다.

10. 20255가 출력된다. average 메서드는 배열 data의 각 원소에 해당하는 객체들에 대하여 getMeasure 메서드를 호출한다. 첫 번째 호출에서는 BankAccount 객체에 대하여, 두 번째 호출에서는 Country 객체에 대하여 getMeasure 메서드를 호출한다. 각각의 getMeasure 메서드 호출에서는 서로 다른 getMeasure 메서드가 실행된다. 즉, 첫 번째 호출에 의해서는 은행 계좌의 잔고액이 반환되고, 두 번째 호출에 의해서는 국토 면적값이 반환되며, 2개의 값에 대한 평균값이 계산되어 출력된다.

11. 아래와 같이 Country 클래스는 Comparable 인터페이스를 구현하도록 하고, Arrays.sort 메서드를 이용하여 정렬하도록 한다.

```
public class Country implements Comparable
{
   . . .
   public int compareTo(Object otherObject)
   {
      Country other = (Country) otherObject;
      if (area < other.area) { return -1; }
      if (area > other.area) { return 1; }
      return 0;
   }
}
```

12. String 클래스는 Comparable 인터페이스를 구현하고 있기 때문에, String 클래스의 객체들이 저장되어 있는 배열을 정렬하기 위하여 Arrays.sort 메서드를 사용할 수 있다.

13. Rectangle 클래스는 Comparable 인터페이스를 구현하고 있지 않으므로, Rectangle 클래스의 객체들이 저장되어 있는 배열을 정렬하기 위하여 Arrays.sort 메서드를 사용할 수 없다.

14.
```
public static Comparable max(
    Comparable a, Comparable b)
{
   if (a.compareTo(b) > 0) { return a; }
   else { return b; }
}
```

15.
```
BankAccount larger
   = (BankAccount) max(first, second);
System.out.println(larger.getBalance());
```
max 메서드의 반환값에 대하여, getBalance 메서드를 구동시킬 수 있도록 위와 같이BankAccount 형으로 강제 형변환 해야 된다.

16. String 클래스는 Measurable 인터페이스를 구현하고 있지 않기 때문이다.

17. Measurer 인터페이스를 구현하는 StringMeasurer 클래스를 구현하도록 한다.

18. getMeasure 메서드는 자기 자신을 측정하지만, Measurer 클래스의 객체는 매개변수로 주어진 객체에 대하여 측정할 수 있다.

19.
```
public static Object max(
      Object a, Object b, Measurer m)
{
   if (m.getMeasure(a) > m.getMeasure(b))
   {
      return a;
   }
   else { return b; }
}
```

20.
```
Rectangle larger = (Rectangle) max(
   first, second, areaMeas);
System.out.println(larger.getWidth() + " by "
   + larger.getHeight());
```
Note that the result of max must be cast from object to Rectangle so that you can invoke the getWidth and getHeight methods.

21. 내장 클래스는 사소한 클래스를 작성하는 경우에 편리하다. 또한, 내장 클래스에 정의된 메서드는 그 주변영역으로부터 지역적으로 선언된 인스턴스 변수들을 액세스할 수 있다.

22. 어떤 클래스에 정의되어 있는 1개 이상 여러 개의 메서드들이 내장 클래스를 필요로 할 경우에 그 클래스의 내부에(그러나 메서드의 외부에) 내장 클래스를 정의한다.

23. 4개(바깥쪽 클래스, 내장 클래스, Data 클래스, Measurer 클래스)

24. 실제 클래스와 모의 클래스를 서로 대체하더라도 프로그램 전체에 변화가 없도록 하기 위하여, 같은 인터페이스 타입을 구현하도록 Grading-Program 클래스를 작성한다.

25. GradingProgram을 작성하는 개발자가 GradeBook 클래스가 완성될 때까지 기다릴 필요가 없기 때문이다.

26. 이벤트 소스는 button 객체이고, 이벤트 리스너는 listener 객체이다.

27. ClickListener 클래스가 ActionListener 인터페이스를 구현하고 있기 때문이다.

28. 프로그램 사용자가 actionPerformed 메서드를 호출하는 것은 아니다. 버튼이 클릭될 때마다 자동적으로 actionPerformed 메서드가 호출된다.

29. 매개변수로 전달받아서 액세스하는 방식보다 직접 액세스하는 것이 더 간단하기 때문이다.

30. 액세스하려는 지역변수는 반드시 final로 선언되어 있어야 한다.

31. panel에 label을 추가한 후에, button을 추가한다.

32. actionPerformed 메서드가 button 변수를 액세스하지 않기 때문이다.

33. 정해진 시간 간격이 만료될 때마다 타이머 객체가 몇 개의 메서드를 호출해야 하기 때문이다. 타이머 객체는 타이머 리스너 객체의 actionPerformed 메서드를 호출한다.

34. 이동완료 된 사각형들이 화면에 그려질 수 없게 되고, 프레임이 다시 화면에 표시될 때가지 사각형들은 변화 없는 상태로 화면에 표시될 것이다.

35. 마우스 이동변화량이 아니라 마우스의 현재 위

치값을 알고 있기 때문이다.

36. MousePressListener 클래스는 MouseListener 인터페이스를 구현하고 있으며, MouseListener 인터페이스에는 5개의 메서드가 선언되어 있기 때문이다.

CHAPTER 9

상속

이 장의 목표

- 상속에 관하여 학습한다.
- 부모 클래스의 메서드들을 상속받고 재정의하는 법을 이해한다.
- 모든 클래스의 상위 클래스인 Object 클래스와 그 메서드를 이해한다.

이 장의 목차

유사한 종류의 객체들은 공통점을 가지는 경우가 있다. 예를 들어 승용차, 자전거, 버스는 모두 통행수단이다. 이 장에서는 상속이라는 개념으로 일반적인 클래스와 보다 전문화된 클래스의 관계를 어떻게 정의하는지를 공부할 것이다. 상속을 사용하면 클래스 간에 코드를 공유할 수 있고 많은 클래스에서 사용되는 서비스를 만들 수 있다.

9.1 상속 계층구조

서브 클래스는 슈퍼 클래스로부터 데이터와 메서드들을 상속받는다.

객체 지향 디자인에서 상속은 보다 일반적인 클래스(슈퍼 클래스)와 보다 구체화된 클래스(서브클래스)와의 관계이다. 서브 클래스는 슈퍼 클래스로부터 데이터와 메서드들을 상속받는다. 예를 들어 그림 1에 나오는 여러 가지 탈 것에 대해서 생각해 보자.

모든 Car는 Vehicle이다. Car는 사람을 어느 지점에서 다른 지점까지 이동시키는 등의 Vehicle의 모든 특징을 공유한다. 이 둘간의 관계에서 Vehicle은 슈퍼 클래스이고 Car는 서브 클래스이다. 그림 2에서 보는 바와 같이 슈퍼 클래스와 서브 클래스 사이에 슈퍼 클래스 방향으로의 화살표를 그려서 상속 관계를 표시한다.

서브 클래스 객체는 슈퍼 클래스 객체의 역할을 할 수 있다. 즉 슈퍼 클래스가 필요한 모든 곳에서 서브 클래스를 사용할 수 있다.

상속을 사용하면 코드를 중복해서 작성하지 않고 재사용을 하는 효과가 있다. 상속을 통해서 재사용을 하는 방법으로 두 가지가 있다. 첫 번째 방법은 서브 클래스가 슈퍼 클래스의 메서드들을 상속받는 것이다. 예를 들어 Vehicle 클래스가 drive라는 메서드를 가지고 있으면 Car 클래스는 자동으로 상속받는다. 다시 구현할 필요가 없는 것이다.

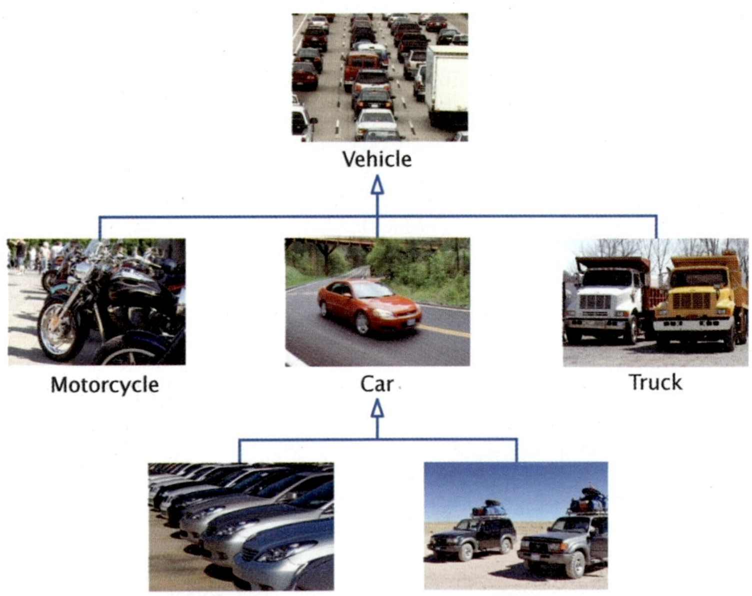

그림 1 탈 것 종류의 상속 계층구조

그림 2
상속 다이어그램

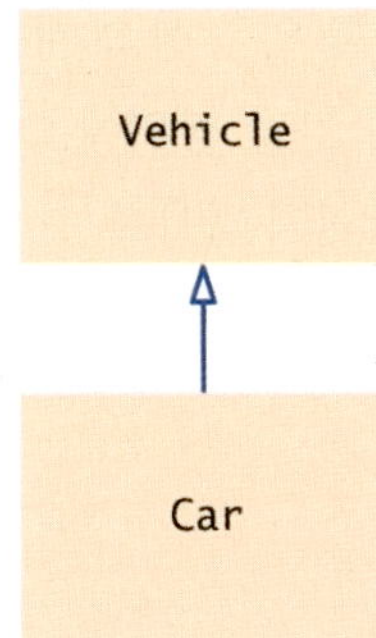

코드를 재사용하는 두 번째 방법은 보다 미묘하다. Vehicle 객체들을 사용하는 알고리즘을 재사용할 수 있다. Car는 Vehicle의 보다 전문화된 개념이기 때문에 Vehicle 객체가 필요한 알고리즘에 Car 객체를 사용할 수 있고 문제없이 동작한다. 슈퍼 클래스 객체를 사용할 수 있는 상황이면 서브 클래스 객체를 사용할 수 있다. 예를 들어 Vehicle 타입의 인수를 가지는 메서드가 있다.

```
void processVehicle(Vehicle v)
```

Car가 Vehicle의 서브 클래스이기 때문에 다음과 같이 Car 객체를 가지고 메서드를 호출할 수 있다.

```
Car myCar = new Car(. . .);
processVehicle(myCar);
```

Car 객체를 사용하는 메서드에 비해서 Vehicle 객체를 사용하는 메서드에 장점이 있을까? Vehicle 객체를 사용하는 메서드는 트럭이나 오토바이 등 아무 종류의 탈 것을 사용할 수 있으므로 보다 유용하다.

상속을 설명하기 위해서 간단하지만 유용한 시험 프로그램 개발을 예로 설명하겠다.

이 장에서는 간단한 클래스의 계층구조 예를 가지고 설명할 것이다. 컴퓨터가 채점하는 시험을 본 적이 있을 것이다. 시험에는 시험문제가 있는데 다음과 같은 세 가지 종류의 시험문제를 포함할 수 있다고 생각해 보자.

- 괄호 넣기
- 객관식(답이 하나일 수도 여러 개 일수도 있다.)
- 숫자 단답형(이때 근사치는 정답으로 인정한다. 예를 들어 정답이 4/3일 때 1.33을 맞는 답으로 처리한다.)
- 주관식

그림 3은 문제 종류를 위한 상속 계층구조를 보여준다.

이 계층구조에서 가장 상위에 Question 타입이 있다. Question은 질문을 화면에 표시하고 답이 정답인지 검사할 수 있다.

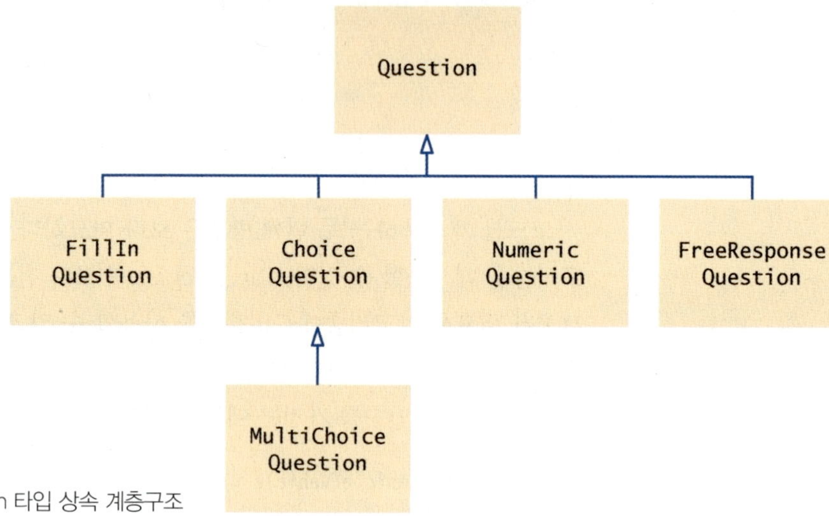

그림 3
Question 타입 상속 계층구조

section_1/Question.java

```
/**
   질문과 답을 가지는 문제
*/
public class Question
{
   private String text;
   private String answer;

   /**
      질문 내용과 답을 가지는 않는 질문을 생성
   */
   public Question()
   {
      text = "";
      answer = "";
   }

   /**
      질문을 지정한다.
      @param questionText 질문 내용
   */
   public void setText(String questionText)
   {
      text = questionText;
   }

   /**
      정답을 지정한다.
      @param correctResponse 정답
```

```
    */
    public void setAnswer(String correctResponse)
    {
       answer = correctResponse;
    }

    /**
       답이 맞는지 검사한다.
       @param response 답
       @return 답이 맞으면 true, 그렇지 않으면 false
    */
    public boolean checkAnswer(String response)
    {
       return response.equals(answer);
    }

    /**
       질문을 화면에 보여준다.
    */
    public void display()
    {
       System.out.println(text);
    }
}
```

Question 클래스는 기본적인 일만 한다. 객관식이나 숫자 단답형 문제 등의 복잡한 문제는 처리하지 않는다. 이어지는 절에서 Question 클래스의 서브 클래스 만드는 법을 살펴보겠다.

다음은 Question 클래스를 테스트하기 위한 프로그램이다.

section_1/QuestionDemo1.java

```
import java.util.Scanner;

/**
   이 프로그램은 문제가 하나 있는 시험을 처리한다.
*/
public class QuestionDemo1
{
   public static void main(String[] args)
   {
      Scanner in = new Scanner(System.in);

      Question q = new Question();
      q.setText("Who was the inventor of Java?");
      q.setAnswer("James Gosling");

      q.display();
      System.out.print("Your answer: ");
      String response = in.nextLine();
      System.out.println(q.checkAnswer(response));
   }
}
```

실행 결과

```
Who was the inventor of Java?
Your answer: James Gosling
true
```

자습문제

1. Manager와 Employee 클래스를 생각해 보자. 어느 클래스가 서브 클래스가 되고 어느 클래스가 슈퍼 클래스가 되는 것이 자연스러운가?
2. BankAccount, CheckingAccount 그리고 SavingsAccount 클래스들 사이의 상속 관계는?
3. JFrame 클래스의 슈퍼 클래스를 모두 나열하시오. 자바 API 문서나 부록 D를 참고하시오.
4. doSongthing(Car c)라는 메서드를 생각해 보자. 그림 1에서 나온 클래스들 중 이 메서드의 인자로 사용될 수 없는 모든 클래스들을 나열하시오.
5. Should a class Quiz inherit from the class Question? Why or why not?

실습하기 이 장의 끝부분에 있는 복습 문제 R9.1, R9.7, R9.9를 수행하시오.

알아 두기 9.1

값이 변하는 경우에는 하나의 클래스를 사용하고 행위가 변하면 상속을 사용하자

상속의 목적은 행위가 다른 객체들을 나타내기 위한 것이다. 학생들이 상속에 대해서 처음 배울 때는 상속을 과하게 사용하는 경향이 생겨서 변수를 추가해서 해결될 상황에도 상속을 사용하는 경우가 있다.

한 무리의 차들이 가는 거리와 주유하는 양을 기록해서 각 차들의 연비를 구하는 프로그램을 생각해 보자. 이 중 일부가 하이브리드 차량(전기와 기름을 모두 사용할 수 있는 차)이라고 하자. HybridCar라는 클래스를 따로 만들어야 할까? 이 경우에는 그럴 필요가 없다. 달리고 주유하는 면에서 하이브리드 자동차는 다른 차와 다를 것이 하나도 없다. 단지 연비가 좋을 뿐이다. 다음 인스턴스 변수를 가지는 Car 클래스 하나면 충분하다.

```
double milesPerGallon;
```

하지만 여러 종류의 차를 수리하는 것을 보여주는 프로그램을 작성한다면 HybridCar 클래스를 따로 만드는 것이 의미가 있을 수 있다. 차를 수리 할 때는 하이브리드 자동차가 다른 자동차와 다른 양상을 보일 수 있기 때문이다.

9.2 서브 클래스 구현하기

이번 절에서는 서브 클래스를 만드는 방법과 서브 클래스가 슈퍼 클래스로부터 모든 기능을 물려받는 것에 대해서 알아보겠다.

다음과 같은 질문들을 다루는 프로그램을 작성하려고 한다 하자.

```
자바를 발명한 사람이 태어난 나라는?
1. 호주
2. 캐나다
3. 덴마크
4. 미국
```

질문을 만들고, 화면에 보여주고, 답이 맞았는지를 검사하는 메서드를 구현해서 ChoiceQuestion이라는 클래스를 처음부터 만들 수도 있다. 하지만 그럴 필요가 없다. 대신에 상속을 사용해서 Question의 서브 클래스로 ChoiceQuestion 클래스를 만드는 것이 더 낫다(그림 4를 참조).

서브 클래스는 슈퍼 클래스의 모든 메서드들을 그대로 상속받거나 재정의할 수 있다.

자바에서는 서브 클래스가 슈퍼 클래스와 다른 점을 명시하는 방식으로 서브 클래스를 만든다.

서브 클래스 객체는 슈퍼 클래스에서 선언된 모든 인스턴스 변수들을 자동으로 상속받는다. 슈퍼 클래스에 없는 인스턴스 변수들만 추가하면 된다.

서브 클래스는 새로운 구현을 제공해서 슈퍼 클래스의 메서드를 재정의 한다.

서브 클래스는 슈퍼 클래스의 모든 퍼블릭 메서드들을 물려받는다. 서브 클래스에서 새로 필요한 메서드들을 추가하고 슈퍼 클래스에서 물려받은 메서드들 중 구현 내용이 적합하지 않는 것들의 구현 내용을 바꾼다. 어떤 메서드의 구현 내용을 바꾸었을 때 그 메서드를 재정의(override) 했다고 한다.

ChoiceQuestion 객체는 Question 객체와 다음 3가지 면에서 다르다.

- 답이 될 후보들을 저장한다.
- 정답이 몇 번인지 지정하는 메서드가 필요하다.
- 문제를 보여줄 때 사람이 고를 수 있도록 답 후보들을 보여준다.

Question 클래스를 물려받도록 ChoiceQuestion 클래스를 만들 때 다음과 같이 차이점을 반영해야 한다.

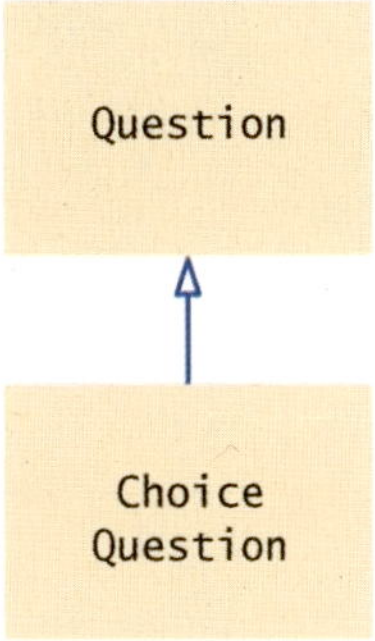

그림 4
ChoiceQuestion 클래스는
Question 클래스의 서브 클래스이다.

매우 긴 리무진을 만들 때 일반 차량을 개조해서 만드는 것처럼(긴 리무진은 보통 일반차량을 자른 후 길이를 늘려서 만든다.), 프로그래머는 기존 클래스를 수정해서 서브 클래스를 만든다.

```
public class ChoiceQuestion extends Question
{
   // 인스턴스 변수가  서브 클래스에 추가된다.
   private ArrayList<String> choices;

   // 서브 클래스에 메서드가 추가된다.
   public void addChoice(String choice, boolean correct) { . . . }

   // 서브 클래스에서 메서드가 재정의된다.
   public void display() { . . . }
}
```

예약어 extends는 어떤 클래스가 슈퍼 클래스에서 상속된다는 것을 뜻한다.

예약어 extends는 상속을 나타낸다. 그림 5는 UML 다이어그램에서 메서드들과 인스턴스 변수들이 표현되는지를 보여준다.

그림 6은 ChoiceQuestion 객체의 구조를 보여주는 그림이다. 슈퍼 클래스 Question에서 선언된 인스턴스 변수인 text와 answer를 가지고 있고, 새로 추가된 인스턴스 변수인 choices도 가진다.

addChoice 메서드는 ChoiceQuestion에만 있는 것으로, ChoiceQuestion 객체에서만 사용할 수 있고 Question 객체에서는 사용할 수 없다.

이에 반하여 display 메서드는 슈퍼 클래스가 이미 가지고 있던 메서드이다. 서브 클래스에서 원하는 방식으로 보여주기 위해서 재정의한다.

이 밖에 Question의 모든 메서드들은 자동으로 ChoiceQuestion 클래스로 상속된다.

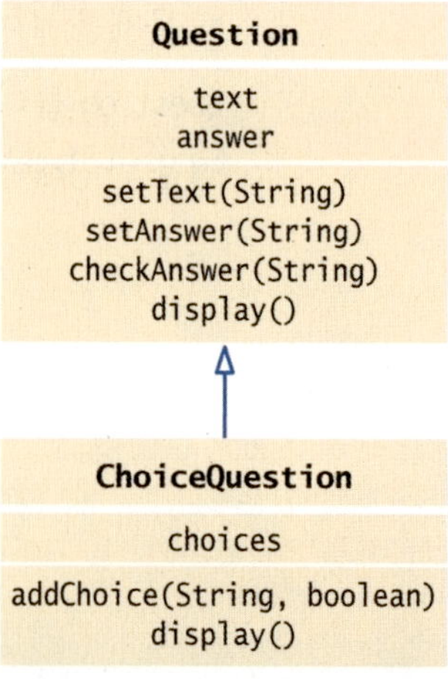

그림 5
ChoiceQuestion 클래스는 인스턴스 변수 하나와 메서드 하나를 추가하고, 메서드 하나를 재정의한다.

문법 9.1 서브 클래스 선언

Syntax

```
public class 서브 클래스 extends 슈퍼 클래스
{
  메서드들
  인스턴스 필드들
}
```

예약어 extends는 상속을 나타낸다.

서브 클래스 / 슈퍼 클래스

```
public class ChoiceQuestion extends Question
{
   private ArrayList<String> choices;

   public void addChoice(String choice, boolean correct) { . . . }

   public void display() { . . . }
}
```

- 서브 클래스에 추가되는 인스턴스 변수들을 선언한다. (private ArrayList<String> choices;)
- 서브 클래스에 추가되는 메서드들을 선언한다. (addChoice)
- 서브 클래스에서 재정의하는 메서드들을 선언한다. (display)

상속된 메서드는 서브 클래스 객체에서 호출할 수 있다.

```
choiceQuestion.setAnswer("2");
```

하지만 슈퍼 클래스의 프라이빗 인스턴스 변수들은 접근할 수 없다. 슈퍼 클래스에서만 사용할 수 있는 데이터들이기 때문에 슈퍼 클래스의 메서드들에서만 사용할 수 있다. 다른 클래스와 같이 서브 클래스라 하더라도 접근할 수 없다.

예를 들어, ChoiceQuestion 메서드는 answer 변수에 직접 접근할 수 없다. 이 변수들을 사용하려면 다른 클래스들과 마찬가지로 Question 클래스의 public 메서드들을 사용해야 한다.

이를 보다 자세히 설명하기 위해 addChoice를 구현해 보자. 이 메서드는 두 개의 인수를 가지는데, 추가할 정답 후보(리스트 끝에 추가된다.)와 그 정답 후보가 정답인지 여부를 나타내는 참/거짓 값이다.

예를 들어 다음과 같이 호출한다.

```
question.addChoice("Canada", true);
```

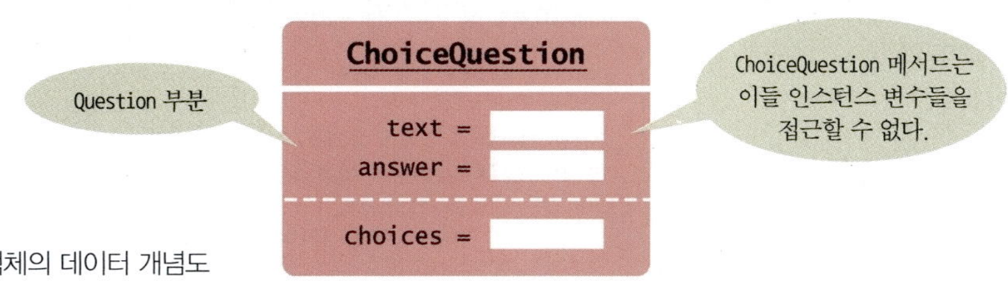

그림 6
서브 클래스 객체의 데이터 개념도

첫 번째 인자는 choices 변수에 추가된다. 두 번째 인수값이 true이면 인스턴스 변수 answer의 값은 현재 입력하는 정답 후보의 번호가 된다. 예를 들어, choices.size()가 2이면 answer의 값은 문자열 "2"가 된다.

```
public void addChoice(String choice, boolean correct)
{
   choices.add(choice);
   if (correct)
   {
      // choices.size()를 문자열로 바꾼다.
      String choiceString = "" + choices.size();
      setAnswer(choiceString);
   }
}
```

예제의 완전한 코드

웹 페이지 Wiley.com/go/javacode에 가면 Vehicle 클래스를 상속해서 Car 클래스를 만드는 프로그램을 다운로드할 수 있다.

슈퍼 클래스에 속한 변수인 answer 변수를 직접 사용할 수 없다. 하지만 다행히도 Question 클래스가 setAnswer 메서드를 가지고 있어서 이를 호출하여 answer값을 지정할 수 있다. 이 메서드를 호출하면 어떤 객체의 메서드가 호출될까? 현재 수정된 Question객체, 즉 ChoiceQuestion.addChoice 메서드의 암시적 매개변수이다. 암시적 매개변수를 가지고 호출할 경우 다음과 같이 암시적 매개변수를 명시하지 않고 메서드 이름만 사용해서 호출해도 가능하다.

```
setAnswer(choiceString);
```

원한다면 다음과 같이 암시적 매개변수에 메서드 호출이 이루어진다는 것을 명확히 해도 된다.

```
this.setAnswer(choiceString);
```

자습문제

6. q가 Question 클래스의 객체이고 cq는 ChoiceQuestion 객체라 하자. 다음 중 올바른 문법 오류가 없는 것은?
   a. q.setAnswer(response)
   b. cq.setAnswer(response)
   c. q.addChoice(choice,true)
   d. cq.addChoice(choice,true)

7. Employee 클래스가 다음과 같이 선언되어 있다고 하자.

```
public class Employee
{
   private String name;
   private double baseSalary;

   public void setName(String newName) { . . . }
```

```
    public void setBaseSalary(double newSalary) { . . . }
    public String getName() { . . . }
    public double getSalary() { . . . }
}
```

Employee 클래스를 상속받는 Manager 클래스를 작성하고, 인스턴스 변수 bonus를 추가하시오. 생성자와 메서드는 생략하시오.

8. 위 문제에서 Manager 클래스가 가지는 인스턴스 변수들은 무엇인가?
9. Manager 클래스에서 Employee 클래스의 getSalary 메서드를 재정의하기 위한 메서드 머리부분(header, 구현은 생략)를 작성하시오.
10. 위 문제에서 Manager 클래스가 상속받는 메서드들은 무엇인가?

실습하기 이 장의 끝부분에 있는 복습 문제 및 연습 문제 R9.3, P9.6, P9.10을 수행하시오.

흔한 오류 9.1

슈퍼 클래스에 있는 인스턴스 변수를 다시 선언하기

서브 클래스는 슈퍼 클래스의 프라이빗 인스턴스 변수를 접근할 수 없다.

```
public ChoiceQuestion(String questionText)
{
   text = questionText; // 오류 - 슈퍼 클래스의 프라이빗 변수에 접근을 시도한다.
}
```

초보자들이 자주 하는 실수 중 하나는 문제를 '해결'하려고 같은 이름의 새로운 변수를 추가하는 것이다.

```
public class ChoiceQuestion extends Question
{
   private ArrayList<String> choices;
   private String text; // 이렇게 하면 안 된다.
   . . .
}
```

물론 이제 addInterest 메서드는 컴파일 되지만 올바른 text 변수의 값을 바꾸지는 않는다. 이 경우 ChoiceQuestion 객체는 같은 이름의 두 개의 변수를 가진다. 생성자는 그 중 하나의 변수에 값을 지정하고 display 메서드는 다른 변수를 가지고 화면에 출력한다. 이에 대한 올바른 해결책은 슈퍼 클래스의 퍼블릭 메서드를 통해서 슈퍼 클래스 인스턴스 변수들을 접근하는 것이다. 위의 예에서는 ChoiceQuestion 생성자가 Question 클래스의 setText 메서드를 호출해야 한다.

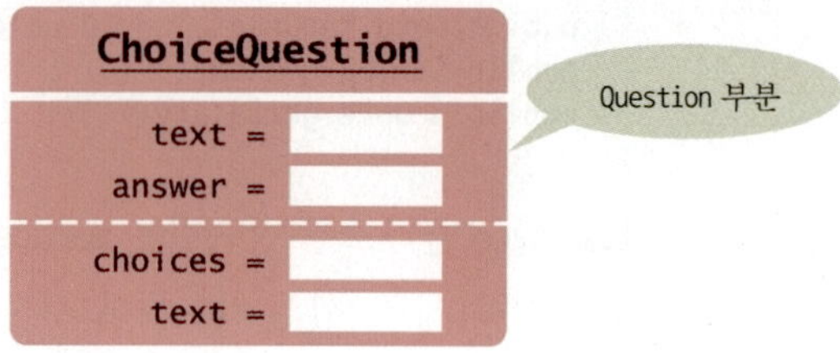

흔한 오류 9.2

슈퍼 클래스와 서브 클래스 혼동하기

ChoiceQuestion 타입의 객체와 Question 객체를 비교해 보면 다음과 같은 점을 발견할 수 있다.

- 예약어를 extends로 보았을 때 ChoiceQuestion 객체는 Question 객체가 확장된 것이다.
- ChoiceQuestion 객체가 더 크다. 추가된 인스턴스 변수는 choices를 더 가지고 있다.
- ChoiceQuestion 객체가 할 수 있는 일이 더 많다. addChoice 메서드를 더 가지고 있다.

ChoiceQuestion 객체가 어느 면에서나 더 뛰어나 보인다. 그런데 왜 ChoiceQuestion은 서브 클래스라고 부르고 Question 클래스는 슈퍼 클래스라고 부를까?

슈퍼/서브라는 용어는 집합에서 가져온 용어이다. 모든 문제의 집합을 생각해 보자. 모든 문제가 선택형 문제는 아니니다. 다른 형태의 문제들도 있다. 그러므로 ChoiceQuestion 객체들 집합은 Question 객체들 집합의 서브 집합(부분 집합)이고, Question 객체들의 집합은 ChoiceQuestion 객체의 집합의 슈퍼 집합(포함하는 집합)이다. 부분 집합에 속한 전문화된 객체들은 보다 많은 정보를 저장할 수 있고 할 수 있는 일도 많다.

9.3 메서드 재정의하기

메서드를 재정의하면 슈퍼 클래스의 기능을 확장하거나 새로운 것으로 바꿀 수 있다.

서브 클래스는 슈퍼 클래스로부터 메서드들을 상속받는다. 상속받은 메서드가 맘에 들지 않으면 새로 구현해서 재정의하는 것이 가능하다.

9.3.1 슈퍼 클래스 메서드 호출하기

ChoiceQuestion 클래스의 display 메서드를 생각해 보자. 이 메서드는 답이 될 수 있는 후보들을 보여주기 위해서 Question 클래스의 display 메서드를 재정의한다. 이 메서드는 슈퍼 클래스의 기능을 확장시켜준다. 즉, 슈퍼 클래스가 하던 일을 그대로 수행하고(질문을 출력하고), 추가로 작업을 수행한다(정답 후보를 출력한다.). 어떤 경우에는 슈퍼 클래스에서 했던 기능을 수행 하지 않고 새로운 기능만을 구현하는 경우도 있다.

다시 돌아가서, ChoiceQuestion 클래스의 display 메서드를 구현하는 것에 대해서 생각해 보자.

이 메서드는 다음과 같은 일을 수행해야 한다.

- 질문 내용을 화면에 출력한다.
- 정답 후보들을 화면에 출력한다.

두 번째는 쉽다. 정답 후보들이 서브 클래스의 인스턴스 변수에 저장되어 있기 때문이다.

```
public class ChoiceQuestion
{
   . . .
   public void display()
   {
      // 질문을 출력한다.
      . . .
      // 정답 후보를 출력한다.
      for (int i = 0; i < choices.size(); i++)
      {
         int choiceNumber = i + 1;
         System.out.println(choiceNumber + ": " + choices.get(i));
      }
   }
}
```

Use the reserved word super to call a superclass method.

하지만 질문 내용을 화면에 보여주는 것은 간단하지 않다. 슈퍼 클래스의 private 변수 이기 때문에 접근할 수 없다.

대신에, super를 사용해서 슈퍼 클래스에 정의된 display 메서드를 호출할 수 있다.

문법 9.2 슈퍼 클래스의 메서드 호출하기

Syntax super.*methodName*(*parameters*);

```
public void deposit(double amount)
{
   transactionCount++;
   super.deposit(amount);
}
```

현재 클래스의 메서드가 아니라 슈퍼 클래스의 메서드를 호출한다.

만약 super를 생략하면 현재 클래스의 메서드를 호출한다. 흔한 오류 9.4를 참조하시오.

```
public void display()
{
   // 질문 내용을 출력한다.
   super.display(); // OK
   // 정답 후보를 출력한다.
   . . .
}
```

super를 실수로 빼고 호출하면 원하는 결과를 얻을 수 없다.

```
public void display()
{
   // 질문 내용을 출력한다.
   display(); // 오류—this.display()가 호출된다.
   . . .
}
```

암시적 매개변수인 this가 ChoiceQuestion 타입이고, ChoiceQuestion 타입에 display 메서드가 있기 때문에 ChoiceQuestion 클래스의 메서드가 호출될 것이다. 하지만 그 메서드는 지금 작성되고 있는 메서드이기 때문에 자기 자신을 계속해서 호출하게 된다.

this와 달리 super는 객체에 대한 참조자(reference)가 아니라는 것을 명심하자. 슈퍼 클래스의 객체가 따로 존재 하지 않는다. 서브 클래스 객체가 수퍼클래스의 인스턴스 변수들을 같이 가지게 된다. super는 슈퍼 클래스 메서드를 강제로 호출하기 위한 예약어일 뿐이다.

9.3.2 다형성과 상속

퀴즈를 낼 때 다양한 문제 종류를 섞어서 내고 싶다고 하자.

상속을 사용하면 이를 쉽게 구현할 수 있다. 상속을 사용하면 사용자에게 문제를 보여줄 때 정확이 어떤 종류의 문제인지 신경 쓰지 않을 수 있다. 그저 문제를 보여주고 답이 맞는지 검사하면 된다. 슈퍼 클래스 Question은 문제를 보여 주고 답을 검사하기 위한 메서드들을 가지고 있다. 그러므로 다음과 같이 Question 타입의 매개변수를 사용하여 문제를 보여 주고 답을 검사하는 presentQuestion 메서드를 구현할 수 있다.

```
public static void presentQuestion(Question q)
{
   q.display();
   System.out.print("Your answer: ");
   Scanner in = new Scanner(System.in);
   String response = in.nextLine();
   System.out.println(q.checkAnswer(response));
}
```

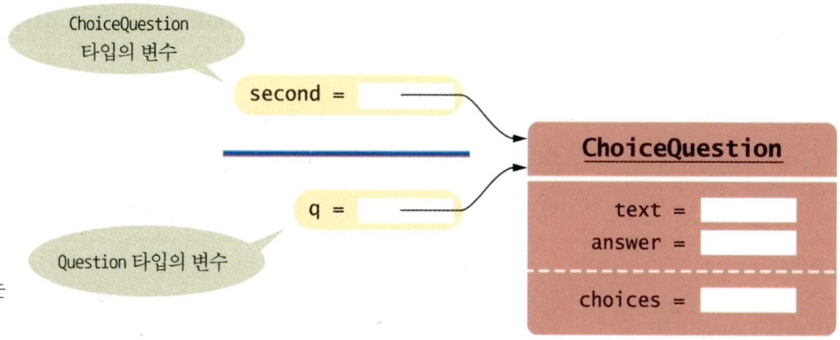

그림 7
같은 객체를 참조하는
다른 타입의 변수들

서브 클래스의 참조자는 슈퍼 클래스 참조자를 사용할 수 있는 모든 곳에서 사용할 수 있다.

9.1절에서 설명했듯이 슈퍼 클래스 객체를 사용할 수 있는 곳이면 서브 클래스 객체를 사용할 수 있다.

```
ChoiceQuestion second = new ChoiceQuestion();
. . .
presentQuestion(second); // ChoiceQuestion을 사용해도 문제없다.
```

presentQuestion을 실행할 때 second와 q는 ChoiceQuestion타입의 같은 객체를 참조하게 된다(그림 7).

하지만 변수 q는 자신이 참조하는 객체에 대해 전부다 알고 있지 않다(그림 8 참조).

q가 Question 타입의 변수이기 때문에 display와 checkAnswer 메서드를 호출할 수 있다. 하지만 Question의 메서드가 아닌 addChoice를 호출할 수는 없다.

결과적으로 이번 메서드 호출에서 q는 ChoiceQuestion을 참조한다. 다음에 호출될 때는 q가 Question 객체를 참조할 수도 있고 Question의 다른 서브 클래스를 참조할 수도 있다.

이제 presentQuestion을 좀 더 자세히 살펴보자. 처음에 다음과 같은 호출을 한다.

```
q.display(); // Question.display가 호출될까? 아니면 ChoiceQuestion.display가 호출될까?
```

어떤 display 메서드가 호출될까? 584페이지에 나오는 출력을 보면 어느 메서드가 호출되는지는 q의 실제 내용에 따라 달라진다는 것을 알 수 있다. 첫 번째의 경우는 q가 Question 객체이어서 Question.display가 호출되고, 두 번째 경우에는 q가

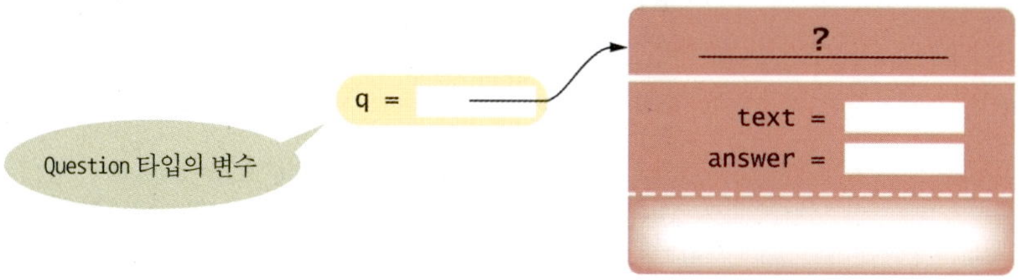

그림 8
Question 변수는 Question의
서브 클래스 객체면서 아무것이나
참조자로 할 수 있다.

ChoiceQuestion 객체이어서 ChoiceQuestion.display가 호출되므로 정답 후보들이 같이 출력된다.

이것 역시 다형성의 예이다(다형성에 대한 설명은 8.3절을 참조). 자바 가상 머신은 올바른 메서드 호출을 위해 실제 객체의 클래스를 먼저 찾고, 그 클래스 내에서 메서드 이름과 일치하는 메서드를 호출한다.

다형성 때문에 프로그램의 확장이 쉬워진다. 예를 들어 숫자 계산이 필요한 새로운 문제 종류를 추가하고 싶다고 하자. 이 경우 어느 정도 근사값을 정답으로 채점해야 한다. 이를 위해서 Question을 상속하는 NumericQuestion 클래스를 만들고 checkAnswer 메서드를 수정하면 된다. 이렇게 하면 presentQuestion 메서드를 일반 문제, 객관식 문제, 계산 문제를 가지고 호출할 수 있게 된다. presentQuestion 메서드를 수정할 필요가 없다! 동적 메서드 검색 때문에 display나 checkAnswer를 호출하면 새로 선언된 클래스의 메서드도 자동으로 찾아서 호출해 주기 때문이다.

Section_3/QuestionDemo3.java

```
import java.util.Scanner;

/**
    이 프로그램은 두 개의 문제 종류를 가지는 퀴즈를 보여 준다.
*/
public class QuestionDemo3
{
   public static void main(String[] args)
   {
      Question first = new Question();
      first.setText("Who was the inventor of Java?");
      first.setAnswer("James Gosling");

      ChoiceQuestion second = new ChoiceQuestion();
      second.setText("In which country was the inventor of Java born?");
      second.addChoice("Australia", false);
      second.addChoice("Canada", true);
      second.addChoice("Denmark", false);
      second.addChoice("United States", false);

      presentQuestion(first);
      presentQuestion(second);
   }

   /**
      사용자에게 문제를 보여 주고 답을 검사한다.
      @param q 문제
   */
   public static void presentQuestion(Question q)
   {
      q.display();
      System.out.print("Your answer: ");
      Scanner in = new Scanner(System.in);
      String response = in.nextLine();
```

```
        System.out.println(q.checkAnswer(response));
    }
}
```

실행 결과

```
Who was the inventor of Java?
Your answer: Bjarne Stroustrup
false
In which country was the inventor of Java born?
1: Australia
2: Canada
3: Denmark
4: United States
Your answer: 2
true
```

자습문제

11. 다음 display 메서드 구현에서 잘못된 것을 지적하시오.

```
public class ChoiceQuestion
{
   . . .
   public void display()
   {
      System.out.println(text);
      for (int i = 0; i < choices.size(); i++)
      {
         int choiceNumber = i + 1;
         System.out.println(choiceNumber + ": " + choices.get(i));
      }
   }
}
```

12. 다음 display 메서드 구현에서 잘못된 것을 지적하시오.

```
public class ChoiceQuestion
{
   . . .
   public void display()
   {
      this.display();
      for (int i = 0; i < choices.size(); i++)
      {
         int choiceNumber = i + 1;
         System.out.println(choiceNumber + ": " + choices.get(i));
      }
   }
}
```

13. addChoice 메서드를 구현할 때 슈퍼 클래스의 setAnswer 메서드를 호출한다. Super.setAnswer를 호출하지 않은 이유가 무엇인가?

14. Question 객체들과 ChoiceQuestion 객체들이 섞인 것을 저장할 수 있는 배열 quiz를 선언하시오.

15. 다음 코드를 보자.

```
ChoiceQuestion cq = . . .; // null값이 아니다.
cq.display();
```

실제로 호출되는 메서드는 어느 클래스의 메서드인가?

16. Math.sqrt(2)와 같은 호출에서 동적 메서드 검색을 사용하는가?

실습하기 이 장의 끝부분에 있는 연습 문제 P9.1, P9.2, P9.11을 수행하시오.

흔한 오류 9.3

실수로 하는 오버로드

자바에서 메서드들은 같은 이름을 가지더라도 매개변수들이 다르면 다른 메서드이다. 예를 들어 PrintStream 클래스는 다음과 같이 다른 매개변수들을 가지는 println이라는 두 메서드들을 가지고 있다.

```
void println(int x)
```

와

```
void println(String x)
```

이들은 서로 다른 메서드이고 서로 다른 구현을 가지고 있다. 자바 컴파일러는 이들이 전혀 다른 메서드라고 생각한다. 이 경우를 println이라는 이름이 오버로드 되었다고 한다. 이는 재정의와 다르다. 재정의는 서브 클래스가 이름과 매개변수들을 모두 같게 해서 새롭게 구현한다는 것이다.

재정의하려고 하다가 매개변수들을 다른 타입으로 하게 되면 재정의가 아닌 오버로드를 하는 실수를 범하게 된다. 예를 들면 다음과 같다.

```
public class ChoiceQuestion extends Question
{
   . . .
   public void display(PrintStream out)
   // display()를 재정의하지 않는다.
   {
      . . .
   }
}
```

컴파일러는 오류 메시지를 보여 주지 않을 것이다. 컴파일러는 당신이 PrintStream 인자를 가지는 display 메서드를 새로 추가하고 원래 있던 display( ) 메서드는 그대로 상속받고 싶어한다고 생각할 것이다.

메서드를 재정의할 때는 매개변수 타입까지 완전히 일치하는지 확인해야 한다.

흔한 오류 9.4

슈퍼 클래스 메서드를 호출할 때 super 사용하지 않기

슈퍼 클래스 메서드를 재정의할 때 자주 하는 실수 중의 하나는 super를 빼먹는 것이다. 예를 들어 관리자의 월급을 계산하려면 Employee 객체로부터 월급정보를 얻어내어 보너스를 추가해야 한다.

```
public class Manager
{
   . . .
   public double getSalary()
   {
      double baseSalary = getSalary();
         // 오류: super.getSalary()라고 호출해야 한다.
      return baseSalary + bonus;
   }
}
```

여기서 getSalary()는 암시적 매개변수에 적용되는 getSalary 메서드를 말한다. 암시적 매개변수는 Manager 타입이고 Manager 클래스는 getSalary 메서드를 가지고 있기 때문에 그 메서드가 호출된다. 그래서 당연히 현재 메서드를 다시 호출하게 되고 다시 계속 반복하여 현재 메서드를 호출하다가 메모리가 소진되어 프로그램이 종료되게 된다. 따라서 어느 getSalary 메서드를 호출하는지 명확하게 알려주어야 한다.

슈퍼 클래스의 메서드와 같은 이름의 메서드에서 슈퍼 클래스 메서드를 호출하려면 super를 사용해야 하는 것을 잊지 말자.

심화 학습 9.1

슈퍼 클래스 생성자 호출하기

서브 클래스 객체를 생성하는 과정을 생각해 보자. 서브 클래스 생성자는 서브 클래스의 인스턴스 변수들만 초기화할 수 있다. 하지만 슈퍼 클래스의 인스턴스 변수 값들도 초기화할 방법이 필요하다. 특별히 따로 지정하지 않으면 슈퍼 클래스의 아무 인자도 가지지 않는 생성자가 호출되어서 슈퍼 클래스 인스턴수 변수값의 초기화가 이루어진다.

> 특별히 따로 지정하지 않으면 서브 클래스의 생성자가 슈퍼 클래스의 아무 인자도 가지지 않는 생성자를 호출한다.

인자 없는 생성자 대신 슈퍼 클래스의 다른 생성자를 호출하고 싶으면 서브 클래스 생성자의 첫 번째 명령으로 super를 쓰고 괄호 안에 인자들을 써주면 된다.

> 슈퍼 클래스의 생성자를 명시적으로 호출하려면 서브 클래스 생성자 첫 줄에 예약어 super를 사용하면 된다.

예를 들어 슈퍼 클래스인 Question에 질문 내용을 지정할 수 있는 생성자가 있다고 하자. 이 경우 다음은 서브 클래스 생성자에서 슈퍼 클래스 생성자를 호출하는 예를 보여 준다.

```
public ChoiceQuestion(String questionText)
{
   super(questionText);
   choices = new ArrayList<String>();
}
```

> 서브 클래스 생성자는 슈퍼 클래스 생성자에서 super와 함께 인자를 전달할 수 있다.

만약 슈퍼 클래스의 모든 생성자가 인자를 가진다면 서브 클래스의 생성자에서 적절한 인자를 사용하고 super 문법을 꼭 사용해야 한다.

super 뒤에 괄호가 있으면 슈퍼 클래스 생성자 호출을 의미한다. 슈퍼 클래스 생성자 호출은 서브 클래스 생성자의 가장 첫 행에 와야 한다. super 뒤에 마침표가 오고 메서드 이름이 오면 이전 절에서 보았듯이 슈퍼 클래스의 메서드 호출을 의미한다. 슈퍼 클래스 메서드 호출은 서브 클래스의 아무 위치에서나 가능하다.

문법 9.3 슈퍼 클래스 초기화를 하는 생성자

Syntax

```
public ClassName(parameterType parameterName, . . .)
{
   super(arguments);
   . . .
}
```

```
public ChoiceQuestion(String questionText)
{
   super(questionText);
   choices = new ArrayList<String>;
}
```

슈퍼 클래스 생성자가 먼저 호출된다.

생성자에는 다른 명령들을 더 포함할 수 있다.

만약 슈퍼 클래스 생성자 호출을 생략하면 슈퍼 클래스의 생성자 중 인자가 없는 생성자가 호출된다.

심화 학습 9.2 동적인 메서드 검색과 암시적 매개변수

Question 클래스에 presentQuestion을 추가한다고 하자.

```
void presentQuestion()
{
   display();
   System.out.print("Your answer: ");
   Scanner in = new Scanner(System.in);
```

```
    String response = in.nextLine();
    System.out.println(checkAnswer(response));
}
```

다음과 같은 호출을 생각해보자.

```
ChoiceQuestion cq = new ChoiceQuestion();
cq.setText("In which country was the inventor of Java born?");
. . .
cq.presentQuestion();
```

presentQuestion 메서드를 호출했을 때 어느 display, checkAnswer 메서드가 호출되겠는가? presentQuestion 메서드의 코드를 살펴보면 암시적 매개변수를 사용해서 메서드들이 호출됐다는 것을 알 수 있다.

```
public class Question
{
    public void presentQuestion()
    {
        this.display();
        System.out.print("Your answer: ");
        Scanner in = new Scanner(System.in);
        String response = in.nextLine();
        System.out.println(this.checkAnswer(response));
    }
}
```

여기서 암시적 매개변수 this는 ChoiceQuestion 타입이다. 동적 메서드 검색 때문에, ChoiceQuestion의 display와 checkAnswer가 자동으로 호출된다. presentQuestion이 ChoiceQuestion 클래스에 대해서 아무런 정보가 없는 Question 클래스에 선언되어 있음에도 불구하고 이런 상황이 발생한다.

이미 본 바와 같이 다형성은 매우 강력한 방식이다. Question 클래스는 문제를 보여 주고 답을 검사하는 일반적 기능을 가지는 presentQuestion 메서드를 제공한다. 실제로 문제를 보여 주고 답을 검사하는 과정의 수행은 서브 클래스가 책임진다.

심화 학습 9.3

추상 클래스

기존 클래스를 상속받을 경우 슈퍼 클래스의 메서드들을 재정의해도 되고 그렇지 않아도 된다. 하지만 어떤 경우에는 프로그래머들이 메서드를 항상 재정의하도록 하는 것이 바람직하다. 슈퍼 클래스에 사용할 만한 기본적인 메서드 구현내용이 없거나, 서브 클래스만이 메서드를 구현할 충분한 정보를 가지는 경우이다.

예를 들어 모든 계좌에서 매달 수수료를 떼어낸다고 결정했다고 하자. 그러면 Account 클래스에 다음과 같이 deductFees 메서드가 추가되어야 한다.

```
public class Account
{
   public void deductFees() { . . . }
   . . .
}
```

이 메서드가 무슨 일을 해야 할지 애매하다. 물론 아무 일도 안 하도록 구현할 수도 있지만, 서브 클래스를 구현하는 프로그래머가 이 메서드 구현을 실수로 안 할 수도 있다. 이 경우 서브 클래스는 아무것도 하지 않는 메서드를 상속받게 된다. 이것보다 나은 방법은 deductFees를 추상 메서드로 선언하는 것이다.

```
public abstract void deductFees();
```

추상 메서드는 구현되지 않는다. 이렇게 하면 서브 클래스에서 이 메서드를 구현해야 한다(물론 어떤 서브 클래스에서는 아무것도 안 하도록 구현할 수도 있다. 하지만 이 경우에 아무 것도 안하는 메서드를 잘 모르고 상속받는 것이 아니라 서브 클래스를 구현하는 사람이 선택한 것이다.).

추상 메서드를 가진 클래스의 객체를 생성하는 것은 불가능하다. 예를 들어, Account 클래스에 추상 메서드가 있는 경우 new Account()라고 하면 컴파일 오류가 생긴다.

객체를 생성하는 것이 불가능한 클래스를 추상 클래스라고 한다. 반대로 객체 생성이 가능한 클래스를 구체 클래스라고 하기도 한다. 자바에서는 모든 추상 클래스를 선언할 때 abstract라는 예약어를 사용해야 한다.

```
public abstract class Account
{
   public abstract void deductFees();
   . . .
}

public class SavingsAccount extends Account // 추상 클래스가 아니다.
{
   . . .
   public void deductFees() // 구현을 제공한다.
   {
      . . .
   }
}
```

어떤 클래스가 추상 클래스를 상속받으면서 모든 추상 메서드를 구현하지 않는다면 그 클래스도 추상 클래스이다.

```
public abstract class BusinessAccount
{
   // deductFees를 구현하지 않는다.
}
```

추상 클래스 객체를 생성하는 것은 불가능하지만 추상 클래스 타입의 변수를 사용하는 것은 가능하다. 물론 그 변수에 저장되는 실제 객체는 구체 클래스인 서브 클래스 객체만 가능하다.

```
Account anAccount; // OK
anAccount = new Account(); // 오류 - Account는 추상 클래스다.
anAccount = new SavingsAccount(); // OK
anAccount = null; // OK
```

메서드를 추상 메서드로 선언하면 프로그래머가 서브 클래스를 구현할 때 그 메서드를 강제로 구현하도록 한다. 이는 의미 없는 메서드를 만들고 실수로 그 메서드를 상속하는 경우보다 바람직하다.

심화 학습 9.4

Final 메서드와 Final 클래스

심화 학습 9.3에서는 다른 프로그래머들에게 추상 클래스를 제공해서 추상 메서드를 강제로 구현하도록 하는 방법을 알아보았다. 가끔씩은 반대로 서브 클래스를 만들 때 어떤 메서드들을 재정의하지 못하게 하고 싶을 때가 있다. 이런 상황에서는 final이라는 예약어를 사용한다. 예를 들어 자바 표준 라이브러리의 String 클래스는 다음과 같이 선언되었다.

```
public final class String { . . . }
```

이는 아무도 String 클래스를 확장할 수 없다는 것을 의미한다. String 클래스는 서브 클래스를 가질 수 없으므로 String 타입의 변수는 String 객체만 저장해야 하고 String 클래스의 서브 클래스 객체를 저장할 수 없다.

각각의 메서드를 final로 선언할 수도 있다.

```
public class SecureAccount extends BankAccount
{
   . . .
   public final boolean checkPassword(String password)
   {
      . . .
   }
}
```

이렇게 하면 아무도 checkPassword 메서드를 재정의할 수 없다.

심화 학습 9.5

Protected 접근

ChoiceQuestion 클래스의 display 메서드를 구현하려고 할 때 문제에 봉착했었다. 이 메서드에서 슈퍼 클래스의 인스턴스 변수인 text를 접근하길 원했다. 우리가 썼던 해결책은 슈퍼 클래스의 적당한 메서드를 써서 text를 출력하는 것이었다.

자바는 이 문제에 대한 다른 해결책을 가지고 있다. 슈퍼 클래스가 인스턴스 변수를 protected로 선언할 수 있다.

```
public class Question
{
   protected String text;
   . . .
}
```

객체의 protected 자료는 그 객체의 클래스에 속한 모든 메서드와 모든 서브 클래스의 메서드들에서 접근 가능하다. 예를 들면 ChoiceQuestion은 Question 클래스를 상속받은 클래스이므로 ChoiceQuestion의 모든 메서드에서 Question 클래스의 protected 인스턴스 변수에 접근 가능하다.

protected 접근 방법은 절대적인 보호(private 인스턴스 변수)와 전혀 보호하지 않는 것(public 인스턴스 변수)의 중간이기 때문에 좋아하는 프로그래머들이 있다. 하지만 protected 인스턴스 변수는 public 인스턴스 변수와 같은 문제를 가진다고 알려져 있다. 슈퍼 클래스를 만든 사람은 서브 클래스 만드는 사람에게 영향을 끼칠 수 없지만, 서브 클래스 메서드가 슈퍼 클래스 데이터를 망치는 것은 가능하다. 더 큰 문제는 protected 변수를 가진 클래스들은 수정하기 어렵다. 슈퍼 클래스를 만든 사람이 슈퍼 클래스의 데이터 관련 부분을 수정하려고 할 때 protected 변수를 사용하는 서브 클래스가 있을 수 있기 때문에 protected 변수는 수정할 수 없다.

자바에서 protected 변수의 문제가 하나 더 있다. 서브 클래스들 뿐만 아니라 같은 패키지에 속한 클래스들에서도 접근 가능하다(심화 학습7.5 참조).

모든 데이터를 private로 두는 것이 가장 바람직하다. 만약 서브 클래스 메시드들에게만 접근을 허용하고 싶으면 접근자를 protected로 하는 것이 좋다.

따라 하기 9.1

상속 계층구조 만들기

여러 클래스들을 가지고 작업하는 상황에서, 어떤 클래스 들은 보다 일반적이고 어떤 클래스들은 보다 구체적인 것을 나타낼 때 상속 계층구조로 만드는 것이 필요하다. 이렇게 하면 여러 종류의 클래스 객체들을 통일된 방식으로 다룰 수 있다.

예를 들어, 고객들에게 다음과 같은 종류의 계좌들을 제공하는 은행을 생각해 보자.

- 이자가 적립되는 적금 계좌. 이자는 복리로 계산되고 매달 최소 잔액을 기준으로 적립된다.
- 이자가 없는 체크 계좌. 한 달에 한번씩 무료로 인출이 가능하고 추가되는 인출에 대해서는 1달러씩의 거래 요금을 물린다.

문제 정의 두 가지 종류의 계좌들을 관리하는 프로그램을 설계하고 구현한다. 구조화를 잘 해서 주요 부분을 수정하지 않고 다른 계좌 종류를 추가하는 것이 가능해야 한다. 다음과 같은 메뉴를 제공한다.

```
D)eposit  W)ithdraw  M)onth end  Q)uit
```

입금(Deposit)과 출금(Withdraw) 명령에서는 계좌 번호와 거래 액수를 사용자에게 물어서 처리해야 한다. 모든 거래 후에는 계좌 잔액을 출력한다.

"Month end" 명령에서는 계좌 종류에 따라서 이자를 적립하던지 거래 횟수를 0으로 만든다. 그러고 나서 모든 계좌의 잔액을 출력한다.

단계 1 **상속 계층구조에 들어갈 클래스들을 나열해 보자.**

이 문제 설명으로부터는 두 개의 클래스를 찾을 수 있다. SavingsAccount와 CheckingAccount이다. 물론 이들 클래스를 각각 구현해도 된다. 하지만 그렇게 하면 계좌 잔액을 변경하는 등의 기능들을 중복해서 구현하게 되므로 그리 좋은 생각은 아니다. 중복되는 기능만을 하는 클래스를 만드는 것이 좋다. 문제 설명에서는 그러한 클래스에 대해서 명시적으로 설명하지 않았다. 그러므로 그 클래스를 찾아내야 한다. 물론 이 경우에는 답이 매우 간단하다. 적금 계좌와 체크 계좌는 은행 계좌의 일종이다. 그러므로 BankAccount라는 공통 슈퍼 클래스를 구현하겠다.

단계 2 **클래스들을 상속 계층으로 정리한다.**

슈퍼 클래스와 서브 클래스를 UML 다이어그램에 그린다. 다음은 위에서 든 예에 해당하는 다이어그램이다.

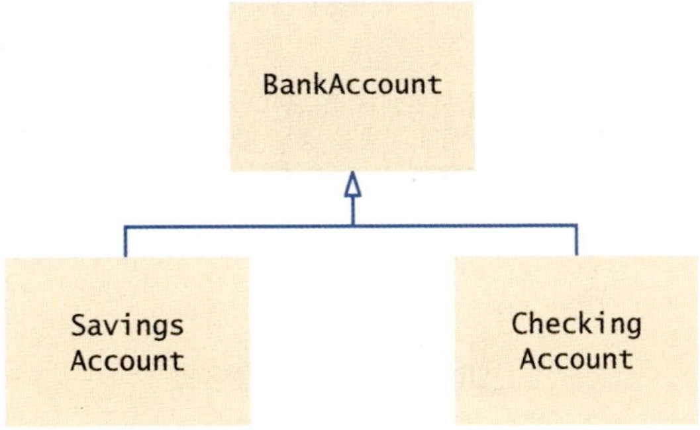

단계 3 **공통 가능을 결정한다.**

단계 2에서 계층구조의 뿌리에 해당하는 클래스를 만들었을 것이다. 그 클래스는 주어진 일을 수행하기에 충분한 기능을 가져야 한다.

주어진 일이 무엇인지 알아내기 위해 객체들을 처리하기 위한 의사코드를 쓰자.

```
각 사용자 명령에 대해
    입금이나 출금이면
        주어진 금액만큼 입금이나 출금을 한다.
        잔액을 출력한다.
    월말 처리이면
        각 계좌에 대해
            월말 처리를 수행한다.
            잔액을 출력한다.
```

위의 의사코드로부터 모든 은행 계좌들이 가져야 할 기능들을 다음과 같이 얻어낸다.

```
입금한다.
출금한다.
잔액을 조회한다.
월말 처리를 수행한다.
```

단계 4 **서브 클래스에서 어떤 메서드를 재정의할지 결정한다.**

모든 서브 클래스에서 기능들을 살펴보고 상속된 것이 그 서브 클래스에도 적당한지 아니면 재정의해야 하는지 결정한다. 상속되거나 재정의할 모든 메서드들은 계층구조 뿌리에 해당하는 클래스에 선언되어야 한다.

```
public class BankAccount
{
   . . .
   /**
      현 계좌에 입금한다.
      @param amount the amount of the deposit  입금액
   */
   public void deposit(double amount) { . . . }

   /**
      현 계좌에서 출금한다.
      잔액이 부족할 경우 벌금을 물린다.
      @param amount  출금액
   */
   public void withdraw(double amount) { . . . }

   /**
      현 계좌에서 매월마다
      일어나야 할 일을 수행한다.
   */
```

```
    public void monthEnd() { . . . }

    /**
       현 계좌의 잔액을 조회한다.
       @return 현 계좌 잔액
    */
    public double getBalance() { . . . }
}
```

SavingsAccount와 CheckingAccount 두 클래스 모두에서 monthEnd 메서드를 재정의할 것이다. SavingsAccount 클래스는 최소 잔액값을 알아내기 위해서 withdraw 메서드를 재정의한다. CheckingAccount 클래스는 withdraw 메서드에서 거래 횟수를 증가시키도록 수정한다.

단계 5 각 서브 클래스들의 public 인터페이스를 정의한다.

보통 서브 클래스는 슈퍼 클래스와는 다른 기능을 추가로 가진다. 새로 추가할 메서드들을 나열하고 재정의할 메서드들도 나열한다. 서브클래스들을 어떻게 생성하는지도 명시해야 한다.

```
public class SavingsAccount extends BankAccount
{
    . . .
    /**
       잔액이 0인 적금 계좌를 생성한다.
    */
    public SavingsAccount() { . . . }

    /**
       현 계좌의 이율을 지정한다.
       @param rate 퍼센트 단위의 한달 이자
    */
    public void setInterestRate(double rate) { . . . }

    // 다음 메서드들은 슈퍼 클래스 메서드들을 재정의한다.
    public void withdraw(double amount) { . . . }
    public void monthEnd() { . . . }
}

public class CheckingAccount extends BankAccount
{
    . . .

    /**
       잔액이 0인 체크 계좌를 생성한다.
    */
    public CheckingAccount() { . . . }

    // 다음 메서드들은 슈퍼 클래스 메서드들을 재정의한다.
    public void withdraw(double amount) { . . . }
    public void monthEnd() { . . . }
}
```

단계 6 인스턴스 변수를 결정한다.

각 클래스마다 인스턴스 변수를 나열한다. 모든 클래스들이 가져야 할 인스턴스 변수가 있으면 클래스 계층구조의 상위 클래스에 두어야 한다.

모든 계좌는 잔액을 가진다. 이 변수를 슈퍼 클래스인 BankAccount에 두겠다.

```
public class BankAccount
{
   private double balance;
   . . .
}
```

SavingsAccount 클래스는 이자율을 저장해야 한다. 또한 매월 최저 잔액을 저장해서 withdraw 메서드가 호출될 때마다 갱신해야 한다.

```
public class SavingsAccount extends BankAccount
{
   private double interestRate;
   private double minBalance;
   . . .
}
```

CheckingAccount 클래스는 출금 횟수를 저장해서 기준값보다 클 경우 출금할 때마다 요금이 부과 되도록 해야 한다.

```
public class CheckingAccount extends BankAccount
{
   private int withdrawals;
   . . .
}
```

단계 7 **생성자와 메서드들을 구현한다.**

BankAccount 클래스의 메서드들은 잔액을 변화시키거나 잔액을 조회한다.

```
public void deposit(double amount)
{
   balance = balance + amount;
}

public void withdraw(double amount)
{
   balance = balance - amount;
}

public double getBalance()
{
   return balance;
}
```

BankAccount 클래스에서는 매월 처리해야 하는 일을 정의하기 힘들다. 그래서 다음과 같이 아무것도 안 하도록 구현하였다.

```
public void monthEnd()
{
}
```

SavingsAccount 클래스의 withdraw 메서드에서는 최소 잔액이 갱신되어야 한다. 이를 구현한 아래 코드에서 슈퍼 클래스의 메서드를 호출하는 것을 눈여겨보자.

```
public void withdraw(double amount)
{
   super.withdraw(amount);
   double balance = getBalance();
   if (balance < minBalance)
   {
      minBalance = balance;
   }
}
```

SavingsAccount 클래스의 monthEnd 메서드에서는 계좌에 이자가 적립되어야 한다. 인스턴스 변수 blance에 직접 접근할 방법이 없으므로 입금을 하기 위해서 deposit 메서드를 호출해야 한다. 최소 잔액은 0으로 초기화된다.

```
public void monthEnd()
{
   double interest = minBalance * interestRate / 100;
   deposit(interest);
   minBalance = getBalance();
}
```

CheckingAccount 클래스의 withdraw 메서드는 출금 횟수를 갱신해야 한다. 출금 횟수가 너무 많으면 요금을 적용해야 한다. 여기서도 이를 구현한 아래 코드에서 슈퍼 클래스의 메서드를 호출하는 것을 눈여겨보자.

```
public void withdraw(double amount)
{
   final int FREE_WITHDRAWALS = 3;
   final int WITHDRAWAL_FEE = 1;

   super.withdraw(amount);
   withdrawals++;
   if (withdrawals > FREE_WITHDRAWALS)
   {
      super.withdraw(WITHDRAWAL_FEE);
   }
}
```

체크 계좌에서 매달 해야 하는 일은 간단히 출금 횟수를 0으로 초기화하는 것이다.

```
public void monthEnd()
{
   withdrawals = 0;
}
```

단계 8 **다른 서브 클래스 객체들을 생성하고 처리한다.**

샘플 프로그램에서는 다섯 개의 체크 계좌와 다섯 개의 적금 계좌를 만들어서 BankAccount의 배열에 저장한다. 그 후에 사용자에게 명령을 받아서 입금, 출금 그리고 매월 처리사항을 처리한다.

```
BankAccount[] accounts = . . .;
. . .
Scanner in = new Scanner(System.in);
```

```
boolean done = false;
while (!done)
{
   System.out.print("D)eposit  W)ithdraw  M)onth end  Q)uit: ");
   String input = in.next();
   if (input.equals("D") || input.equals("W")) // 입금 또는 출금
   {
      System.out.print("Enter account number and amount: ");
      int num = in.nextInt();
      double amount = in.nextDouble();

      if (input.equals("D")) { accounts[num].deposit(amount); }
      else { accounts[num].withdraw(amount); }

      System.out.println("Balance: " + accounts[num].getBalance());
   }
   else if (input.equals("M")) // 월말 처리
   {
      for (int n = 0; n < accounts.length; n++)
      {
         accounts[n].monthEnd();
         System.out.println(n + " " + accounts[n].getBalance());
      }
   }
   else if (input == "Q")
   {
      done = true;
   }
}
```

예제의 완전한 코드

Go to wiley.com/go/javacode to download the program with BankAccount, SavingsAccount, and CheckingAccount classes.

실습 예제 9.1

급여 처리를 위한 고용인 계층구조 구현하기

이 실습 예제에서는 다양한 종류의 고용인들을 위한 급여 처리를 어떻게 구현하는지를 보여 준다. www.wiley.com/go/javaexamples에 가서 실습 예제 9.1을 다운로드 할 수 있다.

9.4 객체 : 최상위 슈퍼 클래스

자바에서는 extends를 사용하지 않고 선언하는 경우 자동적으로 Object 클래스를 확장하게 된다. 다시 말하면 Object는 직접, 혹은 간접적으로 자바의 모든 클래스의 슈퍼 클래스이다(그림 9 참조). Object 클래스는 다음 메서드들과 같이 일반적인 메서드들을 정의한다.

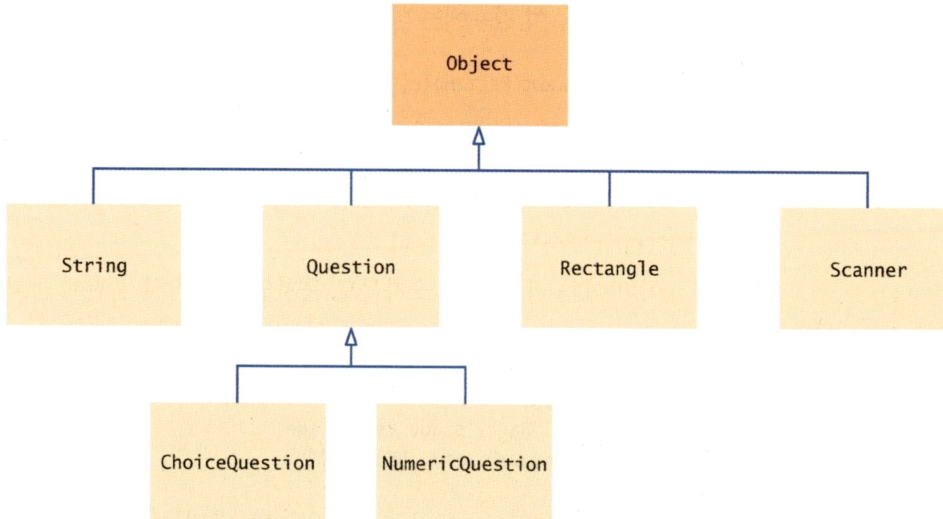

그림 9 Object 클래스는 모든 자바 클래스의 슈퍼 클래스이다.

- toString, 객체를 설명하는 문자열을 반환한다(9.4.1절).
- equals, 객체가 다른 객체와 같은지 여부를 검사한다(9.4.2절).
- hashCode, 객체를 집합에 저장할 때 사용하는 숫자값을 생성한다(심화 학습14.1 참조).

9.4.1 toString 메서드 재정의하기

toString 메서드는 각 객체를 나타내는 문자열을 반환한다. 이 메서드는 디버깅(debugging)에 매우 도움이 된다. 예를 들어 자바 표준 라이브러리의 클래스인 Rectangle 클래스를 생각해 보자. Rectangle 클래스의 toString 메서드는 다음과 같이 사각형의 상태를 보여 준다.

```
Rectangle box = new Rectangle(5, 10, 20, 30);
String s = box.toString();
   // s에 "java.awt.Rectangle[x=5,y=10,width=20,height=30]"을 지정한다.
```

toString 메서드는 객체와 문자열에 + 연산자를 적용해서 다른 문자열과 연결하려 할 때마다 호출된다. 다음 명령을 생각해 보자.

```
"box=" + box;
```

+ 연산자 한쪽 편은 문자열이고 나머지 한쪽은 객체 참조자다. 자바 컴파일러는 객체를 문자열로 바꾸기 위해 자동적으로 toString을 호출한다. 그 후 두 문자열을 하나

로 연결한다. 이 경우에는 다음과 같은 문자열이 결과로 생기게 된다.

```
"box=java.awt.Rectangle[x=5,y=10,width=20,height=30]"
```

컴파일러는 모든 객체가 toString 메서드를 가지고 있다는 것을 알기 때문에 toString 메서드를 호출할 수 있다. 모든 클래스는 Object 클래스를 확장하기 때문에 toString 메서드를 제공한다.

이미 아는 바와 같이 숫자들도 문자열과 합쳐지기 전에 문자열로 변환된다. 예를 들어,

```
int age = 18;
String s = "Harry's age is " + age;
   // s에 "Harray's age is 18"을 지정한다.
```

이 경우에는 toString이 호출되지 않는다. 숫자는 객체가 아니기 때문에 toString 메서드를 가질 수 없다. 하지만 기본 타입은 몇 가지 되지 않으므로 컴파일러는 기본 타입들을 문자열로 직접 바꾸어 준다.

BankAccount 클래스의 toString을 사용해 보자.

```
BankAccount momsSavings = new BankAccount(5000);
String s = momsSavings.toString();
   // s 에 "BankAccount@d24606bf"와 같은 문자열을 지정하게 된다.
```

매우 실망스러운 결과이다. 출력된 결과는 클래스 이름과 랜덤 코드로 보이는 hash 코드이다. hash 코드는 객체들을 구분하는데 사용한다. 다른 객체들은 다른 hash 코드를 가지게 된다(자세한 설명은 심화 학습 14.1 참조).

객체의 상태를 설명하기 위해서 toString 메서드를 재정의한다.

보통은 hash 코드에는 관심이 없다. 객체의 내용에 관심이 있으므로 toString이 객체의 내용을 설명하는 문자열을 만드는 것이 좋다. Object 클래스의 toString 메서드는 BankAccount 클래스에 무슨 내용이 있는지 알 방법이 없으므로 hash 코드를 출력하는 것이다. 그러므로 이 메서드를 재정의하여 BankAccount만의 toString 메서드를 만들어야 한다. BankAccount 클래스의 toString 클래스를 구현하면서 Rectangle 클래스가 toString 메서드에서 사용했던 출력 형식을 따를 것이다. 클래스 이름을 출력하고 각 괄호 안에 객체 변수의 값들을 출력할 것이다.

```
public class BankAccount
{
   . . .
   public String toString()
   {
      return "BankAccount[balance=" + balance + "]";
   }
}
```

이렇게 하면 다음과 같이 더 좋은 결과를 얻는다.

```
BankAccount momsSavings = new BankAccount(5000);
String s = momsSavings.toString(); // s 에 "BankAccount[balance=5000]"를 지정한다.
```

9.4.2 equals 메서드

equals 메서드는 두 객체가 같은 상태인지를 검사하도록 구현한다.

Object 클래스는 toString 메서드 외에도 두 객체의 내용을 저장하고 있는지를 검사하기 위한 equals 메서드도 가지고 있다.

```
if (stamp1.equals(stamp2)) . . .
    // 내용이 동일 --그림 10 참조
```

The equals method checks whether two objects have the same contents.

equals는 두 참고가 같은 객체에 대한 것인지를 검사하는 ==연산자와 다르다.

```
if (stamp1 == stamp2) . . .
    // 두 객체가 동일—그림 11 참조
```

Stamp 클래스용 equals 메서드를 구현해 보자. Object 클래스 메서드인 equals를 재정의해야 한다.

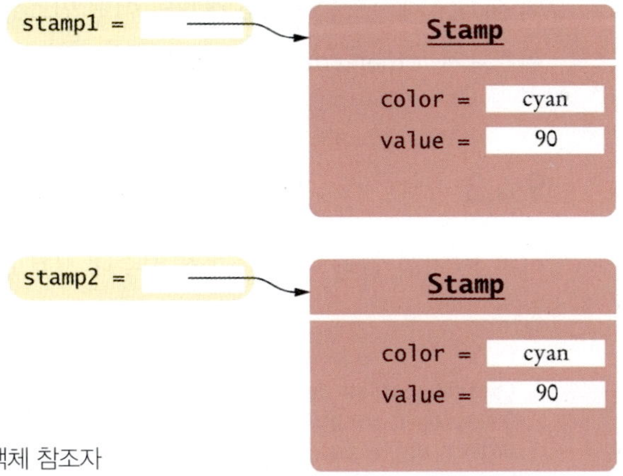

그림 10
내용이 같은 두 객체 참조자

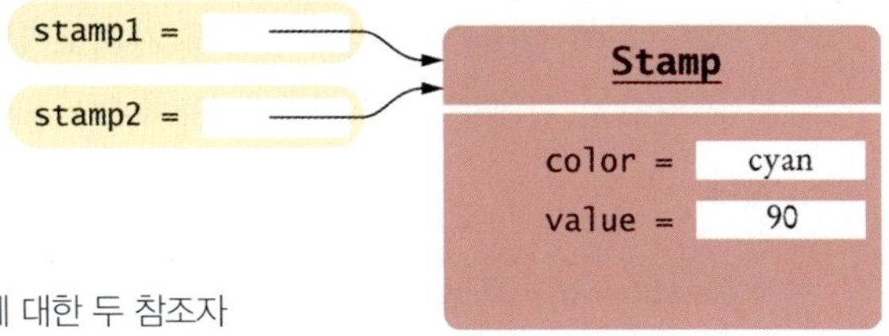

그림 11 한 객체에 대한 두 참조자

```
public class Stamp
{
   private String color;
   private int value;
   . . .
   public boolean equals(Object otherObject)
   {
      . . .
   }
   . . .
}
```

여기서 아주 작은 문제가 있다. Object 클래스는 Stamp에 대해서 아는 것이 없기 때문에 equals 메서드의 otherObject 매개변수는 Object 타입이다. 메서드들을 재정의할 때는 매개변수의 타입을 바꿀 수 없다. 이를 해결 하기 위해서 매개변수를 Stamp 클래스로 캐스트한다.

```
Stamp other = (Stamp) otherObject;
```

이제 두 Stamp를 비교할 수 있다.

```
public boolean equals(Object otherObject)
{
   Stamp other = (Stamp) otherObject;
   return color.equals(other.color)
        && value == other.value;
}
```

이 equals 메서드는 Stamp 객체의 어떤 인스턴스 변수라도 접근할 수 있다는 것을 눈여겨보자. other.color처럼 하는 것이 전혀 문제가 없다.

9.4.3 instanceof 연산자

이미 본 바와 같이 슈퍼 클래스 변수에 서브 클래스 참조자를 저장하는 것은 항상 괜찮다.

어떤 객체가 어떤 클래스라고 알고 있는 경우에는 객체를 클래스 타입으로 캐스트할 수 있다.

```
ChoiceQuestion cq = new ChoiceQuestion();
Question q = cq; // OK
Object obj = cq; // OK
```

아주 가끔씩 슈퍼 클래스 참조자를 서브 클래스 참조자로 변환해야 하는 경우가 있다.

예를 들어, Object 타입의 변수를 가지고 있는데 실제로는 Question 객체의 참조자를 저장하고 있다는 것을 안다고 하자. 이 경우에 캐스트를 사용해서 타입을 바꿀 수 있다.

```
Question q = (Question) obj;
```

하지만 이러한 캐스트는 위험하다. 만약 당신이 틀렸다면, 즉 obj가 관계없는 다른 타입 객체를 참조하고 있다면 'class cast' 예외가 발생하게 된다.

instanceof 연산자는 어떤 객체가 어떤 타입에 속하는지를 검사하는 연산자이다.

이러한 경우를 방지하기 위해서 instanceof 연산자를 사용한다. 이 연산자는 어떤 객체가 어떤 타입에 속하는지 여부를 알려준다. 예를 들어

```
obj instanceof Question
```

위 연산은 obj가 Question으로 변환 가능한 타입인지를 알려준다. 즉 obj가 Question이나 ChoiceQuestion과 같은 Question 클래스의 서브 클래스인지 여부를 알려준다.

instanceof 연산자를 사용하면 다음과 같이 안전하게 캐스트를 수행할 수 있다.

```
if (obj instanceof Question)
{
   Question q = (Question) obj;
}
```

instanceof는 메서드가 아님에 유의하자. 이는 +나 <와 같은 연산자이다. 하지만 이 연산자는 숫자에 적용되지 않는다. 이 연산자의 왼쪽에는 객체가, 오른쪽에는 타입 이름이 와야 한다.

예제의 완전한 코드

Go to wiley.com/go/javacode to download a program that demonstrates the toString method and the instanceof operator.

다형성을 피하기 위해서 instanceof 연산자를 쓰면 안 된다.

```
if (q instanceof ChoiceQuestion) //이렇게 하면 안 된다. 흔한 오류 9.5 참조
{
   // ChoiceQuestion에 적합한 일을 한다.
}
else if (q instanceof Question)
{
   //Question에 적합한 일을 한다.
}
```

문법 9.4 instanceof 연산자

Syntax *object* instanceof *TypeName*

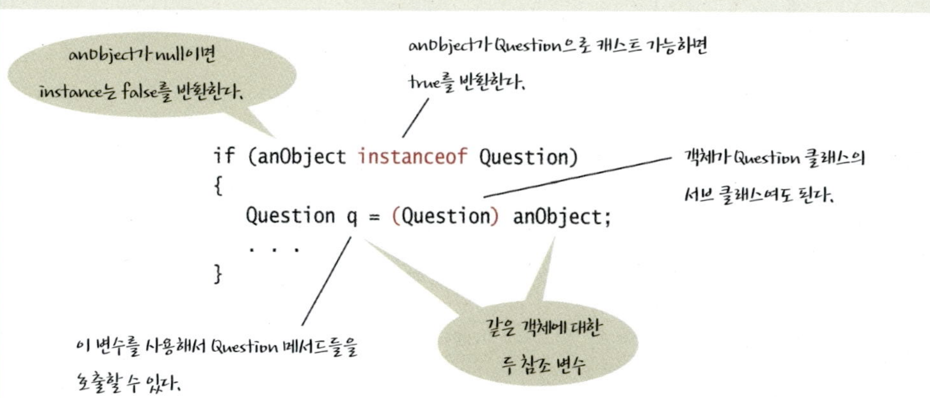

이렇게 하지 말고 Question 클래스에 doTheTask 메서드를 만들고 ChoiceQuestion 클래스에서 재정의해야 한다.

```
q.doTheTask();
```

자습문제

17. System.out.println(System.out); 이 java.io.PrintStream@7a84e4와 같은 출력을 하는 이유를 설명하시오.
18. 다음 코드가 컴파일 가능한가? 실행 가능한가? 그렇지 않다면 어떤 오류가 나겠는가?

```
Object obj = "Hello";
System.out.println(obj.length());
```

19. 다음 코드가 컴파일 가능한가? 실행 가능한가? 그렇지 않다면 어떤 에러가 나겠는가?

```
Object obj = "Who was the inventor of Java?";
Question q = (Question) obj;
q.display();
```

20. Object 타입의 변수들만을 사용해서 모든 객체들을 간단히 저장하지 않는 이유는 무엇인가?
21. x가 어떤 객체의 참조일 경우 x instanceof Object의 결과는 무엇인가?

실습하기 이 장의 끝부분에 있는 연습 문제 P9.7, P9.8, P9.12을 수행하시오.

흔한 오류 9.5

타입 검사를 하지 말 것

타입에 따라 다르게 구현하기 위해서 타입 검사를 하는 프로그래머들이 있다.

```
if (q instanceof ChoiceQuestion) // 이렇게 하면 안 된다. 흔한 오류 9.5 참조
{
   // ChoiceQuestion에 적합한 일을 한다.
}
else if (q instanceof Question)
{
   //Question에 적합한 일을 한다.
}
```

이는 아주 안 좋은 방법이다. 만약 NumericQuestion과 같은 새로운 클래스를 추가 하면 타입 검사를 하는 모든 부분을 수정해야 한다.

```
else if (q instanceof NumericQuestion)
{
```

```
    //NumericQuestion에 적합한 일을 한다.
}
```

타입 검사를 하지 않고 다형성을 사용한다면 프로그램을 수정할 필요가 줄어든다.

클래스 계층구조가 있는 상태에서 타입 검사를 하고 싶어진다면, 다형성을 사용하는 것이 더 나은지 따져 볼 필요가 있다. 슈퍼 클래스에서 doTheTask 메서드를 선언하고 서브 클래스에서 재정의한다. 그리고 다음과 같이 호출하면 된다.

```
q.doTheTask();
```

심화 학습 9.6

상속과 toString 메서드

여러분은 toString 메서드를 구현하는 방법에 대해서 배웠다. 클래스 이름과 인스턴스 변수의 이름과 값을 나타내는 문자열을 만들면 된다. 하지만 서브 클래스도 사용할 수 있도록 하고 싶다면 이보다 복잡하게 해야 한다.

클래스 이름을 바로 쓰지 말고 getClass 메서드(Object 클래스에 속하고 모든 클래스들에게 상속된다.)를 사용해야 한다. getClass 메서드는 클래스와 그 성질을 표현하는 객체를 반환한다. 그 다음 getName 메서드를 호출해서 클래스의 이름을 언어낸다.

```
public String toString()
{
   return getClass().getName() + "[balance=" + balance + "]";
}
```

위와 같이 하면 SavingsAccount와 같은 서브 클래스에 적용했다 하더라도 올바르게 클래스 이름을 프린트하게 된다.

```
SavingsAccount momsSavings = . . . ;
System.out.println(momsSavings);
   // Prints "SavingsAccount[balance=10000]"
```

물론 서브 클래스에서도 서브 클래스의 인스턴스 변수를 추가하기 위해서 toString 메서드를 재정의해야 한다. 슈퍼 클래스의 인스턴스 변수를 출력하기 위해서는 super.toString을 호출해야 한다. — 서브 클래스는 슈퍼 클래스 변수들에 접근할 수 없다.

```
public class SavingsAccount extends BankAccount
{
   . . .
   public String toString()
   {
      return super.toString() + "[interestRate=" + interestRate + "]";
   }
}
```

이제 SavingsAccount에서toString을 출력하면 SavingsAccount[balance=10000][interestRate=5]와 같은 문자열을 얻을 수 있다. 각 괄호 때문에 어느 변수가 서브 클래스에 속하는지 구분할 수 있다.

심화 학습 9.7

상속과 equals 메서드

여러분은 equals 메서드를 구현하는 방법에 대해서 배웠다. otherObject 매개변수의 변수를 여러분의 클래스로 캐스팅하고 암시적 매개변수와 명시적 매개변수들의 인스턴스 변수값들을 비교하면 된다.

하지만 어떤 사람이 x가 Stamp 클래스 객체가 아닌데도 stamp1.equals(x)를 호출하였다면 어떻게 해야 할까? 이 경우 캐스트로 예외가 발생한다. 캐스트를 하기 전에 otherObject가 실제로 Stamp 클래스의 객체인지를 알아내면 이를 해결 할 수 있다. 쉽게 생각할 수 있는 것이 instanceof 연산자를 사용하는 것이다. 하지만 이 연산자는 부정확하다. 이 연산자가 true를 반환한다 하더라도 otherObject가 Stamp 클래스가 아니라 Stamp 클래스의 서브 클래스 일 수 있다. 이러한 가능성을 배제하기 위해 두 객체가 같은 클래스에 속하는지 검사해야 한다.

```
if (getClass() != otherObject.getClass()) { return false; }
```

또한 otherObject의 값이 null일 경우에는 equals가 false를 반환하도록 해야 한다.

다음은 이 두 가지 사항을 개선한 새로운 equals 메서드이다.

```
public boolean equals(Object otherObject)
{
   if (otherObject == null) { return false; }
   if (getClass() != otherObject.getClass()) { return false; }
   Stamp other = (Stamp) otherObject;
   return color.equals(other.color) && value == other.value;
}
```

서브 클래스에서 equals를 구현하는 경우에는 슈퍼 클래스의 인스턴스 변수값들도 같은지 검사하기 위해서 슈퍼 클래스의 equals를 호출해야 한다. 다음은 그렇게 구현한 예이다.

```
public CollectibleStamp extends Stamp
{
   private int year;
   . . .
   public boolean equals(Object otherObject)
   {
      if (!super.equals(otherObject)) { return false; }
      CollectibleStamp other = (CollectibleStamp) otherObject;
      return year == other.year;
```

```
        }
    }
```

컴퓨팅과 사회 9.1 인터넷을 통제하는 사람은 누구인가?

1962년에 J.C.R. Licklider는 DARPA(미국방연구소) 최초의 컴퓨터 연구 프로그램의 책임자였다. 그는 사용자들이 다른 사이트의 데이터와 프로그램을 사용할 수 있는 'galactic network'에 관한 여러 논문들을 발표했다. 이는 컴퓨터 네트워크가 발표되기 한참 전의 일이다. 1969년에 인터넷의 전신인 ARPANET에 4개의 컴퓨터(3개는 캘리포니아, 1개는 유타주에 있었다.)가 연결되었다. 이 네트워크는 여러 대학과 연구기관들을 연결하며 빠르게 성장했다. 처음에는 대부분의 네트워크 사용자들이 다른 컴퓨터에서 프로그램을 실행할 것이라고 예상했다. 원격 실행을 하면 멀리 떨어져 있어도 놀고 있는 컴퓨터를 사용할 수 있게 될거라고 생각했다. 네트워크의 주된 용도가 원격 실행이 아니라는 것은 금방 확실해졌다. 사람들이 많이 사용하는 기능은 멀리 떨어져 있는 사람들끼리 메시지를 교환할 수 있게 해주는 전자 메일이었다.

1972년에 Bob Kahn이 ARPANET을 인터넷(서로 호환되는 네트워크들의 집합)으로 확장하는 것을 제안하였다. 인터넷상의 모든 네트워크들은 공통의 통신 규약을 지킨다. Kahn과 Vinton Cerf는 TCP/IP라는 통신 규약을 만들었다. 1983년 1월에 인터넷상의 모든 컴퓨터들은 TCP/IP 규약으로 전환했다(아직까지 계속되고 있다.).

시간이 지남에 따라 연구자들, 컴퓨터 과학자들 그리고 취미로 하는 사람들이 인터넷에 점점 많은 정보들을 올리고 있다. 예를 들어 구텐베르크 프로젝트에서는 저작권 기한이 지난 고전들을 컴퓨터로 읽을 수 있는 형태로 제공하고 있다(www.gutenberg.org). 1989년에 CERN(유럽의 핵연구소)의 컴퓨터 과학자인 Berners-Lee는 링크를 따라 관련 문서를 읽을 수 있는 하이퍼링크 문서에 대해서 연구하기 시작했다. 이는 World Wide Web으로 발전했다.

초창기에 World Wide Web에서 정보를 읽는 도구들은 믿을 수 없을 정도로 매우 투박하고 사용하기 불편했다. 1993년에 인터넷 사용량 중 WWW가 차지하는 비율은 0.1퍼센트였다. 당시 NCSA(슈퍼 컴퓨터 응용 프로그램을 위한 미국립센터)의 대학원생이었던 Marc Andreesen이 Mosaic을 개발했을 때 모든 상황이 바뀌었다. Mosaic은 웹 문서를 이미지, 글자체, 색상을 가지고 그래픽 한 형태로 보여 주었다(그림 참조). Andreesen은 Netscape로 옮기면서 돈과 명예를 지속했고 마이크로소프트는 Mosaic 코드 사용권을 사서 인터넷 익스플로러를 개발했다. 1996년에 WWW 사용량이 전체 인터넷 사용량의 절반을 넘었다.

인터넷은 매우 민주적인 구조를 가지고 있다. 누구든 어떤 내용을 올릴 수 있고 어떤 사람이든 인터넷의 모든 내용을 읽을 수 있다. 이를 정부나 회사에서 좋아하지 않는 경우가 있다. 많은 정부들은 자신의 나라에서 인터넷을 통제하려고 한다. 예를 들어, 중국의 인터넷 사용자들은 천안문 사태나 중국의 공기 오염에 대해서 검색할 수 없다. 베트남은 반정부자들이 조직화하는데 사용될 수 있어서 facebook 접근을 차단한다. 미국 정부는 지원을 받는 도서관과 학교에서는 섹스나 욕설을 차단하는 필터를 설치하도록 하고 있다.

인터넷이 전화나 케이블 망으로 전달될 때는 이들 회사가 경쟁자들을 방해하기도 하는데, 전화망 회사들은 인터넷 전화 서비스를 거부하고 케이블 사업자들은 영화 스트리밍 속도를 느리게 하기도 한다.

인터넷은 정보전달에 있어서 강력한 힘을 가지고 있다. 정부에 우리가 접근할 정보를 스스로 제어하도록 요구하는 것은 성숙한 사회인으로서의 의무이다.

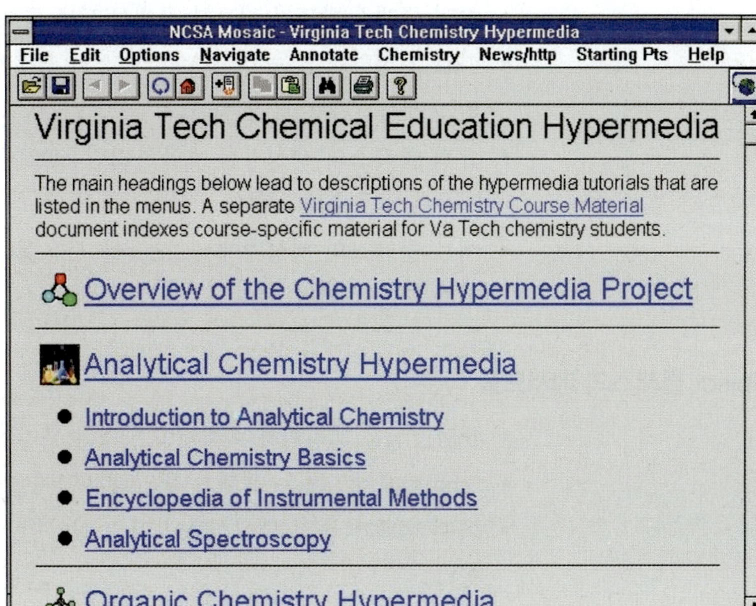

The NCSA Mosaic Browser

본 장의 요약

상속, 슈퍼 클래스 서브 클래스의 개념을 설명하였다.

- 서브 클래스는 슈퍼 클래스의 데이터와 행동 양식을 물려받는다.
- 슈퍼 클래스가 필요한 모든 경우에 대신 서브 클래스를 사용할 수 있다.

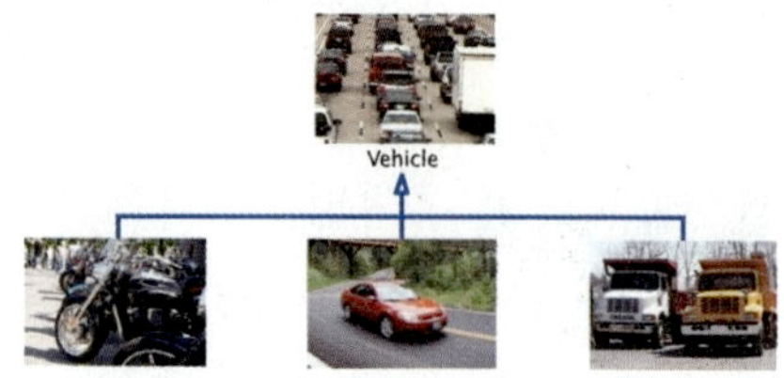

자바 언어로 서브 클래스를 구현한다.

- 서브 클래스는 재정의하지 않은 모든 메서드들을 상속받는다.
- 서브 클래스는 슈퍼 클래스의 메서드를 다시 구현함으로써 재정의한다.
- extends는 슈퍼 클래스로부터 상속을 받을 때 사용한다.

슈퍼 클래스의 메서드를 재정의하는 것을 구현한다.

- 재정의하는 메서드는 슈퍼 클래스 메서드의 기능을 확장하거나 대체할 수 있다.
- 슈퍼 클래스 메서드를 호출하려면 super를 사용한다.
- 슈퍼 클래스 참조가 필요한 곳에서 서브 클래스의 참조를 사용할 수 있다.
- 따로 지정하지 않는 한 서브 클래스의 생성자는 슈퍼 클래스의 생성자 중 인자가 없는 것을 자동으로 호출한다.
- 슈퍼 클래스의 생성자를 호출하려면 서브 클래스의 생성자의 첫 줄에서 super를 사용해서 호출해야 한다.
- 서브 클래스의 생성자에서 super를 사용해서 슈퍼 클래스의 생성자를 호출할 때 인자를 전달 할 수 있다.

Object 클래스의 메서드를 다룬다.

- toString을 재정의하여 객체의 상태를 문자열로 출력한다.
- Equals 메서드는 두 객체가 같은 내용인지를 검사한다.
- 어떤 객체가 특정 클래스라고 알고 있다면, 그 클래스로 cast하여 타입을 바꿀 수 있다.
- instanceof 연산자는 어떤 객체가 특정 타입인지 여부를 검사한다.

복습 문제

■R9.1 다음 클래스들에서 슈퍼 클래스와 서브 클래스를 구분하시오.

a. Employee, Manager

b. GraduateStudent, Student

c. Person, Student

d. Employee, Professor

e. BankAccount, CheckingAccount

f. Vehicle, Car

g. Vehicle, Minivan

h. Car, Mnivan

i. Truck, Vehicle

■R9.2 작은 제품 가게의 상품들을 관리하는 프로그램을 작성하려 한다고 하자. SmallAppliance를 슈퍼 클래스로 하고 Toaser, CarVacuum, TravelIron 등의 서브 클래스를 만들면 왜 적당하지 않은지 이유를 설명하시오.

■R9.3 ChoiceQuestion가 슈퍼 클래스로부터 상속받는 메서드들은 무엇인가? 어떤 메서드는 재정의하며 어떤 메서드들이 추가되는가?

■R9.4 따라 하기 9.1에서 SavingsAccount 클래스가 슈퍼 클래스로부터 상속받는 메서드들은 무엇인가? 어떤 메서드는 재정의하며 어떤 메서드들이 추가되는가?

■R9.5 따라 하기 9.1에서 CheckingAccount 객체의 인스턴스 변수들을 나열하시오.

■■R9.6 Sub이 Sandwich 클래스를 상속받은 클래스라고 하자. 다음 중 문법적으로 올바른 것은?

```
Sandwich x = new Sandwich();
Sub y = new Sub();
```

a. x=y;

b. y = x;

c. y = new Sandwich();

d. x = new Sub();

■R9.7 다음 클래스들 간의 관계를 보여 주는 상속도를 그리시오.

- Person
- Student
- Classroom
- Employee
- Instructor
- Object

■R9.8 객체 지향적인 교통 시뮬레이션 시스템에서 다음과 같은 클래스들을 가지고 있다고 하자. 클래스들 간의 관계를 보여 주는 상속도를 그리시오.

- Vehicle
- Car
- Truck
- Sedan
- Coupe
- PickupTruck
- SportUtilityVehicle
- Minivan
- Bicycle
- Motorcycle

■R9.9 다음 클래스들 간에 어떤 상속 관계를 가지도록 하겠는가?

- Student
- Professor
- TeachingAssistant
- Employee
- Secretaty
- DepartmentChair
- Janitor
- SeminarSpeaker
- Person
- Course
- Seminar
- Lecture
- ComputerLab

■■R9.10 x(BankAccount)와 같은 cast 연산이 x(int)와 같은 숫자값의 cast와 다른 점을 설명하시오.

■■R9.11 다음 조건문 중 true값을 갖는 것은 어떤 것인가? 자바 매개변수 문서를 보고 상속 관계를 파악하시오. System.out은 PrintStream 클래스의 객체이다.

a. System.out instanceof PrintStream
b. System.out instanceof OutputStream
c. System.out instanceof LogStream
d. System.out instanceof Object
e. System.out instanceof String
f. System.out instanceof Writer

프로그램 연습 문제

■■P9.1 9.1절의 질문 계층구조에 NumericQuestion을 추가 하라. 입력된 답이 정답과 0.01차이 이내이면 정답으로 인정한다.

■■P9.2 9.1절의 질문 계층구조에 FillInQuestion을 추가 하라. 이러한 질문은 괄호 넣기 문제인데 정답 양쪽에 _ _를 둘러싼 문장을 가지고 만들 수 있다. 예를 들어 "The inventor of Java was _James Gosling_"이란 문장으로 The inventor of Java was

____ 라는 문제를 만들 수 있다.

■P9.3 Question 클래스의 checkAnswer 메서드를 수정해서 대소문자를 구분해서 정답 채점하도록 하시오. 예를 들어 정답이 'James Gosling'일 때 'JAMES gosling'은 오답으로 처리한다.

■■P9.4 9.1절의 질문 계층구조에 AnyCorrectionChoiceQuestion을 추가 하라. 입력된 답이 정답과 0.01차이 이내면 정답으로 인정한다.

■■P9.5 9.1절의 질문 계층구조에 NumericQuestion을 추가 하라. 입력된 답이 정답과 0.01차이 이내면 정답으로 인정한다.

■■P9.6 9.1절에서 나왔던 Question 클래스에 addText 메서드를 추가 하고 ChoiceQuestion이 선택사항을 배열 리스트에 저장하지 않고 addText를 호출하는 방식을 쓰도록 구현하시오.

■P9.7 9.1절에서 나왔던 Question 클래스와 ChoiceQuestion 클래스에 toString 메서드와 equals 메서드를 구현하시오.

■■P9.8 슈퍼 클래스 Person을 구현하시오. Person을 상속받는 두 개의 클래스 Student, Instructor를 작성하시오. Person은 이름과 생년을 가진다. Student는 전공을 Instructor는 월급 정보를 저장한다. 이 모든 클래스들에 대해서 클래스 선언, 생성자, toString 메서드를 작성하시오. 이들 클래스들과 메서드들을 검증하기 위한 프로그램을 작성하시오.

■■P9.9 이름과 월급을 저장하는 클래스 Employee를 작성하시오. Employee를 상속하는 Manager 클래스를 작성하시오. 문자열 타입의 department라는 실체 변수를 추가하시오. 관리자의 이름, 담당 부서, 월급을 출력하는 toString 메서드를 작성하시오. Manager를 상속하는 Executive 클래스를 작성하시오. 모든 클래스에 적당한 toString 메서드를 제공하시오. 이들 클래스와 메서드들을 검증하기 위한 간단한 프로그램을 작성하시오.

■■P9.10 자바 표준 라이브러리의 java.awt.Rectangle 클래스는 사각형의 면적이나 둘레의 길이를 계산하는 메서드를 지원하지 않는다. Rectangle 클래스의 서브 클래스 BetterRectangle을 만들고 getPerimeter와 getArea 메서드를 추가하시오. 인스턴스 변수를 추가하지 마시오. 생성자에서 Rectangle 클래스의 setLocation과 setSize 메서드를 호출하시오. 이 클래스를 검사하기 위한 간단한 프로그램을 작성하시오.

■■■P9.11 연습 문제 P9.10을 반복하되 BetterRectangle 생성자에서 슈퍼 클래스 생성자를 호출하도록 하시오.

■■P9.12 이름을 가지는 점은 x, y좌표와 이름을 나타내는 문자열을 가진다. LabeledPoint 클래스를 구현하시오. 생성자를 구현하고 x, y좌표와 이름을 출력하도록 toString 메서드를 구현하시오.

■■P9.13 연습 문제 P9.12의 LabeledPoint 클래스를 다시 구현하되 위치를 java.awt.Point 객체에 저장하도록 하시오. toString 메서드를 구현할 때 Point 클래스의 toString 메서드를 사용하시오.

■■업무용 P9.14 따라 하기 9.1에서 나왔던 CheckingAccount를 수정해서 한 달에 무료 거래 3번 이상의 예금이나 출금 거래에 대해서 1달러의 부담금이 처리 되도록 하시오. 요금을 계산하는 메서드를 다른 메서드로 구분해서 deposit과 withdraw 메서드가 호출되도록 하시오.

■■업무용 P9.15 슈퍼 클래스 Appointment와 그 서브 클래스 Onetime, Daily그리고 Monthly를 구현하시오. 약속은 설명(예 : 치과 가기)과 날짜 정보를 가진다. 특정일에 약속이 있는지 여부를 검사하는 occursOn(int year, int month, int day) 메서드를 구현하시오. 예를 들어 Monthly 클래스에서는 한 달 중 약속일이 그 날짜인지를 검사하면 된다. 여러 종류의 Appointment 객체들을 저장하는 배열을 만들고 객체들로 채우시오. 사용자가 날짜를 입력하게 하고 그 날짜에 있는 모든 약속을 출력하는 프로그램을 작성하시오.

■■업무용 P9.16 연습 문제 P9.15를 개선하시오. 사용자에게 새로운 약속을 추가 할 수 있도록 하시오. 사용자가 약속의 종류, 약속 설명, 날짜를 입력할 수 있게 하시오.

■■■업무용 P9.17 연습 문제 P9.15와 P9.16에서 작성한 약속 프로그램을 개선하여 사용자의 약속들을 파일에 저장했다가 읽을 수 있도록 하시오. 저장하는 기능은 간단하다. 약속 종류, 날짜를 파일에 저장하면 된다. 파일로부터 읽는 것은 보다 복잡하다. 먼저 약속의 종류를 읽은 후 그에 맞는 타입의 객체를 생성하고 자료를 로드하기 위한 로드 메서드를 호출해야 한다.

■■과학계산용 P9.18 공명 회로는 여러 신호 중 특정한 신호를(예 : 라디오 주파수 선택 또는 TV채널) 선택하는데 사용한다. 공명 회로는 아래 그림에 나온 것 같은 주파수 반응에 따라 달라진다. 공병 주파수 반응은 세 가지 매개변수로 완전히 표현된다. 공명 주파수 ω_o, 대역폭 B, 공명 주파수에서의 값 k.

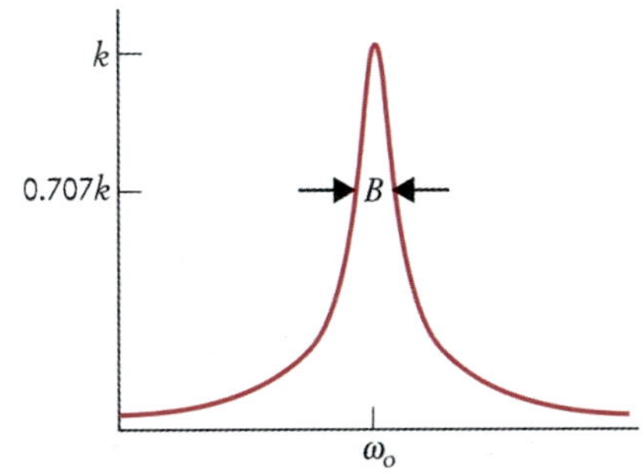

아래에 두 가지 간단한 공명 회로가 있다. (a)는 병렬 공명 회로라 한다. (b)는 직렬 공명 회로라 한다. 두 공명 회로에 모두 저항 *R*을 가지는 저항, 정전 용량 *C*인 콘덴서 *C*, 인덕턴스값이 인덕터로 구성된다.

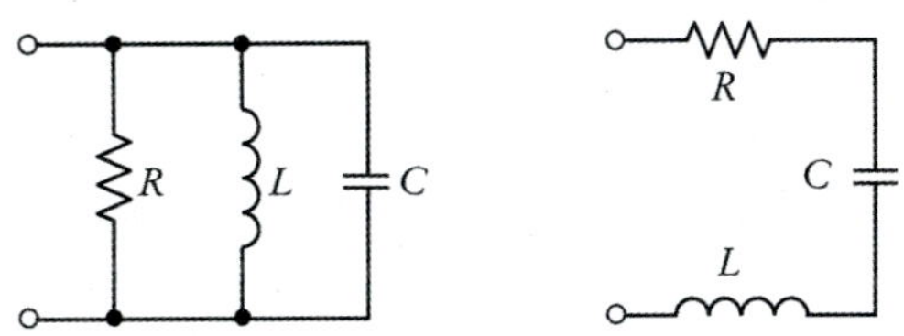

(a) 병렬 공명 회로 (b) 직렬 공명 회로

이 회로들은 공명 주파수 반응이 주어진 ω_o, *B* 그리고 *k*가 되도록 *R*, *C* 그리고 *L*값을 결정해서 디자인하게 된다. 병렬 공명 회로를 만들기 위한 식은 다음 과 같다.

$$R = k, \quad C = \frac{1}{BR}, \text{ 그리고 } L = \frac{1}{\omega_o^2 C}$$

유사하게 직렬 공명 회로를 만들기 위한 식은 다음과 같다.

$$R = \frac{1}{k}, \quad L = \frac{R}{B}, \text{ 그리고 } C = \frac{1}{\omega_o^2 L}$$

슈퍼 클래스 ResonantCircuit를 가지고 SeriesResonantCircuit, ParallelResonantCircuit를 서브 클래스로 가지는 자바 프로그램을 작성하시오. 슈퍼 클래스에는 공명 주파수 반응을 저장하기 위한 프라이빗 인스턴스 변수 ω_o, *B* 그리고 *k*를 추가한다. 이 변수들을 읽고 쓰기 위한 퍼블릭 인터페이스도 제공해야 한다. 공명 주파수 반응을 출력하기 위한 display 메서드도 슈퍼 클래스에 추가한다.

각 서브 클래스는 적절한 공명 회로를 디자인하기 위한 메서드를 제공해야 한다. 서브 클래스는 display 메서드를 재정의해서 주파수 반응(ω_o, *B*그리고 *k*의 값) 외에도 회로(*R*, *C* 그리고 *L*값)도 출력하도록 한다.

모든 클래스는 적절한 생성자를 제공해야 한다.

서브 클래스들이 올바르게 작동하는지 보여 주기 위한 클래스를 제공하시오.

■■■과학계산용 P9.19 이 문제에서는 임의로 연결되어 있는 저항들로 이루어진 회로를 만들 것이다. getResitance 메서드를 가지는 슈퍼 클래스 Circuit을 만드시오. 저항 하나를 가지는 회로를 나타내는 서브 클래스 Resisto를 만드시오. 서브 클래스 Serial, Parallel을 만들고 ArrayList<Circuit>을 가지도록 하시오. Serial 회로는 직렬로 연결된 두 회로이고 이 때 두 회로는 하나의 저항을 가지는 회로일 수도 있고 보다 복잡한 회로일 수도 있다. 이와 비슷하게 Parallel 회로는 병렬로 연결된 두 회로이다. 예를 들어 다음 그림은 하나의 저항만 가지는 회로와 직렬 회로를 연결하는 병렬 회로이다.

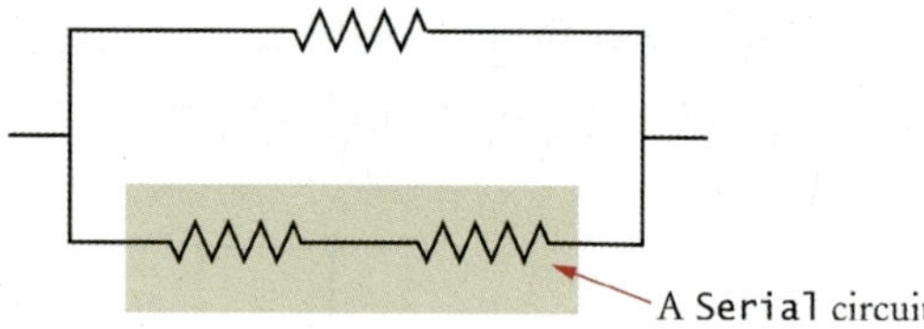

직렬 회로 옴의 법칙을 사용하여 전체 저항을 계산하시오.

■■과학계산용 P9.20 다음 그림 중 (a)는 증폭기를 나타내는 그림이다. 증폭기의 입력은 전압 v_i이고 출력은 또 다른 전압 v_o이다. 증폭기의 출력 전압값은 입력 전압값에 비례한다. 두 값 사이의 비율을 증폭기의 gain이라고 한다.

(b), (c) 그리고 (d)는 세 가지 종류의 증폭기를 보여준다. 반전 증폭기, 비반전 증폭기, 분압기 증폭기이다. 이 세 가지 증폭기들은 두 개의 저항을 가지고 있다. 이들 증폭기들의 gain은 저항의 값에 의해서 결정된다. 즉, 반전 증폭기의 gain은 $g = -\frac{R_2}{R_1}$이다. 유사하게 비반전 증폭기, 분압기 증폭기의 gain은 $g = 1 + \frac{R_2}{R_1}$과 $g = \frac{R_2}{R_1 + R_2}$ 이다.

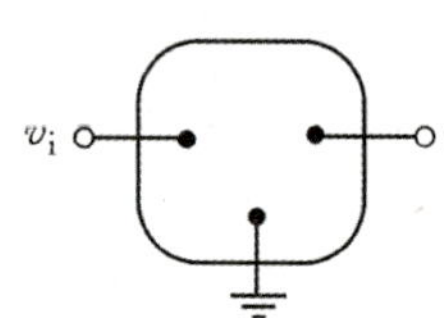

(a) 증폭기

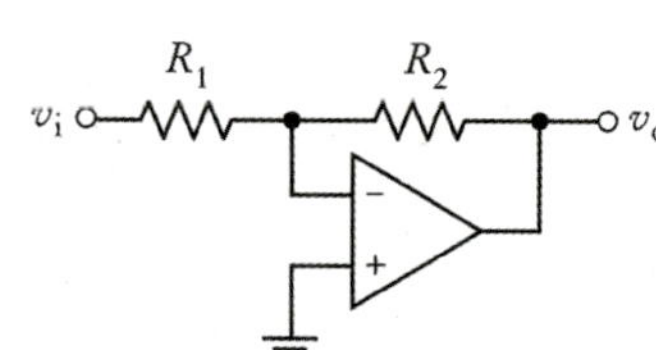

(b) 반전 증폭기

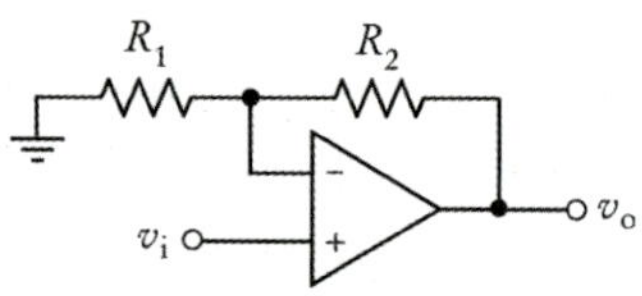

(b) 비반전 증폭기

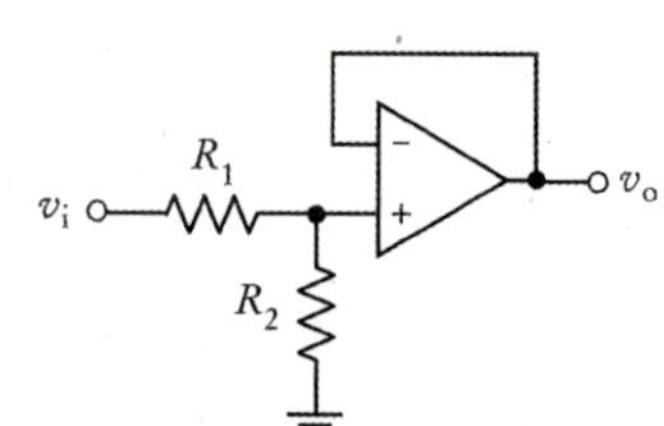

(d) 분압기 증폭기

증폭기에 해당하는 슈퍼 클래스 반전 증폭기, 비반전 증폭기, 분압기 증폭기에 해당하는 서브 클래스를 사용하는 프로그램을 작성하시오. 슈퍼 클래스 클래스에 getGain 메서드와 증폭기를 설명하는 문자열을 출력하는 getDescription 메서드를 추가하시오. 두 서브 클래스가 두 개의 저항값을 인자로 가지는 생성자를 가지게 하시오. 서브 클래스들에서 getGain과 getDescription 메서드를 재정의해서 구현하시오. 여러 가지 저항값들을 가지고 모든 것들이 잘 작동하는지 보여 주는 클래스를 작성하시오.

자습 문제 모범 답안

1. 모든 관리자는 피고용인이지만 그 반대는 맞지 않기 때문에 관리자의 개념이 더 좁은 개념이다. Manager는 서브 클래스 Employee는 슈퍼 클래스이다.
2. CheckingAccount와 SavingsAccount는 둘 다 보다 일반적인 클래스인 BankAccount를 상속받는다.
3. Frame, Window 그리고 Component는 java.awt 패키지에 속하고 Object 클래스는 java.lang 패키지에 속한다.
4. 탈것, 트럭, 오토바이
5. 그렇게 하면 안 된다. Quiz는 question이 아니고 question을 포함한다.
6. a, b, d
7.
```
public class Manager extends Employee
{
    Private double bonus;
    // 생성자와 메서드 구현은 생략했다.
}
```
8. name, baseSalary 그리고 bonus
9.
```
public class Manager extends Employee
{
    ...
    public double getSalary() { . . . }
}
```
10. getName, setName, setBaseSalary
11. 이 메서드는 슈퍼 클래스의 인스턴스 변수인 text를 접근할 수 없다.
12. this의 타입은 ChoiceQuestion이다. 그러므로 ChoiceQuestion 클래스의 display 메서드가 호출되므로 자기 자신을 호출하게 된다.
13. 모호할 것이 없기 때문이다. 서브 클래스는 setAnswer 메서드를 가지지 않는다.
14. Question[] quiz = new Question[SIZE];
15. 이 부분만 가지고는 알 수 없다. Cq는 ChoiceQuestion의 서브 클래스의 객체의 참조자를 저장할 수도 있다. cq가 참조하고 있는 객체의 display 메서드가 호출된다.
16. 아니오. Math 클래스의 static 메서드이다. 메서드를 동적으로 찾기 위해 필요한 암시적 매개변수가 없다.
17. PrintStream을 구현한 사람이 toString 메서드를 구현하지 않았기 때문이다.
18. 둘째 행이 컴파일되지 않는다. Object 클래스는 length라는 메서드를 가지지 않는다.
19. 컴파일은 되지만 둘째 줄에서 예외 처리가 발생한다. Question이 String의 슈퍼 클래스가 아니

기 때문이다.

20. Object 타입의 변수에 호출할 수 있는 메서드가 제한 되어 있다.

21. x가 null이면 false이고 그렇지 않으면 true이다.

CHAPTER 10

입력/출력과 예외 처리

이 장의 목표

- 텍스트 파일을 읽고 쓴다.
- 명령어 인자를 처리한다.
- 예외를 던지고 처리한다.
- 검사되는 예외를 전달하는 프로그램을 작성한다.

이 장의 목차

이번 장에서는 파일을 읽고 쓰는 법을 배울 것이다. 이는 실제 자료를 처리하는 데 매우 유용한 기술이다. 실제 예로써 암호화하는 방법을 설명하겠다(왼쪽 사진은 독일군이 2차 세계대전에서 암호를 만드는데 사용했던 Enigma라는 기계이다. 영국 컴퓨터 과학자들이 이 암호를 해독하는 기법을 알아내서 암호화된 코드를 가로챌 수 있었다. 이는 연합군 승전에 중요한 계기가 되었다.).

이 후에는 자바의 예외 처리 구조를 사용해서 파일이 없거나 파일 내용에 문제가 있을 때, 문제가 있다는 것을 알려 주고 문제로부터 회복하는 방법을 설명하겠다.

10.1 텍스트 파일 읽고 쓰기

텍스트를 저장하고 있는 파일을 읽고 쓰는 내용에 대해서 생각하는 것으로 시작해 보자. 텍스트 파일은 메모장과 같은 텍스트 편집 프로그램에서 생성되는 파일이나 자바 소스 코드 그리고 HTML과 같은 파일이다.

텍스트 파일을 읽을 때는 Scanner 클래스를 사용한다.

자바에서 텍스트 파일을 읽는 가장 간단한 방식은 Scanner 클래스를 사용하는 것이다. 이미 Scanner 클래스를 사용해서 키보드로부터 입력을 받는 방법은 배운 바가 있다. Scanner 클래스로 디스크에 저장된 파일을 읽으려고 할 때는 파일과 폴더를 표현하기 위한 클래스인 File 클래스를 사용해야 한다(File 클래스는 이 책에서 다루지는 않지만 많은 기능들을 가지고 있다. 예를 들면 파일을 지우거나 이름을 바꿀 수 있다.).

먼저 입력 파일 이름을 가지고 File 객체를 만들고 그것을 사용해서 Scanner 객체를 만든다.

```
File inputFile = new File("input.txt");
```

그러고 나서 File 객체를 사용해서 Scanner 객체를 만든다.

```
Scanner in = new Scanner(inputFile);
```

Scanner 객체는 input.txt로부터 텍스트를 읽는다. Scanner의 메서드들(예 : next, nextLine, nextInt 그리고 nextDouble)을 사용해서 입력 파일로부터 데이터를 읽는다.

For example, you can use the following loop to process numbers in the input file:

```
while (in.hasNextDouble())
{
   double value = in.nextDouble();
   Process value.
}
```

텍스트 파일을 쓸 때는 PrintWriter 클래스의 print/println/printf 메서드를 사용한다.

파일에 출력을 하려면 파일 이름을 가지고 PrintWriter 객체를 생성한다. 예를 들면 다음과 같다.

```
PrintWriter out = new PrintWriter("output.txt");
```

출력용 파일이 이미 존재하면 데이터를 쓰기 전에 지워진다. 만약 파일이 존재하지 않으면 빈 파일이 생성된다.

PrintWriter 클래스는 이미 알고 있는 PrintStream 클래스를 개선한 클래스이다.— System.out은 PrintStream 객체이다. 이미 익숙한 print, println 그리고 printf 메서드를 PrintWriter 객체와 함께 쓸 수 있다.

```
out.println("Hello, World!");
out.printf("Total: %8.2f\n", total);
```

출력을 마쳤을 때는 PrintStream을 닫아야 한다.

파일에 더이상 쓸 필요가 없을 때에는 Scanner나 PrintWriter를 닫아야 한다.

```
in.close();
out.close();
```

PrintWriter 객체를 닫지 않고 프로그램이 종료되면 모든 출력이 파일에 저장되지 않을 수도 있다.

다음 프로그램은 이러한 개념들을 실제 예제로 보여 준다. 숫자들이 들어 있는 파일을 읽어서 한 행에 하나씩 소수점의 위치가 같도록 출력하고 총합을 출력한다.

예를 들어 입력 파일의 내용이 다음과 같다면

```
32 54 67.5 29 35 80
115 44.5 100 65
```

출력 파일은 다음과 같다.

```
           32.00
           54.00
           67.50
           29.00
           35.00
           80.00
          115.00
           44.50
          100.00
           65.00
Total:    622.00
```

아직 풀어야 할 문제가 하나 더 남아 있다. 입력 파일이나 출력 파일이 존재하지 않을 경우 FileNotFoundException이 일어날 수 있다. 이러한 문제가 발생했을 때 프로그램이 어떻게 처리해야 하는지 명시해야 컴파일 오류가 일어나지 않는다. 비슷하게 PrintWriter 생성자는 쓰기 연산을 위한 파일을 열지 못하는 경우 예외를 발생 시킨다(파일 이름이 잘못됐거나 주어진 위치에 파일을 생성할 권한이 없을 경우 이런 문제가 생긴다.). 이번 예제에서는 예외가 생길 경우 main 메서드를 종료시키려고 한다. 이를 하기 위해서는 main 메서드에 다음과 같이 throws 선언을 한다.

```
public static void main(String[] args) throws FileNotFoundException
```

10.4절에서 보다 전문화된 방법으로 예외 처리하는 법을 배울 것이다.

File, PrintWriter 그리고 FileNotFoundException 클래스는 java.io 패키지에 속한다.

Section_1/Total.java

```
import java.io.File;
import java.io.FileNotFoundException;
import java.io.PrintWriter;
import java.util.Scanner;

/**
   이 프로그램은 숫자가 들어 있는 파일을 열어서 다른 파일에 숫자들을 쓴다. 한 행에 하나씩
   세로로 줄을 맞춰서 쓰고 마지막에 총합을 쓴다.
*/
public class Total
{
   public static void main(String[] args) throws FileNotFoundException
   {
      // 입력 파일, 출력 파일 이름을 입력하라고 화면에 출력한다.

      Scanner console = new Scanner(System.in);
      System.out.print("Input file: ");
      String inputFileName = console.next();
      System.out.print("Output file: ");
      String outputFileName = console.next();

      // 입출력을 위해서 Scanner 객체와 PrintWriter 객체를 생성한다.

      File inputFile = new File(inputFileName);
      Scanner in = new Scanner(inputFile);
      PrintWriter out = new PrintWriter(outputFileName);

      // 입력 파일로부터 읽어서 출력 파일로 출력한다.

      double total = 0;

      while (in.hasNextDouble())
      {
         double value = in.nextDouble();
         out.printf("%15.2f\n", value);
         total = total + value;
      }

      out.printf("Total: %8.2f\n", total);

      in.close();
      out.close();
   }
}
```

자습문제

1. Total 프로그램에 입력과 출력 파일 이름으로 같은 이름을 주면 어떻게 되나? 직접해 보고 결과를 확인해 보시오.
2. 존재하지 않는 파일 이름을 Total 프로그램의 입력 파일로 주면 어떻게 되나? 직접해 보고 결과를 확인해 보시오.
3. 새로운 파일에 숫자를 쓰는 대신 원래 파일에 합계만 마지막에 추가하려고 한다고 하자. 자습 문제 1에서 보듯이 입력 파일과 출력 파일을 같은 이름으로 주는 것으로는 해결되지 않는다. 어떻게 하면 되겠는가? 의사코드를 작성해 보시오.
4. 합계를 보이지 않고 평균을 출력하게 하려면 어떻게 해야 하는가?
5. Total 프로그램을 수정해서 다음과 같이 한 행에 두 개의 숫자를 출력하게 하려면 어떻게 해야 하는가?

```
    32.00    54.00
    67.50    29.00
    35.00    80.00
   115.00    44.50
   100.00    65.00
Total:      622.00
```

실습하기 이 장의 끝부분에 있는 복습 문제 및 연습 문제 R10.1, R10.2, P10.1를 수행하시오.

흔한 오류 10.1

파일 이름에 백슬래시 넣기

파일 이름을 따옴표 사이에 넣어 표시할 경우 파일 이름이(윈도우의 파일 이름처럼) 백슬래시를 포함하고 있다면 백슬래시를 두 번 넣어야 한다.

```
File inputFile = new File("c:\\homework\\input.dat");
```

따옴표 사이의 백슬래시는 바로 뒤의 문자와 합쳐져서 특별한 의미를 가지게 한다. 예를 들어 \은 다음 행으로 넘어가라는 의미이다. \\는 하나의 백슬래시를 나타낸다.

하지만 프로그램에 파일 이름을 입력할 때는 백슬래시를 두 번 넣으면 안 된다.

흔한 오류 10.2

Scanner를 String을 가지고 생성하기

PrintWriter를 문자열을 가지고 생성할 경우 다음과 같이 한다.

```
PrintWriter out = new PrintWriter("output.txt");
```

하지만 스캐너는 그렇게 할 수 없다.

```
Scanner in = new Scanner("input.txt");//오류인가?
```

위 문장은 파일을 열지 않는다. in.nextline()을 호출하면 "input.txt"를 반환한다. 이러한 방식이 유용할 때가 있다. 그러한 예를 보려면 10.2.3절을 참조한다.

Scanner 생성자에는 File 객체가 필요하다고 기억해야 한다.

```
Scanner in = new Scanner(new File("input.txt")); // OK
```

심화 학습 10.1

웹 페이지 읽기

다음과 같이 하면 웹 페이지의 내용을 읽을 수 있다.

```
String address = "http://horstmann.com/index.html";
URL pageLocation = new URL(address);
Scanner in = new Scanner(pageLocation.openStream());
```

이렇게 하면 웹 페이지의 내용을 Scanner를 사용하여 읽을 수 있다. URL 생성자와 openStream 메서드는 IOException을 던질 수 있다. Main 메서드에 throws IOException이라고 써주어야 한다(throw절에 대해서 알아보려면 10.4.3절을 참조한다.).

예제의 완전한 코드

Go to wiley.com/go/javacode to download a program that reads data from a web page.

심화 학습 10.2

File 대화상자

그래픽 사용자 인터페이스를 사용하는 프로그램에서는 사용자가 파일을 선택할 필요가 있을 때마다 File 대화상자를 사용하게 된다. JFileChooser 클래스는 Swing 사용자 인터페이스에서 File 대화상자를 구현한 클래스이다.

JFileChooser는 대화상자의 모양을 조절하기 위한 많은 선택 사항들이 있지만 기본적인 기능은 매우 간단하다. 파일 선택 객체를 성성하고 showOpenDialog나 showSaveDialog 메서드를 호출하는 것이다. 두 메서드는 거의 같은 대화상자를 보여주는데, 버튼에 "Open"이 쓰여 있느냐 "Save"가 쓰여 있느냐만 다르다.

대화상자의 위치를 제어하기 위해서 대화상자가 위에 나타날 사용자 인터페이스 요소를 선택하는 것도 가능하다. 대화상자의 위치에 별 관심이 없는 경우에는 null값을 주면 자동으로 선택해 준다. showOpenDialog나 showSaveDialog는 사용자가 파일을 선택했을 경우에는 JFileChooser.APPROVE_OPTION을, 사용자가 파일을 선택하지 않은 경우에는 JFileChooser.CANCEL_OPTION을 반환한다. 사용자가 파일을 선택한 경우에는 getSelected-File 메서드를 호출해서 File 객체를 얻을 수 있다. 다음 코드는 이 모든 과정을 모두 보여준다.

예제의 완전한 코드

Go to wiley.com/go/javacode to download a program that demonstrates how to use a file chooser.

```
JFileChooser chooser = new JFileChooser();
Scanner in = null;
if (chooser.showOpenDialog(null) == JFileChooser.APPROVE_OPTION)
{
   File selectedFile = chooser.getSelectedFile();
   in = new Scanner(selectedFile);
   . . .
}
```

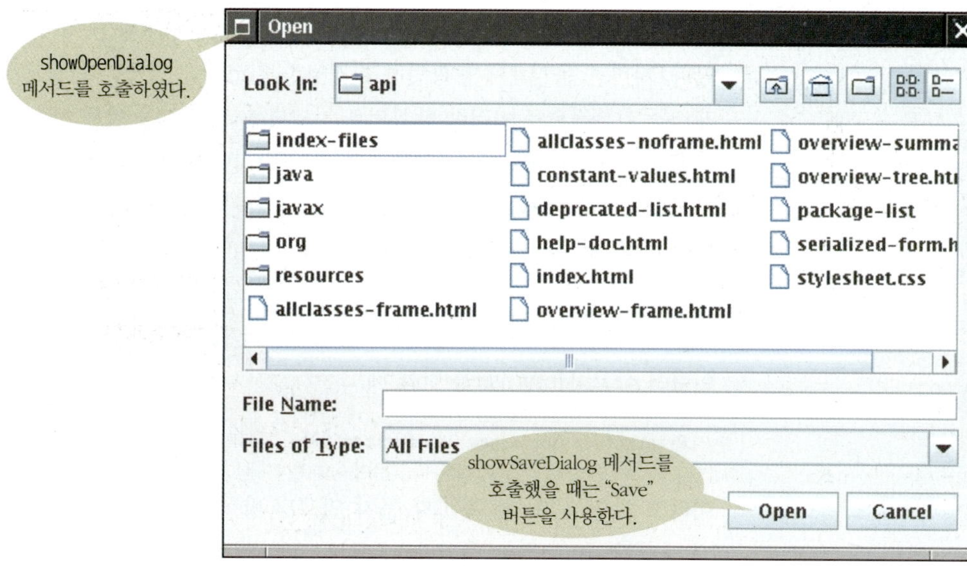

JFileChooser 대화상자

심화 학습 10.3 문자 인코딩

문자(예 : 알파벳 A, 숫자 0, 액센트 문자 é, 그리스 문자 π, 수학 기호 ∫, 한자 中 등)는 바이트 여러 개로 인코딩된다. 바이트는 0부터 255사이의 값이다.

불행하게도 인코딩은 일관성이 없었다. 1963년에 ASCII(the American Standard Code for Information Interchange)에서 부록에서 나오는 것과 같이 128개의 문자에 대한 인코딩을 정의하였다. 라틴 문자, 대문자 소문자, 숫자 그리고 +, * , % 등 흔히 쓰이는 기호들이 이 코드에 포함되었다. 예를 들어 문자 A의 코드는 65이다.

다른 사람들은 자기 나라의 알파벳을 인코딩하고 싶어서 자신들만의 코드를 만들었다. 많은 나라에서 ASCII를 기반으로 해서 코드를 만들었고, 128에서 255의 값에 자기 나라 알파벳을 지정하였다. 예를 들어 스페인에서 233은 é이다. 하지만 그리스에서 233은 ι (이오타의 소문자)이다. 이미 예상 했겠지만 스페인 관광객 José가 그리스 호텔에 이메일을 보내면 문제가 생기게 된다.

이 문제를 해결하기 위해 1987년에 Unicode를 만들었다. 컴퓨팅과 사회 3.2에서 설명했었지만 Unicode에서는 전세계의 모든 문자들의 정수값을 지정한다. 하지만 이 숫자를 이진화(binary)해서 저장하는 방법은 아직도 여러 가지가 있다. 가장 많이 쓰이는 인코딩은 UTF-8이다. UTF-8에서는 1에서 4바이트로 문자를 인코딩한다. 예를 들어 A는 ASCII에서 65이고 é는 195 169이다. 사용할 때는 정확한 인코딩을 알 필요 없이 UTF-8을 사용하겠다고 지정하기만 하면 된다.

이 책을 출간할 시점에는 윈도우와 매킨토시 운영체제는 아직 UTF-8로 전환하지 않았다. 자바는 운영체제를 확인하고 적당한 인코딩을 선택한다. Scanner와 PrintWriter 클래스는 기본적으로 이러한 방식으로 인코딩한다. 파일을 만든 사람이 모두 ASCII 문자를 사용했거나 같은 인코딩을 사용했다면 이 방식이 문제가 되지 않는다. 하지만 액센트 문자, 한자, 특수 기호 등이 들어간 파일을 처리하는 경우에는 UTF-8 인코딩을 한다고 명시해야 한다. Scanner 객체를 만들 때

```
Scanner in = new Scanner(file, "UTF-8");
```

이라고 하고 PrintWriter를 만들 때도

```
PrintWriter out = new PrintWriter(file, "UTF-8");
```

이라고 하면 된다. 왜 자바가 문자 인코딩 방식을 자동으로 알아내지 못하는지 의아하게 생각할 수도 있다. 하지만 José라는 문자열을 생각해 보자. UTF-8에서는 74 111 115 195 169이다. 앞부분 세 바이트는 ASCII 문자인 Jos를 나타내는 것이고 별 문제가 없다. 하지만 나머지 두 바이트 195 169는 UTF-8에서는 é이고 스페인식 인코딩에서는 Ã¡이다. Scanner 객체는 스페인 방식을 이해하지 못하기 때문에 어떤 인코딩을 따라야 하는지 결정할 수 없다.

그러므로 다른 나라 사람들과 파일을 주고 받을 때는 UTF-8 인코딩을 사용한다고 지정해 주어야 한다.

10.2 텍스트 입력 읽기

이번 절에서는 복잡한 텍스트 입력을 처리하는 방법에 대해서 배우고 실제 데이터를 처리할 때 가끔 마주치는 문제들을 처리하는 법을 배운다.

10.2.1 단어 읽기

next 메서드는 공백 문자로 구분되는 문자열을 읽는다.

Scanner 클래스의 next 메서드는 다음 문자열을 하나 읽는다. 다음 반복문을 살펴보자.

```
while (in.hasNext())
{
   String input = in.next();
   System.out.println(input);
}
```

사용자가 다음과 같은 문장을 입력했다고 하자.

```
Mary had a little lamb
```

위 반복문을 실행하면 다음과 같이 단어들을 여러 행으로 나누어서 출력한다.

```
Mary
had
a
little
lamb
```

하지만 이 경우 단어에 구두점과 다른 특수 문자도 포함된다. next 메서드는 공백 문자가 나올 때까지 모든 문자들을 모아서 하나의 단어로 반환한다. 공백 문자는 스페이스, 탭, 개행 문자 등을 포함한다. 예를 들어 다음 문자열들은 next 메서드 입장에서는 단어이다.

```
snow.
1729
C++
```

(snow 뒤에 있는 마침표를 생각해 보자. - 공백 문자가 아니기 때문에 단어의 일부로 처리된다.)

이제부터 next 메서드가 호출되었을 때 무슨 일들이 일어나는지 자세히 설명하겠다. 우선 공백 문자들을 소비한다. 즉 입력에서 제거한다. 공백 문자는 단어에 속하는 문자가 될 수 없다. 공백이 아닌 첫 번째 문자가 단어의 첫 문자가 된다. 이후에 나오는 문자들은 공백 문자가 나오거나 입력이 끝나는 경우가 나올 때까지 단어에 추가된다.

어떤 경우에는 공백 문자뿐만 아니라 영어 알파벳이 아닌 것들을 제외시키고 단어를 읽어야 할 때가 있다. 이 경우 Scanner 객체에 useDelimiter 메서드를 호출하면 된다.

```
Scanner in = new Scanner(. . .);
in.useDelimiter("[^A-Za-z]+");
```

위 코드에서는 영어 알파벳이 아닌 모든 문자들의 단어들을 분리시킨다고 지정하였다(여기서 문자 패턴을 표시하는 표기법을 정규 표현이라고 한다. 정규 표현에 대해서 자세히 알고 싶으면 심화 학습 10.1을 참조). 이렇게 지정하면 next 메서드에서 다음 단어를 만들 때 구두표나 숫자들도 단어에 포함되지 않는다.

10.2.2 한 글자씩 읽기

어떤 경우에는 한 글자씩 읽고 싶을 때가 있다. 10.3절에서 문자로 이루어진 파일을 암호화 하는 예제에서 이러한 경우를 볼 수 있다. Scanner 메서드에 useDelimiter 메서드를 호출하면서 빈 문자열을 주면 한 글자씩 읽을 수 있다.

```
Scanner in = new Scanner(. . .);
in.useDelimiter("");
```

이제 next를 호출하면 문자 하나만 포함된 문자열을 반환한다. 문자를 처리하는 코드의 예는 다음과 같다.

```
while (in.hasNext())
{
   char ch = in.next().charAt(0);
   Process ch.
}
```

10.2.3 문자 분류하기

Character 클래스는 문자들을 분류하기 위한 메서드들을 가지고 있다.

글자 단위로 읽을 때나 단어나 한 행에 들어 있는 문자들을 분석하려 할 때, 어떠한 종류의 문자들이 들어 있는지 알 필요가 있다. Character 클래스는 이러한 목적으로 유용한 메서드들을 가지고 있다. 이 메서드들은 char 타입의 문자를 입력으로 받아서 boolean값을 반환한다(표 1 참조).

예를 들어

```
Character.isDigit(ch)
```

는 ch가 숫자('0'…'9'나 다른 쓰기 체계에서의 숫자)이면 true를 아니면 false를 반환한다.

표 1 문자 검사 메서드	
메서드	참으로 만드는 문자의 예
isDigit	0, 1, 2
isLetter	A, B, C, a, b, c
isUpperCase	A, B, C
isLowerCase	a, b, c
isWhiteSpace	스페이스, 개행 문자, 탭

10.2.4 한 행씩 읽기

nexLine 메서드는 한 행씩 읽는다.

파일은 행 단위로 정보를 가지고 있다. nextLine 메서드를 사용해서 한 행씩 읽는 것이 좋다.

```
String line = in.nextLine();
```

nextLine 메서드는 다음 한 행을 소비하고(다음 개행 문자까지 포함해서) 개행 문자를 제외시키고 line에 돌려준다. 사용자는 행 단위 정보를 잘라서 계속 처리를 할 수 있다.

hasNextLine 메서드는 다음에 읽을 수 있는 한 행이 더 남아 있으면 true를 그렇지 않고 모든 행을 읽었으면 false를 반환한다. 더 처리할 데이터가 있는지 확인하기 위해서 nextLine을 호출하기 전에 hasNextLine을 호출하면 된다.

파일에서 행 단위로 처리하는 전형적인 예를 설명하겠다. CIA의 fact book이라는 사이트(https://www.cia.gov/library/publications/the-world-factbook/index.html)에 가면 구할 수 있는 인구 자료 파일은 다음과 같은 행들을 가지고 있다.

```
China  1330044605
India  1147995898
United States 303824646
. . .
```

어떤 나라 이름은 하나 이상의 단어로 이루어져 있기 때문에 next 메서드로 이 파일을 읽으면 복잡하게 된다. 예를 들어 United를 읽은 상태에서 인구를 읽기 전에 몇 개의 단어를 더 읽어야 하는지 어떻게 알 수 있나?

그렇게 하는 대신 대신 입력되는 행을 문자열로 읽어들인다.

```
while (in.hasNextLine())
{
```

```
    String line = nextLine();
    Process line.
  }
```

표 1에 나오는 isDigit이나 isWhitespace 메서드 등을 써서 어디서 나라 이름이 끝나고 숫자가 시작되는지 파악한다.

처음 숫자의 위치를 알아낸다.

```
int i = 0;
while (!Character.isDigit(line.charAt(i))) { i++; }
```

나라 이름과 인구를 추출한다.

```
String countryName = line.substring(0, i);
String population = line.substring(i);
```

하지만 나라 이름은 끝부분에 하나 이상의 스페이스를 가지게 된다. trim 메서드를 쓰면 이를 제거할 수 있다.

```
countryName = countryName.trim();
```

trim 메서드는 앞과 뒤에 있는 모든 공백 문자들을 지운 문자열을 반환한다.

여기서 또 다른 문제가 있다. 인구는 숫자가 아니라 문자열에 저장되어 있다. 10.2.6절에서 문자열을 숫자로 변환하는 방법을 설명하겠다.

10.2.5 문자열 검색하기

바로 이전 절에서 문자를 하나하나씩 보면서 문자열을 여러 조각으로 분리하는 방법을 살펴보았다. 다른 방법이 더 쉬울 때도 있다. Scanner 객체를 사용해서 문자열로부터 글자들을 읽을 수 있다.

```
Scanner lineScanner = new Scanner(line);
```

이제 lineScanner를 써서 다른 Scanner 객체와 마찬가지로 단어나 숫자단위로 읽을 수 있다.

```
String countryName = lineScanner.next(); // 첫 단어를 읽는다.
// 숫자가 나올 때까지 단어들을 추가한다.
while (!lineScanner.hasNextInt())
{
   countryName = countryName + " " + lineScanner.next();
}
int populationValue = lineScanner.nextInt();
```

10.2.6 문자열을 숫자로 변환하기

가끔씩은 10.2.4절에서 나온 population과 같이 숫자 정보를 가지고 있는 문자열을 처리해야 하는 경우가 있다. 예를 들어, '303824646'과 같은 문자열을 생각해 보자. 이 문자열을 숫자 303824626으로 바꾸려면 Integer.parseInt를 호출하면 된다.

```
int populationValue = Integer.parseInt(population);
   // populationValue 값은 정수 303824646이다.
```

문자열의 값이 숫자인 경우 Integer.parseInt나 Double.parseDouble을 호출해서 숫자로 바꿀 수 있다.

실수값을 가지고 있는 문자열을 숫자로 바꿀 때는 Double.parseDouble 메서드를 사용하면 된다. 예를 들어, input이라는 변수의 값이 '3.95'라고 하자.

```
double price = Double.parseDouble(input);
   // price는 실수값 3.95이다.
```

Integer.parseInt 메서드나 Double.parseDouble 메서드를 호출할 때는 조심해야 한다. 매개변수가 숫자를 나타내는 문자 외에 다른 문자들을 포함하지 않는 문자열이어야 한다. 공백 문자도 허용되지 않는다. 이번 경우에는 아무런 공백이 없다고 가정했지만 일반적으로는 그렇지 않을 수 있다. 그러므로 다음과 같이 trim 메서드를 사용한다.

```
int populationValue = Integer.parseInt(population.trim());
```

따라 하기 10.1에서 이 예제를 이어서 설명한다.

10.2.7 숫자를 읽을 때 오류 피하기

여태까지 Scanner 클래스의 nextInt나 nextDouble을 많이 사용했었다. 여기서는 비정상적인 상황에서 어떤 일이 일어나는지 살펴보려고 한다. 다음과 같이 호출했다 하자.

```
int value = in.nextInt();
```

nextInt 메서드는 3이나 -21과 같은 숫자들을 인식할 수 있다. 하지만 올바른 형식의 숫자를 만나면 'input mismatch exception'이 발생된다. 예를 들어, 다음과 같은 문자들을 저장하고 있는 입력을 생각해 보자.

```
  2 1 s t   c e n t u r y
```

제일 앞의 공백 문자는 없어지고 21st라는 단어가 읽혀진다. 하지만 숫자 형식이 아니어서 nextInt 메서드에서 input mismatch exception이 발생한다.

또한 nextInt나 nextDouble을 호출했을 때 아무런 입력이 없으면 'no such element exception'이 발생한다. 이러한 예외를 피하기 위해서 다음과 같이 nextInt를 호출하기 전에 hasNextInput 메서드를 호출해야 한다. 예를 들면 다음과 같다.

```
if (in.hasNextInt())
{
   int value = in.nextInt();
   . . .
}
```

유사하게 nextDouble을 호출하기 전에 hasNextDouble 메서드를 호출해야 한다.

10.2.8 숫자, 단어, 행 입력을 혼용하기

nextInt, nextDouble, next 메서드는 숫자나 단어 뒤의 공백 문자를 지우지 않는다. nextInt/nextDouble/next 메서드와 nextLine을 섞어 쓸 때 이러한 점이 문제가 될 수 있다. 파일에 다음과 같이 나라 이름과 인구수가 저장되어 있다고 하자.

```
China
1330044605
India
1147995898
United States
303824646
```

다음 명령들을 사용해서 파일을 읽는다고 하자.

```
while (in.hasNextLine())
{
   String countryName = in.nextLine();
   int population = in.nextInt();
   나라 이름과 인구를 처리한다.
}
```

처음에 입력값은 다음과 같다.

```
C h i n a \n 1 3 3 0 0 4 4 6 0 5 \n I n d i a \n
```

nextLine 메서드를 호출하면 입력은 다음과 같다.

```
1 3 3 0 0 4 4 6 0 5 \n I n d i a \n
```

nextInt 메서드를 호출하면 입력은 다음과 같다.

```
\n I n d i a \n
```

nextInt 메서드가 개행 문자를 읽어버리지 않는다는 것에 유의하자. 그러므로 두 번째로 호출된 nextLine은 빈 문자열을 읽게 된다!

이를 해결하기 위한 간단한 방법은 인구값을 읽은 후에 nextLine 메서드를 호출하는 것이다.

```
String countryName = in.nextLine();
int population = in.nextInt();
in.nextLine(); // 개행 문자를 읽어버린다.
```

nextLine메서드를 호출하면 공백 문자들과 개행 문자를 소비한다.

10.2.9 출력 모양 제어하기

숫자나 문자열들을 출력할 때 출력되는 모양을 제어하고 싶을 때가 있다. 예를 들어, 달러인 경우 다음과 같이 소수점 아래 두자리까지 표현한다.

```
Cookies:      3.20
```

3.3.2에서 printf를 사용해서 printf 메서드를 사용해서 위와 같이 출력하는 법을 배웠다. 이 절에서는 printf 메서드의 다른 기능들을 살펴보겠다.

배열에 저장된 상품명과 가격을 다음과 같이 출력해야 한다고 하자.

```
Cookies:       3.20
Linguine:      2.95
Clams:        17.29
```

상품명은 왼쪽으로, 숫자들은 오른쪽으로 정렬되어 있다. printf 메서드는 기본적으로 왼쪽 정렬을 사용한다.

왼쪽 정렬이 되도록 하려면 필드 너비 앞에 —을 추가한다.

```
System.out.printf("%-10s%10.2f", items[i] + ":", prices[i]);
```

위 코드에는 다음과 같이 두 개의 형식 지정자가 있다.

- %-10s는 왼쪽 정렬된 문자열을 나타낸다. items[i] + ":"에 문자의 수가 총 10개

표 2 형식 플래그들		
플래그	의미	예
-	왼쪽 정렬	1.23 뒤에 공백 문자들
0	숫자 앞에 0들이 나온다.	001.23
+	양수 앞에 +를 추가한다.	+1.23
(	음수를 괄호 안에 넣는다.	(1.23)
,	1,000단위로 ,를 추가한다.	12,300
^	대문자를 사용한다.	1.23E+1

가 되도록 공백 문자들이 추가된다. - 은 문자열이 왼쪽에 출력되고 그 뒤에 공백 문자들이 추가된다는 의미이다.

- %10.2f는 10개의 문자로 표현되는 실수의 모양을 표현한다. 여기서는 공백문자가 왼쪽에 추가되고 실수값은 오른쪽에 위치하게 된다.

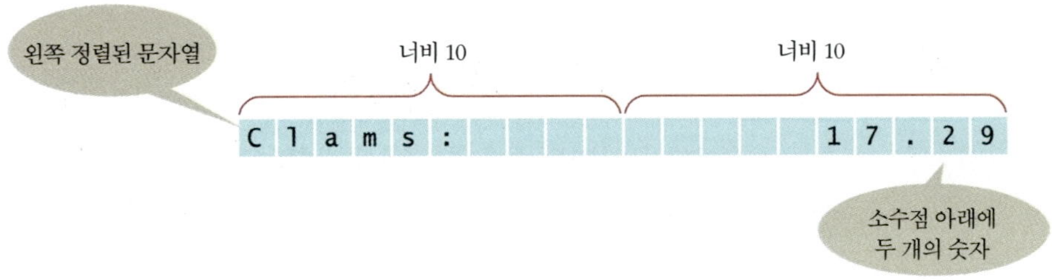

%-10s나 %10.2f와 같은 것을 형식 지정자라고 한다. 형식 지정자는 값들이 출력되는 모양을 표현한다.

형식 지정자는 다음과 같은 구조를 가지고 있다.

- 가장 처음에는 문지 %가 온다.
- 다음에는 형식을 수정하는 플래그들이 올 수 있다. 예를 들어 -는 왼쪽 정렬이 되도록 한다. 표 2에 많이 쓰이는 형식 플래그들이 설명되어 있다.
- 다음은 필드 너비가 온다. 필드 너비는 그 필드의 너비를 나타낸다(필드 너비를 맞추기 위해서 공백 문자가 추가된다.). 숫자를 나타낼 경우는 소수점 아래 몇 개의 숫자가 오는지 나타내는 정보가 추가될 수 있다.
- 형식 지정자의 가장 끝에는 형식 타입이 온다. 예를 들어 실수일 경우 f, 문장열일 경우 s이다. 많은 종류의 형식 타입이 있는데 표 3에 중요한 형식 타입들이 설명되어 있다.

예제의 완전한 코드

Go to wiley.com/go/javacode to download a program that processes a file containing a mixture of text and numbers.

표 3 형식 타입들

코드	타입	예
d	10진수	123
f	실수	12.3
e	지수로 표현된 실수	1.23e+1
g	일반 실수(아주 크거나 작은 수는 지수형으로 표현한다.)	12.3
s	문자열	Tax:

자습문제

6. 입력에 `Hello, World!`가 저장되어 있다고 하자. 다음을 실행하면 `world`와 `input`의 값은 무엇인가?

```
String word = in.next();
String input = in.nextLine();
```

7. 입력에 `995.0 Fred`가 저장되어 있다고 하자. 다음을 실행하면 `number`와 `input`의 값은 무엇인가?

```
int number = 0;
if (in.hasNextInt()) { number = in.nextInt(); }
String input = in.next();
```

8. 입력에 `6E6 6,995.00`이 저장되어 있다고 하자. 다음을 실행하면 `x1`과 `x2`의 값은 무엇인가?

```
double x1 = in.nextDouble();
double x2 = in.nextDouble();
```

9. 입력 파일에 숫자들이 저장되어 있는데 가끔씩 값이 없는 경우가 있고 이 경우 N/A라고 표시되어 있다. 어떻게 하면 숫자들은 읽고 N/A 표시는 건너뛸 수 있을까?

10. How can you remove spaces from the country name in Section 10.2.4 without using the `trim` method?

실습하기 이 장의 끝부분에 있는 연습문제 p10.2, p10.4, P10.5를 수행하시오.

심화 학습 10.4

정규 표현

정규 표현은 문자들의 패턴을 표현한다. 예를 들어 숫자들은 간단한 형식이다. 하나 이상의 한자리 숫자로 이루어져 있다. 숫자를 위한 정규 표현은 [0-9]+이다. [0-9]는 0부터 9 사이의 문자를 나타내고 +는 하나 이상을 나타낸다.

전문 문서 제작 도구들의 검색 기능은 정규 표현을 이해할 수 있다. 또한 몇몇의 프로그램들은 정규 표현을 이용해서 그에 해당하는 텍스트를 찾는다. 정규 표현을 사용하는 프로그램 중 하나가 grep이다(global regular expression print의 약자이다.). grep은 명령 프롬프트에서 사용 가능하고 좀 더 복잡한 상황에서도 사용 가능하다. grep은 UNIX 운영 체제의 일부이며, 윈도우용도 있고, 정규 표현과 하나 이상의 파일을 필요로 한다. grep을 실행시키면 파일 내의 내용 중 정규 표현과 일치하는 행들을 화면에 출력한다.

파일 내의 모든 마법 숫자를 찾으려고 한다고 하자. 다음 명령

```
grep [0-9]+ Homework.java
```

는 Homework.java의 모든 숫자열을 찾아서 나열한다. 이는 크게 유용하지는 않다. 변수 x1이 속한 행도 출력된다. 이보다 유용하게 만들기 위해 숫자열인데 바로 앞에 문자가 없는 것을 찾아보자.

```
grep [^A-Za-z][0-9]+ Homework.java
```

[^A-Za-z]는 A부터 Z 사이와 a부터 z사이에 존재하지 않는 문자를 말한다. 이렇게 하면 실제로 숫자를 가지고 있는 행들만 출력된다.

Scanner 클래스의 useDelimiter 메서드는 단어를 구분하는 것을 표현하기 위한 정규 표현을 입력으로 받는다. 이미 설명한 바와 같이 [^A-Za-z]+를 단어 구분자로 설정하면 글자가 아닌 문자들이 단어 구분자가 된다.

정규 표현에 대한 더 많은 정보를 원하면 regular expression tutorial을 인터넷에서 검색한 후 많은 사용설명서(tutorial) 중 골라서 공부하면 된다.

10.3 명령어 행 인자

운영 체제와 자바 개발환경에 따라 프로그램을 실행하는 방법이 달라진다. 예를 들어 통합 개발환경에서 '실행'을 선택할 수도, 아이콘을 클릭할 수도 있으며, 명령 프롬프트 창에서 프로그램 이름을 입력해서 실행할 수도 있다. 마지막 방법을 명령어 행에서 실행하는 방법이라고 한다. 이 방법을 사용할 때, 프로그램 이름을 입력해야 하고 추가로 프로그램이 사용할 수 있는 정보를 입력할 수 있다. 이 추가적인 문자열들을 명령어 행 인자라고 부른다. 예를 들어 다음과 같이 입력해서 프로그램을 시작하면

```
java ProgramClass -v input.dat
```

프로그램은 '-v', 'input.dat'라는 두 개의 인자들을 가지게 된다. 이 문자열들을 가지고 무엇을 할지는 전적으로 이 프로그램에 달려있다. "-"로 시작하는 문자열은 관례적으로 선택 사항을 표시하는 데 쓰인다.

사용자로부터 정보가 필요할 경우 명령어 행 인자로 받는 것이 나을까? 아니면 프로그램이 시작한 후 그래픽 인터페이스 등을 통해서 사용자에게 요구하는 것이 나을까? 초보 사용자나 프로그램에 익숙하지 않은 사용자들에게는 인터페이스를 통해서 요구하는 것이 훨씬 나을 것이다. 사용자 인터페이스가 사용자를 인도해 주어서 프로그램에 대한 지식이 많이 없어도 프로그램의 기능들을 사용할 수 있다. 하지만 자주 사용하는 사용자인 경우 명령어 행 인터페이스에는 아주 큰 장점이 있는데, 자동화가 가능하다는 것이다. 만약 매일 수백 개의 파일을 처리해야 한다면 파일 선택 대화상자에 파일 이름을 입력하느라 시간을 다 보낼 수도 있다. 배치 파일이나 쉘 스크립트(shell scripts, 운영 체제마다 제공하기도 한다.) 등을 사용한다면 프로그램을 여러 다른 명령어 행 인자를 가지고 호출할 수 있다.

프로그램은 명령어 행 인자를 main 메서드의 args 매개변수로 받는다.

```
public static void main(String[] args)
```

명령어 행에서 시작하는 프로그램들은 명령어 행 인자들을 main 메서드에서 받는다.

위의 예에서, args는 2개의 원소를 가지는 배열이고 다음 문자열들을 가진다.

```
args[0]:   "-v"
args[1]:   "input.dat"
```

파일을 암호화하는 프로그램을 작성해 보자. 암호화는 문서의 내용을 암호 해독법을 모르는 사람은 알아 볼 수 없도록 만드는 것이다. 지난 2000년 간의 암호학 발전을 무시하고 A를 D, B를 E로 바꾸는 방식인 시저의 암호화 방법(그림 1을 참조)과 유사한 방법을 사용하겠다.

줄리어스 시저는 간단한 메시지 암호 방식을 사용하였다.

이 프로그램은 다음과 같은 명령어 행 인자들을 사용한다.

- 암호화가 아닌 암호 풀이를 하라는 의미인 -d(생략 가능)
- 입력 파일 이름
- 출력 파일 이름

예를 들어

```
java CaesarCipher input.txt encrypt.txt
```

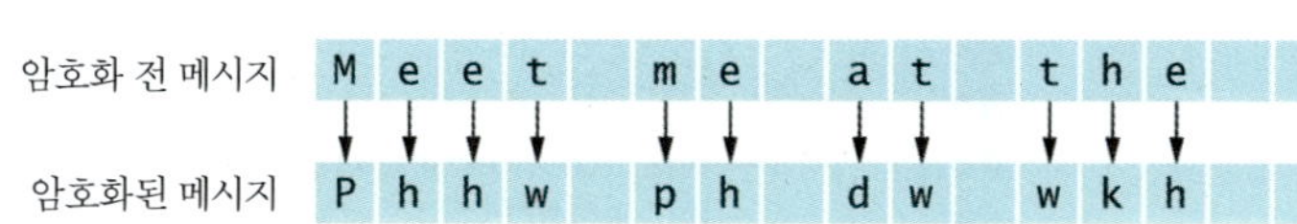

그림 1
시저 암호

라고 하면 input.txt 파일을 읽어서 암호화한 후 encrypt.txt에 저장한다.

```
java CaesarCipher -d encrypt.txt output.txt
```

라고 하면 encrypt.txt 파일을 암호 풀이해서 output.txt에 저장한다.

section_3/CaesarCipher.java

```
import java.io.File;
import java.io.FileNotFoundException;
import java.io.PrintWriter;
import java.util.Scanner;

/**
   이 프로그램은 시저의 암호화 방법으로 파일을 암호화한다.
*/
public class CaesarCipher
{
   public static void main(String[] args) throws FileNotFoundException
   {
      final int DEFAULT_KEY = 3;
      int key = DEFAULT_KEY;
      String inFile = "";
      String outFile = "";
      int files = 0; // 명령어 행 인자의 개수. 이 예제에서는 암호화되는 파일의 수

      for (int i = 0; i < args.length; i++)
      {
         String arg = args[i];
         if (arg.charAt(0) == '-')
         {
            // 명령어 행 선택 사항이다.

            char option = arg.charAt(1);
            if (option == 'd') { key = -key; }
            else { usage(); return; }
         }
         else
         {
            // 파일 이름이다.

            files++;
            if (files == 1) { inFile = arg; }
            else if (files == 2) { outFile = arg; }
         }
      }
      if (files != 2) { usage(); return; }

      Scanner in = new Scanner(new File(inFile));
      in.useDelimiter(""); // 각각의 문자 단위로 처리한다.
      PrintWriter out = new PrintWriter(outFile);

      while (in.hasNext())
      {
         char from = in.next().charAt(0);
         char to = encrypt(from, key);
         out.print(to);
```

```java
      }
      in.close();
      out.close();
   }

   /**
      대문자와 소문자를 키값만큼
      차이나는 문자로 바꾼다.
      @param ch 암호화될 문자
      @param key 암호화 키
      @return 암호화된 문자
   */
   public static char encrypt(char ch, int key)
   {
      int base = 0;
      if ('A' <= ch && ch <= 'Z') { base = 'A'; }
      else if ('a' <= ch && ch <= 'z') { base = 'a'; }
      else { return ch; } // 문자가 아니다.
      int offset = ch - base + key;
      final int LETTERS = 26; // 알파벳 문자의 개수
      if (offset > LETTERS) { offset = offset - LETTERS; }
      else if (offset < 0) { offset = offset + LETTERS; }
      return (char) (base + offset);
   }

   /**
      프로그램 사용법을 알려주는 메시지를 출력한다.
   */
   public static void usage()
   {
      System.out.println("Usage: java CaesarCipher [-d] infile outfile");
   }
}
```

자습문제

11. java CaesarCipher -d file1.txt 라고 호출하면 args의 내용은 어떻게 되는가?
12. 위 문제에서 프로그램을 호출했을 때 실행되는 내용을 한 줄씩 따라가면서 설명하시오.
13. java CaesarCipher file1.txt file2.txt -d라고 호출하면 정상적으로 실행되는가? 실행이 되면 되는 이유를, 안되면 그 이유를 설명하시오.
14. CAESAR를 시저 암호화 기법으로 암호화하시오.
15. 프로그램을 수정하여 암호화할 때 이동하는 문자 차이가 3이 아니라 사용자가 -k 선택 사항을 가지고 지정한 숫자가 되도록 수정하려면 어떻게 해야 하는가? 다음과 같이 입력 할 수 있어야 한다.

    java CaesarCipher -k15 input.txt output.txt

실습하기 이 장의 끝부분에 있는 복습 문제 및 연습 문제 R10.4, P10.8, P10.9를 수행하시오.

따라 하기 10.1

텍스트 파일 처리하기

실제 자료를 저장하고 있는 텍스트 파일을 처리하는 일은 의외로 어렵다. 이번 따라 하기에서 텍스트 파일을 처리하는 일을 한 단계씩 설명하겠다.

Singapore is one of the most densely populated countries in the world.

문제 정의 worldpop.txt와 worldarea.txt라는(이 책의 소스 코드와 함께 배포된다.) 두 개의 파일을 읽는다. 두 파일은 같은 나라가 같은 순서로 저장되어 있다. 나라 이름과 인구 밀도를 저장하는 world_pop_density.txt라는 파일을 만들자. 나라 이름은 왼쪽에 인구 밀도는 오른쪽으로 정렬되어 있다.

```
Afghanistan                    50.56
Akrotiri                      127.64
Albania                       125.91
Algeria                        14.18
American Samoa                288.92
. . .
```

단계 1 **처리해야 할 일을 이해한다.**

다른 일과 마찬가지로 해결책을 생각하기 전에 해야 할 일을 정확히 이해해야 한다(작은 입력 파일에 대해서). 이 일을 손으로 해결할 수 있겠는가? 만약 그렇지 않다면 문제에 대해서 좀 더 정보를 모아야 한다.

가장 먼저 고려해야 할 것은 자료를 있는 그대로 활용할 것인지 아니면 저장한 후에 시작할 것인지이다. 예를 들어, 정렬이 필요하다면 먼저 모든 자료들을 배열에 저장해야 한다. 하지만 많은 경우에 저장 없이 바로 일을 처리하는 것이 가능하다.

이번 예에서는 두 입력 파일이 인구와 면적을 같은 순서로 저장하기 때문에 두 파일을 한 행씩 읽어서 바로 인구 밀도를 계산할 수 있다.

다음 의사코드는 이 과정에서 해야 하는 일을 보여준다.

```
While there are more lines to be read
    Read a line from each file.
    Extract the country name.
    population = number following the country name in the line from the first file
    area = number following the country name in the line from the second file
    If area != 0
        density = population / area
    Print country name and density.
```

단계 2 **어떤 파일을 읽고 써야 하는지 결정한다.**

이 문제에서 이 사안은 매우 명확하다. 이 예에서 인구 정보와 면적 정보를 가지고 있는 두 개의 입력 파일과 하나의 출력 파일이 있다.

단계 3 **파일 이름을 얻는 방식을 선택한다.**

4가지 방법이 있다.

- 파일 이름을 코드에 삽입한다('worldpop.txt'와 같이).
- 사용자로부터 입력 받는다.

```
Scanner in = new Scanner(System.in);
System.out.print("Enter filename: ");
String inFile = in.nextLine();
```

- 명령어 입력 매개변수로 파일 이름을 받는다(심화 학습 10.3을 참조).
- 파일 대화상자를 사용한다(심화 학습 10.1을 참조).

이 책의 예에서는 간단히 파일 이름을 코드에 삽입하였다.

단계 4 **행, 단어, 문자 단위의 입력 중 하나를 선택한다.**

첫 번째 원칙으로 입력 자료가 행 단위로 되어 있으면 행 단위로 읽는다. 이번 예와 같이 표 형식으로 나타낼 수 있는 자료나 행 번호를 넣어야 하는 경우이다.

몇 행에 걸쳐진 자료들을 모아야 하는 경우에는 단어 단위로 읽는 것이 더 낫다. 단어 단위로 읽을 경우 공백 문자 정보들이 사라진다는 것을 감안해야 한다.

각 문자를 접근해야 할 필요가 있을 때에는 문자 단위로 읽어야 한다. 문자들의 빈도수를 계산하거나 탭 문자를 스페이스 문자들로 바꾸거나 암호화를 하는 경우가 그 예가 될 수 있다.

단계 5 **행 단위로 읽을 경우에는 필요한 자료를 추출한다.**

nextLine 메서드를 사용해서 한 행을 읽는 것은 매우 간단하다. 그 후에 한 행에 있는 자료들을 추출해야 한다. 10.2.2절에 설명되어 있는 것처럼 추출할 수 있다.

자료들 간의 경계를 알아내기 위해 Character.isWhitespace나 Character.isDigit과 같은 메서드들을 자주 사용한다.

숫자로 변환하기 위해서 Integer.parseInt나 Double.parseDouble과 같은 메서드를 사용한다.

단계 6 **반복작업을 하는 클래스나 메서드를 사용한다.**

입력 파일을 처리하다 보면 공백 문자를 건너 뛴다든지, 문자열로부터 숫자 정보를 만드는 등 반복해서 이루어지는 작업이 많다. 이 지겨운 작업들을 나머지 유용한 코드들로부터 떼어 놓으면 매우 유용하다.

이 예에서는 두 번씩 이루어지는 일들이 있다. 나라 이름과 그 뒤에 나오는 숫자들을 추출하는 일이다. CountryValue라는 간단한 클래스에서 10.2.4절에 나오는 기술을 이용해서 이를 처리하도록 하였다.

다음은 전체 소스 코드다.

how_to_1/CountryValue.java

```
/**
   나라 이름과 연관된 숫자를 표현한다.
*/
public class CountryValue
{
   private String country;
   private double value;

   /**
      입력 행으로부터 CountryValue를 생성한다.
      @param line 나라 이름과 이어지는 값을 저장하고 있는 입력행
   */
   public CountryValue(String line)
   {
      int i = 0; //
      while (!Character.isDigit(line.charAt(i))) { i++; }
      int j = i - 1; //
      while (Character.isWhitespace(line.charAt(j))) { j--; }
      country = line.substring(0, j + 1); //
      value = Double.parseDouble(line.substring(i).trim()); //
   }

   /**
      나라 이름을 읽는다.
      @return 나라 이름
   */
   public String getCountry() { return country; }

   /**
      관련된 값을 읽는다.
      @return 나라와 관련된 값
   */
   public double getValue() { return value; }
}
```

how_to_1/PopulationDensity.java

```
import java.io.File;
import java.io.FileNotFoundException;
import java.io.PrintWriter;
import java.util.Scanner;

public class PopulationDensity
{
   public static void main(String[] args) throws FileNotFoundException
   {
      // 입력 파일을 연다.
      Scanner in1 = new Scanner(new File("worldpop.txt"));
      Scanner in2 = new Scanner(new File("worldarea.txt"));

      // 출력 파일을 연다.
```

```java
      PrintWriter out = new PrintWriter("world_pop_density.txt");

      // 각 파일로부터 한 행씩 읽는다.
      while (in1.hasNextLine() && in2.hasNextLine())
      {
         CountryValue population = new CountryValue(in1.nextLine());
         CountryValue area = new CountryValue(in2.nextLine());

         // 인구 밀도를 계산해서 출력한다.
         double density = 0;
         if (area.getValue() != 0) // 0으로 나누는 것을 방지한다.
         {
            density = population.getValue() / area.getValue();
         }
         out.printf("%-40s%15.2f\n", population.getCountry(), density);
      }

      in1.close();
      in2.close();
      out.close();
   }
}
```

실습 예제 10.1

아기 이름 분석

실습 예제에서는 사회보장국(Social Security Administration)의 자료를 분석해서 가장 많이 쓰이는 아기 이름을 알아낸다. wiley.com/go/javaexamples

컴퓨팅과 사회 10.1 암호화 알고리즘

이 장의 연습 문제에서는 몇 가지 암호화 알고리즘들이 나온다. 실제 애인에게 비밀 메시지를 보내기 위해서 이들 알고리즘들을 사용하면 안 된다. 암호학을 아는 사람이면 누구나 짧은 시간 내에 암호를 모르는 상태에서 원본 텍스트를 알아낼 수 있다.

1978년에 Ron Rivest, Adi Shamir 그리고 Leonard Adleman이 매우 강력한 암호화 방법을 고안했다. 이 방법은 이들의 성의 첫 글자들을 따서 RSA 암호화 알고리즘이라고 부른다. 정확한 암호화 방법은 여기서 설명하기엔 복잡하지만 이해하기 어렵지 않다. http://theory.lcs.mit.edu/~rivest/rsapapar.pdf에서 자세한 설명을 볼 수 있다.

RSA는 뛰어난 암호화 방법이다. 공적 키와 사적 키 두 가지 키를 사용한다(그림을 참조). 공적 키를 명함에 찍거나 이메일 끝에 붙여서 누구에게나 나누어주어도 된다. 그러면 누구나 당신만 이해할 수 있는 형태로 당신에게 메시지를 보낼 수 있다. 공적 키를 가지고 있고 당신에게 가는 모든 메시지를 가로챘다 하더라도 암호화 방법을 깨뜨려서 원본 메시지를 알아낼 수는 없다. 1994년에 129개 숫자로 이루어진 키로 암호화된 RSA 메시지를 수백 명의 암호전문가들이 인터넷을 통해 협동해서 풀어낸 적이 있다. 230개 이상의 숫자로 이루어진 키로 암호화한 메시지는 안전하다고 알려져 있다.

RSA 방법을 발명한 사람들은 이 알고리즘에 특허를 걸어 놓았다. 특허는 사회와 발명자 사이의 계약이다. 20년 동안은 발명자가 특허의 독점 상용화 권리를 갖는다. 상용화한 다른 사람들에게 사용료를 받을 수 있고 다른 사람들이 그 발명을 사용하지 못하게 할 수도 있다. 대신에 발명자는 발명 내용을 공개해서 다른 사람들이 이해할 수 있도록 해야 하고 독점 기간이 지난 후에는 모든 권리를 포기해야 한다. 특허제도가 없다면 발명을 하지 않으려고 하고 발명을 했다 하더라도 다른 사람들이 못쓰게 하기 위해서 감추려 할 것이기 때문에 특허제도가 있는 것이다.

RSA 특허에 대해서는 몇 가지 논란이 있다. 특허로 보호하지 않았다면 다른 방법으로 공개하고 20년 간의 독점 사용비용 없이 사회에 더 도움이 되지 않았을까? 이에 대한 답은 "그렇다"일 것이다. 대학의 연구자들은 뭔가를 팔아서 돈을 버는 대신 월급을 받고 좋은 발명을 해서 좋은 평판과 경력을 쌓아 가는 발명자들이다. 후발 연구자들은 개발된 방법을 개선하기 위해서 더 노력하지 않았을까? 이에 대한 답은 아무도 알 수 없다. 이 알고리즘은 특허화가 가능한가 아니면 누구에게도 속하지 않는 수학적 사실인가? 특허 사무국은 오랫동안 두 번째 입장을 고수해왔다. RSA 발명자들을 포함한 많은 사람들은 알고리즘으로 표현하지 않고 가상 기계를 가지고 설명함으로써 이 제한을 회피했다. 요즘은 특허 사무국이 소프트웨어 특허를 인정한다.

RSA 관련으로 재미있는 일이 하나 있다. Phil Zimmermann이라는 사람이 RSA 기반의 PGP(Pretty Good Privacy)라는 프로그램을 개발했다. 누구나 이 프로그램을 사용해서 다른 사람이 풀 수 없는 암호화를 할 수 있다. GNU 프로젝트(www.gnupg.org)로부터 PGP 프로그램을 복사할 수 있다. 강력한 암호화 방법이 있음으로 해서 미국 정부는 매우 괴로워진다. 범죄자들과 해외 정보원들이 경찰이나 정보국 요원들이 감독할 수 없는 메시지를 보낼 수 있다. 정부는 Zimmermann이 자기 프로그램이 인터넷에 올라갈 수 있다는 것을 알았을 것이기 때문에 그를 불법 무기 수출 혐의로 고소하는 것을 고려하기도 했다. 일반 시민들이 이러한 암호화 방법을 사용하거나 키를 법적 통제로부터 비밀로 하는 것을 금지하자는 정식 제안들도 있었다.

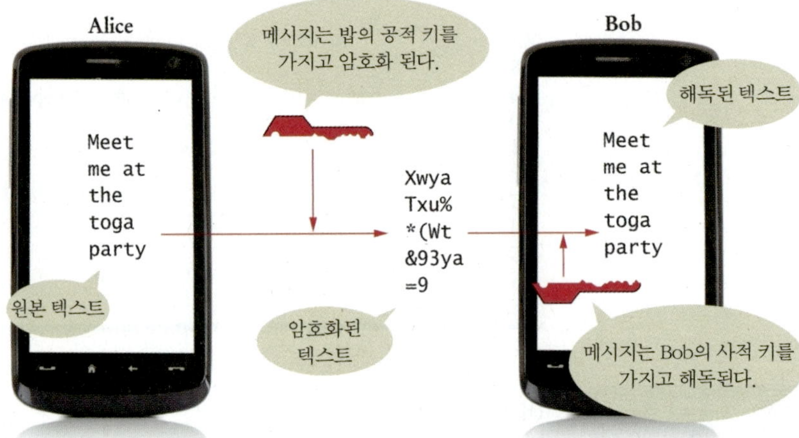

공적 키 암호화

10.4 예외 처리

예외 처리에는 보고와 복구 대한 두 가지 면이 있다. 예외 처리가 어려운 이유 중 하나는 보통 보고되는 위치가 복구해야 하는 위치와 많이 떨어져 있다는 것이다. 예를 들어, Scanner의 생성자는 존재하지 않는 파일에 대해서 읽기를 시도하려 한다는 것을 알아낼 수 있다. 하지만 Scanner가 이 문제를 해결할 수 없다. 이 오류에 대한 올바른 해결 방법은 프로그램을 종료하던지 사용자에게 다른 파일 이름을 달라고 하는 것이다. Scanner 클래스는 이 두 가지 중 선택하는 것을 할 수 없다. 대신 이 문제가 생겼다고 프로그램의 다른 부분에 보고해야 한다.

자바에서는 예외 처리라는 방식으로 오류를 찾아낸 지점에서 복구를 할 수 있는 지점으로 제어를 넘기는 유연한 방법을 제공한다. 여기서 이러한 방법을 자세히 살펴보자.

10.4.1 예외 던지기

예외적인 상황이 일어났다는 것을 알리기 위해서 throw 문을 사용해서 예외 객체를 던진다.

예외 상황을 발견했을 경우에 해야 할 일은 매우 간단하다. 적당한 예외 객체를 던지면 끝이다. 예를 들어, 어떤 사람이 계좌에서 돈을 너무 많이 인출하려고 한다 하자.

```
if (amount > balance)
{
   // 무엇을 해야 하나?
}
```

우선 적당한 예외 클래스를 찾는다. 자바 라이브러리는 모든 종류의 예외 상황을 알리기 위한 많은 클래스들을 가지고 있다. 그림 2은 가장 유용한 예외들을 보여 준다(상속 계층 구조에 따라 트리 모양으로 클래스들이 나열되어 있다. 보다 구체적인 클래스들이 트리의 아래쪽에 나온다.).

예외를 던지면 정상적인 제어 흐름은 종료된다. 위험한 상황에서 전기 차단기가 전류의 흐름을 차단하는 것과 비슷하다.

현재 상황을 표현할 수 있는 예외 타입을 찾아보라. ArithmeticException은 어떤가? 계좌의 잔액이 0보다 작아지는 것이 수리연산 오류인가? 그렇지 않다. 자바는 음수를 다룰 수 있다. 인출하는 액수가 부적절한가? 그렇다. 너무 크다. 그러므로 illegalArgumentException을 던져야 한다.

```
if (amount > balance)
{
   throw new IllegalArgumentException("Amount exceeds balance");
}
```

예외를 던지면 예외 처리자가 실행된다.

예외를 던지면 그 다음 행이 실행되지 않고 예외 처리자의 명령이 수행된다.

문법 10.1 예외 던지기

Syntax throw *exceptionObject*;

```
if (amount > balance)
{
   throw new IllegalArgumentException("Amount exceeds balance");
}
balance = balance - amount;
```

새로운 예외 객체를 만들어서 던진다. (→ throw new IllegalArgumentException)

대부분의 예외 객체는 에러 메시지를 가지고 만들 수 있다. (→ "Amount exceeds balance")

예외가 던져지면 이 행은 실행되지 않는다. (→ balance = balance - amount;)

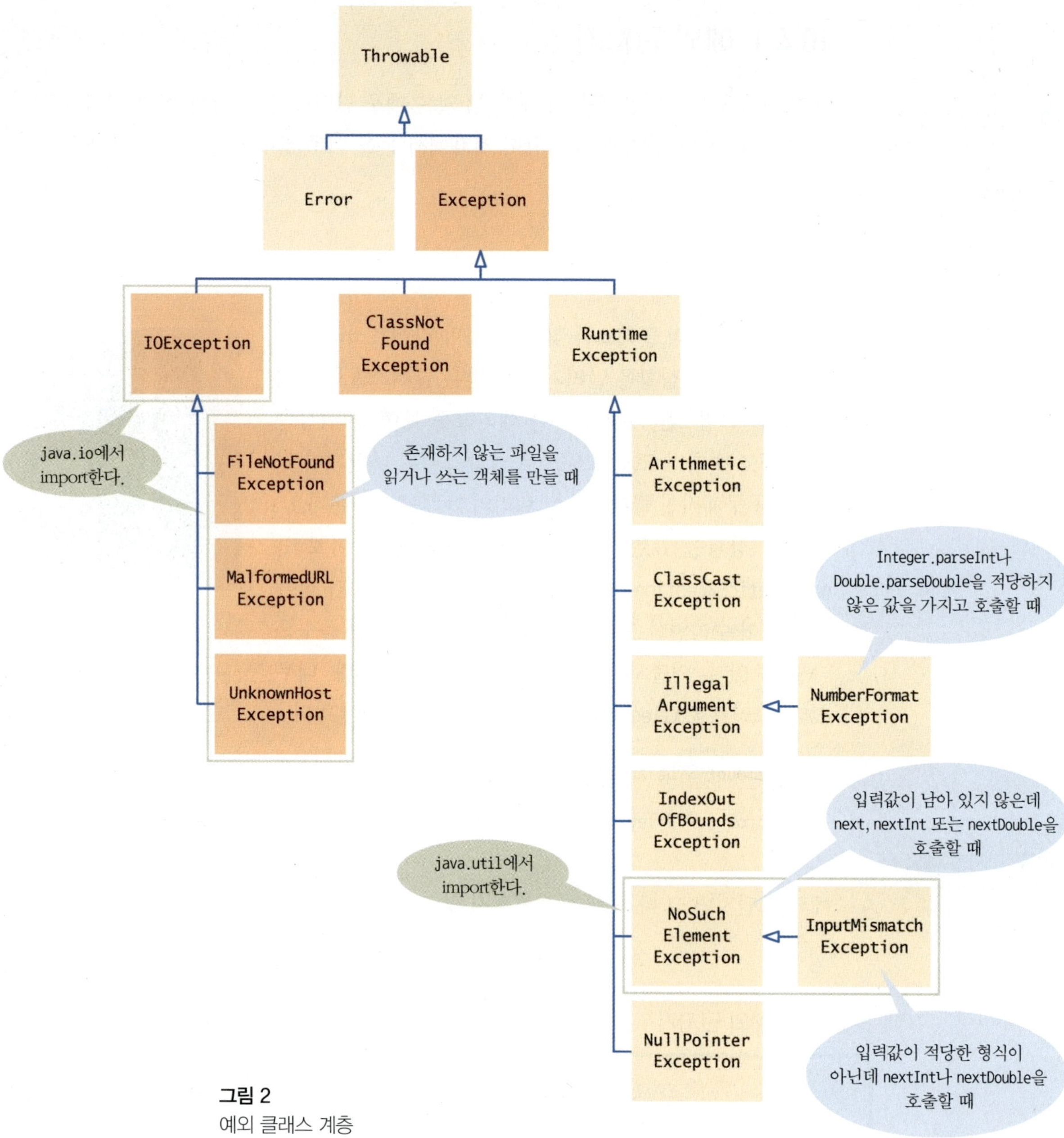

그림 2
예외 클래스 계층

10.4.2 예외 잡기

모든 예외는 프로그램 어딘가에서는 처리되어야 한다. 어떤 예외가 처리자를 가지고 있지 않으면 오류 메시지가 출력되고 프로그램이 종료하게 된다. 학교에서 하는 숙제에서는 이것이 큰 문제가 되지 않는다. 하지만 상업용 프로그램이 예상치 못한 오

특정 예외를 처리할 준비가 된 메서드에서는 try 블록 안에 예외를 발생시킬 만한 문장들을 넣고 예외를 처리하는 코드를 catch 절에 둔다.

류로 종료되면 문제가 된다. 그러므로 프로그램이 던질 수 있는 모든 예외에 대해서 예외 처리기를 설치해야 한다.

예외는 try/catch 문으로 처리한다. try 블록은 예외를 일으킬 수 있는 하나 이상의 문장을 포함한다. Catch 절은 하나의 예외 종류에 대한 처리기를 포함한다.

다음 예를 보자.

```
try
{
   String filename = . . .;
   Scanner in = new Scanner(new File(filename));
   String input = in.next();
   int value = Integer.parseInt(input);
   . . .
}
catch (IOException exception)
{
   exception.printStackTrace();
}
catch (NumberFormatException exception)
{
   System.out.println(exception.getMessage());
}
```

문법 10.2 예외 잡기

Syntax

```
try
{
   statement
   statement
   . . .
}
catch (ExceptionClass exceptionObject)
{
   statement
   statement
   . . .
}
```

```
try
{
   Scanner in = new Scanner(new File("input.txt"));
   String input = in.next();
   process(input);
}
catch (IOException exception)
{
   System.out.println("Could not open input file");
}
catch (Exception except)
{
   System.out.println(except.getMessage());
}
```

이 생성자는 FileNotFoundException을 던질 수 있다.

This is the exception that was thrown.

IOException이 던져지면 여기서부터 실행된다.

FileNotFoundException은 IOException의 특별한 경우이다.

여기에 추가적으로 catch 절을 둘 수 있다. 더 구체적인 예외를 보다 일반적인 예외보다 먼저 두어야 한다.

위 예제의 try 블록에서는 세 가지 예외가 생길 수 있다.

- Scanner 생성자는 FileNotFoundException을 던질 수 있다.
- Scanner.next는 NoSuchElementException을 던질 수 있다.
- Integer.parseInt는 NumberFormatException을 던질 수 있다.

You should only catch those exceptions that you can handle.

이 중 어느 하나의 예외라도 던져지면 try 블록의 나머지 명령들은 건너뛴다. 각 종류의 예외에 따라 어떤 일이 일어나는지 살펴보자.

컴파일 과정

- FileNotFoundException이 던져지면 IOException을 위한 catch 절이 실행된다(그림 2에서 볼 수 있듯이 FileNotFoundException은 IOException의 서브 클래스이다.). FileNotFoundException일 경우 다른 메시지가 출력되게 하려면 해당 catch 절을 IOException 보다 더 먼저 두어야 한다.
- NumberFormatException이 발생하면, 두 번째 catch 절이 실행된다.
- NoSuchElementException은 어떤 catch 절에도 잡히지 않는다. 이 예외는 다른 try 블록에 의해서 잡힐 때까지 계속 던져진다.

각 catch 절은 처리기를 포함한다. catch(IOException exception) 블록이 실행되면 try 블록 내의 어떤 메서드가 IOException(또는 IOException을 상속받은 예외) 때문에 실패한 것이다.

이 처리기에서는 예외까지의 메서드 호출 사슬을 다음 메서드를 호출하여 출력한다.

```
exception.printStackTrace()
```

두 번째 예외 처리기에서는 exception.getMessage()를 호출해서 이 예외와 관련 있는 메시지를 가져온다. parseInt 메서드가 NumberFormatException을 던지면 메시지에는 숫자 형식이 아니어서 문제가 됐던 문자열을 포함한다. 예외를 던질 때, 원하는 메시지 문자열을 만들 수 있다. 예를 들어 다음과 같이 호출하면

```
throw new IllegalArgumentException("Amount exceeds balance");
```

예외 메시지는 생성자에 제공된 문자열이다.

이 예제에서는 문제의 원인을 사용자에게 알려주기만 한다. 이 예외를 처리하기 위한 보다 나은 방법은 사용자에게 올바른 입력을 할 수 있는 기회를 다시 주는 것일 것이다. 10.5절에서 이러한 방법을 설명한다.

10.4.3 검사되는 예외들

자바에서 던질 수 있는 예외에는 다음과 같은 세 가지가 있다.

- 내부 오류는 Error를 상속받은 예외들에 의해 보고된다. 가능한 메모리를 모두 소진한 경우 던져지는 OutOfMemoryError가 그 예이다. 이 치명적인 오류들은 거의 일어나지 않기 때문에 이 책에서는 더 이상 다루지 않겠다.
- RuntimeException을 상속받은 예외들, 예를 들어 IndexOutOfBoundsException이나 ArgumentException와 같은 예외들은 당신이 작성한 코드에 오류가 있다는 것을 의미한다. 이들을 검사되지 않는 예외라고 한다.
- 다른 모든 예외들은 검사되는 예외이다. 이러한 예외들은 당신이 제어할 수 없는 외부의 이유 때문에 문제가 있다는 것을 의미한다. 그림 2에서 검사되는 예외는 어두운 색으로 표시되어 있다.

검사되는 예외는 프로그래머가 피할 수 없는 외부환경이 원인이 되는 것이다. 컴파일러는 이러한 예외들을 처리하는지 검사한다.

왜 두 가지의 예외가 있는 걸까? 검사되는 예외는 당신이 아무리 조심해도 가끔씩 일어나는 문제들이다. 예를 들어 IOException은 디스크 오류나 네트워크 끊김 등 당신이 제어할 수 없는 것 때문에 일어날 수 있다. 컴파일러는 검사되는 예외를 매우 조심스럽게 다루고 처리되는지 검사한다. 검사되는 예외를 어떻게 다룰지 명시하지 않으면 프로그램이 컴파일되지 않는다.

검사되지 않는 예외는 당신 책임이다. 컴파일러는 IndexOutOfBoundsException과 같은 검사되지 않는 예외를 당신이 처리하는지 검사하지 않는다. 예외 처리기를 만들어서 처리하기 보다는 인덱스 값을 잘 관리해서 문제가 없도록 하는 것이 낫다.

검사되는 예외를 던질 수 있는 메서드와 같은 곳에 처리기를 두어도 컴파일 문제가 생기지 않는다. 예를 들어,

```
try
{
   File inFile = new File(filename);
   Scanner in = new Scanner(inFile); //FileNotFoundException을 던질 수 있다.
   . . .
}
catch (FileNotFoundException exception) // Exception caught here
{
   . . .
}
```

검사되는 예외를 던질 수 있는 메서드에 throws를 추가한다.

하지만 보통 현재 메서드는 이 문제를 바로 처리할 수 없다. 그러한 경우에는 컴파일러에 이 예외를 인지하고 있으며 예외가 생길 경우 현 메서드가 종료되길 원한다고 알려줘야 한다. 따라서 메서드에 throws 절을 써주어야 한다.

```
public void readData(String filename) throws FileNotFoundException
{
```

문법 10.3 throws 절

Syntax *modifiers returnType methodName(parameterType parameterName, . . .)*
  throws *ExceptionClass, ExceptionClass, . . .*

```
public void readData(String filename)
      throws FileNotFoundException, NumberFormatException
```

이 메서드가 던질 수 있는 모든 검사되는 예외를 나열해야 한다.

검사되지 않는 예외도 나열할 수 있다.

```
   File inFile = new File(filename);
   Scanner in = new Scanner(inFile);
   . . .
}
```

큰 짐이나 위험한 짐을 싣고 가는 트럭들이 경고문을 붙이고 다니는 것처럼 throws 절은 호출하는 부분에 예외가 발생할 수 있다고 경고한다.

Throws 절은 메서드를 호출하는 부분에 메서드가 FileNotFoundException을 던질 수도 있다는 것을 알려준다. 이 메서드를 호출하는 부분에서는 같은 결정을 내려야 한다. — 예외를 처리하든지, 호출하는 부분에 예외가 던져질 수 있다고 알려주든지 결정한다.

예외가 일어날 수 있다는 것을 알면서도 처리하지 않는 것은 무책임하다고 생각할 수도 있다. 하지만 그 반대가 오히려 무책임하다. 자바에서는 예외가 적절한 처리자에게 보내질 수 있도록 해 주는 처리 방식을 제공한다. 어떤 메서드들은 오류를 탐지하고, 어떤 메서드들은 오류를 처리하고, 나머지 메서드들은 전달하기만 한다. Throws 절은 어떤 오류도 처리되지 않고 넘어가지 않도록 보장하는 역할을 한다.

10.4.4 finally 절

try 블록의 실행을 시작한 후에는 예외가 일어나건 일어나지 않건 finally 절에 있는 문장들은 실행된다.

종종 예외가 일어나느냐 여부에 상관 없이 실행되어야 하는 코드가 있다. finally는 이러한 경우를 처리할 수 있다.

다음 예를 보자. 파일에 출력한 내용이 모두 저장되게 하기 위해서는 PrintWriter를 닫아야 한다. 다음 코드에서는 파일을 열고 하나 이상의 메서드를 호출하고 파일을 닫는다.

```
PrintWriter out = new PrintWriter(filename);
writeData(out);
out.close(); // 이곳까지 실행이 안될 수도 있다.
```

마지막 행이 실행 되기 전에 예외가 생기는 경우를 생각해보자. 그러한 경우에는 close를 호출되지 않게 된다! Close 호출을 finally 절로 옮기면 이 문제를 해결할 수 있다.

외국을 방문하는 모든 사람은 여행 중 어떤 일이 있어도 여권 검사 하는 곳을 거친다. 이와 유사하게 finally 절은 예외가 생기더라도 항상 실행된다.

```
PrintWriter out = new PrintWriter(filename);
try
{
   writeData(out);
}
finally
{
   out.close();
}
```

예제의 완전한 코드

Go to wiley.com/go/javacode to download a program that demonstrates throwing and catching exceptions.

일반적인 경우에는 아무 문제가 없다. try 블록을 다 수행하면 finally 절이 실행되고 파일이 닫힌다. 예외가 일어나면 예외가 처리자로 전달되기 전에 finally 절이 실행된다.

문법 10.4 finally 절

Syntax

```
try
{
   statement
   statement
   . . .
}
finally
{
   statement
   statement
   . . .
}
```

변수는 finally 절에서 접근할 수 있게 하기 위해 try 블록 바깥에서 선언해야 한다.

```
PrintWriter out = new PrintWriter(filename);
try
{
   writeData(out);
}
finally
{
   out.close();
}
```

이 코드는 예외를 던질 수 있다. (try 블록)

이 코드는 예외가 일어나도 항상 수행된다. (finally 블록)

파일을 닫는 것과 같은 뒤처리가 필요할 경우 메서드가 어떻게 끝나더라도 뒤처리를 하는 것을 보장하려면 finally 절을 사용하자.

10.4.5 자신만의 예외 타입 설계하기

가끔은 표준 예외 타입들을 가지고 처리하려 하는 오류의 상황을 충분히 설명하지 못하는 경우가 있다. 이 경우 자신만의 예외 클래스를 설계할 수 있다. 은행 계좌를 생각해 보자. 계좌에서 잔액 이상 인출하려고 할 때 InsufficientFundsException이라는 예외를 생기게 하자.

```
if (amount > balance)
{
   throw new InsufficientFundsException(
         "withdrawal of " + amount + " exceeds balance of " + balance);
}
```

새로운 예외 조건을 표현하는 예외를 만들려면 기존 예외 클래스의 서브 클래스를 만든다.

이제 InsufficientFundsException이라는 클래스를 만들어야 한다. 이 예외는 검사되는 예외이어야 할까? 그렇지 않을까? 외부로부터의 오류인가? 아니면 프로그래머의 실수로 생기는 오류인가? Withdraw 메서드를 호출하기 전에 인출액이 잔액보다 크지 않은 지, 즉 amount <= account.getBalance()는 쉽게 검사할 수 있다. 프로그래머가 예외 상황을 막을 수 있었다. 그러므로 이 예외는 검사되지 않는 예외이어야 하고 RuntimeException이나 그 서브 클래스의 서브 클래스가 되어야 한다.

예외 계층 구조에서 적당한 클래스를 골라서 확장하는 것이 좋다. 예를 들어, InsufficientFundsException를 IllegalArgumentException의 특별한 경우라고 생각할 수 있다. 이렇게 하면 다른 프로그래머들도 이 문제를 정확히 이해하지 못하는 상태에서 IllegalArgumentException으로 처리할 수 있다.

예외 클래스의 생성자는 통상 두 개를 제공한다. 인자 없는 생성자와 예외의 이유를 설명하는 문자열을 인자로 가지는 생성자이다. 다음은 예외 클래스의 선언 코드이다.

```
public class InsufficientFundsException extends IllegalArgumentException
{
   public InsufficientFundsException() {}

   public InsufficientFundsException(String message)
   {
      super(message);
   }
}
```

예외가 잡혔을 때 Throwable 클래스의 getMessage 메서드를 통해서 메시지를 가져 올 수 있다.

자습문제

16. balance의 값이 100이고 amount가 200이라고 하자. 다음 명령을 수행하고 난 후 balance의 값은 얼마가 되는가?

```
if (amount > balance)
{
   throw new IllegalArgumentException("Amount exceeds balance");
}
balance = balance - amount;
```

17. 은행 계좌에 돈을 입금할 때는 계좌 잔액이 음수가 될 걱정을 할 필요가 없다. 이러한 경우에 적당한 예외를 던지는 코드를 작성하시오.

18. 다음 메서드를 살펴보자.

```
public static void main(String[] args)
{
   try
   {
      Scanner in = new Scanner(new File("input.txt"));
      int value = in.nextInt();
      System.out.println(value);
   }
   catch (IOException exception)
   {
      System.out.println("Error opening file.");
   }
}
```

주어진 파일 이름에 해당하는 파일이 존재하고, 파일에 아무 내용도 저장되어 있지 않다고 하자. 실행되는 순서를 따라 설명하시오.

19. ArrayIndexOutOfBoundsException이 검사되는 예외가 아닌 이유는 무엇인가?

20. 검사되는 예외와 검사되지 않는 예외를 잡는데 있어서 차이가 있는가?

21. 다음 코드에서 어떤 문제가 있으며 어떻게 해결할 수 있나?

```
public static void writeAll(String[] lines, String filename)
{
   PrintWriter out = new PrintWriter(filename);
   for (String line : lines)
   {
      out.println(line.toUpperCase());
   }
   out.close();
}
```

22. InsufficientFundsException의 두 번째 생성자에서 super(message)라고 호출하는 이유가 무엇인가?

23. 파일로부터 은행 계좌 자료를 읽는다고 하자. 기대와 달리 다음 입력값의 타입이 double이 아니었다. 이를 처리하기 위해 BadDataException을 구현하기로 했다. 어떤 클래스를 상속받아 확장해야 하는가?

실습하기 이 장의 끝부분에 있는 복습문제 R10.7, R10.8, R10.9를 수행하시오.

알아 두기 10.1

빨리 던지고 늦게 잡아라

> 문제를 발견하자 마자 예외를 던져라. 문제를 해결할 수 있을 때만 예외를 잡아라.

해결할 수 없는 문제를 발견했을 때는 완벽하게 해결할 수 없으면 해결을 시도하지 말고 예외를 던지는 것이 낫다. 예를 들어, 파일에서 숫자를 읽으려고 하는데 숫자가 아닌 것이 있는 경우를 생각해 보자. 임시방편으로 0과 같은 값을 대신 사용하는 것은 실제 문제를 감추고 다른 곳에 또 다른 문제를 만들 수 있다.

반대로, 상황을 해결할 수 있을 때만 예외를 잡아야 한다. 그렇지 않다면 호출한 메서드로 예외를 던져서 능력 있는 처리자를 만날 수 있게 하는 것이 가장 좋은 해결책이다.

알아 두기 10.2

예외를 무시하지 마라

검사되는 예외를 던질 수 있는 메서드를 호출할 때 처리자를 지정하지 않으면 컴파일러가 불평하게 된다. 그 다음 작업을 하고 싶은 마음에 컴파일이 문제 없도록 미봉책을 사용하여 컴파일러 오류 메시지를 없애고 싶을 수도 있다.

```
try
{
   Scanner in = new Scanner(new File(filename));
   // 컴파일러가 FileNotFoundException에 대해서 불평한다(오류 메시지를 보여 준다.).
   . . .
}
catch (FileNotFoundException e) {} // 그래서 여기에 이렇게!
```

아무 일도 안 하는 예외 처리기는 컴파일러가 예외가 처리됐다고 믿게 할 수 있는 방법이다. 하지만 결국에는 좋은 방법이 아니다. 예외는 문제를 능력 있는 처리자에게 전달하기 위해서 고안되었다. 적절하지 못한 처리기는 심각할 수 있는 문제가 생겨도 이를 없는 것처럼 보이게 하는 나쁜 효과가 있다.

알아 두기 10.3

구체적인 예외를 던져라

예외를 던질 때는 가능한 한 그 상황을 정확히 설명하는 예외를 선택해야 한다. 예를 들어, 은행 계좌에 잔액이 모자랄 때 RuntimeException을 던지는 것은 좋지 않다. RuntimeException을 잡는 예외 처리기는 NullPointerException, ArrayIndexOutBoundsException 등의 다른 예외들도 같이 처리한다. 이러한 경우 예외 처리기에서 현재의 예외가 잔액이 모자라서 생긴 예외라는 것을 알아내려면 복잡하게 따져 보아야 한다.

표준 라이브러리가 제공하는 예외 중에서 현재 상황에 맞는 것이 없으면 새로 예외 클래스를 만들면 된다.

알아 두기 10.4

한 try 문 안에 catch와 finally를 같이 사용하지 않는다

It is possible to have a finally clause following one or more catch clauses. Then the code in the finally clause is executed whenever the try block is exited in any of three ways:

1. After completing the last statement of the try block
2. After completing the last statement of a catch clause, if this try block caught an exception
3. When an exception was thrown in the try block and not caught

catch와 finally 절을 같이 사용하고 싶겠지만 그렇게 하면 이해하기 힘든 코드가 된다. 그렇게 하는 대신 try/finally를 사용해서 자원을 잠그는 일을 하고 추가로 try/catch 문을 사용해서 오류를 처리하는 것이 바람직하다. 예를 들어,

```
try
{
   PrintWriter out = new PrintWriter(filename);
   try
   {
      output으로 출력한다.
   }
   finally
   {
      out.close();
   }
}
catch (IOException exception)
{
   예외 처리
}
```

위의 중첩된 try 문은 PrinterWriter가 예외를 던지더라도 잘 동작한다.

심화 학습 10.5

자바 7에서의 자동 자원 관리

자바 7에서는 PrintWriter나 Scanner 객체들을 자동으로 닫아주는 새로운 형식의 try 문을 사용할 수 있다. 문법은 다음과 같다.

```
try (PrintWriter out = new PrintWriter(filename))
{
   output으로 출력한다.
}
```

예외가 일어나건 말건 try 블록이 끝날 때 객체의 close 메서드가 호출된다. finally 문을 사용하지 않아도 된다.

컴퓨팅과 사회 10.2 아리안 로켓 사고

유럽 우주원(European Space Agency, ESA)는 NASA에 해당하는 유럽 기관이다. ESA에서는 아리안이라고 하는 로켓 모델을 개발해서 인공위성 발사나 우주 과학실험에 수차례 성공적으로 사용하였다. 하지만 1996년 6월 4일 아리안 5라는 새 모델이 프랑스 기아나의 쿠루 발사대에서 발사되었을 때 40초 만에 궤도를 벗어났다. 수직으로 올라가지 못하고 약 20도의 각도로 올라가다가 공기저항 때문에 추진 로켓이 분리되었고 자동 자가파괴가 발동되었다.

이 사고의 근본적 원인은 처리되지 않은 예외였다! 로켓에는 비행 정보를 측정 장치에서 받아서 로켓 위치를 계산해 주는 똑같은 장치(관성 참조 시스템)가 2개 있었다. 로켓에 탑재된 컴퓨터는 위치 정보를 사용해서 추진 로켓을 제어했다. 같은 관성 참조 시스템과 컴퓨터 소프트웨어가 아리안 4에서 아무런 문제 없이 동작했다.

하지만 로켓 디자인 변화 때문에 어떤 센서가 아리안 4에서 보다 강한 가속력을 측정하였다. 이 값은 실수값이었는데(Java에서 short) 16비트 정수에 저장했다. 자바와는 달리 이 장치는 소프트웨어에 사용된 Ada 언어에서는 실수값이 정수에 저장되기에 너무 크면 예외를 발생시킨다. 불행하게도 이 장치용 프로그램을 만든 프로그래머는 이러한 일이 절대 생기지 않을 것이라고 생각했고 예외 처리기를 만들지 않았다. 값이 너무 큰 상황이 발생했을 때 예외가 발동되었고 처리기가 없었기 때문에 장치는 스스로를 멈춰버렸다. 로켓에 탑재된 컴퓨터는 이를 감지하고 다른 예비 장치를 대신 사용하려고 했다. 그러나 다른 장치도 먼저의 장치와 같은 이유로 멈추어 버렸다. 이는 로켓을 만든 사람들이 예상하지 못한 상황이었다. 장치가 기계적인 문제로만 멈출 수 있다고 생각했고 두 장치가 한꺼번에 기계적 문제를 가질 수는 없다고 생각했다. 그 결과로 로켓은 안정적인 위치 정보를 얻을 수 없었고 궤도를 벗어나게 되었다.

소프트웨어가 너무 엄격하지 않았으면 상황이 더 나았을까? 만약 오버플로(overflow)를 무시 했다면 장치가 멈추지는 않았을 것이다. 하지만 올바르지 않은 자료를 계산했을 것이다. 장치는 잘못된 위치 정보를 계산할 것이고 결과는 비슷하게 처참했을 것이다. 올바른 해결 방법은 오버플로 예외를 잡아서 비행 정보를 다시 계산하는 방법을 사용하는 것이다. 분명한 것은 예외 처리를 포기한 것은 올바른 대처가 아니었던 것이다.

The Explosion of the Ariane Rocket

예외 처리 기법의 장점은 이러한 문제들을 프로그래머들에게 명확하게 보여 주는 것이다. 자바 컴파일러가 예외에 대해서 너무 엄격하다고 불평하고 싶을 때 이런 생각을 해 보는 것이 좋다.

10.5 응용 프로그램 : 입력 오류 처리

이 절에서는 예외 처리를 포함하는 하나의 완전한 프로그램을 살펴보겠다. 이 프로그램은 사용자에게 파일 이름을 물어본다. 파일에는 자료 값들이 저장되어 있어야 한다. 첫 번째 행에는 값의 개수가 저장되어 있고 나머지 행들에는 자료들이 저장되어 있다. 입력 파일의 예는 다음과 같다.

```
3
1.45
-2.1
0.05
```

여기에서 생길 수 있는 문제는 무엇이 있을까?

When designing a program, ask yourself what kinds of exceptions can occur.

두 가지 주요한 위험 요소가 있다.

- 파일이 존재하지 않을 수 있다.
- 파일이 가지고 있는 값들이 다른 타입일 수 있다.

이러한 문제들을 어디에서 검사할 수 있을까? Scanner 생성자에서는 파일이 존재하지 않을 때 예외를 발생시킨다. 입력값을 처리하는 메서드들에서는 자료 형식에 문제가 있을 때 예외를 던진다.

어떤 종류의 예외를 생성할까? Scanner 생성자는 파일이 존재하지 않으면 우리 상황에 적합한 예외인 FileNotFoundException을 던진다. 파일 자료의 형식에 문제가 있으면 검사되는 예외 클래스인 BadDataException을 던지겠다. 파일의 자료에 문제가 생기는 것은 프로그래머가 해결하는 문제 밖의 문제이므로 검사되는 예외를 사용하겠다.

For each exception, you need to decide which part of your program can competently handle it.

예외가 발생했을 때 처리할 수 있는 곳은 어디인가? DataAnalyzer 프로그램에서 사용자와 상호작용을 담당하는 main 메서드 밖에 없다. 예외를 잡아서 적당한 오류 메시지를 출력하고 사용자가 다른 파일 이름을 입력하도록 한다.

Section_5 /DataAnalyzer.java

```
import java.io.FileNotFoundException;
import java.io.IOException;
import java.util.Scanner;

/**
   이 프로그램은 숫자들이 들어 있는 파일을 읽고 분석한다.
   파일이 없거나 숫자가 아닌 값들이 들어 있으면
   오류 메시지를 화면에 보여 준다.
*/
public class DataAnalyzer
{
   public static void main(String[] args)
   {
      Scanner in = new Scanner(System.in);
      DataSetReader reader = new DataSetReader();

      boolean done = false;
      while (!done)
      {
         try
         {
            System.out.println("Please enter the file name: ");
            String filename = in.next();

            double[] data = reader.readFile(filename);
            double sum = 0;
            for (double d : data) { sum = sum + d; }
            System.out.println("The sum is " + sum);
            done = true;
         }
         catch (FileNotFoundException exception)
```

```
            {
               System.out.println("File not found.");
            }
            catch (BadDataException exception)
            {
               System.out.println("Bad data: " + exception.getMessage());
            }
            catch (IOException exception)
            {
               exception.printStackTrace();
            }
         }
      }
   }
```

Main 메서드의 catch 절은 파일이 존재하지 않거나 자료 오류가 생기면 오류 메시지를 출력한다.

DataSetReader 클래스의 readFile 메서드는 Scanner 객체를 생성하고 readData 메서드를 호출한다. 예외에 대해서는 신경 쓰지 않는다. 입력 파일에 문제가 있으면 발생된 예외를 호출한 부분으로 전달하기만 한다.

```
public double[] readFile(String filename) throws IOException
{
   File inFile = new File(filename);
   Scanner in = new Scanner(inFile);
   try
   {
      readData(in);
      return data;
   }
   finally
   {
      in.close();
   }
}
```

이 메서드는 FileNotFoundException(Scanner 생성자가 던진다.)과 BadDataException (readData 메서드가 던진다.)의 공동 슈퍼 클래스인 IOException을 던진다.

다음으로 DataSetReader 클래스의 readData를 살펴보자. 자료의 개수를 읽고 배열을 생성하고 각 값을 읽기 위해 readValue를 호출한다.

```
private void readData(Scanner in) throws BadDataException
{
   if (!in.hasNextInt())
   {
      throw new BadDataException("Length expected");
   }
   int numberOfValues = in.nextInt();
   data = new double[numberOfValues];
```

```
    for (int i = 0; i < numberOfValues; i++)
    {
       readValue(in, i);
    }

    if (in.hasNext())
    {
       throw new BadDataException("End of file expected");
    }
 }
```

이 메서드는 두 가지 오류에 대해서 검사한다. 파일의 첫 값이 정수가 아닌지 검사하고 값을 다 읽은 후에도 데이터가 남아 있는지 검사한다.

이 메서드는 예외를 잡지 않는다. 또한 readValue가 예외를 던지면—파일에 데이터가 부족한 경우이다—호출된 부분으로 전달한다.

readValue 메서드는 다음과 같다.

```
private void readValue(Scanner in, int i) throws BadDataException
{
   if (!in.hasNextDouble())
   {
      throw new BadDataException("Data value expected");
   }
   data[i] = in.nextDouble();
}
```

예외 처리가 어떻게 진행되는지 확인하기 위해 구체적인 오류 시나리오를 살펴보자.

1. DataAnalyzer.main에서 DataSetReader.readFile을 호출한다.
2. readFile이 readData를 호출한다.
3. readData가 readValue를 호출한다.
4. readValue가 값을 읽지 못하고 BadDataException을 던진다.
5. readValue는 이 예외에 대한 예외 처리부가 없으므로 바로 종료한다.
6. readData는 이 예외에 대한 예외 처리부가 없으므로 바로 종료한다.
7. readFile은 이 예외에 대한 예외 처리부가 없으므로 finally 절을 실행하고 Scanner 객체를 닫고 바로 종료한다.
8. DataAnalyzer.main은 BadDataException에 대한 처리부를 가지고 있다. 예외 처리자는 사용자에게 오류 메시지를 보여 준다. 그 다음에 사용자는 다른 파일 이름을 입력할 수 있는 기회를 가진다. 이 과정에서 값의 합을 계산하는 부분은 실행하지 않는다.

위 예에서 오류를 찾는 부분(DataSetReader.readValue 메서드)과 오류를 처리하는 부분(DataAnalyzer.main 메서드)이 따로 떨어져 있는 것을 볼 수 있었다. 두 부분 사이에 예외를 전달하기만 하는 readData와 readFile 메서드가 있다.

Section_5 /DataSetReader.java

```
import java.io.File;
import java.io.IOException;
import java.util.Scanner;

/**
   파일로부터 데이터를 읽는다. 파일은 다음 구조로 되어 있다.
   값의 개수
   첫 번째 값
   두 번째 값
   . . .
*/
public class DataSetReader
{
   private double[] data;

   /**
      자료들을 읽는다.
      @param filename 자료를 담고 있는 파일 이름
      @return 파일의 데이터
   */
   public double[] readFile(String filename) throws IOException
   {
      File inFile = new File(filename);
      Scanner in = new Scanner(inFile);
      try
      {
         readData(in);
         return data;
      }
      finally
      {
         in.close();
      }
   }

   /**
      모든 데이터를 읽는다.
      @param in 데이터를 읽는 scanner
   */
   private void readData(Scanner in) throws BadDataException
   {
      if (!in.hasNextInt())
      {
         throw new BadDataException("Length expected");
      }
      int numberOfValues = in.nextInt();
      data = new double[numberOfValues];

      for (int i = 0; i < numberOfValues; i++)
      {
         readValue(in, i);
      }

      if (in.hasNext())
      {
         throw new BadDataException("End of file expected");
      }
```

```
   }

   /**
      데이터 하나를 읽는다.
      @param in 데이터를 읽는 scanner
      @param i 데이터를 읽을 위치
   */
   private void readValue(Scanner in, int i) throws BadDataException
   {
      if (!in.hasNextDouble())
      {
         throw new BadDataException("Data value expected");
      }
      data[i] = in.nextDouble();
   }
}
```

Section_5/BadDataException.java

```
import java.io.IOException;

/**
   이 클래스는 입력 데이터의 문제를 보고한다.
*/
public class BadDataException extends IOException
{
   public BadDataException() {}
   public BadDataException(String message)
   {
      super(message);
   }
}
```

자습문제

24. DataSetReader.readFile 메서드가 아무런 예외도 잡지 않는 이유가 무엇인가?
25. 사용자가 입력한 파일이 존재하지만 비어있다고 하자. 어떤 순서로 실행되는지 설명하시오.
26. 만약 readValue 메서드가 실수값이 아닌 입력을 만났을 때 BadDataException 대신 NoSuchElementException을 발생시켜야 한다면 어떻게 수정해야 하는가?
27. readFile 메서드의 try/finally 문을 생각해 보자. 변수 in이 try 블록 바깥에 선언된 이유는 무엇인가?
28. 심화 학습 10.5에서 설명한 자동 자원 관리 기능을 사용해서 프로그램을 간단히 한다면 어떻게 할 수 있는가?

실습하기 이 장의 끝부분에 있는 복습 문제 및 연습 문제 R10.15, R10.16, P10.11을 수행하시오.

본 장의 요약

파일에 문자열을 읽고 쓰는 프로그램을 개발한다.

- 텍스트 파일을 읽을 때 Scanner 클래스를 사용한다.
- 텍스트 파일에 쓸 때 PrintWriter 클래스를 사용하고 print/println/printf 등의 메서드들을 사용한다.
- 출력을 마친 후에는 출력 스트림을 닫는다.

파일에 있는 텍스트를 처리할 수 있다.

- next 메서드는 공백 문자들로 구분되는 단어 단위로 읽어들인다.
- Character 클래스는 문자들을 분류하는 메서드들을 가지고 있다.
- nextLine 메서드는 한 행 단위로 읽어들인다.
- 문자열이 숫자를 저장하고 있으면 Integer.parseInt나 Double.parseDouble을 써서 숫자값을 얻을 수 있다.

프로그램의 명령어 행 인자를 처리한다.

- 명령어 행에서 실행되는 프로그램들은 main 메서드에서 명령어 행 인자를 받는다.

예외 처리를 사용해서 오류가 생긴 곳으로부터 오류를 처리할 수 있는 곳으로 오류를 전달한다.

- 예외적인 상황을 알리기 위해서 throw 문을 써서 예외 객체를 던진다.
- 예외를 던지면 예외 처리기로 제어가 넘어간다.
- 예외 상황을 발생시킬 수 있는 코드를 try 블록 안에, 예외 처리기는 catch 절에 둔다.
- 검사되는 예외는 프로그래머가 막을 수 없는 외부의 원인 때문이다.
- 검사되는 예외를 발생할 수 있는 메서드에는 throws 절을 추가한다.

- try 블록을 시작했으면 finally 절의 명령들은 예외가 생겨도, 생기지 않아도 실행된다.
- 오류를 자세히 설명하려면 기존 예외 클래스의 서브 클래스를 만들어서 구체화된 예외를 만든다.
- 문제를 발견하자 마자 예외를 던진다. 문제를 해결할 수 있을 때만 예외를 잡는다.

입력을 처리하는 프로그램에서 예외 처리를 사용한다.

- 프로그램을 디자인할 때 어떤 종류의 예외가 생길 수 있는지 스스로 물어본다.
- 각 예외에 대해서 프로그램의 어느 부분에서 그 예외를 처리할 수 있는 지 결정한다.

이 장에서 소개된 표준 라이브러리 요소

```
java.io.File
java.io.FileNotFoundException
java.io.IOException
java.io.PrintWriter
   close
java.lang.Character
   isDigit
   isLetter
   isLowerCase
   isUpperCase
   isWhiteSpace
java.lang.Double
   parseDouble
java.lang.Error
java.lang.Integer
   parseInt
java.lang.IllegalArgumentException
java.lang.NullPointerException
java.lang.NumberFormatException
java.lang.RuntimeException
java.lang.Throwable
   getMessage
   printStackTrace
java.net.URL
   openStream
java.util.InputMismatchException
java.util.NoSuchElementException
java.util.Scanner
   close
   hasNextLine
   nextLine
   useDelimiter
javax.swing.JFileChooser
   getSelectedFile
   showOpenDialog
   showSaveDialog
```

복습 문제

■■R10.1 존재하지 않는 파일을 읽으려고 열면 어떤 일이 일어나는가? 존재 하지 않는 파일을 쓰려고 열면 어떤 일이 일어나는가?

■■R10.2 보호되는(읽기 전용이라고 하기도 한다.) 파일을 쓰기 용도로 열려고 시도하면 무슨 일이 일어나는가? 간단한 테스트 프로그램을 작성해서 시도해 보시오.

■R10.3 c:\temp\output.dat와 같이 파일 이름에 백슬래시가 들어간 파일을 읽으려면 어떻게 해야 하는가?

■R10.4 Wozzle이라는 프로그램을 다음과 같이 실행한다고 하자.

```
java Woozle -Dname=piglet -I\eeyore -v heff.txt a.txt lump.txt
```

args[0]와 args[1] 등의 값은 무엇인가?

■R10.5 예외를 던지는 것과 받는 것의 차이는 무엇인가?

■R10.6 검사되는 예외는 무엇인가? 검사되지 않는 예외는 무엇인가? 각각의 예를 들어 보시오. throws를 써야 할 때는 어떤 예외를 사용할 때인가?

■■R10.7 작성하는 메서드가 IndexOutOfBoundsException 예외를 발생할 수도 있다고 선언할 필요가 없는 이유는 무엇인가?

■■R10.8 throw 문을 수행한 후 다음에 수행하는 문장은 어디인가?

■■R10.9 예외가 일어났는데 그에 맞는 catch 절이 없으면 무슨 일이 일어나는가?

■■R10.10 catch 절이 받은 예외 객체를 가지고 무엇을 할 수 있는가?

■■R10.11 catch 절에 잡히는 예외들은 항상 catch 절에 선언되어 있는 타입과 같은 타입인가? 만약 그렇지 않다면 이유가 무엇인가?

■R10.12 finally 절의 목적은 무엇인가? Finally 절이 사용되는 예를 보이시오.

■■R10.13 예외가 일어나서 finally 절이 실행되었는데 다시 다른 타입의 예외를 던지면 어떻게 되는가? 어떤 예외가 다음 catch 절에 잡히게 되는가? 프로그램을 작성해서 검사하시오.

■■R10.14 Scanner 클래스의 next와 nextInt는 어떤 예외를 던질 수 있는가? 그 예외들은 검사되는 예외인가 검사되지 않는 예외인가?

■■R10.15 10.5절의 프로그램이 다음과 같은 값들을 가진 파일을 읽는다고 하자.

```
1
2
3
4
```

무엇이 출력되는가? 보다 정확한 오류 보고를 위해서는 어떻게 개선해야 하는가?

■■R10.16 10.5절의 readFile 메서드는 NullPointerException을 던질 수 있는가? 맞는다면 어떻게 할 수 있는가?

■■■R10.17 알아 두기 10.4에 나온 코드가 다음과 같이 하나의 try/catch/finally 문으로 합쳐졌다고 하자.

```
PrintWriter out = new PrintWriter(filename);
try
{
   출력한다.
}
catch (IOException exception)
{
   예외를 처리한다.
}
finally
{
   out.close();
}
```

이렇게 하는 방식의 단점은 무엇인가?(힌트 : PrintWriter 생성자가 예외를 던지면 어떤 일이 일어나는가?) 이 문제를 out 변수의 선언을 try 블록 안으로 옮겨서 해결할 수 없는 이유는 무엇인가?

프로그램 연습 문제

■P10.1 다음 작업들을 수행하는 프로그램을 작성하시오.

파일 hello.txt를 연다
"Hello, World!"를 파일에 쓴다.
파일을 닫는다.
같은 파일을 다시 연다.
String 타입의 변수에 내용을 읽어서 프린트 한다.

■P10.2 텍스트가 들어 있는 파일을 읽는 프로그램을 작성하시오. 각 행을 읽어서 행 번호를 앞에 붙여서 출력하시오. 만약 입력 파일이 다음과 같다면

```
Mary had a little lamb
Whose fleece was white as snow.
And everywhere that Mary went,
The lamb was sure to go!
```

프로그램은 다음과 같은 내용을 가지는 출력 파일을 만들어야 한다.

```
/* 1 */ Mary had a little lamb
/* 2 */ Whose fleece was white as snow.
/* 3 */ And everywhere that Mary went,
/* 4 */ The lamb was sure to go!
```

자바 소스 코드 파일에 행 번호를 추가하는데 사용할 수 있도록 행 번호를 /*와 */ 사이에 둔다.

사용자로부터 입력 파일과 출력 파일 이름을 받아서 처리한다.

■P10.3 연습 문제 P10.2를 다시 하되 사용자가 명령어 행에서 입출력 파일 이름을 지정하게 하시오. 만약 사용자가 명령어 행에서 입출력 파일 이름을 주지 않으면 사용자에게 입력 받아서 처리하시오.

■P10.4 두열의 실수들을 담고 있는 파일을 읽어서 처리하는 프로그램을 작성하시오. 사용자에게 파일 이름을 받아서 각 열의 숫자들의 평균을 출력하시오.

■■P10.5 사용자로부터 파일 이름을 받아서 그 파일에 들어 있는 문자 수, 단어 수, 행 수를 세는 프로그램을 작성하시오.

■■P10.6 명령어 행에 주어진 파일들에서 단어를 찾아, 그 단어가 들어 있는 행들을 출력하는 프로그램 Find를 작성하시오. 예를 들어 다음과 같이 호출하면

```
java Find ring report.txt address.txt Homework.java
```

다음과 같은 형식으로 출력한다.

```
report.txt: has broken up an international ring of DVD bootleggers that
address.txt: Kris Kringle, North Pole
address.txt: Homer Simpson, Springfield
Homework.java: String filename;
```

찾는 단어는 항상 명령어 행 가장 첫 단어이다.

■■P10.7 파일에 들어 있는 단어들의 스펠링을 검사하는 프로그램을 작성하시오. 파일로부터 각 단어들을 읽어서 단어 명단에 들어 있는 단어인지 검사한다. 단어 명단은 대부분의 유닉스 시스템에서 /usr/dict/words에서 찾을 수 있다(당신이 이 파일을 유닉스 시스템에서 구할 수 없다고 하더라도 당신을 가르치는 사람은 이를 구해서 복사해 줄 수 있을 것이다.). 프로그램에서는 단어 명단에 없는 모든 단어들을 출력한다.

■■P10.8 파일을 읽고 행들을 뒤집어서 다시 저장하는 프로그램을 작성하시오. 예를 들어 다음과 같이 실행하면

```
java Reverse HelloPrinter.java
```

HelloPrinter.java는 다음과 같이 바뀔 것이다.

```
retnirPolleH ssalc cilbup
{
)sgra ][gnirtS(niam diov citats cilbup
{
wodniw elosnoc eht ni gniteerg a yalpsiD //

;)"!dlroW ,olleH"(nltnirp.tuo.metsyS
}
}
```

물론 같은 파일에 Reverse를 두 번 호출하면 다시 원상태로 돌아오게 된다.

■■P10.9 파일의 각 행을 읽어서 행들의 순서를 반대로 만든 후 다른 파일에 저장하는 프로그램을 작성하시오. 예를 들어 input.txt의 내용이 다음과 같다면

```
Mary had a little lamb
Its fleece was white as snow
And everywhere that Mary went
The lamb was sure to go.
```

다음과 같이 프로그램을 실행했을 때

```
reverse input.txt output.txt
```

output.txt은 다음 내용을 저장해야 한다.

```
The lamb was sure to go.
And everywhere that Mary went
Its fleece was white as snow
Mary had a little lamb
```

■■P10.10 지난 수십 년간 태어난 사람들의 이름을 http://www.ssa.gov/oact/babynames/에서 구하시오. 그 이름들을 babynames80s.txt 등의 파일에 저장하시오. worked_example_1/BabyNames.java를 수정하여 사용자가 파일 이름을 입력할 수 있도록 수정하시오. 파일에 있는 숫자들은 세 자리 마다 콤마를 사용할 수도 있다. 이 경우에도 처리가 되도록 수정하시오. 실행 결과를 보고 추세를 발견할 수 있겠는가?

■■P10.11 사용자에게 실수값들을 입력하게 하는 프로그램을 작성하시오. 사용자가 숫자 외에 다른 값을 입력하면 다시 입력하도록 하시오. 두 번 다시 입력한 후에도 숫자를 입력하지 않으면 입력을 받지 않도록 하시오. 입력이 끝난 후 입력된 수의 합을 구해서 화면에 출력하시오. 올바르지 않은 입력을 검사하기 위해 예외 처리를 사용하시오.

■P10.12 BankAccount 클래스를 수정하여 초기 잔액이 음수이거나 입금액이 음수이거나 출금액이 0부터 잔액 사이가 아니면 IllegalArgumentException이 발생하도록 하시오. 세 가지 종류의 예외가 던져지는 상황을 만들고 이들을 모두 잡는 프로그램을 작성하시오.

■■P10.13 연습 문제 P10.12를 한번 더 하되 세 가지 예외를 모두 던지도록 하시오.

■■P10.14 DataSetReader 클래스를 수정하여 hasNextInt, hasNextDouble을 호출하지 않도록 하시오. nextInt, nextDouble이 NoSuchElementException을 던지게 하고 이를 main에서 잡아 처리하도록 하시오.

■■P10.15 worked_example_1/babynames.txt를 읽어서 남자와 여자를 분리한 두 개의 파일 boynames.txt와 girlnames.txt을 생성하는 프로그램을 작성하시오.

■■■P10.16 worked_example_1/babynames.txt를 다시 읽어서 남자 이름이면서 여자 이름인 이름들을 모두 출력하시오.

■■P10.17 심화 학습 10.1에서 설명한 방식으로 웹 페이지에 있는 모든 데이터를 읽어서 파일에 쓰는 프로그램을 작성하시오. 사용자에게 웹 페이지 URL과 파일 이름을 받아서 처리하시오.

■■P10.18 심화 학습 10.1에서 설명한 방식으로 웹 페이지를 읽어서 다음과 같은 형식으로 모든 하이퍼링크를 출력하는 프로그램을 작성하시오.

<a href="*link*">*link text*</a>

하이퍼링크를 따라가서 그 웹 페이지에 있는 하이퍼링크들을 모두 찾아서 출력할 수 있으면 추가 점수를 얻을 수 있다(이것은 Google과 같은 검색 엔진에서 웹 사이트를 찾을 때 사용하는 방식이다.).

■■P10.19 파일로부터 동전들의 정보를 읽어들이는 프로그램을 작성하시오. 입력 파일은 다음과 같은 형식을 갖는다.

```
동전 이름1 동전 가치1
동전 이름2 동전 가치2
...
```

7.2절에서 나왔던 Coin 클래스에 다음과 같은 메서드를 추가하시오.

```
void read(Scanner in) throws FileNotFoundException
```

현재 행이 올바른 형식이 아니면 예외가 던져지게 하시오. 그리고 다음 메서드를 구현하시오.

```
static ArrayList<Coin> readFile(String filename) throws FileNotFoundException
```

main메서드에서 readFile을 호출하시오. 예외가 던져지면 사용자가 다른 파일을 선택할 기회를 주시오. 모든 동전 정보를 성공적으로 읽으면 총합을 출력하시오.

■■■P10.20 은행 계좌를 여러 개 가지고 있는 Bank 클래스를 설계하시오. 각 계좌는 계좌 번호와 잔액 정보를 가지고 있다. BankAccount 클래스에 accountNumber 변수를 추가하시오. 은행 계좌 정보들을 array list에 저장하시오. Bank 클래스의 readFile 메서드를 작성하여 다음 형식을 가지는 파일을 읽도록 하시오.

```
계좌 변호1 잔액1
계좌 번호2 잔액2
...
```

Bank 클래스와 BankAccount 클래스에 read 메서드를 구현하시오. 계좌 정보가 저장된 파일을 읽어서 잔액이 가장 큰 계좌를 출력하는 프로그램을 작성하시오. 파일의 형식이 틀리면 사용자에게 다른 파일을 입력할 수 있도록 하시오.

■■업무용 P10.21 호텔의 영업자가 영업 정보를 파일에 입력한다. 각 행에는 다음 정보들이 세미콜론으로 구분되어 저장된다. 고객명, 서비스 종류(저녁, 회의, 숙박 등), 판매량, 날짜 등의 파일을 읽어서 각 서비스마다 판매량 총합을 출력하는 프로그램을 작성하시오. 파일이 없거나 파일 내용의 형식이 올바르지 않으면 오류 메시지를 출력하도록 하시오.

■■업무용 P10.22 연습 문제 P10.21에서 설명한 텍스트 파일을 읽어 각 서비스 종류마다 파일을 만들어서 자신의 서비스만 저장하도록 하시오. 출력 파일의 이름을 Dinner.txt, Conference.txt 등으로 하시오.

■■업무용 P10.23 가게 운영자가 그날의 거래 내역을 텍스트 파일에 저장한다고 하자. 각 행은 세가지 정보를 포함한다. 거래 번호, 가격, 돈을 지불했으면 P, 돈을 받았으면 R. 이들 정보들은 스페이스로 구분된다. 가게 주인으로부터 영업 시작 때의 잔액, 영업 끝났을 때의 잔액 그리고 파일 이름을 입력 받아서 처리하는 프로그램을 작성하시오. 프로그램은 영업 시작 전 금액과 주어진 파일의 내용을 처리해서 영업 후 남아야 하는 잔액을 계산해서 실제 잔액과 동일한지를 비교해서 결과를 알려주어야 한다.

■■■과학계산용 P10.24 아래 그림에 나와 있는 스위치가 닫혔을 때 콘덴서 사이의 전압이 다음 식에 의해서 계산된다.

$$v(t) = B\left(1 - e^{-t/(RC)}\right)$$

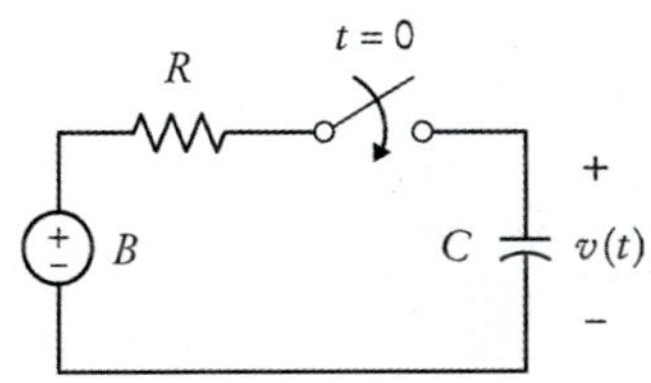

B=12볼트, R=500Ω 그리고 C=0.25μF라 하자. 결과적으로 위 식은 아래와 같아진다.

$$v(t) = 12\left(1 - e^{-0.008t}\right)$$

여기서 t의 단위는 μs이다. B, R, C의 값과 t의 시작값, 끝값을 저장하고 있는 params.txt를 읽으시오. t는 시작값과 끝값을 100등분 한 값이라 할 때, t와 그에 해당하는 콘덴서 전압 $v(t)$를 저장하는 rc.txt를 출력하시오. 위 예에서는 t가 0부터 1,000μs사이의 값을 갖는다면 출력 파일의 12번째 값은 다음과 같을 것이다.

```
110  7.02261
```

■■■과학계산용 P10.25 오른쪽 그림은 연습 문제 P10.24에서 나온 회로의 콘덴서 전압을 그래프로 그린 것이다. 콘덴서 전압은 0에서 B볼트까지 증가한다. '상승시간'은 콘덴서 전압이 v_1=0.05×B부터 v_2=0.95×B까지 상승하는데 걸리는 시간이다.

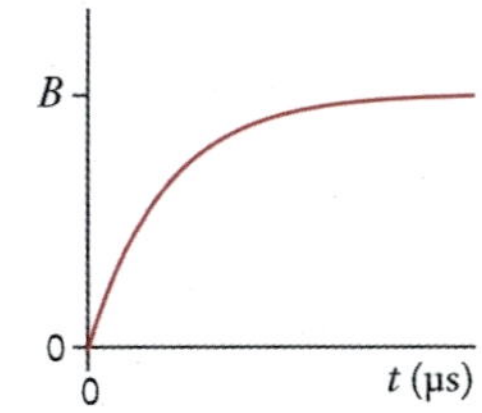

rc.txt는 t와 해당하는 콘덴서 전압 $v(t)$의 리스트를 저장하고 있다. 시간은 μs단위이고 해당하는 전압은 같은 행에 저장되어 있다. 예를 들어 다음은

```
110  7.02261
```

은 110μs에 콘덴서 전압이 7.02261 볼트라는 것을 의미한다. 파일에서 시간은 오름

차순이다.

rc.txt를 읽어서 상승시간을 계산하는 프로그램을 작성하시오. B를 파일의 가장 마지막 행의 전압값으로 하고 $0.05B$와 $0.95 \times B$에 가장 가까운 데이터를 찾으시오.

■■과학계산용 P10.26 다음과 같이 공유 결합의 공유 에너지와 공유 길이를 저장하는 파일이 있다고 하자. 한 열의 값 중 하나를 입력 받아 그 값에 해당하는 다른 열의 데이터들을 반환하는 프로그램을 작성하시오. 값이 여러 행에 걸쳐서 일치하면 해당하는 행의 정보들을 모두 반환해야 한다. 예를 들어 결합 길이가 0.12이면 삼중 결합 C|||C와 결합 에너지 890kJ/mol과 단일 결합 N|O와 결합 에너지 250kJ/mol을 반환해야 한다.

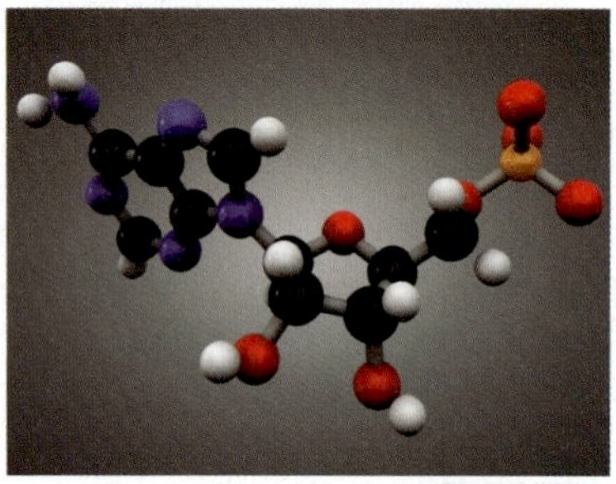

단일, 이중, 삼중 결합	결합 에너지(kJ/mol)	결합 길이(nm)
C|C	370	0.154
C||C	680	0.13
C|||C	890	0.12
C|H	435	0.11
C|N	305	0.15
C|O	360	0.14
C|F	450	0.14
C|Cl	340	0.18
O|H	500	0.10
O|O	220	0.15
O|Si	375	0.16
N|H	430	0.10
N|O	250	0.12
F|F	160	0.14
H|H	435	0.074

자습 문제 모범 답안

1. PrintWriter 객체가 생성될 때 출력 파일을 지운다. 하지만 출력 파일이 입력 파일과 같은 파일이다. 입력 파일이 비어 있으므로 while 루프는 바로 종료한다.
2. Scanner 객체는 FileNotFoundException을 던지고 프로그램은 종료한다.
3. 파일에 사용할 scanner를 연다.
scanner의 모든 숫자에 대해
배열에 숫자를 넣는다.
scanner를 닫는다.
total을 0으로 한다.

```
파일에 사용할 printwriter를 연다
배열의 모든 숫자에 대해
    숫자를 printwriter에 쓴다.
    숫자를 total에 더한다.
total을 printwriter에 쓴다.
Printwriter를 닫는다.
```

4. 숫자를 읽을 때마다 증가시키는 변수 count를 추가한다. 마지막에 총합이 아니라 다음과 같이 평균을 출력한다.

```
out.printf("Average: %8.2f\n", total / count);
```

5. 숫자를 읽을 때마다 증가시키는 변수 count를 추가한다. count가 짝수일 때마다 행바꿈을 한다.

```
count++;
out.printf("%8.2f", value);
if (count % 2 == 0) { out.println(); }
```

반복문이 끝났을 때 count가 홀수이면 행바꿈을 한번 한다. 그 이후에 총합을 출력한다.

```
if (count % 2 == 1) { out.println(); }
out.printf("Total: %10.2f\n", total);
```

6. word는 "Hello", 이고 input은 "World!"

7. 995.0이 정수가 아니기 때문에 in.hasNextInt()는 false를 반환하고 in.nextInt()는 생략된다. Number의 값은 0이고 input은 "995.0"이 된다.

8. x1은 6000000을 가지게 된다. 자바에서 ","는 숫자의 일부로 인식하지 않기 때문에 두 번째 nextDouble은 입력 불일치 예외를 발생시켜 x2는 값을 가지지 않는다.

9. 문자열로 읽어서 "N/A"가 아닌 문자열들을 숫자로 바꾸면 된다.

```
String input = in.next();
if (!input.equals("N/A"))
{
   double value = Double.parseDouble(input);
   Process value.
}
```

10. 나라 이름의 마지막 문자의 위치를 알아낸다.

```
int j = i - 1;
while (!Character.isWhiteSpace(line.charAt(j)))
{
   j--;
}
```

나라 이름을 구한다.

```
String countryName = line.substring(0, j + 1);
```

11. args[0]는 "-d", args[1]은 "file1.txt"이다.

12.

key	inFile	outFile	i	arg
~~3~~	~~null~~	null	~~0~~	~~-d~~
-3	file1.txt		~~1~~	file1.txt
			2	

프로그램은 다음과 같은 메시지를 출력한다.

```
Usage: java CaesarCipher [-d] infile outfile
```

13. 프로그램이 정상적으로 동작할 것이다. 선택 사항을 읽는 루프는 선택 사항의 위치에 상관없다.

14. FDHVDU

15. 27행 뒤에 다음 행들을 추가한다.

```
else if (option == 'k')
{
   key = Integer.parseInt(
      args[i].substring(2));
}
```

사용법 정보를 바꾼다.

16. 계속 100이다. 예외가 발생했기 때문에 마지막 문장은 실행되지 않는다.

17.
```
if(amount<0)
{
Throw new IllegalArgumentException("Negative
amount");
}
```

18. Scanner 생성자는 파일이 있기 때문에 문제가 없다. nextInt 메서드는 NoSuchElementException을 발생시킨다. 이는 IOException이 아니다. 그러므로 잡히지 않는다. 다른 처리자도 없기 때문에 오류 메시지가 출력되고 프로그램은 종료된다.

19. ArrayIndexOutOfBoundsException 예외를 처리하려고 하는 대신 배열 인덱스값들이 정상적인 값이 되도록 해야 하기 때문이다.

20. 아니오. 518 페이지의 예제에서 보듯이 두 가지 예외 타입을 같은 방법으로 잡을 수 있다.

21. 두 가지 실수가 있다. PrintWriter 생성자는 FileNotFoundExeption을 던질 수 있다. Throws 절을 추가해야 한다. 배열 중 어떤 것이 null값을 가질 경우 NullPointerException이 발생한다. 이 경우 out.close()가 실행되지 않는다. try/finally 문으로 이를 수정해야 한다.

22. IllegalArgumentException 슈퍼 클래스에게 예외 메시지 문자열을 전달하기 위해서.

23. 파일이 깨지는 것은 프로그래머가 어떻게 할 수 없기 때문에 검사되는 예외가 되어야 한다. 그러므로 RuntimeException이나 IllegalArgumentException을 확장하는 것은 적당하지 않다. 오류가 입력과 관련이 있기 때문에 IOException이 더 나은 선택이다.

24. 별로 할 수 있는 일이 없기 때문이다. DataSetReader는 다른 언어나 사용자 인터페이스에서도 쓰일 수 있는 범용 클래스이다. 그러므로 프로그램 사용자와의 대화에 개입할 수 없다.

25. DataAnalyzer.main는 DataSetReader.readFile을 호출하고 readFile은 다시 readData를 호출한다. in.hasNextInt()는 false를 리턴하고 readData는 BadDataException을 던진다. readFile 메서드는 이 예외를 잡지 않고 main으로 전달하고 main에서 이 예외를 잡는다.

26. 다음과 같이 할 수 있다.

```
private void readValue(Scanner in, int i)
{
   data[i] = in.nextDouble();
}
```

nextDouble 메서드는 다음 입력값이 실수가 아닐 때 NoSuchElementException이나 Inputmismatch Exception(NoSuchElementException의 서브 클래스이다.)을 던질 수 있다. 그 예외는 검사되는 예외가 아니기 때문에 선언할 필요가 없다.

27. try 블록 내부에서 선언되었다면 변수의 범위는 try 블록 끝까지 밖에 미치지 못하게 되어 finally 절에서 닫을 수 없게 된다.

28. readFile의 try/finally 문을 다음과 같이 다시 작성할 수 있다.

```
try (Scanner in = new Scanner(inFile))
{
   readData(in);
   return data;
}
```

CHAPTER 11

객체 지향 디자인

이 장의 목표

- 새로운 클래스와 메서드를 발견하는 방법을 배운다.
- CRC 카드를 사용해서 클래스를 찾는 방법을 이해한다.
- 클래스 간의 상속, 집합체, 의존적 관계를 찾아낼 수 있다.
- UML 클래스 다이어그램을 써서 클래스 간의 관계를 표현할 수 있다.
- 객체 지향 디자인을 사용하여 복잡한 프로그램을 작성하는 법을 배운다.

이 장의 목차

소프트웨어 시스템을 성공적으로 구현하려면 – 수업 과제와 같이 간단한 프로그램이나 항공 교통 감시 시스템처럼 복잡한 프로그램 – 일정량의 계획, 디자인 그리고 테스팅이 필요하다. 사실 프로젝트가 커지면 커질수록 실제 개발에 들어가는 시간보다 계획에 들어가는 시간이 훨씬 더 많아지게 된다.

숙제를 하기 위해서 대부분의 시간을 컴퓨터 앞에서 코드를 타이핑하고 버그를 잡는데 보내고 있다면, 아마도 쓸데 없이 많은 시간을 숙제하는데 허비하고 있을 확률이 높다. 계획과 디자인에 더 많은 시간을 보낸다면 시간을 많이 절약할 수 있을 것이다. 이 장에서는 객체 지향 디자인 방법론을 사용하여 과학적으로 이러한 일을 하는 방법에 대해서 설명할 것이다.

11.1 클래스와 클래스의 의무

프로그램을 디자인 할 때 요구 사항 문서를 가지고 시작한다. 요구 사항 문서는 프로그램이 무엇을 해야 하는지 적어놓은 문서이다. 디자이너의 임무는 요구 사항에 맞는 컴퓨터 프로그램을 만들 수 있도록 구조를 알아내는 것이다. 이어지는 절에서 디자인 과정의 각 단계들을 살펴보려고 한다.

11.1.1 클래스들의 발견

클래스를 찾기 위해서 문제를 설명하는 문장에서 나오는 명사들을 찾는다.

객체와 클래스를 사용해서 문제를 풀려고 하면 우선 구현에 필요한 클래스들을 찾아야 한다. 기존의 클래스들을 재사용할 수도 있고 새로운 클래스를 구현해야 할 수도 있다.

클래스와 메서드들을 찾는 간단한 방법 중 하나는 요구 사항 문서에서 명사와 동사들을 찾는 것이다. 명사는 클래스와, 동사는 메서드와 대응하는 경우가 많다.

예를 들어 그림 1에 나오는 송장을 출력하는 것이 해야 할 일이라고 하자.

바로 떠오르는 클래스는 Invoice, LineItem 그리고 Customer이다. 클래스 후보들을 화이트보드나 종이에 써보는 것도 좋은 방법이다. 브레인스톰(brainstorm) 하면서 떠오르는 클래스를 리스트에 적는다. 나중에 필요 없다고 생각하는 클래스는 얼마든지 지울 수 있다. 클래스를 찾을 때는 다음과 같은 사항들을 기억하자.

문제가 속한 분야의 개념이 클래스의 좋은 후보이다.

일반적으로 문제가 속한 분야의 개념들이 과학이건, 사업이건, 게임이건, 좋은 클래스가 된다.

- CannonBall
- CashRegister
- Monster

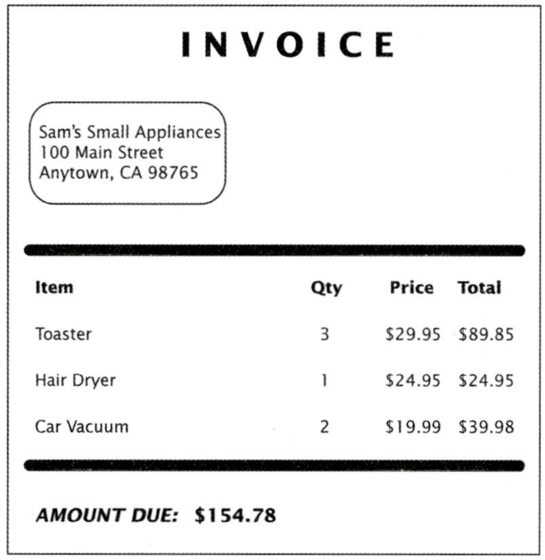

그림 1 송장

클래스 이름은 이러한 개념을 표현하는 명사가 될 것이다. 요구 사항에서 모든 클래스를 찾아낼 수는 없다. 대부분의 복잡한 프로그램들은 파일이나 데이터베이스 접근, 사용자 인터페이스, 제어 메커니즘과 같은 계획된 목표를 위한 클래스들을 필요로 한다.

필요한 클래스 중 일부는 표준 라이브러리나 이미 개발한 프로그램에 있을지도 모른다. 상속을 통해서 이미 있는 클래스를 확장해서 원하는 클래스를 만들 수도 있다.

자주하는 실수 중 하나는 클래스를 찾는 것을 너무 과하게 하는 것이다. 예를 들어, 주소는 Address 클래스를 만들어서 객체로 표현 해야 할까, 아니면 문자열로 저장해야 할까? 이에 대한 정답은 없다. — 어떤 일을 해결하려고 하느냐에 따라 다르다. 주소를 분석해야 한다면(예 : 배송비를 계산해야 할 경우) Address 클래스를 사용하는 것이 좋을 것이다. 하지만 이러한 일이 필요 없다면 쓸데없이 복잡하게 해서 시간을 낭비할 필요 없다. 너무 제한되지도 않고 너무 일반적이지도 않도록 균형 잡힌 디자인을 해야 한다.

11.1.2 CRC 방법

클래스들을 찾아낸 후에는 각 클래스의 행위를 정의해야 한다. 프로그램 문제를 해결하기 위해서 각 클래스들이 어떤 메서드들을 가져야 하는지 알아내야 한다. 메서드들을 찾는 가장 간단한 방법은 문제 설명문에서 동사를 찾아 적절한 객체와 연결하는 것이다. 예를 들어 송장 프로그램에서는 가격을 계산하는 클래스가 필요하다. 어떤 클래스가 이 메서드를 수행해야 할지 생각해 보자. 고객이 자신이 지불할 액수

시간표 짜는 문제에서 문제가 속하는 분야의 용어로 만들 클래스 후보로는 수업, 강의실, 교수, 학생 정도가 될 것이다.

를 계산해야 할까? 송장이 액수를 합해야 할까? 아이템들이 가격들을 합산해야 할까? 가장 좋은 선택은 '총액계산'이라는 의무를 송장(Invoice)에 주는 것이다.

CRC 카드는 클래스와 클래스의 의무 그리고 협력 클래스를 설명한다.

이 일을 수행하는 아주 좋은 방법 중 하나는 'CRC 카드 방법'이다. CRC는 클래스(classes), 의무(responsibilities), 협력(collaborators)의 약자이다. CRC 카드 방법을 간단히 설명하면 다음과 같다. 각 클래스마다 카드 한 장씩 사용한다(그림 2). 요구 사항 문서의 동사를 가지고 고민한 후 이를 담당할 클래스를 결정해서 그 카드에 의무를 기술한다.

각 의무마다 그 의무를 수행하려면 다른 어떤 클래스들이 필요한지 쓴다. 이들이 협력 클래스이다.

예를 들어, Invoice가 운송비를 계산해야 한다고 결정했다고 하자. 제목이 Invoice인 카드의 왼쪽에 운송비 계산이라고 쓴다. 클래스 혼자 그 일을 할 수 있으면 더 이상 하지 않아도 된다. 그 일을 하기 위해서 다른 클래스들의 도움이 필요하면 그 클래스들의 이름을 카드 오른쪽에 쓴다. 총합을 계산하려면 각 행 상품의 가격을 알아야 한다. 그러므로 `LineItem`이 협력 클래스이다.

`LineItem` 클래스를 위한 카드를 찾아볼 때다. "가격 가져오기' 메서드가 있는지 확인한다. 없으면 추가하면 된다. 잘 하고 있는지 확인할 방법이 없을까? 각 의무마다 그것을 다른 클래스들의 의무의 협력을 받아서 어떻게 수행할지 자신에게 물어보아야 한다. 협력 클래스들이 가깝게 놓이도록 카드들을 나열하고 현재 실행되는 메서드를 나타내는 토큰(동전과 같은)을 옮겨가면서 모의실험을 해보면 많은 도움이 된다.

CRC 카드에 적히는 의무들은 '높은 레벨'이다. 하나의 의무를 자바의 두 개 이상의 메서드로 구현하는 경우도 있다. 어떤 학자들은 한 CRC 카드에 세 개 이상의 의무를 쓰면 안 된다고 주장한다.

CRC 카드 방법은 보다 창의적이게 클래스와 그 성질들을 찾아내게 하기 위해서 형식적이지 않게 되어 있다. 좋은 클래스들을 찾은 후에는 그들이 어떻게 연관되는지

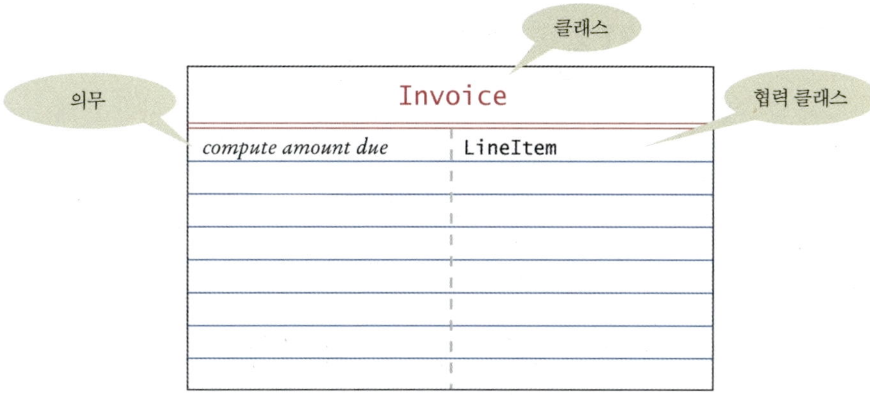

그림 2 CRC 카드

알고 싶어진다. 공통점이 있는 클래스들을 찾아서 슈퍼 클래스를 만든다. 공통점은 슈퍼 클래스에서 담당하게 할 수 있을까? 전체 클래스들을 서로 관계 있는 클래스들끼리만 모아서 몇 덩어리로 나눌 수 있을까? 클래스 간의 관계를 찾고 다이어그램을 그리는 것이 11.2절의 주제이다.

1. 클래스를 찾을 때 최우선의 원칙은 무엇인가?
2. 체스를 플레이하는 프로그램을 작성하려고 한다. ChessBoard가 적정한 클래스인가? MovePiece는 어떠한가?
3. 송장을 파일에 저장하려고 한다. 이때 필요한 협력 클래스를 나열해 보자.
4. 그림 1의 송장을 보고 Customer 클래스의 의무를 생각해 보자.
5. CRC 카드가 10개의 의무를 가지고 있으면 어떻게 해야 하나?

실습하기 이 장의 끝부분에 있는 복습문제 R11.4, R11.8을 수행하시오.

11.2 클래스들 간의 관계

프로그램을 디자인할 때 클래스들 간의 관계를 문서화하는 것도 유용하다. 여러 가지 면에서 도움이 된다. 예를 들면, 클래스들 간에 공통 행위가 있으면 공통 행위를 슈퍼 클래스에 둠으로써 노력을 아낄 수 있다. 어떤 클래스가 다른 클래스와 관계가 없다고 판단이 되면 두 클래스를 다른 프로그래머에게 맡길 수 있다.

이어지는 절들에서는 클래스들 간의 관계 중 많이 쓰이는 것들을 설명하겠다.

11.2.1 의존성

어떤 클래스가 다른 클래스의 객체를 사용하면 그 클래스에 의존한다고 한다.

많은 클래스들은 자신의 일을 하기 위해서 다른 클래스들을 필요로 한다. 예를 들어 7.2.2절에서 CashRegister 클래스는 지불의 값을 결정하기 위해서 Coin 클래스에 의존한다.

구성원간의 의존성이 너무 높은 시스템은 관리하기 힘들다.

의존 관계는 'know about' 관계라고 부르기도 한다. 7.2.2절의 CashRegister 클래스는 Coin 객체가 있다는 것을 알고 있다. 반대로 Coin 클래스는 CashRegister 클래스에 의존하지 않는다. Coin은 자신이 계산대에 모여지고 있는지 전혀 알지 못하고, 자신의 일을 수행하는데 CashRegister 클래스의 어느 메서드도 사용하지 않는다.

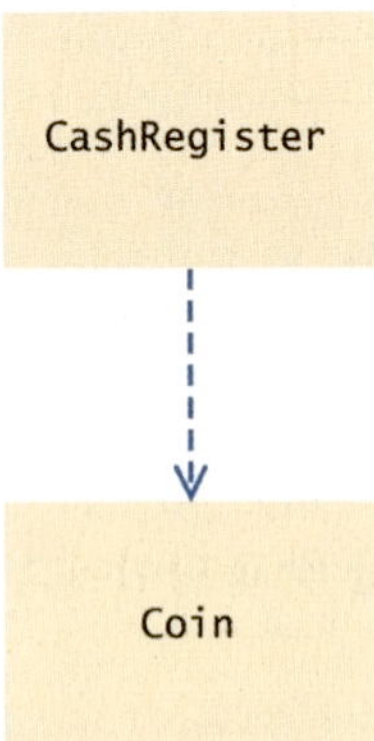

그림 3
CashRegister와 Coin 클래스 간의 의존관계

7.2절에서 보았듯이 의존성은 빗금 친 선과 열려 있는 화살표로 표현한다. 열린 화살표는 의존을 당하고 있는 클래스 쪽을 향한다. 그림 3은 CashRegister 클래스가 Coin 클래스에 의존하고 있다는 것을 보여 주는 클래스 다이어그램이다.

어떤 프로그램에서 클래스들끼리 서로 의존하는 관계가 많으면 클래스들 간의 연결(coupling)이 높다고 한다. 반대로 클래스들끼리 의존하는 것이 적으면 연결이 낮다고 한다(그림 4).

Coupling을 최소화하는 것은 좋은 습관이다.

왜 coupling이 중요할까? 만약 Coin 클래스를 다음 프로그램을 수정하면서 고쳤다면 Coin 클래스에 의존하는 클래스들이 영향을 받을 것이다. 변화가 심하다면 의존하는 클래스들도 수정해야 할 것이다. 또한 어느 클래스를 다른 프로그램에서 사용하

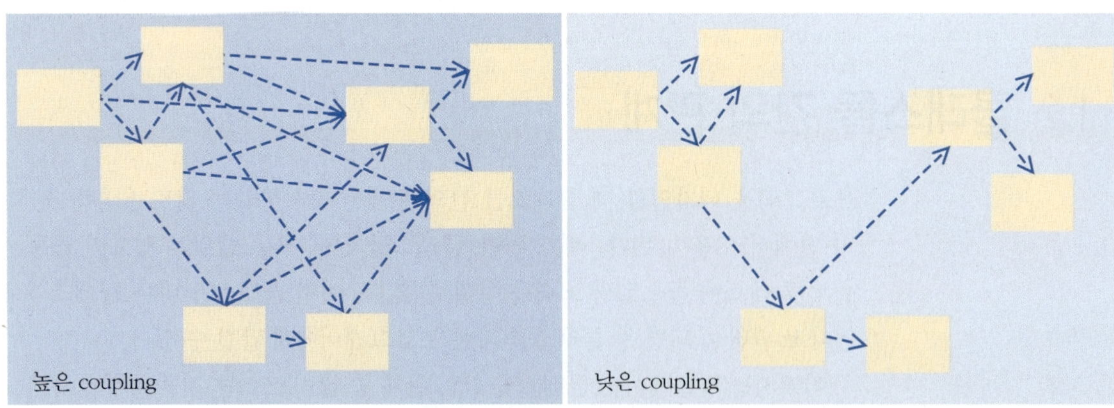

그림 4 클래스들 간의 높은 coupling과 낮은 coupling

려 한다면 그 클래스가 의존하는 모든 클래스들도 같이 사용해야 한다. 그러므로 불필요한 coupling은 없애는 것이 좋다.

11.2.2 집합체

클래스들 간의 관계 중 또 다른 기본적인 관계는 집합체 관계이다(비공식적으로 "has-a"관계라고 부른다.).

어떤 클래스가 다른 클래스의 객체를 포함하면 집합체 관계라고 한다.

집합체 관계는 한 클래스가 다른 클래스의 객체를 포함하는 것을 말한다. 많은 질문을 포함하는 퀴즈를 생각해 보자. 퀴즈에는 하나 이상의 문제가 있기 때문에 퀴즈가 문제를 집합체에 포함한다고 이야기한다. UML에서 집합체 관계는 직선 끝에 달린 다이아몬드로 표현하는데, 다이아몬드는 포함하는 클래스 쪽에 있다(그림 5 참조).

예제의 완전한 코드
Go to wiley.com/go/javacode to download the complete Quiz and Question classes.

집합체 관계를 찾아내면 클래스들을 구현하는 계획을 세우는데 있어서 큰 도움이 된다. 예를 들어 Quiz 클래스를 만들 때 질문들을 인스턴스 변수로 두게 된다.

퀴즈는 질문을 몇 개 가질지 모르기 때문에 배열이나 배열 리스트가 적당할 것이다.

```
public class Quiz
{
   private ArrayList<Question> questions;
   . . .
}
```

자동차는 모터와 타이어를 가지고 있다. 객체 지향 디자인에서 "has-a" 관계를 집합체 관계라고 부른다.

집합체 관계는 의존 관계보다 강한 관계이다. 어떤 클래스가 다른 클래스 객체를 포함하고 있다면 그 클래스를 알 수 밖에 없다. 하지만 그 반대는 항상 옳지는 않다. 예를 들어, 어떤 클래스는 Scanner 클래스의 인스턴스 변수 없이 Scanner 클래스를 사용할 수 있다. Scanner 클래스 타입의 지역 변수를 사용할 수도 있으며, Scanner 객체를 메서드의 인자로 받을 수도 있다. 이렇게 하면 객체가 Scanner 객체를 포함하는 것이 아니기 때문에 집합체 관계가 아니다. 한 메서드 안에서만 Scanner 객체를 만들거나 받아서 처리한다.

일반적으로 메서드 호출 간에 어떤 객체가 다른 객체를 기억해야 할 때 집합체 관계를 사용한다.

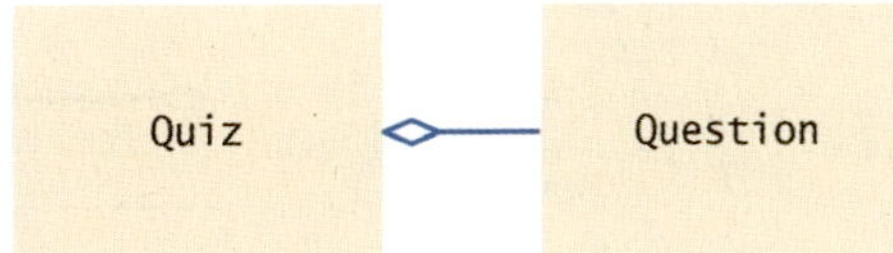

그림 5
집합체 관계를 보여 주는 클래스 다이어그램

11.2.3 상속

상속은 보다 일반적인 클래스(슈퍼 클래스)와 보다 구체적인 클래스(서브 클래스)사이의 관계이다. 이 관계는 'is-a'관계라고 부른다. 모든 트럭은 탈것이다. 모든 저축 계좌는 은행 계좌이다.

상속(is-a 관계)은 가끔 has-a 관계가 더 적합한 경우에 잘못 쓰이기도 한다.

상속을 너무 남용하는 경우도 있다. 예를 들어, 자동차 타이어를 나타내기 위한 클래스 Tire를 생각해 보자. 이 클래스가 Circle 클래스의 서브 클래스가 되어야 할까? 이렇게 하면 편리할 것처럼 보이기도 한다. Circle 클래스에는 매우 많은 유용한 메서드들이 있다 — 예를 들어, Tire 클래스가 반지름, 원주 길이, 중심점을 계산하는 메서드들을 상속받을 수 있다. 이들 메서드들은 타이어를 그릴 때는 유용하다. 하지만 모든 타이어가 원은 아니다. 타이어는 자동차의 부분 중 하나이고 원은 기하학적 모양이다. 그럼에도 불구하고 타이어와 원은 어떤 관계를 가지고 있다. 타이어는 둥근 표면을 가지고(has-a) 있다. 자바에서 has-a 관계 또한 표현할 수 있고, 인스턴스 필드를 통하여 has-a 관계를 표현할 수 있다.

```
public class Tire
{
   private String rating;
   private Circle boundary;
   . . .
}
```

집합체(has-a 관계)는 한 클래스의 객체들이 다른 클래스의 객체들의 참조자를 포함하는 것을 가리킨다.

다른 예를 생각해 보자. 모든 차들은 탈 것이다. 모든 차들은 타이어를 가진다. 그러므로 Vehicle을 상속하고 Tire 객체에 대한 집합체를 적용하는 것이 자연스럽다.

```
public class Car extends Vehicle
{
   private Tire[] tires;
   . . .
}
```

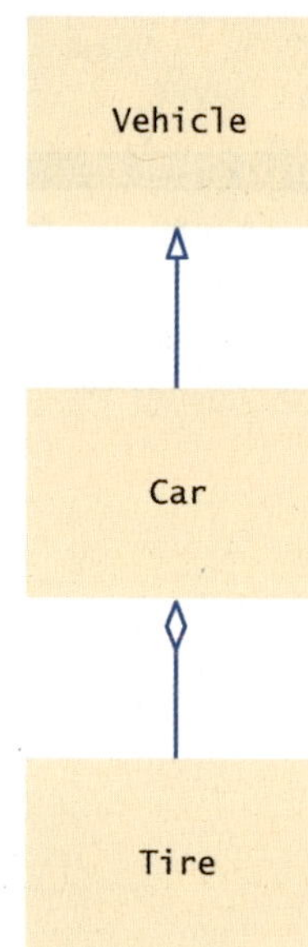

그림 6
상속과 집합체를 위한 UML표기

You need to be able to distinguish the UML notation for inheritance, interface implementation, aggregation, and dependency.

표 1 UML 관계 표시들

관계	표시	선 스타일	화살촉
상속	———▷	직선	삼각형
인터페이스 구현	- - - - - ▷	점선	삼각형
집합체	◇———	직선	다이아몬드
의존성	- - - - - >	점선	열린 삼각형

UM L표기법에서 화살표가 혼동된다. 표 1은 이 책에서 사용하는 4가지 UML 관계 표시를 요약해서 보여준다.

자습문제

6. 7.2절에서 나왔던 CashRegisterTester 클래스를 생각해 보자. 이 클래스는 어떤 클래스에 의존하는가?
7. 9장에서 나왔던 Question과 ChoiceQuestion을 생각해 보자. 이들은 어떤 관계인가?
8. 11.2.2절에서 나왔던 Quiz 클래스를 생각해보자. 퀴즈에 Question과 Choice-Question 객체를 섞어서 속한다고 하자. Quiz 클래스는 어떤 클래스에 의존하는가?
9. 클래스들 간의 coupling이 최소화되어야 하는 이유는 무엇인가?
10. e-mail 시스템에서 메시지들은 메일 박스에 저장된다. 적절한 집합체 관계를 보여주는 UML 다이어그램을 그리시오.
11. 도서관을 관리하기 위해서 어떤 책이 누구에게 대출 중인지에 대한 정보를 보관하는 시스템을 구현하고 있다. Book 클래스는 Patron 클래스를 포함해야 하는가? 아니면 다른 방법이 있는가?
12. 도서관 관리 시스템에서 Patron 클래스와 Author 클래스와의 관계는 어떤 것이 좋은가?

실습하기 이 장의 끝부분에 있는 복습문제 R11.5, R11.6, R11.10을 수행하시오.

따라 하기 11.1

CRC 카드와 UML 다이어그램을 이용한 프로그램 디자인

복잡한 문제에 대해서 코드를 작성하기 전에 디자인을 먼저 해야 한다. 이 장에서 소개하는 방법론은 다음과 같은 단계들로 이루어져 있다.

- 클래스를 찾는다.
- 각 클래스의 임무를 결정한다.
- 클래스들 간의 관계를 기술한다.

CRC 카드와 UML 다이어그램을 사용하면 클래스들을 찾고 기록하는데 도움이 된다.

단계 1 **클래스를 찾는다.**

문제 설명문에서 명사들을 찾아낸다. 명사들의 목록을 만든다. 클래스 후보가 될 수 없다고 생각되는 단어들을 제거한다.

단계 2 **클래스의 임무를 결정한다.**

만들어야 할 시스템이 달성해야 하는 주요 작업의 목록을 작성한다. 이들 작업 중 너무 간단하지 않으면서도 직관적으로 이해되는 것을 찾아, 그 일을 하는데 적합한 클래스를 찾는다. 카드를 만들어서 이름과 할 일을 쓴다. 그 클래스의 객체가 어떻게 그 일을 할지 상상해 본다. 보통은 다른 객체들의 도움이 필요하다. 도움을 줄 객체들이 속하는 클래스에 해당하는 CRC 카드를 만들고 임무를 쓴다.

카드를 제거하거나 이동하거나 쪼개거나 병합하는 것을 자유롭게 할 수 있다. 카드가 너무 지저분하면 교체할 수 있다. 형식적이지 않은 편안한 과정으로 생각하면 된다.

모든 중요한 작업에 대해서 클래스를 찾아냈고 현재까지 찾은 클래스들과 그 임무를 이용해서 작업들을 해결할 수 있다고 생각되면 디자인이 끝난 것이다.

단계 3 **관계를 기술한다.**

이전 단계에서 찾아낸 모든 클래스들의 관계를 보여주는 클래스 다이어그램을 만든다.

상속부터 시작한다. — 클래스들 간의 is-a 관계이다. 어떤 클래스가 다른 클래스를 구체화한 것인가? 만약 그렇다면 상속 화살표를 그린다. 대부분의 디자인, 특히 간단한 프로그램의 디자인일수록 상속을 그리 많이 사용하지 않는다는 것을 참고하자.

CRC 카드의 '협력 클래스' 항은 어떤 클래스가 다른 클래스를 사용하는지를 보여준다. CRC 카드에 협력 클래스라고 적혀 있는 클래스들에 의존성 화살표를 그린다.

어떤 의존성 관계는 집합체 관계로 발전한다. 각 의존관계에 대해서 다음과 같은 질문을 던져 본다. 객체가 도움을 주는 객체를 어떻게 찾을까? 객체의 참조자를 저장하고 있어서 바로 찾을까? 그렇다면 집합체 화살표를 그린다. 그렇지 않고 도움을 주는 객체가 메서드 매개변수나 반환값인가? 그런 경우에는 간단히 의존성 화살표를 그린다.

심화 학습 11.1

UML 다이어그램에서 속성과 메서드

경우에 따라서는 클래스 다이어그램에 속성과 메서드를 표시하는 것이 좋을 때가 있다. 속성은 클래스 외부에서 보았을 때 클래스의 객체가 가지는 성질이다. 예를 들어 name과 price는 Product의 속성이다. 보통 속성은 인스턴스 변수에 해당한다. 하지만 항상 그런 것은 아니다.—클래스가 다른 방법으로 데이터를 관리할 수도 있다. 예를 들어 자바 라이브러리의 GregorianCalendar 객체는 일, 월 그리고 년이라는 속성을 가지고 있고 UML 다이어그램에서도 이 속성을 그리는 것이 적당하다. 하지만 이 클래스는 이들 값을 저장하는 인스턴스 변수를 가지고 있지 않다. 대신에 이 클래스는 내부적으로 모든 시간을 1970년 1월 1일 이후 몇 밀리 초가 흘렀는지 나타내고, 이를 가지고 일, 월, 년으로 환산한다.

클래스 다이어그램에서 속성, 메서드 등을 표시하려면 클래스 4각형을 3부분으로 나누면 된다. 제일 위에 클래스 이름, 중간에 속성, 제일 아래에 메서드를 표시하면 된다(아래 그림을 참조). 모든 속성과 메서드들을 나열할 필요는 없다. 다이어그램을 그릴 시점에 이해하기에 적당한 만큼만 나열하면 된다.

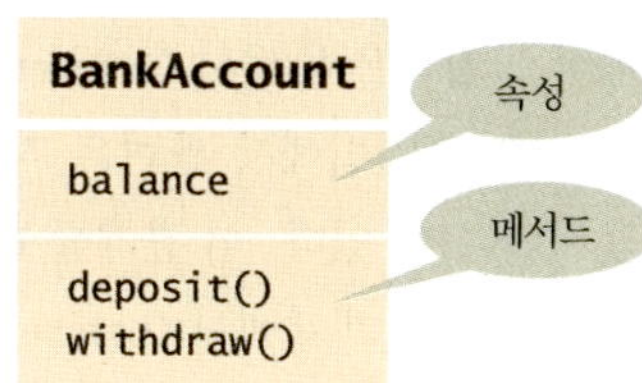

클래스 다이어그램에서 속성과 메서드

심화 학습 11.2

다중도

어떤 디자이너들은 집합체 관계를 표현할 때 다중도를 넣어서 몇 개의 객체가 포함되는지를 보여주는 것을 원한다. 많이 쓰는 다중도들에 대한 표기법은 다음과 같다.

- 아무 숫자(0 이상) : *
- 1이상 : 1..*
- 0이나 1: 0..1
- 정확히 1 : 1

아래 그림은 한 고객이 한 계좌만을 가진다는 것을 보여 준다.

다중도를 표현한 집합체 관계

심화 학습 11.3

집합체

어떤 사람들은 집합체나 has-a 관계가 충분하지 않다고 생각한다. 예를 들어 은행 고객들을 생각해 보자. 은행이 고객들을 '포함'하나? 고객이 은행 계좌를 '포함'하나? 아니면 은행이 은행 계좌를 '포함'하나? 이들 포함 중 어느 것이 집합체 관계로 적합한가? 이러한 일련의 생각들은 성급한 구현 결정으로 이어질 수 있다.

디자인의 초기 단계에서는 관련(association)이라는 보다 일반적인 관계를 사용하는 것이 바람직하다. 어떤 클래스는 그 클래스를 통해서 다른 클래스로 찾아갈 수 있으면 그 클래스와 관련이 있다. 예를 들어 Bank 객체가 있으면 인스턴스 변수를 통하거나 데이터베이스 검색을 통해서 Customer 객체로 찾아갈 수 있다.

UML 표기법에서 관련은 직선으로 표시한다. 화살표가 있어서 어디로 찾아가는지를 표시할 수도 있다. 이 관계를 더 설명하기 위해서 직선에 설명을 추가할 수도 있다. 아래 그림은 Bank 객체에서 Customer 객체로 찾아갈 수 있지만 거꾸로는 못 찾아간다는 것을 보여 준다. 이는 Customer 클래스는 어느 은행에 돈을 두는지 알아내는 방법이 없다는 의미이다.

관련(Association) 관계

UML 표준에는 보다 강한 집합체 관계인 조합(composition)이 있다. 이 관계에서 포함되는 객체는 포함하는 객체를 떠나서는 존재할 수 없다. 예를 들어 조합 관계는 은행과 계좌의 관계를 나타낸다. 은행이 문을 닫으면 계좌도 존재할 수 없다. UML 표기법에서 조합은 집합체와 거의 같지만 다이아몬드가 칠해져 있다.

조합관계

솔직히 말해서 집합체, 관련, 조합 사이의 차이는 미묘해서 전문 디자이너도 헛갈릴 수 있다. 만약 그 차이가 의미 있다고 느꼈다면 적당한 곳에서 잘 사용하면 된다. 하지만 이들의 미묘한 차이를 이해하기 위해서 시간을 허비할 필요는 없다. 실용적인 자바 프로그래머 입장에서는 어떤 객체가 다른 클래스 객체의 참조자를 가지고 있느냐에 대한 정보는 유용하다. 집합체 관계 또는 'has-a' 관계는 이러한 상황을 표현한다.

11.3 응용 프로그램 : 송장 출력하기

이 책에서는 초보 프로그래머가 따라 하기에 적당한 5단계 개발 과정을 설명한다.

1. 요구 사항 수집
2. CRC 카드를 사용해서 클래스, 의무, 협력자들 찾기
3. UML 다이어그램을 써서 클래스들 관계 기록
4. javadoc을 써서 메서드 행위 기록
5. 프로그램의 구현

단계를 따라 한다면 새롭게 배울 표기법이 많지 않다. 클래스 다이어그램들도 간단히 그릴 수 있다. 디자인 단계에서의 결과물은 구현 단계에서 매우 유용하다. — 소스 코드 파일을 받아서 메서드 구현 코드를 추가하기만 하면 된다. 물론, 점점 복잡한 프로그램을 작성함에 따라 보다 정리된 디자인 방법론을 배우고 싶어질 것이다. 객체들의 시나리오 표현을 위한 많은 방법들이 있다. 호출 순서 정하기(sequencing), 프로그램의 대형 구조(large-scale structure of programs) 등 비교적 간단한 프로젝트에도 도움이 될만한 방법들이 있다. 통합 모델링 언어 사용자 가이드(Unified Modeling Language User Guide)에서 이들 기술에 대한 개요를 파악할 수 있다.

이 절에서는 간단한 예제를 가지고 객체 지향 디자인 기술을 처음부터 끝까지 살펴볼 것이다. 예제가 너무 간단해서 방법론을 사용하는 것이 과하다고 생각할 수도 있지만 각 단계의 실제 과정을 설명 하는 의미가 있다. 이 절을 공부한 후에는 다음에 나오는 보다 복잡한 예제를 이해할 준비가 될 것이다.

11.3.1 요구 사항

프로그램의 요구 사항을 모으고 문서화함으로써 개발 과정을 시작한다.

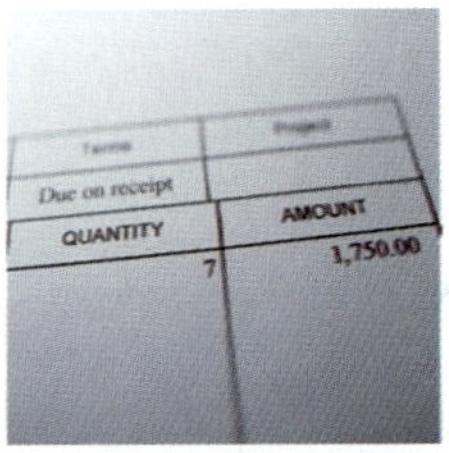

송장은 각 상품의 가격을 나열하고 총합을 보여준다.

해결책을 디자인하기 전에 프로그램에 대한 모든 요구 사항을 쉬운 말로 표현해서 모아야 한다. 프로그램이 해야 할 일을 써본다. 일반적인 설명 이외에도 구체적인 실행 시나리오를 추가하는 것이 좋다.

현재 프로젝트에서 프로그램이 해야 할 일은 송장을 출력하는 것이다. 송장은 개수가 정해진 몇 가지 상품들에 대한 가격을 적은 문서이다(날짜, 세금, 송장 번호, 고객 번호와 같은 복잡한 정보를 생략하기로 한다.). 프로그램은 주소, 상품을 설명하는 여러 행 그리고 총 납품 가격을 출력해야 한다. 상품을 설명하는 행에는 상품 설명, 상품 하나 가격, 주문수량, 상품 총 가격이 들어간다.

```
                    I N V O I C E

Sam's Small Appliances
100 Main Street
Anytown, CA 98765

Description                        Price  Qty  Total
Toaster                            29.95   3   89.85
Hair dryer                         24.95   1   24.95
Car vacuum                         19.99   2   39.98

AMOUNT DUE: $154.78
```

프로그램을 간단하게 하기 위해 사용자 인터페이스도 제거하였다. 상품을 설명하는 행을 송장에 추가하고 프린트하는 프로그램을 작성하자.

11.3.2 CRC 카드

CRC 카드를 사용해서 클래스와 기능성, 협력자를 찾는다.

객체 지향 프로그램을 작성할 때는 클래스들을 찾아야 한다. 클래스들은 요구 사항 문서에서 명사들에 해당한다. 이 예제에서는 명사들이 매우 명확하다.

```
Invoice        Address     LineItem     Product
Description    Price       Quantity     Total         Amount due
```

(물론 Toaster는 해당하지 않는다. — LineItem 객체를 설명하는 단어이므로 클래스 이름이 아니라 데이터 값이다.)

Description과 price는 Product 클래스의 특성이다. quantity는 어떤가? quantity는 Product 클래스의 특성이 아니다. 출력된 송장에서 보는 바와 같이 LineItem 클래스가 product와 quantity를 저장하게 하자('3 toaster'와 같이).

상품당 총액과 총 납품 가격은 저장하지 않고 계산한다. 그러므로 이들은 클래스로 만들지 않는다.

이러한 제거 과정 후에 다음의 4개 클래스 후보가 남는다.

```
Invoice    Address    LineItem    Product
```

각자 유용한 개념을 나타내고 있으니 이들 모두를 클래스로 만들자.

이 프로그램의 목적은 송장을 출력하는 것이다. Invoice 클래스가 출력을 System.out에다 할지 어떤 윈도우의 텍스트 지역에다 할지 아니면 파일에 할지를 알 필요가 없다. 그러므로 우선은 Invoice가 송장 포맷을 만들어내도록 하자. 결과물은 화면에 보여지거나 프린트될 수도 있는 문자열(여러 행을 가지고 있는)이다. 이 기능을 CRC 카드에 작성하자.

Invoice 클래스가 어떻게 송장의 포맷을 만들어 낼 수 있을까? 주소, 각 상품 정보, 총

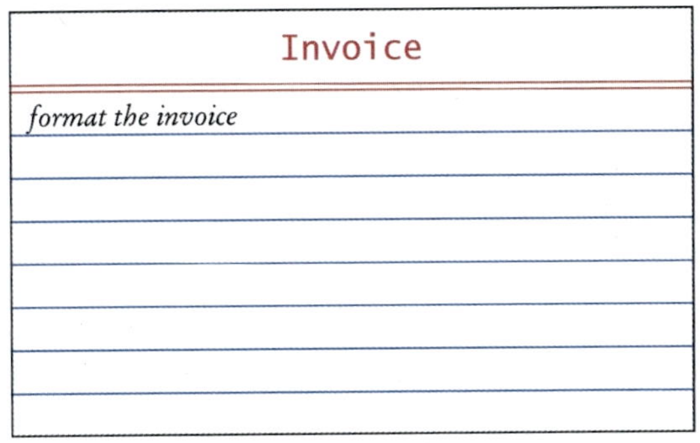

납품 가격을 순서대로 포맷에 맞춰 만들어 내면 된다. Invoice 클래스가 주소 포맷을 어떻게 만들까? Invoice 클래스는 할 수 없다. 이는 Address 클래스가 할 일이다. 두 번째 CRC 카드를 만들어야 한다.

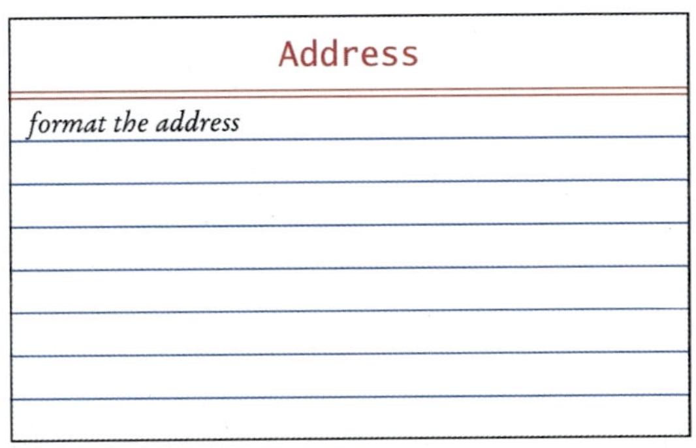

유사하게 각 상품을 설명하는 행의 포맷을 만들어 내는 것은 LineItem의 기능이다. Invoice 클래스의 format 메서드는 Address 클래스와 LineItem 클래스의 format 메서드를 호출한다. 어떤 클래스의 메서드가 다른 클래스의 메서드를 사용하면 사용되는 클래스를, 사용하는 클래스의 협력자로 기록해야 한다. 즉 Address와 LineItem 클래스를 Invoice 클래스의 협력자로 기록해야 한다.

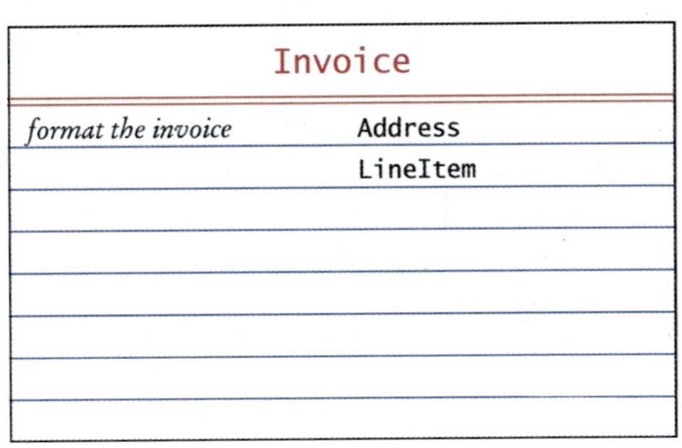

송장 포맷을 만들 때 Invoice 클래스는 총 납품 가격을 계산해야 한다. 이를 계산하려

면 LineItem로부터 각 상품의 총액을 알아내야 한다. LineItem에서는 어떻게 상품 총액을 알아낼까? Product에 하나당 단가를 알아내서 개수와 곱해야 한다. 다시 말하면 Product 클래스는 단가를 알려주어야 하고 LineItem 클래스의 협력자이다.

Product	
get description	
get unit price	

LineItem	
format the item	Product
get total price	

마지막으로 송장을 출력하려면 제품과 개수 정보를 입력 받아야 한다. 이 또한 Invoice 클래스의 기능이다.

Invoice	
format the invoice	Address
add a product and quantity	LineItem
	Product

이제 다음과 같은 CRC 카드가 완성되어서 CRC 카드 과정을 마쳤다.

11.3.3 UML 다이어그램

UML 다이어그램을 사용해서 클래스들 간의 관계를 기록한다.

CRC 카드들을 가지고 클래스들을 발견하고 그들간의 관계를 정한 후에는 UML 다이어그램으로 이를 기록해야 한다. 의존성 관계는 CRC 카드의 협력자 항에서 나온다. 각 클래스는 협력해 주는 클래스에 의존한다. 이 예제에서는 Invoice 클래스는 Address, LineItem 그리고 Product 클래스에 의존한다. LineItem 클래스는 Product 클래스와 협력한다.

이제 이들 의존성 관계 중 어느 것이 집합체 관계인지 생각해 보자. Invoice가 협력할 Address, LineItem, Product 클래스 객체를 어떻게 알 수 있는가? 송장 포맷을 만들어야 할 때 Invoice 클래스 객체는 Address 클래스 객체와 LineItem 객체의 참조자를 가지고 있어야 한다. Product 객체가 추가될 때 Invoice 클래스가 Product 객체의 참조자를 저장할 필요는 없다. Product 객체는 LineItem 객체로 바뀌게 되고, LineItem 객체가 Product 객체의 참조자를 저장해야 한다.

그러므로 Invoice 클래스는 Address와 LineItem 클래스를 포함한다. LineItem 클래스는 Product 클래스를 포함한다. Invoice 클래스는 Product 클래스와 has-a 관계를 가지지 않는다. — Product는 LineItem 객체에 저장되어 있다.

이 예제에서는 상속 관계가 없다.

그림 7은 여태까지 찾은 클래스 관계를 보여준다.

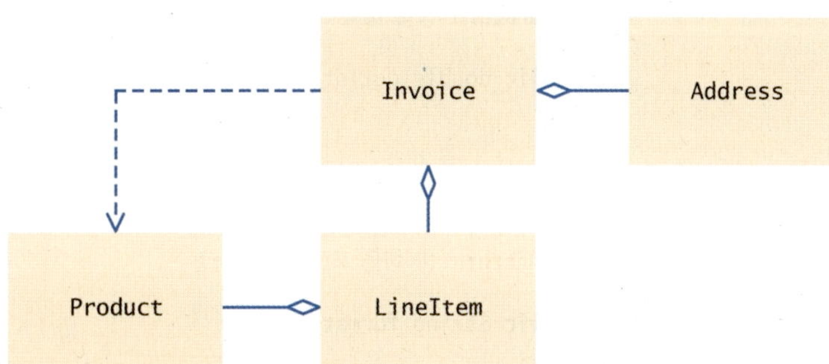

그림 7 Invoice 클래스들 간의 관계

11.3.4 메서드 문서화

javadoc 코멘트를 사용해서(메서드 몸체 부분은 비워둔다.) 클래스의 행위를 기록한다.

디자인 단계의 마지막 단계는 찾은 클래스들과 그 메서드들의 설명을 쓰는 것이다. 이는 각 클래스마다 자바 소스 파일을 만들고, 메서드 코멘트를 쓰고 메서드 몸체 부분은 비워둠으로써 할 수 있다.

```
/**
   구매품들에 대한 송장을 기술한다.
*/
public class Invoice
{
   /**
      송장에 한 상품의 가격을 추가한다.
      @param aProduct 고객이 주문하는 제품
      @param quantity 제품의 수량
   */
   public void add(Product aProduct, int quantity)
   {
   }

   /**
      송장 형식을 만든다.
      @return 정형화된 송장
   */
   public String format()
   {
   }
}


/**
   구매하는 한 항목을 기술한다.
*/
public class LineItem
{
   /**
      이 행의 상품 총액을 계산한다.
      @return 상품 총액
   */
   public double getTotalPrice()
   {
   }

   /**
      이 항목의 포맷을 만든다.
      @return 이 행을 포맷화한 문자열
   */
   public String format()
   {
   }
}


/**
   제품 제목과 가격을 가지고 제품을 기술한다.
*/
public class Product
{
   /**
      제품 제목을 가져온다.
      @return 제품 제목
   */
   public String getDescription()
```

```
   {
   }

   /**
      제품 가격을 가져온다.
      @return 제품 가격
   */
   public double getPrice()
   {
   }
}


/**
   보낼 주소를 기술한다.
*/
public class Address
{
   /**
      주소 포맷을 만든다.
      @return 3행 문자열로 표현한 주소
   */
   public String format()
   {
   }
}
```

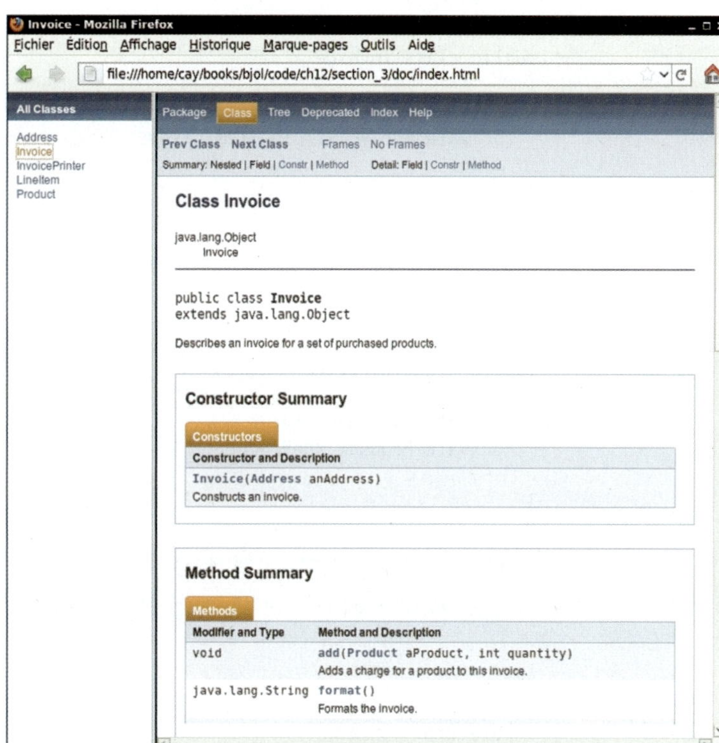

그림 8 HTML 포맷의 클래스 설명서

이렇게 작성한 후 javadoc을 실행하면 매우 잘 정리된 HTML 형식의 문서를 만들 수 있다.

이런 방식으로 클래스 문서화를 하면 몇 가지 장점이 있다. HTML 문서를 다른 팀원들과 공유할 수 있다. 이 자체가 자바 문법에 맞기 때문에 구현할 때 바로 사용할 수 있다. 마지막으로 가장 중요한 것은 핵심 메서드에 코멘트를 추가하게 된다는 것이다. 코멘트는 보통 미숙한 프로그래머들이 나중에 하려고 미루다가 시간 부족으로 소홀이 하기 쉽다.

11.3.5 구현

디자인 단계가 끝나면 클래스를 구현한다.

객체 지향 디자인을 마친 후에는 클래스들을 구현할 준비가 된 것이다.

이미 이전 단계에서 작성한 메서드 매개변수와 코멘트를 가지고 있다. 인스턴스 필드를 추가하기 위해 UML 다이어그램을 살펴보자. 집합체 클래스들은 인스턴스 필드를 가지게 된다. Invoice 클래스에서 시작하자. Invoice는 Address와 LineItem을 포함한다. 모든 송장에는 하나의 주소와 여러 개의 제품 항목들을 가진다. 여러 개의 제품 항목을 저장하기 위해서 배열을 사용할 수 있다. 이제 Invoice 클래스의 인스턴스 필드를 알 수 있다.

```
public class Invoice
{
   private Address billingAddress;
   private ArrayList<LineItem> items;
   . . .
}
```

LineItem은 Product 객체와 제품 수량을 저장해야 한다. 이 때문에 다음과 같은 인스턴스 필드가 필요하다.

```
public class LineItem
{
   private int quantity;
   private Product theProduct;
   . . .
}
```

이제 메서드 구현은 쉽다. 전형적 예를 보여 주겠다. LineItem의 getTotalPrice 메서드가 해야 할 일을 알고 있다. — 제품의 가격을 얻어서 개수와 곱하는 것이다.

```
/**
   이 행의 상품 총액을 계산한다.
   @return 상품 총액
*/
public double getTotalPrice()
```

```
{
   return theProduct.getPrice() * quantity;
}
```

다른 메서드의 구현은 자세히 다루지 않겠다. — 비슷하게 쉽다.

마지막으로 역시 쉬운 일인 생성자를 생성해야 한다.

아래에 전체 프로그램 소스가 있다. 전체 코드를 잘 살펴보고 클래스들이 CRC 카드와 UML 다이어그램에서 나온 것과 일치하는지 비교해 보기 바란다.

section_3/InvoicePrinter.java

```
/**
   이 프로그램은 샘플 송장을 프린트해 봄으로써
   송장 클래스들을 결과를 보여 준다.
*/
public class InvoicePrinter
{
   public static void main(String[] args)
   {
      Address samsAddress
            = new Address("Sam's Small Appliances",
            "100 Main Street", "Anytown", "CA", "98765");

      Invoice samsInvoice = new Invoice(samsAddress);
      samsInvoice.add(new Product("Toaster", 29.95), 3);
      samsInvoice.add(new Product("Hair dryer", 24.95), 1);
      samsInvoice.add(new Product("Car vacuum", 19.99), 2);

      System.out.println(samsInvoice.format());
   }
}
```

section_3/Invoice.java

```
import java.util.ArrayList;

/**
   구매품들에 대한 송장을 기술한다.
*/
public class Invoice
{
   private Address billingAddress;
   private ArrayList<LineItem> items;

   /**
      송장 객체를 생성한다.
      @param anAddress 주소
   */
   public Invoice(Address anAddress)
   {
      items = new ArrayList<LineItem>();
      billingAddress = anAddress;
   }

```

```
   /**
      송장에 한 상품의 가격을 추가한다.
      @param aProduct 고객이 주문하는 제품
      @param quantity 제품의 수량
   */
   public void add(Product aProduct, int quantity)
   {
      LineItem anItem = new LineItem(aProduct, quantity);
      items.add(anItem);
   }

   /**
      송장 형식을 만든다.
      @return 정형화된 송장
   */
   public String format()
   {
      String r = "                     I N V O I C E\n\n"
            + billingAddress.format()
            + String.format("\n\n%-30s%8s%5s%8s\n",
            "Description", "Price", "Qty", "Total");

      for (LineItem item : items)
      {
         r = r + item.format() + "\n";
      }

      r = r + String.format("\nAMOUNT DUE: $%8.2f", getAmountDue());

      return r;
   }

   /**
      총 구매 금액을 계산한다.
      @return 총 구매 금액
   */
   private double getAmountDue()
   {
      double amountDue = 0;
      for (LineItem item : items)
      {
         amountDue = amountDue + item.getTotalPrice();
      }
      return amountDue;
   }
}
```

section_3/LineItem.java

```
/**
   구매하는 한 항목을 기술한다.
*/
public class LineItem
{
   private int quantity;
   private Product theProduct;

   /**
```

```
      제품 정보와 수량을 가지고 LineItem 객체를 생성한다.
      @param aProduct 제품 정보
      @param aQuantity 수량
   */
   public LineItem(Product aProduct, int aQuantity)
   {
      theProduct = aProduct;
      quantity = aQuantity;
   }

   /**
      이 행의 상품 총액을 계산한다.
      @return 상품 총액
   */
   public double getTotalPrice()
   {
      return theProduct.getPrice() * quantity;
   }

   /**
      이 항목의 포맷을 만든다.
      @return 이행을 포맷화한 문자열
   */
   public String format()
   {
      return String.format("%-30s%8.2f%5d%8.2f",
         theProduct.getDescription(), theProduct.getPrice(),
         quantity, getTotalPrice());
   }
}
```

section_3/Product.java

```
/**
   제품 제목과 가격을 가지고 제품을 기술한다.
*/
public class Product
{
   private String description;
   private double price;

   /**
      제품 설명과 가격을 가지고 Product 객체를 생성한다.
      @param aDescription 제품 설명
      @param aPrice 제품 가격
   */
   public Product(String aDescription, double aPrice)
   {
      description = aDescription;
      price = aPrice;
   }

   /**
      제품 설명을 가져온다.
      @return 제품 설명
   */
   public String getDescription()
   {
```

```
      return description;
   }

   /**
      제품 가격을 가져온다.
      @return 제품 가격
   */
   public double getPrice()
   {
      return price;
   }
}
```

section_3/Address.java

```
/**
   보낼 주소를 기술한다.
*/
public class Address
{
   private String name;
   private String street;
   private String city;
   private String state;
   private String zip;

   /**
      주소 객체를 생성한다.
      @param aName 수취인 이름
      @param aStreet 거리
      @param aCity 도시
      @param aState 2글자 주 코드
      @param aZip 우편번호
   */
   public Address(String aName, String aStreet,
         String aCity, String aState, String aZip)
   {
      name = aName;
      street = aStreet;
      city = aCity;
      state = aState;
      zip = aZip;
   }

   /**
      주소 포맷을 만든다.
      @return 3행 문자열로 표현한 주소
   */
   public String format()
   {
      return name + "\n" + street + "\n"
            + city + ", " + state + " " + zip;
   }
}
```

자습문제

13. 어떤 클래스가 총액을 계산할 의무를 가지는가? 이 클래스가 이 작업을 하는데 도와주는 클래스는 무엇인가?
14. format 메서드가 System.out에 프린트하지 않고 String 객체를 반환하는 이유는 무엇인가?

실습하기 이 장의 끝부분에 있는 복습 문제 및 연습 문제 R11.15, P11.4, P11.5을 수행하시오.

컴퓨팅과 사회 11.1 데이터베이스와 사생활 보호

많은 회사들은 고객 정보와 사업 정보에 대한 큰 데이터베이스를 유지한다. 데이터베이스를 활용하면 사업 비용을 낮출 수 있고 제공하는 서비스의 질을 개선할 수 있다. 현재에 비해 예전에는 돈 인출이나 항공권 예약이 얼마나 느렸는지 상상도 못할 정도이다.

초기 데이터베이스가 보편화함에 따라 일반인들에게 문제를 일으키기 시작했다. 미국 정부에서 관리하는 'no fly list'를 생각해 보자. 테러 용의자들의 이름들을 저장하는 리스트이다. 2007년 3월 1일 프린스턴 대학의 헌법학 교수이자 훈장을 받은 전역 해병인 Walter Murphy 교수는 비행기 탑승을 거절당했다. "평화 행진에 참여한적이 있나요? 많은 사람들이 그 이유로 비행거부를 당합니다."라고 항공사 직원이 묻자. "평화 행진에 참여한 적은 없습니다. 2006년 9월 프린스턴 대학에서 강의를 했는데 이 강의는 TV로 방영이 되었고 인터넷에 게시가 되었습니다. 그 강의에서 조지 부시가 헌법을 많이 어겼다는 것에 대해서 비판을 했을 뿐이오. 그게 이유인 것 같군요!"

Murphy 교수가 탑승 거절된 리스트에 오른 이유가 부시 행정부를 비판했기 때문인지 테러 위험이 있는 사람이 동명이인인 척 하며 여행을 했기 때문인지는 정확하게 알 수 없다. 비슷하게 재수 없는 여행자들은 자신의 이름을 이 리스트에서 빼기 위해서 매우 고생을 한다.

이러한 문제는 흔한 일이 되었다. 회사나 정부들은 별 생각 없이 여러 데이터베이스들을 결합해서 부정확한 정보들을 뽑아내고 이 정보들을 기반으로 결정을 한다. 보험회사는 당신이 어떤 질병을 가진 친척이 많다는 이유로 보장을 제한하거나 보험금을 올린다. 신용이나 건강관련 보고서 때문에 취직이 거절되는 경우도 있다. 보통 당신에 대한 어떠한 정보들이 저장되어 있고 어떻게 사용되는지 알 수가 없다. 당신이 오류가 있다는 것을 알게 된 경우라 하더라도 이를 바로 잡는 것은 매우 힘들다.

또 다른 문제는 사생활 문제이다. 많은 사람들은 자기 인생에서 다른 사람들이 몰랐으면 하는 행동을 하기도 한다. 1928년에 판사 Louis Braddeis는 "사생활권은 혼자 있을 수 있는 권리이다. 가장 포괄적인 권리이면서 문명화된 사람들에게 가장 가치를 인정 받는 권리이다."라고 했다. 고용주가 당신의 예전 Facebook 포스팅을 볼 수 있고, 이혼 전문 변호사들이 고속도로 통행료 기록을 볼 수 있고, 구글이 당신의 이메일을 읽어서 광고에 활용한다면 당신에게 사생활은 거의 남지 않는다.

1948년에 UN의 인권선언에서는 "어느 누구도 그의 사생활, 가정, 주거 또는 통신에 대하여 자의적인 간섭을 받거나 또는 그의 명예와 명성에 대한 비난을 받지 아니한다. 모든 사람은 이러한 간섭이나 비난에 대하여 법의 보호를 받을 권리를 가진다."라고 했다. 미국은 학생 정보 보호나 비디오 대여 정보에 관한 법 외에는 사생활 침해에 대해서 놀랄 정도로 법적인 보호가 매우 취약하다. 다른 산업화된 나라들에서는 모든 시민이 자신의 어떤 정보를 어떤 상황에서 전달할지에 대한 권리를 인식하고 있다.

고속도로 통행료나 다리 통행료를 전자 패스로 지불한다면 그 정보는 다른 사람에게 공개될 수 있다.

실습 예제 11.1

현금 자동 지급기 시뮬레이션

객체 지향 개발 방법론을 사용하여 콘솔 환경이나 그래픽 사용자 인터페이스 환경에서 사용할 수 있는 현금 자동 지급기의 시뮬레이션을 개발하는 방법을 배운다. Wiley.com/go/javaexamples에서 실습 예제 11.1을 다운로드 할 수 있다.

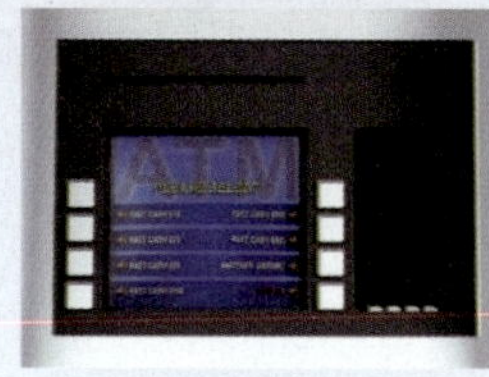

본 장의 요약

클래스와 클래스의 의무를 발견하는 방법을 인식한다.

- 클래스를 찾기 위해서 문제 설명에서 명사들을 찾는다.
- 문제가 속하는 분야의 개념들이 클래스가 될 수 있는 후보가 된다.
- CRC 카드는 클래스와 그 의무 협력 클래스를 기록한다.

클래스 간의 관계를 분류하고 이들을 표현하는 UML 다이어그램을 작성한다.

- 어떤 클래스가 다른 클래스의 객체를 사용하면 그 클래스는 다른 클래스에 의존한다.
- 클래스들 간의 Coupling(의존성)을 최소화하는 것은 좋은 습관이다.
- 어떤 클래스가 다른 클래스 객체를 포함하면 집합체 관계이다.
- 종종 has-a 관계가 더 적합한 경우에 is-a 관계인 상속을 잘못 사용하는 경우가 있다.
- 집합체 관계(has-a 관계)는 어떤 클래스의 객체가 다른 클래스의 객체의 참조자를 가지고 있는 경우이다.
- 상속, 인터페이스 구현, 집합체, 종속성 관계를 나타내는 UML 다이어그램을 구분할 수 있어야 한다.

객체 지향 개발 방법을 사용하여 프로그램을 디자인한다.

- 프로그램 요구 사항을 모으고 문서화하는 것으로 개발 과정을 시작한다.
- CRC 카드를 사용하여 클래스, 의무, 협력자를 찾는다.
- UML 다이어그램을 이용하여 클래스 간 관계를 기록한다.
- javadoc 코멘트(메서드 몸체 부분은 빈칸으로 둔다.)를 사용하여 클래스의 행위를 기록한다.
- 디자인을 마친 후에 구현을 시작한다.

복습 문제

■■R11.1 이 장에서 학생들이 사용하기에 좋다고 추천하는 방법론인 객체 지향 디자인 과정의 각 단계를 나열하시오.

■R11.2 프로그램을 디자인할 때 클래스를 찾기 위한 가장 중요한 원칙은 무엇인가?

■R11.3 프로그램을 디자인할 때 메서드를 찾기 위한 가장 중요한 원칙은 무엇인가?

■■R11.4 메서드를 찾아낸 후에 이 메서드를 수행할 의무가 있는 객체를 찾는 것이 중요한 이유는 무엇인가?

■■R11.5 다음 클래스들 간에 적당한 관계는 무엇인가? 집합체, 상속 또는 둘 다 아님 중 고르시오.

a. `University-Student`
b. `Student-TeachingAssistant`
c. `Student-Freshman`
d. `Student-Professor`
e. `Car-Door`
f. `Truck-Vehicle`
g. `Traffic-TrafficSign`
h. `TrafficSign-Color`

■■R11.6 모든 BMW는 탈 것이다. BMW 클래스는 Vehicle 클래스를 상속받아야 하나? BMW는 자동차 제작 회사이다. 이 때문에 BMW 클래스는 VehicleManufacturer를 상속받아야 하나?

■■R11.7 객체 지향 프로그래밍에 관한 어떤 책들은 상속을 사용해서 Circle 클래스가 Point 클래스를 확장하도록 추천한다. Circle 클래스는 슈퍼 클래스 Point에서 setLocation 메서드를 상속받는다. setLocation이 서브 클래스에서 재정의될 필요가 없는 이유를 설명하시오. 그럼에도 불구하고 Circle 클래스가 Point 클래스를 상속받는 게 좋은 이유는 무엇인가? 반대로 Point가 Circle을 상속받으면 is-a 규칙에 어긋나는가? 이것은 과연 좋은 생각인가?

■R11.8 7.2절에서 설명한 Coin 클래스와 CashRegister 클래스용 CRC 카드를 작성하시오.

■R11.9 11.2.2절에서 설명한 Quiz와 Question 클래스용 CRC 카드를 작성하시오.

■■R11.10 Quiz, Question 그리고 ChoiceQuestion의 UML 다이어그램을 그리시오. Quiz 클래

스는 11.2.2절에 설명되어 있다.

■■■R11.11 나라들에 대한 설명들을 가지고 있는 파일이 있다. 각 나라의 정보는 나라이름, 인구, 면적으로 이루어져 있다. 이 파일을 읽어 다음과 같은 정보들을 출력하는 프로그램을 작성하려고 한다.

- 면적이 가장 넓은 나라
- 인구가 가장 많은 나라
- 가장 인구 밀도가 높은 나라(제곱 킬로미터당 사람 수)

풀어야 할 문제를 처음부터 끝까지 상상해 보시오. 어떤 클래스와 메서드가 필요한가? CRC 카드를 만들고 UML 다이어그램을 그리고 javadoc 코멘트를 작성하시오.

■■■R11.12 학생 리포트 카드를 생성하기 위한 클래스와 메서드들을 찾으시오. 모든 과목, 학년, 학기의 평균 점수를 출력한다. CRC 카드를 만들고 UML 다이어그램을 그리고 javadoc 코멘트를 작성하시오.

■■R11.13 다음 문제 설명을 읽고 답하시오.

사용자는 동전을 자동판매기에 넣고 버튼을 눌러서 제품을 선택한다. 넣은 동전이 물건을 사기에 충분하면 제품이 나오고 거스름돈이 나온다. 그렇지 않으면 넣은 동전이 다시 사용자에게 돌아온다.

이 문제를 해결하기 위해 어떠한 클래스들을 사용해야 하는가?

■■R11.14 다음 문제 설명을 읽고 답하시오.

직원들은 2주마다 돈을 받는다. 일한 시간에 비례해서 시간 단위로 돈을 받는다. 주당 40시간 이상을 한 경우에는 일반 급료의 150퍼센트의 급료를 받는다.

이 문제를 해결하기 위해 어떠한 클래스들을 사용해야 하는가?

■■R11.15 다음 문제 설명을 읽고 답하시오.

고객들은 가게에서 제품을 주문한다. 송장에는 상품, 주문 개수, 받은 돈, 거스름돈의 리스트가 실리게 된다. 제품들은 고객의 배송 주소로 배달되고 송장은 지불 주소로 배달된다.

Invoice, Address 그리고 Product의 집합체 관계를 보이는 UML 다이어그램을 그리시오.

프로그램 연습 문제

■P11.1 두 가지 종류의 line item을 제공함으로써 송장 프린트하는 프로그램을 개선하시오. 한 가지 종류는 몇 개씩 팔 수 있는 것이고(예 : 토스터 3개) 나머지는 고정된 가격을 가진다(예 : 배송 - 5.00달러). 힌트 : 상속을 사용하라. 수정된 구현에 해당하는 UML 다이어그램을 그리시오.

■■P11.2 송장 출력 프로그램에서 LineItem 객체가 가격과 개수의 자릿수가 일정하지 않을 경우 보기 좋지 않은 결과를 내기 때문에 실제로 사용하기 힘들다. format 메서드를 두 가지 면에서 개선하시오. int[ ] 배열 형태로 각 열의 너비를 매개변수로 받으시오. NumberFormat 클래스를 써서 금액의 포맷을 만드시오.

■■P11.3 송장 출력 프로그램은 한 프로그램에 두 가지 기능을 넣는 문제를 가지고 있다. 이 프로그램은 전체 총가격을 계산함과 동시에 송장의 시각적 결과를 만들어낸다. 이 프로그램을 송장을 HTML 형식으로 출력하도록 개선하려고 상상해 보면 이 문제를 좀더 구체적으로 이해할 수 있을 것이다. 별도의 송장의 포맷을 만들어주는 클래스 InvoiceFormatter 클래스를 추가해서 이 프로그램을 다시 작성하자. 즉, Invoice와 LineItem 클래스의 매서드들은 더 이상 형식에는 신경 쓰지 않게 된다. InvoiceFormatter가 요구할 때마다 적절한 자료를 제공하는 일에 집중하게 된다.

■■■P11.4 어린이에게 산수를 가르치는 프로그램을 작성하라. 이 프로그램은 덧셈과 뺄셈을 테스트 해 준다. 1단계에서는 10보다 작은 수를 더해서 10보다 작은 결과를 얻는 경우만을 다룬다. 2단계는 1자리 숫자의 덧셈을 다룬다. 3단계에서는 한 자릿수의 뺄셈을 다루는데 음의 값이 나오지 않는 경우만을 다룬다. 문제를 무작위로 내고 사용자의 입력을 받는다. 사용자는 한 문제당 최대 두 개의 답을 할 수 있다. 사용자가 5점을 획득하면 다음 단계로 진출할 수 있다.

■■■P11.5 간단한 이메일 메시지 시스템을 디자인하자. 이메일 메시지는 수신자, 발신자와 메시지 내용 정보를 갖는다. 메일박스는 메시지들을 저장한다. 여러 명의 사용자에게 메일박스를 제공하고 로그인, 메시지 보내기, 메시지 확인하기, 로그아웃의 기능을 제공하라. 이 장에서 설명한 디자인 절차를 따라야 한다.

■■■P11.6 실습 예제 11.1에서의 자동 판매기를 시뮬레이션 하는 프로그램을 수정해서 은행이 은행 계좌들과 고객들을 관리하도록 하시오. 하나 이상의 고객이 공유할 수 있는 공유 계좌가 가능하게 하시오.

■■P11.7 자동 판매기를 시뮬레이트 하는 프로그램을 작성하시오. 제품가격 이상 동전을 넣어야 제품을 구입할 수 있다. 사용자는 판매 가능한 제품 중 하나를 고르고 동전을 넣는다. 동전을 부족하게 넣었거나 제품이 나오는 경우, 또는 제품이 없으면 동전을 돌려받는다. 요금을 너무 많이 넣어도 거스름돈을 주지는 않는다. 관리자가 제품을 보충하거나 돈을 가져갈 수 있다. 이 장에서 설명된 디자인 과정을 따라야 한다. 디자인한 결과에 VendingMachine 클래스가 있어야 하고 이 클래스는 Scanner나 PrintStream 클래스의 메서드들을 사용하면 안 된다.

■■■P11.8 약속 달력을 디자인하는 프로그램을 작성하자. 약속은 날짜, 시작 시간, 종료 시간 그리고 약속 내용을 포함한다. 예를 들면 다음과 같다.

```
Dentist 2012/10/1 17:30 18:30
CS1 class 2012/10/2 08:30 10:00
```

약속을 추가하고 취소된 약속을 지우고 특정 날짜의 약속들을 프린트하는 기능을 제공해야 한다. 이 장에서 설명한 디자인 과정을 따라야 한다. 디자인한 결과에 AppointmentCalendar 클래스가 있어야 하고, 이 클래스는 Scanner나 PrintStream 클래스의 메서드들을 사용하면 안 된다.

■■■P11.9 퀴즈를 관리하고 채점하는 프로그램을 작성하자. 퀴즈는 문제들로 이루어진다. 서술형, 숫자형, 단일 선택형, 다중 선택형의 4가지 종류의 문제가 있다. 서술형을 채점할 때는 앞뒤 공백과 대소문자 차이를 무시해야 한다. 숫자형 문제일 경우 어느 정도의 근사치를 정답으로 해야 한다.

퀴즈는 텍스트 파일에 저장된다. 각 문제의 가장 첫 행은 문제의 종류를 나타내는 문자 하나(T, N, S, M)를 가진다. 두 번째 행은 문제가 나온다. 선택형이 아닌 문제에서는 다음 행에 답이 나온다. 선택형 문제들은 선택 사항들이 나오고 그 후에 빈 행이 나온다. 정답은 '+', 오답은 '-'로 시작한다.

다음은 퀴즈를 나타내는 파일의 예이다.

```
T
Which Java reserved word is used to declare a subclass?
extends
S
What is the original name of the Java language?
- *7
- C--
+ Oak
- Gosling

M
Which of the following types are supertypes of Rectangle?
- PrintStream
+ Shape
+ RectangularShape
+ Object
- String

N
What is the square root of 2?
1.41421356
```

퀴즈 파일을 읽어서 사용자에게 모든 문제를 풀게 하고 채점을 하는 프로그램을 작성하라. 이 장에서 설명된 디자인 과정을 따라야 한다.

■■P11.10 회사가 e-mail이나 우편 서비스를 통해서 개인화된 메일을 보낼 수 있게 하는 프로그램을 위한 요구 사항 문서를 만들자. 템플릿 파일은 Dear[Title][Last Name] 등의 부가

정보와 메시지 내용을 포함한다. 각 수신자들의 부가 정보가 텍스트 파일 형태로 저장되어 있다. 출력 파일 포맷은 HTML으로 사용해야 한다. 요구 사항 문서를 만든 후에는 프로그램을 디자인하고 구현하시오.

■■■P11.11 사람이 컴퓨터와 게임을 할 수 있는 틱택토 게임을 작성하시오. 프로그램은 여러 번 사람과 플레이하면서 게임하는 법을 배워야 한다. 컴퓨터 순서가 되었을 때 지는 수가 되지 않는 범위 내에서 빈 곳을 임의로 선택한다. 이를 위해서 지는 수들을 배열에 저장해야 한다. 사람이 이겼을 때 바로 이전 상태를 지는 수로 저장한다. 예를 들어 x는 컴퓨터, o는 사람을 나타낸다고 하자. 현재 상태가 다음과 같다 하자.

o	x	x
	o	

사람 순서라 하자. 물론 다음과 같이 선택할 것이다.

o	x	x
	o	
		o

컴퓨터는 바로 아래의 이전 상태를 지는 수로 저장한다.

o	x	x
	o	

이후부터는

o	x	
	o	

또는

o		x
	o	

에서 그 수를 선택하지 않을 것이다.
프로그램을 구현하기 전에 클래스들을 발견하고 UML 다이어그램을 그리시오.

■■■업무용 P11.12 항공좌석 배정. 항공기의 좌석을 배정하는 프로그램을 작성하자. 1등석에 20석(4석, 통로 하나로 구성된 5행), 일반석에 90석(6석 통로 하나로 구성된 15행)의 자리가 있다. 이 프로그램은 승객 추가, 좌석 배정 보여 주기, 종료의 세 가지 명령을 처리해야 한다. 승객을 추가 할 때는 등급(일반석, 1등석), 같이 여행하는 승객 수(1등석에서는

한 명 또는 두 명, 일반석에서는 한 명에서 세 명) 그리고 선호하는 좌석(1등석에서는 복도나 창가, 일반석에서는 복도, 가운데, 창가)을 물어 본다. 그 후에 승객의 요구에 맞는 좌석을 찾아 배정하도록 한다. 만약 조건에 맞는 좌석이 없는 경우에는 그렇다고 메시지를 보여 준다. 디자인한 결과에 Airplane 클래스가 있어야 하고 이 클래스는 Scanner나 PrintStream 클래스의 메서드들을 사용하면 안 된다. 이 장에서 설명된 디자인 과정을 따라야 한다.

■■■ 업무용 P11.13 비행기에서 각 승객은 음료와 간식을 주문하기 위해 터치 스크린을 사용한다. 어떤 상품은 공짜이고 어떤 상품은 그렇지 않다. 시스템에서는 서비스 속도를 높이기 위해서 두 가지 리포트를 제공한다.

1. 여러 행으로 되어 있는 비행기 좌석별로 걷어야 할 요금의 리스트
2. 비행기 앞과 뒤에 준비되어야 할 각 종류별 음료와 간식 양의 리스트

위 시스템을 시뮬레이트 하는 프로그램을 위한 클래스를 찾고 구현하기 위해서 이 장에서 설명한 디자인 과정을 따르시오.

■■■ 그래픽 P11.14 어린 아이에게 시계 보는 법을 가르치는 프로그램을 작성하자. 이 프로그램은 그림 12와 같은 아날로그 타입의 시계를 사용자에게 보여 주어야 한다. 임의의 시간을 만들어서 시계를 보여 준다. 사용자로부터 시간을 입력 받는다. 정답인 경우에는 축하 메시지를 보여 준다. 두 번 틀린 답을 말하면 정답을 보여 주고 다시 임의의 시간을 만든다. 다음과 같이 난이도 단계를 만든다. 1단계에서는 정각 시간만을 보여 준다. 2단계에서는 15분 단위의 시간을 보여 준다. 3단계에서는 5분 단위의 시간을 보여 준다. 4단계에서는 임의의 시간을 보여 준다. 사용자가 한 단계에서 5번 정답을 맞추면 다음 단계로 넘어간다.

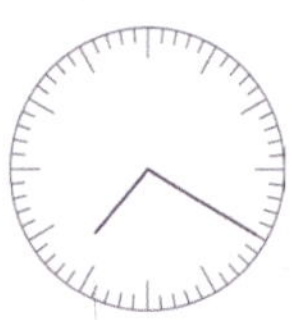

아날로그 시계

■■■ 그래픽 P11.15 집, 거리, 자동차 등을 가지는 교외 장면을 디자인할 수 있는 프로그램을 작성하자. 사용자는 다양한 색상의 집과 차를 기리에 추가할 수 있다. 보다 상세한 사용자 인터페이스를 포함하는 구체적인 요구 사항 문서를 작성하시오. 그 후에 클래스와 메서드를 찾고 UML 다이어그램을 작성하고 프로그램을 작성하시오.

■■■ 그래픽 P11.16 사용자가 다양한 색상의 타원, 사각형, 선분 등을 윈도우에 그릴 수 있는 그래픽 편집 프로그램을 작성하시오. 그림을 저장하고 불러오는 기능을 제공하시오. 클래스를 발견하고 UML 다이어그램을 그리고 프로그램을 작성하시오.

자습 문제 모범 답안

1. 문제 설명에서 단어들을 찾는다.
2. 예(ChessBoard), 아니오(MovePiece)
3. PrintStream
4. 고객의 배송 주소를 만들어 내기 위해
5. 기능을 보다 상위 레벨의 기능으로 바꾸거나 이 기능들을 수행할 클래스들을 추가한다.
6. CashRegisterTester 클래스가 CashRegister, Coin, System 클래스에 의존한다.
7. ChoiceQuestion 클래스가 Question 클래스를 상속받는다.
8. Quiz 클래스는 Question 클래스에 의존한다. 9장에서 했던 것처럼 Quiz 클래스가 보다 일반적인 클래스인 Question만 다룬다면 ChoiceQuestion에는 의존하지 않는다.
9. 만약 클래스가 또 다른 클래스에 의존하지 않는다면 그 클래스의 인터페이스 변화에 영향을 받지 않는다.
10. 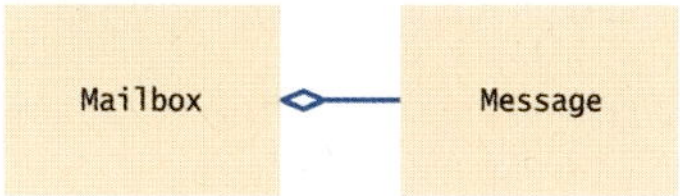

11. 도서관 시스템은 고객마다 어떤 책이 대출되었는지 기억해야 하기 때문에 Patron이 Book을 포함하는 것이 합리적이다. 하지만 디자인에는 하나의 답만 존재하는 것이 아니다. 특정 책을 빌려간 사람이 누군지 알아내는 것이 중요하다고 강하게 생각이 들면(아마도 다른 사람이 필요로 할 때 되돌려 달라고 해야 해서) 포함이 반대로 돼야 한다.
12. 아무런 관계가 없다.
13. Invoice 클래스는 납품 가격 총액을 계산해야 한다. LineItem 클래스의 도움을 받는다.
14. 이렇게 하면 클래스들 간의 의존 관계가 적어진다. 이들 클래스들을 대화상자에 송장을 보여 줄 때나 웹 페이지에 송장을 보여 줄 때에도 사용할 수 있다.

APPENDIX A

유니코드에서 기본 라틴 및 라틴-1 일부분

이 부록은 서유럽 언어를 처리하기 위하여 가장 흔히 사용되는 유니코드의 목록이다. 유니코드의 완전한 목록은 http://unicode.org에서 찾아볼 수 있다.

표 1 선택된 제어 문자

Character	Code	Decimal	Escape Sequence
Tab	'\u0009'	9	'\t'
Newline	'\u000A'	10	'\n'
Return	'\u000D'	13	'\r'
Space	'\u0020'	32	

표 2 유니코드의 라틴-1의 일부분

Char.	Code	Dec.	Char.	Code	Dec.	Char.	Code	Dec.
			@	'\u0040'	64	`	'\u0060'	96
!	'\u0021'	33	A	'\u0041'	65	a	'\u0061'	97
"	'\u0022'	34	B	'\u0042'	66	b	'\u0062'	98
#	'\u0023'	35	C	'\u0043'	67	c	'\u0063'	99
$	'\u0024'	36	D	'\u0044'	68	d	'\u0064'	100
%	'\u0025'	37	E	'\u0045'	69	e	'\u0065'	101
&	'\u0026'	38	F	'\u0046'	70	f	'\u0066'	102
'	'\u0027'	39	G	'\u0047'	71	g	'\u0067'	103
(	'\u0028'	40	H	'\u0048'	72	h	'\u0068'	104
)	'\u0029'	41	I	'\u0049'	73	i	'\u0069'	105
*	'\u002A'	42	J	'\u004A'	74	j	'\u006A'	106
+	'\u002B'	43	K	'\u004B'	75	k	'\u006B'	107
,	'\u002C'	44	L	'\u004C'	76	l	'\u006C'	108
-	'\u002D'	45	M	'\u004D'	77	m	'\u006D'	109
.	'\u002E'	46	N	'\u004E'	78	n	'\u006E'	110
/	'\u002F'	47	O	'\u004F'	79	o	'\u006F'	111
0	'\u0030'	48	P	'\u0050'	80	p	'\u0070'	112
1	'\u0031'	49	Q	'\u0051'	81	q	'\u0071'	113
2	'\u0032'	50	R	'\u0052'	82	r	'\u0072'	114
3	'\u0033'	51	S	'\u0053'	83	s	'\u0073'	115
4	'\u0034'	52	T	'\u0054'	84	t	'\u0074'	116
5	'\u0035'	53	U	'\u0055'	85	u	'\u0075'	117
6	'\u0036'	54	V	'\u0056'	86	v	'\u0076'	118
7	'\u0037'	55	W	'\u0057'	87	w	'\u0077'	119
8	'\u0038'	56	X	'\u0058'	88	x	'\u0078'	120
9	'\u0039'	57	Y	'\u0059'	89	y	'\u0079'	121
:	'\u003A'	58	Z	'\u005A'	90	z	'\u007A'	122
;	'\u003B'	59	[	'\u005B'	91	{	'\u007B'	123
<	'\u003C'	60	\	'\u005C'	92	|	'\u007C'	124
=	'\u003D'	61	]	'\u005D'	93	}	'\u007D'	125
>	'\u003E'	62	^	'\u005E'	94	~	'\u007E'	126
?	'\u003F'	63	_	'\u005F'	95			

표 3 유니코드의 라틴-1의 일부분

Char.	Code	Dec.	Char.	Code	Dec.	Char.	Code	Dec.
			À	'\u00C0'	192	à	'\u00E0'	224
¡	'\u00A1'	161	Á	'\u00C1'	193	á	'\u00E1'	225
¢	'\u00A2'	162	Â	'\u00C2'	194	â	'\u00E2'	226
£	'\u00A3'	163	Ã	'\u00C3'	195	ã	'\u00E3'	227
¤	'\u00A4'	164	Ä	'\u00C4'	196	ä	'\u00E4'	228
¥	'\u00A5'	165	Å	'\u00C5'	197	å	'\u00E5'	229
¦	'\u00A6'	166	Æ	'\u00C6'	198	æ	'\u00E6'	230
§	'\u00A7'	167	Ç	'\u00C7'	199	ç	'\u00E7'	231
¨	'\u00A8'	168	È	'\u00C8'	200	è	'\u00E8'	232
©	'\u00A9'	169	É	'\u00C9'	201	é	'\u00E9'	233
ª	'\u00AA'	170	Ê	'\u00CA'	202	ê	'\u00EA'	234
«	'\u00AB'	171	Ë	'\u00CB'	203	ë	'\u00EB'	235
¬	'\u00AC'	172	Ì	'\u00CC'	204	ì	'\u00EC'	236
-	'\u00AD'	173	Í	'\u00CD'	205	í	'\u00ED'	237
®	'\u00AE'	174	Î	'\u00CE'	206	î	'\u00EE'	238
¯	'\u00AF'	175	Ï	'\u00CF'	207	ï	'\u00EF'	239
°	'\u00B0'	176	Ð	'\u00D0'	208	ð	'\u00F0'	240
±	'\u00B1'	177	Ñ	'\u00D1'	209	ñ	'\u00F1'	241
²	'\u00B2'	178	Ò	'\u00D2'	210	ò	'\u00F2'	242
³	'\u00B3'	179	Ó	'\u00D3'	211	ó	'\u00F3'	243
´	'\u00B4'	180	Ô	'\u00D4'	212	ô	'\u00F4'	244
µ	'\u00B5'	181	Õ	'\u00D5'	213	õ	'\u00F5'	245
¶	'\u00B6'	182	Ö	'\u00D6'	214	ö	'\u00F6'	246
·	'\u00B7'	183	×	'\u00D7'	215	÷	'\u00F7'	247
¸	'\u00B8'	184	Ø	'\u00D8'	216	ø	'\u00F8'	248
¹	'\u00B9'	185	Ù	'\u00D9'	217	ù	'\u00F9'	249
º	'\u00BA'	186	Ú	'\u00DA'	218	ú	'\u00FA'	250
»	'\u00BB'	187	Û	'\u00DB'	219	û	'\u00FB'	251
¼	'\u00BC'	188	Ü	'\u00DC'	220	ü	'\u00FC'	252
½	'\u00BD'	189	Ý	'\u00DD'	221	ý	'\u00FD'	253
¾	'\u00BE'	190	Þ	'\u00DE'	222	þ	'\u00FE'	254
¿	'\u00BF'	191	ß	'\u00DF'	223	ÿ	'\u00FF'	255

APPENDIX B

자바 연산자 요약

아래 표는 우선순위가 감소하는 순서로 묶은 자바 연산자 목록이다. 표에서 수평선은 연산자의 우선순위가 달라진다는 것을 나타낸다. 연산자 우선순위가 높은 연산자는, 연산자 우선순위가 낮은 연산자보다 더 강력한 결합을 한다. 예를 들어 x + y * z 는 * 이 + 보다 우선순위가 높음으로, x + (y * z)를 의미한다. 아래의 표를 보면, x && y || z가 ||가 더 낮은 연산자 우선순위를 가짐으로, (x && y) || z를 의미한다는 것을 말할 수 있다. 연산자의 결합성(associativity)는 연산자를 왼쪽으로 그룹으로 묶을 것인지, 오른쪽으로 그룹을 묶을 것인지를 지시한다. 예를 들어 - 연산자는 왼쪽에서 오른쪽으로 결합한다. 따라서 x - y - z는 (x - y) - z를 의미한다. 그러한 = 연산자는 오른쪽에서 왼쪽으로 결합한다. 따라서 x = y = z는 x = (y = z)를 의미한다.

연산자	의미	결합성
.	클래스 특성 접근	왼쪽에서 오른쪽으로
[ ]	배열 첨자	
( )	함수 호출	
++	증가	오른쪽에서 왼쪽으로
—	감소	
!	부울 부정(not)	
~	비트 단위 부정(not)	
+(단항)	(아무런 영향 없다.)	
–(단항)	음의 부호	
(형 이름)	형변환	
new	객체 할당	
*	곱셈	왼쪽에서 오른쪽으로
/	나눗셈 또는 정수 나눗셈	
%	정수 나머지	

<table>
<tr><td>+</td><td>덧셈, 문자열 결합</td><td rowspan="2">왼쪽에서 오른쪽으로</td></tr>
<tr><td>−</td><td>뺄셈</td></tr>
<tr><td>〈〈</td><td>왼쪽 쉬프트</td><td rowspan="3">왼쪽에서 오른쪽으로</td></tr>
<tr><td>〉〉</td><td>부호 확장을 하는 오른쪽 쉬프트</td></tr>
<tr><td>〉〉〉</td><td>0으로 확장하는 오른쪽 쉬프트</td></tr>
<tr><td>〈</td><td>작은</td><td rowspan="5">왼쪽에서 오른쪽으로</td></tr>
<tr><td>〈=</td><td>작거나 같은</td></tr>
<tr><td>〉</td><td>큰</td></tr>
<tr><td>〉=</td><td>크거나 같은</td></tr>
<tr><td>instanceof</td><td>객체의 형이 주어진 형이거나 그 하위의 형인지를 검사한다.</td></tr>
<tr><td>==</td><td>같다.</td><td rowspan="2">왼쪽에서 오른쪽으로</td></tr>
<tr><td>!=</td><td>같지 않다.</td></tr>
<tr><td>&</td><td>비트 단위 and</td><td>왼쪽에서 오른쪽으로</td></tr>
<tr><td>^</td><td>비트 단위 xor</td><td>왼쪽에서 오른쪽으로</td></tr>
<tr><td>|</td><td>비트 단위 or</td><td>왼쪽에서 오른쪽으로</td></tr>
<tr><td>&&</td><td>부울 and</td><td>왼쪽에서 오른쪽으로</td></tr>
<tr><td>||</td><td>부울 or</td><td>왼쪽에서 오른쪽으로</td></tr>
<tr><td>? :</td><td>조건문</td><td>오른쪽에서 왼쪽으로</td></tr>
<tr><td>=</td><td>배정문</td><td rowspan="2">오른쪽에서 왼쪽으로</td></tr>
<tr><td>op=</td><td>이항 연산자를 가진 배정문(op는 +,−,*,/,&,|,^,〈〈,〉〉,〉〉〉 중의 하나)</td></tr>
</table>

APPENDIX C

자바 예약어 요약

예약어	의미
abstract	추상 클래스나 추상 메서드
assert	조건이 만족하는지를 검증
boolean	부울 형
break	현재의 루프나 라벨이 붙은 문을 빠져나온다.
byte	8비트 부호 있는 정수 형
case	switch 문의 라벨
catch	try 블록에서 예외에 대한 처리자
char	16비트 유니코드 문자 형
class	클래스를 정의한다.
const	사용되지 않는다.
continue	루프 몸체의 나머지 부분을 건너 뛴다.
default	switch 문의 디폴트 라벨
do	몸체가 최소한 한 번은 실행되는 루프
double	64비트 배정밀도의 부동 소수
else	if 문의 대체 절
enum	나열 형
extends	클래스가 다른 클래스의 하위 클래스임을 지시한다.
final	초기화되고 나서는 바꿀 수 없는 값, 재정의 할 수 없는 함수, 또는 상속할 수 없는 클래스
finally	try 블록에서 항상 수행되는 절
float	32비트 단정밀도 부동소수 형
for	초기화, 조건, 업데이트 표현을 가진 루프
goto	사용되지 않는다.
if	조건 분기 문

implements	인터페이스를 구현하는 클래스를 지시한다.
import	패키지 이름 없이 클래스의 이름을 사용하도록 허용해준다.
instanceof	객체의 형이 주어진 형이거나 그 하위의 형인지를 검사한다.
int	32비트 정수 형
interface	추상 메서드와 상수만을 가진 추상 형(abstract type)
long	64비트 정수형
native	자바가 아닌 코드로 구성된 메서드
new	객체를 할당함
package	관련된 클래스의 모음
private	동일한 클래스의 메서드에 의해서만 접근이 가능하게 하는 특성
protected	동일한 클래스나 하위 클래스 또는 동일한 패키지의 다른 클래스의 메서드에 의해서만 접근이 가능한 특성
public	모든 메서드에 의하여 접근할 수 있는 특성
return	메서드로부터 반환
short	16비트 정수형
static	각각의 실체가 아니라 클래스를 위하여 정의되는 특성
strictfp	부동 소수 연산에 있어서 정확한 규칙을 사용한다.
super	상위 클래스의 생성자나 메서드를 호출한다.
switch	선택 문
synchronized	한 번에 하나의 스레드만이 접근하도록 설정된 코드 블록
this	메서드의 묵시적 매개변수 ; 또는 동일한 클래스의 다른 생성자를 호출
throw	예외 발생
throws	메서드가 발생시키는 예외
transient	시리얼화 되지 않아야 하는 객체 변수
try	예외처리나 finally 처리를 위한 블록을 위한 코드
void	반환값이 없는 메서드에 대한 표시
volatile	다중 스레드에서 동기화 없이 접근 가능한 변수
while	루프 문

APPENDIX D

자바 라이브러리

이 부록에서는 이 책에 사용된 표준 자바 라이브러리의 모든 클래스와 메서드를 나열한다.

다음의 상속 계층적 구조에서 이 책에서 사용되지 않은 것은 회색으로 표시하였다. 어떤 클래스는 이 책에서 다루지 않은 인터페이스를 구현하고 있으며 그러한 것은 생략했다. 클래스는 먼저 패키지로 정렬을 하고, 그리고 패키지 내에서 알파벳 순서로 정렬한다.

```
java.awt.Shape
java.lang.Cloneable
java.lang.Object
   java.awt.BorderLayout
   java.awt.Color
   java.awt.Component
      java.awt.Container
         javax.swing.JComponent
            javax.swing.AbstractButton
               javax.swing.JButton
               javax.swing.JMenuItem
                  javax.swing.JMenu
               javax.swing.JToggleButton
                  javax.swing.JCheckBox
                  javax.swing.JRadioButton
            javax.swing.JComboBox
            javax.swing.JFileChooser
            javax.swing.JLabel
            javax.swing.JMenuBar
            javax.swing.JPanel
            javax.swing.JOptionPane
            javax.swing.JScrollPane
            javax.swing.JSlider
            javax.swing.text.JTextComponent
               javax.swing.JTextArea
               javax.swing.JTextField
      java.awt.Window
         java.awt.Frame
            javax.swing.JFrame
   java.awt.Dimension2D
      java.awt.Dimension implements Cloneable
   java.awt.FlowLayout
   java.awt.Font
```

```
   java.awt.Graphics
      java.awt.Graphics2D;
   java.awt.GridLayout
   java.awt.event.MouseAdapter implements MouseListener
   java.awt.geom.Line2D implements Cloneable, Shape
      java.awt.geom.Line2D.Double
   java.awt.geom.Point2D implements Cloneable
      java.awt.geom.Point2D.Double
   java.awt.geom.RectangularShape implements Cloneable, Shape
   java.awt.geom.Rectangle2D
      java.awt.Rectangle
   java.awt.geom.Ellipse2D
      java.awt.geom.Ellipse2D.Double
java.io.File implements Comparable<File>
java.io.InputStream
   java.io.FileInputStream
java.io.OutputStream
   java.io.FileOutputStream
   java.io.FilterOutputStream
      java.io.PrintStream
java.io.Writer
   java.io.PrintWriter
java.lang.Boolean implements Comparable<Boolean>
java.lang.Character implements Comparable<Character>
java.lang.Class
java.lang.Math
java.lang.Number
   java.math.BigDecimal implements Comparable<BigDecimal>
   java.math.BigInteger implements Comparable<BigInteger>
   java.lang.Double implements Comparable<Double>
   java.lang.Integer implements Comparable<Integer>
java.lang.String implements Comparable<String>
java.lang.System
java.lang.Throwable
   java.lang.Error
   java.lang.Exception
      java.lang.CloneNotSupportedException
      java.lang.InterruptedException
      java.io.IOException
         java.io.EOFException
         java.io.FileNotFoundException
      java.lang.RuntimeException
         java.lang.IllegalArgumentException
            java.lang.NumberFormatException
         java.lang.IllegalStateException
         java.util.NoSuchElementException
            java.util.InputMismatchException
         java.lang.NullPointerException
java.net.URL
java.net.URLConnection
java.text.Format
   java.text.DateFormat
java.util.AbstractCollection<E>
   java.util.AbstractList<E>
      java.util.AbstractSequentialList<E>
         java.util.LinkedList<E> implements List<E>, Queue<E>
      java.util.ArrayList<E> implements List<E>
   java.util.AbstractQueue<E>
      java.util.PriorityQueue<E>
```

```
      java.util.AbstractSet<E>
         java.util.HashSet<E> implements Set<E>
         java.util.TreeSet<E> implements SortedSet<E>
   java.util.AbstractMap<K, V>
      java.util.HashMap<K, V> implements Map<K, V>
         java.util.LinkedHashMap<K, V>
      java.util.TreeMap<K, V> implements Map<K, V>
   java.util.Arrays
   java.util.Collections
      java.util.Calendar
         java.util.GregorianCalendar
      java.util.Date
      java.util.EventObject
         java.awt.AWTEvent
            java.awt.event.ActionEvent
            java.awt.event.ComponentEvent
               java.awt.event.InputEvent
                  java.awt.event.KeyEvent
                  java.awt.event.MouseEvent
         javax.swing.event.ChangeEvent
      java.util.Random
      java.util.Scanner
      java.util.logging.Level
      java.util.logging.Logger
      javax.swing.ButtonGroup
      javax.swing.ImageIcon
      javax.swing.Keystroke
      javax.swing.Timer
      javax.swing.border.AbstractBorder
         javax.swing.border.EtchedBorder
         javax.swing.border.TitledBorder
   java.lang.Comparable<T>
   java.util.Collection<E>
      java.util.List<E>
      java.util.Set<E>
         java.util.SortedSet<E>
   java.util.Comparator<T>
   java.util.EventListener
      java.awt.event.ActionListener
      java.awt.event.KeyListener
      java.awt.event.MouseListener
      javax.swing.event.ChangeListener
   java.util.Iterator<E>
      java.util.ListIterator<E>
   java.util.Map<K, V>
   java.util.Queue<E> extends Collection<E>
```

다음의 기술에서 "this 객체(this object)"(this 컴포넌트(this component), "this 컨테이너(this container), 등) 는 묵시적 매개변수인 this에 의하여 호출되는 메서드에 대한 객체를 의미한다.

Package java.applet

Class java.applet.Applet

- **void** destroy( )

  이 메서드는 마지막으로 stop을 호출한 후 애플릿을 종료하려고 할 때 불려진다.

- void init( )

  이 메서드는 애플릿을 호출한 후 start를 처음으로 호출하기 전에 불려진다.

- void start( )

  이 메서드는 init 메서드를 호출한 후 애플릿을 재접근할 때마다 호출된다.

- void stop( )

  이 메서드는 애플릿을 보기를 그만둘 때마다 호출된다.

Package java.awt

Class java.awt.BorderLayout

- **BorderLayout**( )

  이것은 경계 배치를 생성한다. 경계 배치는 "North", "South", "East", "West", "Center"라고 불리 우는 컴포넌트를 추가할 수 있는 다섯 개의 영역이 있다.

- static final int CENTER

  이 값은 경계 배치의 가운데 위치를 확인한다.

- static final int EAST

  이 값은 경계 배치의 동쪽 위치를 확인한다.

- static final int SOUTH

  이 값은 경계 배치의 남쪽 위치를 확인한다.

- static final int NORTH

  이 값은 경계 배치의 북쪽 위치를 확인한다.

- static final int WEST

  이 값은 경계 배치의 서쪽 위치를 확인한다.

Class java.awt.Color

- **Color**(int red, int green, int blue)

  이것은 0에서 255 사이의 빨강, 초록, 파랑색의 값을 기술하여 컬러를 만든다.

  매개변수: red 빨간색 요소

  green 초록색 요소

blue 파란색 요소

Class java.awt.Component

- void **addMouseListener**(MouseListerner listener)

  이 메서드는 컴포넌트에 마우스 청취자를 추가한다.

  매개변수: listener 추가할 마우스 청취자

- int **getHeight**( )

  이 메서드는 컴포넌트의 높이를 얻는다.

  반환: 픽셀 단위의 높이

- int **getWidth**( )

  이 메서드는 컴포넌트의 폭을 얻는다.

  반환: 픽셀 단위의 폭

- void **repaint**( )

  이 메서드는 paint 메서드의 호출을 스케줄링 하여 컴포넌트가 다시 그려지도록 한다.

- void **setPreferredSize**(Dimension preferredSize)

  이 메서드는 컴포넌트가 선호하는 크기를 설정한다.

- void **setSize**(int width, int height)

  이 메서드는 컴포넌트의 크기를 설정한다.

  매개변수: width 컴포넌트의 폭
  height 컴포넌트의 높이

- void **setVisible**(boolean visible)

  이 메서드는 컴포넌트를 보이게 하거나 숨기게 한다.

  매개변수: visible 컴포넌트를 보이게 하기 위해서는 true, 숨기기 위해서는 false

Class java.awt.Container

- void **add**(Component c)
- void **add**(Component c, Object position)

  이들 메서드는 컨테이너의 끝에 하나의 컴포넌트를 추가한다. 위치가 주어지면 배치 관리자는 컴포넌트의 위치를 호출한다.

  매개변수: c 추가할 컴포넌트
  position 배치 관리자를 위한 위치 정보를 표현하는 객체

- void **setLayout**(LayoutManager manager)

  이 메서드는 컨테이너를 위한 배치 관리자를 설정한다.

매개변수: manager 배치 관리자

Class java.awt.Dimension

- **Dimension**(int width, int height)

이것은 주어진 폭과 높이를 가진 Dimension 객체를 생성한다.

매개변수: width 폭
height 높이

Class java.awt.FlowLayout

- **FlowLayout**( )

이것은 새로운 플로 배치를 생성한다. 플로 배치는 가능한 많은 요소의 크기를 바꾸지 않고 한 줄에 배치하고 필요하면 새로운 줄에서 시작한다.

Class java.awt.Font

- **Font**(String name, int style, int size)

이것은 기술된 이름과 스타일 및 점의 크기를 가지고 폰트 객체를 생성한다.

매개변수: name 폰트 이름으로 폰트 글꼴 이름이나 "Dialog", "DialogInput", "Monospaced", "Serif", 또는 "SansSerif", 와 같은 논리적인 폰트 이름
style Font.PLAIN, Font.ITALIC, Font.BOLD, 또는 Font.ITALIC + FONT.BOLD
size 폰트의 점 크기

Class java.awt.Frame

- void **setTitle**(String title)

이 메서드는 프레임의 이름을 설정한다.

매개변수: title 프레임 경계에 표시할 이름

Class java.awt.Graphics

- void setColor(Color c)

이 메서드는 현재의 색을 설정한다. 이후에는 모든 그래픽 연산에 설정된 컬러를 사용하게 된다.

매개변수: c 새로 그리는 색

Class java.awt.Graphics2D

- void **draw**(Shape s)

이 메서드는 주어진 모양의 윤곽선을 그린다. Rectangle, Line3D.double과 같

은 많은 클래스가 Shape 인터페이스를 구현한다.

매개변수: s 그릴 모양

- void **drawString**(String s, int x, int y)
- void **drawString**(String s, float x, float y)

이 메서드들은 현재의 폰트로 문자열을 그린다.

매개변수: s 그릴 문자열
x, y 문자열의 첫 번째 문자의 기본점 위치

- void **fill**(Shape s)

이 메서드는 주어진 모양을 그리고, 현재의 색상으로 채운다.

매개변수: s 채울 모양

Class java.awt.GridLayout

- **GridLayout**(int rows, int cols)

이 생성자는 주어진 숫자의 row와 column의 기술된 숫자에 따른 격자 배치(grid layout)를 만든다. 격자 배치의 요소는 동일한 크기와 높이를 가진 격자로 배치된다. 행과 열 중의 하나의 값이 영이면 행이나 열에 임의의 개수를 행이나 열에 놓을 수 있다.

매개변수: rows 격자에서 행의 개수
cols 격자에서 열의 개수

Class java.awt.Rectangle

- **Rectangle**( )

왼쪽 위 꼭지점을 (0, 0)으로 하고 width와 height을 0으로 설정한다.

- **Rectangle**(int x, int y, int width, int height)

이것은 주어진 왼쪽 위 모서리와 크기를 가지고 직사각형을 만든다.

매개 변수: x, y 왼쪽 위 모서리
width 폭
height 높이

- double **getHeight**( )
- double **getWidth**( )

이 메서드들은 직사각형의 높이와 폭을 얻는다.

- double **getX**( )
- double **getY**( )

이 메서드들은 직사각형의 왼쪽 위 모서리의 x축 및 y축 좌표를 얻는다.

- `void grow(int dw, int dh)`

  이 메서드는 직사각형의 폭과 높이를 조정한다.

  매개변수: dw 증가할 폭의 양(음수일 수 있다.)

  dh 증가할 높이의 양(음수일 수 있다.)

- `Rectangle intersction(Rectangle other)`

  이 메서드는 기술된 직사각형과 주어진 직사각형과의 교차 영역을 계산한다.

  매개변수: other(비교할) 직사각형

  반환값: 현재와 다른 직사각형 모두를 포함하는 가장 큰 직사각형

- `void setLocation(int x, int y)`

  이 메서드는 직사각형을 새로운 위치로 움직인다.

  매개 변수: x, y 새로운 왼쪽 위 모서리(의 위치)

- `void setSize(int width, int height)`

  이 메서드는 현재 직사각형의 폭과 높이를 새로운 값으로 설정한다.

  매개변수: width 새로운 폭

  height 새로운 높이

- `void translate(int dx, int dy)`

  이 메서드는 현재의 직사각형을 움직인다.

  매개변수: dx *x*축을 따라 움직이는 거리

  dy *y*축을 따라 움직이는 거리

- `Rectangle union(Rectangle other)`

  이 메서드는 주어진 직사각형을 가지고 현재의 직사각형과의 결합을 계산한다. 이것은 이론적인 결합이 아니라 현재 것(this)과 다른 것(other)이 모두 포함되어 있는 가장 작은 직사각형이다.

Interface java.awt.Shape

이 Shape 인터페이스는 Graphics2D 객체에 의하여 그려지거나 채워지는 모양을 기술한다.

Package java.awt.event

Interface java.awt.event.ActionListener

- `void actionPerformed(ActionEvent e)`

  이 이벤트의 소스는 동작이 발생할 때 이 메서드를 호출한다.

Class java.awt.event.MouseEvent

- int **getX**( )

  이 메서드는 이벤트가 발생하는 시간의 마우스의 수평 위치를 반환한다.

  반환값: 마우스의 *x* 위치

- int **getY**( )

  이 메서드는 이벤트가 발생하는 시간의 마우스의 수직 위치를 반환한다.

  반환값: 마우스의 *y* 위치

Interface java.awt.event.MouseListener

- void **mouseClicked**(MouseEvent e)

  이 메서드는 마우스가 클릭 했을 때(즉, 빠르게 눌렀다가 들었을 때) 호출된다.

- void **mouseEntered**(MouseEvent e)

  이 메서드는 마우스가 현재의 리스너를 추가한 컴포넌트에 들어갈 때 호출된다.

- void **mouseExited**(MouseEvent e)

  이 메서드는 리스너를 추가한 컴포턴트를 빠져나갈 때 호출된다.

- void **mousePressed**(MouseEvent e)

  이 메서드는 마우스 버튼이 눌려지면 호출된다.

- void **mouseReleased**(MouseEvent e)

  이 메서드는 마우스 버튼을 떼어 놓을 때 호출된다.

Package java.awt.geom

Class java.awt.geom.Ellipse2D.Double

- **Ellipse2D.Double**(double x, double y, double w, double h)

  이 메서드는 명시된 좌표로부터 타원을 만든다.

  매개변수: x, y 경계 직사각형의 왼쪽 위 모서리의 좌표

  w 경계 직사각형의 폭

  h 경계 직사각형의 높이

Class java.awt.geomLine2D

- double **getX1**( )
- double **getX2**( )
- double **getY1**( )
- double **getY2**( )

  이 메서드들은 선의 끝점이 요구한 좌표를 얻는다.

반환값: 첫 번째 또는 두 번째 끝점의 x축 또는 y축 좌표

- void **setLine**(double x1, double y1, double x2, double y2)

이 메서드는 선의 끝점을 설정한다.

매개변수: x1, y1 선의 새로운 끝점
x2, y2 선의 또 다른 끝점

Class java.awt.geom.Line2D.Double

- **Line2D.Double**(double x1, double y1, double x2, double y2)

이것은 명시된 좌표로부터 선을 만든다.

매개변수: x1, y1 선의 한 끝점
x2, y2 선의 다른 끝점

- **Line2D.Double**(Point2D p1, Point2D p2)

이것은 두 끝점으로부터 선을 만든다.

매개변수: p1, p2 선의 끝점

Class java.awt.geom.Point2D

- double **getX**( )
- double **getY**( )

이 메서드들은 점이 요구하는 좌표를 얻는다.

반환 값: 점의 x축 및 y축 좌표값

- void **setLocation**(double x, double y)

이 메서드는 점의 x축과 y축의 좌표를 설정한다.

매개 변수: x, y 점의 새로운 위치

Class java.awt.geom.Point2D.Double

- **point2D.Double**(double x, double y)

이것은 명시된 좌표를 가진 점을 만든다.

매개 변수: x, y 점의 좌표

Class java.awt.geom.RectangularShape

- int **getHeight**( )
- int **getWidth**( )

이 메서드들은 직사각형 모양의 경계 직사각형의 높이나 폭을 얻는다.

- double **getCenterX**( )
- double **getCenterY**( )

- double **getMaxX**( )
- double **getMaxY**( )
- double **getMinX**( )
- double **getMinY**( )

 이 메서드들은 중심이나 모양의 경계 직사각형 중심의 요구된 좌표를 얻는다.

 반환 값: 중심, 최대 또는 최소 x축과 y축의 좌표

Package java.io

Class java.io.EOFException

- **EOFException**(String message)

 이것은 파일의 끝(end of file)에 대한 예외 객체를 생성한다.

 매개변수: message 구체적인 메시지

Class java.io.File

- **File**(String name)

 이것은(있을 수도 있고, 없을 수도 있는데) 주어진 이름의 파일을 기술하는 파일에 대한 File 객체를 만든다.

 매개변수: name 파일의 이름

- static final String pathSeperator

 이것은 경로이름 사이에 시스템에 종속적인 구별자이다. 리눅스나 맥 OS X는 콜론(:), 윈도우는 세미콜론(;)이 사용된다.

Class java.io.FileInputStream

- **FileInputStream**(File f)

 이것은 파일 입력 스트림을 생성하여 선택된 파일을 연다. 파일이 읽기를 위하여 열 수가 없다면 FileNotFoundException이라는 예외가 발생한다.

- **FileInputStream**(String name)

 이것은 파일 입력 스트림을 생성하고 주어진 이름의 파일을 연다. 파일이 읽기를 위하여 열 수가 없다면 FileNotFoundException이라는 예외가 발생한다. 매개 **변수:** name 이 이름은 읽기를 위하여 여는 파일의 이름이다.

Class java.io.FileNotFoundException

이 예외는 파일을 열 수 없을 경우에 발생한다.

Class java.io.FileOutputStream

- **FileOutputStream**(File f)

  이것은 파일 출력 스트림을 만들고 선택된 파일을 연다. 만약 파일을 쓰기 위하여 열 수 없다면 FileNotFoundException이 발생하게 된다.

  매개변수: f 쓰기를 위하여 여는 파일

- **FileOutputStream**(String name)

  이것은 파일 출력 스트림을 생성하고 주어진 이름의 파일을 연다. 만약 파일을 쓰기 위하여 열 수 없다면 FileNotFoundException이 발생하게 된다.

  매개변수: name 쓰기를 위하여 여는 파일의 이름

Class java.io.InputStream

- void **close**( )

  이 메서드는 입력 스트림(예 : FileInputStream)을 닫고 주어진 스트림과 연관된 시스템 자원을 해제한다.

- int **read**( )

  이 메서드는 입력 스트림으로부터 다음 바이트를 호출한다.

  반환값: 데이터의 다음 바이트 또는 스트림의 끝을 만나면 −1

Class java.io.InputStreamReader

- **InputStreamReader**(InputStream in)

  이것은 명시된 입력 스트림으로부터 읽은 것을 생성한다.

  매개변수: in 읽을 스트림

Class java.io.IOException

입력/출력 오류를 만나게 되면 이 유형의 예외를 발생시킨다.

Class java.io.ObjectInputStream

- ObjectInputStream(InputStream in)

  이것은 입력 스트림 객체를 생성한다.

- Object readObject( )

  이 메서드는 이 객체의 입력 스트림으로부터 다음 객체를 읽는다.

  반환값: 다음 객체

Class java.io.ObjectOutputStream

- ObjectOutputStream(OutputStream out)

  이것은 객체의 출력 스트림을 생성한다.

  매개변수: out 쓰기 위한 스트림

- Object writeObject(Object obj)

이 메서드는 현재 객체의 출력 스트림에 다음 객체를 쓴다.

매개변수: obj 쓰고자 하는 객체

Class java.io.OutputStream

- void **close**( )

이 메서드(FileOutputStream과 같은)는 출력 스트림을 닫고 이 스트림과 결합되어 있는 모든 시스템 자원을 해제한다. 닫은 스트림은 출력 연산을 수행할 수 없으며, 다시 열수가 없다.

- void **write**(int b)

이 메서드는 출력 스트림에 가장 낮은 바이트를 적는다.

매개변수: b 가장 낮은 바이트가 적혀지는 정수

Class java.io.PrintStream/Class java.io.PrintWriter

- **PrintStream**(String name)
- **PrintWriter**(String name)

이것은 PrintStream 또는 PrintWriter를 생성하고 주어진 이름의 파일을 연다. 파일이 쓰기를 위하여 열 수가 없다면, FileNotFoundException을 발생시킨다.

매개변수: name 쓰기를 하기 위하여 열고자 하는 파일의 이름

- void **close**( )

이 메서드는 스트림을 닫고 연관된 시스템 자원을 작성하거나 해제한다.

- void **print**(int x)
- void **print**(double x)
- void **print**(Object x)
- void **print**(String x)
- void **println**( )
- void **println**(int x)
- void **println**(double x)
- void **println**(Object x)
- void **println**(String x)

이 메서드들은 PrintStream 또는 PrintWriter에 출력한다. println 메서드들은 값(value) 후에 새로운 줄을 출력한다. 객체는 toString 메서드들을 가지고 문자열로 바꾼 후 출력한다.

매개변수: x 출력할 값

- PrintStream **printf**(String format, Object... values)

- `PrintWriter` **`printf`**`(String format, Object... values)`

  이 메서드는 %로 시작하는 자리지정에 대하여 주어진 값으로 대체하여 서식 문자열을 PrintStream이나 PrintWriter에 출력한다.

  매개변수: format 서식 문자열

  values 출력할 값, 임의의 숫자 값을 제공할 수 있다.

  반환값: 묵시적 매개변수

Class java.io.RandomAccessFile

- `RandomAccessFile(String name, String mode)`

  이 메서드는 읽기 또는 읽기/쓰기를 위하여 접근할 이름 붙여진 임의 접근 파일을 연다.

  매개변수: name 파일 이름

  mode "r"은 읽기용 또는 "rw"은 읽기/쓰기요 접근

- `long getFilePointer( )`

  이 메서드는 현재 파일의 현재 위치를 얻는다.

  반환값: 읽거나 쓰기 위한 현재의 위치

- `long length( )`

  이 메서드는 파일의 길이를 얻는다.

  반환값: 파일의 길이

- `char readChar( )`
- `double readDouble( )`
- `int readInt( )`

  이 메서드들은 파일의 현재 위치로부터 값을 읽는다.

  반환값: 파일로부터 읽은 값

- `void seek(long position)`

  이 메서드는 파일에 읽거나 쓰기 위한 위치를 설정한다.

  매개변수: position 새로운 위치

- `void writeChar(int x)`
- `void writeChars(String x)`
- `void writeDouble(double x)`
- `void writeInt(int x)`

  이러한 방법들은 파일의 현재 위치에 값을 쓰도록 한다.

  매개변수: x 쓰고자 하는 값

Package java.lang

Class java.lang,Boolean

- **Boolean**(boolean value)

  이것은 부울 값에 대한 wrapper 객체를 만든다.

  매개변수: value 객체에 저장할 값

- boolean **booleanValue**( )

  이 메서드는 Boolean 객체에 저장되어 있는 부울 값을 돌려받는다.

  반환값: 객체의 Boolean값

Class java.lang.Character

- static boolean **isDigit**(ch)

  이 메서드는 주어진 문자가 유니코드의 숫자에 해당하는지를 테스트한다.

  매개변수: ch 테스트하고자 하는 문자

  반환값: 문자가 숫자이면 true 반환

- static boolean **isLetter**(ch)

  이 메서드는 주어진 문자가 유니코드의 글자에 해당하는지를 테스트한다.

  매개변수: ch 테스트하고자 하는 문자

  반환값: 문자가 글자에 해당하면 ture 반환

- static boolean **isLowerCase**(ch)

  이 메서드는 주어진 문자가 유니코드의 소문자 글자에 해당하는지를 테스트한다.

  매개변수: ch 테스트하고자 하는 문자

  반환값: 문자가 소문자 글자에 해당하면 true 반환

- static boolean **isUpperCase**(ch)

  이 메서드는 주어진 문자가 유니코드의 대문자 글자에 해당하는지를 테스트한다.

  매개변수: ch 테스트하고자 하는 문자

  반환값: 문자가 대문자 글자에 해당하면 true 반환

Interface java.lang.Cloneable

이 인터페이스를 구현하는 클래스는 Object.clone이 객체 변수에 대하여 얕은 복사를 하는 것을 허용해 주는 것을 표시한다.

Class java.lang.CloneNotSupportedException

이 예외는 Object.clone이 Cloneable 인터페이스를 구현하지 않은 클래스의 객체에 대하여 얕은 복사를 허용하도록 만들 경우에 발생한다.

Interface java.lang.Comparable<T>

- int compareTo(T other)

이 메서드는 현재 객체와 other 객체를 비교한다.

매개변수: other 비교하고자 하는 객체

반환값: 현재 객체보다 다른 객체가 작으면 음수, 동일하면 영, 그렇지 않으면 양수

Class java.lang.Double

- **Double**(double value)

이것은 배정밀도 부동 소수를 위한 wrapper 객체를 만든다.

매개변수: value 이 객체에 저장할 값

- double **doubleValue**( )

이 메서드는 Double wrapper 객체에 저장되어 있는 부동소수값을 반환한다.

반환값: 객체에 저장되어 있는 값

- static double **parseDouble**(String s)

이 메서드는 문자열이 나타내는 부동 소수를 반환한다. 문자열이 부동소수로 표현이 될 수 없다면 NumberFormatException 예외가 발생한다.

매개변수: s 분석하고자 하는 문자열

반환값: 문자열 매개변수에 의하여 나타내는 숫자

Class java.lang.Error

이것은 모든 검토되지 않은 시스템 오류를 위한 상위 클래스이다.

Class java.lang.IllegalArgumentException

- **IlldgalArgumentException**( )

이것은 자세한 메시지 내용 없이 IllegalArgumentException을 생성한다.

Class java.lang.IllegalStateException

이 예외는 객체의 상태가 현재 적용할 수 없는 메서드임을 나타내기 위하여 발생한다.

Class java.lang.Integer

- **Integer**(int value)

이것은 정수에 대한 wrapper 객체를 만든다.

- int **intValue**( )

이 메서드는 wrapper 객체에 저장되어 있는 정수를 반환한다.

- `static int parseInt(String s)`

이 메서드는 문자가 나타내는 정수를 반환한다. 만약 문자열이 정수로 변환이 될 수 없으면, NumberFormatException 예외가 발생한다.

매개변수: s 분석하고자 하는 문자열

반환값: 문자열 매개변수에 의하여 나타내는 값

- `static Integer parseInt(String s, int base)`

이 메서드는 주어진 수의 체계에 의하여 문자열이 나타내는 정수 값을 반환한다. 만약 문자열이 정수로 변환이 될 수 없으면, NumberFormatException 예외가 발생한다.

매개변수: s 분석할 문자열

base 숫자 시스템의 진법(예 : 2 또는 16)

반환값: 문자열 매개변수가 나타내는 값

- `static String toString(int i)`
- `static String toString(int i, int base)`

이 메서드는 주어진 숫자 시스템의 정수 표현 문자열을 만든다. 진법이 주어지지 않으면 십진법으로 만든다.

매개변수: i 정수 숫자

base 숫자 시스템의 진법(예 : 2 또는 16)

반환값: 명시된 숫자 시스템에 따른 주어진 숫자 매개변수에 대한 문자열 표현

- `static final int MAX_VALUE`

이 상수는 정수형에 가장 큰 숫자이다.

- `static final int MIN_VALUE`

이 상수는 정수형의 가장 작은 숫자를 나타낸다.

Class java.lang.Math

- `static double abs(double x)`

이 메서드는 절대값 $|x|$를 반환한다.

매개변수: x 부동소수값

반환값: 매개 변수의 절대값

- `static double acos(double x)`

이 메서드는 주어진 cos 값의 역함수 $\cos^{-1} x \in [0, \pi]$의 각도값을 반환한다.

매개변수: x -1과 1 사이의 부동소수값

반환값: 매개변수의 역 cos 라디안값

- `static double asin(double x)`

 이 메서드는 주어진 sin 값의 역함수 $\sin^{-1} x \in [-\pi/2, \pi/2]$의 각도값을 반환한다.

 매개변수: x -1과 1 사이의 부동소수값

 반환값: 매개변수의 역 sin 라디안값

- `static double atan(double x)`

 이 메서드는 주어진 tan 값의 역함수 $\tan^{-1} x\ (-\pi/2, \pi/2)$의 각도값을 반환한다.

 매개변수: x -1과 1 사이의 부동소수값

 반환값: 매개변수의 역 cos 라디안값

- `static double atan2(double y, double x)`

 이 메서드는 주어진 tan값의 역함수 $\tan^{-1} (y/x) \in (-\pi, \pi)$의 각도값을 반환한다. 만약 x값이 0과 같거나 또는 북서쪽과 남동쪽을, 그리고 북동쪽과 남서쪽을 구분하는 것이 필요하다면, atan(y/x) 대신에 이 메서드를 사용하라.

 매개변수: x, y 두 개의 부동소수값

 반환값: (0,0)과 (x, y) 사이의 라디안값

- `static double ceil(double x)`

 이 메서드는 x보다 크거나 같은 가장 작은 정수값을 반환한다.

 매개변수: x 부동소수값

 반환값: 매개변수의 천정 정수(ceiling integer)

- `static double cos(double radius)`

 이 메서드는 라디안으로 주어지는 각도에 대한 cos값을 반환한다.

 매개변수: radius 라디안 각도

 반환값: 매개 변수의 cos값

- `static double exp(double x)`

 이 메서드는 e^x 값을 반환한다. 여기서 e는 자연 로그의 베이스이다.

 매개변수: x 부동소수값

 반환값: e^x

- `static double floor(double x)`

 이 메서드는 x보다 작거나 같은 가장 큰 정수를 반환한다.

 매개 변수: x 부동소수값

 반환 값: 매개 변수의 바닥 정수(floor integer)

- `static double log(double x)`
- `static double log10(double x)`

 이 메서드는 x의 자연(base e) 또는 십진(base 10) 로그값 $\ln x$를 반환한다.

 매개변수: x 0.0보다 큰 숫자

반환값: 매개변수에 대한 자연 로그값

- `static int max(int x, int y)`
- `static double max(doube x, double y)`

이 메서드들은 주어진 매개변수들에서 가장 큰 값을 반환한다.

매개변수: x,y 두 개의 정수 또는 부동소수

반환값: 매개 변수에서 가장 큰 값

- `static int min(int x, int y)`
- `static double min(double x, double y)`

이 메서드들은 주어진 매개 변수에서 가장 작은 값을 반환한다.

매개변수: x, y 두 개의 정수 또 부동소수

반환값: 매개 변수에서 가장 작은 값

- `static double pow(double x, double y)`

이 메서드는 $(x\rangle 0$, 또는 $x=0, y\rangle 0$ 또는 $x\langle 0, y$는 정수)값을 반환한다.

매개변수: x, y 두 개의 부동소수 값

반환 값: 첫 번째 변수에 대한 두 번째 변수에 대한 승수의 값

- `static long round(double x)`

이 메서드는 매개변수의 가장 가까운 long 정수를 반환한다.

매개변수: x 부동소수값

반환값: 반올림에 의하여 가장 가까운 long 값

- `static double sin(double radius)`

이 메서드는 라디안으로 주어지는 각도에 대한 sin 값을 반환한다.

매개변수: radius 라디안 각도

반환 값: 매개변수의 sin 값

- `static double sqrt(double x)`

이 메서드는 x의 제곱근, $\sqrt{x}$을 반환한다.

매개 변수: x 음이 아닌 부동 소수값

반환 값: 매개변수의 제곱근

- `static double tan(double radius)`

이 메서드는 라디안으로 주어지는 각도에 대한 tan값을 반환한다.

매개변수: radius 라디안 각도

반환값: 매개 변수의 tan값

- `static double toDegree(double radian)`

이 메서드는 라디안을 도(degree)값으로 바꾼다.

매개변수: radians 라디안 각도

반환값: 각도의 도(degree)

- static double **toRadians**(double degrees)

이 메서드는 도를 라디안으로 바꾼다.

매개변수: degrees 각도의 도

반환값: 각도의 라디안

- static final double E

이 상수는 자연 로그의 베이스인 e의 값

- static final double PI

이 상수는 π값이다

Class java.lang.NullPointerException

이 예외는 null 참조자를 통하여 객체를 사용하고자 할 경우에 발생한다.

Class java.lang.NumberFormatException

이 예외는 숫자가 아닌 문자를 숫자로 변환하려고 할 경우에 발생한다.

Class java.lang.Object

- protected Object **clone**( )

이것은 이 객체의 인스턴스 변수을 복사하여 이 객체에 대한 얕은 복사를 만들어 반환한다. 객체의 인스턴스 변수가 객체에 대한 참조자 자체라면 참조자만 복사되고 객체 자체는 복사되지 않는다. 그러나 만약 클래스가, Cloneable 인터페이스를 구현하지 않는다면 CloneNotSupportedException 예외가 발생한다. 하위 클래스는 깊은 복사를 만들기 위해서 이 메서드를 재정의 하는 것이 필요하다.

반환값: 이 객체에 대한 복사

- boolean **equals**(Object other)

이 메서드는 현재 객체와 다른 객체가 동일한지를 테스트한다. 이 메서드는 객체의 참조자가 같은지 만을 테스트한다. 하위 클래스는 인스턴스 변수를 비교하기 위하여 이 메서드를 재정의하여야 한다.

매개변수: other 비교하고자 하는 객체

반환값: 객체가 동일하면 true 그렇지 않으면 false

- void notify( )

이 메서드는 이 객체에 잠겨 있어서 기다리고 있는 객체에게 알려준다.

- void notifyAll( )

이 메서드는 이 객체에 잠겨 있어서 기다리고 있는 모든 객체에게 알려준다.

- `String` **toString**`( )`

  이 메서드는 이 객체에 대한 문자열 표현을 반환한다. 이 메서드는 클래스 이름과 객체의 위치에 대한 정보만을 만들어 낸다. 하위 클래스는 인스턴스 변수를 출력하기 위해서 이 메서드를 재정의 할 필요가 있다.

  반환값: 객체를 기술하는 문자열

- `void wait( )`

  이 메서드는 현재 수행하고 있는 쓰레드를 중지시키고 현재의 객체의 대기 목록에 집어넣는다.

Class java.lang.RuntimeException

이것은 모든 검토되지 않은 예외에 대한 상위 클래스이다.

Class java.lang.String

- `int` **compareTo**`(String other)`

  이 메서드는 현재 문자와 다른 문자를 사전 편집적인 방법으로 하나하나 비교한다.

  매개변수: other 비교할 다른 문자열

  반환값: 현재 문자열이 다른 문자열보다 사전 편집적인 순서에서 작으면 음수, 같으면 0, 크면 양수값을 반환

- `boolean` **equals**`(String other)`
- `boolean` **equalsIgnoreCase**`(String other)`

  이 메서드는 두 문자열이 같은지 비교하거나 대소문자를 무시했을 때 같은지 여부를 테스트한다.

  매개변수: other 비교하고자 하는 문자열

  반환값: 문자열이 같으면 true

- `static String` **format**`(String format, Object.... values)`

  이 메서드는 주어진 값으로 %로 시작하는 자리를 차지하는 것을 교체하여 주어진 문자열의 형식을 맞춘다.

  매개변수: format 자리 차지하는 것을 가진 문자열
  values 자리 차지하는 것을 대체할 값

  반환값: 주어진 값으로 대체한 형식을 갖춘 문자열

- `int` **length**`( )`

  이 메서드는 문자열의 길이를 반환한다.

- `String` **replace**`(String match, String replacement)`

  이 메서드는 주어진 replacement로 일치하는 하위 문자열로 대체한다.

매개변수: match 대체되기 위하여 매치시킬 문자열
replacement 하위 문자를 대체할 문자열

반환값: 모든 일치하는 하위 문자열이 대체되고 난 원래 문자열과 동일한 문자열

- String **substring**(int begin)
- String **substring**(int begin, int pastEnd)

이 메서드들은 begin 위치에서부터 시작하여 주어진다면 postEnd-1 위치나 또는 그렇지 않으면 문자열 끝까지의 모든 문자로 만들어진 하위 문자열을 새로운 문자열로 반환한다.

매개변수: begin 포함하는 시작 문자열의 첨자
pastEng 문자열의 끝 첨자로 포함되지 않는다.

반환값: 명시된 하위 문자열

- String **toLowerCase**( )

이 메서드는 현재 문자열의 모든 문자를 소문자로 바꾼 새로운 문자열을 반환한다.

반환값: 모든 문자들이 소문자로 바뀐 문자열

- String **toUpperCase**( )

이 메서드는 현재 문자열의 모든 문자를 대문자로 바꾼 새로운 문자열을 반환한다.

반환값: 모든 문자들이 대문자로 바뀐 문자열

Class java.lang.System

- static void arrayCopy(Object from int fromStart, Object to, int count)

이 메서드는 하나의 배열에서 다른 배열로 값을 복사한다(배열의 매개 변수는 배열의 숫자들을 Object[] 형이 아니라 Object형으로 바꿀 수 있기 때문에 Object 형이다.).

매개변수: from 원천 배열
fromStart 원천 배열의 시작 위치
to 대상 배열
toStart 대상 데이터의 시작 위치
count 복사할 배열 요소의 수

- static long **currentTimeMillis**( )

이 메서드는 현재 시간과 1970년 1월 1일 자정의 만국 표준시와 현재 시간의 차

이를 밀리 초 단위로 측정된 값을 반환한다.

반환값: 밀리 초 단위의 현재 시간

- `static void exit(int status)`

이 메서드는 프로그램을 종료한다.

매개변수: status 종료 상태, 영이 아닌 코드는 비정상적인 종료를 가리킨다.

- `static final InputStream in`

이 객체는 "표준 입력" 스트림이다. 일반적으로 스트림으로부터 읽는다는 것은 키보드 입력으로부터 읽는 것이다.

- `static final PrintStream out`

이 객체는 "표준 출력" 스트림이다. 일반적으로 이 스트림으로 출력한다는 것은 콘솔 창으로 출력을 보내는 것이다.

Class java.lang.Throwable

이것은 예외와 오류에 대한 상위 클래스이다.

- `Throwable( )`

이것은 자세한 메시지 없이 Throwable을 생성한다.

- `String getMessage( )`

이 메서드는 예외나 오류를 기술하는 메시지를 얻는다.

반환값: 메시지

- `void printStackTrace( )`

이 메서드는 "표준 오류(standard error)" 스트림으로 스택 추적을 출력한다. 스택 추적은 현재 객체에 대한 출력과 만들어질 때 보류 중인 모든 호출을 보여준다.

Package java.math

Class java.math.BigDecimal

- `BigDecimal(String value)`

이것은 주어진 문자열에 숫자로부터 임의 정밀도의 부동소수를 생성한다.

매개변수: value 부동소수를 나타내는 문자열

- `BigDecimal add(BigDecimal other)`
- `BigDecimal multiply(BigDecimal other)`
- `BigDecimal subtract(BigDecimal other)`

이 메서드들은 현재값과 다른 값에 대한 합, 차, 곱에 대한 BigDecimal값을 반환한다.

매개변수: other 다른 숫자

반환값: 산술 연산의 결과

Class java.math.BigInteger

- **BigInteger**(String value)

  이것은 주어진 문자열의 숫자로부터 임의 정밀도의 정수를 만든다.

- BigInteger **add**(BigInteger other)
- BigInteger **divide**(BIgInteger other)
- BigInteger **mod**(BigInteger other)
- BigInteger **multiply**(BigInteger other)
- BigInteger **subtract**(BigInteger other)

  이러한 메서드들은 현재 수와 다른 수와의 합, 차이, 곱, 몫과 나머지 값을 가진 BigInteger를 반환한다.

  매개변수: other 다른 숫자

  반환값: 산술 연산의 결과

Package java.net

Class java.net.URL

- **URL**(String s)

  이것은 URL을 포함한 문자열로부터 URL 객체를 생성한다.

  매개변수: s "http://java.sun.com/index.html" 과 같은 URL 문자열

- InputStream openStream( )

  이 메서드는 서버가 보내는 정보를 클라이언트에서 읽을 수 있도록 하는 입력 스트림을 얻는다.

  반환값: 이 URL과 연관된 입력 스트림

Package java.util

Class java.tuil.ArrayList<E>

- **ArrayList**( )

  이것은 빈 배열 리스트를 만든다.

- boolean **add**(E element)

  이것은 배열 리스트의 끝에 요소(element)를 추가한다.

매개변수: element 추가할 요소

반환값: true (이 메서드는 List 인터페이스에 있는 메서드를 오버라이드 하기 때문에 값을 반환한다.)

- void **add**(int index, E element)

이 메서드는 한 요소(element)를 배열 목록에 삽입한다.

매개변수: index 삽입 위치
element 삽입할 요소

- E **get**(int index)

이 메서드는 배열 리스트에서 명시된 위치에서 요소를 얻는다.

매개변수: index 반환할 요소의 위치

반환값: 요구한 요소

- E **remove**(int index)

이 메서드는 배열 리스트에서 명시된 위치에서의 요소를 제거하고 그 요소를 반환한다.

매개변수: index 제어할 요소의 위치

반환 값: 제거된 요소

- E **set**(int index, E element)

이 메서드는 배열 목록에서 명시된 위치에 요소를 교체한다.

매개변수: index 교체할 요소의 위치
element 명시된 위치에 저장하는 요소

반환값: 명시된 위치에 이전에 저장된 요소

- int **size**( )

이 메서드는 배열 리스트에서 요소의 수를 반환한다.

반환값: 배열 리스트에서 요소의 수

Class java.util.Arrays

- static int **binarySearch**(Object[] a, Object key)

이 메서드는 이진 검색 알고리즘을 이용하여 명시된 배열에서 명시된 객체을 검색한다. 배열 요소는 Comparable 인터페이스를 구현해야만 한다. 배열은 오름차순으로 정렬되어 있어야 한다.

매개변수: a 검색할 배열
key 검색할 값

반환값: 배열에 검색하는 key값이 있으면 그 위치, 그렇지 않으며 -*index*-1을 반환하는데, 여기서 *index*는 요소가 추가되는 위치이다.

- `static T[ ] copyOf(T[] a, int newLength)`

  이 메서드는 배열 a의 요소를 복사하거나 또는 만약 a.length < newLength 인 경우에는 첫 번째 newLength 요소를 newLength 길이의 배열로 복사하고 그 배열을 반환한다. *T*는 기본 형(primitive type), 클래스, 또는 인터페이스 형이 될 수 있다.

  매개변수: a 복사할 배열
  key 탐색할 값

  반환값: 배열에 있는 경우 탐색한 key의 위치, 그렇지 않으면 *-index*-1을 반환하는데, 여기서 *index*는 요소가 추가되는 위치이다.

- `static void sort(Object[] a)`

  이 메서드는 명시될 배열을 오름차순으로 정렬한다. 배열의 요소는 Comparable 인터페이스를 구현해야만 한다.

  매개변수: a 배열

- `static String toString(T[] a)`

  이 메서드는 배열 요소를 포함하는 문자열을 만들어 반환한다. *T*는 기본형, 클래스, 또는 인터페이스 형이 될 수 있다.

  매개변수: a 배열

  반환값: 콤마로 분리되고, 중괄호를 싸여져 있는 배열 요소를 나타내는 문자열

Class java.util.Calendar

- `int get(int field)`

  이 메서드는 주어진 필드에 값을 반환한다.

  매개변수: Calendar.YEAR, Calendar.MONTH, Calendar.DAY_OF_MONTH, Calendar.HOUR, Calendar.MINUTE, Calendar.SECOND, 또는 Calendar.MILLISECOND 중의 하나

Interface java.util.Collection<E>

- `boolean add(E element)`

  이 메서드는 현재의 컬렉션(collection)에 요소를 추가한다.

  매개변수: element 추가할 요소

  반환값: 요소를 추가하여 컬렉션을 바꾸었으면 true 반환

- `boolean contains(E element)`

  이 메서드는 현재의 컬렉션에 요소가 있는지 테스트한다.

  매개변수: element 찾고자 하는 요소

  반환값: 컬렉션에 요소를 가지고 있으면 true 반환

- Iterator **iterator**( )

  이 메서드는 컬렉션의 요소를 추적해 갈 수 있는 반복자(interator)를 반환한다.

  반환값: Iterator 인터페이스를 구현한 클래스의 객체

- boolean **remove**(E element)

  이 메서드는 컬렉션으로부터 요소를 제거한다.

  매개변수: element 제거하고자 하는 요소

  반환값: 요소를 제거하여 컬렉션을 변경했으면 true 반환

- int **size**( )

  이 메서드는 컬렉션의 요소의 수를 반환한다.

  반환값: 컬렉션의 요소의 수

Class java.util.Collections

- static <T> **binarySearch**(List<T> a, T key)

  이 메서드는 명시된 객체에 대하여 명시된 리스트에서 이진 탐색 알고리즘을 이용하여 검색한다. 리스트 요소는 반드시 Comparable 인터페이스를 구현해야 한다. 리스트는 오름차순으로 정렬되어 있어야 한다.

  매개변수: a 탐색하는 리스트
  key 탐색하는 값

  반환값: 리스트에 탐색하는 값이 있는 경우에 탐색한 key의 위치, 그렇지 않으면 *-index*-1을 반환하는데, 여기서 *index*는 요소가 추가되는 위치이다.

- -static <T> void **sort**(T[ ] a)

  이 메서드는 명시된 객체 리스트를 오름차순으로 정렬한다. 요소는 Comparable 인터페이스를 구현해야만 한다.

  매개변수: a 정렬하고자하는 목록

Interface java.util.Compartor<T>

- int **compare**(T first, T second)

  이 메서드는 주어진 객체를 비교한다.

  매개변수: first, second 비교할 객체

  반환값: 첫 번째 객체가 두 번째 객체보다 작으면 음의 정수, 동일하면 영, 그렇지 않으면 양의 정수

Class java.util.EventObject

- Object **getSource**( )

  이 메서드는 이 이벤트가 처음 발생한 객체의 참조자를 반환한다.

반환값: 이벤트의 소스

Class java.util.GregorianCalendar

- **GregorianCalendar**( )

  이것은 현재의 날짜와 시간을 나타내는 달력 객체를 생성한다.

- **GregorianCalendar**(int year, int month, int day)

  이것은 주어진 날짜로부터 시작하는 달력 객체를 생성한다.

  매개변수: year, month, day 주어진 날짜

Class java.util.HashMap<K,V>

- **HashMap**(K, V)( )

  이것은 빈 해시 맵을 생성한다.

Class java.util.HashSet<E>

- **HashSet**<E>( )

  이것은 빈 해시 집합을 생성한다.

Class java.util.InputMismatchException

이 예외는 다음에 가능한 입력이 요구된 항목의 데이터형과 일치하지 않는 경우에 발생한다.

Interface java.util.Iterator<E>

- boolean **hasNext**( )

  이 메서드는 반복자(iterator)가 목록의 끝을 지났는지를 검사한다.

  반환값: 반복자가 목록의 끝을 지나지 않았으면 true

- E **next**( )

  이 메서드는 연결 리스트에 반복자가 다음 요소로 움직인다. 이 메서드는 반복자가 목록의 끝을 지나면 예외가 발생한다.

  반환값: 금방 건너 뛴 객체

- void **remove**( )

  이 메서드는 next나 previous에 의한 마지막 호출에 의하여 반환된 요소를 제거한다. 이 메서드는 next나 previous에 의한 마지막 호출 후에 add나 remove 연산이 있으면 예외를 발생한다.

Class java.util.LinkedList<E>

- void **addFirst**(E element)
- void **addLast**(E element)

이 메서드들은 목록의 처음 요소 앞이나 마지막 요소 위에 한 요소를 추가한다.

매개변수: element 추가할 요소

- E **getFirst**( )
- E **getLast**( )

이 메서드들은 목록의 명시된 요소의 참조자를 반환한다.

반환값: 첫 번째 또는 마지막 요소

- E **removeFirst**( )
- E **removeLast**( )

이 메서드들은 목록으로부터 명시된 요소를 제거한다.

반환값: 제거된 요소에 대한 참조자

Interface java.util.List<E>

- ListIterator<E> **listIterator**( )

이 메서드는 목록의 요소를 접근할 반복자를 얻는다.

반환값: 목록의 첫 번째 요소 앞의 위치를 가리키는 반복자

Interface java.util.ListIterator<E>

이 인터페이스를 구현하는 객체는 목록 클래스의 listIterator 메서드에 의하여 만들어진다.

- void **add**(E element)

이 메서드는 반복자 위치 다음에 한 요소를 추가하고 반복자를 새로운 요소로 이동한다.

매개변수: element 추가할 요소

- boolean **hasPrevious**( )

이 메서드는 반복자가 목록의 첫 번째 요소 앞이 있는지를 검사한다.

반환값: 반복자가 목록의 첫 번째 요소 중에 있지 않으면 true

- E **previous**( )

이 메서드는 연결 목록에서 이전 요소를 지나 반복자를 움직인다. 이 메서드는 반복자라 첫 번째 요소보다 앞에 있으면 예외를 발생시킨다.

반환값: 건너 뛴 객체

- void **set**(E element)

이 메서드는 next 또는 previous 호출에 의하여 반환된 요소로 대체한다. 이 메서드는 next 또는 previous 메서드 호출 다음에, 삽입(add) 또는 제거(remove) 연산이 있으면 예외를 발생시킨다.

매개변수: element 이전의 목록 요소를 대체하는 요소

Interface java.util.Map<K, V>

- V **get**(K key)

  이 맵에서 연관된 값을 찾기 위한 키(key)를 얻는다.

  매개변수: key 연관된 값을 얻기 위한 키

  반환값: 키와 연관된 값 또는 키가 없으면 null.

- Set<K> **keySet**( )

  이 메서드는 맵에서 표에 있는 모든 키를 반환한다.

  반환값: 맵 표에 모든 키의 집합

- V **put**(K key, V value)

  이 메서드는 맵에 키와 값을 연관시킨다.

  매개변수: key 룩업 키(lookup key)

  value 키와 연관된 값

  반환값: 이전에 키와 연관된 값, 또는 키가 표에 없으면 null.

- V **remove**(K key)

  이 메서드는 맵에서 키와 주어진 키가 연관된 값을 맵에서 제거한다.

  매개변수: key 룩업 키(lookup key)

  반환값: 이전에 키와 연관된 값 또는 표에 키가 없으면 null.

Class java.util.NoSuchElementException

이 예외는 존재하지 않는 값을 검색하려고 시도하면 발생한다.

Class java.util.PriorityQueue<E>

- **PriorityQueue**<E>( )

  이것은 빈 우선순위 큐를 생성한다. 요소 형식 E는 반드시 Comparable 인터페이스를 구현해야만 한다.

- E **remove**( )

  이 메서드는 우선순위 큐에서 가장 작은 요소를 제거한다.

  반환값: 제거된 값

Class java.util.Random

- **Random**( )

  이것은 새로운 난수 생성기를 만든다.

- double **nextDouble**( )

  이 메서드는 난수 발생기의 연속으로부터 다음의 균일하게 분포하는 의사난수(pseudorandom) 0.0(포함)과 1.0(제외) 사이의 부동소수를 반환한다.

반환값: 다음 부동소수점의 의사난수

- `int nextInt(int n)`

이 메서드는 다음의 의사난수 발생기의 연속으로부터 다음의 균일하게 분포하는 의사난수(pseudorandom) 0(포함)과 명시된 값(제외) 사이의 정수를 반환한다.

매개변수: n 뽑아내고자 하는 값의 수

반환값: 다음 정수의 의사난수

Class java.util.Scanner

- `Scanner(File in)`
- `Scanner(InputStream in)`
- `Scanner(Reader in)`

이 생성자들은 주어진 파일, 입력 스트림 또는 리더(Reader)로부터 호출하고 스캐너를 생성한다.

매개변수: in 읽을 파일, 입력 스트림, 또는 리더

- `void close( )`

이 메서드는 스캐너를 닫고 연관된 시스템 자원을 해제한다.

- `boolean hasNext( )`
- `boolean hasNextDouble( )`
- `boolean hasNextInt( )`
- `boolean hasNextLine( )`

이 메서드들은 어떤 비어 있지 않은 문자열, 부동소수값, 정수, 선을 다음 항목으로 읽을 수 있는지를 테스트한다.

반환값: 요구한 형식의 데이터를 읽는 것이 가능하면 true, 그렇지 않으면 false (파일의 끝에 도달했거나 또는 숫자 형식을 검사해 보았을 때, 다름에 항목이 숫자가 아닌 경우)

- `String next( )`
- `double nextDouble( )`
- `int nextInt( )`
- `String nextLine( )`

이 메서드들은 다음에 공백 구별자 문자열이나 부동소수, 정수, 줄을 호출한다.

반환값: 호출값

- `Scanner useDelimiter(String pattern)`

입력 문자 사이의 구별자 패턴을 설정한다.

매개변수: pattern 구별자 패턴을 위한 정규 표현

Interface java.util.Set<E>

이 인터페이스는 동일한 요소를 허용하지 않는 컬렉션을 기술한다.

Class java.util.TreeMap<K, V>

- **TreeMap**<K, V>( )

  이것은 비 트리 맵을 생성한다. TreeMap 반복자는 정렬된 순서로 요소를 방문하게 된다.

Class java.util.TreeSet<E>

이것은 비 트리 집합을 생성한다.

Package java.util.logging

Class java.util.logging.Level

- static final int ALL

  이 값은 모든 메시지에 대한 기록을 가리킨다.
- static final int INFO

  이 값은 정보관련 기록을 가리킨다.
- static final int NONE

  이 값은 어떠한 메시지도 기록하지 않는 것을 가리킨다.

Class java.util.loggging.Logger

- static Logger **getGlobal**( )

  이 메서드는 전역 기록자(global logger)를 얻는다. Java 5 와 6에서는 getLogger("global")을 대신 사용하라.

  반환값: 기본적으로 INFO 수준이나 그 이상 중요한 메시지를 콘솔에 보여주는 전역 기록자
- void **info**(String message)

  이 메서드는 정보관련 메시지를 기록한다.
- void **setLevel**(Level aLevel)

  이 메서드는 기록 수준을 설정한다. 현재의 설정 수준보다 덜 심각한 기록 메시지는 무시하게 된다.

  매개변수: aLevel 기록 메시지를 위한 최소한의 수준

Package javax.swing

Class javax.swing.AbstractButton

- void **addActionListener**(ActionListener listener)

  이 메서드는 버튼에 액션 리스너(action listener)를 추가한다.

  매개변수: listener 추가할 액션 리스너

- boolean **isSelected**( )

  이 메서드는 버튼의 선택 상태를 반환한다.

  반환 값: 버튼이 선택되면 true

- void **setSelected**(boolean state)

  이 메서드는 버튼의 선택 상태를 설정한다. 이 메서드는 버튼의 상태는 업데이트하지만 액션 이벤트(action event)는 발생시키지 않는다.

  매개변수: state 선택되면 true, 선택이 안되면 false

Class javax.swing.ButtonGroup

- void **add**(AbstractButton button)

  이 메서드는 버튼을 그룹에 추가한다.

  매개변수: button 추가할 버튼

Class javax.swing.ImageIcon

- **ImageIcon**(String filename)

  이것은 명시된 그래픽 파일로부터 이미지 아이콘을 생성한다.

  매개변수: filename 파일의 이름을 명시하는 문장열

Class javax.swing.JButton

- **JButton**(String label)

  이것은 주어진 이름표를 가진 버튼을 생성한다.

  매개변수: label 버튼 이름

Class javax.swing.JCheckBox

- **JCheckBox**(String text)

  이것은 주어진 텍스트를 가진 초기에서 선택되지 않은 체크 박스를 만든다(박스가 선택되게 하려면 setSelected( ) 메서드를 호출하라. javax.swing.AbstractButton 클래스를 참조하라.).

  매개변수: text 체크 박스 다음에 표시할 텍스트

Class javax.swing.JComboBox

- **JComboBox**( )

  이것은 아무런 항목이 없는 콤보 박스를 만든다.

- void **addItem**(Object item)

  이 메서드는 현재 콤보 박스의 항목 목록에 새로운 항목을 추가한다.

  매개변수: item 추가할 아이템

- Object **getSelectedItem**( )

  이 메서드는 콤보 박스의 현재 선택된 항목을 얻는다.

  반환값: 현재 선택된 항목

- boolean **isEditable**( )

  이 메서드는 콤보 박스가 편집이 가능한지 여부를 체크한다. 편집 가능한 콤보 박스의 경우에 사용자가 콤보 박스의 텍스트 항목에 입력할 수가 있다.

  반환값: 콤보 박스가 편집 가능하면 true

- void **setEditable**(boolean state)

  이 메서드는 콤보 박스가 편집 가능하게 할지 여부를 설정한다.

  매개변수: state 편집 가능하게 하려면 true, 편집 불가능하게 하려면 false

Class javax.swing.JComponent

- protected void **paintComponent**(Graphics g)

  컴포넌트의 표면을 칠하는 방법을 재정의 한다. 재정의 된 메서드는 super.paintComponent(g)를 호출하는 것이 필요하다.

  매개변수: g 그리기를 위하여 사용되는 그래픽 요소

- void **setBorder**(Border b)

  이 메서드는 컴포넌트의 경계를 설정한다.

  매개변수: b 요소를 둘러쌀 경계

- void **setFont**(Font f)

  현재 요소의 텍스트를 위하여 사용될 폰트를 설정

  매개변수: f 폰트

Class javax.swingJFileChooser

- **JFileChooser**( )

  이것은 파일 선택자를 생성한다.

- File **getSelectedFile**( )

  이 메서드는 파일 선택자로부터 선택된 파일을 얻는다.

반환값: 선택된 파일

- int **showOpenDialog**(Component parent)

이 메서드는 "Open File" 파일 선택 다이얼로그를 표시한다.

매개변수: parent 부모 컴포넌트 또는 null

반환값: APPROVE_OPTION이나 CANCEL_OPTION 중에서 사용자에 의하여 선택된 후 파일 선택자의 상태. 만약 APPROVAL_OPTION이 반환되면, 파일을 얻기 위하여 파일 선택자에서 getSelectedFile()을 호출한다.

- int **showSaveDialog**(Component parent)

이 메서드는 파일 선택 다이얼로그에서 "Save File"을 표시한다.

매개변수: parent 부모 컴포넌트 또는 null

반환값: APPROVE_OPTION이나 CANCEL_OPTION 중에서 사용자에 의하여 선택된 후 파일 선택자의 상태.

Class javax.swing.JFrame

- void **setDefaultCloseOption**(int operation)

이 메서드는 프레임을 닫기 위하여 디폴트 액션을 선택한다.

매개변수: operation 원하는 닫기 옵션. DO_NOTHING_ON_CLOSE, HIDE_ON_CLOSE(디폴트), DISPOSE_ON_CLOSE, 또는 EXIT_ON_CLOSE 중에 하나를 선택함

- void **setJMenuBar**(JMenuBar mb)

이 메서드는 프레임의 메뉴 바를 설정한다.

매개변수: mb 메뉴 바. 만약 mb가 null이면 현재의 메뉴 바가 제거된다.

- static final int EXIT_ON_CLOSE

이 값은 사용자가 현재 프레임을 선택했을 때, 응용 프로그램이 종료하는 것을 가리킨다.

Class javax.swing.JLabel

- **JLabel**(String text)
- **JLabel**(String text, int alignment)

이 컨테이너들은 명시된 텍스트와 수평 정렬을 가진 JLabel 인스턴스를 만든다.

매개변수: text 이름에 의하여 표시할 이름 텍스트

alignment SwingConstants.LEFT, SwingConstants.CENTER, 또는 SwingConstants.RIGHT 중에 하나

Class javax.swing.JMenu

- **JMenu**( )

이것은 아무런 항목이 없는 메뉴를 생성한다.

- JMenuItem **add**(JMenuItem menuItem)

이 메서드는 현재 메뉴의 끝에 메뉴 항목을 추가한다.

매개변수: menuItem 추가할 메뉴 항목

반환값: 추가한 메뉴 항목

Class javax.swing.JMenuBar

- **JMenuBar**( )

이것은 메뉴가 없이 메뉴 바를 생성한다.

- JMenu **add**(JMenu menu)

이 메서드는 메뉴 바의 끝에 메뉴를 추가한다.

매개변수: menu 추가할 메뉴

반환값: 추가하는 메뉴

Class javax.swing.JMenuItem

- **JMenuItem**(String text)

이것은 메뉴 항목을 생성한다.

매개변수: text 메뉴 항목에 나타날 텍스트

Class javax.swing.JoptionPane

- static String **showInputDialog**(Object prompt)

이 메서드는 모들 입력 다이얼로그를 띄우는데, 그 다이얼로그는 프롬프트(prompt)를 보여주며 사용자가 텍스트 필드에 입력하기를 기다리며 사용자가 프로그램에서 다른 것을 할 수 없도록 한다.

매개변수: prompt 표시할 프롬프트

반환값: 사용자가 입력한 문자열

- static void **showMessageDialog**(Component parent, Object message)

이 메서드는 메시지를 표시하고 사용자의 확인을 기다리는 확인 다이얼로그 박스를 띄운다.

매개변수: parent 부모 컴포넌트 또는 null

message 표시할 메시지

Class javax.swing.JPanel

이 클래스는 꾸밈이 없는 컴포넌트이다. 이것은 다른 컴포넌트를 위한 보이지 않는 컨테이너로 사용될 수 있다.

Class javax.swing.JRadioButton

- **JRadioButton**(String text)

  이것은 초기에 선택되지 않은 주어진 텍스트를 가진 라디오 버튼을 생성한다(setSelected( )를 사용하여 선택할 수 있다. javax.swing.AbstractButton 클래스를 참조하라.).

  매개변수: text 라디오 버튼 다음에 표시할 문자열

Class javax.swing.JScrollPane

- **JScrollPane**(Component c)

  이것은 주어진 컴포넌트 주변에 스크롤페인(scrollpane)을 생성한다.

  매개변수: c 스크롤바에 의하여 꾸며진 요소

Class javax.swing.JSlider

- **JSlider**(int min, int max, int value)

  이것은 명시된 최소, 최대, 값을 사용하여 수평의 슬라이드 바를 생성한다.

  매개변수: min 가장 작은 슬라이드 값
  max 가장 큰 슬라이드 값
  value 슬라이드의 초기값

- void **addChangeListener**(ChangeListener listener)

  이 메서드는 슬라이드의 변화 리스너를 추가한다.

  매개변수: listener 추가할 변화 리스너

- int **getValue**( )

  이 메서드는 슬라이드의 값을 반환한다.

  반환값: 슬라이드의 현재값

Class javax.swing.JTextArea

- **JTextArea**( )

  이것은 빈 텍스트 영역을 생성한다.

- **JTextArea**(int rows, int columns)

  이것은 명시된 열과 행의 개수를 가진 빈 텍스트 영역을 생성한다.

  매개변수: rows 열의 개수
  columns 행의 개수

- void **append**(String text)

  이 메서드는 텍스트 영역에 텍스트를 추가한다.

매개변수: text 추가할 텍스트

Class javax.swing.JTextField

- **JTextField**( )

이것은 빈 텍스트 필드를 생성한다.

- **JTextField**(int columns)

이것은 명시된 숫자의 행을 가진 빈 텍스트 필드를 생성한다.

매개변수: columns 행의 개수

Class javax.swing.Timer

- **Timer**(int millis, ActionListener listener)

이것은 시간 간격이 지날 때마다 액션 리스너에게 알려주는 타이머를 생성한다.

매개변수: millis 타이머 알림의 밀리 초 단위의 숫자
listener 타이머 간격이 지났을 때 알려줄 객체

- void **start**( )

이 메서드는 타이머를 시작한다. 타이머가 일단 시작하면 리스너에게 알리기를 시작한다.

- void **stop**( )

이 메서드는 타이머를 정지시킨다. 타이머가 일단 정지되면 리스너에게 더 이상 알리지 않는다.

Package javax.swing.border

Class javax.swing.borderEtchedBorder

- EtchedBorder( )

이것은 낮아진 식각된(etched) 경계를 만든다.

Class javax.swing.border.TitleBorder

- TitledBorder(Border b, String title)

제목을 주어진 이것을 경계에 추가하여 제목이 있는 경계를 만든다.

매개변수: b 제목이 추가될 경계
title 표시할 경계의 제목

Package javax.swing.event

Class javax.swing.event.ChangeEvent

사용자에 의하여 조작될 때, 변화 이벤트를 발생시키는 슬라이드 요소

- void **stateChanged**(ChangeEvent e)

  이 이벤트는 이벤트 소스가 상태를 바꾸면 호출된다.

  매개변수: e 변환된 이벤트

Package javax.swing.text

Class javax.swing.text.JTextComponent

- String **getText**( )

  이 메서드는 텍스트 컴포넌트에 포함된 텍스트를 반환한다.

  변화값: 텍스트

- boolean **isEditable**( )

  이 메서드는 텍스트 컴포넌트가 편집 가능한지를 검토한다.

  반환값: 컴포넌트가 편집 가능하면 true

- void **setEditable**(boolean state)

  이 메서드는 텍스트 컴포넌트가 편집 가능한지 여부를 설정하는데 사용된다.

  매개변수: state 편집이 가능하게 하려면 true, 편집 불가능하게 하려면 false

- void **setText**(String text)

  이 메서드는 명시된 텍스트로 텍스트 컴포넌트의 텍스트를 설정한다. 텍스트가 비어 있으면 이 전 텍스트를 지우게 된다.

  매개변수: text 설정한 새로운 텍스트

GLOSSARY

Abstract class A class that cannot be instantiated.

Abstract method A method with a name, parameter variable types, and return type but without an implementation.

Access specifier A reserved word that indicates the accessibility of a feature, such as `private` or `public`.

Accessor method A method that accesses an object but does not change it.

Aggregation The *has-a* relationship between classes.

Algorithm An unambiguous, executable, and terminating specification of a way to solve a problem.

Anonymous class A class that does not have a name.

Anonymous object An object that is not stored in a named variable.

API (Application Programming Interface) A code library for building programs.

API Documentation Information about each class in the Java library.

Applet A graphical Java program that executes inside a web browser or applet viewer.

Argument A value supplied in a method call, or one of the values combined by an operator.

Array A collection of values of the same type stored in contiguous memory locations, each of which can be accessed by an integer index.

Array list A Java class that implements a dynamically-growable array of objects.

Assert A claim that a certain condition holds in a particular program location.

Assignment Placing a new value into a variable.

Association A relationship between classes in which one can navigate from objects of one class to objects of the other class, usually by following object references.

Asymmetric bounds Bounds that include the starting index but not the ending index.

Attribute A named property that an object is responsible for maintaining.

Auto-boxing Automatically converting a primitive type value into a wrapper type object.

Big-Oh notation The notation $g(n) = O(f(n))$, which denotes that the function g grows at a rate that is bounded by the growth rate of the function f with respect to n. For example, $10n^2 + 100n - 1000 = O(n^2)$.

Binary operator An operator that takes two arguments, for example + in $x + y$.

Binary search A fast algorithm for finding a value in a sorted array. It narrows the search down to half of the array in every step.

Bit Binary digit; the smallest unit of information, having two possible values: 0 and 1. A data element consisting of n bits has 2^n possible values.

Black-box testing Testing a method without knowing its implementation.

Block A group of statements bracketed by {}.

Body All statements of a method or block.

Boolean operator An operator that can be applied to Boolean values. Java has three Boolean operators: &&, ||, and !.

Boolean type A type with two possible values: true and false.

Boundary test case A test case involving values that are at the outer boundary of the set of legal values. For example, if a method is expected to work for all non-negative integers, then 0is a boundary test case.

Bounds error Trying to access an array element that is outside the legal range.

break statement A statement that terminates a loop or switch statement.

Breakpoint A point in a program, specified in a debugger, at which the debugger stops executing the program and lets the user inspect the program state.

Buffer A temporary storage location for holding values that have been produced (for example, characters typed by the user) and are waiting to be consumed (for example, read a line at a time).

Bug A programming error.

Byte A number made up of eight bits. Essentially all currently manufactured computers use a byte as the smallest unit of storage in memory.

Bytecode Instructions for the Java virtual machine.

Call stack The ordered set of all methods that currently have been called but not yet terminated, starting with the current method and ending with main.

Callback A mechanism for specifying a block of code so it can be executed at a later time.

Case sensitive Distinguishing upper- and lowercase characters.

Cast Explicitly converting a value from one type to a different type. For example, the cast from a floating-point number `x` to an integer is expressed in Java by the cast notation `(int) x`.

catch clause A part of a `try` block that is executed when a matching exception is thrown by any statement in the `try` block.

Central processing unit (CPU) The part of a computer that executes the machine instructions.

Character A single letter, digit, or symbol.

Checked exception An exception that the compiler checks. All checked exceptions must be declared or caught.

Class A programmer-defined data type.

Code coverage A measure of the amount of source code that has been executed during testing.

Cohesive A class is cohesive if its features support a single abstraction.

Collection A data structure that provides a mechanism for adding, removing, and locating elements.

Collaborator A class on which another class depends.

Command line The line the user types to start a program in DOS or UNIX or a command window in Windows. It consists of the program name followed by any necessary arguments.

Comment An explanation to help the human reader understand a section of a program; ignored by the compiler.

Compiler A program that translates code in a high-level language (such as Java) to machine instructions (such as bytecode for the Java virtual machine).

Compile-time error An error that is detected when a program is compiled.

Component See **User-interface component**

Composition An aggregation relationship where the aggregated objects do not have an existence independent of the containing object.

Computer program A sequence of instructions that is executed by a computer.

Concatenation Placing one string after another to form a new string.

Concrete class A class that can be instantiated.

Console program A Java program that does not have a graphical window. A console program reads input from the keyboard and writes output to the terminal screen.

Constant A value that cannot be changed by a program. In Java, constants are defined with the reserved word `final`.

Constructor A sequence of statements for initializing a newly instantiated object.

Construction Setting a newly allocated object to an initial state.

Container A user-interface component that can hold other components and present them together to the user. Also, a data structure, such as a list, that can hold a collection of objects and present them individually to a program.

Content pane The part of a Swing frame that holds the user-interface components of the frame.

Coupling The degree to which classes are related to each other by dependency.

CRC card An index card representing a class that lists its responsibilities and collaborating classes.

De Morgan's Law A law about logical operations that describes how to negate expressions formed with *and* and *or* operations.

Debugger A program that lets a user run another program one or a few steps at a time, stop execution, and inspect the variables in order to analyze it for bugs.

Dependency The *uses* relationship between classes, in which one class needs services provided by another class.

Directory A structure on a disk that can hold files or other directories; also called a folder.

Documentation comment A comment in a source file that can be automatically extracted into the program documentation by a program such as `javadoc`.

Dot notation The notation *object.method(arguments)* or *object.variable* used to invoke a method or access a variable.

Doubly-linked list A linked list in which each link has a reference to both its predecessor and successor links.

Dynamic method lookup Selecting a method to be invoked at run time. In Java, dynamic method lookup considers the class of the implicit parameter object to select the appropriate method.

Editor A program for writing and modifying text files.

Encapsulation The hiding of implementation details.

Enumeration type A type with a finite number of values, each of which has its own symbolic name.

Escape character A character in text that is not taken literally but has a special meaning when combined with the character or characters that follow it. The \ character is an escape character in Java strings.

Escape sequence A sequence of characters that starts with an escape character, such as `\n` or `\"`.

Event See **User-interface event**

Event class A class that contains information about an event, such as its source.

Event adapter A class that implements an event listener interface by defining all methods to do nothing.

Event handler A method that is executed when an event occurs.

Event listener An object that is notified by an event source when an event occurs.

Event source An object that can notify other classes of events.

Exception A class that signals a condition that prevents the program from continuing normally. When such a condition occurs, an object of the exception class is thrown.

Exception handler A sequence of statements that is given control when an exception of a particular type has been thrown and caught.

Explicit parameter A parameter of a method other than the object on which the method is invoked.

Expression A syntactical construct that is made up of constants, variables, method calls, and the operators combining them.

Extension The last part of a file name, which specifies the file type. For example, the extension .java denotes a Java file.

Fibonacci numbers The sequence of numbers 1, 1, 2, 3, 5, 8, 13, . . . , in which every term is the sum of its two predecessors.

File A sequence of bytes that is stored on disk.

finally clause A part of a `try` block that is executed no matter how the `try` block is exited.

Flag See **Boolean type**

Floating-point number A number that can have a fractional part.

Folder See **Directory**

Font A set of character shapes in a particular style and size.

Frame A window with a border and a title bar.

Garbage collection Automatic reclamation of memory occupied by objects that are no longer referenced.

Generic class A class with one or more type parameters.

Graphics context A class through which a programmer can cause shapes to appear on a window or off-screen bitmap.

grep The "global regular expression print" search program, useful for finding all strings matching a pattern in a set of files.

GUI (Graphical User Interface) A user interface in which the user supplies inputs through graphical components such as buttons, menus, and text fields.

Hard disk A device that stores information on rotating platters with magnetic coating.

Hardware The physical equipment for a computer or another device.

Hash code A value that is computed by a hash function.

Hash collision Two different objects for which a hash function computes identical values.

Hash function A function that computes an integer value from an object in such a way that different objects are likely to yield different values.

Hash table A data structure in which elements are mapped to array positions according to their hash function values.

Heapsort algorithm A sorting algorithm that inserts the values to be sorted into a heap.

High-level programming language A programming language that provides an abstract view of a computer and allows programmers to focus on their problem domain.

IDE (Integrated Development Environment) A programming environment that includes an editor, compiler, and debugger.

Immutable class A class without a mutator method.

Implementing an interface Implementing a class that defines all methods specified in the interface.

Implicit parameter The object on which a method is invoked. For example, in the call `x.f(y)`, the object `x` is the implicit parameter of the method `f`.

Importing a class or package Indicating the intention of referring to a class, or all classes in a package, by the simple name rather than the qualified name.

Inheritance The *is-a* relationship between a more general superclass and a more specialized subclass.

Initialize Set a variable to a well-defined value when it is created.

Inner class A class that is defined inside another class.

Instance method A method with an implicit parameter; that is, a method that is invoked on an instance of a class.

Instance of a class An object whose type is that class.

Instance variable A variable defined in a class for which every object of the class has its own value.

Instantiation of a class Construction of an object of that class.

Integer A number that cannot have a fractional part.

Integer division Taking the quotient of two integers and discarding the remainder. In Java the / symbol denotes integer division if both arguments are integers. For example, 11/4 is 2, not 2.75.

Interface type A type with no instance variables, only abstract methods and constants.

Iterator An object that can inspect all elements in a container such as a linked list.

javadoc The documentation generator in the Java SDK. It extracts documentation comments from Java source files and produces a set of linked HTML files.

Lexicographic ordering Ordering strings in the same order as in a dictionary, by skipping all matching characters and comparing the first non-matching characters of both strings. For example, "orbit" comes before "orchid" in lexicographic ordering. Note that in Java, unlike a dictionary, the ordering is case sensitive: Z comes before a.

Library A set of precompiled classes that can be included in programs.

Linear search Searching a container (such as an array or list) for an object by inspecting each element in turn.

Linked list A data structure that can hold an arbitrary number of objects, each of which is stored in a link object, which contains a pointer to the next link.

Literal A notation for a fixed value in a program, such as -2, 3.14, 6.02214115E23, "Harry", or 'H'.

Local variable A variable whose scope is a block.

Logging Sending messages that trace the progress of a program to a file or window.

Logical operator See **Boolean operator**.

Logic error An error in a syntactically correct program that causes it to act differently from its specification. (A form of run-time error.)

Loop A sequence of instructions that is executed repeatedly.

Loop and a half A loop whose termination decision is neither at the beginning nor at the end.

Machine code Instructions that can be executed directly by the CPU.

Magic number A number that appears in a program without explanation.

main method The method that is first called when a Java application executes.

Map A data structure that keeps associations between key and value objects.

Memory location A value that specifies the location of data in computer memory.

Merge sort A sorting algorithm that first sorts two halves of a data structure and then merges the sorted subarrays together.

Method A sequence of statements that has a name, may have parameter variables, and may return a value. A method can be invoked any number of times, with different values for its parameter variables.

Modifier A reserved word that indicates the accessibility of a feature, such as `private` or `public`.

Modulus The % operator that computes the remainder of an integer division.

Mock object An object that is used during program testing, replacing another object and providing similar behavior. Usually, the mock object is simpler to implement or provides better support for testing.

Mutator method A method that changes the state of an object.

Mutual recursion Cooperating methods that call each other.

Name clash Accidentally using the same name to denote two program features in a way that cannot be resolved by the compiler.

Nested loop A loop that is contained in another loop.

Networks An interconnected system of computers and other devices.

new operator An operator that allocates new objects.

Newline The `'\n'` character, which indicates the end of a line.

No-argument constructor A constructor that takes no arguments.

Null reference A reference that does not refer to any object.

Number literal A fixed value in a program this is explicitly written as a number, such as .-2 or 6.02214115E23.

Object A value of a class type.

Object-oriented programming Designing a program by discovering objects, their properties, and their relationships.

Object reference A value that denotes the location of an object in memory. In Java, a variable whose type is a class contains a reference to an object of that class.

Off-by-one error A common programming error in which a value is one larger or smaller than it should be.

Opening a file Preparing a file for reading or writing.

Operating system The software that launches application programs and provides services (such as a file system) for those programs.

Operator A symbol denoting a mathematical or logical operation, such as + or &&.

Operator associativity The rule that governs in which order operators of the same precedence are executed. For example, in Java the - operator is left-associative because `a - b - c` is interpreted as `(a - b) - c`, and = is right-associative because `a = b = c` is interpreted as `a = (b = c)`.

Operator precedence The rule that governs which operator is evaluated first. For example, in Java the && operator has a higher precedence than the || operator. Hence a || b && c is interpreted as a || `(b && c)`. (See Appendix B.)

Overloading Giving more than one meaning to a method name.

Overriding Redefining a method in a subclass.

Package A collection of related classes. The `import` statement is used to access one or more classes in a package.

Panel A user-interface component with no visual appearance. It can be used to group other components.

Parallel arrays Arrays of the same length, in which corresponding elements are logically related.

Parameter passing Specifying expressions to be arguments for a method when it is called.

Parameter variable A variable of a method that is initialized with a value when the method is called.

Partially filled array An array that is not filled to capacity, together with a companion variable that indicates the number of elements actually stored.

Permutation A rearrangement of a set of values.

Polymorphism Selecting a method among several methods that have the same name on the basis of the actual types of the implicit parameters.

Primitive type In Java, a number type or `boolean`.

Priority queue An abstract data type that enables efficient insertion of elements and efficient removal of the smallest element.

Programming The act of designing and implementing computer programs.

Project A collection of source files and their dependencies.

Prompt A string that tells the user to provide input.

Pseudocode A high-level description of the actions of a program or algorithm, using a mixture of English and informal programming language syntax.

Pseudorandom number A number that appears to be random but is generated by a mathematical formula.

Public interface The features (methods, variables, and nested types) of a class that are accessible to all clients.

Queue A collection of items with "first in, first out" retrieval.

Quicksort A generally fast sorting algorithm that picks an element, called the pivot, partitions the sequence into the elements smaller than the pivot and those larger than the pivot, and then recursively sorts the subsequences.

Reader In the Java input/output library, a class from which to read characters.

Recursion A method for computing a result by decomposing the inputs into simpler values and applying the same method to them.

Recursive method A method that can call itself with simpler values. It must handle the simplest values without calling itself.

Redirection Linking the input or output of a program to a file instead of the keyboard or display.

Reference See **Object reference**

Regression testing Keeping old test cases and testing every revision of a program against them.

Regular expression A string that defines a set of matching strings according to their content. Each part of a regular expression can be a specific required character; one of a set of permitted characters such as `[abc]`, which can be a range such as `[a-z]`; any character not in a set of forbidden characters, such as `[^0-9]`; a repetition of one or more matches, such as `[0-9]+`, or zero or more, such as `[ACGT]`; one of a set of alternatives, such as `and|et|und`; or various other possibilities. For example, "`[A-Za-z][0-9]+`" matches "`Cloud9`" or "`007`" but not "`Jack`".

Relational operator An operator that compares two values, yielding a Boolean result.

Reserved word A word that has a special meaning in a programming language and therefore cannot be used as a name by the programmer.

Return value The value returned by a method through a `return` statement.

Reverse Polish notation A style of writing expressions in which the operators are written following the operands, such as `2 3 4` * + for `2 + 3 * 4`.

Roundoff error An error introduced by the fact that the computer can store only a finite number of digits of a floating-point number.

Run-time error An error in a syntactically correct program that causes it to act differently from its specification.

Run-time stack The data structure that stores the local variables of all called methods as a program runs.

Scope The part of a program in which a variable is defined.

Secondary storage Storage that persists without electricity, e.g., a hard disk.

Selection sort A sorting algorithm in which the smallest element is repeatedly found and removed until no elements remain.

Sentinel A value in input that is not to be used as an actual input value but to signal the end of input.

Sequential search See **Linear search**

Set An unordered collection that allows efficient addition, location, and removal of elements.

Shadowing Hiding a variable by defining another one with the same name.

Shallow copy Copying only the reference to an object.

Shell script A file that contains commands for running programs and manipulating files. Typing the name of the shell script file on the command line causes those commands to be executed.

Shell window A window for interacting with an operating system through textual commands.

Short-circuit evaluation Evaluating only a part of an expression if the remainder cannot change the result.

Side effect An effect of a method other than returning a value.

Software The intangible instructions and data that are necessary for operating a computer or another device.

Source code Instructions in a programming language that need to be translated before execution on a computer.

Source file A file containing instructions in a programming language such as Java.

Stack A data structure with "last-in, first-out" retrieval. Elements can be added and removed only at one position, called the top of the stack.

Stack trace A printout of the call stack, listing all currently pending method calls.

State The current value of an object, which is determined by the cumulative action of all methods that were invoked on it.

State diagram A diagram that depicts state transitions and their causes.

Statement A syntactical unit in a program. In Java a statement is either a simple statement, a compound statement, or a block.

Static method A method with no implicit parameter.

Static variable A variable defined in a class that has only one value for the whole class, and which can be accessed and changed by any method of that class.

String A sequence of characters.

Subclass A class that inherits variables and methods from a superclass but may also add instance variables, add methods, or redefine methods.

Substitution principle The principle that a subclass object can be used in place of any superclass object.

Superclass A general class from which a more specialized class (a subclass) inherits.

Swing A Java toolkit for implementing graphical user interfaces.

Symmetric bounds Bounds that include the starting index and the ending index.

Syntax Rules that define how to form instructions in a particular programming language.

Syntax diagram A graphical representation of grammar rules.

Syntax error An instruction that does not follow the programming language rules and is rejected by the compiler. (A form of compile-time error.)

Tab character The `'\t'` character, which advances the next character on the line to the next one of a set of fixed positions known as tab stops.

Ternary operator An operator with three arguments. Java has one ternary operator, `a ? b : c`.

Test suite A set of test cases for a program.

Text file A file in which values are stored in their text representation.

Throw an exception Indicate an abnormal condition by terminating the normal control flow of a program and transferring control to a matching catch clause.

throws clause Indicates the types of the checked exceptions that a method may throw.

Token A sequence of consecutive characters from an input source that belongs together for the purpose of analyzing the input. For example, a token can be a sequence of characters other than white space.

Trace message A message that is printed during a program run for debugging purposes.

try block A block of statements that contains exception processing clauses. A `try` block contains at least one catch or `finally` clause.

Turing machine A very simple model of computation that is used in theoretical computer science to explore computability of problems.

Two-dimensional array A tabular arrangement of elements in which an element is specified by a row and a column index.

Type A named set of values and the operations that can be carried out with them.

Type parameter A parameter in a generic class or method that can be replaced with an actual type.

Unary operator An operator with one argument.

Unchecked exception An exception that the compiler doesn't check.

Unicode A standard code that assigns code values consisting of two bytes to characters used in scripts around the world. Java stores all characters as their Unicode values.

Unified Modeling Language (UML) A notation for specifying, visualizing, constructing, and documenting the artifacts of software systems.

Uninitialized variable A variable that has not been set to a particular value. In Java, using an uninitialized local variable is a syntax error.

Unit testing Testing a method by itself, isolated from the remainder of the program.

URL (Uniform Resource Locator) A pointer to an information resource (such as a web page or an image) on the World Wide Web.

User-interface component A building block for a graphical user interface, such as a button or a text field. User-interface components are used to present information to the user and allow the user to enter information to the program.

User-interface event A notification to a program that a user action such as a key press, mouse move, or menu selection has occurred.

Variable A symbol in a program that identifies a storage location that can hold different values.

Virtual machine A program that simulates a CPU that can be implemented efficiently on a variety of actual machines. A given program in Java bytecode can be executed by any Java virtual machine, regardless of which CPU is used to run the virtual machine itself.

void A reserved word indicating no type or an unknown type.

Walkthrough A step-by-step manual simulation of a computer program.

White-box testing Testing methods by taking their implementations into account, in contrast to black-box testing; for example, by selecting boundary test cases and ensuring that all branches of the code are covered by some test case.

White space Any sequence of only space, tab, and newline characters.

Wrapper class A class that contains a primitive type value, such as `Integer`.

Writer In the Java input/output library, a class to which characters are to be sent.